浙江省哲學社會科學規劃課題（12XKGJ07）成果

衢州古代著述考

魏俊杰 著

國家圖書館出版社

圖書在版編目（CIP）數據

衢州古代著述考 / 魏俊杰著 . -- 北京 : 國家圖書館出版社，2016.12
ISBN 978-7-5013-6020-8

Ⅰ . ①衢⋯　Ⅱ . ①魏⋯　Ⅲ . ①地方文獻—研究—衢州—古代
Ⅳ . ① K295.53

中國版本圖書館 CIP 數據核字（2016）第 311237 號

書　　名	衢州古代著述考	
著　　者	魏俊杰	
責任編輯	靳　諾	
封面設計	趙文正	
出　　版	國家圖書館出版社（100034　北京市西城區文津街 7 號） （原書目文獻出版社　北京圖書館出版社）	
發　　行	010 - 66114536　　66126153　66151313　66175620 66121706（傳真）　66126156（門市部）	
E-mail	nlcpress@nlc.cn（郵購）	
Website	www.nlcpress.com →投稿中心	
經　　銷	新華書店	
印　　裝	河北三河弘翰印務有限公司	
版　　次	2016 年 12 月第 1 版　2016 年 12 月第 1 次印刷	
開　　本	787×1092（毫米）　1/16	
印　　張	35.75	
字　　數	660 千字	
書　　號	ISBN 978-7-5013-6020-8	
定　　價	168.00 圓	

內容提要

本書充分利用各種傳世、出土文獻和圖書數據庫，全面考訂衢州古代各類著述，超過以往著錄衢州古代著述最多的經籍書目近一倍。深入考訂了記載衢州古代著述的各類文獻，辨證了不少文獻記載的謬誤。在內容上，按經史子集分類，全面著錄各類著述，爲撰者立小傳，著錄佚書見存之序，指出佚書佚文所在，爲見存之書撰寫提要；書後附以表格直觀展示衢州各類著述，彌補同一人著述割裂於不同部類之下的缺陷。

作者簡介

魏俊杰（1982—），安徽太和人。先後求學於上海師範大學古籍整理研究所、復旦大學歷史地理研究中心，現爲衢州學院中國哲學與文化研究中心副教授，入選爲浙江省“之江青年社科學者”。主要從事古文獻學、歷史地理學研究。目前已主持國家級、省部級課題多項，在《歷史地理》《中國歷史地理論叢》《中國邊疆史地研究》《中國社會科學報》等刊物上發表論文 20 多篇，合著《中國行政區劃通史·十六國北朝卷》，參編《衢州文獻集成》，出版專著《衢州文獻集成提要》。

序一

　　三衢之地，五縣之轄。處浙水之上流，屬兩路之鄙界。北衛徽埠，商客鼓帆湊泊；西接江右，車楫運載入海。南扼八閩，樓霞險關重隘；東通四明，水陸交通省會。贛甌越四達之府，韜略家算計之垓。地理之所依重，自古及今；形勢猶其怙恃，貫南穿北。青山疊翠，勝景稱美州域；綠水澄碧，藍天不著霧霾。家從遊覽之選，時來青衿紅彩；人誦宜居之區，新構重樓高臺。吁咄哉！履其境者，孰不心動？居其地者，誰不喜愛？

　　雖然，其文獻與時興替，未滯後於他鄉焉。宋鼎忽移餘杭，北士紛渡錢塘。孔裔卜選新居，廟祠靈山之旁。衍聖闕里，聲名再造南疆；弘學黌宇，鐘磬重鳴衢江。是時也，聖學勃興，三家鼎立相當：考亭招徒武夷，東萊開筵東陽；小陸鼓缶金溪，鵝湖會講爭長。衢乃折衝之區，問學來來往往；又是交匯之地，論道熙熙攘攘。端明設壇，終歸常山之葬；朱呂相約，數至超化之堂。陸生追蹤，步韻《聽雨》之章；敬夫相和，起興《鵁鶄》之唱。衢士慕義向善，競登門牆。麗澤之生徒，則有趙鄒李汪；寒泉之傳人，亦見程何張王。經義修身，庶幾二程復張；書禮治家，遮莫鄒魯重光。

　　著述於斯為盛，才人節勵志岦；大冊自此繼出，學士繼膏焚香。舉其大略，聊陳珪璋：《書》見“指南”毛叔明，《易》之“講意”方應祥，《葩》著“說”於劉龍游，《麟》惟“寶”於余定陽。誼父“正誤”六藝，字字璣珠；文煥“合講”四書，句句琳琅。敬秉因小識大，表韻繫聲；爾良據時辨音，《新訣》明朗。東家孔傳雜記，聖跡斑斕；日久勤劬錄譜，史乘稻粱。德容二銘金石，盈箱蓄寶；履芬圖籍紅梅，傲姿吐芳。向榮農林蠶說，心繫民瘼；雷氏諸癥遺草，功存岐黃。短長樂律詞譜，毛劉擅美；韓論柳文典型，諸柴雅望。思道有集《棠陵》，宗派文成；傳燈無心《幽溪》，統緒育王。凡經史子集，色色齊備；夫詩賦雜篇，種種精詳。吁咄哉！覽其書者，孰不歎嗟？思其人者，誰不神往？

　　粵自庚寅之歲，余承命編纂《衢州文獻集成》，歷四寒暑，至甲午歲始克竣局。編務叢脞繁劇，若黃卷之勘，館藏之訂；文獻之輯，甲乙之定；提要之撰，玄秘之清；苦其煩冗，勞其困寧。幸博士魏君俊杰，敏捷簡練，周旋經營；諸事集其一身，董司歸於虛名。《集成》之功，莫與之京。茲復年增月積，日屏夜盈。爬羅剔抉，刮垢磨瑩。發條例，立章程。三載埋首，一飛冲鳴。又成《衢州古代著述考》，都五十萬言，存殁並呈；將付剞劂，問序來請。嘉其好學深思，著述劬勤；未媛姝舊説，汰麤瀝精。故樂爲之而不辭，且願拓其疆埛，邃其貫通，進乎大庭。余知其必將有大獲也，魏君其有聽乎？是爲序。

黄靈庚

於丙申仲冬麗澤寓舍

序二

今年初，俊杰君贈其新著《衢州文獻集成提要》，十六開近五百頁，深感其用力之深。今君又發來《衢州古代著述考》，求序於我，實感嘆良多。

惟吾中華，文獻名邦，疆域遼闊，歷史悠久，文獻豐碩，歷來爲學者所珍視。然年祀綿邈，文獻散佚，典籍舊撰，久或無存，或難尋覓，此實爲君子所歎。故自古文人達士，莫不以搜羅爲事，存祖先之典而爲之流傳，其功大矣哉！抉之《四庫全書總目》，以一時一地名之者，亦非罕見。近代以來，有關浙江之地方文獻，上世紀三十年代張國淦先生《中國古方志考》中便有浙江之部分，近年來則有洪煥椿《浙江方志考》（1984）、宋慈抱《兩浙著述考》（1985）、林正秋《浙江方志概論》（1985）等書出版，實爲可喜。今俊杰君繼成此著，存一地文獻之流緒，厥功亦有益於一邦。

《衢州古代著述考》對“衢州古代各類著述 1654 種，另附流寓衢州人士著述 39 種、誤爲衢州著述 30 種”，逐一考訂，體例略仿《四庫全書總目》，依四部而按年代前後，略分衢籍人士、寓居衢州人士、非衢籍而方志誤收入者等數類敘之。書目則首列存佚，提要言簡意賅。概述著者生平，區分學術源流，勾勒大致內容，羅列資料出處，鈎玄提要，嚴整有序。讀是書者，自會瞭解其價值。就其內容而言，於《衢州文獻集成提要》基礎上大有補充，可見俊杰君做學問之認真踏實。

俊杰於我，有師生之誼、朋友之情。2006 年秋，俊杰隨我讀碩士，問學甚勤。余囑之從基礎做起，扎實讀書，定俊杰選題爲十六國文獻研究，以利其今後深造。期間，俊杰爲讀珍本、秘本，赴京蟄居學生宿舍，夜以繼日。三年後，俊杰以十三萬餘言之《十六國文獻研究》爲畢業論文，獲得答辯導師們高度評價。隨後再做博士，其自選題目爲《十六國疆域研究》。此爲歷史地理範疇，余於此一竅不通，實難指導，加以十六國時期戰亂不斷，疆域極難理清，自然不能同意。況且乾嘉諸賢中已有洪亮吉《十六國疆域志》、徐文範《東晉南北朝輿地表》，如同大山，實難逾越。俊杰自稱能夠寫出新意，於是讓其寫一章節，看後再定。待其拿出《前趙疆域考》，雖行文之間尚有可議之處，然思路清晰，資料扎實可靠，疆域變遷一目瞭然，對前賢之誤多有糾繆，確在前賢研究基礎上有所發展，於是釋然而贊同之。兩年後，俊杰拿出近三十萬言之初稿，讀後雖感有所欠缺，然整體煥然可觀。經過半年修訂，余意可以畢業，於是申請答辯。博士兩年半畢業，學校管理部門深感困惑，一是事無先例，二是質量究竟如何。經余爭取，校方答應由國內兩位頂級同行專家審定，並要求發表論文達到學校要求的兩倍才予以考慮。論文自然不成問題，而儘管同行專家指出論文中尚有可提高之處，但總體意見極佳，因此俊杰順利通過答辯。畢業後，俊杰赴衢州學院任教，並受邀參與地方志研究。半年後，余曾赴衢州與俊杰會面，囑其認真做好地方史研究，發掘資料，從而做大學問。同時亦須深造，以便學術發展。其後，俊杰入復旦大學地理研究所做博士後，隨李曉杰先生治歷史地理，學養由此大進。期間獲得國家社科項目、教育部項目、博士後重點項目、浙江省社科項目各一項，實是令人感奮。

　　《管子》曰："一年之計，莫如樹穀；十年之計，莫如樹木；終身之計，莫如樹人。"樹穀樹木，自是人爲之，樹人則非他人樹之，是自樹也。俊杰君隨吾多年，深知此君立志高遠，且能謙謹踏實，自勵不暇，今收穫頻頻，自是可喜。然面對紛擾之現實，自當靜心竭慮，刻苦鑽研以求更大成就。是爲序。

湯勤福

2016 年 11 月 20 日於上海寓所

目　録

緒　言

　　中國古代學術文化有自北向南轉進過程，此當發端於兩漢。晉室遭永嘉之亂，五馬渡江，古代學術文化進一步向南轉進。宋室罹靖康之難，宋鼎南遷，南方學術文化日趨興盛。衢州古代文化也隨中國文化的轉進而發展。兩漢之際，有隱士龍丘萇名留青史，衢州人物由此興起。南齊時，有徐伯珍《周易問答》問世，衢州學術文化由此勃興。然宋代以前，衢州人物、著述，能見於史冊者屈指可數。隨古代文化轉進，衢州學術文化至宋世以後逐步發展。衢州學術涵泳於中華主流學術中，兩宋以來，人才輩出，代不乏人，文獻相望，書香不絕，學術著述，日漸豐富。衢州古代著述今可考者有 1654 種，已知傳世者有 282 種，本書即爲對各類衢州著述所作全面考述。

一、本書研究的學術基礎

　　西漢之季已有經籍志書，劉向、歆父子整理群書、編製目錄、撰寫提要，《別錄》《七略》遂問世。東漢班固撰《漢書》，依《七略》而成《漢書·藝文志》，此爲現存最早群書目錄。自魏晉以降，官私書目迭出，《中經》《七志》《七錄》等先後纂輯。北朝時，宋孝王始開地方目錄先河，劉知幾《史通·書志》載："宋孝王《關東風俗傳》亦有《墳籍志》，其所錄皆鄴下文儒之士，讎校之司。所列書名，惟取當時撰者。"自南宋高似孫《剡錄》而下，地方志書列有藝文、經籍之門逐漸常見。

　　明代已見地方經籍志書，［雍正］《浙江通志·經籍志》著錄有李堃《甬上著作考》。清代以來，出現不少地方經籍簿錄，而浙江尤多，湖州、金華、溫州、杭州、台州、紹興、嘉興、寧波等皆有經籍志書①，且海寧、平湖、永嘉、上虞、海鹽、瑞安、

---

　　①　盧正言主編《中國古代書目詞典》（廣西教育出版社1994年）和來新夏主編《清代書目提要》（齊魯書社1997年）收錄有鄭元慶《湖錄經籍考》、胡丹鳳《金華文萃書目提要》、胡宗楙《金華經籍志》、孫詒讓《溫州經籍志》、吳慶坻《杭州藝文志》、金嗣獻《台州書目》、項士元《台州經籍志》、趙亮熙《台州藝文略》、楊晨《台州藝文略》、魯迅《舊紹興八縣鄉人著作目錄》、嘉興市圖書館編《嘉興地方文獻草目》、紹興縣志修委會編《會稽經籍志》。另外，《地方經籍志彙編》（北京圖書館出版社2008年）收錄有佚名《台州經籍志》、張壽鏞《四明經籍志》、佚名《寧波學人著書錄》、周廣業《兩浙地志錄》；陳橋驛有《紹興地方文獻考錄》（浙江人民出版社1983年）。

長興一邑甚至南潯一鎮也有經籍書目①。各經籍志書或存佚兼收，或僅守當時所存之書，或僅備書名，或爲存書提要，或有作者小傳，或有所辨證，或收録有序文，内容各有不同。民國時，在陳訓慈先生主持下，浙江圖書館曾編《浙江省郡邑總集》《鄉賢遺書》《鄉賢遺書書目》②，所收爲當時所見浙江鄉賢書籍。宋慈抱有《兩浙著述考》，惜此書無集部著述，所收經、史、子部遺漏也不少。洪焕椿編著《浙江方志考》、林正秋主編《浙江方志概論》爲浙江方志專門之作，前書重於考辨，後書詳於評述③。

衢州此前尚無專門經籍之作，僅浙江通志、衢州方志中涉及衢州經籍内容。就各方志史源來説，後成之書往往採擇前書，收書數量一般多於前書。就著録衢州著述各書目而言，後來書目不僅收録著述數量增多，且體例相對較完善。如［光緒］《開化縣志》以前縣志，其著録開化地區著述編排可謂混亂，［光緒］《縣志》相關内容則條理相對清晰。下表所列各書目，除民國以來書目外，其他各書目基本無解題或提要。各書目在著録同一種著述時，可能在撰者、撰者籍貫、撰者時代、書名、卷帙等方面有異。以往各志書，由於時代局限，多有遺漏。下表所列收録衢州著述諸作，以［民國］《重修浙江通志稿》所收衢州著述最多。本書收録衢州古代各類著述 1654 種，另附流寓衢州人士著述 39 種、誤爲衢州著述 30 種。對比可知，以往各書目遺漏不少。不僅如此，各相關書目多少會有誤收之作④。

---

① 《中國古代書目詞典》和《清代書目提要》收録有陳敬璋等《海寧渤海陳氏著録》、管庭芬《海昌藝文志》和《海昌經籍志略》、陸惟鎏《平湖經籍志》、彭潤章和葉廉鍔《平湖經籍志》、孫依言《永嘉書目》、錢枚《上虞書目》、顏氏《海鹽先哲著述目録》、陳謐《瑞安經籍目》、沈登瀛《南潯著述總録》。另外，《地方經籍志彙編》收録有吳騫《海寧經籍志備考》，浙江圖書館有鄒存淦《海寧山志著述備考》《國朝海寧著述未刊書目》、蔣學堅《海昌著録續考》；浙江圖書館編《鄉賢遺書》有王修《長興先哲遺著徵》，載《浙江省文獻展覽會專載》，《文瀾學報》第二卷第三、四期，1937年。

② 浙江圖書館編：《浙江省郡邑總集》《鄉賢遺書》《鄉賢遺書書目》，載於《浙江省文獻展覽會專載》，《文瀾學報》第二卷第三、四期，1937年。

③ 洪焕椿編著：《浙江方志考》，浙江人民出版社1984年。林正秋主編：《浙江方志概論》，吉林省地方志編纂委員會、吉林省圖書館學會印行，1985年。

④ 此表所列誤收之作，不包括衢州一屬縣志誤收另一屬縣著述，如《西安縣志》（或《衢縣志》）、《龍游縣志》《開化縣志》皆收録吾丘衍之作，《西安縣志》（或《衢縣志》）、《龍游縣志》皆收録釋傳燈之作，這類人士雖籍貫有爭議，但皆畢竟仍爲衢人，此不視爲其中某一書爲誤收。

各書目收録衢州著述表

收録衢州著述的書目	收書	誤收	收録衢州著述的書目	收書	誤收
[民國]《重修浙江通志稿·著述考·衢州經籍》	867	21	《兩浙著述考》	342	21
[天啓]《衢州府志·藝文志》	298	13	[康熙]《衢州府志·藝文考》	567	25
[嘉慶]《西安縣志·經籍志》	337	11	[民國]《衢縣志·藝文志》	486	23
[萬曆]《龍游縣志·藝文志》	68	12	[康熙]《龍游縣志·藝文志》	89	10
[民國]《龍游縣志·藝文考》	214	12	[雍正]《常山縣志·藝文志》	60	2
[嘉慶]《常山縣志·書目志》	117	5	[光緒]《常山縣志·藝文志》	135	5
[天啓][康熙（辛巳）]《江山縣志·建置志·學校》	47	2	[康熙（癸巳）]《江山縣志·邑人著述》	73	5
[乾隆]《江山縣志·藝文志》	93	6	[同治]《江山縣志·邑人纂述書目》	103	6
[雍正]《開化縣志·藝文考》	193	1	[乾隆]《開化縣志·經籍志》	153	1
[光緒]《開化縣志·藝文志》	209	2	[雍正]《浙江通志·經籍志》	267	5

　　除上述書目相對集中著録衢州著述外，另有許多著述散見於其他各類文獻中。就方志來説，不僅經籍志或藝文志有專志，其人物志也常有著述，且人物志有不少著述不見於同書經籍志、藝文志，有些選舉志中也會列有科貢人士著述，其他志在徵引文獻時也會涉及不少著述。因此，考述衢州著述，不僅要參考經籍志、藝文志、人物志，還要查看方志其他相關内容。以往的各類官私目録著作以及正史、別史之藝文志、經籍志等，雖爲全國性群書書目，考述地方著述自然也要參考。文人別集和宗譜中也時涉及某些著述，由書序可知著述，而墓誌銘、墓表、行狀、神道碑、人物傳中有時也會提及墓主或傳主的著述。不僅文集和宗譜中墓誌銘會涉及到相關人物的著述，散見的墓誌也同樣會有。有些現存著述的書序或書跋也往往會提及相關人士的著述，如據毛以南《致和堂詩稿》後作者自跋乃可知以南堂伯毛紹芳諸作。另外，類如《兩浙輶軒録》《西安懷舊録》《須江詩譜》之類總集，往往會有收録作者小傳，據這些小傳又可知不少著述。有些現存之書，不見於其他文獻記載，僅爲圖書館、博物館、檔案館或私家收藏，這類文獻需要調查後纔能發現。《衢州文獻集成》收録了絶大部分衢州古代傳世著作，是本書研究的重要基礎。考述地方著述雖以方志及其相關書目爲主，但同時還需廣泛參考其他各類文獻資料[①]。

---

　　① 今人對衢州古代著述也有不同程度的研究，大多針對某一著作專門研究。這些值得參考的論文，詳見本書參考文獻所列"論文"類。

二、衢州古代著述概述

随着印刷術的發展，文化教育逐漸普及庶人。自宋以來，衢州較大的家族往往重視家學，此可參見衢州著述家訓、蒙學類著作以及諸課兒類著述。故衢州許多學人出於同一家族，不少是父子、兄弟皆有著述。衢州教育的發展還體現在書院教育上，北宋時衢州有 5 所書院，南宋增至 17 所。嵇璜等《續文獻通考·學校考》載南宋全國著名書院有 22 所，衢州就有柯山書院、清獻書院兩所。宋以後，衢州書院教育仍受到重視。衢州不僅私學教育較盛，郡學、縣學教育的發展亦可見證於衢州府志、縣志的記載。衢州教育的發展，加之文化的地域轉進，促使此地士人不斷涌現。

衢州古代著述主要產生於宋元明清時期，有影響的著述以宋代爲多，宋後著述數量雖漸多，然影響漸弱，這與衢州學術人物的興衰有關。據賈志揚《宋代科舉》附錄三統計，北宋時衢州進士數居今浙江各地首位[1]，這反映當時衢州人物較盛。由進士數來看，宋代 320 年衢州產生進士 609 位，明代 277 年僅有進士 146 人，而 [雍正]《浙江通志·選舉志》載明代浙江 11 州府進士近 4000 人；又據同書《選舉志》，清乾隆前浙江進士 1142 人，而衢州僅 15 人。衢州有著述的學者在正史有傳者，《宋史》有趙抃、毛漸、毛注、王漢之、王渙之、劉正夫、程俱、劉章、劉愚、徐霖等 10 人，《明史》有樊瑩、徐文溥兩人，且有金宸、吾紳、鄭伉、毛愷等 4 人附入他人傳後，《清史稿》僅有戴敦元。宋代衢州不少學者師承當時理學家，如徐存爲楊時再傳弟子，鄒補之受業於朱、呂之門，劉愚師承葉適，劉克之學出於呂祖謙。明代也不少學者亦師承當時名家，如何初爲許謙再傳弟子，鄭伉學於吳與弼，陳恩得蔡清心傳，周積先後師從章懋、蔡清、王陽明，祝鳴謙、欒惠、王璣、徐霈、徐天民同出於王陽明之門，徐泰徵師事魏大中。清代學者很少有師承當時名家者。由宋至清進士數量、正史有傳和師承關係的變化，可見不同時代衢州學術人物影響有所不同。

今所考衢州著述，以南朝齊徐伯珍《周易問答》最早。唐代僅徐安貞有著述，其參注《御刊定禮記月令》一卷，參撰《文府》二十卷。徐安貞詩文至明已散佚，明人童珮輯有《徐侍郎集》二卷，此作今存。五代十國時，文獻僅載吳越慎温其《耕譜》。宋代以前，衢州著述可考者僅以上幾種。自宋以來，衢州著述逐漸增多。由下表可見衢州古代可考著述凡 1654 種，已知傳世者 282 種。本書另收錄民國方志 10 種，其中 6 種完存，4 種有殘缺。衢州古代著述可考者和傳世者皆清代最多，然有影響的著錄則以宋代爲多。《四庫全書總目》著錄衢州學人著述 61 種，其中《四庫全書》收錄 26 種，宋、元、明、清分別有 18 種、5 種、2 種、1 種；入存目者 35 種，宋、元、

① 賈志揚：《宋代科舉》，東大圖書公司1995年，第289頁。

明、清分别有 5 種、3 種、22 種、5 種。當然，《四庫全書總目》著録清乾隆以前著述，但衢州乾隆以後較有影響著作也不多。總的來説，衢州著述影響較大者以宋代爲多，至清漸弱。

衢州古代著述不同時代各部類表

時代	經部		史部		子部		集部		四部總計	
	可考	今存	可考	今存	可考	今存	可考	今存	可考	今存
南齊	1								1	
唐代	1						2	1	3	1
吳越					1				1	
宋代	47	5	46	5	44	7	101	13	238	30
元代	17	4	10	3	17	3	32	2	76	12
明代	71	7	86	20	169	34	270	29	596	90
清代	68	3	102	48	146	32	423	64	739	149
歷代總計	205	19	244	76	377	76	828	111	1654	282

衢州學術融匯於中華主流學術中，古代學人於經、史、子、集四部皆有著述。衢州不少學者以闡述經義已任，經學著作在衢州文獻中居於重要地位。衢州經部著述可考者有 205 種，已知傳世者僅 19 種。就各部類著述而言，《易》類 54 種（存 3 種），《書》類 12 種（存 2 種），《詩》類 17 種（存 1 種），《禮》類 12 種，《春秋》類 20 種（存 1 種），五經總義類 22 種（存 1 種），《四書》類 37 種（存 2 種），樂類 2 種，《孝經》類 2 種，小學類 27 種（存 9 種）。衢州學人撰述《易》類著述最多，而傳世至今者則多爲小學類著述。由文中所考撰者的師承和交友可見，宋代以來的衢州經學受宋明理學影響較深。宋代受程朱理學、浙東之學影響較大，明代又受程朱理學、陽明心學影響至深，清代則多受程朱理學影響。衢州既無有影響的經學家，也無有較大影響的經學著作，無鮮明的地域性特色。

宋代以來，衢州史部文獻逐漸增多。中國傳統學術中，史學的地位僅次於經學，常將經、史並論。中國傳統史學具有殷鑒興廢、明道救世、傳承文化等功用，分外注重經世致用，衢州史學亦是如此。衢州史部著述可考者有 254 種（包括 10 種民國方志），已知傳世者 86 種，其中正史類 1 種，編年類 2 種，實録類 5 種（存 3 種），雜史類 46 種（存 12 種），奏議類 21 種（存 1 種），傳記類 28 種（存 9 種），地理類 23 種（存 8 種），衢州方志類有 79 種（存 42 種），政書類 31 種（存 8 種），目録類 6 種（存 3 種），史評類 12 種。史部著述存佚皆以衢州方志類爲多，這與自宋以來方志不斷重修有關。雜史類、傳記類的有些著述，其撰者雖非衢州人士，但所記爲衢州人事，故仍視爲衢州著述。

中國傳統學術中，經學多重内在修養，屬"修齊"、内聖之學；史學多重經世致用，屬"治平"、外王之學。《易》曰："天下同歸而殊塗，一致而百慮。"諸子百家之學雖側重不同，皆終歸於修己、安人。受中國傳統學術影響，衢州子學著述亦十分豐富，數量超過經部、史部。衢州子部著述可考者有 377 種，已知傳世者 76 種，其中儒家類 92 種（存 5 種），兵家類 7 種，農家類 5 種（存 2 種），醫家類 54 種（存 20 種），天文算法類 3 種，術數類 18 種（存 4 種），藝術類 15 種（存 3 種），雜家類 86 種（存 10 種），類書類 17 種（存 6 種），小説家類 9 種（存 8 種），道家類 20 種（存 5 種），釋家類 51 種（存 13 種）。衢州子部著述儒學類最多，此亦可見中華主流學術對衢州的影響。而現存著述以醫家類爲多，這體現了明代以來衢州醫學的興盛，且不少著述有一定影響。釋家類著述以釋傳燈個人 38 種爲多，所存 13 種皆傳燈之作。

衢州學人多儒雅君子，文道並重，不僅注重德性修養、經世致用，還以文傳道，以詩見志，針砭時弊，抒發性情。衢州著述以集部最多，幾乎占著述量之半。唐代徐安貞《徐侍郎集》爲衢州文集權輿，其作至今仍存。宋以後衢州學人文集層出不窮，逐漸增多。衢州集部著述可考者 828 種，已知傳世者 111 種，唐人別集類 1 種（存），宋人別集類 96 種（存 12 種），元人別集類 26 種（存 2 種），明人別集類 248 種（存 24 種），清人別集類 391 種（存 61 種），詩文評注類 24 種（存 6 種），總集類 42 種（存 5 種）。總的來看，衢州集部之作以宋代著述影響稍大。清代傳世之作雖多，大多爲抒寫個人情懷的詩集，且在清詩中地位不高。這體現了衢州著述於宋多佳作，至清量雖多而欠佳。

宋初至清末，衢州轄有西安[①]、龍游、常山、江山、開化五縣。在可考著述的撰者中，西安有 220 人，龍游有 112 人，常山有 83 人，江山有 92 人，開化有 144 人，另有知爲衢州人而不知何邑者 15 人。西安學人有著述 540 種，已知傳世者有 103 種。龍游學人有著述 246 種，已知傳世者有 39 種。常山學人有著述 155 種，已知傳世者有 13 種。江山學人有著述 212 種，已知傳世者有 37 種。開化學人有著述 394 種，已知傳世者有 55 種。其他可知撰者爲衢州學人的著述 17 種，這類著述傳世者 3 種。可見衢州五邑中，西安籍有著述的學人最多，著述也最多，傳世者也最多，開化次之，龍游、江山又次之，常山最少。西安爲衢州府城所在，許多士子可受到良好書院教育、府學教育，學術傳統較好，故學者輩出，著述亦多。開化地近徽州，受徽學影響較大，

---

① 西安縣爲宋、元、明、清之稱，民國稱衢縣，今分爲柯城區和衢江區。因本書所考該縣學人皆爲宋、元、明、清之人，故用西安縣，而不稱衢縣，亦不細分爲柯城區和衢江區。

故人才較多，著述也較多。

衢州古代著述比較豐富，經史子集各部類皆有衢州學人著述。衢州古代以集部著述最多，幾乎占衢州古代著述之半。衢州著述主要撰述於宋元明清時期，宋代多佳作，清代著述數量和傳世之書數量皆最多。宋元明清之際，衢州下轄五邑中，以府城所在西安縣學人最多，著述也最多。

三、本書的編撰體例

張元濟在《印行四部叢刊啓》中言："睹喬木而思故家，考文獻而愛舊邦。"地方文獻是地方文化的重要載體，全面瞭解一地文化，需深入考索該地學人著述。此前諸書所載衢州經籍遺漏甚多，且時有錯誤。本書充分利用《衢州文獻集成》及其他衆多官私收藏的文獻，在前人已有的學術基礎上，補闕糾繆，超出著錄衢州著述最多者幾乎一倍，辨證不少文獻記載之誤。較之以往諸作，本書力求內容相對完善，爲撰者立小傳，著錄佚書見存之序，指出佚書佚文所在，爲見存之書撰寫提要。最後附以表格，不僅直觀展示衢州各類著述，且可彌補同一人著述割裂於不同部類之下的缺陷。將衆多衢州著述彙爲一書，需對收錄著述的範圍、標準、類別、編排方式、引證文獻等作綜合考量。

第一，本書主要收錄民國以前衢州學人的著述及記述衢州的文獻著作。有些清末民初人士，其著述有清末刊行者，亦有民國初年撰述者，對其民國後的著作亦酌情收錄。至於衢州府縣方志，不僅民國以前者全收，民國時期者亦兼收並取。

第二，本書主要收錄衢州學人的著述，有些人士寓居他鄉，如吾丘衍九歲至杭州，此後未回衢州；又如劉佳寓居蘇州，子孫履芬、毓盤僑居蘇州；再如陳一夔客居山西，後卒於其地。對於這些原籍爲衢州，後來流寓在外的人士，此書亦視爲衢州人士，其著述本書皆予以收錄，入正文之中。

第三，有些外籍人士的著述，如湘潭陳鵬年《浮石集》、江寧釋月海《仿梅集》、嘉興朱彭《盈川小草》，其詩歌或宦居衢州或駐錫衢州所作，且著述內容大多與衢州相關，本書亦將此類著述入正文。有些外籍人士長期寓居衢州，其後子孫定居衢地，且其著述在衢州完成，本書亦將此類著述入正文。

第四，對有些外籍人士，曾一度寓居衢州，但其著述並非一定在衢州完成，且著述內容基本與衢州無涉，此類著述則分別附入相應的部類之後。如山西聞喜人趙鼎曾寓居衢州常山，有《忠正德文集》十卷，〔嘉慶〕、〔光緒〕《常山縣志·藝文志》亦著錄此書，本書將其附入《集部·宋人別集類》之下。對於衢州方志《流寓傳》所收短暫居於衢地人士，本書不將其著述入附文。如〔民國〕《衢縣志·流寓傳》載朱熹、呂祖謙曾寓居衢州超化寺，本書不將晦庵、東萊之作入附文。

第五，有些著述撰者並非衢州人士，而衢州方志等書於《藝文志》《經籍志》《人物志》等內容中，誤以撰者爲衢人，而錄有其著述，此亦附入相應的部類之下。如彭城劉牧有《易象鉤隱圖》等《易》學之作，諸《衢州府志》《西安縣志》誤以其衢州西安人，本書將其作附入《經部·易類》之下。

第六，本書所收錄衢州著述，皆爲已經成書之作，即便未刊行，也可收錄。若史籍記載某衢州人士有著述，但不名爲何著述，本書將不再收錄。如〔乾隆〕《開化縣志·人物志·文苑》載，余輅元著述甚豐，惜遭兵燹，子是亨、吉亨僅拾燼餘，藏之於家；又載，張炌胸羅經史，其遺稿邑人有所藏之者；又載，張汝壘著作甚多，俱未付梓。《開化縣志》所載，表明余輅元、張炌、張汝壘皆有著述，然無書名，本書對於此類之作一般不收錄。

第七，本書按經、史、子、集四大部類排列，各部類下的細目則以《四庫全書總目》的子目編排。個別著述會根據情況稍加調整，如《四庫全書總目》父子、兄弟合集入總集，此則入別集類。各類目著述，又按撰者所在年代先後編排。

第八，由於本書按照經史子集編排，同一人之作可能分別著錄於不同部類之下。本書將在最先收錄撰者的著述下，介紹撰者的籍貫、科貢、官爵、學術履歷等生平事跡，同時將該撰者的全部著述於此列出。

第九，本書引證文獻，皆明確出處。若對同一種著述或同一人生平，有許多文獻都有記載，本書一般取最早的文獻。如徐敷言及其所撰《易説》《二五君臣論》，見載於〔弘治〕《衢州府志·人物志·事功》，而此後諸《衢州府志》《西安縣志》《衢縣志》於人物傳、藝文志皆記載徐敷言此作。本書祇引〔弘治〕《衢州府志》的記載，不再羅列其他方志同樣記載。若後來文獻內容較其前文獻詳盡，有以前文獻未記載之處，則採後出文獻。若不同方志或其他文獻，記載的撰者、書名、卷數等不一致，本書則錄其異。但對比較重要的典籍如正史《藝文志》、宋代書目、朱彝尊《經義考》、黃虞稷《千頃堂書目》等收錄衢州人士著述，本書皆羅列其收錄情況。

第十，本書引證古籍、宗譜類文獻及《衢州文獻集成》收錄的著述，直接在正文指出見於何書何處，不再加脚注、標頁碼。各古籍、宗譜所用版本，全見於文後參考文獻。對於引證今人編著之作或論文，則加脚注，並注明出版社、出版年、頁碼和論文刊物刊載情況。

第十一，本書所錄衢州著述，大多散佚，僅有少部分今存。對於已經散佚之作，若有該書序文見存，本書將收錄之；若有佚文見存，將指明此佚文見存之處，則不收錄此佚文。

第十二，對於今存之作，本書將爲之撰述提要，不再收錄序文。此提要是在《衢州文獻集成提要》的基礎之上修改而成。對於《衢州文獻集成》未能收録之書，本書將再撰其提要。提要體例仿《四庫全書總目》，若《四庫全書總目》有著録，本書全録其提要，同時另撰提要或加補充，或加辨證。

第十三，本書正文後附有《古代衢籍人士著述表》《衢州方志表》《古代外籍人士衢州著述表》《古代流寓衢州人士著述表》《衢州古代著述撰者籍貫辨誤表》，以簡潔而直觀地反映衢州著述的情況。其中衢州方志類著述不入《古代外籍人士衢州表》中，而衢州籍人士所纂衢州方志既見於《古代衢籍人士著述表》，又見於《衢州方志表》。《衢州古代著述撰者籍貫辨誤表》僅辨正誤將外籍入衢州籍者，至於衢州屬縣籍貫互誤者不入本表。

經　部

易　類

周易問答一卷（佚）

（南朝齊）太末徐伯珍撰

徐伯珍字文楚，東陽太末人。究尋經史，遊學者多依之。吳郡顧歡摘出《尚書》滯義，伯珍酬答甚有條理，儒者宗之。又好釋氏、老莊，兼明道術。南齊永明二年，揚州刺史豫章王辟議曹從事，不就。事跡見《南齊書》本傳。《隋書・經籍志》著録徐伯珍《周易問答》一卷，朱彝尊《經義考・易十一》亦載是書。南齊東陽郡太末縣治今龍游縣境，故諸《龍游縣志・藝文志》著録徐伯珍《周易問答》。此書今佚。

周易意蘊凡例總論一卷（佚）、卦變解二卷（佚）

（北宋）西安徐庸撰

徐庸字用之，西安人。朝散大夫，轉太常寺少卿，直集賢院。事跡附見於［弘治］《衢州府志・人物志・事功》"徐泌傳"後。徐庸撰有《周易意蘊凡例總論》《卦變解》《注太玄經解》《玄頤》。晁公武《郡齋讀書志・易類》載："《易意蘊》一卷，右皇朝徐庸撰。庸以《春秋》凡例，《易》亦有之，故著書九篇，號《意蘊凡例總論》。其學祖劉牧、陸秉云。"陳振孫《直齋書録解題・易類》載："《易意蘊凡例總論》一卷，東海徐庸撰。皇祐中人。凡爲論九篇。《館閣書目》又有《卦變解》，未見。"宋人馮椅《厚齋易學・先儒著述下》載："《中興書目》，'《周易意蘊凡例總論》一卷，皇祐初，徐庸撰。'庸，東海人，以注疏漶漫，故著論九篇，始於《易蘊》，終於《大衍》。又撰《周易卦變解》，《序》云：'皇祐初，述《周易》凡例，粗驗象辭，然未罄萬事之變。閱唐李氏所集諸儒《易》注，遂成《周易卦變解》二卷，蓋明卦有意象，爻有通變，以矯漢魏諸儒旁通互體推致之失。'"《宋史・藝文志》載："徐庸《周易意蘊凡例總論》一卷，又《卦變解》二卷。"［弘治］《衢州府志》載徐庸嘗表上《周易意學意蘊》。［天啓］《衢州府志・藝文志》著録有西安徐庸《周易通》《易學》，又著録龍游徐直《周易意》《學意蘊》。［康熙］《衢州府志・藝文考》著録有徐庸《周易意蘊凡例總論》一卷、《卦變解》二卷，又有徐直《周易意》一卷、《學意蘊》一卷。朱彝尊《經義考・易十六》著録徐庸《周易意蘊凡例總論》一卷、《卦變解》二卷。［民國］《衢縣志・藝文志》載有徐庸《周易意蘊凡例總論》《卦變解》《周易通》《意學》。［民國］《龍游縣志・藝文考》有徐庸《周易意蘊凡例總論》一卷，其有案語曰："兩舊志均作徐直《周易意》一卷、《學意蘊》一卷。蓋誤以一書爲兩書，且'學意蘊'三字亦不成語，又不知直集賢院學士爲官名，誤以直爲人名，殊太失檢。［康熙］《府志》即著録徐庸著書，復著徐直，亦屬疏忽。"《龍游縣志》此案語甚是，《衢縣志》所載《周易通》《意學》亦誤。宋慈抱《兩浙著述考》載："《周易意蘊》《周易凡例總論》一卷、《卦變解》二卷、《周易通》一卷，宋衢縣徐庸撰。"[1] 宋氏將《周易意蘊凡例總論》誤爲二書，又言徐庸著有《周易通》，或沿［民國］《衢縣志》之誤。徐庸於宋爲衢州西安人。然《直齋書録解題》《厚齋易學》皆言徐庸爲東海人。東海爲徐氏郡望，二書以郡望稱其籍貫。諸書記載徐庸《易》學之作有歧異，當以"《周易意蘊凡例總論》一卷、《卦變解》二卷"爲是。徐庸此二書今皆佚。

易説（佚）、二五君臣論一卷（佚）

（北宋）西安徐敷言撰

徐敷言字明可，西安人。第進士。入爲《九域志》編修官。後任御史、中書舍人等職。移守婺，有惠政。有《易説》及《二五君臣論》。事跡見［弘治］《衢州府志・人物志・事功》，同書《科貢志》載徐敷言爲元符三年進士。《衢州墓誌碑刻集録》有徐敷言《蔡漢模墓誌》[2]。［康熙］《衢州府志・藝文考》著録徐敷言《易説》《二五君臣論》一卷，［康熙］《龍游縣志・藝文志》亦載徐敷言《二五君臣論》一卷。［民國］《衢縣志・藝文志》著録徐敷言《易説》《二五君臣論》，其下有按語："《通志》別有《二五君臣論》一卷，引《讀書附志》胡寅明仲、閭邱昕逢辰二侍郎之論也。六十四卦，各爲之説。南軒先生張宣公爲之序。《經義考》亦引之，未知與徐書是一是二，但出徐後耳。"徐敷言有《易説》應無疑，《二五君臣論》是否爲敷言之作則存疑。此二書今皆佚。

易解（佚）

（南宋）開化江泳撰

江泳字元適，開化人。受學於徐存先生。應鄉舉不利，遂不復謀仕，而行其志於家，號所居爲西莊。宋孝宗乾道八年卒。遺著有《西莊題意》《朋遊講習》《天籟編》《因心録》，《易》《中庸》有解。其他論述尚多，藏於家。事跡見樓鑰《攻媿集・誌銘》

---

① 宋慈抱：《兩浙著述考》，浙江人民出版社1985年，第66頁。
② 衢州市博物館編：《衢州墓誌碑刻集録》，浙江人民美術出版社2006年，第21—22頁。

所載《江元適墓誌銘》。朱彝尊《經義考·易三十六》著録江泳《易解》。[光緒]《開化縣志·藝文志》載爲江泳《易注解》，與《經義考》不同。江泳此書今佚。

易索隱（佚）

（南宋）西安柴翼撰

柴翼，事跡不詳。柴翼所著有《易索隱》若干卷、《芻言》四卷。曾協、周必大各爲《易索隱》題跋。據下引文，曾氏稱柴氏爲柴鳴舉，周氏則稱柴鴻舉，未知孰是。朱彝尊《西安縣重建儒學碑記》言："劉牧、徐庸、柴翼之《易》，徐晉卿、王宏之《春秋》，是皆西安産也。"（見[民國]《衢縣志·碑碣志一》）據此，柴翼當是西安人。又據周必大《跋語》，《易索隱》成書於南宋紹興間。朱彝尊《經義考·易二十四》著録柴翼《易索隱》。柴翼此書今佚。

曾協《書柴鳴舉〈易索隱〉後》：聖人之言，由近以及遠，推見以至隱，蓋善誘之道也。後之人志其空言，而遺其日用，使學者不得其門以入，幾何其不怠且廢也。傳六經者往往如是，而《易》最爲甚。夫《易》之爲教，二卷舒而已矣。剛柔高下、消息盈虛存乎理，屈伸進退、出處語默存乎人，此一經之大凡也。柴氏之書，因而明之於事爲交際之間，世我從違之際，如是而可，如是而不可。近而易曉如指諸掌，於以保身，於以經世，於以體常，於以應變，無一不與《易》合。而咎悔自遠，《易》之獲用於世，豈不較然明白也哉！夫經者常也，使須臾而可離，烏乎而爲常，然則求《易》之用者，當自此書得之。（見曾協《雲莊集·書後》）

周必大《柴翼秀才著書求跋語》：三衢柴鴻舉著《易索隱》若干卷、《芻言》四卷，可謂勤且博矣。夫談禪不必病戒律，用兵不必廢行伍，講解會粹之學有功於道，豈少哉！子夏曰"日知其所亡，月無忘其所能"，此鴻舉之志也。故爲發明之。紹興三十二年閏二月一日。（見周必大《文忠集·題跋》）

周易啓蒙一卷（佚）

（南宋）龍游余嶸撰

余嶸字處恭，一字景瞻，龍游人。幼學於劉愚，淳熙十四年擢第。歷官吏部侍郎、國子祭酒，進敷文閣直學士，兼兵部尚書，以光禄大夫致仕。接緒言而傳心印，克爲名卿，真西山、陳復齋尤敬重焉。事跡附見於[弘治]《衢州府志·人物志·事功》"余端禮傳"後，亦見於《宋元學案·水心學案下》。余嶸所著還有《書説略》《毛詩説略》《春秋大旨》《使燕録》。[萬曆]《龍游縣志·藝文志》、[天啓]《衢州府志·藝文志》均著録余嶸《易啓蒙》。[康熙]《衢州府志·藝文考》、[民國]《龍游縣志·藝文考》和[民國]《龍游縣志·人物傳一》余嶸本傳皆載嶸著有《易啓業》，疑有誤。朱彝尊《經義考·易二十五》載爲余端禮《周易啓蒙》。[康熙]《衢州府志·藝文考》

載余端禮《周易啓蒙》、余嶸《易啓業》一卷，其下有楊廷望按語："《啓業》《啓蒙》疑是一書，而誤分爲二。"［民國］《龍游縣志·藝文考》亦著録有余端禮《周易啓蒙》，其案語以爲楊廷望之説近是，且曰"今以朱彝尊著録其書，或有根據，故仍之以俟考"。［民國］《重修浙江通志稿·著述考·衢州經籍》亦著録有余端禮《周易啓蒙》。《宋史·余端禮傳》和《衢州墓誌碑刻集録》所收《余端禮墓誌銘》[①]，皆未言端禮有著述。［弘治］《衢州府志》等書將余嶸傳附於余端禮傳後，《經義考》當誤以爲《周易啓蒙》爲端禮之作，下《經義考》載《毛詩説略》爲端禮著，其誤與此同。余嶸《周易啓蒙》今佚。

太極圖説一卷（佚）

（南宋）西安徐霖撰

徐霖字景説，西安人。研求六經之奧，究極三王、周公、孔子相授者，孜孜以學。淳祐四年，試禮部第一。任職於秘書省，後受任於常州、汀州等地。丞相游公守衢之日，築室於爛柯山，招霖講道。霖陞講太極義，皆所得洙泗伊洛者。事跡見《宋史》本傳和《衢州墓誌碑刻集録》所收徐心亨撰《徐霖墓誌》[②]。徐霖所著有《太極圖説》《中原音韻注釋》《遺稿》《春山文集》。［弘治］《衢州府志·人物志·理學》載徐霖有《太極圖説》。朱彝尊《經義考·易七十》著録徐霖《太極圖説》一卷。此書今佚。

重正卦氣（佚）

（元）開化吾衍撰

吾衍字子行，開化人。大父爲太學生，留家錢塘。至元、元貞間人。子行工篆、隸書，通聲音律吕之學。讀《太玄經》，號貞白處士。慕李長吉詩樂府，效其體，爲之氣韻輒與相似。著述有《重正卦氣》《卦間氣中編》《尚書要略》《説文續釋》《周秦刻石音釋》《九歌譜》《十二月樂譜辭》《晉文春秋》《楚史檮杌》《學古編》《閒中編》《道書援神契》《聽玄集》《造玄集》《竹素山房詩》等書。事跡見趙琦美《趙氏鐵網珊瑚》所載胡長孺《吾子行文塚銘》、陶宗儀《南村輟耕録》所載《吾竹房先生》、宋濂《宋濂全集》所載《吾衍傳》、王禕《王忠文集》所載《吾邱子行傳》。吾衍，又稱吾邱衍，或稱吾丘衍。胡長孺和陶宗儀皆言太末人，而太末爲古地名，古太末縣地大致相對於今衢州市。［弘治］《衢州府志·隱逸傳》載吾衍爲開化石井人，曰

---

① 衢州市博物館編：《衢州墓誌碑刻集録》，第31頁。

② 衢州市博物館編：《衢州墓誌碑刻集録》，第38—41頁。

本學者野田悟所考與《開化縣志》同①。吾衍還撰有《春秋説》《疑字》《續古篆韻》《鐘鼎韻》《古人印式》《篆陰符經》《山中新話》等。朱彝尊《經義考·易四十五》著録吾丘衍《重正卦氣》。胡長孺《吾子行文塚銘》言吾衍有《卦間氣中編》，當由《重正卦氣》《間中編》二書合寫而誤。吾衍《重正卦氣》今佚。

易注（佚）

（元）開化魯貞撰

魯貞字起元，開化人。元統二年舉人。隱居不仕，邃於理學，躬行實踐。嘗薦之，不起。所著有《易注》《春秋案斷》《中庸解》《古今文典》，有文集行於世。事跡見［弘治］《衢州府志·人物志·理學》。魯貞文集爲《四庫全書》收録，稱《桐山老農文集》。朱彝尊《經義考·易四十五》著録魯真《周易注》，此“真”字當爲“貞”。《經義考》和［康熙］《衢州府志·藝文考》著録魯氏之作爲《周易注》，與［弘治］《府志》所載《易注》略異。魯貞《易注》今佚。

易啓疑三卷（佚）

（元）西安王宏撰

王宏字存道，號全閒老人，西安人。善真行草書，可步趙文敏。閉户用功，無少間寒暑。博極群書，深解旨趣，詩賦詞章泉涌。著有《啓疑》三卷、《辨證》五卷、《蓬窗集》十卷，藏於家。事跡見［民國］《衢縣志·碑碣志四》所載《明逸士全閒府君墓誌銘》，又見《三衢琅琊王氏宗譜》卷十一所載鄭辰百《逸士全閒府君墓誌銘》。王宏墓誌言其爲“明逸士”，當卒於明初。而諸書皆載王宏是元代人，故此以其爲元人。［嘉靖］《衢州府志·人物紀·隱逸》載王宏有《易啓疑》《春秋辨證》《蓬窗集》。王宏《易啓疑》今佚。

周易傳義會同（佚）

（明）開化吾㫤撰

吾㫤字景端，號默齋，開化人。初治《書》及《左氏春秋》，既乃受《易》於方泌，所作《易義》，多所發明，方深器之。其爲學雖不廢舉業，而志專爲己。嘗類集《朱子讀書法》，以存心主敬爲先，致知力行爲務，不溺於記誦詞章之習。爲文不事剽竊牽綴，無險怪華巧，惟以理勝。善筆剳，尤精於草書，自成一家。嘗書《太極》《西銘》，以示爲學本原。其所著有《五箴解》《朱子讀書法》《周易傳義會同》等書，所爲詩文有《太學》《江浦》《還山》三稿，藏於家。弘治甲子卒。事跡見章懋《楓山

---

① （日）野田悟：《吾衍與其〈學古編〉之研究》，中國美術學院博士學位論文，2009年，第39頁。

章先生集·雜著》所載《文山先生吾君墓表》。景端之名亦有寫作"吾畔"者，當以"吾畍"爲是。[嘉靖]《衢州府志·人物紀二·鄉薦》載吾畍爲天順己卯舉人。黃虞稷《千頃堂書目·易類》、朱彝尊《經義考·易四十九》皆著錄吾畍《周易傳義會同》。吾畍此書今佚。

讀易管見（佚）、易義發明（佚）、卦贊（佚）
（明）常山鄭伉撰

鄭伉字孔明，常山人。博通《五經》諸書，尤長於《易》。初補郡博士弟子員。即歷游丁息軒、吳康齋之門，遂棄時學，務求實踐，確然以聖賢自期。後築室於龍池之上，日取諸儒論議，一切折衷於朱子，凡古載籍鮮不讀，但不讀佛老之書。一時名士若蘭溪章楓山、開化吾文山、南昌張東白，皆與相可否。所著有《讀易管見》《易義發明》《卦贊》《讀史管見》《觀物餘論》《蛙鳴集》諸稿，凡數十萬言。事跡見鄭善夫《少谷集·志銘》所載《敬齋鄭先生墓表》、徐象梅《兩浙名賢錄·儒碩》。《明史·儒林傳》言鄭伉所師吳與弼卒於成化五年，故鄭伉當是明憲宗成化前後時人。黃虞稷《千頃堂書目·易類》、朱彝尊《經義考·易五十二》皆著錄鄭伉《讀易管見》《易義發明》《卦贊》。鄭善夫《少谷集》、《千頃堂書目》《經義考》《明史·儒林傳》和[康熙]《衢州府志·藝文考》均載鄭伉撰有"《易義發明》"，而徐象梅《兩浙名賢錄》、[弘治]《衢州府志·隱逸傳》、[天啓]《衢州府志·藝文志》和雍正以來《常山縣志·藝文志》作"《易通發明》"，疑前者爲是。鄭伉諸書今皆佚。

四言意易存疑（佚）
（明）西安陳恩撰

陳恩字廷受，西安人。由進士及第，授中書舍人。治《易》，得蔡虛齋心傳。所著有《四言意易存疑》。事跡見[嘉靖]《衢州府志·人物紀一·孝行》，同書《人物紀二·甲科》載陳恩爲正德戊辰進士。陳恩此書今佚。

易説（佚）
（明）開化吾翕撰

吾翕字廷順，開化人。以會試乙榜署天長教諭。尋舉進士，知長洲。後擢判應天，轉工部主事。所著有《易説》《潴庵稿》《讀禮類編》《醫書會要》，藏於家。事跡見徐象梅《兩浙名賢錄·吏治》。[嘉靖]《衢州府志·人物紀·甲科》載吾翕爲正德戊辰進士。[雍正]《浙江通志·經籍志一》據《兩浙名賢錄》載《易説》爲吾畔撰。然《兩浙名賢錄·吏治》言吾翕有《易説》，而《兩浙名賢錄·儒碩》所載吾畔所著無《易説》。《浙江通志》當誤。吾翕《易説》今佚。

讀易管見（佚）

（明）江山周積撰

周積字以善，號二峰，江山人。潛心理學，早師章楓山，繼受在《易》於蔡虛齋，後師王陽明。其友王龍溪畿序其文集曰："君於楓山得其曠，於虛齋得其博，於先師得其立誠之旨，多所發明，可謂通道有聞者也。"舉鄉薦，歷官南安推官、沅州知州。事跡見［嘉靖］《衢州府志·人物紀·理學》。［嘉靖］《衢州府志·人物紀·鄉薦》載周積爲正德庚午舉人。周積之作有《讀易管見》《山中日録》《啓沃録》《圖説》《二峰摘稿》。［天啓］《江山縣志·建置志·書籍》、黃虞稷《千頃堂書目·易類》、朱彝尊《經義考·易五十二》等皆著録周積《讀易管見》。此書今佚。

易經講義（佚）

（明）開化蔣經撰

蔣經字引之，開化人。刻意問學，端重沉默。日危坐一室，與聖賢爲伍。舉鄉薦，知順天昌平州。所著有《性理集解》《易經講義》。事跡見徐象梅《兩浙名賢録·儒碩》。［嘉靖］《衢州府志·人物紀·鄉薦》載蔣經爲嘉靖乙酉舉人。朱彝尊《經義考·易五十三》著録蔣經《易經講義》。［天啓］《衢州府志·藝文志》著録蔣經《易經講議》，"議"字當爲"義"。蔣經此書今佚。

周易鈎佽（佚）

（明）西安祝鳴謙撰

祝鳴謙字貞吉，西安人。以選貢授理問，不赴。與布衣樂惠同請業於陽明先生之門。少保胡宗憲聞其名，禮聘，至再不赴。所著有《周易鈎佽》《春秋玉笈》，藏於家。事跡見［康熙］《衢州府志·隱逸傳》。鳴謙《周易鈎佽》今佚。

易經通解（佚）

（明）開化汪朝仕撰

汪朝仕字可學，號習庵，開化人。隆慶丁卯鄉薦。平生身有度，言有章，詩有律，學有源，書有法，文壇中獨擅其長者。事跡見［天啓］《衢州府志·人物志·博雅》。［天啓］《衢州府志·藝文志》著録汪朝仕《易經四書通解》《習庵遺稿》。［康熙］《衢州府志·藝文考》、［雍正］《開化縣志·藝文考》皆著録有汪朝仕《易經通解》。朝仕《易經通解》今佚。

周易啓蒙注（佚）

（明）西安周祖濂撰

周祖濂，事跡不詳。［乾隆］《福建通志·職官志六》載明時邵武教授有周祖濂，西安人。[康熙]《衢州府志·藝文考》著録周祖濂《周易啓蒙注》。[民國]《衢縣志·藝文志》載:"《周易啓蒙注》,明周祖濂撰。康熙《府》《縣志》、嘉慶《縣志》書目並著録,無卷數。按:[康熙]《縣志》'濂'作'廉'字,誤。濂字肖溪,官無爲州學正。孫一敬,世其學。"祖濂此書今佚。

易闡 (佚)

(明) 開化張觀撰

張觀字時貞,號一齋,開化人。履端行潔,幼治《春秋》。長從徐潤濱、祝理齋遊,遂精研易學,潛心性理。萬曆中,由歲薦司嚴州訓,轉太平諭,遷鎮海教授。所著《易闡》《春秋類考》諸集藏於家。事跡見[雍正]《開化縣志·人物志·理學》。[雍正]《開化縣志·藝文志》有張觀詩《題戒逸軒》。張觀《易闡》今佚。

雪艇塵餘 (佚)

(明) 西安徐應秋撰

徐應秋字君義,號雲林,西安人。有書癖,受充棟之藏,漁獵殆盡。巡視閩海,平巨寇劉香,功甚著。陞左布政。著書甚豐,行世者有《兩闈合刻》《談薈》《雪艇塵餘》《古文藻海》《古文奇豔》《駢字憑霄》等。事跡見[康熙]《西安縣志·人物志下》,此書《人物志上·選舉》又載徐應秋爲萬曆丙辰進士。應秋還撰有《枳記》《人鏡録》。[康熙]《衢州府志·藝文考》載:"徐應秋《雪艇塵餘》□卷。葉國章序曰:潤州劉長公精於《易》理。辛卯歲來衢,與吾鄉雲林先生談《易》,彼此送難,不數日而成帙,積至數卷,所云《雪艇塵餘》也。"[康熙]《府志》和[嘉慶]《西安縣志·經籍志》作"《雪艇塵餘》",[康熙]《縣志》中徐應秋傳和《藝文志》均作"《雪艇塵餘》",[雍正]《浙江通志·經籍志六》亦作"《雪艇塵餘》",疑[康熙]《府志》和[嘉慶]《縣志》有誤。應秋《雪艇塵餘》今佚。

周易初談講意六卷 (存)、義經鴻寶十二卷 (存)、易經雅言 (佚)、易經指辨 (佚)、易經狐白 (佚)

(明) 西安方應祥撰

方應祥字孟旋,西安人。弱冠學有成,茹古涵今,浩無端崖。應舉文字,自闢阡陌。未及三十,橫經講授。萬曆丙辰舉進士,除南京兵部職方司主事。天啓乙丑,陞山東布政司參議,兼按察僉事,提督學政。錢謙益言:"余所交海內鉅人,卓犖豎立者多矣,若儒門所謂君子仁人,佛門所謂菩薩願誓者,吾孟旋其庶矣乎?"事跡見錢謙益《牧齋有學集·墓誌銘二》所載《方孟旋先生墓誌銘》。應祥著述甚豐,所著有《易經初談》《易經雅言》《易經指辨》《易經狐白》《義經鴻寶》《四書講義》

《四書代言》《四書藝》《方孟旋稿》《松籟編》《金陵寓草》《藝餘》《守部會議録》《青來閣初集》《青來閣二集》《青來閣三集》《方孟旋先生合集》《評選郵筒類雋》等，編有《青霞社草》。〔嘉慶〕《西安縣志·經籍志》著録有方應祥《易經初談》《易經雅言》《易經指辨》《易經狐白》，後三書今皆佚。應祥《周易初談講意》《羲經鴻寶》今存。

《周易初談講意》共六卷，卷一、卷二談《上經》，卷三、卷四講《下經》，卷五、卷六闡發《繫辭》《説卦》《序卦》《雜卦》，卷首有方應祥《易經初談講意序》。是書文分上下兩欄，上欄總述每小節大意，下欄録以《周易》文詞並逐句闡釋。方氏著此書，旨在闡發伏羲、文王、周公、孔子四聖創作《周易》之初意。孟旋認爲宋儒以來談《易》，皆未叩四聖之初意，不咀至理，難以求制義之精。在其看來，“《易》先《詩》《書》，爲經之初；畫先爻、象，爲《易》之初；河、洛洩天地苞符，又畫之初，則讀《易》者，必原其初而後可。而庖羲以畫發天地之初秘，文、周以詞發羲畫之初情，孔聖以傳贊發情詞之初旨”（見此書方應祥序）。此書所談四聖畫象爻象之初，雖有其創意，然據今人研究來看，不符事實。〔嘉慶〕《西安縣志·經籍志》著録有《易經初談》，應即此書。該書當與方氏《雅言》《指辨》《狐白》共爲闡發《易經》之作，惜後三書不見。此書每卷端題“會魁孟旋甫方應祥著，書林獻可甫余應孔梓”，然並非刻本。本書封面有民國余紹宋題記曰：“此書每卷首雖題書林余應孔梓，却從未見刊本，疑此爲發刊定稿，蓋未梓成也。”據《書林余氏宗譜》，獻可出於建陽余氏刻書世家，明萬曆間人。故此本當爲明末寫樣待刻稿，藏於浙江圖書館，《衢州文獻集成》據其影印。

《羲經鴻寶》爲方應祥纂要，題名《新鎸方孟旋先生羲經鴻寶》，卷首有海虞王良臣《易經鴻寶題辭》。是書文分上下兩欄，於卷端下欄署“明西安方應祥纂要”，上欄題“《周易説統》，仁和張振淵輯，秣陵李克愛補”。振淵字彦陵，所著有《周易説統》十二卷、《四書説統》二十六卷、《是堂文集》十卷。克愛字虛雲，明末隱士，與李義人、張興公論學，稱“南郊三老”。事跡見〔乾隆〕《江南通志·人物志·隱逸一·江寧府》。《周易説統》入《四庫全書存目》，其《提要》略曰，“是編大旨宗程、朱《傳》《義》，凡諸儒説理可互證者，亦旁採並存”，“凡所援引，各標姓氏，間或附以已意”。此書下欄節録《周易傳義大全》，上欄節録《周易説統》。明永樂間，胡廣等奉敕纂修《周易傳義大全》二十四卷，取程子《易傳》、朱子《本義》，博採諸家之説羽翼之，書成後頒行天下學宮，遂爲有明一代科舉取士之令甲。孟旋删節《大全》，又節取《周易説統》暢其旨，當爲科舉之用，常熟王良臣《題辭》稱“此治《易》家之鴻寶也”。方氏編此書凡十二卷，分卷與《周易説統》同。《周易説統》有克愛增補之文，方氏時採之，然不注明爲李氏增補。如卷二“屯元亨”一節末有：“《傳》

主封建説亦妥，但與初爻有碍，不知爻中'建侯'亦是據衆所歸心論，非初自建爲侯也。"此則直入振淵文下，不讀《説統》難知爲克愛之説。此書爲明刻本，今藏於首都圖書館、湖北省圖書館、華東師範大學圖書館、美國普林斯頓大學東亞圖書館，《衢州文獻集成》據首都圖書館藏本影印。

易存（佚）

（明）開化蔣泰賓撰

蔣泰賓字嘉仲，開化人。負笈西湖，受業沈無回師。後立志砥行，著述成就後學。一時名流，多出其門。所著有《三經秘録》《易存》《詩可》《春秋取》，而於《易》理尤精。所著詩文若干卷，其詩原本忠孝而歸於性情之正，其文上下千古，貫穿經史，無不中膏肓切利弊，家貧未刻。事跡見［順治］《開化縣志·人物志·理學》。泰賓所著詩文稱《銑溪山堂詩文集》。［順治］《開化縣志·選舉志》載蔣泰賓於天啓間貢選南雍。［康熙］《衢州府志·藝文考》著録蔣泰賓《易存》，且有江南齡序云："心有全《易》，左右逢源。書曰《易存》，取存乎其人之義，神明默成，先生誠其人也。"泰賓《易存》今佚。

蔣泰賓《易存自序》：《易》曰"成性存存"，又曰"存乎其人，存乎德行"。想見聖人高視遠望，冀得懸解，共掃言詮，殊覺蚖龍無奇，卦爻多事。至曰存乎介，存乎悔，鰓鰓乎，一隙可牖，引叩先天，何悲憫至此？予浮沉帖括垂五十年，丁丑説《易》南山之南，忽自悔曰："《易》者千世化書，上考三古，下俟百聖，奈何以一代舉子業辱之？"欲取王弼、程、朱及明儒蔡、蘇、鄭、陸諸書彙爲一編，更取鑒度京氏《易傳》《元命苞》諸書，彙爲一編，理數兼研，以窺《易》學之全。因循未成，獨生平蠡測一得，自矜不勝蒼璧小璣之愛，存之笥中。年來時移事殊，占在天山，更删定之，爰命曰存。譬皓魄當空，江河非大，盆盎非小，月存焉耳；東皇秉令，郊原非蕩，檻榭非隘，春存焉耳，無人而不存也。君公瞽史，負苓籥桶，咸得扣焉，而嚮無地而不存也。羑里車轍，經筵卜肆，皆能洗焉，而神無時而不存也。馬出圖沉，吞三陣八，俱可用焉，而奇無物而不存也。兔占梅兆，錢求字索，悉會探焉，而報不謂是編非《易》之所存也。究河洛之宗而不涉玄言，參飛伏之變而不落小道，庶幾不以帖括忘吾《易》耳。神明默成，當世自有鉅公，何日一遇，破吾積疑。若夫因悔審介，以要無咎，不枉爲千世中讀《易》之人，所得不亦奢乎？竊有志而未逮也。（見［康熙］《衢州府志·藝文考》）

羲易管見（佚）

（明）西安葉有容撰

葉有容字元白，西安人。贈奉政大夫。博通墳典，皋比談經。著《羲易管見》，直指周一敬曾侍門牆，後採入《易疏》中。事跡見［康熙］《西安縣志·人物志下》。有容此書今佚。

苑洛易學疏四卷（佚）

（明）西安周一敬撰

　　周一敬字問寅，號梓山，西安人。崇禎戊辰進士。知海豐縣，以廉能稱。拜御史，都臨洮、鞏昌學事，巡按蘇、松、常、鎮，激濁揚清，以不附馬士英歸。所著有《易學疏》行世。事跡見［康熙］《西安縣志·人物志下》、［康熙］《衢州府志·政事傳》。一敬還撰有《甘肅鎮考見略》。［嘉慶］《西安縣志·物産志》於“月季花”條有周一敬詩“牆角籬邊紅又白，淺深春色未曾消”句，同書《藝文志上》載有周一敬《省刑薄斂疏》。朱彝尊《經義考·易六十三》著録周一敬《苑洛先生易學疏》四卷。《四庫全書總目》著録爲周一敬《苑洛易學疏》，［康熙］《衢州府志·藝文考》作周一敬《易學疏》。此書入《四庫全書》存目，且《經義考》言“存”，然今已佚。

　　《四庫全書總目·〈苑洛易學疏〉提要》：《苑洛易學疏》四卷（江蘇巡撫採進本），明周一敬撰。一敬，衢州人。崇禎戊辰進士，官至監察御史。初，韓邦奇作《啓蒙意見》五卷，推闡河、洛之義與卜筮之法，一敬因而疏之，自萬歷甲寅至崇禎壬午，凡二十九年乃成，於原書次序稍爲易置，亦頗有删削。《自序》謂“韓子以開明初學爲心，故疏從其詳。此書以溯源明理竊附前人，故多遺末而尋本”云。（見《四庫全書總目·經部·易類存目二》）

　　周一敬《苑洛易學疏序》：韓子憂《易》學之忘原也，爲敷陳《河圖》以志其端，詳詁筮數以悉其委，備述諸儒之説以證其歸，蓋於象數辭占，句訓節指矣。一敬家世治《易》，每玩繹《圖》《書》，軸先大父肖溪公旁注之筆，幾廢寢食。通籍以來，周歷豫、粤、燕、趙、齊、魯、吳、越、秦、晉之國，瞻畫卦之臺，窮羲皇之遺，弔《河圖》之蹟，而後喟然於《周易》之作，後世遞闡而漸失，非包羲之初也。日挾其書，遇簿書之暇，燈火之初，即詮疏焉。凡自萬曆甲寅迄崇禎壬午，先後二十九載，而始敢句釋而節解焉。蓋韓子以開明初學爲心，故疏從其詳。一敬以溯原明理，竊附前人，故多遺末而尋本，然於《易》學綜未之有窺也。至於明筮開物，孔子已前言之，一敬恐其以筮小《易》也，附疏象數卦位之理，括其端以質之學《易》者。知於不言《易》之旨，似有悖焉，於以詮翼夫《易》，勉焉而已矣。（見朱彝尊《經義考·易六十三》）

易經正始（佚）

（清）開化張世位撰

　　張世位字季思，號密因，開化人。淹貫經史，以孝廉任富陽教諭。講《周易》《性理》著書，聞風踵至者數百人。著有《易經正始》《高山詩集》。事跡見［雍正］《開化縣志·人物志·文學》，同書《選舉志》載張世位爲崇禎壬午舉人。世位《易經正始》今佚。

易象別抄（佚）

（清）開化張以光撰

張以光字道子，號梅柯，開化人。順治辛卯歲貢。自幼博學廣記，爲人謹厚端方。從遊者數百人，一時科第半在門墻。授會稽訓，陞嘉善諭。所著有《易象別抄》，後學宗之。事跡見［雍正］《開化縣志·人物志·理學》。以光此書今佚。

易理參解（佚）

（清）開化魏邦珽撰

魏邦珽字廷玉，號石公，開化人。詩文成一家言，精易理，善推測。選拔赴雍試高等，授婺源令，堅意不就，設教京師。所著有《易理參解》《四書講義》。事跡見［康熙］《開化縣志·人物志·文學》。邦珽《易理參解》今佚。

易經解義（佚）

（清）龍游楊聖修撰

楊聖修字瑞芝，號巽峰，龍游人。喜讀書，尤喜讀《易》，著有《周易解義》若干卷。康熙十三年之警，定進剿方略，寇難悉平。所著尚有《蝶園間筆》若干卷。事跡見［民國］《龍游縣志·人物傳三》。同書《藝文考》著錄楊聖修所撰爲《易經解義》，與《人物傳》稍異。聖修此書今佚。

易書正宗（佚）

（清）開化方元啓撰

方元啓字運開，號竹友，開化人。順治辛丑進士。授直隸南樂令，後擢戶部主事，轉差試中州。所著有《易書正宗》《繁水敷言》、詩古文，藏於家。事跡見［順治］《開化縣志·人物志·事功》。方元啓任南樂知縣時，還修成《新修南樂縣志》二卷。元啓《易書正宗》今佚。

易解合訂（佚）

（清）西安周鴻撰

周鴻字云客，西安人。工書法，詩文疏宕流逸，得之過庭爲多。負大志，不事生産，惟刻苦力學，以明經終。所著有《芥園詩詞》諸集。事跡見［康熙］《西安縣志·人物志下》。［康熙］《衢州府志·孝義傳》載周鴻字云谷，與《縣志》不同；此書《選舉志》載周鴻於康熙乙丑拔貢。周鴻還撰有《芥園文集》《芥園詩集》《甬遊草》《金川雜詠》《十借詩》《漸齋詩餘》等。[康熙]《衢州府志·藝文考》著録周鴻《易解合訂》。此書今佚。

大易經義（佚）

（清）開化徐大懿撰

徐大懿字天則，號樂天，開化人。縣、府院試皆第一。爲文雄贍新麗，波瀾相推。若不知其所窮，而一根柢於經史。至詩詞小品，簡質精奧，堅光寶色，玩之如古鼎彝。所著《自得樓文集》《歷試稿》《大易經藝》，藏於家。事跡見[雍正]《開化縣志·人物志·文學》。[乾隆]、[光緒]《開化縣志·人物志·文苑》皆載徐大懿有《大易經義》，當是。大懿諸書今皆佚。

大易注解（佚）、易解合訂（佚）

（清）開化汪巖叟撰

汪巖叟字石瞻，號庸齋，開化人。以明經老。讀書上下千古。古作沉雄宏肆，出入漢唐。所著述有《大易注解》《易解合訂》《左傳讀本》《冰夏記聞》《顯藏集》《宋文選》《禪喜集》《道學津梯》《學基草》。事跡見[康熙]《衢州府志·文學傳》、[雍正]《開化縣志·人物志·文學》。巖叟諸書今皆佚。

羲經辨精（佚）

（清）開化楊廷琚撰

楊廷琚字帶璜，號瀋川，開化人。篤志勵行，沉酣經史。康熙丙戌進士，授廬山令。所著有《羲經辨精》《古文注解》《新纂類書》《家塾正銓》及詩古文詞若干卷。事跡見[雍正]《開化縣志·人物志·事功》。楊廷琚任廬山令間，還纂修有[康熙]《廬山縣志》。廷琚《羲經辨精》今佚。

易經講義十二卷（佚）

（清）常山邵智培撰

邵智培字龍珠，常山人。少孤貧，折節讀書，尤精《易》學。授徒講藝，庠士半出其門。以明經終老。事跡見[雍正]《常山縣志·人物志·賢哲》。同書《選舉志》載邵智培爲康熙四十七年貢生。[光緒]《常山縣志·藝文志》著録邵智培《易經講義》十二卷。此書今佚。

葉承《易經講義序》：《易》之爲書，經四聖之心思而成，廣大悉備，誠乃性命理道之鴻苞總匯。後之注疏者，毋慮數百十家，鮮有能窺其奧者，故朱子謂考象詞者泥於術數，而不得宏通簡易之法；談義理者淪於空寂，而不適仁義中正之歸。雖粹然如鄭玄[①]、王弼，尚有遺議，何論其他。求其洩先天之秘蘊，可與程傳、朱義並有功於聖人者，繫惟康節先生乎！是則四聖之心傳，其爲邵氏之家學也審矣。歲辛亥，余奉命宰浙之常山，閱邑小史氏所載，知先生裔孫有入籍於定陽者，嘗物色求之，庶有以探先生未傳之奧。既而識邵子志晉於諸生中，日以詩文相往復，並見其賢昆志謙、志觀之著述，大都絜靜精微，殊有得於《易》教者，信其爲家學不虛也。因遍徵家乘所藏，得其大父靜園君《易經講義》若干卷。予反覆卒業，則其指趣淵確，義理曲暢，殆不減康成、輔嗣。夫有理而後有象，有象而後有數。今靜園君將卦爻諸理發揮旁通，往往不專言數象，而其義已舉。彼程、朱之《易》言理而可該象數之全，康節之《易》言數而悉根義理之極，先生與程、朱異而實同，則靜園君《講義》可以羽翼乎程、朱，即可以步武康節先生而無愧矣。靜園君人品行略載在邑志，生平雖蹇於遇，然有是書也，於以光先烈而貽孫子，顧不偉歟！是爲序。（見［光緒］《常山縣志·藝文志》）

易論（佚）、易訓（佚）、羽義大旨蠡測（佚）

（清）衢州趙氏

　　章有成《易學著貞引言》稱，趙世對"邑之先正皆以《易》起家，如《易論》《易訓》《羽義大旨蠡測》等著述"。據此可知，此數《易》學之作，爲衢人著述，然撰者不可考。

易學著貞四卷（存）

（清）衢州趙世對撰

　　趙世對，事跡不詳。四庫館臣於《〈易學筮貞〉提要》言世對爲衢州人。《易學著貞》卷端題"瀫水後學趙世對襄臣父輯"。古之瀫水流經今衢州和蘭溪，趙世對可能爲衢州人，也可能爲蘭溪人。而四庫館臣言世對爲衢州人，此姑從之。《易學著貞引言》稱世對爲"襄臣"，正文中世對亦自稱"趙襄臣"，而四庫館臣誤言"世對字襄城"[②]。趙氏先人嘗撰《易論》《易訓》《羽義大旨蠡測》等作，襄臣承其家學，撰《易學著貞》。此書四卷，前有章有成《易學著貞引言》。世對開卷先述本書撰述旨意，其言："唯天下至變而後不受天下之變，《易》是也，《易》道占其變也。"又曰："因集先儒千古不變之論，間附鄙意，命之曰《著貞》。貞者，變而歸於不變之道也。"（見此書《綴集本旨》）世對闡述筮法與占變，屬陰陽象數之流，以朱子、邵子爲宗，兼取諸儒之説，間繫以己意。此書今有清順治刻本，藏於國家圖書館，《四庫存目叢書》《衢州文獻集成》亦收録。

---

① 原本作"鄭元"，避"玄燁"諱而改，此改爲"鄭玄"。
② 此處中華書局點校本《欽定四庫全書總目》有注，言"'襄城'，浙、粵本作'襄臣'"。

《四庫全書總目·〈易學筮貞〉提要》:《易學筮貞》四卷（浙江吳玉墀家藏本），國朝趙世對撰。世對字襄城，衢州人。兹編論《易》爲卜筮之書，故經秦火而獨存。命之曰"筮貞"，謂以筮而貞萬世之變也。不載經文，惟採先儒議論，分類編輯。一卷曰綴集本旨、曰易學源流、曰圖書節要，二卷曰蓍法指南，三卷曰占變詳考，四卷曰易道同歸。論筮法與占變，條理頗爲詳明，蓋純以數言《易》者也。（見《四庫全書總目·經部·易類存目三》）

象數蒙求（佚）

（清）西安王志雍撰

　　王志雍字敬山，號澹庵，西安人。庠生。博通經史，研精性理諸書。其學以居敬爲本，以窮理爲先，知行並進，孜孜勿懈。著《象數蒙求》，以啓後學。作《廓如集》，以辟異端。事跡見［嘉慶］《西安縣志·儒林傳》。志雍《象數蒙求》今佚。

周易題旨（佚）

（清）西安王榮統撰

　　王榮統字貫卿，號寅庵，西安人。乾隆丙辰孝廉，借補嵊學訓導，部推直隸肅寧令，調江西星子令，辭不就，改授鄞縣教諭。著有《周易題旨》《左傳纂要》《四書集解》《古文選》《寅庵文稿》。事跡見［嘉慶］《西安縣志·循吏傳》，又見［民國］《衢縣志·碑碣志四》所載《清授文林郎江西星子縣知縣寅庵府君墓誌銘》。［民國］《衢縣志·藝文志》著錄王榮統《周易題旨》，並按"榮統字貫卿，志雍子。乾隆丙辰舉人。其《易》學亦家傳也"。榮統《周易題旨》今佚。

讀易記（佚）

（清）西安陳聖澤撰

　　陳聖澤字雲嶧，號橘洲，西安人。矢志經傳，搆山滿樓。與仲兄二川觴詠自樂。著有《讀易記》《詩經集說》《橘洲近稿》等集。事跡見陳一夔《二石詩選·題橘洲詩集》小序。聖澤還撰有《讀杜解》《中晚吟》。《浙江省文獻展覽會專載》於《鄉賢遺書·稿本》載:"《讀易記》不分卷，一册，抄稿本，清西安陳聖澤著，衢縣陳志農藏。"[1] 然此書今未見。

　　費淳《讀易記序》:橘洲陳先生於余爲執友，數日不見輒思慕之。先生好談《詩》，亹亹不倦，兼善揲蓍。嘗見其分二象兩掛，扐歸奇運，指靈妙意，甚愛之，然但知

----

[1]　浙江圖書館編:《鄉賢遺書》，載《浙江省文獻展覽會專載》，《文瀾學報》第二卷第三、四期，1937年。

其優於《詩》，不知其深於《易》也。余通籍後，留燕臺者七年，守蘭陵者二載，西至雁門紫塞，南歷金馬碧雞，與故人契闊良久，而先生齒益高，學益邃，觀象玩占之餘，得諸心者，往往筆之於書，余初未之見也。丁巳秋，余奉命撫閩，驅馬出三衢，而先生已修文地下。其次君樸抱一冊來謁，曰："是先人遺墨也，願丐一言爲重。"始睹，所謂《讀易記》者。庋之行笈，瘴海事繁，亦未暇卒業，旋又移節三吳。明年，遂有兩江之命，王事靡盬，久無以報知己。爰於移駐河壖之暇，悉心披閱，見其採擇精當，不蔓不支，而又時出新意，真能接四聖人之薪傳，補千百年之未備者。始歎曩時之談《詩》而不及《易》，殆所謂善《易》者不言《易》歟？抑假年以學，而詣益加進歟？回憶當年，老成彫謝過半，幸是編之存，如接先生聲欬焉。亟序而歸之，以志典型之景企也可。（見［嘉慶］《西安縣志·藝文志中》）

太極圖説（佚）
（清）常山詹自超撰

　　詹自超，事跡不詳。［嘉慶］《常山縣志·選舉志》載乾隆年間貢生有詹自超。同書《書目志》著錄詹自超《太極圖説》《九河考》。自超《太極圖説》今佚。

易經述要直解（佚）
（清）開化汪永履撰

　　汪永履字旋吉，開化人。增生。沉酣經史，講明經學。尤攻《易》理，所著有《易經述要直解》。事跡見［乾隆］《開化縣志·人物志·文苑》。永履此書今佚。

靈棋易數（佚）
（清）西安葉賢鈺撰

　　葉賢鈺，西安人。庠生。善數理，著《靈棋易數》二冊。事跡附見於［民國］《衢縣志·人物志三》"葉廷垣傳"後。賢鈺《靈棋易數》今佚。

附：易數鈎隱圖三卷（存）、新注周易十一卷（佚）、卦德通論一卷（佚）、周易先儒遺論九事一卷（佚）、易解（佚）、易象（佚）
（北宋）彭城劉牧撰

　　［弘治］《衢州府志·人物志·文士》載，劉牧字牧之，西安人。登進士第，終屯田員外郎。授《易》數於穆修，著《易解》《易象鈎隱圖》。［天啓］《衢州府志·藝文志》著錄劉牧有《易解》《易象》《鈎隱圖》。［康熙］《衢州府志·藝文考》、［民國］《衢縣志·藝文志》、［民國］《重修浙江通志稿·著述考·衢州經籍》等著錄劉牧《新注周易》十一卷、《卦德通論》一卷、《周易先儒遺論九事》一卷、《易數鈎隱圖》三卷。宋慈抱《兩浙著述考》載上述諸作爲"宋衢縣劉牧撰（《四庫》作彭城人）"。郭彧

已經辨明著有《易》學者劉牧非衢州人，而爲彭城人①。諸衢州府、縣志載劉牧爲衢州人，有誤。《易數鈎隱圖》並非衢州劉牧所作，然諸《衢州府志》《西安縣志》皆載衢州劉牧有此作，故附於此。劉牧《易象鈎隱圖》今存，其餘《易》學之作今皆佚。

易繫集傳（佚）、南溪解（佚）
（南宋）餘干柴中行撰

柴中行字與之，餘干人。宋紹熙元年進士。授撫州軍事推官。曾知光州。以右文殿修撰卒。所著有《易繫集傳》《書集傳》《詩講義》《論語童蒙説》。事跡見《宋史》本傳。［康熙］《衢州府志·藝文考》著錄有"柴中行《繫易集傳》"，［乾隆］《江山縣志·藝文志》、［光緒］《江山縣志·邑人纂述書目》、［民國］《重修浙江通志稿·著述考·衢州經籍》亦著錄柴中行《繫易集傳》，《兩浙著述考》載爲"《繫易集傳》，江山柴中行撰"②。《易》中有《繫辭》，《易繫集傳》之"繫"當指"繫辭"言，故《繫易集傳》當誤。馮椅《厚齋易學·先儒著述下》載，柴中行字與之，餘干人，所著《南溪解》乃《説卦上》以後五篇解。中行致仕後講道南溪之上，因稱南溪先生，故其解《易》之作稱《南溪解》。張世南《游宦紀聞》曰："南溪柴先生中行字與之，吾鄉前輩也。"據《游宦紀聞序》可知，張世南爲鄱陽人。《直齋書錄解題·傳記類》載："《趙忠定行狀》一卷、《謚議》一卷，知光州鄱陽柴中行與之撰。"陳騤《南宋館閣續錄·官聯三》載："柴中行字與之，饒州餘干人。"皆證中行爲餘干人。《嵩高柴氏世集勳德錄》卷八有《憲蕭公題家譜詩》曰"吾族共城千載餘，國初遷徙至柯衢"，又有族曾侄孫柴賢和憲蕭公詩云"東渡經今百世餘，無家創始自三衢。江山居址雖殊地，番水宗祊實共途"。番水即指鄱陽，故餘干柴氏爲江山嵩高柴氏中遷出一支。嵩高柴氏將柴中行視爲族人，自有其理，然將柴中行視爲衢州江山人則不當。《衢州府志》《江山縣志》著錄柴中行之作，故附於此。中行諸作今皆佚。

易解露研（存）
佚名撰

《浙江省文獻展覽會專載》於《鄉賢遺書·稿本》，於首書載："《易解露研》不分卷，四冊，傳抄稿本，宋衢州劉牧撰，龍游余氏寒柯堂藏。封皮有余氏跋，稱此書得自邵月如，月如又得之方孟旋故宅，世傳爲孟旋遺著，而按之《西安縣志》，則不謂孟旋曾有此著，疑此爲劉君之原本，而卷中眉批或係孟旋手跡云。首原有序兩葉，已爲憸人揭去。牧字長民，宋太常博士，有《易數鈎隱圖》，《四庫》著錄，但作彭城

---

① 郭彧：《〈易數鈎隱圖〉作者等問題辨》，《周易研究》2003年第2期。
② 宋慈抱：《兩浙著述考》，第78頁。凡柴中行諸作，《兩浙著述考》皆收錄，下不繁引。

人，據陳振孫《書録》則爲三衢人無疑。"① 《易解露研》今存浙江圖書館，然余紹宋稱此書爲劉牧之作，依據不足，且著有《易數鈎隱圖》之劉牧，非衢州人，姑附辨於此。

書　類

九疇圖（佚）

（南宋）衢州夏唐老撰

尤袤《遂初堂書目·尚書類》著録有《九疇圖》，無撰者。朱彝尊《經義考·書二十六》著録夏唐老《九疇圖》。今據《朱子語類》知夏唐老爲三衢人，當是朱熹以前宋人。夏唐老《九疇圖》今佚。此將《語類》中所涉《九疇圖》者録之於下。

《朱子語類·尚書二》：三衢夏唐老作《九疇圖》，因執以問。讀未竟，至所謂"皆天也，非人之所能爲也"，遂指前圖。子云："此乃人爲，安得而皆天也！"《洪範》文字最難作，向來亦將天道人事分配爲之，後來覺未盡，遂已之。直是難以私意安排。若祇管外邊出意推將去，何所不可，祇是理不如此。蔡氏以皇極之建，爲雨、暘、寒、燠、風之時，皇極不建則反此。漢儒之説尤疏，如以五般皇極配庶徵，却外邊添出一箇皇極，或此邊減却一箇庶徵。自增自損，皆出己意。然此一篇文字極是不齊整，不可曉解。如"五福"對"六極"："一曰壽"，正對"凶短折"；"二曰富"正對"貧"；"三曰康寧"，對"疾與弱"，皆其類也。"攸好德"却對"惡"，參差不齊，不容布置。如曰"斂時五福。錫厥庶民"，不知如何斂？又復如何錫？此祇是順五行，不違五事，自己立標準以示天下，使天下之人得以觀感而復其善爾。

書籍義（佚）

（南宋）江山徐存撰

徐存字誠叟，號逸平，江山人。隱居教授，學者稱爲逸平先生，從學者至千餘人。林艾軒、朱子皆敬之。江山向無儒宿，其學統自正介先生周穎受之胡安定，而先生繼之。考袁蒙齋爲先生集序云："逸平自言其學得於蕭先生，蕭先生得於龜山楊先生。"蓋出於伊洛之學者。所著有《六經講義》《中庸論》《孟子解》。事跡見［弘治］《衢州府志·人物志·理學》《宋元學案·龜山學案》。康熙癸巳《江山縣志·藝文志》有黃綸《徐逸平先生墓碑記》，綸爲嘉靖間江山知縣。徐存還撰有《六經講義》《論語解》《孟子解》《中庸解》《徐逸平集》《徐逸平詩帖》等。［康熙］《衢州府志·藝

---

① 浙江圖書館編：《鄉賢遺書》，載《浙江省文獻展覽會專輯》，《文瀾學報》第二卷第三、四期，1937年。

文考》著録徐存《書籍義》，此書今佚。

尚書解（佚）

（南宋）西安張淑堅撰

張淑堅字正卿，西安人。研索典籍，砣砣如諸生，周覽旁浹，星曆、方劑、篆籀之屬，無所不窺。乾道五年卒。有《詩書解》，合三十卷。事跡見《呂祖謙全集·墓誌銘》所載《張監鎮墓誌銘》。[嘉慶]《西安縣志·經籍志》、[民國]《衢縣志·藝文志》和[光緒]《開化縣志·藝文志》均著録有張淑堅《尚書解》。光緒以前《開化縣志》無張淑堅傳，亦不著録淑堅之作，然[光緒]《開化縣志·人物志·儒林》有其傳，且言"其先自河南開封遷衢州之開化"，"前載失載，今照《東萊文集》補"。然呂祖謙誌其墓曰"其先自開封遷於衢"，"葬於衢之西安縣靜安鄉九龍山"，故張淑堅當爲西安人。《兩浙著述考》載有張淑堅《尚書解》，以其爲開化人[1]，當誤。朱彝尊《經義考·書十》著録張淑堅《尚書解》，此書今佚。

禹貢指南四卷（存）

（南宋）江山毛晃撰

毛晃字明叔，江山人。紹興間，與朱熹偕進士。任主簿。嘗閉門著書，留心字學。增補《禮部韻略》。事跡見[弘治]《衢州府志·人物志·文士》。據《江山清漾毛氏族譜·内集》卷二載，紹興間，毛晃注《韻略》，用一鐵硯，人稱鐵硯先生。然《遂昌關川毛氏族譜》卷首所載《尚書公家傳》載，毛晃或名福政，字光卿，號顯齋，又稱鐵硯先生，居衢州江山縣。徽宗靖國元年辛巳登進士第，授中書省，歷郎中，知寶慶府邵陽縣，入爲樞密院斷事，復出知江西建康府，除起居御史，拜禮部尚書，遷戶部尚書同樞密院事。畢生著有《禮部韻略》行世。《關川譜》所載毛晃生平當失實。《文淵閣書目》卷一著録毛晃《禹貢指南》一部一册。朱睦㮮《授經圖義例·書·諸儒著述附歷代尚書傳注》、焦竑《國史經籍志·經類·書》、黃虞稷《千頃堂書目·書類》皆載毛晃《禹貢指南》一卷，朱彝尊《經義考·書二十二》載毛晃《禹貢指南》二卷，而今傳本爲四卷。此書引證資料，不限經典，旁及小說，廣泛利用地圖，爲宋人經解之代表。《指南》至清已散佚，四庫館臣從《永樂大典》中輯出，乾隆帝爲毛晃《禹貢指南》題有《六韻》，並詳爲之注。今有清乾隆武英殿聚珍本，其後各官私刻本多據殿本翻刻。《叢書集成初編》據聚珍本翻刻，却附有《禹貢山川總會圖》《九河既播同爲逆河之圖》《三江既入震澤底定之圖》《九江東陵彭蠡北江之圖》，實聚珍版無此四圖，《初編》當據宋人傅寅《禹貢說斷》補入。今清乾

----

① 宋慈抱：《兩浙著述考》，第185頁。

隆武英殿本《禹貢指南》，國家圖書館等諸多館藏單位皆有收藏，《衢州文獻集成》亦收錄。

《四庫全書總目·〈禹貢指南〉提要》:《禹貢指南》四卷（《永樂大典》本），宋毛晃撰。晃，《宋史》無傳，其始末未詳。世傳其增注《禮部韻略》，於紹興三十二年表進，自署曰衢州免解進士，蓋高宗末年人也。是書《宋史·藝文志》不著錄，焦竑《經籍志》載"《禹貢指南》一卷，宋毛晃撰"。朱彝尊《經義考》云"未見"，又云"《文淵閣書目》有之，不著撰人，疑即晃作"，則舊本之佚久矣。今考《永樂大典》所載，與諸家注解散附經文各句下，謹綴錄成篇，釐爲四卷。以世無傳本，其體例之舊不可見，謹以經文次第標列，其無注者，則經文從略焉。其書大抵引《爾雅》《周禮》《漢志》《水經注》《九域志》諸書，而旁引他説以證於古今山水之原委，頗爲簡明。雖生於南渡之後，僻處一隅，無由睹中原西北之古蹟，一一統核其真，而援據考證，獨不泥諸儒附會之説，故後來蔡氏《集傳》多用之，亦言地理者所當考證矣。（見《四庫全書總目·經部·書類一》）

書説（佚）

（南宋）開化鄒補之撰

鄒補之字公袞，開化人。受業朱、呂之門。淳熙初舉進士第，累官通判江寧府。所著有《春秋語孟注》《兵書解》《宋朝職略》等書。事跡見［弘治］《衢州府志·人物志·理學》。補之還撰有《毗陵志》《叢脞敝帚集》《率山編》等。朱彝尊《經義考·書十一》著錄鄒補之《書説》。此書今佚。

尚書詳解二十六卷（存）

（南宋）龍游夏僎撰

夏僎字元肅，龍游人。與周升、繆景仁爲師友，皆以明經教授，時號三俊，俱進士。僎嘗語其徒曰:"古之學者下學上達，今文雖小技，自有上達之理，但爲科目所累，故判本末爲兩途耳。"所著有《柯山書解》。事跡見［嘉靖］《衢州府志·人物紀·理學》，同書《人物紀·甲科》載夏僎爲淳熙五年進士。陳振孫《直齋書錄解題·書類》載:"《柯山書解》十六卷，柯山夏僎元肅撰。集二孔、王、蘇、陳、林、程頤、張九成及諸儒之説，便於舉子"。［民國］《龍游縣志·藝文考》著錄《尚書詳解》，其案語曰:"此書書名、卷數，各本互異。《宋史·藝文志》、朱彝尊《經義考》、《浙江通志》作《書解》，焦竑《國史經籍志》作《書詳解》，［康熙］《府志》作《柯山書解》，《浙江採進遺書總錄》作《尚書解》並云十六卷，兩舊志則作《柯山書傳》四十卷。"而今傳諸本皆爲"《尚書詳解》二十六卷"。蓋元肅之書初爲《柯山書解》十六卷，四庫館臣釐訂後稱《尚書詳解》，分爲二十六卷。夏僎此書取林之奇之説最多，然亦兼採諸家之説，故四庫館臣稱其“淵源之正，議論之醇，一時亦未有能過之者”。據黃虞稷《千頃堂書目》，元時李公凱纂集《柯山尚書句解》三卷。陳振孫稱夏書“便於舉子”，明初則定此書爲科舉考試用書。可見夏氏《書解》在元、明之世有一定影響。《四庫全書》本《尚書詳解》卷前之《〈尚書詳解〉提要》，與《四庫全書總目》中《〈尚書詳解〉提要》，文字有較大差異。下文所收爲《總目》之提要。此書有清乾隆武英殿聚珍本，前有淳熙丙午時瀾所作序文。其後各官私刻本多據殿本翻刻。今清乾隆武英殿本《尚書詳解》，國家圖書館等諸多館藏單位皆有收藏，《叢書集成初編》《衢州文獻集成》亦收録。

《四庫全書總目·〈尚書詳解〉提要》:《尚書詳解》二十六卷（《永樂大典》本），宋夏僎撰。僎字元肅，號柯山，龍游人。時瀾作是書序，稱其少業是經，妙年擷其英以掇巍第，則嘗舉進士也。陳振孫《書録解題》稱，是書集二孔、王、蘇、陳、林、程、張及諸儒之説。以時瀾序及書中所引參考之，二孔者，安國、穎達之《傳》《疏》；蘇者，蘇軾《書傳》；陳者，陳鵬飛《書解》；林者，林之奇《尚書全解》；程者，程子《書説》；張者，張九成《尚書詳説》。惟王氏，瀾序不之及，蓋王雱《新經尚書義》諱言之也。然僎雖博採諸家，而取於林之奇者實什之六七，蓋其淵源在是矣。明洪武間初定科舉條式，詔習《尚書》者並用夏氏、蔡氏兩《傳》。永樂中，《書經大全》出，始獨用蔡傳，夏氏之書浸微。亦猶《易》並用程、朱，後程廢而獨用朱，《春秋》並用張、胡，後張廢而獨用胡也。今觀其書，視蔡《傳》固不免少冗，然其反覆條暢，深究詳繹，使唐虞三代之大經大法燦然明白，究不失爲説《書》之善本。淳熙間，麻沙劉氏書坊有刻板，世久無傳。今惟存鈔帙，脱誤孔多。浙江採進之本，《虞書·堯典》至《大禹謨》全闕，《周書》闕《泰誓中》《泰誓下》《牧誓》三篇，又闕《秦誓》之末簡。謹以《永樂大典》參校，惟《泰誓》《永樂大典》亦闕，無從校補外，其餘所載尚並有全文，各據以補輯，復成完帙。書中文句則以《永樂大典》及浙本互校，擇所長而從之。原本分十六卷，經文下多附録重言、重意，乃宋代坊本陋式，最爲鄙淺，今悉删除，重加釐訂勒爲二十六卷。（見《四庫全書總目·經部·書類一》）

尚書解（佚）

（南宋）龍游劉愚撰

劉愚字必明，龍游人。太學釋褐，教授江陵府，後遷安鄉令。行已恭，與人敬，節堅而志厲。與葉適、項安世講論不倦，每以隱居學道爲樂。學必是古，尤邃講説，能自淺入深，聞者欣朗開達。所著《書》《禮》《語》《孟》皆有解。事跡見葉適《水心文集·墓誌銘》所載《劉靖君墓誌銘》和《宋史》本傳。［弘治］《衢州府志·科貢志》載劉愚爲淳熙十一年進士，[嘉靖]《衢州府志·人物紀·甲科》載其爲淳熙十年進士，[雍正]《浙江通志·選舉志四》載爲淳熙十三年進士。[萬曆]《龍游縣志·藝文志》著録劉愚《書禮語孟解》一卷。[康熙]《衢州府志·藝文考》著録劉愚《尚書解》，[民國]《龍游縣志·藝文考》依[康熙]《府志》言"劉愚《尚書解》一卷"。劉愚《尚書解》今佚。

書説略一卷（佚）

（南宋）龍游余嶸撰

余嶸有《周易啓蒙》，前《易類》已著録。[萬曆]《龍游縣志·藝文志》著録余嶸《書説略》一卷。此書今佚。

書經折中（佚）

（南宋）西安鄭若撰

鄭若字於理，號鶴嶼，西安人。博極群書，一閱成誦。紹熙初，以上舍登進士。惟以學不及人爲恥，由是無心聞達，益肆探討於聖賢之學，樂與同志相辨難，虛心擇善，比求其是。所著有《春秋麟筆心斷》《詩學摘葩録》《周禮疑誤解》《書經折中》《中庸誠明説》諸稿。至於隨興謙辭，發爲詩文，雖口占偶筆，人莫不珍之。門人輯其遺草裒爲《鶴嶼集》。事跡見[民國]《衢縣志·人物志一》。[弘治]《衢州府志·科貢志》載鄭若爲紹熙元年進士。鄭若《書經折中》今佚。

尚書要略（佚）

（元）開化吾衍撰

吾衍有《重正卦氣》，前《易類》已著録。據趙琦美《趙氏鐵網珊瑚》所載胡長孺《吾子行文塚銘》、陶宗儀《南村輟耕録》所載《吾竹房先生》、宋濂《宋濂全集》所載《吾衍傳》、王褘《王忠文集》所載《吾邱子行傳》，吾衍有《尚書要略》。黄虞稷《千頃堂書·書類》著録吾衍《尚書要略》。朱彝尊《經義考·書十五》著録爲吾邱衍《尚書要略》。此書今佚。

書傳會選（佚）

（明）常山何初撰

何初字原明，號非齋，常山人。從程觀學《易》，遂以《易經》領鄉薦，任仁和教諭。後解官歸鄉里，日以讀書談道自樂。入明後，爲江州湖口丞，陞知韶州府仁化縣。後召至闕下，預修《書傳會選》，書成將歸，上考之，欲授以近地便養，遂除開化教諭，禄之終身。所著有《孝經古文纂注》《經業》《餘清稿》，並《文集》三十卷。事跡見薛瑄《敬軒文集·雜著》所載《書何原明先生傳後》、金寔《覺非齋文集·行狀》所載《故開化縣教諭非齋何先生行狀》。〔嘉靖〕《衢州府志·人物紀二·鄉薦》載何初爲元至正辛丑舉人。薛瑄《書何原明先生傳後》載何初預修《書傳會選》，〔弘治〕《衢州府志·人物志·文士》言何初預修《書傳會通》，雍正以來《常山縣志·藝文志》著録爲《纂修尚書會選》，此從薛瑄所記。何初《書傳會選》今佚。

書經體要一卷（佚）

（明）開化徐蘭撰

　　徐蘭字與善，開化人。洪武初，入試京闈第七，官至助教。通《五經》，尤精於《書》。所著有《書經體要》，門人歐陽齊進於朝。所著有《自鳴稿》《鳴陽稿》《五經格式》《爲學次第》。事跡見〔弘治〕《衢州府志·人物志·文士》。〔嘉靖〕《衢州府志·人物紀·鄉薦》載徐蘭爲洪武癸酉舉人。徐蘭還撰有《璞玉集》。《文淵閣書目·書類》載："《書經》，徐蘭《體要》一部一册。"黄虞稷《千頃堂書目·書類》、朱彝尊《經義考·書十六》皆著録徐蘭《書經體要》一卷。此書今佚。

附：古三墳一卷（存）

佚名撰

　　此書最早傳本是南宋紹興十七年婺州州學刻本，《續修四庫全書》即影印此本，題爲《古三墳書》，前有毛漸序，後有三衢沈斐《後叙》。毛漸字正仲，江山人，有《表奏》著録於後文《史部·奏議類》。《古三墳》之出，本無撰者，晁公武《郡齋讀書志·經解類》著録《三墳書》七卷，言"張商英天覺得之於比陽民家"，"世皆以天覺僞撰"。此七卷本《三墳書》，當非毛漸作序之書。明時《古三墳》重刻，萬曆二十年程榮《漢魏叢書》收録有《古三墳》，其題晉阮咸注，《四庫全書總目》稱其"僞中之僞"。其後有明天啓七年快閣藏書本，《四庫存目叢書》所影印即此本，題"新都唐琳訂"。《古三墳》乃僞書，自宋以來學者辯之甚多，《經義考·書一》已詳加徵引。胡應麟《少室山房筆叢·四部正訛下》載："《元經》出阮逸，世以即阮逸也。《孔叢》出宋咸，人以即宋咸也。朱紫陽以《麻衣》出戴師愈，黄東發以《文子》出徐靈府，宋景濂以《關尹子》出孫定，王元美以《元命包》出張昇。獨《三墳》亡謂出毛漸者，余知其漸出無疑也。漸所作《三墳序》，其詞實淺陋與書合，故覈僞書者覈所出之人，思過半矣。或曰：'若子言，世得《論衡》，將益爲中郎之秘，獨奈何令人好古也？'噫！《尚書》出孔壁，世以僞詆安國乎！《竹書》出汲冢，世以僞姍束晳乎！《列子》過江始傳，世以爲張湛僞乎！惟其是而已。"〔康熙〕《衢州府志·藝文考》著録有毛漸《古三墳》一卷，康熙癸巳《江山縣志·邑人著述》亦載毛漸《古三墳》。《古三墳》是否毛漸所作僞，暫難考辨，故附於此。《古三墳》一卷，今存。

書集傳（佚）

（南宋）餘干柴中行撰

柴中行有《易繫集傳》，已附録於前《易類》之末。《宋史》本傳載，柴中行有《書集傳》。前考柴中行爲餘干人，而［康熙］《衢州府志·藝文考》和［乾隆］《江山縣志·藝文志》、［光緒］《江山縣志·邑人纂述書目》、［民國］《重修浙江通志稿·著述考·衢州經籍》均著録有柴中行《書集傳》，故附於此。中行此書今佚。

尚書講義（佚）

（南宋）江寧何若撰

何若字任叟，建康人。弱冠登第，爲池州推官。後擢御史，除簽書樞密院事。後以疾奉祠，家於衢。所著有《風山集》《尚書春秋講義》《漢唐史評》。事跡見［弘治］《衢州府志·流寓傳》。［乾隆］《江南通志·選舉志·進士一》載何若爲宣和初進士，江寧人。［民國］《衢縣志·人物志》所載流寓人士亦有何若，其前後皆爲南宋人，故以爲何若當爲南宋人。上載何若傳文言其有《尚書春秋講義》，［康熙］《衢州府志·藝文考》和［民國］《西安縣志·藝文志》皆著録爲何若《尚書講義》《春秋講義》。《兩浙著述考》載"《尚書講義》，宋衢縣何若撰"[1]。何若寓居衢州，非衢人，然《衢州府州》《西安縣志》等皆著録此書，故附於此。何若此書今佚。

詩　類

詩解（佚）

（南宋）西安張淑堅撰

張淑堅有《尚書解》，前《書類》已著録。據《呂祖謙全集·墓誌銘》所載《張監鎮墓誌銘》，張淑堅有《詩書解》，合三十卷。朱彝尊《經義考·詩九》、［康熙］《衢州府志·藝文考》皆著録爲張淑堅《詩解》。此書今佚。

毛詩説略（佚）

（南宋）龍游余嶸撰

余嶸有《周易啓蒙》，前《易類》已著録。據［弘治］《衢州府志·人物志·事功》"余端禮傳"所附子嶸傳，余嶸有《毛詩説略》。朱彝尊《經義考·詩九》、［康熙］《衢州府志·藝文考》著録余端禮《毛詩説略》。余端禮無著述，此已於前考余嶸《周易

---

① 宋慈抱：《兩浙著述考》，第195頁。

啓蒙》辨正。余嶸《毛詩説略》今佚。

詩古音辨一卷（佚）

（南宋）開化鄭庠撰

　　鄭庠，事跡不詳。[嘉靖]《衢州府志·人物紀·甲科》載淳熙十四年進士有開化鄭庠。陳振孫《直齋書録解題·詩類》載："《詩古音辨》一卷，從政郎信安鄭庠撰。"馬端臨《文獻通考·經籍考六》載："《詩古音辨》二卷，陳氏曰'從政郎信安鄭犀撰'。"馬端臨稱陳振孫言《詩古音辨》二卷，爲"鄭犀撰"，或馬氏所用《書録解題》版本與今傳本不同。《宋史·藝文志一》著録鄭庠《詩古音辨》一卷。焦竑《國史經籍志·詩類》著録鄭犀《詩古音辨》二卷。朱彝尊《經義考·詩十三》載，鄭犀《詩古音辨》一卷，"犀"或作"庠"。嚴虞惇《讀詩質疑·章句音韻》載："宋鄭庠定古韻，總分爲六部，一東、冬、江、陽、庚、青、蒸，二支、微、齊、佳、灰，三真、文、元、寒、删、先，四魚、虞、歌、麻，五蕭、肴、豪、尤，六侵、覃、鹽、咸。"[嘉慶]《西安縣志·經籍志》載"《詩古音辨》二卷，《書録解題》：從政郎信安鄭孔庠撰"，此"孔"字當是衍文。除上引《直齋書録解題》《宋志》和《讀詩質疑》作"鄭庠"，元熊朋來《五經説·易詩書古韻》、清顧鎮《虞東學詩·詩説》均言《詩古音辨》撰者爲鄭庠。鄭庠此書今佚。

詩學摘葩録（佚）

（南宋）西安鄭若撰

　　鄭若有《書經折中》，前《書類》已著録。[民國]《衢縣志·人物志一》本傳載鄭若有《詩學摘葩録》。此書今佚。

詩説十二卷（存）

（南宋）龍游劉克撰

　　劉克，龍游人。蓋以詩名，葉適嘗稱其可繼陶、韋，有《劉克詩》未行世。克爲劉愚子，事跡附見於《宋史·劉愚傳》後。此書成於宋理宗紹定五年，卷端題"信安劉克學"；卷首有劉克自序和子坦跋語，後又有《總説》以發凡起例；卷後又有劉坦跋文，與卷前坦跋不盡相同。是編按《詩經》篇次分爲十二卷，每篇以《詩經》詩文列於前，其下闡明其義。阮元於《四庫未收書提要》之《詩説》提要云："宋儒説《詩》有攻小序者，有守舊説者，廢小序者朱子也，尊古注者呂祖謙也。克之學，出於祖謙。"劉克詩學承東萊，其解《詩經》多宗呂氏《讀詩記》，間參以朱子《集傳》。蓋南宋自呂氏以來，浙東《詩》學自成派別，而不與閩學"廢序"同。阮氏又言："《鄭風·太叔於田》，今本脱大字。此書與唐《石經注疏》本同，亦可證近世坊本之誤。"劉克所據《詩經》版本甚有價值，所引《詩經》之文亦資參證。據劉坦跋語可知，今所見《詩説》乃經劉坦删定，去舊解而獨存克説，已非克之原本。朱彝尊《經義考·詩十二》著録劉克《詩説》十二卷，且曰："劉氏《詩説》，《宋志》及焦氏《經籍志》、朱氏《授經圖》均未之載。崑山徐氏傳是樓有藏本，乃宋時雕刻，惜第二、第九、第十卷都闕。前有《總説》，楮尾吳匏庵先生題識尚存。"清道光中，吳中汪士鐘得宋本，並補以嘉興錢夢廬抄本第二卷附梓。陸心源《儀顧堂集》卷十六《足本劉克〈詩説〉跋》曰："余得舊鈔《詩説》於書估舟中，缺七、八兩卷，而各家所缺九、十兩卷則完，因以汪氏刊本互相鈔補成全璧焉。"錢塘丁丙藏有明抄本，《善本書室藏書志·經部三》載《詩説》題識云："今此本有汪漁亭藏閱書印，非惟第二不缺，第九、第十亦全。"國家圖書館藏有宋刻本和清張蓉鏡家抄本劉克《詩説》，後者有孫原湘、黃丕烈二跋。浙江圖書館藏有清道光八年刻本《詩説》，即爲汪氏刻本。江蘇廣陵古籍刻印社將陸心源輯劉克《詩説》刻印。《續修四庫全書》影印宋刻殘本，其中卷二、卷九、卷十當據陸氏本補齊。《衢州文獻集成》據宋刻殘本影印，並據明抄本補全第二、第九、第十卷。

葩經詩歌（佚）

（明）西安葉秉敬撰

葉秉敬字敬君，號寅陽。萬曆辛丑進士。曾任工部都水主事、開封守、江西參政等職。著書四十餘種。事跡見［天啓］《衢州府志·人物志·理學》和［民國］《衢縣志·碑碣志四》所載《明葉敬君先生墓碑銘》。葉秉敬著述極豐，可考者有《葩經詩歌》《考工緒論》《左傳綱領》《韓子六經》《四書論》《四書鄙問》《字孿》《千字説文》《字學疑似》《韻表》《聲表》《詩韻綱目》《三狀元策》《經世要略》《南山日判》《律頌》《招議綱領》《賦役握算》《開溝法》《治汴書》《學政要録》《查律大法》《知律大意》《明謚考》、［天啓］《衢州府志》《天文便覽》《象緯歌圖》《理論》《寅陽十二論》《荊關叢語》《教兒識數》《書肆説鈴》《讀書解》《木石對語》《蘭臺講會》《讀書録詠》《陰騭録詠》《孝順録詠》《郢斤》《遒徇編》《讀書録抄》《坐塵轉話》《莊子膏肓》《莊子全解》《八大接引》《金剛演説》《心經演説》《華嚴論貫》《貝典雜説》《讀楞嚴》《讀圓覺》《定山園回文集》《葉子詩言志》《賦集》《書籍序文》《時義序文》《偶牘》《尺牘》《陸宣公文評選》《敬君詩話》《文評》《文字藥》。［民國］《衢縣志·藝文志上》載："《葩經詩歌》，明葉秉敬撰，門人葉全倫編次。前志未載。今存抄本上、下二册，署信安葉秉敬寅陽甫著，同里鄭一卿百揆甫序，蠹蝕過半。門人葉全倫作《詩歌》編例：國號，周、召、邶、鄘之類。篇名，《關雎》《鵲巢》之類。助語，本文取意，如《周南》桃夭、邶國二子之類。借韻，本章取字，如章取字，如《召南》歌中羔字、《衛國》歌中琚字之類。一國篇數多者作一律。二國篇數少者合一首。倫嘗聞之祖曰：

'爲學衹有功夫，無資質，博而寡要，不如約而易精。'不敏敢不佩服。每日誦《詩》，便欲聯其章次。乃先生日編一歌，歌國號而十五風，並集歌篇名，而三百章全收，取義諧聲，讀之頤解，是亦以約而收博之意也。因録其編，例如右。後有《跋》曰：'此重録孔公諱弘簪先生之繕本也。鄭《序》想已爲蠹所蝕，今仍闕其文，以俟識者，時在乾隆戊申小陽月望後五日，化龍里學馮基驤書。'"《葩經》即《詩經》別稱，因韓愈《進學解》言"《詩》正而葩"而得。[民國]《衢縣志》言當時存抄本《葩經詩歌》，然此書今佚。

詩可（佚）

（明）開化蔣泰賓撰

　　蔣泰賓有《易存》，前《易類》已著録。[順治]《開化縣志·人物志·理學》本傳載，蔣泰賓有《詩可》，[康熙]《衢州府志·藝文考》亦著録。泰賓此書今佚。

　　蔣泰賓《詩可自序》：夫興觀群怨無不可者，孔子之言詩也。惟無不可乃爲真可，是故切磋之什可以貧富證也，倩盼之句可以禮後參也。詩之内，詩之外，繚繞無際，以吾之可者印之，無不可也。舉似癡人，如同説夢，詩固有不可解者也。五柳先生好讀書不求甚解，是直以不解解之也。漢尊師授失之拘，宋據己見失之偏，皆未達詩人不可解之妙。正以必求其解，如王之學華，去之愈遠耳。家世受《易》。萬曆甲寅，負笈靈鷲，從沈無回師游，因窺《詩經》大旨。吾師有言："《易》取象外，《詩》在言表。旨哉，六經一貫矣！"崇禎癸酉，浪走京師，爲天官氏所辱，歸而下帷讀《詩》，遍考注疏及先輩訓詁，輒自喜得詩人不可解之閟，愧非專門，仍以《易》應科目。此後三戰三北，非《詩》之罪也。迨甲申以來，書籍散亡，杜門不出，偶得三百篇舊本，以爲銷夏送老之資。諷咏之餘，漫箋數語，多前人所未發。丙戌七月，避兵花橋荒村，秋老無人可語，再一拈動，又有一番新趣。今春糊口蒙館，删繁去復，合而録之，覺亂離貧窶，鬼蜮雀角，身所難堪，蚤已見之篇中，正好研經味道，一笑置之也。孔子所如不合"無可"二字，足概一生，却自尋出路，曰無不可，豈非不可中，原有真可耶？删定六籍，亦若是矣。夫嶀谷之竹，爨下之桐，池邊之方響，無不可以葉天籟而正雅音，千古神交，敢自阻隔，以爲不可哉！獨念夏秋之際，改竄已多，他時待教高明，盡發吾覆，此編當不留一字。既不能談《易》折角，又安能説《詩》解頤，惡知余所謂可者之非不可耶？予滋懼矣。（見[康熙]《衢州府志·藝文考》）

詩經講義（佚）

（明）常山徐采芹撰

　　徐采芹，事跡不詳。[嘉慶]《常山縣志·書目志》著録徐采芹《詩經講義》，列於明人著述中。采芹此書今佚。

詩經集注（佚）、詩經雪義四卷（佚）

（清）西安葉其敷撰

葉其敷字貳公，西安人。性孝友，嗜學，著述不輟手，或月不出户庭。所讀書以經史爲要，而旁及諸子百家。有《詩經集注》若干卷。事跡見［康熙］《西安縣志·人物志下》、［康熙］《衢州府志·孝義傳》。［康熙］《衢州府志·藝文考》著録葉其敷《詩經雪義》四卷，［民國］《衢縣志·藝文志上》亦著録葉氏此書，其按"其敷字貳公，康熙庚戌進士，淑衍之父"。其敷《詩經集注》《詩經雪義》今皆佚。《三衢仁德葉氏宗譜》卷二有葉其敷《義興瓊六楊公祀序》。

詩經衍義（佚）

（清）西安邵有聲撰

邵有聲字天聞，西安人。順治辛卯，舉鄉薦。授山西膚施縣，爲政寬和。事跡見［康熙］《西安縣志·人物志下》、［康熙］《衢州府志·宦跡傳》。邵有聲撰有《詩經衍義》《四書辨》《廣隸集》。［康熙］《衢州府志·藝文考》著録邵有聲《詩經衍義》。此書今佚。［嘉慶］《西安縣志·物産志》於"瓠"條有邵有聲詩"其腹何皤然，中有漢書在"句，《西安懷舊録》卷八有其詩《剖瓠》。

葩經論什（佚）

（清）開化張世持撰

張世持字持下，號遠齋，開化人。博達今古，精研性理。有課兒五集，曰《左氏列編》《葩經論什》《紀事論警》《莊郭參微》《詩家入神》，皆出獨見。事跡見［雍正］《開化縣志·人物志·文學》。［雍正］《開化縣志·選舉志》載張世持爲康熙十七年貢生，任奉化訓導。［光緒］《開化縣志·藝文志》亦著録世持《葩經倫什》，載張世持爲明人，有誤。世持《葩經倫什》今佚。

毛詩解（佚）

（清）開化汪岡叟撰

汪岡叟字鳳瞻，號梧齋，開化人。歲貢生。博極群書，精研《易》理及《參同契》，以怡養性情。所著《毛詩解》及《增注四書正解》，有裨後學。事跡見［康熙］《衢州府志·文學傳》。［雍正］《開化縣志·藝文志》有汪岡叟詩《和久雨喜晴韻》。岡叟《毛詩解》今佚。

毛經合參（佚）

（清）開化張文勳撰

張文勳字思定，開化人。郡庠生。通經史，精熟《素問》，細爲注釋。書法得二王遺意。嘗著《毛詩合參》一稿。事跡見〔乾隆〕《開化縣志·人物志·文苑》。文勳《毛詩合參》今佚。

詩經析義（佚）

（清）西安徐明昶撰

　　徐明昶字採朝，西安人。乾隆辛卯副貢。淹貫經史，工詩文，著《詩經析義》若干卷、《蓉菊園詩稿》。事跡見潘衍桐《兩浙輶軒續錄》卷十。明昶《詩經析義》今佚。

詩經集説（佚）

（清）西安陳聖澤撰

　　陳聖澤有《讀易記》，前《易類》已著錄。陳一夔《二石詩選·題橘洲詩集》小序稱陳聖澤有《詩經集説》，〔嘉慶〕《西安縣志·經籍志》亦著錄。聖澤此書今佚。

詩經考二卷（佚）

（清）江山毛紹芳撰

　　毛紹芳，號岐瞻，毛以南堂伯，江山人。工詩古文詞，有《芳草池上詩集》二十卷、《文集》二十卷、《詩經考》二卷、《左傳集句》六卷、《五經類典》十卷，餘著尚多，以明經終。事跡見毛以南《致和堂詩稿》後作者自跋。紹芳諸書今皆佚。

附：詩講義（佚）

（南宋）餘干柴中行撰

　　柴中行有《易繫集傳》，已附錄於前《易類》之末。《宋史》本傳載，柴中行有《詩講義》。前考柴中行爲餘干人，而〔康熙〕《衢州府志·藝文考》和〔乾隆〕《江山縣志·藝文志》、〔光緒〕《江山縣志·邑人纂述書目》、〔民國〕《重修浙江通志稿·著述考·衢州經籍》均著錄有柴中行《詩講義》，故附於此。中行此書今佚。

禮　類

御刊定禮記月令一卷（佚）

（唐）龍游徐安貞等同注

　　徐安貞，龍游人。尤善五言詩。嘗應制舉，一歲三擢甲科，人士稱之。開元中爲中書舍人、集賢院學士。上每屬文及作手詔，多命安貞視草，甚承恩顧。累遷中書侍郎。事跡見《舊唐書》本傳。徐安貞有詩文，後人輯有《徐侍郎集》。安貞還參撰《文府》。《新唐書·藝文志一》載："《御刊定禮記月令》一卷，集賢院學士李林甫、陳希烈、徐安貞，直學士劉光謙、齊光乂、陸善經，修撰官史玄晏，待制官梁令瓚等注解。自第五易爲第一。"朱彝尊《經義考・禮記十二》載："唐明皇《御刊定禮記月令》一卷，存。李林甫等注，未見。"[民國]《龍游縣志・藝文考》亦著録此作。《禮儀月令》雖存，然不見徐安貞等注文。

禮解（佚）

（南宋）龍游劉愚撰

劉愚有《尚書解》，前《書類》已著録。《宋史》本傳載，劉愚於《書》《禮》《語》《孟》皆有解。[康熙]《衢州府志・藝文考》著録《禮解》。此書今佚。

周禮疑誤解（佚）

（南宋）西安鄭若撰

鄭若有《書經折中》，前《書類》已著録。[民國]《衢縣志・人物志一》本傳載，鄭若有《周禮疑誤解》。此書今佚。

禮解（佚）

（南宋）西安周處約撰

周處約，事跡不詳。宋衛湜《禮記集說・集說名氏》載有柯山周氏處約之書。《禮記集說》卷一百三十一、卷一百三十三引有"柯山周氏"之說，當爲處約《禮解》佚文。周處約爲柯山人，當是西安人。衛湜《禮記集說》成書於南宋寶慶初，魏了翁爲之序。處約可能爲南宋時人。[康熙]《衢州府志・藝文考》著録周處約《禮解》。此書今佚。

讀禮類編（佚）

（明）開化吾翕撰

吾翕有《易説》，前《易類》已著録。徐象梅《兩浙名賢録・吏治》載，吾翕有《讀禮類編》。此書今佚。

禮經類紀十二卷（佚）

（明）龍游祝啓周撰

祝啓周，事跡不詳。[萬曆]、[康熙]《龍游縣志・藝文志》、[康熙]《衢州府志・藝文考》著録祝啓周《禮經類紀》十二卷。朱彝尊《經義考・禮九》載爲祝啓同《禮經類記》十二卷，黃虞稷《千頃堂書目・禮類》載爲祝啓同《禮記類記》十三卷。[民國]《龍游縣志・藝文考》引《千頃堂書目》爲"《禮經類紀》，祝啓周撰"，且云祝啓周爲"弘治、嘉靖時人"。商務印書館影印光緒二十五年重刊本[雍正]《浙江通志・經籍志二》載："《禮經類記》十二卷，祝啓□著。"而文淵閣《四庫全書》影印本［雍正］《浙江通志》爲 “祝啓周著”。故《禮經類記》撰者當爲祝啓周。
諸作皆載祝氏之作爲 “十二卷”，《千頃堂書目》載 “十三卷” 或誤。祝啓周另有《莘
畬遺粒》十六條。啓周《禮經類紀》今佚。

禮經正覺（佚）
（明）西安余國賓撰

余國賓字叔賢，號四泉，原名國賢，西安人。萬曆甲戌進士。歷任刑部主事員
外郎、濟南知府、易州副使參政、江西按察使、江西右布政使。事跡見［天啓］《衢
州府志·人物志》和［民國］《衢縣志·碑碣志四》所收余敷中《考君壙記》。余國
賓撰有《禮經正覺》《詩叢集》，或還有《韻要》。［天啓］《衢州府志·藝文志》著録
余國賓《禮經正覺》。此書今佚。

考工緒論一卷（佚）
（明）西安葉秉敬撰

葉秉敬有《葩經詩歌》，前《詩類》已著録。［天啓］《衢州府志·藝文志》著録
葉秉敬《考工緒論》一卷。此書今佚。

鄉校復禮議一卷（佚）
（清）西安徐之凱撰

徐之凱字子強，號若谷，西安人。順治戊戌進士。授四川臨安縣推官，歷湖南
桂陽、陝西安化、真寧、茂州知縣，著有《初學》《北思》《汶山》《流憩》等集。事
跡見李集輯《鶴徵録》卷五。［康熙］《衢州府志·藝文考》著録徐之凱《鄉校復禮議》
一卷。［民國］《衢縣志·藝文志》於《禮》類著録此書，並有案語 “《府縣志》原
附雜説下，似失其本旨”。之凱《鄉校復禮議》今佚。

禮記摘講（佚）
（清）西安徐應培撰

徐應培字因之，西安人。讀書攻苦不輟，虛懷納善。所著有《繹鵠堂禮記摘講》，
以貧未授梓。事跡見［康熙］《西安縣志·人物志下》，列於清人傳中。［康熙］《衢
州府志·藝文考》載有 “徐應培《禮記摘講》”。［民國］《衢縣志·藝文志》載《繹
鵠堂禮記摘講》爲 “明徐應培撰”，“明” 當爲 “清”。應培此書今佚。

禮記直解（佚）、周官詳節（佚）
（清）西安余本敦撰

余本敦字上民，號立亭，一號朗山，西安人。嘉慶己未進士。原名本焞，殿試

榜更本敦。官至内閣侍讀學士。著有《禮記直解》《周官詳節》《圖書纂要》《觀史摘編》《朗山詩集》等稿。事跡見［民國］《衢縣志·人物志三》。本敦《禮記直解》《周官詳節》今佚。

附：禮捃遺三十卷（佚）、摭遺别記一卷（佚）、喪服經傳義疏二卷（佚）
（南朝齊）東陽樓幼瑜撰

《南齊書·徐伯珍傳》載，徐伯珍字文楚，東陽太末人。同郡樓幼瑜，亦儒學。著《禮捃遺》三十卷。官至給事中。《隋書·經籍志一》載："《喪服經傳義疏》二卷，齊給事中樓幼瑜撰。"又載："《摭遺别記》一卷，樓幼瑜撰，亡。"朱彝尊《經義考·禮三》載："樓氏幼瑜《禮記捃拾》三十卷、《禮記摭遺别説》一卷，俱佚。《浙江通志》："幼瑜字季玉，南齊時金華人。"《經義考》所載與《南齊書》《隋書》不同，此從後二書。［天啓］《衢州府志·藝文志》載"《禮摭遺》《摭遺别記》《喪服義疏》，劉宋婁幼瑜撰"，此言"劉宋"當誤。［康熙］《衢州府志·藝文考》載"婁幼瑜《禮摭遺》三十卷、《摭遺别記》一卷、《喪服義疏》二卷"，"婁"當爲"樓"。《南齊書》言樓幼瑜與徐伯珍同郡，爲東陽人，《經義考》稱其爲金華人。南齊時東陽郡大致相當於今金華、衢州兩市，難以説是金華人或衢州人，此存疑，姑附於此。

春秋類

春秋注（佚）
（南宋）開化鄒補之撰

鄒補之有《書説》，前《書類》已著録。［弘治］《衢州府志·人物志·理學》本傳載，鄒補之有《春秋語孟注》，［天啓］《衢州府志·藝文志》亦著録。朱彝尊《經義考·春秋二十二》著録鄒補之《春秋注》。［康熙］《衢州府志·藝文考》、［雍正］《開化縣志·藝文考》、［光緒］《開化縣志·藝文志》稱鄒補之《春秋解》，《兩浙著述考》載爲"《鄒氏春秋解》"[1]，此不從。補之此書今佚。

春秋大旨一卷（佚）
（南宋）龍游余嶸撰

余嶸有《周易啓蒙》，前《易類》已著録。據［弘治］《衢州府志·人物志·事功》"余端禮傳"所附子嶸傳，余嶸有《春秋大旨》。［萬曆］《龍游縣志·藝文志》著録

---

① 宋慈抱：《兩浙著述考》，第382頁。

余嶸《春秋大旨》一卷。此書今佚。

春秋麟筆心斷（佚）

（南宋）西安鄭若撰

　　鄭若有《書經折中》，前《書類》已著録。［民國］《衢縣志·人物志一》本傳載，鄭若有《春秋麟筆心斷》。此書今佚。

春秋正義十二卷（佚）

（南宋）衢州毛邦彦撰

　　毛邦彦，事跡不詳。《宋史·藝文志一》著録毛邦彦《春秋正義》十二卷，列於鄭樵之作後，邦彦當爲南宋人。朱彝尊《經義考·春秋二十五》所載邦彦此書與《宋志》同。［康熙］《衢州府志·藝文考》著録毛邦彦《春秋正義》，當有所據。邦彦此書今佚。

春秋説（佚）

（元）開化吾衍撰

　　吾衍有《重正卦氣》，前《易類》已著録。朱彝尊《經義考·春秋二十八》著録吾邱衍《春秋説》。吾衍又稱吾邱衍，此書今佚。

春秋案斷（佚）

（元）開化魯貞撰

　　魯貞有《易注》，前《經部·易類》已著録。［弘治］《衢州府志·人物志·理學》本傳載，魯貞有《春秋案斷》。朱彝尊《經義考·春秋三十》載有魯真《春秋案斷》，“真”當作“貞”。魯貞此書今佚。

春秋辨證五卷（佚）

（元）西安王宏撰

　　王宏有《易啓疑》，前《易類》已著録。［嘉靖］《衢州府志·人物紀·隱逸》載王宏有《春秋辨證》。據［民國］《衢縣志·碑碣志四》所載《明逸士全閒府君墓誌銘》，王宏《春秋辨證》五卷。此書今佚。

春秋玉笈（佚）

（明）西安祝鳴謙撰

　　祝鳴謙有《周易鈎佉》，前《易類》已著録。［康熙］《衢州府志·隱逸傳》本傳載，祝鳴謙有《春秋玉笈》。此書今佚。

春秋原經十七卷（佚）

（明）常山詹萊撰

詹萊字時殷，號范川，常山人。嘉靖丁未進士。初授金溪知縣。陞池州同知，轉刑部員外郎，仕至湖廣按察司僉事。歸家居二十餘年，益殫心理學，博極群書，尤精鐘、王筆法，晦庵故體。著有《七經思問》《春秋原經》《史約》《招搖池館集》《范川論稿》。事跡見〔萬曆〕《常山縣志·選舉表·進士》、〔康熙〕《常山縣志·選舉表·賢哲》。詹萊還纂修有〔萬曆〕《常山縣志》。《明史·藝文志一》、黄虞稷《千頃堂書目·春秋類》載詹萊《春秋原經》十七卷。下引卓爾康《春秋辯義》所載詹萊之言，〔雍正〕《常山縣志·藝文志》亦載，題爲詹萊《春秋原經序》。爾康《春秋辯義》參閱有詹氏《春秋原經》，卓氏此書另有十三處"詹萊氏曰"，當出自《春秋原經》。詹萊此書今佚。

詹萊《春秋原經序》：説《春秋》者，類取信於三傳，至有經文瞭然而反，曲移以就其事與例者，遂使本旨晦薄，誦説浮詖。愚謂聖人傷吾道之不行，退而删述。惟《春秋》則其所自作，固將顯明其意如日中天，以教天下後世。而乃秘詭掩藏，必俟箋釋，然後微見端緒，豈其開物成務之本心哉！《記》曰：屬辭比事，《春秋》教也。故予每伏讀此經，固必求之一言之予奪，不得則究之以其事之始終，又不得則質之以其舉動之後先，又不得則旁達以其勢情之向背，又不得則通證之以一經之去取。蓋誠有不俟傳而後知者，久久頗若有得，遂私録之以備遺忘，計十七卷，名之曰《春秋原經》，尊經也。大抵《春秋》之褒貶準諸禮，而《周禮》之節文本諸情，情者人心之所同，有周孔特得其平者耳。當是時，有以見天下之倫法淪斁，奸暴縱恣，反而求之不得乎情，作而嘆曰："《周禮》之廢所由致也。"遂因魯史而作《春秋》，一皆斷之以《禮》，所以與天下共是非之也。至於禮所未有，而委曲以義起之者有矣。或侈然大之，如周王加天、魯侯稱公之類；或惻然隱之，如魯弑不地、夫人孫邾之類；或哇然闕之，如夫人婦姜、夫人氏之類；或亹然詳之，如紀叔姬、宋伯姬之類；或闇然覆之，如璧假許田、至河有疾之類；或顯然闡之，如趙盾、許止弑君之類；或愉然受之，如高子來盟、季子來歸之類；或咈然拒之，如入於櫟、入於南里之類。蓋亦其情之不能自己者爾。今夫閭閻封鄙之父子兄弟，相與談論叙述於蓽門圭竇之間，其抑揚舒慘以發揮其喜怒愛惡者，尊尊而親親，善善而惡惡，豈無情哉！特不若聖人之平焉耳。得其平，則皆可以爲《春秋》矣。故曰：斯民也，三代之所以直道而行。夫惟聖人之情率於性，性通於命，命原於天。得天道者可以爲天子，故儒者謂《春秋》爲性命之書也，謂其以天道自處也，謂其爲天子之事也。夫以是三者大孔子則可，以爲孔子之自大也則不可。（見卓爾康《春秋辯義·經義二》）

詹萊《春秋原經後序》：予將著《原經》，巽川李大夫問予於上航之滸，曰："何居乎？子之原之也，爲《春秋》者不既多矣乎？”予謹應之曰：“我將明其有是非，而無賞罰也。”其曰：“能爵人罪人者鑿也。”夫以天子之權，不得黜陟異世之士，生殺異域之氓也。況仲尼雖聖德，其位則卑，其分則臣子也。敢肆然於天子、諸侯、卿大夫，予奪之，進退之，其爲逆理妄分亦甚矣，而謂夫子爲之乎？人之恒稱，尊則嚴之，如先生、大人之類是也；等則夷之，如兄弟、姻婭之類是也；卑則下之，如奴隸、盜賊之類是也。而其人之所有，或不副其情之所存，則尊者或有時而殺，卑者或有時而登矣。且以古人言之，若張子房，若諸葛武侯，若曲江，若陸宣公，若陶元亮，若韓魏公，若范文正公、司馬溫公，豈無名矣乎？而不忍斥言之者，其德業誠足崇也，況若周、孔者哉！若商鞅，若李斯，若張湯，若桑宏羊，若李林甫，若王欽若、丁謂，若秦檜，若蔡京，若賈似道，彼豈無爵矣乎？而不肯推尊之者，其姦貪誠足鄙也，況若莽、操者哉！《春秋》之作猶是也。王之稱天，魯之稱公，尊之也。或以贎妾去天，以會彝諱公者，其行不足尊，故弗盡尊也。諸侯不稱名，公族稱公子、公孫等也。或以失國書名，或以弒逆去族，其行不足齒，故弗盡等也。四彝稱國，媵妾不錄，賤也。而楚屈貞以救鄭稱公子，紀季姬以歸鄦稱字，其行不可下，故弗盡賤也。蓋聖人睹行而感於心，由心而宣於口，由口而筆之書，不待勉強而爲之也。夫人有是心也，非曰某也吾罰之，某也吾賞之，某也吾今日賞之而明日罰之也。《春秋》之可尚，特以其察識精，品第公，功罪當，故足貴爾，非謂聖人有之而他人獨無也。昔者子貢自其家來謁孔子，正顏舉杖罄折而立曰：“子之大親，毋乃不寧乎？”放杖而立曰：“子之兄弟亦得無恙乎？”曳杖倍而行曰：“妻子家中得毋病乎？”蓋尊卑疏戚之不同，故身之倨仰、手之高下、顏色聲氣因之以異，從心而達者，《春秋》之褒貶猶是也。《原經》成，以似大夫。大夫以爲此大旨也，散見諸條目間，未甚彰彰也。盍總而挈之，以利閱者，故著之末簡。李大夫名齊芳，巽川其號也，直隸成安人，户部郎中，隆慶初，以諫諍貳吾衢云。（見［嘉慶］《常山縣志・藝文志》）

春秋揆義（佚）

（明）常山徐騰霄撰

　　徐騰霄，事跡不詳。［嘉慶］《常山縣志・選舉志》載嘉靖年間貢生有徐騰霄，曾任教諭。［嘉慶］《常山縣志・藝文志》著録徐騰霄《春秋揆義》。此書今佚。

春秋類考（佚）

（明）開化張觀撰

　　張觀有《易闡》，前《易類》已著録。［雍正］《開化縣志・人物志・理學》本傳載，張觀有《春秋類考》。此書今佚。

左傳綱領二卷（佚）

（明）西安葉秉敬撰

葉秉敬有《葩經詩歌》，前《詩類》已著録。［天啓］《衢州府志·藝文志》著録葉秉敬《左傳綱領》二卷。此書今佚。

春秋麟寶六十三卷（存）

（明）西安余敷中撰

余敷中字定陽，西安人。工古文詞，尤善詩賦，沉酣經史諸子百家言。輯《春秋》五傳爲一書，名曰《麟寶》。秉鐸淳安，以關、閩、濂、洛之旨與諸生相切劇。所著有《太末先生集》《南園》《北游》《青溪》諸詩草，其《三衢來脈》考據尤詳。事跡見［康熙］《西安縣志·人物志下》。［天啓］《衢州府志·人物志·鄉薦》載余敷中爲萬曆戊午舉人。［雍正］《浙江通志·經籍志一·春秋類》載，"《麟寶》，俞敷中著"，"俞"字當爲余。敷中《麟寶》，集《左傳》《國語》《公羊傳》《穀梁傳》爲之，以便科舉之業。全書凡六十三卷，首一卷。卷前有杜預《左傳序》、余敷中《麟寶序》、韋昭《國語序》、何休《公羊傳序》、范寧《穀梁傳序》、凡例四條。卷首録《周語》《鄭語》分載周穆王以來西周諸事、鄭國事，各卷按時間編排，將《左傳》《國語》《公羊傳》《穀梁傳》之文録於相應時間之下。對《國語》之文年月無考者，除附列卷首，另或附於末年之下，或附於某公之後。據其凡例："音釋各傳甚詳，兹各從本注。其有義已見而意可推者，或從缺略，然存者什九，缺者什一；或本注原有缺音，則考諸《説文》以補之。"其音釋多注於板框上方同行天頭處，亦有少數注於該段文字末尾處。《四庫全書》收録此書，採浙江汪啓淑家藏本。今國家圖書館等藏有明萬曆刻本，《四庫全書存目叢書》本據北京大學圖書館所藏明萬曆刻本影印，《衢州文獻集成》亦收録。

《四庫全書總目·〈春秋麟寶〉提要》：《春秋麟寶》六十三卷（浙江汪啓淑家藏本），明余敷中撰。敷中，不知何許人。是書成於萬曆乙卯。全録《左》《國》《公》《穀》之文於經文之下。《左》《國》則録其全，《公》《穀》則除其復。《國語》事有在《春秋》前者，別爲首卷於前。無所訓釋，亦無所論斷。前有萬曆乙卯《自序》，言"夫子獲百二十國寶書作《春秋》，而絕筆於獲麟，故曰'麟寶'"。其命名取義，殆於"札闥鴻休"矣。（見《四庫全書總目·經部·春秋類存目一》）

春秋取（佚）

（明）開化蔣泰賓撰

蔣泰賓有《易存》，前《易類》已著録。［順治］《開化縣志·人物志·理學》本傳載，蔣泰賓有《春秋取》，［康熙］《衢州府志·藝文考》亦著録。泰賓此書今佚。

　　蔣泰賓《春秋取自序》：《春秋》者，孔子正名之書也。正名所以正人心也。正名一論，爲衛發之，當日果、達、藝三賢相顧躊躇，皆未領略，甚且以身殉之。人心是非搖亂一至於此，安可不亟正也？《易》教微，而失得不足以懼人，曰此事前之迂籌也。《詩》教廢，而美刺不足以懼人，曰此事外之閒評也。不得不就行事之深切著明者，而論列之。欲正將來之是非，先正既往之是非；欲正天下之是非，先正宗國之是非。故借編年一書爲案爲斷，而名始正也。蓋末世惟知有利耳，君不正其君，臣不正其臣，父不正其父，子不正其子，使顧名思義，人心當有怵惕不安者，有萬世不易之義，無一時可徵之利也。正名所以正人心也。是故《春秋》作而《易》教復明，《春秋》與《易》相爲表裏者也。《春秋》作而《詩》教復興，《春秋》與《詩》相爲始終者也。讀《易》不可不讀《春秋》，《易》其律令，《春秋》其斷例乎。讀《詩》不可不讀《春秋》，《詩》其巽言，《春秋》其法語乎。則請以讀《易》之法讀之，觀玩之下，大義凜然，不必深文巧詆，而始爲潔淨精微也。則請以讀《詩》之法讀之，諷誦之間，大義豁然，不必容隱逸賊，而始爲溫柔敦厚也。善善長，惡惡短，義在勸勉；防未然，儆初萌，義在表微，皆《易》與《詩》之義也。義者，孔子之所取也，則正名以正人心之深旨也。後人推尊大過，曰褒貶嚴於一字，賞罰及於身後。夫褒貶賞罰，豈告老之大夫所得行於天王、國君哉？又曰帝王百世不易之大法，考三王而建天地也。惇典庸禮，命德討罪，聖人以天子自處也；春生夏茂，秋肅冬藏[①]，聖人以天自處也。此又愚所深惑，而不敢取也。（見［康熙］《衢州府志·藝文考》）

通左（佚）

（明）常山詹思虞撰

　　詹思虞字如甫，號濬源，常山人。萬曆庚辰進士。自刑部主事員外郎，歷轉松江知府、福建參政、山西副使、山西參政，仕至廣東按察使。事跡見［天啓］《衢州府志·人物志·事功》。［雍正］《常山縣志·藝文志》有詹思虞詩《修道庵》，［光緒］《常山縣志·藝文志》有其《重修常山縣學記》。［天啓］《衢州府志·藝文志》著錄詹思虞《通左》。此書今佚。

春秋揆義（佚）

（明）常山詹滄撰

　　詹滄，事跡不詳。［嘉慶］《常山縣志·藝文志》有詹滄詩《茗源寺》。［雍正］《常山縣志·藝文志》著錄詹滄《春秋揆義》，列於明代著述中。《兩浙著述考》著錄爲

---

　　①　原本作“秋冬肅藏”，此據文意改。

"《春秋揆義》，明常山張滄撰"①，"張"字當爲"詹"。詹滄此書今佚。

左氏讀本（佚）
（清）開化汪巖叟撰

汪巖叟有《大易注解》，前《易類》已著録。［康熙］《衢州府志·文學傳》汪爾衍傳所附子巖叟傳載，汪巖叟有《左氏讀本》。此書今佚。

左氏列編（佚）
（清）開化張世持撰

張世持有《葩經論什》，前《詩類》已著録。［雍正］《開化縣志·人物志·文學》本傳載，張世持有《左氏列編》。此書今佚。

左傳纂要（佚）
（清）西安王榮統撰

王榮統有《周易題旨》，前《易類》已著録。［嘉慶］《西安縣志·循吏傳》本傳載，王榮統有《左傳纂要》。據［民國］《衢縣志·碑碣志四》所録《清授文林郎江西星子縣知縣寅庵府君墓誌銘》，王榮統撰有《左傳纂要》。［民國］《衢縣志·人物志三》本傳亦言榮統著有《左傳纂要》。宋慈抱《兩浙著述考》著録王榮統撰有《春秋纂要》，且言"此書見《衢縣志·人物》本傳"②。宋氏記爲"《春秋纂要》"當誤。榮統此書今佚。

左傳彙編摘録（佚）
（清）開化魏崇燦撰

魏崇燦字文光，開化人。歲貢生。生平手不釋卷。所著有《左傳彙編摘録》《經義公穀國策子史各書要語》及《寄居詩》若干卷，稿藏未梓。事跡見［光緒］《開化縣志·人物志·文苑》。崇燦諸書今皆佚。

附：春秋傳十二卷（佚）
（北宋）常山劉絢撰

劉絢字質夫，先世常山人。其祖以仕宦，始家河南。絢自幼治《春秋》，學祖於程氏，專以孔、孟之言斷經意。初仕河南府壽安主簿尹。元豐中，移潞之長子令。事跡見朱熹《伊洛淵源録》卷八所載李籲《劉博士墓誌銘》和《宋史》本傳。據劉絢傳

① 宋慈抱：《兩浙著述考》，第407頁。
② 宋慈抱：《兩浙著述考》，第449頁。

可知，其先世常山人。《明一統志·真定府》載劉絢爲真定府常山人。[萬曆]《常山縣志·選舉表·雜科》曾對劉絢籍貫存疑，疑其爲真定常山人。劉絢先世爲真定常山人，絢則入籍河南。[康熙]《衢州府志·藝文考》和[嘉慶]、[光緒]《常山縣志·藝文志》著録有"劉絢《春秋解》十二卷"。《兩浙著述考》亦著録衢州常山劉絢《春秋解》①。劉絢非衢州常山人，故附其作於此。劉絢此書今佚，其佚文見黄覺弘《劉絢〈春秋傳〉佚文考説》②。浙江圖書館所藏《劉質夫先生春秋通義》十二卷，實爲僞作③。

春秋比事二十卷（存）

（南宋）莆田劉朔撰

　　《宋史·藝文志一》著録沈棐《春秋比事》二十卷。此書爲《四庫全書》收録，前有陳亮序，亮序言："惜其爲此書之勤，而卒不見其名也。或曰是沈文伯之所爲也。文伯名棐，湖州人，嘗爲婺之校官，以文辭稱，而不聞以經稱也。使其非文伯也，此書可不傳乎，使其果文伯也，人固不可以淺料也。"可見陳亮並未斷定撰者爲沈棐。然元《宋史》編修者和四庫館臣皆以沈棐爲《春秋比事》撰者。陳振孫《直齋書録解題·春秋類》著録《春秋比事》二十卷，云："沈棐文伯撰。陳亮同父爲序曰：'文伯名棐，湖州人。嘗爲婺之校官，以文辭稱，而不聞其以經稱也。'按湖有沈文伯名長卿，號審齋居士，爲常州倅，忤秦檜，貶化州，不名棐也。不知同父何以云然，豈别有名棐而字文伯者乎？然則非湖人也。"陳振孫疑沈棐非湖州人。[雍正]《浙江通志·選舉志四》載慶元五年進士有沈棐，爲嘉興人。元人吳師道於《古三墳書後題》言"棐亦衢人，字文伯，嘗爲婺之教官，所著《春秋比事》，陳亮《序》以爲湖州人。陳振孫謂湖有沈文伯，名長卿，不名棐，今因此書題識知亮誤也。"今存紹興十七年婺州州學刻本《古三墳書》乃沈棐所刻，其《後叙》題"三衢沈棐書"，可見爲婺之校官，名沈棐，衢州人，此"棐"而不爲"棐"。都穆《南濠居士文跋·春秋比事》載："《春秋比事》二十卷，舊名《春秋總論》。宋陳龍川謂湖州沈棐文伯撰，爲更其名曰《比事》，序而刻之。嘉定辛未，廬陵譚卿月序則以爲著於莆陽劉朔，非文伯也。蓋譚親見劉氏家本故云。"而《四庫全書總目·經部·春秋類二》所載《春秋比事》提要則言："都穆《聽雨紀談》又據嘉定辛未廬陵譚月卿序，以爲莆陽劉朔撰，並稱月卿親見劉氏家本。此本不載月卿序，亦未審穆何所據，疑以傳疑，無從是正。以陳亮去棐世近，姑從所序，仍著棐名。"然劉克莊《後村先生大全集》卷一百七所載《二大父遺文》云："麟臺公殁于信安傅舍中，故遺稿尤少，有《春秋比事》二十

---

① 宋慈抱：《兩浙著述考》，第372頁。
② 黄覺弘：《劉絢〈春秋傳〉佚文考説》，《南京社會科學》2008年第12期。
③ 崔富章：《四庫提要補正》，杭州大學出版社1990年，第180—181頁。

卷，別爲書。"又據淩迪知《萬姓統譜》卷五十九所載 "劉朔傳"，朔字復之，莆田人，紹興庚辰南省第一人，官至秘書省正字，故克莊稱爲 "麟臺公"。可見劉朔確曾撰有《春秋比事》二十卷，譚月卿序不誤。《四庫全書》所收錄《春秋比事》，乃據浙江吳玉墀家藏本。國家圖書館藏有明祁氏澹生堂抄本《春秋比事》，《衢州文獻集成》據此本影印。前編撰《衢州文獻集成》，筆者考證不精，遂誤收此書。故附辨正於此。

春秋解（佚）

（南宋）餘干柴元祐撰

[乾隆]《江山縣志·藝文志》、[同治]《江山縣志·邑人纂述書目》引《明統志》言 "柴中行叔元振著有《春秋解》"。柴中行有《易繫集傳》，已附錄於前《易類》之末。據前考，柴中行爲餘干人。又《明一統志·饒州府》載："柴中行，餘干人。叔元祐，通《五經》，號强恕先生，所著有《春秋解》。" 其已明言柴中行爲餘干人，其叔爲 "元祐" 非 "元振"。柴氏《春秋解》今佚。[乾隆]《江山縣志·藝文志》、[光緒]《江山縣志·邑人纂述書目》皆著錄柴氏《春秋解》，《兩浙著述考》亦著錄爲江山柴元振《春秋解》[1]，故附於此。

春秋講義（佚）

（南宋）江寧何若撰

何若有《尚書講義》，前已附錄於《書類》。據[弘治]《衢州府志·流寓傳》所載何若傳可知，何若有《尚書春秋講義》。[康熙]《衢州府志·藝文考》和[民國]《衢縣志·藝文志》分載《尚書講義》《春秋講義》。何若爲建康人，寓居衢州，故附其書於後。何若諸書今皆佚。

五經總義類

詩書論（佚）

（北宋）開化程天民撰

程天民字行可，開化人。未冠，舉進士，中甲科。後二年始應銓格，進所撰《詩書論》。以洪州司法參軍，充相州州學教授，遷瀛州防禦推官，知衢州西安縣事，充饒州州學教授，調信州貴溪縣丞。事跡見程敏政《新安文獻志·行實·世德》所載陸佃《貴溪縣丞程君天民墓表》；同書《行實·文苑》又有程瑀《宋左中奉大夫徽猷

---

① 宋慈抱：《兩浙著述考》，第382頁。

閣待制新安縣開國伯食邑九百户致仕贈左通奉大夫程公俱行狀》，其言程俱字致道，開化人，其父博觀典籍，研繹奥義，常進所撰《詩書論》。[弘治]《衢州府志·科貢志》載程天民爲熙寧六年進士。天民《詩書論》今佚。

經説（佚）

（南宋）常山江少虞撰

江少虞字虞仲，常山人。政和八年登進士第，調天台學官。歷建、饒、吉三州守，治狀皆第一。著《宋朝類詔》，詔藏史館。有雜著、《經説》《奏議》百餘卷。事跡見[弘治]《衢州府志·人物志·事功》。《常山縣志》《開化縣志》皆將江少虞視爲邑人，然除《府志》載少虞爲常山人外，《萬姓統譜》卷三載江少虞事跡亦言其爲常山人。少虞撰有《事實類苑》，成書於紹興十五年，另有文集，其主要著述成書年代在南宋，故視其爲南宋人。少虞《經説》今佚。

六經講義（佚）

（南宋）江山徐存撰

徐存有《書籍義》，前《書類》已著録。[弘治]《衢州府志·人物志·理學》本傳載徐存有《六經講義》，《宋元學案·龜山學案》載徐存有《五經講義》。康熙癸巳《江山縣志·藝文志》有黃綸《徐逸平先生墓碑記》，言徐存有《六經講義》，綸爲嘉靖間江山知縣。[天啓]《衢州府志·藝文志》、[天啓]《江山縣志·建置志·書籍》皆著録徐存《六經正義》。[康熙]《衢州府志·藝文考》載徐存有《五經講義》和《六經正義》，其下有楊廷望案語："《正義》《講義》當即一書，而誤列爲二。"朱彝尊《經義考·群經五》著録徐存《六經講義》。[雍正]《浙江通志·經籍志二》引[正德]《江山縣志》言徐存有"《六經講義》"。諸《江山縣志》皆著録此書爲"《六經講義》"。此以《六經講義》爲是。徐存此書今佚。

六經正誤六卷（存）

（南宋）江山毛居正撰

居正，事跡不詳。《江山清漾毛氏族譜·內集》卷二和諸《江山縣志》載，紹興二十一年居正與父毛晃同登進士，且《族譜》載毛居正一名萬全。然居正著《六經正誤》在宋寧宗嘉定十六年，距紹興二十一年甚遠。李子君認爲，《族譜》《縣志》所載恐與事實不符[①]。[弘治]《衢州府志·科貢志》所載紹興二十一年進士爲毛晃、

---

① 李子君：《〈增修互注禮部韻略〉撰著年代獻疑》，《第二屆傳統中國研究國際研討會論文集》，2007年。

毛居正父子。毛晃父子同登進士，或爲族譜所造，後爲方志所採。陳振孫《直齋書錄解題·經解類》載："《六經正誤》六卷，柯山毛居正誼甫校監本經籍之誤所欲刊正者，魏鶴山爲之序而刻傳之。大抵多偏傍之疑似者也。"朱彝尊《經義考·群經六》亦著錄。此書六卷，分別正《周易》《尚書》《毛詩》《禮記》《周禮》《春秋三傳》之誤，而無正《儀禮》之誤者。前五卷各有正字誤、釋文、音辨，第六卷僅有正字誤、釋文，對《五經正義》《經典釋文》等書或作引證，或作辨正。卷前有魏了翁寶慶元年所作序文，稱其"盡取《六經》《三傳》諸本，參以子史字書，選粹文集，研究異同，凡字義音切豪釐必校。儒官稱歎，莫有異詞"，又言，"余觀其書，念今之有功於經者，豈無《經典釋文》《六經文字》《九經字樣》之等？然此書後出，殆將過之無不及者，其於後生晚學祛蔽瘳疑，爲益不淺"，可見魏氏對《正誤》評價甚高。此書問世後多次翻刻，今存最早刊本爲元刻本，後有明嘉靖二年郝梁刻本，《四庫全書》據兩淮馬裕家藏本著錄，《通志堂經解叢書》多次翻刻此書，日本文政二年曾刊刻之，可見其流佈之廣。今存諸版本，國家圖書館皆有收藏。其他圖書館也收有其中部分版本。《衢州文獻集成》亦收錄，據元刻本影印。

《四庫全書總目·〈六經正誤〉提要》：《六經正誤》六卷（兩淮馬裕家藏本），宋毛居正撰。居正字誼父，或曰義甫（義、誼、父、甫，古字通也），衢州人，免解進士晃之子。晃嘗著《增注禮部韻略》及《禹貢指南》，居正承其家學，研究六書。嘉定十六年，詔國子監刊正經籍，當事者聘居正司校讎，己釐定四經，會居正目疾罷歸，其《禮記》及《春秋三傳》遂未就。然所校四經，亦以工人憚煩，詭竄墨本以給有司，板之誤字未改者猶十之二三。居正乃裒所校正之字，補成此編。楊萬里爲作序，述其始末甚詳。陳振孫《書錄解題》謂其唯講偏旁之疑似。今觀是書校勘異同，訂正訛謬，殊有補於經學。其中辨論既多，不免疏舛者，如勅古文作"敕"，隸變作勅，居正乃因高宗《御書石經》誤寫作勅，遂謂"來"字中從兩"人"，不從兩"人"；"享"字古文作"亯"，隸變作"享"，或省作"亨"，居正乃謂享字訓祭，亨字訓通，兩不相溷。坤，古從土從申，隸別爲巛，居正乃謂巛是古字。乾、離、坎等，俱有古文，如卦畫之形。遲、遟，古文本一字，《說文》以爲"遟"籀文作"遲"者是也，居正乃謂兩字是非相半，不敢擅改。賴字，古從貝從剌，俗誤書作"賴"，居正乃謂"賴從束，從負"，其於六書皆未確。又《禮·大行人》"立當前疾"，"疾"乃"庆"字之誤，"庆"在車轅前，鄭康成所謂車轅前胡，下垂拄地者是也，居正乃以爲應作"軓"，"軓"前揜板，實與"庆"不相涉。如此類者，於經義亦不合。然許氏《說文解字》、陸德明《經典釋文》亦不免小有出入，爲後人所摭拾，在居正又烏能備？論其大致，則審定字畫之功，固有不可泯沒者矣。（見《四庫全書總目·經部·五經總義類》）

經業（佚）

（明）常山何初撰

何初有《書傳會選》，前《書類》已著録。據金寔《覺非齋文集·行狀》所載《故開化縣教諭非齋何先生行狀》，何初有《經業》。此書今佚。

五經格式（佚）

（明）開化徐蘭撰

徐蘭有《書經體要》，前《書類》已著録。[弘治]《衢州府志·人物志·文士》本傳載，徐蘭有《五經格式》。黄虞稷《千頃堂書目·經解類》、朱彝尊《經義考·群經九》皆著録爲徐蘭《五經文格》。《經義考》又引黄虞稷曰言徐蘭爲“洪武初人”，其書此條顯然源於黄書。[乾隆]《開化縣志·經籍志》、[光緒]《開化縣志·藝文志》皆載徐蘭有《五經格式》。[弘治]《衢州府志》早於《千頃堂書目》，此姑從《府志》所載。徐蘭此書今佚。

七經思問三卷（佚）

（明）常山詹萊撰

詹萊有《春秋原經》，前《春秋類》已著録。[萬曆]《常山縣志·選舉表·進士》載詹萊有《七經思問》。黄虞稷《千頃堂書目·經解類》、朱彝尊《經義考·群經十》著録詹萊《七經思問》三卷。《經義考》載有“先生自其束髮受書”以下内容，而今本《楊道行集》僅存“乃其傳習之”以上内容，其下殘缺不見，此以《經義考》所引内容補之。詹萊此書今佚。

楊于庭《七經思問序》：蓋漢儒近古，其文往往本之六經，稱羽翼云。代降而文與經歧而二，而世始多務華絶根者矣。然而一二大儒，猶能考證經義，而其論不詭聖人。逮於今，而學士爭浮慕古文辭，日浸淫於諸子二氏。而第古一經，以羔雉縣官，如祭者之芻狗。庭嘗思一挽之古，而不可得。而竊聞浙有詹範川先生者，其人遂於經學，而耻爲近代雕鏤之文，則私心嚮往云，顧不得見其遺書爲恨。而幸及先生之子在泮縉帶交已，稱備兵使者，來而庭辱部以内。於是兵備君梓先生所著曰《七經思問》者而使，使問《序》於不佞庭。庭受而卒業，而後知先生非今之儒，而古之儒也。蓋先生自其束髮受書，勃窣理窟，多所心解。其言《易》，以爲四圖有功於《易》，而誚歐陽諸人之妄訾。其言《詩》，以爲太師陳詩而被之樂，所云不淫不傷者聲也，非辭也，自文人之詞出，而通於樂者寡矣。其言《書》，以爲穆王優於宣王，故孔子存《君牙》《冏命》《吕刑》三篇，而於宣不之及。其言《春秋》，以爲桓四年、七年亡秋冬二時，乃其傳習之訛，而非必如胡氏討賊之説。其言《周禮》，以爲春秋、戰國傅會之書。其言《學》《庸》，以爲“致曲”之“曲”即“獨”也，如“曲宴”“曲赦”之類。

大抵其説旁出於百家，而折衷於姬、孔，其造物創獲於千載之後，而其沈思冥搜於千載之前者也。先生之子兵備君獻功，又能紹明先生之志，而爲之流傳不朽，斯亦述作之勝事已。（見《楊道行集・序下》《經義考・羣經十》）

經書講義（佚）

（明）常山徐之俊撰

徐之俊，事跡不詳。［雍正］《常山縣志・選舉志》載萬曆十年舉人有徐之俊。［雍正］《常山縣志・藝文志》著録徐之俊《經書講義》《寫心文章》。此二書今皆佚。

韓子六經一卷（佚）

（明）西安葉秉敬撰

葉秉敬有《葩經詩歌》，前《詩類》已著録。［天啓］《衢州府志・藝文志》著録葉秉敬《韓子六經》一卷。此書今佚。

三經秘録（佚）

（明）開化蔣泰賓撰

蔣泰賓有《易存》，前《易類》已著録。［順治］《開化縣志・人物志・理學》本傳載，蔣泰賓有《三經秘録》，［康熙］《衢州府志・藝文考》亦著録。此書今佚。

十經彙纂（佚）

（明）龍游勞于王撰

勞于王，事跡不詳。［康熙］《龍游縣志・藝文志》著録勞于王《十經彙纂》。［康熙］《衢州府志・藝文考》載爲"勞十王《十經彙纂》"，此作"十"，不知孰是。《十經彙纂》今佚。

五經纂要（佚）

（明）常山徐岳輯

徐岳，事跡不詳。［雍正］《常山縣志・藝文志》著録徐岳輯《五經纂要》，列於明人著述之末。《五經纂要》今佚。

五經會纂（佚）

（明）常山徐忠元撰

徐忠元字元初，常山人。純臣子。天資穎敏，好學不倦。所著有《五經會纂》《史略》諸書。事跡見［雍正］《常山縣志・人物志・補編》。同書《選舉志・貢監》載徐純臣爲明末貢監，忠元爲其子。［嘉慶］《常山縣志・書目志》將忠元之作列於清人著述中，［光緒］《常山縣志・藝文志》將其列於明人著述之末。忠元當爲明末清初人。忠元《五經會纂》今佚。

五經逸注（佚）

（清）西安鄭光璐撰

　　鄭光璐字紳玉，號蘭波（一作蘭坡），西安人。歲貢。敦厚嚴正，以道自重，而尤篤於倫理。嗜古學，時出奇見。晚宗漢儒，嘗輯《五經逸注》十餘卷，著有《慎修堂詩稿》。事跡見［嘉慶］《西安縣志·文苑傳》。光璐《五經逸注》今佚。

五經釋義（佚）

（清）常山江維新撰

　　江維新字紹文，常山人。歲貢生。性情豪宕，下筆千言立就。所著有《五經釋義》，惜未付梓而毀焉。事跡見［嘉慶］《常山縣志·人物志·文苑》。維新此書今佚。［嘉慶］《常山縣志·藝文志》有江維新《遊豸峰記》。《常山龍溪樊氏世譜》卷一有江維新《福員公傳》《行一百五十孺人陳氏傳》。

詩書彙解（佚）

（清）常山徐之旻撰

　　徐之旻字廣仁，常山人。歲貢生。性嚴正，博學能文，深於經解。所著有《詩書彙解》行於世。事跡見［光緒］《常山縣志·人物志·文苑》。之旻此書今佚。

五經輯要（佚）

（清）常山詹紹治撰

　　詹紹治字廷颺，號臥庵，常山人。歲貢。性嗜學，工詞賦，家多藏書。爲人雅靜端嚴，敦行尚義，好獎勵後學。年逾八旬，手不釋卷。著有《五經輯要》《南湖草》《薰弦集》。事跡見［嘉慶］《常山縣志·人物志·文苑》。紹治《五經輯要》今佚。

五經文彙（佚）

（清）開化詹師富撰

　　詹師富，號桂林，開化人。邑增生。生平參訂最鉅，輯有《時藝文海》《五經文彙》《江浙元軌》《河間集》數百卷。事跡見［光緒］《開化縣志·人物志·文苑》。師富《五經文彙》今佚。

五經集要（佚）

（清）開化方爾圭撰

　　方爾圭字介侯，號錫庵，開化人。讀書能擷其菁華，經史子集悉潛心參究。道光丁酉薦卷，主司極賞其文。所著有《五經集要》《錫庵詩稿》，藏於家。事跡見［光緒]《開化縣志·人物志·文苑》，又詳見於《開化河南郡方氏續譜》卷一所載《錫庵公傳》。爾圭諸書今皆佚。

五經類典十卷（佚）

（清）江山毛紹芳撰

毛紹芳有《詩經考》，前《詩類》已著錄。據毛以南《致和堂詩稿》後作者自跋，紹芳有《五經類典》十卷。此書今佚。

五經詳注（佚）

（清）西安孔昭晙撰

孔昭晙字寅谷，號小山，西安人。同治庚午，舉優行貢，因病報罷歸。在家以娛親課子授徒爲樂。有"品學兩優，不愧爲聖人後裔"之譽。著有《小山課子文》《五經詳注》《史鑒詳批》等稿，未刊。事跡見［民國］《衢縣志·人物志三》。［民國］《衢縣志·詩文內編下》有孔昭晙詩《爛柯山》，《詩文外編下》又有其《西湖竹枝詞》。昭晙《五經詳注》今佚。

十三經經解（佚）

（清）西安葉廷垣撰

葉廷垣，號南屏，西安人。補增廣生。課徒有法，務崇實學。著有《十三經經解》。事跡見［民國］《衢縣志·人物志三》。廷垣此書今佚。

附：六經正義（佚）

（南宋）餘干柴中行撰

柴中行有《易繫集傳》，已附錄於前《易類》之末。前考柴中行爲餘干人，而［乾隆］《江山縣志·藝文志》、［光緒］《江山縣志·邑人纂述書目》均著錄有柴中行《六經正義》，故附於此。中行此書今佚。

四書類

論語解（佚）

（南宋）江山徐存撰

徐存有《書籍義》，前《書類》已著錄。［弘治］《衢州府志·人物志·理學》本傳載，徐存有《中庸論孟解》。［天啓］《江山縣志·建置志·書籍》亦著錄徐存《中庸論孟解》。朱彝尊《經義考·論語八》載有徐存《論語解》。徐存此書今佚。

論語注（佚）、論語贅解（佚）

（南宋）開化鄒補之撰

　　鄒補之有《書説》，前《書類》已著録。[弘治]《衢州府志・人物志・理學》本傳載，鄒補之有《春秋語孟注》，[天啓]《衢州府志・藝文志》亦著録。朱彝尊《經義考・論語七》著録鄒補之《論語注》，[康熙]《衢州府志・藝文考》、[雍正]《開化縣志・藝文考》與其同。王應麟《玉海・藝文》載爲鄒補之《論語贅解》，與上述諸書所載不同，或爲另一書。補之注解《論語》之作今皆佚。

論語解（佚）

（南宋）龍游劉愚撰

　　劉愚有《尚書解》，前《書類》已著録。《宋史》本傳載，劉愚於《書》《禮》《語》《孟》皆有解。[康熙]《衢州府志・藝文考》著録《論語解》。此書今佚。

論語集説（佚）

（南宋）西安孔元龍撰

　　孔元龍字季凱，孔子五十世孫，西安人。尚志篤學，從真德秀游。任餘干縣簿，後爲柯山精舍山長。所著有《柯山講義》《論語集説》《魯樵斐稿》《奏議》《叢璧》等書。事跡見廖用賢《尚友録》卷十三。朱彝尊《經義考・論語九》著録孔元龍《論語集説》。[天啓]《衢州府志・藝文志》、[民國]《衢縣志・藝文志》載有孔元龍《論語魯樵集》，[康熙]《衢州府志・藝文考》載爲孔元龍《論語魯樵集説》。[民國]《衢縣志》引《曲阜縣志》言孔元龍有《柯山論語講義》《魯樵集》，其按“真西山《集》有《跋孔從龍洙泗言學》一篇，即指此。元龍爲桴玄孫，南渡後家此。宋末，主柯山書院，故有此作，實一書也”。此從《尚友録》和《經義考》，以元龍所著爲《論語集説》。元龍此書今佚。

孟子解（佚）

（南宋）江山徐存撰

　　徐存有《書籍義》，前《書類》已著録。[弘治]《衢州府志・人物志・理學》本傳載，徐存有《中庸論孟解》。[天啓]《江山縣志・建置志・書籍》亦著録徐存《中庸論孟解》。朱彝尊《經義考・孟子五》載有徐存《孟子解》。此書今佚。

孟子注（佚）

（南宋）開化鄒補之撰

　　鄒補之有《書説》，前《書類》已著録。[弘治]《衢州府志・人物志・理學》本傳載，鄒補之有《春秋語孟注》，[天啓]《衢州府志・藝文志》亦著録。朱彝尊《經義考·論語七》著録鄒補之《孟子注》，[康熙]《衢州府志·藝文考》、[雍正]《開化縣志·藝文考》與其同。補之此書今佚。

孟子解 (佚)

（南宋）龍游劉愚撰

劉愚有《尚書解》，前《書類》已著録。《宋史》本傳載，劉愚於《書》《禮》《語》《孟》皆有解。[康熙]《衢州府志·藝文考》著録《孟子解》。此書今佚。

孟子論文七卷 (佚)

（清）西安徐鍾郎撰

徐鍾郎字爾良，號南村。拔貢生，學邃名噪。教人循循善誘，英俊多從之遊。著有《詩韻訣》《孟子論文》行世。事跡見[嘉慶]《西安縣志·文苑傳》。《西安懷舊録》卷二有徐鍾郎詩《將母歌爲門人余生之星作》，《西安上麓祝氏宗譜》卷五有其《贈言一首別祝君玉路》。[嘉慶]《西安縣志·經籍志》著録徐鍾郎《孟子論文》七卷。此書今佚。

中庸解 (佚)

（南宋）江山徐存撰

徐存有《書籍義》，前《書類》已著録。[弘治]《衢州府志·人物志·理學》本傳載，徐存有《中庸論孟解》。[天啓]《江山縣志·建置志·書籍》亦著録徐存《中庸論孟解》。朱彝尊《經義考·禮記十五》載有徐存《中庸解》。此書今佚。

中庸解一卷 (佚)

（南宋）開化江泳撰

江泳有《易解》，前《易類》已著録。據樓鑰《攻媿集·誌銘》所載《江元適墓誌銘》，江泳有《中庸解》。朱彝尊《經義考·禮記十六》著録江泳《中庸解》一卷。此書今佚。

中庸解一卷 (佚)

（南宋）江山柴衛撰

柴衛字元忠，江山人。擢進士甲科。官至大理寺正。有古今詩、奏議、表狀、書啓、墓誌凡三十一卷，《芹説》一卷，《中庸解》一卷，《竿牘》一卷。事跡見《嵩高柴氏世集勳德録》卷二所載謝諤《大理寺正公墓誌銘》。[弘治]《衢州府志·科貢志》載柴江山柴衛爲紹興十八年進士。柴衛《中庸解》今佚。

中庸誠明説 (佚)

（南宋）西安鄭若撰

鄭若有《書經折中》，前《書類》已著録。[民國]《衢縣志·人物志一》本傳載，鄭若有《中庸誠明説》。此書今佚。

中庸解一卷（佚）

（元）開化魯貞撰

魯貞有《易注》，前《易類》已著録。[弘治]《衢州府志·人物志·理學》本傳載，魯貞有《中庸解》。朱彝尊《經義考·禮記十六》著録魯真《中庸解》一卷，此"真"當爲"貞"。魯貞此書今佚。

大學中庸提綱（佚）

（明）西安樂惠撰

樂惠字子仁，西安人。師事王陽明。事父母，曲盡孝道。深居寡出，而四方學者雲集，無慮數百人。所著有《鄉約書》《下洲隱居集》《大學中庸提綱》《求志説》《疏問》《明孝道》諸作。事跡見[嘉靖]《衢州府志·人物紀·孝行》。[嘉慶]《西安縣志·墳墓志》載有葉敦艮《樂惠墓表》，其文較簡略。[天啓]《衢州府志·藝文志》著録樂惠《大學中庸提綱》。[康熙]《衢州府志·藝文考》分別著録爲樂惠《大學提綱》《中庸提綱》，[民國]《衢縣志·藝文志》爲《大學中庸提綱》。樂惠《大學中庸提綱》今佚。

學庸講義一卷（佚）

（清）西安葉敦艮撰

葉敦艮字靜遠，舊名蒨，西安人。邑庠生。少務爲博洽，後乃刻意講求理學，不以功名爲念。師蕺山劉宗周，深受器重。鼎革後，棄舉子業，躬自耕獲。事跡見[康熙]《西安縣志·人物志下》。[康熙]《西安縣志·藝文志下》有葉敦艮《鄭烈婦詩有序》，[嘉慶]《西安縣志·墳墓志》有其《樂惠墓表》，《西安懷舊録》卷九有其詩《鄭孝烈詩（並傳）》，《西安長澤陳氏宗譜》卷一有其《節孝陳母孔氏傳》。[嘉慶]《西安縣志·經籍志》著録葉敦艮《學庸講義》一卷。此書今佚。

學庸講義（佚）

（清）龍游童應梧撰

童應梧字梁材，號琴浦，龍游人。以歲貢選會稽縣訓導。事跡見[民國]《龍游縣志·人物闕訪》。同書《藝文考》載："《學庸講義》，童應梧撰。案：余嗣曾撰《傳》云：詮解引證軼諸講家之上，至今縣人士奉爲圭臬。"應梧此書今佚。

四書核實（佚）

（明）常山詹濤撰

詹濤字德源，號越江，常山人。博學好古，喜談時事，上人多器重之。屢舉不第，例授儒官，非其好也。著述甚豐，其《宦官》《理財》二論採入《皇明通紀》。事跡見［雍正］《常山縣志·人物志·賢哲》。同書《藝文志》載詹濤有《四書核實》《超古新論》《策學類聚》《衣冠志》。［萬曆］《常山縣志·山川表》有詹濤詩《湖山》《白龍洞》《錦川石》，［光緒］《常山縣志·藝文志》有其詩《球川》。詹濤《四書核實》今佚。

四書通解（佚）

（明）開化汪朝仕撰

汪朝仕有《易經通解》，前《易類》已著録。［天啓］《衢州府志·藝文志》載汪朝仕著《易經四書通解》，似爲合書。［康熙］《衢州府志·藝文考》著録汪朝仕《四書通解》。汪朝仕《四書通解》今佚。

四書論三卷（佚）、四書鄙問三卷（佚）

（明）西安葉秉敬撰

葉秉敬有《葩經詩歌》，前《詩類》已著録。［天啓］《衢州府志·藝文志》著録葉秉敬《四書論》《四書鄙問》各三卷。此二書今皆佚。

四書代言二十卷（存）、四書講義（佚）

（明）西安方應祥撰

方應祥有《周易初談講意》，前《易類》已著録。［嘉慶］《西安縣志·經籍志》著録方應祥《四書講義》，今未見，而見存有《四書代言》。未知《四書代言》是否即爲《四書講義》，此姑兩存之。

方應祥《四書代言》二十卷，凡《大學代言》一卷、《中庸代言》二卷、《論語代言》十卷、《孟子代言》七卷。正文前有方應祥《四書代言》題辭、《四書》字義緊要音釋、《四書代言》採用書目、《四書代言》論題備覽。是書所採書目達三百九十六種，經、史、子、集類著述皆有，釋道類著述如《法苑珠林》《雲笈七讖》亦採擇。《四書代言》論題備覽按《大學》《中庸》《論語》《孟子》先後列論題，其論題如《大學》有"大學教人之法""禮樂射御書數之文""窮理正心修己治人之道"等，大抵與《四書代言》正文次序一致。又於《孟子代言》前有《四書代言》參閱姓氏，鑒定者有焦竑等二十六人，參訂者有羅大冠等六十七人，校閱者有江起岷、朱延誨二人。正文分上下兩欄，上欄爲《四書代言》，署"西安方應祥孟旋父纂"，下欄全録朱熹《四書章句集注》。其上欄於《四書章句集注》各書序相應內容分別爲《大學要旨》《中庸要旨》《論語總論》《孟子總論》，其後《代言》內容針對《四書》文句闡發己意。如其於《孟子總論》中有言："七篇大義，皆從仁義敷衍。性善，其本原也；孝弟，其功用也；知言養氣，其蘊藉也；尊王賤伯，典齊梁之君開陳者，其事業也；闢楊墨，惡鄉原，所以開聖道，而承禹周孔子堯舜之統者也。"其釋"學而時習之"章有云，"一部《論語》祇是學爲君子"，"此章總是時習之悦，做到底自成君子也。操實爲君子之心，有朋來時，有人不知時，而無不習之時。果實爲君子之學，有悦心，有樂心，而無或愠之心"。其對《四書章句集注》内容僅加圈點，此於"《四書》字義緊要音釋"處後曰："本文旁加圈點，以便觀閱，令一見即悟指歸，必以章旨爲主，而引語多略。分爲三例，最肯綮用重圈，次焉者章中語脈及口氣，俱用空點，用單圈。"是書有明刻本，藏於華東師範大學圖書館。

四書解（佚）

（明）西安李一鯨撰

李一鯨字歙川，西安人。萬曆間郡廩生。師事方孟旋，《孟旋文集》多所參訂。著有《四書解》。一鯨克繩祖武，論者咸謂其淵源有自也。事跡見［嘉慶］《西安縣志·文苑傳》。一鯨《四書解》今佚。

四書講成（佚）

（清）龍游祝登元撰

祝登元字茹穹，龍游人。崇禎十七年選貢。平生淡於仕進，又值世亂，乃閉户著書。刻有《鏡古編》八十卷、《心醫集》六卷、《入道始終》四卷、《功醫合刻》十二卷、《日用必需》六卷、《靜功秘旨》二卷、《字學考》十四卷，一時聲名藉甚。清順治三年，聘爲浙閩參謀，旋授延平推官，擢兵部主事，授福建漳州府知府兼署監軍漳泉道。復著有《署閒詩稿》六卷。事跡見［民國］《龍游縣志·人物傳三》，又詳見《龍游木城祝氏宗譜》卷首所載《茹穹先生事録》。沈朝璧《醫印序》稱祝登元所著有《天文秘占》《地理確義》《鏡古篇》《冰暑集》《字學考》刊行，未刊之作有《四書講成》《通鑒紀實》《字畫廣彙》。登元另有《醫印》《醫驗》等作。登元《四書講成》今佚。

四書講義（佚）

（清）開化魏邦班撰

魏邦班有《易理參解》，前《易類》已著録。［康熙］《開化縣志·人物志·文學》本傳載，魏邦班有《四書講義》。此書今佚。

四書辨（佚）

（清）西安邵有聲撰

邵有聲有《詩經衍義》，前《詩類》已著録。［康熙］《衢州府志·藝文考》著録邵有聲《四書辨》。此書今佚。

四書集解二十卷（佚）

（清）開化汪皋叟撰

汪皋叟字鶴瞻，號聞庵，開化人。歲薦，後以夙負未展，樂於教育。所著有《四書集解》二十卷。事跡見［雍正］《開化縣志·人物志·孝廉》。皋叟此書今佚。

增注四書正解（佚）

（清）開化汪岡叟撰

汪岡叟有《毛詩解》，前《詩類》已著録。［康熙］《衢州府志·文學傳》本傳載，汪岡叟有《增注四書正解》。此書今佚。

四書經解（佚）

（清）開化徐霄勝撰

徐霄勝字開仲，開化人。攻制舉業，授生徒。所著有《制藝盈尺》《四書經解》。事跡見［雍正］《開化縣志·人物志·儒行》。霄勝《四書經解》今佚。

四書集要（佚）

（清）常山徐烈撰

徐烈，號雪村，常山人。歲貢生。博學多識，少有神通之目。孔毓璣修縣志，烈採訪之功居多。事跡見［嘉慶］《常山縣志·人物志·文苑》。［雍正］《常山縣志·藝文志》著録徐烈《四書集要》。徐烈還撰有《邑乘補遺》《雪邨小草》《竹林紀聞》。徐烈《四書集要》今佚。

四書合講十九卷（存）

（清）西安詹文焕撰

詹文焕字維韜，號石潭，後改名文啓，西安人。雍正壬子舉人。工詞翰，性尤廉潔。乾隆丁巳，補內閣撰文中書。養親告歸，服闋，補內閣掌印典籍廳。後爲山東東昌府司馬。引見，奉旨留部，改名文啓。授工部屯田清吏司主事。著有《酌雅齋四書》行海內。事跡見［嘉慶］《西安縣志·介節傳》。［嘉慶］《常山縣志·藝文志》有詹文焕《卷勺山房》，《西安懷舊録》卷六有其詩《與客遊青霞洞天用唐賢劉迴韻二首》《寄題定陽邵氏卷勺山房有懷其主人並示方子岱浩》《古柏》，《江陽嵩高朱氏宗譜》卷二有其《國學上舍汝任朱公暨子淑聖公孫君耀公世德傳》，《三衢西邑瑶峰葉氏宗譜》有其《翁碩人翁氏贊》。［嘉慶］《西安縣志·經籍志》著録有詹文啓《四書集説》。《四書合講》今存，共十九卷，首卷卷端題"《酌雅齋四書遵注合講》，太末翁復克夫編次，同學詹文焕維韜參定"。［民國］《衢縣志·藝文志》載，"《酌雅齋四書合講》，清翁復、詹文焕合編"。然［嘉慶］《西安縣志·義行傳》載，"翁復字克夫，與詹文煥善。好讀書，敦善行。文煥輯《酌雅齋四書》，無力梓行，復傾貲壽之梨棗，迄今士林傳誦。"由此可見，《四書合講》撰者當獨詹文煥，而非翁復，復乃此書刊行資助者。然卷端題撰者如此，後人遂誤爲二人合撰，甚有認爲翁氏獨作。此書卷前有圖説三十三，皆與《四書》內容相關。《大學章句序》前有"諸儒姓氏"，首列朱子，其下列周子敦頤至梯霞陸氏九十八人。《論》《孟》集注前各有《論語人物考》和《兩孟人物考》，所考以二書中人物爲主，兼及國名、典制等，如《兩孟人物考》有對滕、薛等國之考述，有對"明堂""聖賢之君七不作""庠序學校"等作闡釋。該書正文分上下兩欄，下欄全録朱子《四書章句集注》，上欄針對下欄相關內容作闡釋。其闡釋之文，先總述各章全旨，再分解各段文意。自宋儒闡發《四書》精意以來，部帙即繁，指歸復異，初學之士未必能偏觀而詳核。本書總括宋儒以來諸説，"自《或問》《語類》《精義》《輯略》而下，復有旁參互證，以諸儒之論説，每於理醇而旨括、義明而詞簡者，即隨録而彙存之"；其以"講章弁之於本文集注之上"，使"繁者簡而異者一"（見此書翁復序），便於學子科考之用。然其書注解少有新意，大體爲對朱子之大意之詳釋。是書成於雍正六年，始刊於雍正八年，題"《酌雅齋四書合講》"。因科舉之用，此書刊行後風行海內外，並不斷翻刻，今存者有達道堂、醉經樓、芥子園、森寶堂、掃葉山房等版，日本明治間亦有石印本，國家圖書館等諸多館藏單位各有不同藏本。《衢州文獻集成》亦收録，據清酌雅齋刻本影印。

四書集解（佚）

（清）西安王榮統撰

　　王榮統有《周易題旨》，前《易類》已著録。［嘉慶］《西安縣志·循吏傳》本傳載，王榮統有《四書集解》。此書今佚。

四書傳注彙參（佚）

（清）常山邵志觀撰

　　邵志觀，事跡不詳。［光緒］《常山縣志·藝文志》著録邵志觀《四書傳注彙參》《卷勺吟》。前《易類》載有邵智培《易經講義》，據前載葉承《邵靜園〈易經講義〉序》可知，志觀爲邵智培之子。志觀兄志晉、志謙皆有著述，另見。志觀《四書傳注彙參》今佚。

四書釋義四卷

（清）常山徐達仁撰

　　徐達仁字璋亭，號滄嶼，常山人。品行端潔，學問淵深。乾隆乙酉拔貢，登戊子鄉榜，任昌化訓導。嘗曰："讀聖賢書，當實心體驗，方於經籍有所領會。"著《四書釋義》四卷。事跡見［嘉慶］《常山縣志·人物志·文苑》。［嘉慶］《常山縣志·藝文志》有徐達仁詩《遊龍山四首》。達仁《四書釋義》今佚。

四書句讀頓連（佚）
（清）常山徐京撰

徐京字瑞喈，常山人。孝親敬長。舉明經。由武孝廉任揚州衛千總。素能詩善書，刊有《種菊簡易》《四書句讀頓連》。事跡見［嘉慶］《常山縣志·人物志·孝友》。［嘉慶］、［光緒］《常山縣志·藝文志》著錄爲徐京《四書頓連句讀》。徐京此書今佚。

四書彙覽（佚）
（清）西安葉春華撰

葉春華字馨芷，號翠巖，西安人。庠生。晚年課徒授業，絕意功名。經史博通，學有根底。有《四書彙覽》二十册、《羣書便覽》五集、《揣摩集》十六帙、《古今彙選》三卷。事跡見《三衢仁德葉氏宗譜》卷三所載《翠巖公傳》。春華諸書今皆佚。

附：論語解（佚）
（南宋）龍游藺敏修撰

藺敏修，龍游人。幼穎悟，博通羣書。紹興中進士，官至朝奉郎。著《論語解》，時號中山先生。事跡見曹學佺《蜀中廣記·著作記第一》。朱彝尊《經義考·論語六》著錄藺敏修《論語解》，言敏修爲龍游人。民國以前《龍游縣志》和《衢州府志》均不載藺敏修《論語解》。［民國］《龍游縣志·藝文考》據《經義考》補之，《兩浙著述考》遂據《經義考》和［民國］《龍游縣志》著錄此書①。然曹學佺《蜀中廣記》屬今四川方志，其所言龍游當非衢州龍游。《明一統志·嘉定州》載，藺敏修，龍游人，所著有《論語解》《詩解》，號中山先生。此嘉定州今屬四川。又據《宋史·地理志五》，成都府路所領嘉定府，轄有龍游縣。故南宋時今嘉定府亦有龍游縣，藺敏修爲嘉定龍游人，非衢州龍游人。敏修《論語解》今佚。［民國］《龍游縣志·藝文考》、［民國］《重修浙江通志稿·著述考·衢州經籍》《兩浙著述考》誤收藺敏修《論語解》，故附辨於此。

論語童蒙説（佚）
（南宋）餘干柴中行撰

柴中行有《易繫集傳》，已附錄於前《易類》之末。《宋史》本傳載，柴中行有《論語童蒙説》。前考柴中行爲餘干人，而［康熙］《衢州府志·藝文考》和［乾隆］《江

---

① 宋慈抱：《兩浙著述考》，第459頁。

山縣志·藝文志》、[光緒]《江山縣志·邑人纂述書目》均著録有柴中行《論語童蒙説》，故附於此。中行此書今佚。

樂　類

九歌譜（佚）、十二月樂辭譜（佚）

（元）開化吾衍撰

吾衍有《重正卦氣》，前《易類》已著録。陶宗儀《南村輟耕録》所載《吾竹房先生》稱吾衍撰有《十二月樂譜辭》，宋濂《宋濂全集》所載《吾衍傳》則言吾衍有《十二月樂辭譜》，王禕《王忠文集》所載《吾邱子行傳》則作《十二月樂詞譜》，三書皆載衍有《九歌譜》。陶珽編《説郛續》卷三十二目録載有吾衍《九歌譜》，下題“闕”，有目無文。王圻《續文獻通考·經籍考·樂律》著録吾衍《十二月樂辭譜》。[康熙]《衢州府志·藝文考》、[雍正]《浙江通志·經籍志二》、[嘉慶]《西安縣志·經籍志》、[民國]《衢縣志·藝文志》作“《十二月樂辭譜》”，[乾隆]以來《開化縣志·藝文志》作“《十二月樂詞譜》”，當以《十二月樂辭譜》爲是。吾衍此二書今皆佚。

孝經類

孝經古文纂注一卷（佚）

（明）常山何初撰

何初有《書傳會選》，前《書類》已著録。據金寔《覺非齋文集·行狀》所載《故開化縣教諭非齋何先生行狀》，何初有《孝經古文纂注》。[弘治]《衢州府志·人物志·文士》本傳載，何初有《孝經解》。朱彝尊《經義考·孝經七》著録何初《孝經解》一卷。[天啓]《衢州府志·藝文志》、[康熙]《衢州府志·藝文考》以及雍正以來《常山縣志·藝文志》皆著録爲何初《孝經纂注》。此從金寔之文。何初此書今佚。

孝經明注（佚）

（明）開化江樊撰

江樊字文衛，號荆山，開化人。穎悟篤學，爲文敏捷。中鄉舉，授太原府通判。嘗從學汪硯齋，故敦厚持重，多相類云。所著有《荆山詩文》《正蒙通旨》《孝經明注》若干卷，藏於家。事跡見[嘉靖]《衢州府志·人物紀·事功》，同書《人物紀·鄉薦》載江樊爲明嘉靖戊子舉人。江樊《孝經明注》今佚。

小學類

增修互注禮部韻略五卷（存）

（南宋）毛晃增注、毛居正重增

　　毛晃有《禹貢指南》、毛居正有《六經正誤》，前《書類》《五經總義類》分別著錄。黃虞稷《千頃堂書目·小學類》著錄爲毛晃《禮部韻略》五卷。此書今存，題《增修互注禮部韻略》，"衢州免解進士毛晃增注，男進士居正校勘重增"。魏了翁有《跋毛氏〈增韻〉》，其言："三衢毛氏《增韻》奏御之六十二年，其子居正義夫應大司成校正經籍之聘，始克鋟梓於胄庠。然人情異嚮，趨簡厭煩，故校其始著，尚多刊削。"《增韻》之例證古今兼收，涵蓋經史子選、唐宋詩文，有資於語音、詞彙研究。此書爲指導科舉古賦用韻而作，對後世甚有影響。於音韻史，又爲考訂宋末元初聲韻系統重要文獻，其價值已逾越最初編纂之旨。元至正以後，《增韻》地位與日俱增，逐漸取代"平水韻"係韻書之地位，爲漢人古賦押韻共同遵守範本[1]。明初纂修《洪武正韻》，即由《增韵》改並删訂而成。宋高宗紹興三十二年，毛晃奏進此書；宋寧宗嘉定十六年，毛居正出其家藏書原稿就國子監始刊行。此書今存最早刻本爲宋刻元公文紙印本。潘祖蔭《滂喜齋藏書記·經部》著錄此本曰："其紙元時户口册，書即印於紙背，諦視之，皆湖州路某縣某人云宋民户某年歸順，則湖州官庫本也。"此本今藏上海圖書館，另面所寫元時户口册，對研究元史甚有價值。《增韻》問世後，宋元明清屢次翻刻，國家圖書館等館藏單位各有不同藏本。陸心源、瞿鏞、潘祖蔭、楊守敬、傅增湘等皆曾爲此書題跋，李子君撰文詳考此書版本源流[2]。《衢州文獻集成》亦收錄此書，據國家圖書館藏元至正十五年刻本影印。

　　《四庫全書總目·〈增修互注禮部韻略〉提要》：《增修互注禮部韻略》五卷（江蘇巡撫採進本），宋毛晃增注，其子居正校勘重增。諸家所稱《增韻》，即此書也。晃嘗作《禹貢指南》，居正嘗作《六經正誤》，皆已著錄。是書因丁度《禮部韻略》收字太狹，乃搜採典籍，依韻增附。又《韻略》之例，凡字有別體、別音者，皆以墨闌圈其四圍，亦往往舛漏。晃併爲釐定，於音義字畫之誤，皆一一辨證。凡增二千六百五十五字，增圈一千六百九十一字，訂正四百八十五字。居正續拾所遺復，增一千四百二字，各標總數於每卷之末。而每字之下，又皆分注其曰增入、曰今圈、曰今正者，皆晃所加；曰重增者，皆居正所加。其辨論考正之語，則各署名以別之。

---

　　① 李子君：《〈增修互注禮部韻略〉版本考述——兼釋元代屢刊〈增修互注禮部韻略〉的原因》，《文獻》2010年第1期。

　　② 同上引李子君文。

父子相繼以成一書，用力頗爲勤摯。其每字叠收重文，用《集韻》之例；每字別出重音，用《廣韻》之例。然不知古今文字之別，又不知古今聲韻之殊。如東部通字紐下，據漢《樂府》增一桐字，是以假借爲本文；同字紐下，據《豳風》增一重字，是以省文爲正體。又如先部先字紐下，據漢《樂府》增一西字，是以古音入律詩；煙字紐下，據杜預《左傳注》增一殷字，是以借聲爲本讀。皆所謂引漢律斷唐獄者，不古不今，殊難依據。較歐陽德隆互注之本，殆不止上下牀之別。特其辨正訓詁，考正點畫，亦頗有資於小學，故後來字書、韻書，多所徵引；而《洪武正韻》之注，據是書者尤多焉。録而存之，亦足以備簡擇也。明代刊板頗多訛舛。此本凡宋代年號皆空一格，猶從舊式；末題“太歲丙午仲夏秀巖山堂重刊”，蓋理宗淳祐四年蜀中所刻，視近本特爲精善云。（見《四庫全書總目·經部·小學類三》）

中原音韻注釋 (佚)

（南宋）西安徐霖撰

徐霖有《太極圖説》，前《易類》已著録。黄虞稷《千頃堂書目·小學類》著録徐霖《中原音韻注釋》，[民國]《衢縣志·藝文志》亦著録。徐霖此書今佚。

周秦刻石釋音一卷 (存)、續古篆韻五卷 (存)、疑字一卷 (存)、説文續釋 (佚)、鐘鼎韻一卷 (佚)

（元）開化吾衍撰

吾衍有《重正卦氣》，前《易類》已著録。趙琦美《趙氏鐵網珊瑚》所載胡長孺《吾子行文塚銘》亦云吾衍有《説文續釋》。宋濂《宋濂全集》所載《吾衍傳》、王禕《王忠文集》所載《吾邱子行傳》則稱吾衍有《説文續解》，黄虞稷《千頃堂書目·小學類》、[康熙]《衢州府志·藝文考》、[嘉慶]《西安縣志·經籍志》亦皆著録爲吾衍《説文續解》。然吾衍《學古編》載其“又有《説文續釋》，方更删定。同志能爲刻之，流傳將來，亦盛德事”。可見其書稱《説文續釋》。吾衍此書今佚。

宋濂《吾衍傳》稱吾衍有《石鼓咀楚文音釋》，王禕《吾邱子行傳》則言吾衍有《周秦刻石釋音》。錢大昕《補元史藝文志·小學類》載《周秦刻石釋音》一卷、《石鼓咀楚文釋音》一卷。《周秦刻石釋音》爲《石鼓文》《詛楚文》釋音，故又稱《石鼓咀楚文音釋》。《四庫全書》收録此書，採編修汪如藻家藏本，末有嘉靖十年崧少山人鯤申志跋語。《四庫》本末篇《揭曼碩贈吳主一隸書行》止於“欲辨輒止心孔傷”，清光緒八年《十萬卷樓叢書》刻本於“心孔傷”後又有：“金陵皇象劍戟張，中山夏承鼎獨扛。二碑分法古所藏，隸多分少須精詳。君方妙年進莫量，更入二篆君無雙。近者吾甥有陳岡，昔師楊氏今頡頏，見之爲道安毋忘。”卷末有曹南吳志淳識語。國家圖書館等諸多館藏單位有此書清光緒八年刻本。《衢州文獻集成》收録此書，據清光緒八年刻本影印。

　　[民國]《衢縣志・藝文志》載："《鐘鼎韻》又名《續古篆韻》，元吾邱衍撰。錢氏《補元史藝文志》析《鐘鼎韻》《續古篆韻》作兩種，各一卷。焦氏《經籍志》：《鐘鼎韻》一卷。《浙江通志》、[嘉慶]《縣志》引《續通考》同。錢曾《述古堂書目》作《續古篆韻》六卷，寒山趙靈均手鈔。《小學考》定爲一書，云未見。"謝啓昆《小學考》定《續古篆韻》《鐘鼎韻》爲一書，無任何根據，民國《縣志》却承其説。二書名、卷帙皆不同，未必是一書。《續古篆韻》或爲《鐘鼎韻》續作，然後書今不可見。吾衍《學古編》載："僕亦自有《續古篆韻》五卷，《疑字》一卷附後，未暇刊板，且令學者傳寫。"今傳本《續韻》六卷，包括《疑字》一卷。《續韻》前五卷將周秦刻石中石鼓文、詛楚文以及泰山、嶧山碑文按四聲韻次編集，每字上方給出當時用字，其下注該字所屬"石鼓""詛楚""泰山"和"嶧山"出處。卷六爲周秦刻石中疑字，每字注明諸家釋讀，或爲吾氏見解。可見，《續韻》與《周秦刻石釋音》相輔而作。清錢塘倪濤《六藝之一録》卷一百八十、卷一百八十一收録有《續韻》全文。此書有清道光六年刻本，前陳宗彝《重刊〈續古篆韻〉叙》，陳氏稱其據五松書屋抄本刊刻，"編中有熊按兩條，未審何人。有上誤十條、合移四條，或子行手訂，或後人正定，未敢臆斷，苦無他本校讎，悉闕疑焉"。國家圖書館、復旦大學等圖書館有清道光刻本，《續修四庫全書》《衢州文獻集成》皆據清道光本影印。

　　《四庫全書總目・〈周秦刻石釋音〉提要》：《周秦刻石釋音》一卷（編修汪如藻家藏本），元吾邱衍撰。衍字子行，錢塘人。初，宋淳熙中有楊文昺者，著《周秦刻石釋音》一書，載《石鼓文》《詛楚文》、泰山、嶧山碑。至是，衍以所取瑯琊碑不類秦碑，不應收入，因重加删定，以成是書。前有至大元年衍自序，謂：《石鼓》以所藏《甲秀堂圖譜》爲之，而削去鄭樵音訓。又正《詛楚文》二字，合泰山、嶧山石刻字。共爲一卷，而仍其書名。又列諸家音注、書評於後。其叙《石鼓》次第，與薛尚功、楊慎本合，而與今本異。其曰文幾行、行幾字、重文闕文幾字者，即朱彝尊據以編《石鼓考》者也。然其所謂闕文幾字者，仍第執一時所見之本而言。即潘迪音訓與衍書同作於元時，其音釋亦不盡同。蓋金石之文，摹搨有明晦，裝潢有移掇，言人人殊，不足異也。至所正《詛楚文》二字：絆之爲縫，其説於古無所據，以文義字體按之，皆未可信；遷之爲遂，則遷、遂二字《詛楚文》石本、板本皆無其文，不知衍所據何本。然衍距今日四百年，其所見之本或有異同，未可執今本相詰難。録備一説，要亦足廣異聞耳。（見《四庫全書總目・經部・小學類二》）

韻海（佚）

（元）開化鄭介夫撰

　　鄭介夫字以居，號鐵柯，開化人。著《韻海》。至大間，上《太平策》一綱二十目，頗行其言。仕終金谿縣丞。事跡見〔弘治〕《衢州府志·人物志·事功》。據《宋濂全集·題識五》所載《〈太平策〉後題》可知，介夫字以吾，曾任雷陽教授；其載介夫字與弘治《府志》所載"以居"不同。介夫《韻海》今佚。

蒙古字韻二卷（存）
（元）西安朱宗文增訂

　　朱宗文，事跡不詳。宗文爲此書作序，署名"柯山劉更"，柯山乃衢州別稱。四庫館臣言宗文爲信安人，元時西安縣舊稱信安，故朱宗文當爲元代衢州路西安人。《蒙古字韻》爲元代"字典"式韻編，撰者乏考。據劉更序文，朱宗文"增《蒙古字韻》，正蒙古音誤"，此如毛晃父子增注《禮部韻略》，故宗文對《蒙古字韻》亦有貢獻，爲此書增訂者。此書分十五韻，上、去與平同部，入聲則分隸支、魚、佳、蕭、歌、麻六韻，與《廣韻》、"平水韻"不同，較之中原音韻則少四部，故此書亦探究元代音學之重要文獻。羅常培《蒙古字韻跋》訂正《四庫提要》之誤者四事，稱此書借鏡八思巴文，審音較精，與口語接近[①]。此書有舊抄本，今藏大英博物館，《續修四庫全書》據其影印，《衢州文獻集成》亦收録。

　　《四庫全書總目·〈蒙古字韻〉提要》：《蒙古字韻》二卷（兩淮鹽政採進本），元朱宗文撰。宗文字彥章，信安人。前有劉更《序》，又稱爲朱巴顔，蓋宗文嘗充蒙古字學弟子，故別以蒙古語命名也。按《元史·釋老傳》，元初本用威烏爾字（按"威烏爾"原作"畏吾兒"，今改正），以達國言。至世祖中統元年，始命帝師製蒙古新字，其字僅千餘，其母凡四十有一。其相關紐而成字者，則有韻關之法。其以二合、三合、四合而成字者，則有語韻之法。而大要以諧聲爲宗。字成，詔頒行天下。又於州縣各設蒙古字學教授，以教習之，故當時頗有知其義者。宗文以蒙古字韻字與聲合，而諸家漢韻率多訛誤，莫知取舍，因重爲校正。首列各本誤字及重入漢字；次列總括變化之圖；次字母三十六字；次篆字母九十八字；次則以各蒙古字分韻排列，始一東迄十五麻，皆上冠蒙古文，下注漢文對音，先平聲而附以上、去、入聲。每一蒙古字以漢字音注，自四、五字至二、三十字。末附迴避字樣一百六十餘字，蓋文移案牘通行備檢之本也。元代國書國語，音譯久已傳訛。宗文生於至大間，雖自謂能通音譯，而以南人隔膜之見，比附推尋，實多不能吻合。即如陶宗儀《輟耕録》載："元國字以可侯字爲首，而是書又依《韻會》以見經、堅、訊字爲首，其字母已不相合。而《元史》既稱有二合、三合、四合之法，而此書乃用直對，而不用切音。甚

---

　　①　羅常培：《蒙古字韻跋》，見羅常培、蔡美彪《八思巴字與元代漢語》，科學出版社1959年，第83-87頁。

至累數字以釋一音，清濁重輕，毫無分別。又字皆對音，而不能翻譯成語。"觀《元史》及諸書所載蒙古字，詔旨行移，皆能以國語聯屬成文。是當日必別有翻譯之法。而是書概未之及，遂致湮没而不可復考。蓋其時朝廷既無頒行定式，官司胥史，輾轉傳抄，舛謬相仍。觀於國姓之却特而訛作奇渥温，載之史册，則其他錯互大概可知。且刊本久佚，今所存者惟寫本。其點畫既非鈔胥所能知，其舛誤亦非文士所能校；不過彷彿鈎摹，依稀形似，尤不可據爲典要。我國家同文盛治，邁越古今。欽定《元史·蒙古國語解》，考訂精確，凡相沿之踳謬，盡已闡剔無遺。傳訛之本，竟付覆瓿可矣。（見《四庫全書總目·經部·小學類存目二》）

韻譜五卷（佚）

（明）開化方豪撰

方豪字思道，開化人。正德三年進士。除崑山知縣，遷刑部主事。歷官湖廣副使，罷歸。事跡附見《明史·鄭善夫傳》後，又見方豪《棠陵文集·墓誌銘·明進士崑山令方豪墓誌銘》。黄虞稷《千頃堂書目·小學類》著録方豪《韻譜》五卷。此書今佚。

音韻通考（佚）

（明）江山徐伯知撰

徐伯知，事跡不詳。康熙癸巳《江山縣志·邑人著述》著録徐伯知《音韻通考》《潛夫漫稿》。[康熙]《衢州府志·藝文考》著録徐伯知《音韻通》。此書今佚。

韻要（佚）

（明）西安余國賓撰

余國賓有《禮經正覺》，前《禮類》已著録。[天啓]《衢州府志·藝文志》著録余國賓《韻要》。此書今佚。

韻要（佚）

（明）西安王家業撰

王家業字子立，號德庵，西安人。萬曆戊子鄉薦。爲均州守，大著異聲。事跡見[天啓]《衢州府志·人物志·事功》。王家業之作有《漢南政記》《墨子家言》《滄浪雜詠》等。[雍正]《浙江通志·經籍志二》、[嘉慶]《西安縣志·經籍志》皆著録王家業《韻要》。[民國]《衢縣志·藝文志》於王家業、余國賓《韻要》後案語："此二書同名，又出同時。[崇禎]《府志》載王家業，[康熙]《府志》又載余國賓，各有不同。[嘉慶]《縣志》兩書並列，亦不辨其是一是二也。"《韻要》今佚，是王、余二人分著，還是其中一人所著，暫難詳考，姑分別著録於此。

千字説文（佚）、字學疑似（佚）、詩韻綱目一卷（佚）、字彎四卷（存）、韻表三十卷（存）、聲表一卷（存）

（明）西安葉秉敬撰

　　葉秉敬有《苞經詩歌》，前《詩類》已著録。〔天啓〕《衢州府志·藝文志》著録葉秉敬《詩韻綱目》一卷，〔康熙〕《衢州府志·藝文志》著録葉秉敬《千字説文》《字學疑似》，此三書今皆佚。

　　黄虞稷《千頃堂書目·小學類》著録葉秉敬《字彎》四卷。據下引《四庫全書總目》，稱葉氏《字彎》四卷，實則《四庫全書》僅收録前兩卷，清小石山房補修本、《玲瓏山館叢刻》刻本因之，亦僅兩卷。補修本跋曰："《説文》等書皆以楷釋篆，是編以篆釋楷，不倍時尚，使人亦從。且古今字學諸書互有矛盾，令人罔知取從得，是編可以昭然發矇盈庭之訟，吾知免夫。"國家圖書館藏補修本有李慈銘校注並跋，李氏言："是書依據《説文》，採剔精細，尤便於記誦，在明人中最爲有功小學。然頗信戴侗之説，又好自出新意，故時有與許氏背者。"丁丙《善本書室藏書志·經部十》著録《字彎》，乃四卷寫本，其版心有"花影軒"三字，此本藏於南京圖書館。國家圖書館有明天啓刻本，僅存前兩卷及第三卷目録。中國科學院文獻情報中心所藏明天啓刻本，四卷全。《衢州文獻集成》所收此書全四卷，據明天啓刻本影印。

　　〔天啓〕《衢州府志·藝文志》著録葉秉敬有《韻表》五十九卷，不言有《聲表》，〔康熙〕《衢州府志·藝文考》與之同。黄虞稷《千頃堂書目·小學類》載葉秉敬《聲表》三十卷、《韻表》三十卷，〔嘉慶〕《西安縣志·經籍志》與其同。然今傳本《聲表》《韻表》卷帙與以上諸書記載多有不同。《韻表》表前有凡例十六則論述韻、聲劃分原則，有法門五則闡述韻、聲二表創作方法。《韻表》按平水韻編排，每韻按開合分表，每表按洪細分上下兩等，每表前有《韻要》，後有《辯語》。《聲表》按聲母排列，每表分上等一派、下等二派、上等三派、下等四派。此書審音、辨音精準，其編排方式便於把握拼切原理，其四呼完備、入聲兼配陰陽、按等呼細分助紐字種類等皆具特色。葉書雖用劉淵舊部，但對平水韻亦有革新，成爲溝通平水韻和《洪武正韻》之橋梁。王艷華對葉秉敬音韻學深有研究，她認爲《韻表》是當時對平水韻的一次革新與創造，其語音帶有時音特點，並滲透部分吳語特徵，在具體字的收音和語音分析方面超前於同時代等韻著作[①]。北京大學圖書館藏有萬曆三十三年刻本，分《韻表》三十表、《聲表》三十表，《續修四庫全書》據其影印。故宮博物館藏有萬曆間刻本，分《韻表》三十卷、附《聲表》一卷，《四庫存目叢書》據其影印。《衢州文獻集成》亦收録此書，據萬曆三十三年刻本影印。

---

① 王艷華：《明代葉秉敬〈韻表〉音系研究》，首都師範大學博士學位論文，2008年，第316頁。

《四庫全書總目·〈字孿〉提要》:《字孿》四卷（江蘇巡撫採進本），明葉秉敬撰。秉敬字敬君，衢州西安人。萬曆辛丑進士。官至荊西道布政司參議，尋移南瑞，未行而卒。秉敬學頗淹通，著書凡四十餘種。是編乃取字形似而義殊者，分類注之，與郭忠恕《佩觽》大旨略同。而每字綴以四言歌訣，則秉敬自創之體例。凡例謂：孿子眉目髮膚無別，而伯仲先後弗淆。當察乎子母相生之微，而引伸觸類。故其說悉根柢《說文》，毫釐辨析。於偏傍點畫，分別了然；又該以韻語，便於記誦，亦小學入門之津筏也。其書爲杭人潘之淙所刻。舊有《篆體辨訣》一篇，乃以七言歌括辨篆文偏傍之同異。不知何人所撰，由來已久。之淙以其與此書可互相參究，故附刊以行。其區別形體，亦頗有資於六書。惟其末比舊本增多一百二十四句，則紕繆杜撰，不一而足。如謂柚字不當從由，咽字不當從因，已顯與《說文》相背。甚且臆造篆文，如瑟上加一，對内從干，均極訛誤。至勇，本從甬，而云角力爲勇，稷，古文省夌，而云與槐柳同；此類尤爲乖舛。蓋無識者所竄入，不足依據。今姑從原本録之，而糾正其失於此，庶不疑誤後學焉。（見《四庫全書總目·經部·小學類二》）

《四庫全書總目·〈韻表〉提要》:《韻表》，明葉秉敬撰。秉敬有《字孿》，已著録。是編凡《韻表》三十，又《聲表》三十。其《韻表》用劉淵舊部，而以東、冬、江、陽、魚、虞、佳、灰、支、微、齊、寒、删、先、蕭、肴、豪、歌、麻、尤二十部爲居中開口音，謂之中韻；以庚、青、蒸三部爲向内開口音，謂之内韻；以真、文、元三部爲向外開口音，謂之外韻；以侵、覃、鹽、咸四部爲向外合口音，謂之合韻。故顛倒其次序，不與舊同。其《聲表》於三十六字母中，删除知、徹、澄、孃、敷、疑六母，僅存三十。其法以輕清爲陰，重濁爲陽；以齶、舌、脣、齒、喉、半舌、半齒七音爲經，以納口、出口、半出口三陰聲，半出口、出口、半納口三陽聲爲緯。改舊譜四等爲二等，而以粗大、細尖、圓滿、圓尖分庚干、經堅、觥官、肩涓四紐爲四派祖宗，以笵攝之。又以真、文、元諸部向外之韻非四祖宗所能統，又於庚干派中附以根干一派，經堅派中附以巾堅一派，觥官派中附以昆官一派，肩涓派中附以君涓一派。其用法不爲不密，然亦自爲葉氏之法而已。乃自云：「聖人復起，不易吾言。」談何容易乎！舊稱無入，十三部分配入聲，自章黼始。然考黼《韻學集成》，皆仍舊譜。其以意分配，實始自秉敬此書，説者誤以爲黼也。（見《四庫全書總目·經部·小學類存目二》）

問奇十卷（佚）

（明）開化汪慶百撰

汪慶百字元履，號生洲，開化人。萬曆進士，初授行人。天啓初，就職禮垣。崇禎甲戌，擢貳樞部。晚躭山水，以花草書史自娛。入清後，避居於邑之桂巖，不與世事。著有《纂玄》四卷、《問奇》十卷、《尊生炳燭》諸雜抄藏於家。事跡見〔崇禎]《開化縣志·人物志·忠節》;同書《選舉志》載汪慶百爲萬曆庚戌進士。慶百之作還有《評史抄存》《壺丘雜識》《工部集》等,纂修[崇禎]《開化縣志》。慶百《問奇》今佚。

韻書輯要（佚）

（明）開化徐泰徵撰

　　徐泰徵字吉旋,號晝人,開化人。潛心先輩大家,博綜經傳,旁及子史,坐席爲穿。師事魏廓園先生,先生手授《二程全書》及《性理》《語錄》諸書,悉窮其理。後膺鄉薦。所刻《七香居稿》,一時紙貴。甲申國變,杜門謝客,埋首著書。著有《下學約言》《續言》《又言》《信言》四集行世。所存《韻書輯要》《事類累珠》《駢語永雋》,並《擬古樂府》《閬山詩集》等書,藏於家。事跡見[順治]《開化縣志·人物志·理學》,[崇禎]《開化縣志·選舉志》載徐泰徵爲天啓辛酉舉人。[康熙]《衢州府志·藝文考》著錄徐泰徵《韻書集要》,"集"字或誤。泰徵《韻書輯要》今佚。

資昏小學直解（佚）

（明）常山魯鴻撰

　　魯鴻,事跡不詳。[嘉慶]《常山縣志·藝文志》著錄魯鴻《資昏小學直解》《鳴谷集》。《資昏小學直解》今佚。

字學考十四卷（佚）

（清）龍游祝登元撰

　　祝登元有《四書講成》,前《四書類》已著錄。[民國]《龍游縣志·藝文考》著錄有祝登元《字學考》十卷,與同書《人物傳三》本傳所載"《字學考》十四卷"不同。《字學考》今佚。

廣隸集（佚）

（清）西安邵有聲撰

　　邵有聲有《詩經衍義》,前《詩類》已著錄。[康熙]《衢州府志·藝文考》著錄邵有聲《廣隸集》。[民國]《衢縣志·藝文志》著錄有聲《廣隸集》,且按"此書裒集秦漢六朝隸書,而明其遞變之由"。有聲此書今佚。

讀詩韻新訣二卷（存）

（清）西安徐鍾郎撰

　　徐鍾郎有《孟子論文》,前《四書類》已著錄。[嘉慶]《西安縣志·經籍志》著錄徐鍾郎《讀詩韻新訣》二卷。此書成於雍正四年,凡二卷附錄一卷,原題《詩韻訣》,

每卷卷端題“青霞徐鍾郎爾良手著”。除徐鍾郎所作自序外，卷前另有何世瑆、徐奕美、龔煒三序。爾良有感南朝梁人沈約所定詩韻不合近體詩，又覺當世笠翁李漁《詩韻》甚爲簡易，遂作此書，以便作近體詩之用。此書既爲近體而設，除嫌韻禁用外，其餘不拘平仄。因近體罕用仄韻，故所編次止於上下二平。韻字見用者半，不見用者亦半，至於笠翁《詩韻》收入圈內者，盡入訣中。其所編三十韻，便立三十題，題目從本韻取義，每題各用一體。凡文中韻字，俱於四圍以大方圈標之。書後附有“二韻兼收音義俱同”“二韻兼收音異義同”“二韻兼收音義俱異”“三韻兼收”諸篇，所收錄諸字皆按四聲韻次編排。此書國家圖書館藏有雍正五年酌雅堂刻本和嘉慶十二年刻本。《四庫未收書輯刊》《衢州文獻集成》皆據雍正五年刻本影印。

小學題解（佚）

（清）龍游童士炳撰

童士炳，龍游人。隱居不仕，時人以高士目之。治《毛詩》有聲，著有《小學題解》，選有《詩藝昭華》。事跡見［民國］《龍游縣志·人物闕訪》。士炳《小學題解》今佚。

三衢正聲（佚）

（清）江山劉侃撰

劉侃字諫臾，一字香雪，江山人。廩貢。著有《香雪詩存》六卷。劉佳跋略：先仲兄天性孝友，嗜古洽聞，務爲有用之學，所輯有《三衢正聲》《玉葉詩存》《類肪》《輿肪》《姓肪》《韻肪》《典肪》《二十一史鈔》及《香雪隨筆》等書。既久困諸生，裹糧游成均，齎志以歿，年不中壽。讀其詩者，文人九命有同悲焉。劉履芬撰事略：吾邑荒僻，尟有知詩者。自府君與徐先生履誠爲之倡，自後風雅一道，彬彬可觀。讀書精於校勘，尤長輿地之學，所學深造自得，非耳食稗販所同身。後著述半已零落，惟詩稿尚存，吾父在白門爲校刊之。事跡見潘衍桐《兩浙輶軒續錄》卷二十一及劉侃《香雪詩存》後劉佳跋。［同治］《江山縣志·人物志八》載劉侃字式端，與《兩浙輶軒續錄》不同。劉侃《三衢正聲》今佚。

史　部

正史類

新校前漢書一百卷（佚）

（北宋）西安趙抃撰

趙抃字閱道，西安人。景祐元年進士。仁宗時，召爲殿中侍御史，彈劾不避權幸，京師號鐵面御史。英宗時知成都，以寬治蜀，蜀人安之。神宗時，擢右諫議大夫、參知政事，與富弼、曾公亮等同心輔政。元豐二年，加太子少保致仕。事跡見蘇軾《蘇軾文集·碑》所載《趙清獻公神道碑》和《宋史》本傳。趙抃撰有《新校前漢書》《御試備官日記》《趙清獻奏議》《南臺諫垣集》《清獻盡言集》《成都古今集記》《蜀都故事》《清獻集》。《宋史·藝文志二》著録趙抃《新校前漢書》一百卷。此書今佚。

編年類

史綱統要（佚）

（明）江山徐鳴鑾撰

徐鳴鑾字廷和，號丹臺，一號東和，江山人。嘉靖間，任福建政和訓導。學宗程、朱，文法歐、蘇，著有《東和集》。事跡見《江山雙溪徐氏宗譜》卷二。［嘉靖］《衢州府志·人物紀·歲貢》載徐鳴鑾爲正德間歲貢。鳴鑾之作有《講餘録》《寓東和集》，後書今存，集中有《史綱統要序》。據此序可知，鳴鑾《史綱統要》乃不滿丘濬《世史正綱》矯激迂妄而作。《四庫全書總目·史部·編年類存目》載，《世史正綱》三十二卷，明邱濬撰，“是書本明方孝孺釋統之意，專明正統，起秦始皇帝二十六年，訖明洪武元年，以著世變事始之所由，於各條之下隨事附論，然立説多偏駁不經”。據下載是書序可知，《史綱統要》亦屬編年體，“始於周之訖録，終於元之順命，上下幾二千年，前後一十九代”，“蓋欲使初學之士一開卷間，而統之邪正，國之中偏，君之賢否，世之治亂，於每歲之下已先得之”。《史綱統要》今佚。

徐鳴鑾《史綱統要序》：天下之道，有經有權。經者，萬世之常；權者，一時之用。經有不足藉，權以通之；權而得中，是亦經而已矣。人之言曰“唯聖人爲能用權”，則權也者，誠爲聖人之大用矣；又曰“賢者自當守經”，則分而爲二，吾不知其可也。夫經，非不足無俟乎？權不足而猶守之，尾生孝已是已，則又惡在其爲經？惡得以爲賢乎？《易》曰：“觀其會通，以行其典禮，此之謂也。”夫《春秋》者，聖人經權合一之書也。知其説者，莫如孟子，繼孟子者邵子而已矣。自餘諸賢，甲是乙非，或得或失，迄無定主，唯朱子之《通鑒綱目》爲庶幾焉。雖未能盡合聖人之意，莫不因乎人情，本乎天理，較之胡文定之迂，則所獲多矣。本朝正學方先生，猶以立法未盡爲憾，創爲正統、變統之説，似亦可喜，但於天人之際未必能出朱子之右也。近世瓊山邱氏乃竊其説，以爲《世史正綱》，而矯激迂妄殆有甚焉。嗚呼！聖人之法，天之道，人之情也，隨時而處中，夫豈一定之法所可律哉？夫隨時處中，有自來矣，開闢以後，五萬餘年，人相忘於道術，而莫知誰之功者。自夫皇降而帝，世道始一變焉，有道之士已預其後世之人相食矣。及帝降而王，則再變焉，罪則用泣德則自慚，而爰及干戈，又有諫不聽而甘首陽之餓者矣。若律以一定之法，則南巢既放，求姒氏之賢，立之足以纘禹之舊服；而牧野既克，北面聽命，於商王之元子微啟，其誰曰不宜，而二子偃然南面不以爲嫌。聖人以其順乎天而應乎人，亦因而王之，未始責以帝之道，蓋亦時焉中焉而已也。迨夫周之東遷，王者之跡熄，又降而爲伯，則三變矣。仲尼之刪《詩》，降《黍離》而爲“國風”，不少假借；而其仰存於五伯，《春秋》則不一書之，然以尊周爲主，自是實事，蓋雖政教號令之不行，而君臣之分猶在也。至戰國時，天下不復知有周，而周之自稱曰小國曰敝邑，稱列國曰君曰大國，非復如向日予一人，臣小白臣重耳之名分矣。孟子所以勸齊梁以王道者，亦自是實事，時焉中焉而已也。後世之執史筆者，吾惑焉。據事實者，但以得國爲主，而不知有邪正之別，固得罪於名教。而欲伸其大義者，又往往於偏安之主駕虛名而沒其實焉。向使得與刪述之柄，則《黍離》以下，斷乎爲東周之“雅”；趙盾之弑，必將移於趙穿；而鄭昭惡非桀紂，必不恕厲公以能君之才，殆加以不容誅之罪焉。曲士之不知變，類如此，又奚怪乎？溫公之疑孟與叔王盡獻國邑之餘，猶拳拳乎乞筆於東周公七載之大書邪。噫！此《春秋》之旨所以唯孟、邵爲能知之，而非諸儒所能及也。彼胡文定者，自任以爲得聖人之意矣，而不知夏之建寅乃天地自然之氣序，自禹及今未有能易之者。商人以十二月爲歲首，未嘗以寅爲二月也。周人以十一月爲歲首，未嘗以寅爲三月也。至於秦政乃更革今古之尤者焉，每歲但以冬十月爲始，亦未嘗第寅於四月也。蔡邕去古未遠，考古最詳，其獨斷所論亦相符合，豈宋轍僻南而未之見邪？況《春秋》常□不録，而書“春正月己卯，烝”，則非建子之月明矣。謂之夏時冠周月，則每歲月有十二，倒置者八，而謂聖人爲之乎？魯惠以庶爲嫡，固惑

於私，隱之讓桓而稱攝，庸非伯夷尊父之命乎？不書即位，左氏未必謬也。而乃指
爲内無所承，上無所稟之故，信如是説，則繼隱之後，非篡而書即位者，又數公焉，
豈皆能懲先君之不臣，而請命於天子者邪？即開卷之首，而文定之説已窮，尚可高
聲議《三傳》乎？且藤杞之書子，舊謂時王黜之斷無疑者，而乃以爲仲尼貶之，則
其誣也滋甚。蓋徒知《春秋》爲時王不能進退諸侯而作，而不知所以作者，正以時
王但能進退小國之諸侯也。若云出於仲尼，則宋黨州吁甚於朝魯，與夫秦晉齊楚之
罪，降爲庶人亦且不爲少恩，而何其爵之終始如舊也。聖人之爲聖人，夫豈兵家所
謂避强擊弱，世俗所謂欺善怕惡者哉？胡氏之剛愎自用，其傳尚多類此。若夫《綱目》
之書，雖不拘拘於《春秋》之法，而往往得《春秋》意，其以周秦漢晉隋唐，全用
天子之禮者，所以大一統也。方氏以秦爲暴，晉隋爲篡，《綱目》以後元爲夷狄，不
使得紹宋統者，所以大居正也。而邱氏子者，竊祖其説，又過爲矯枉之言，至於用
夏變夷者，亦緣以爲罪，則其違天地聖人至公之心也遠矣。蓋嘗合而論之，“民爲重，
社稷次之，君爲輕”，天之視聽在民，則民心之所在，即天命之所在也。老瞞盜漢，
神人共憤，司馬代之，而民心不怒，則知天意之不怒矣。不然，則不懼生死之王祥，
肯改節邪？宇文篡魏，輿情不愜，楊堅代之，而百姓安堵，則知天意之既恕矣。不然，
則河汾設教之王通，肯獻策邪？陳橋之變，無異晉、隋，而墜驢大笑，天下自此太平。
宋季之擾，甚於吳、陳，而百雁興謠，江南自兹休息，謂非天命人心之所在可乎？
此獲麟之後，所以獨有取，於《綱目》爲得時中之道，而謂其有未盡者，責備意也。
何則？晉史之帝魏，固無以逃君子之譏而詐取。劉璋僻處西蜀者，大書以承漢，不
亦誣乎？五胡之迭亂，固足以爲中原之孽，而以牛易馬，分王江東者，大書以紹晉，
不亦濫乎？魯昭無可遂之罪，季孫無專政之理，書曰“公在乾侯”，所以扶君臣之大
義也。彼唐之中宗，一女子故而欲以天下與韋充貞，其廢也，固宜使帝旦既立。而
武氏退，聽其誰以爲不可，所恨者，嬰賊之自立耳。觀其方廢之際，不聞悔過，猶曰：
“異時復見天日，任卿所欲。”既復之後，不聞遷善，乃縱后之肆淫，親爲點籌，不
肖無恥若此，而可以主宗廟社稷乎哉？書曰“帝在房州”，里婦之效顰耳，惡有所謂
開群蒙邪？雖然此類特其少不如意者，而聖人大意已多得之，豈如邱氏之迂闊繆戾
不可勝言者邪？夫《春秋》之惡夷狄，惡其人也，非惡其種與居也。中國而夷狄則
夷狄之，夷狄而中國則中國之。吳楚徐越，皆先代之後也，爲其淫名淹於天下，故
狄之耳；使能革其舊習而禮義焉，仲尼必不念其舊惡而進之也必矣，小邾之褒有足
徵者。若彼邱氏之惡惡，則有所不得其正矣。遼之先亦黃帝裔也，建國二百年之久，
非偶然者。元之初雖蒙古人也，國勢浸昌而混一區宇，豈無道以致之乎？而《史綱》
之作，一則不許其改國號曰遼，一則不許其終天下之號曰元，何其橫且妄邪？信如
邱氏之法，惡夷而必泥其種，必泥其居，則舜生於諸馮不可爲帝，文王生於西夷不

可以爲王，賢如魏之孝文、周之高祖、金之小堯舜、元之盛德守文者，舉不足以君天下矣。數君既不可爲天下君，則賢如蠻之季札、戎之由余、重厚之金日磾、才智之耶律楚材者，舉不可以相中國矣。數子既不可爲中國相，則彼邱氏子者生於海外，雖有聰慧，祇宜服蔞葉醉檳榔分甘於紡紗場而已，又豈可以爲堂堂天朝之閣老乎？昔唐大顛有言曰："善觀人者，觀其道之所存，而不較其所居之地。二帝三王在夷狄亦治，桀紂幽厲雖中國亦亂。"斯言也，光明而正大，天之道聖人之心也。曾謂誦法孔子者，所見反出方外之下乎？《春秋》之爲國諱，或薨而不地，或敗而書戰，猶不沒其實也。邱則頓改商氏之舊，易置月日設立卒，所以及異代之君如宋太宗、元文宗之惡昭昭不可掩者，悉爲一洗而空之似乎過於厚矣，其如宋祖、元明之目不瞑於地下，何蓋嘗觀其所制《大學衍義補》與其戲文之設？所謂五倫全者，以爲烈烈轟轟於諫議，而自古中官之弊曾無一言及之，則其人之欲也可知已，又何怪其陳賈於宋元之君歟？然則《史綱》之戾於《春秋》，不足校矣。或曰："邱氏之説，雖異於孔子，亦或可以潛消外夷篡臣窺伺之志，而子闢之不已甚乎？"予應之曰："彼之法則欲潛消在彼之謀，其機系乎人，而吾之見直欲後世自强於爲善，使無可乘之釁其機系乎已，然亦未嘗無潛消窺伺之實也。"故因以《綱目》爲主，參以方氏正變之法，損益而折衷之。統之邪正則以朱墨爲志，國之中偏則以大書分注，爲別於每歲甲子之下，天下一統則大書之，列國無統則分注之。統正而居中者朱、大書，統正而居偏者朱、分注。居偏之所以分注者，蓋欲安偏方者，盡乎人事，不姑息以待之，觀夫江左"八千其麵在秦也"可見，苟能强於爲善，可用一旅而配乎天也。居中而統不正者墨、大書，居偏而統不正者墨、分注。居中之所以大書者，蓋以生中國者應乎天象，不輕褻以視之，觀夫梁謠"天子其符在魏也"可知，苟能維新天命，可變不正而歸於正也。其於君之善惡先後不同，國之治亂終始或異者，則又隨時處中而進退之，又不拘拘於一定之法焉。始於周之訖録，終於元之順命，上下幾二千年，前後一十九代，撮其宏綱，略其細目，名曰《史綱統要》。蓋欲使初學之士一開卷間，而統之邪正，國之中偏，君之賢否，世之治亂，於每歲之下已先得之，亦或有小補者。若夫書法之褒貶勸懲則參朱方二先生之例而用之。而是非之公，其敢自以爲然乎？尚當取正於有道者。（見徐鳴鑾《寓東和集》卷上）

通鑒紀實（佚）

（清）龍游祝登元撰

祝登元有《四書講成》，前《經部·四書類》已著録。據《醫印》中所載沈朝璧《醫印序》可知，祝登元有《通鑒紀實》。此書今佚。

實録類

宋徽宗實録二十卷（佚）

（南宋）開化程俱撰

　　程俱字致道，開化人。紹聖四年，授蘇州吳江縣主簿。政和七年，差通判延安府，俄除編修國朝會要所檢閲文字。建炎三年，爲著作佐郎，再遷禮部員外郎。紹興元年，爲秘書少監，既而除中書舍人。累官至朝議大夫。乞致仕，轉左中奉大夫。著述有《北山小集》四十卷、《麟臺故事》五卷、《默説》三卷。事跡見程敏政《新安文獻志·行實·文苑》所載程瑀《宋左中奉大夫徽猷閣待制新安縣開國伯食邑九百户致仕贈左通奉大夫程公俱行狀》和《宋史》本傳。程俱還撰有《程氏廣訓》《漢儒授經圖》《班左誨蒙》，增補《韓文公歷官記》。晁公武《郡齋讀書志·實録類》載："《徽廟實録》二十卷，右皇朝程俱撰。先是汪藻編《庚辰以來詔旨》，頗繁雜。俱删輯成此書，且附以靖康、建炎時事。"馬端臨《文獻通考·經籍考二十一》載程俱撰《徽宗實録》。［康熙］《衢州府志·藝文考》、［雍正］《開化縣志·藝文考》著録此書爲《宋徽宗實録》。此書今佚。

明太祖實録（存）

（明）開化金寔等修

　　金寔字用誠，開化人。太宗時，命於文淵閣光禄，日給食與，修《太祖皇帝實録》，書奏，除翰林院典簿，授迪功佐郎。參修《永樂大典》，陞修職佐郎。仁宗皇帝在春宫，初開經筵，選翰林春坊之明經術者，更番入講，用誠與焉。每進論治道，必援引經傳，多見採納，屢承手札之褒，兼任稽古纂述之事，陞儒林郎。洪熙中，陞衛府左長史。博究經史，旁通陰陽星曆醫藥之書，至佛老之説，亦辨其所背於吾儒者，指示來學。晚號其齋居曰覺非，以自儆不妄與人往還知已者。爲文章豐腴雅則，有文集若干卷。事跡見楊士奇《東里續集·墓誌銘》所載《故奉議大夫衛府左長史金君墓誌銘》。楊士奇所撰墓誌，言其諱"寔"。他書亦有記載爲"金實"者，此以"金寔"爲是。金寔之作有《先正格言》《覺非齋文集》。除楊士奇爲金寔所撰墓誌銘外，楊榮《文敏集·墓表》又有《奉議大夫衛府左長史金君用誠墓表》，言金寔參修《太祖皇帝實録》《永樂大典》。《明史·桂彦良傳》所附金實傳亦言其參與修撰《太祖實録》《永樂大典》。《明太祖實録》二百五十七卷，今存，歷經三修，先後有多人任總裁，金寔僅爲參修者之一。［康熙］《衢州府志·藝文考》、［雍正］《開化縣志·藝文考》皆著録金寔《明太祖實録》，此姑存之。

明宣宗實録（存）

（明）龍游徐履誠等修

徐履誠號迂叟，龍游人。精《春秋》，爲學者宗師。有司屢以明經薦，固辭不赴。嘗預修《章皇帝實録》，賜銀幣。又纂修郡志，人稱核實。事跡見［弘治］《衢州府志・隱逸傳》、［萬曆］《龍游縣志・人物志》。徐履誠之作有《龍邱徐氏家規》《城南集》。［康熙］《衢州府志・藝文考》著録徐履誠《明宣宗實録》。明宣宗即明章帝。《明宣宗實録》一百十五卷，今存，楊士奇爲總裁修撰，徐履誠爲參修者之一。［康熙］《府志》著録徐履誠《明宣宗實録》，此姑存之。

明孝宗實録（存）

（明）江山周任等修

周任，江山人。師事章楓山先生。弘治乙丑進士。預修《孝宗實録》。陞刑部主事。有《元峰文集》，著述尤多焉。事跡見［嘉靖］《衢州府志・人物紀・文苑》。《明孝宗實録》二百二十四卷，今存，明武宗正德時大學士劉健等首修，後由大學士李東陽等續修，周任是當時預修者之一。［康熙］《衢州府志・藝文考》著録周任《明孝宗實録》，此姑存之。

實録鈔（佚）

（明）西安徐日久撰

徐日久字子卿，號魯人，西安人。萬曆庚戌進士。先任上海、江夏縣令，後授工部主事、兵部職方郎。再起爲福建海道副使、參政。終山東按察使。事跡見［天啓］《衢州府志・人物志・事功》。徐日久撰有《實録鈔》《巡海實録》《歷代史抄》《江夏紀事》《學譜》《五邊典則》《隋言》《子卿隨筆》《方聚》《子卿近集》《葵園雜著》。據《徐子學譜》卷首所載韓廷錫《西安公傳》，徐日久有《實録鈔》。［康熙］《衢州府志・名賢傳》本傳載，徐日久著有《實録》悉藏於家，此"悉"字爲"鈔"字之誤。［康熙］《衢州府志・藝文考》著録徐日久《實録鈔》，且言"汪慶百《紀》略曰：探考累朝《實録》，參伍野史爲之"。徐日久《實録鈔》今佚。

附：宋神宗實録考異二百卷（佚）、宋哲宗實録一百五十卷（佚）、辨誣録（佚）

（南宋）華陽范冲修

范冲字元長，祖禹子，成都華陽人。事跡見《宋史》本傳。［萬曆］《常山縣志・選舉表・流寓》載，范冲字元長，祖禹子，坐與趙鼎有連，以龍圖閣學士奉祠居常山之疊石。［康熙］《衢州府志・藝文考》及［嘉慶］、［光緒］《常山縣志・藝文志》皆著録范冲《宋神宗實録考異》二百卷、《宋哲宗實録》一百五十卷。神、哲兩朝《實録》

今皆佚。范冲雖曾寓居衢之常山，而非衢人，故將其參修兩《實録》附於此。

雜史類

御試備官日記一卷（存）

（北宋）西安趙抃撰

　　趙抃有《新校前漢書》，前《正史類》已著録。[嘉慶]《西安縣志・經籍志》著録趙抃《清獻日記》，當即《御試備官日記》。宋劉昌詩《蘆浦筆記》存有《趙清獻公充御試官日記》，記北宋嘉佑六年二月二十六日至三月九日殿試過程。趙抃此作從試官的角度記録當時殿試，爲研究宋代殿試制度提供不可多得之具體考察資料[1]。清道光十一年晁氏活字印本《學海類編》收録有趙抃《御試備官日記》，後附有劉昌詩跋語，末題“嘉定癸酉立夏前二日劉昌詩謹識”。《續修四庫全書》《衢州文獻集成》收録此書，據清道光《學海類編》本影印。

縣令小録（佚）

（南宋）西安袁采撰

　　袁采字君載，西安人。登進士第。四宰劇邑，以廉明剛直稱，著爲三志。有《閲史三要》《經權中興策》《千慮鄙説》《經界捷法》《世範》。事跡見[弘治]《衢州府志・人物志・事功》，同書《科貢志》載袁采爲隆興元年進士。袁采還撰有《信安志》《政和雜志》《樂清志》《秇歔子》。王圻《續文獻通考・經籍考》載：“《縣令小録》，淳熙間袁采知政和縣著。”袁采《縣令小録》今佚。

丁卯實編一卷（佚）、四川耆定録（佚）

（南宋）江山毛方平撰

　　毛方平，江山人。仕於蜀，平定蜀中吳曦叛亂。《四庫全書總目》著録毛方平《丁卯實編》，然不知方平爲何許人。據周南《題〈四川耆定録〉》可知，毛方平有《四川耆定録》，爲衢州人士。周南僅言方平爲衢州人，未言爲西安人。然[民國]《衢縣志・藝文志》著録毛方平《四川耆定録》。宋慈抱《兩浙著述考》言毛方平爲衢縣人[2]，當據[民國]《衢縣志》。葉適《水心文集・墓誌銘》所收《毛夫人墓表》載：“故朝奉郎知珍州毛槻妻孺人詹氏，從其子爲秦司買馬幹官。卒，葬衢州江山縣南臺寺

---

　　① 王瑞來：《趙抃〈御試官日記〉考釋——兼論北宋殿試制度的演變》，《東北師範大學學報（哲學社會科學版）》1986年第4期。

　　② 宋慈抱：《兩浙著述考》，第692頁。

綠秀山。是時吳曦斷東道自王，方平慮其國，忘其家，先其君，後其親，以節聞天下。他年，自廬山來永嘉渚上，請余爲夫人表於墓。"據此可知，毛方平爲毛槻子，衢州江山人。《衢縣志》《兩浙著述考》皆誤。陳振孫《直齋書録解題·傳記類》："《丁卯實編》一卷，成忠郎李珙撰。誅曦之功，楊巨源爲多，安丙忌而殺之。珙爲作傳上之於朝，以昭其功，而伸其冤。"《書録解題》言《丁卯實編》爲李珙，有誤，四庫館臣已辨證。毛方平《丁卯實編》《四川耆定録》今皆佚。

《四庫全書總目·〈丁卯實編〉提要》："《丁卯實編》一卷（《永樂大典》本），宋毛方平撰。方平，不知何許人。安丙害楊巨源時，方平爲四川茶馬司幹辦公事，因作此書。大旨與張革之同，自序云："一夫不獲，則六月飛霜；匹婦抱恨，則三年致旱。"其詞至爲痛切。考郭士寧《平叛録》，與巨源陰謀誅曦者九人，方平爲首，所記當爲實録。曰丁卯者，曦之叛在開禧二年丙寅，而誅於三年丁卯也。陳振孫《書録解題》作"李珙撰"。今檢《永樂大典》標題及序中署名均作"方平"，則振孫所載誤矣。（見《四庫全書總目·史部·雜史類存目一》）

周南《題〈四川耆定録〉》：衢州士人毛方平仕於蜀，遭吳曦亂，後毀印紙，久之，叙雪得伸，過吳見訪，出此相惠。此編於蜀亂最詳，其所著從亂逆黨蜀師怯懦，與事變初聞廟堂無策，恐不爲不當，其痛楊巨源之死，由彭輅皆別録所不能及，方平頗負氣云。（見周南《山房集·題跋》）

金陵雜録（佚）

（南宋）江山何郁撰

何郁字尚文，江山人。用察舉，官帥幕，屢遷襄陽太守。以遲軍餉，謫京府治中。著有《金陵雜集》《山居疏草》，藏於家。事跡見康熙癸巳《江山縣志·人物志·高隱》。[乾隆]《江山縣志·藝文志》載何郁撰有《金陵雜録》，與其傳所載《金陵雜集》不同。何郁此書今佚。

江南野史（佚）

（元）西安孔洙撰

孔洙字思魯，一字景清，號存齋，孔子第五十三世孫，西安人。南宋末代衍聖公，入元後罷衍聖公。南宋末，先後任通判衢州、吉州、平江、信州。事跡見[天啓]《衢州府志·人物志·聖裔》。孔洙撰有《存齋集》。[民國]《衢縣志·藝文志》載："《江南野史》，元孔洙撰。原書未有著録，見[嘉靖]《府志·山川紀》中。原引作《南野史》，脱'江'字。據[康熙]《府志》及《龍游志》補。按：趙《志·山川紀》：柘溪又名欈溪。引孔世文洙（舊謂世文，孔傳字。以洙弟濤字世平、瀛字世表推之，世文當爲洙字不誤。）《江南野史》載，讖云'欈溪通，出相公'，後余端禮果拜相。至上航入信安溪。又龍游團石潭下引孔世文洙《江南野史》載，讖云'團石圓，出狀元'，紹興十四年大水，石因轉面眎正圓，明年文靖劉公章果魁天下。此語比有所本，惜其書不傳。《文獻通考》有《孔氏野史》一卷，引《容齋隨筆》曰：'世傳孔毅甫《野史》一卷，凡四十事。予得其書清江劉靖之，所載趙清獻爲青城宰等事，皆不免譏議。予謂決非毅甫所作。'不知即此書否？又《通考》載有《江南野史》，龍兗撰。《四庫提要》謂兗爵未詳，其書則記南唐事也。陶宗儀《説郛》謂之野録，亦與此不同。"《衢縣志》言《容齋隨筆》所述孔氏《野史》"不知是否此書否"。然《容齋隨筆》作者洪邁爲南宋初人，孔洙爲南宋末元初人。故洪邁所言《孔氏野史》，絕非［嘉靖］《府志》所引《野史》。［弘治］《衢州府志·山川志》已引"孔世文《洙南野史》"，［嘉靖］《衢州府志·山川紀》、［天啓］《衢州府志·輿地志》所載與［弘治］《府志》同，［康熙］《衢州府志·山川圖》載爲"孔洙《江南野史》"。或有孔世文《洙南野史》之作，［康熙］《府志》後出，抑或徑改爲孔洙《江南野史》。然［民國］《衢縣志·藝文志》著録有孔洙《江南野史》，其考辨已見上文，此姑存之。此《江南野史》今佚。

晉文春秋一卷（存）、楚史檮杌一卷（存）
（元）開化吾衍撰

吾衍有《重正卦氣》，前《經部·易類》已著録。據趙琦美《趙氏鐵網珊瑚》所載胡長孺《吾子行文塚銘》、陶宗儀《南村輟耕録》所載《吾竹房先生》、宋濂《宋濂全集》所載《吾衍傳》、王禕《王忠文集》所載《吾邱子行傳》，吾衍有《晉文春秋》《楚史檮杌》。黃虞稷《千頃堂書目·別史類》著録吾衍《晉史乘》一卷、《楚史檮杌》一卷，《四庫全書總目》於存目著録此二書。《晉史乘》《楚史檮杌》今存，一般視其爲僞作。此二書爲史料彙輯之作，當出吾衍之手。宛委山堂本《説郛》收録有《晉史乘》文五十一篇，《楚史檮杌》文三十八篇，皆署"武林吾衍"撰。明萬曆間，新安吳琯編《古今逸史》，收録《晉史乘》文四十五篇，《楚史檮杌》文二十七篇。清康熙八年，汪士漢編《秘書二十一種》，亦收録此二書，卷前有汪士漢序，卷端題"新安汪士漢考校"，《晉史乘》文四十二篇，《楚史檮杌》文二十七篇。《叢書集成初編》據《古今逸史》本排印。

《四庫全書總目·〈晉史乘〉〈楚史檮杌〉提要》：《晉史乘》一卷，《楚史檮杌》一卷，不著撰人名氏。前有大德十年吾邱衍序稱："《晉史乘》於劉向校讎未之聞，近年與《楚史檮杌》併得之。觀其篇目次第，與《晏子春秋》相似，疑出於一時"云云。《乘》凡四十二篇，《檮杌》凡二十七篇，皆摭《左傳》《國語》《説苑》《新序》及諸子書彙而次之，其僞不待辨。考王禕集有《吾子行傳》，記衍所著各書甚悉，中有《晉文春秋》《楚史檮杌》二書之名，張習孔《雲谷臥餘續》亦云衍作，俱未嘗言衍得此二書。然則衍特捃摭舊事，偶補二書之闕，原非作僞。傳其書者，欲以新異炫俗，因改《晉文春秋》爲《晉乘》，以合孟子所述之名，併僞撰衍序冠之耳。序文淺陋，亦決不出衍手也。（見《四庫全書總目·史部·載記類存目》）

賓館常録（佚）

（明）西安周洪撰

周洪字天獻，西安人。治《易》行聲，四方士多從之。及第，知易州。後轉南京工部員外郎、北京刑部郎中。事跡見［弘治］《衢州府志·人物志·事功》；同書《科貢志》載周洪爲弘治庚戌進士。［嘉靖］《衢州府志·人物紀·事功》載，周洪字大獻，著有《家範》《賓館常録》等集。［天啓］《衢州府志·藝文志》著録周洪《賓館常録》。周洪《賓館常録》今佚。［崇禎］《開化縣志·藝文志》有周洪《白蝦池記》，言“予自解組歸田，雅好山水，葛巾野服，歷覽名勝。成化丙戌，攜蒼頭挾書劍，訪舊友於浙之栢府薇垣。”此記爲成化二年事，而西安周洪爲弘治三年進士。或此記非西安周洪之作，爲另一周洪所作，姑辨於此。

史約（佚）

（明）常山詹萊撰

詹萊有《春秋原經》，前《經部·春秋類》已著録。［萬曆］《常山縣志·選舉表·進士》載詹萊有《史約》。此書今佚。

詹萊《史約序》：史之來也，遠矣。蓋自天以是非之心界之人人，而以予奪慶讓生殺廢置之柄託諸君相，以爲榮辱勸懲。然而予奪慶讓生殺廢置不盡得其當，則天下之功罪善惡不盡協其平。於是心得而是非之者，口得而褒貶之，或乃舉而録之，於以證古今傳後，以輔助君相之所不及。然後予慶生置不足以爲榮，而吾反有懲焉；奪讓殺廢不足以爲辱，而吾反有勸焉。史之功，不其大哉！蓋自邃古以來，歷世既多變更，何況紀而爲史者務極詳博，奚辭蕪穢盈車充棟，鬖素未周，夫繁葉蔽幹，侈衣曳齊，豐貌失態，覼細忘要，亦何益哉？是故《春秋》之法，記變不記恒，録異不録類，體宜爾也，其在二百四十二年之間且然，而況數千年者乎！夫在璿璣者察乎二曜五星，則躔次奠矣，不必雨風露雷之悉其變也。經國野者，辨乎五嶽四瀆，則脈絡貫矣，不必丘陵溝澮之盡其凡也。竊不自量，輒於暇日偏取十一代之編而約之，其所録者，一朝無過數人，一人無過數事，凡人品之不足以安危天下，制度之不足以損益天下，言動之不足以輕重天下，學術之不足以邪正天下，皆不得書也，名之《約史》。而治亂以彰，綱紀以正，忠佞以別，嫌疑以明，以爲有所竊取焉爾。或曰：予職則非史也，知則非作也，而輒有述焉，不亦僭乎？謹應之曰：心固所具於天也，則所以是非之者非我也。（見詹萊《招搖池館集·序》）

漢南政記（佚）

（明）西安王家業撰

王家業有《韻要》，前《經部·小學類》已著録。[天啓]《衢州府志·藝文志》著録王家業《漢南政紀》。此書今佚。

巡海實録（佚）、歷代史抄（佚）、江夏記事（佚）

（明）西安徐日久撰

徐日久有《實録鈔》，前《實録類》已著録。據《徐子學譜》卷首所載韓廷錫《西安公傳》，徐日久著有《江夏紀事》《巡海實録》《暨代史鈔》。[康熙]《衢州府志·名賢傳》本傳載徐日久有《巡海日録》《暨代史鈔》，同書《藝文考》著録徐日久《巡海實録》《歷代史抄》。《藝文考》所載書名當是。[民國]《衢縣志·藝文志》載："《江夏記事》，明徐日久撰。前志未載，據《家傳》補。"韓廷錫《西安公傳》載徐日久有《江夏紀事》，"紀"字與《衢縣志》不同。徐日久此三書今皆佚。

守部會議録（佚）

（明）西安方應祥撰

方應祥有《周易初談講意》，前《經部·易類》已著録。方應祥《青來閣二集》卷四所載《復錢長人》云："公車奉義覽拙刻《青來集》二種、《守部議録》二冊，文彩無當。"可見方應祥有《守部議録》一書。此書今佚。《青來閣初集》卷八又有方應祥《守部會議録跋語》，此録之於下。

方應祥《守部會議録跋語》：乘車而適市，三人則趨，十則下之。君子愛其群，不以邂逅易禮也。吾寔有與，而可忽乎哉？士之升也，主者歌鹿鳴，而賓之説者以謂處則環犄食，則相呼見急難樹惇之義焉。二三兄弟之紳服乎此也，非自今日始也，發乎情止乎禮義忠信以將之，聲名以紀之，上帝鬼神以臨之。今日區蓋之言，我知其不爲商之誥與周之誓也，恃此勉思其永者，以共遵無偏無黨之路爾已矣。夫禮之於冠也三嘉焉，醮之詞亦三嘉焉。巽之重以申命也，所以謹於始而屬其終也。甚矣，君子之愛其群也。一日而得吾友者三百五十人，我十人者偕而際其族，欲不勉爲敬共也得乎。（見方應祥《青來閣初集·雜著》）

宦中紀録（佚）

（明）西安鄭子俊撰

鄭子俊，事跡不詳。[天啓]《衢州府志·藝文志》著録別駕鄭子俊《宦中紀録》《性理纂要》《閩中臆稿》，列爲西安籍人著述中。[民國]《衢縣志·藝文志》録有《宦中紀録》，言爲明鄭子俊撰，有案語："姚《志·仕籍》：子俊曾官通判，未著其地。

此其政書也。"子俊《宦中紀錄》今佚。

征蠻錄（佚）

（明）龍游龔承薦撰

龔承薦字彥升，號湛源，龍游人。萬曆癸丑進士。初授兵部職方司主事，轉武選司郎中。歷任福建延平知府、建寧知府、廣東監屯道副使、湖廣下荊南道參政、四川按察使。所至有清聲，民咸懷之。晚益好學，披覽不輟，所著有《嘯歌集》。事跡見［康熙］《龍游縣志·人物志》。龔承薦之作另有《抒憤集》等。［康熙］《龍游縣志·藝文志》、［康熙］《衢州府志·藝文考》著錄龔承薦《征蠻錄》。此書今佚。

史略（佚）

（明）常山徐忠元撰

徐忠元有《五經會纂》，前《經部·五經總義類》已著錄。［雍正］《常山縣志·人物志·補編》本傳載，徐忠元有《史略》。此書今佚。

隱史八卷（佚）

（清）西安徐國珩撰

徐國珩字鳴玉，號東柯，西安人。讀書上下千古，爲文奧衍，追步秦漢。德義文章，聲氣流浹。尤好獎勵後學，翼衛斯文。擢明經，從事樞部郎。好著述，有《隱史》八卷、《書畫船》《東柯偶錄》《北行草》行於世。事跡見［康熙］《西安縣志·人物志下》。［康熙］《衢州府志·藝文考》著錄徐國珩《隱史》八卷。此書今佚。

治開錄三卷（存）

（清）靖江朱鳳台撰

朱鳳台字慎人，江南靖江人，進士，順治五年任開化知縣，後陞兵部主事，見［順治］《開化縣志·官師志》。鳳台所著有《退思堂草》十卷，後爲清廷查禁，《四庫禁毀叢刊補編》據復旦大學圖書館館藏康熙刻本影印。《治開錄》三卷，署"知開化縣事驥渚朱鳳台著"，收錄鳳台任開化知縣期間的招撫、保甲等申文和判牘、碑記等，卷前有陰潤、徐世蔭、王泰徵三序。開化地貧民窮，經明清之際變亂，此地多盜，此書首篇招撫文曰："卑職本月十九日到位，席未暇煖，而四鄉警報疊至，咸謂去城十餘里外即賊所據地，一時人心皇皇，議戰議守，聚族而謀，總無定論。"鳳台以爲，盜賊由貧困遂鋌而走險，因親往招撫，盜賊遂減少。鳳台任內還重建開化縣學宮、譙樓、館垣、城堞、橋渡等，不少碑記出於其手。此書卷三《審語》，收錄朱鳳台治開案件六十件，由其中"道批群虎截劫事"和"飛虎噬命"可知，當時開化縣尚有老虎存在。是書有清順治七年刻本，藏於中國社會科學院法學研究所。南京大學圖書館所藏是書亦爲清順治刻本，僅有一册，爲序文和《招撫》十篇、《保甲》三篇。

吳行日録一卷（佚）

（清）西安周召撰

　　周召字公右，號存吾，西安人。苦志力學，博通古今。拔明經，選授陝西鳳翔縣。所著有《受書堂稿》五十卷，皆辟邪崇正、守經衛道之言。事跡見［康熙］《西安縣志·人物志下》。［康熙］《衢州府志·藝文考》著録周召《吳行日録》一卷。此書今佚。

珠官初政録三卷（存）

（清）龍游楊昶撰

　　楊昶字光生，龍游人。康熙九年進士。十九年，選授廣東合浦縣知縣。昶弱冠能文，穎異卓絶，清詞麗句，颷發泉涌。有《自訂文稿》若干卷。事跡見［民國］《龍游縣志·人物傳三》。此書卷一前端題《珠官初政録》，卷三前端題《珠官讞書録》，皆署“龍丘楊昶澹音父著，古郵張景銓會山父輯”，諸卷版心皆爲“珠官初政録”，卷前有呂化龍序和蘇蒸霖序。合浦於漢爲郡，三國時孫吳改爲珠官郡，晉復舊稱，後罷郡名，而縣尚存。此書諸文爲楊昶知合浦縣所作，康熙二十三年由張景銓整理而成。其書名稱“珠官”，乃用合浦舊稱也。光生宰合浦，以實心行實政，興利除害，此書所記即其實政舉措。卷一“詳議”凡四十一篇，爲奏請上司以待辦理之事，請積穀賑濟、蠲無益之費諸事皆能洞悉民情，請開海禁諸事悉有遠見卓識。卷二“文告附諭扎”凡四十三篇，爲發佈告諭百姓文書，“議撫難民以廣仁政以圖寧謐事”等皆體恤民情，“矯正習俗亦勸廉恥事”等皆移風易俗。卷三“讞書”凡四十五篇，爲楊氏審理案件判牘，“倚勢橫奪難口”等皆決獄明允，“勞役不均懇恩究役以免苦累事”皆爲民請命。呂序稱楊氏執政合浦，“政行化洽，訟簡刑清，民用大和”，並非溢美，此由本書諸文可旁證之。是書有清康熙二十三年刻本，藏於國家圖書館，《衢州文獻集成》據其影印。

見聞偶録一卷（佚）

（清）常山程萬鐘撰

　　程萬鐘字帝錫，號蓼劬，常山人。康熙甲辰進士。授山西介休令。著《瓻餘草》《家政彙要》。事跡見［康熙］《常山縣志·賢哲傳》。萬鐘還有《樹滋堂稿》等作。［康熙］《衢州府志·藝文考》著録程萬鐘《見聞偶録》一卷，且載萬鐘《自序》曰：“紀甲寅、乙卯間閩賊破常山事。”［民國］《重修浙江通志稿·著述考·衢州經籍》著録爲程萬鐘《見聞何録》，“何”字當爲“偶”。萬鐘此書今佚。

廣阿記略（佚）

（清）開化方體撰

方體字仲仁，開化人。康熙壬寅，以恩貢教習正白旗，授北直隆平令，兼攝唐山。歸里，自課諸孫，手不釋卷。所著有《幾園集》《廣阿記略》。事跡見［雍正］《開化縣志·人物志·事功》。方體《廣阿記略》今佚。

歷代崇正好異鑒（佚）、歷代尊行詆斥録（佚）

（清）常山王錫黻撰

王錫黻字繡南，常山人。邑諸生。博極群書，尤明於《禮》。問《禮》者，必就之。因俗迷釋老，著《崇正》《詆斥》二集。時與諸前輩飲酒賦詩，裒然成集，藏於家塾。事跡見［嘉慶］《常山縣志·人物志·文苑》。［嘉慶］《常山縣志·書目志》著録王錫黻《歷代崇正好異鑒》《歷代尊行詆斥録》《井居隨筆》。錫黻諸書今皆佚。

柯山紀事（佚）

（清）佚名撰

［民國］《衢縣志·藝文志》載："［嘉慶］《縣志·山川下》：汪致高詩注引《柯山紀事》，'峥嵘山下有五色人家，紅、黄、藍、陸、白五姓'。《亦園詩稿》，紅、黄字作洪、王。"《柯山紀事》今佚。

琢堂日記二卷（佚）

（清）西安范崇模撰

范崇模字法周，號琢堂，西安人。邑廩生。性孝友，爲人恂恂儒雅。無他嗜好，惟沉潛文史以自娱。及覆試，以優行咨部，由是文譽日隆。著有《琢堂詩集》二卷、《日記》二卷。事跡見［嘉慶］《西安縣志·文苑傳》、潘衍桐《兩浙輶軒續録》卷八。崇模《琢堂日記》今佚。

觀史摘編（佚）

（清）西安余本敦撰

余本敦有《禮記直解》，前《經部·禮類》已著録。［民國］《衢縣志·藝文志》著録余本敦《觀史摘編》。此書今佚。

江浙元軌（佚）

（清）開化詹師富撰

詹師富有《五經文彙》，前《經部·五經總義類》已著録。［光緒］《開化縣志·人物志·文苑》本傳載，詹師富有《江浙元軌》。此書今佚。

二十一史鈔（佚）

（清）江山劉侃撰

　　劉侃有《三衢正聲》，前《經部·小學類》已著録。據劉侃《香雪詩存》末劉佳跋，劉侃有《二十一史鈔》。此書今佚。

寓杭日記（存）、瞻雲録一卷（存）、釣魚篷山館筆記（存）、治溧官書二卷（佚）、內簾日記五卷（佚）、寓吳日記（佚）、治奉日成（佚）、治溧日成（佚）、史稊（佚）

（清）江山劉佳撰

　　劉佳原名侹，字德甫，號眉士，江山人。嘉靖戊辰舉人。先後任奉賢、宜興、溧水知縣。所著有《釣魚篷山館集》六卷、《治溧官書》二卷、《瞻雲録》一卷、《內簾日記》五卷、《漢唐地理志合編》二卷、《輿圖補注》一卷、《格致小録》四卷、《日省編》《治奉日成》《治溧日成》《寓吳日記》《史稊》《塾課制藝》。事跡見劉佳《釣魚篷山館集》卷後所附劉履芬《先考劉府君行狀》，又見劉佳《釣魚篷山館外集》卷首所載甘煦《欽加直隸州知州銜前溧水縣知縣劉先生墓誌銘》。劉佳還有《寓杭日記》《釣魚篷山館時文》《釣魚篷山館筆記》《詩鈔》《題跋》諸作。劉佳《寓杭日記》《瞻雲録》《釣魚篷山館筆記》今存，《治溧官書》《內簾日記》《寓吳日記》《治奉日成》《治溧日成》《史稊》今皆佚。

　　《寓杭日記》記道光二年十一月十七日至次年正月十六日時事，爲劉佳在杭遊歷之見聞。《瞻雲録》亦爲日記，時在道光四年五月十一日至次年正月二十二日，劉佳以奉賢、溧水兩任知縣，十年俸滿，咨取引見，遂北上京師，此記其在京及其來回沿途見聞。《寓杭日記》《瞻雲録》所記，可分別與《釣魚篷山館集》卷三、卷四諸詩互見。《釣魚篷山館筆記》分條記録，一般少則二十餘字，多則二三百字，僅辛卯年、壬辰年、癸巳年、甲午年、己亥年、庚子年、辛丑年日記內容稍多。《筆記》所載多爲劉氏所見所聞所行之事，有些內容純爲日記，其紀事起於嘉慶十三年，止於道光二十一年。除劉佳親歷之事外，《筆記》還録有逸聞軼事及從它書摘抄而來之雜事或人物小傳等。如第十四至十九條，乃從同邑何氏家乘中採得何程等六人小傳。《筆記》第二十條後有案語：“筆記中，諸詩集中多未存稿，是履芬從同邑王明經鈺轉鈔得之，今皆依次屬入。”據此可見《筆記》當爲其子履芬整理而成。履芬整理其父之作，將《釣魚篷山館筆記》《寓杭日記》《瞻雲録》合抄，定名《釣魚篷山館外集》，卷首録以劉佳門人甘煦《欽加直隸州知州銜前溧水縣知縣劉先生墓誌銘》。清同治刻本《釣魚篷山館集》之末，亦附有劉佳《寓杭日記》《瞻雲録》。《釣魚篷山館外集》有清抄本，藏於南京圖書館，《衢州文獻集成》據其影印。

姑蔑考古録（佚）

（清）龍游余鏗撰

余鏗字顥文，號眉州，又號春沂，龍游人。嘉慶十八年拔貢。選新昌教諭，遷金華教諭。鏗長於詩，才筆高特，尤善五言、古體，得魏晉人神旨。著有《白華樓詩稿》二十卷、《花深吹笛詞》八卷、《姑蔑考古録》《春雨詞》各若干卷，惜亂後散失，存者僅什一。事跡見潘衍桐《兩浙輶軒續録》卷二十七、［民國］《龍游縣志·人物傳三》。古姑蔑國，在今衢州轄域，《姑蔑考古録》或考衢州之古史。余鏗《姑蔑考古録》今佚。

守衢紀略一卷（存）

（清）會稽陶壽祺撰

陶壽祺又名慶麒，號靜園，會稽人。嘉慶庚申舉人，官衢州教授。赭寇擾浙窺衢。慶麒久於其地，諳習形勢，與守令共議守城之法，撰《守城記》一卷。事跡見［民國］《衢縣志·名宦志》。《守城記》又名《守衢紀略》。今傳本題《守衢紀略》，署“會稽陶壽祺拜撰”。書後吳恩慶跋語云“先生名壽祺，舉庚申恩科鄉試”，“官衢州府學教授”。此書收文三篇，即《初任守衢紀略》《再任守衢紀略》《三任守衢紀略》，後有吳縣吳恩慶於光緒十三年所作題跋。書中所言守衢“吳公”者，當即吳艾生，亦即吳恩慶跋語所言“先曾祖鑑庵公”。據［民國］《衢縣志·官師志》，吳艾生，江蘇吳縣人，咸豐五年任衢州知府，“殺臺勇”，因守城有功，十一年復任衢州知府。是書記太平天國動亂期間，衢州官民同守衢城，抵禦太平軍前後之經過。每篇記守衢事略後，末有對守衢功績之論贊。《衢縣志·名宦志》於陶氏傳後，有慶麒詩《題守城記後》：“長繩曾系紙鳶來，雉尾空焚一炬哀。東望援軍斷消息，吟廚猶自覓乾苔。痛定間繙舊日書，元戎忠悃幾人如。綸巾羽扇風流甚，諸葛英名在草廬。”該詩不見於此本《守衢紀略》，故附於此。是書有清光緒十三年刻本，藏於浙江圖書館，《衢州文獻集成》據其影印。

同善録彙編二卷（存）

（清）台山余乾耀編，江山同善局輯校

余乾耀，原名璕，號雲眉，廣東台山人。同治二年舉人。曾任內閣中書舍人，以領事參贊出使日本、印度、暹羅、澳大利亞等國。所著有《交涉叢編》《輶軒抗議》等。事跡見《廣東近現代人名詞典》①。據《同善録彙編》余乾耀序文可知，光緒二十三年乾耀任衢州郡佐。是書題“《同善録彙編》，嶺南余乾耀編定，局內同人輯校”，版心題“《江山同善録彙編》”。據余乾耀序文可知，此書乃同善局諸生暨鶴來

---

① 廣東省中山圖書館、廣東珠海市政協編：《廣東近現代人名詞典》，廣東科技出版社1992年，第222頁。

觀與善軒諸生纂輯，由余氏總司參校、編次分卷並序。江山因清末動亂，難民甚多，石門三鄉口主教仙師汪雅堂真人諭令諸生設局辦賑，名曰“延喘局”。左文襄公宗棠撫浙，鎮守衢州，乃傳諭諸鄉紳及地方官擴充之，名曰“同善局”。此局設後，連年施賑，自江山以至龍游、建德、桐廬，全活二萬余人，可謂功德無量，故編是書以記之。此書卷首有汪真君《鸞筆降序》、余乾耀《校刻同善録彙編序》《跋》、徐謙和《同善舉辦賑緣起》、夢覺老人《壬戌賑饑記略》。首卷主要載籌辦同善局事宜告示、辦賑章程以及奏疏、啓文、請示、批文等。次卷爲宏教真君勸捐賑饑引、浦邑勸捐賑濟引、籌賑龍邑勸捐啓、信郡勸捐賑饑啓、賑饑延喘局規條、回生帝君汪夫子示江邑被難記、汪夫子降鸞於廣邑排山局、須江記難詩（二十章），末載江山、龍游等地局人和捐人。書中汪真君、汪夫子者，爲當時江山道士汪南佐，字有德，號雅堂，一號善齋。該書所記當時災情、設局、賑濟等，可反映清末社會、經濟諸層面，具有較高史料價值。此書有光緒二十五年江山廣川與善軒刻本，江山王保利家有收藏，《衢州文獻集成》據其影印。

讀史雜俎（佚）

（清）西安詹嗣曾撰

　　詹嗣曾字魯儕，號癯仙，西安人。自幼於詩有獨好，泛覽六朝唐宋，尤神明於少陵格律。弱冠，入庠。同治癸酉選拔。有《掃雲仙館古今詩鈔》四卷行世。後遊嘉禾，適徐雪門守郡，聘修郡志及《南巡盛典》，又代輯《鴛湖詩鈔》。事跡見［民國］《衢縣志·人物志三》。同書《藝文志》又載：“《讀史雜俎》，清詹嗣曾撰。未有著録，詹氏家藏稿，待梓。案：嗣曾，字魯儕。同治癸酉拔貢。淹貫群書。此其平日讀史有得，隨時之筆記也。”［民國］《衢縣志·人物志三》及《藝文志》皆言嗣曾字“魯儕”，然今傳本詹嗣曾《埽雲仙館詩鈔》自序和王日烜《題辭》均稱“魯齋”，或《衢縣志》有誤。嗣曾《讀史雜俎》今佚。

衢州奇禍記（存）

（清）西安詹熙撰

　　詹熙字子和，號肖魯，西安人。光緒八年副榜。歷任龍游縣學總教習、省諮議局議員。光緒維新時期，致力於新學，先後創辦長竿嶺模範小學、樟潭兩等小學。民國後，任衢縣財政科長、貧兒院院長、田糧處處長等。著作有《除三害》《緑意軒詩稿》《庚子奇禍記》。事跡見新修《衢縣志》[1]。《除三害》又稱《醒世新編》，《庚子奇禍記》又稱《衢州奇禍記》，詹熙還評注《興朝應試必讀書》，重新編定《趙清獻公集》

　　[1]　《衢縣志》編纂委員會編：《衢縣志》，浙江人民出版社1992年，第557頁。

並自撰《趙清獻公年譜》冠其首。另有歷史小說《鑄錯記》，疑爲詹熙之作。除《詩稿》散佚外，詹熙諸作今皆存。熙父嗣曾、母王慶棣、弟壋，皆有著作傳世。清光緒二十六年，北方義和團運動風起雲涌，衢州受其影響，遂有庚子衢州教案。衢州紳士詹熙，親身經歷此次事件，並直接參加抵禦劉加福攻城、籌組團練之議，全程參與守城之戰。此亂平定後，詹氏於次年撰成此書，完整記述此次變亂過程。全書包括《序言》《匪亂前後在任文武職官表》《衢州奇禍日記》《奇禍記雜述》《各國索辦衢案官紳罪名單》《任撫憲奏議決衢州教案摺》、雲間紅豆詞人《跋後補錄》。紅豆詞人，龍游知縣楊葆光之號。詹氏序文闡明此書撰述原委，其言："是記之作，所以著戕官殺教之由，使後之覽者得有所考證也。"對此變亂之因，肖魯曰："原夫匪之肇亂也，固由於地方官自始至終之諱盜。由是民激而戕官，疑而殺教，情固儼然大逆矣。然其始終諱盜，禍民而因以自禍其身已矣。"詹熙撰此書，力求紀事客觀公正，文獻收羅齊全，對於研究庚子之變和"衢州教案"有重要參考價值。另有林紓《蜀鵑啼傳奇》和題"傷心人"撰《鑄錯記》，分別以傳奇戲、歷史小說爲文本，呈現衢州當年此次變亂，可與《奇禍記》互補。此書有清光緒二十七年稿本，藏於臺灣"國家圖書館"，《中國史學叢書三編》《衢州文獻集成》據其影印。

龍邱戡匪紀略 (存)

（清）龍游知縣華亭楊葆光撰

楊葆光字古醞，號蘇庵，又號紅豆詞人，江蘇華亭人。光緒二十五年任龍游知縣。著有《龍邱緝盜記》一卷。事跡見［民國］《龍游縣志·宦績略》。《衢州奇禍記》中《跋後補錄》即葆光所作。衢州劉加福變亂之事，殃及龍游，其知縣楊葆光日夜與團練巡察警備，龍邑獲安，楊氏遂撰此書述其大略。本書［民國］《龍游縣志·宦績略》稱爲《龍邱緝盜記》。此書今存清刻本，藏於南京圖書館，題《龍邱戡匪紀略》，版心有《蘇庵文錄》，當爲《文錄》中一篇。《衢州文獻集成》據清刻本影印，附於《衢州奇禍記》後。

附：東宮日記 (佚)

（北宋）贛縣曾栜撰

曾栜字叔夏，其先贛人，曾大父占籍河南。祖平嘗爲衢州判官，因家焉。栜爲元符間進士。有《內外制文集》《東宮日記》。弟開，字天游，登進士第。事跡見［弘治］《衢州府志·流寓傳》。然據《宋史·曾幾傳》載，曾幾字吉甫，其先贛州人，徙河南府；兄開字天游。［雍正］《江西通志·人物志二十三·贛州府》載，曾栜字叔夏，贛縣人，準次子，元符進士；此書《選舉志一》載元符三年進士有贛縣曾栜，同書《邱墓志》載"吏部尚書曾栜墓在贛縣空同山，侍郎曾開墓亦在焉"。可見曾栜爲贛縣人。

然［弘治］《府志·流寓傳》載有曾楘，而此後府縣志易著録曾楘著作，故附其作於此。曾楘《東宮日記》今佚。

思痛録六卷（存）、臺灣海防並開山日記（存）

（清）施秉羅大春撰

羅大春字景山，貴州施秉人。由行伍起家，陞至總兵。同治初，隨文襄公左宗棠克復杭州、湖州各屬縣城池。文襄督師駐衢，大春遂就籍西安，置田廬。四年，入閩。後任福建水師提督，又授陸路提督。光緒元年，回衢。後復入閩。卒於任。自編《思痛録》。事跡見［民國］《衢縣志·流寓傳》。同書《藝文志》載："《思痛録》，清羅大春撰。羅氏家藏稿本，六卷。按：大春字景山，本黔中施秉人。曾任福建、湖南提督。同治初，統兵援浙，遂家於衢。此録蓋其晚年自述，記其一生身莅戎行歷經危難情狀，有痛定思痛之意，故以爲名。公曾刊《左恪靖伯奏稿》及《批點四子書》《訓蒙小四書》《吾學録》《活人方》多種。又修補《史緯》缺版。獨此録未肯輕易付梓，但傳於家，俾子孫世守之，以爲彝訓而已。"大春本貴州施秉人，曾寓居於衢之西安，《衢縣志》著録其作，故附於此。衢州市博物館藏有羅大春《思痛録》，國家圖書館藏有羅大春《臺灣海防並開山日記》。

奏議類

趙清獻奏議十卷（佚）、南臺諫垣集二卷（佚）、清獻盡言集二卷（佚）

（北宋）西安趙抃撰

趙抃有《新校前漢書》，前《正史類》已著録。尤袤《遂初堂書目·章奏類》著録《趙清獻奏議》。陳振孫《直齋書録解題·章奏類》載："《南臺諫垣集》二卷，參政信安趙抃閱道撰。"《宋史·藝文志》著録趙抃《南臺諫垣集》二卷、《清獻盡言集》二卷。焦竑《國史經籍志·表奏類》著録《趙清獻奏議》十卷。趙抃諸奏議專集今皆佚。趙抃《清獻集》今存，有五卷爲奏議，當與奏議專集有相同内容。

平戎策（佚）

（北宋）西安劉牧撰

劉牧字先之，西安人。學《春秋》於孫復，與石介爲友。起家饒州軍事推官，再爲兗州觀察推官。保州兵士爲亂，富弼請牧撫視。後歷通判廬州、廣南西路轉運判官、荆湖北路轉運判官。事跡見王安石《臨川先生文集·墓誌》所載《荆湖北路轉運判官尚書屯田郎中劉君墓誌銘並序》。［弘治］《衢州府志·科貢志》載劉牧爲景祐元年進士。尤袤《遂初堂書目·兵書類》著錄劉牧《平戎策》。北宋有兩劉牧，一爲衢州劉牧，一爲彭城劉牧。彭城劉牧長於《易》學，撰有《易數鈎隱圖》等作，已見前《經部·易類》之所附。[嘉慶]《西安縣志·經籍志》著錄有劉牧《平戎策》。據上引王安石爲西安劉牧所撰墓誌可知，衢州劉牧一生主要從事政事。《宋文鑑·序》有《送張損之赴任定府幕職序》，爲衢州劉牧之作 [①]，該序深憂契丹毀盟約進擾，進謀防備戎夷之策。故撰《平戎策》者，當是衢州劉牧。

表奏十卷（佚）
（北宋）江山毛漸撰

毛漸字正仲，江山人。第進士，知寧鄉縣。熙寧經理五溪。元祐初知高郵軍。漸後歷諸地判官、轉運使等職，進直龍圖閣。卒，優贈龍圖閣待制。事跡見《宋史》本傳。[嘉靖]《衢州府志·人物紀二·甲科》載毛漸爲治平四年進士。《宋史·藝文志八》著錄毛漸《表奏》十卷。[天啓]《衢州府志·藝文志》、[天啓]《江山縣志·建置志·書籍》、[康熙]《衢州府志·藝文考》皆著錄毛漸《詩文表奏》。《詩文》當爲一書，《表奏》當又爲一書。毛漸之作還有《世譜》《地理五龍秘法》。毛漸《表奏》今佚。

奏議（佚）、文議（佚）
（北宋）西安毛注撰

毛注字聖可，西安人。舉進士，知南陵、高苑、富陽三縣，皆以治辦稱。大觀中，擢殿中侍御史。後遷侍御史、左諫議大夫。事跡見《宋史》本傳。[弘治]《衢州府志·科貢志》載毛注爲元豐五年進士，同書《人物志·事功》載毛注有《奏議》《文議》。[天啓]《衢州府志·藝文志》著錄毛注《奏議集》。[天啓]《江山縣志·建置志·書籍》著錄毛注《奏議》。[康熙]《衢州府志·藝文考》載爲"毛江《奏議》"，"江"字有誤。毛注《奏議》《文議》今皆佚。宋趙汝愚編《宋朝諸臣奏議》卷四十五收錄有毛注《上徽宗答詔論彗星四事》，明楊士奇等編《歷代名臣奏議》卷四十三、卷一百八十、卷二百七十、卷三百四共收錄毛注奏議四篇。[弘治]《衢州府志·詩文志》載有毛注詩《仙居院》，[天啓]《江山縣志·藝文志》有其詩《水簾泉》。

治安十策（佚）
（北宋）龍游祝景先撰

祝景先，龍游人。靖康中，陳《治安十策》，朝廷爲採錄。事跡見[萬曆]《龍游縣志·人物志》。[萬曆]《龍游縣志·藝文志》、[天啓]《衢州府志·藝文志》皆

---

① 郭彧：《〈易書鈎隱圖〉作者等問題辨》，《周易研究》2003年第2期。

著録祝景先《治安十策》。《兩浙著述考》著録此書，誤爲宋龍游祝登元《治安十策》[①]。登元爲清初人，有《四書講成》等書，前《四書類》已著録。景先《治安十策》今佚。

柏臺奏議（佚）

（南宋）常山江躋撰

　　江躋字元壽，吳越御史景防之五世孫。第進士。累官殿中侍御史，在朝論事，以正心誠意爲本。紹興初，率全臺攻丞相朱勝非，更五六疏，忤旨，一時俱罷。後高宗思之，賜手詔以司農卿。召未及用，卒。事跡見徐象梅《兩浙名賢録·讜直》。[弘治]《衢州府志·人物志·事功》載江躋爲常山人，大觀二年進士。[雍正]《浙江通志·選舉志二》載江躋爲開化人，崇寧五年進士。《兩浙名賢録》言江躋爲江山人，江景防五世孫。《兩浙名賢録·獨行》載"江景防字漢臣，常山人，初事吳越爲侍御史"。《萬姓統譜》卷三載江躋爲常山人。《明一統志·衢州府》載："鷹峰在常山縣北二十里，狀如獬鷹，宋侍御史江躋故宅在焉。"據此，江躋當爲常山人。江躋之作有《柏臺奏議》《謝峰集》。[雍正]《常山縣志·藝文志》著録江躋《柏臺奏議》。此書今佚。

奏議（佚）

（南宋）常山江少虞撰

　　江少虞有《經説》，前《經部·五經總義類》已著録。[弘治]《衢州府志·人物志·事功》本傳載，江少虞有《奏議》。此書今佚。

奏議（佚）

（南宋）江山柴衛撰

　　柴衛有《中庸解》，前《經部·四書類》已著録。[天啓]《衢州府志·藝文志》著録柴衛《奏議》。[康熙]《衢州府志·藝文考》載爲"柴衛《奏議集》"。此書今佚。

經權中興策（佚）

（南宋）西安袁采撰

　　袁采有《縣令小録》，前《雜史類》已著録。[弘治]《衢州府志·人物志·事功》本傳載，袁采有《經權中興策》。此書今佚。

奏議（佚）

（南宋）西安孔元龍撰

　　孔元龍有《論語集説》，前《經部·四書類》已著録。廖用賢《尚友録》卷十三

---

① 宋慈抱：《兩浙著述考》，第939頁。

載孔元龍有《奏議》。此書今佚。

太平策（存）

（元）開化鄭介夫撰

鄭介夫有《韻海》，前《經部·小學類》已著錄。［弘治］《衢州府志·人物志·事功》本傳載，鄭介夫"至大間，上《太平策》一綱二十目，頗行之"。［康熙］《衢州府志·藝文考》著錄鄭介夫《太平策》。明楊士奇編《歷代名臣奏議》卷六十七、卷六十八收錄有鄭介夫元成宗大德七年上奏，稱其"列爲一綱二十目，條陳于後"，當即《府志》所載《太平策》，而《府志》言"至大間"上奏此策當誤。介夫有感當世之紛擾，提出治世之策略，分儲嗣、任官、選法、鈔法、鹽法、厚俗、備荒、定律、刑賞、俸禄、求賢、养士、奔竞、核實、户計、集賽、僧道邊遠、抑强、馬政等二十目，皆切中時弊，有益於世。宋濂有《〈太平策〉後題》，此録之於下。《歷代名臣奏議》有明永樂刻本，藏於國家圖書館，《衢州文獻集成》所收録《太平策》據其卷六十七、卷六十八影印。

宋濂《〈太平策〉後題》：昔成宗皇帝臨御萬方，以天下之廣非一人耳目所及，群臣有直言極諫者，咸嘉納焉，所以來讜議，達群情，而成治功也。大德中，三衢鄭以吾宿衛禁中，覽時政有所缺遺，疏《太平策》一綱二十目上之。上嘉其忠，特命以吾爲雷陽教授。濂每取而讀之，未嘗不仰歎成廟之德之盛也。隋文帝時，河汾王通非不以《太平十二策》奏之，文帝不能用，通遂東歸，續《六經》以傳學者。嗚呼！以吾之賢未必能有過於通也，上猶採其言而用之，使通生於今日，則其道必將大行於時，《六經》有不必續矣。由是論之，不惟成廟之聖，非隋文髣髴其萬一，亦可以見士之遇合。苟當明時，雖小善必録。若值猜暴之主，縱大賢亦有所不容。道之所繫於時者，夫豈人力之可爲也哉？澧陽張君逢喜誦以吾之策，嘗手録之，且請濂識之，於是不辭而題其後。重紀至元元年夏六月十九日濂題。（見《宋濂全集·題識五》）

奏議（佚）

（明）開化徐文溥撰

徐文溥字可大，號夢漁，開化人。善草書。正德六年進士。授南京禮科給事中。彈劾不避權貴。嘉靖初，起河南參議，改福建。官終廣東副使。所至興利除害。所著有《燕程集》《留都拾遺》《奏議》《南巡稿》《東巡稿》《梧山集》《短箋録》。事跡見《明史》本傳、方豪《棠陵文集·墓誌銘·明廣東按察司副使徐公墓誌銘》、朱謀垔《續書史會要》、［崇禎］《開化縣志·人物志·忠節》。文溥《奏議》今佚。《明史》本傳所載有其上奏之文，當屬《奏議》之佚文。明王世貞《弇山堂別集·中官考七》

所載徐文溥之言，亦是徐氏上奏之文。［崇禎］《開化縣志·藝文志》有徐文溥《論寧府不當請護衛屯田疏》。

奏議八卷（佚）

（明）江山毛愷撰

　　毛愷字達和，江山人。嘉靖十四年進士。授行人，擢御史。歷刑部尚書。事跡附見於《明史·王廷傳》後，詳見於《江山清漾毛氏族譜·外集》卷二所載徐階《明資政大夫刑部尚書介川毛公墓誌銘》、趙鏜《明資政大夫刑部尚書介川毛公行狀》、呂洄光《明資政大夫刑部尚書介川毛公神道碑》。［天啓］《江山縣志·建置志·書籍》著錄毛愷《奏議》八卷、《薛文清讀書錄抄釋》《介川文集》。黃虞稷《千頃堂書目·表奏類》亦著錄毛愷《奏議》八卷。毛愷《奏議》今佚。《江山清漾毛氏族譜·內集》卷五有毛愷奏議五篇，見後文毛愷《介川文集》下所錄題名。

疏稿（佚）

（明）西安鄭大經撰

　　鄭大經字正之，號湘溪，西安人。嘉靖丙辰進士。曾任吏科給事中，後轉都給事、太僕少卿。事跡見［天啓］《衢州府志·人物志·事功》。［天啓］《衢州府志·藝文志》著錄鄭大經《疏稿》。大經此書今佚。

奏疏（佚）

（明）西安徐可求撰

　　徐可求字世範，號觀我，西安人。萬曆壬辰會魁。先後任南昌、江浦、上海知縣，再任職方主事、禮部選郎、太常少卿。後轉四川巡撫。事跡見［天啓］《衢州府志·人物志·事功》。徐可求之作有《奏疏》《禪燕》《禪燕別集》《葵圃雜詠》。［天啓］《衢州府志·藝文志》著錄徐可求《禪燕奏疏》。《明史·藝文志三·釋家類》載“徐可求《禪燕》二十卷”，黃虞稷《千頃堂書目·釋家類》所載與《明史》同，故《禪燕》當爲一書。萬曆《府志》所載《禪燕》《奏疏》當是二書。而［天啓］《衢州府志·藝文志》、［康熙］《衢州府志·藝文考》、［民國］《衢縣志·藝文志》作“《彈燕奏疏》”，誤甚。徐可求《奏疏》今佚。

三狀元策一卷（佚）

（明）西安葉秉敬撰

　　葉秉敬有《葩經詩歌》，前《詩類》已著錄。［天啓］《衢州府志·藝文志》著錄葉秉敬《三狀元策》一卷。此書今佚。

西臺疏稿（佚）

（明）龍游余日新撰

余日新字君又，號瞿父，龍游人。崇禎甲戌進士。知漳浦縣，有善政。擢監察御史，既而巡按山東。又薦起名臣劉宗周等，彈劾司馬陳啓新等。尋加太僕卿。事跡見〔康熙〕《衢州府志·政事傳》。〔康熙〕《衢州府志·藝文考》著錄余日新《西臺疏稿》。此書今佚。〔康熙〕《龍游縣志·藝文志》有余日新《黄雲若邑侯平寇序》。

存心録（佚）

（清）西安徐從祺撰

徐從祺字伯齡，西安人。性篤厚，一門孝友，和氣藹如，毫無私曲，人咸稱服。事跡見〔嘉慶〕《西安縣志·孝友傳》。同書《藝文志》載陳鵬年《題徐柏齡文學〈存心銘〉序》，則從祺字柏齡，其書作《存心銘》，與其傳不同。〔康熙〕《衢州府志·藝文考》著錄徐從祺《存心録》。此書今佚。

陳鵬年《題徐柏齡文學〈存心銘序〉》：士君子讀書談道、咿唔抱膝，而不知地方利弊、民生休戚，即講究存心養性之說，於經濟略無裨益，世所稱"章句儒"是已。下此，則更有枉己狥人、假公濟私、狗苟蠅營，罔知自愛，亦往往爲鄉黨所不齒，當事所見辱。彼不知有禮義廉耻，又烏有所謂濟人利物者哉！徐君柏齡爲三衢有道之士，清心窮理，盱衡世務，其於致君澤民、補偏救敝之術，籌之爛熟。顧數奇未遇，潦倒諸生中。嘗慷慨論天下事，瞭如指掌。頃遭閩寇蹂躪，繼以凶荒，民不堪命。徐子觸目傷心，條陳利害，娓娓千萬言，若董子《天人》、賈生《治安》諸策、陸宣公諸奏疏，愷切詳明，不避嫌怨，當事者無不改容起敬，信從其言。如蠲荒報灾、免解南米、建造營房，以及戢兵安民諸大政，洞悉時弊，曉暢機宜，實可坐言起行，非徒矜文章之麗、才辯之雄也。是以故武定相國諸公，當兵荒交瘁之餘，獨以儒生末議，輒見施行，其造福於蒼生，補益於地方，良非淺鮮。三衢之人咸相推重，有太邱彦方知風。惜哉，其以諸生老也！他日朝廷徵辟耆英，徐子出其胸中抱負，指陳方略，以宏匡濟之猷，則徐子之存心，詎獨在一鄉一邑已耶！予簿書之暇，爰書數言以爲贈。（見〔嘉慶〕《西安縣志·藝文志》）

附：奏議十卷（佚）

（南宋）龍游劉甲撰

劉甲字師文，龍游人。其先永靜軍東光人。父著，爲成都漕幕，葬龍游，因家焉。甲爲淳熙二年進士。曾權四川制置司事。爲文平澹，有《奏議》十卷。事跡見《宋史》本傳。《明一統志·嘉定州》所載劉甲事跡，同《宋史》。此嘉定州今屬四川。據《宋史·地理志五》，成都府路所領嘉定府，轄有龍游縣。劉甲父爲成都漕幕，葬龍游，非衢州龍游，而爲嘉定龍游。《宋史》所載劉甲事跡，大多在蜀中。故劉甲爲嘉定龍游人。[民國]《龍游縣志·藝文考》著錄劉甲《奏議》，且案"兩舊志失載，此補"，[民國]《重修浙江通志稿·著述考·衢州經籍》亦著錄，此與本志著錄嘉定龍游蘭敏修《論語解》同誤，故附辨於此。劉甲《奏議》今佚。

傳記類

世譜（佚）
（北宋）江山毛漸撰

毛漸有《表奏》，前《史部·奏議類》已著錄。[天啓]《江山縣志·建置志·書籍》著錄毛漸《世譜》。此譜今佚。

西征記一卷（存）
（北宋）西安盧襄撰

盧襄字駿元，舊名天驥，西安人。徽宗朝，避天字改名襄，字贊元。大觀元年進士。政和六年，以朝散郎出爲浙東提刑，捕盜入剡。靖康間，拜吏部侍郎，推册張邦昌。建炎初，安置衡州。《庚溪詩話》載：贊元詩篇極多，向嘗得其數十首，皆清拔可喜，後因兵火失之。事跡見厲鶚《宋詩紀事》卷三十八。李心傳《建炎以來系年要錄》載，建炎元年三月戊戌，兵部侍郎盧襄致仕，"襄，西安人"。盧襄撰有《華陽集》。《錦繡萬花谷·前集》之末有盧襄《西征記》。黃虞稷《千頃堂書目·地理類下》著錄盧襄《西征記》一卷。此記乃盧襄赴京春試之紀行，自衢州出發，途徑杭州、蘇州、常州、潤州、儀真、揚州、楚州、淮陰、泗州、宿州、南京（今商丘）、雍丘、陳留，抵京師開封，一路吊念名勝古跡，如桐君廟、嚴子陵釣臺、姑蘇臺、水府祠、韓信廟等，遂即詠詩作文以記之。此書有明正德嘉靖、崇禎等刻本，國家圖書館等皆有收藏。《四庫存目叢書》《衢州文獻集成》據明正德嘉靖間陽山顧氏《明朝四十家小説》本影印。

《四庫全書總目·〈西征記〉提要》：《西征記》一卷（浙江巡撫採進本），宋盧襄撰。襄字贊元。觀其自序，蓋衢州人。此書載於《錦繡萬花谷前集》之末，不知何人抄出別行，乃襄赴京春試時紀行之作，末題庚辰仲春元日。案北宋凡三庚辰，吳自牧所作《歷科狀元表》，太宗太平興國五年庚辰，暨仁宗康定元年庚辰，皆不見有進士科，惟哲宗元符三年庚辰，有李金榜進士，則是人應試或在此年。所叙述皆無關考據，又雜載詩歌，詞多鄙俚。雖出宋人，無可採録也。（見《四庫全書總目·史部·傳記類存目六》）

韓文公歷官記一卷（存）

（南宋）開化程俱增補

程俱有《宋徽宗實錄》，前《實錄類》已著錄。陳振孫《直齋書錄解題·傳記類》載，"《韓文公歷官記》一卷，新安張敦頤撰。頗疏略。其最誤者，序言擒吳元濟、出牛元翼爲一事，此大謬也。"《宋史·藝文志二》著錄程俱《韓文公歷官記》一卷。今傳本《韓文公歷官記》題"信安程俱致道"撰，且無《書錄解題》所言之謬誤，故張敦頤所撰《韓文公歷官記》是另一書。據程俱序文可知，《歷官記》本陳傳道撰，程俱對其有較多增補，故今傳本題撰者爲程俱。程俱增補此書於崇寧元年，補次陳氏所遺有十，增七八，"其所考訂微言小節，纖細畢具，蓋得於文公之文者爲多。至其論辯是非，與夫坎壈之致，則著之尤詳"。《歷官記》今存於宋人魏仲舉輯《韓文類譜》中。《類譜》共七卷，另錄有呂大防《韓吏部文公集年譜》一卷、洪慶善《韓子年譜》五卷。呂《譜》較爲簡略，《歷官記》較詳，洪《譜》尤詳。《歷官記》主要記載韓文公任官經歷，並注有文獻出處，其所引文獻涉及韓氏神道碑、行狀、墓銘以及文公等人詩文，呈現韓文公歷官過程。但《歷官記》亦有疏忽處，魏仲舉在編次《類譜》中有所辯證。現存《韓文類譜》最早版本爲清雍正七年馬氏小玲瓏山館刻本，其依宋本《韓柳二先生年譜》本刊刻，其後有道光年間、咸豐三年、光緒元年等翻刻本。《續修四庫全書》收錄有《韓文類譜》，據清雍正七年刻本影印。《衢州文獻集成》收錄《韓文公歷官記》，據雍正七年刻本影印。

闕里世系續（佚）

（南宋）西安孔端朝撰

孔端朝字國正，孔子四十八代孫，與兄端友同遷衢州西安。宣和四年，幸學釋褐，賜上舍出身。紹興二年十二月，除著作佐郎。三年六月，爲都官員外郎，仍兼權。事跡見陳騤《南宗館閣錄·官聯上》，同書《撰述》又載："《擇日祭彊濟公英略公》，正字孔端朝撰。"明程敏政《新安文獻志·行實·寓公》載有李以申《孔右司端木傳》，其載孔端木字子與，舊名端朝，先聖四十八世孫，建炎初擢右司郎，知袁州，累奉祠，起知臨江軍，有《南渡集》二十卷。晁公武《郡齋讀書志·譜諜類》載："《闕里世系》一卷，右皇朝孔宗翰重修孔子家譜也。……紹興中，端朝者續之，止於四十九代。洪興祖又以《史記》並《孔光》《孔僖傳》，及太子賢注，與唐宰相世系諸書校正，且作《年譜》列於卷首。"［民國］《衢縣志·藝文志》著錄孔端朝《闕里世系續》。此書今佚。

東家雜記二卷（存）、闕里祖庭記三卷（佚）、孔子編年三卷（佚）

（南宋）西安孔傳撰

孔傳字世文，舊名若古，自號杉溪，孔子四十七代孫。建炎初，與孔端友南渡，寓居衢州。博極群書，精於《易》學，操行介潔。嘗知邠州、陝州、撫州，官至中散大夫。所著有《東家雜記》《續白氏六帖》《續尹氏文樞紀要》《杉溪集》。事跡見黃震《黃氏日抄》卷三十二所載《闕里譜系》，凌迪知《萬姓統譜》卷六十八。孔傳乃曲阜孔氏後裔，南宋初南渡後，寓居衢州西安，今衢州城內有孔氏南宗家廟。《衢州府志》《西安縣志》皆視孔氏南渡居衢者爲邑人，其《藝文志》收錄孔傳以來南宗學人著作，此亦將孔傳視爲衢州人。晁公武《郡齋讀書志 · 傳記類》載："《孔子編年》三卷，右皇朝孔傳取《左氏》《國語》《公羊》《史記》及他書所載孔子事，以年次之，自生至卒。《東家雜記》二卷，右皇朝孔傳撰。孔子四十七代孫也。纂其家舊聞軼事於此書。"陳振孫《直齋書錄解題 · 典故類》："《東家雜記》二卷，右朝議大夫孔傳撰。歷代追崇先聖故事，及孔林古蹟。傳，蓋先聖四十七世孫也。"《宋史 · 藝文志二》著錄孔傳《闕里祖庭記》三卷、《東家雜記》二卷。［天啓］《衢州府志 · 藝文志》載有孔傳《東家雜紀》，"紀"當爲"記"。孔傳《闕里祖庭記》《孔子編年》今皆佚，《東家雜記》今存。

　　自宋以來，孔傳《東家雜記》不斷翻刻，其附文內容有差異。范氏天一閣藏有《東家雜記》，《四庫全書》據其翻刻。清代以來傳宋本或影宋抄本，與《四庫全書》本附文不同，此爲不少藏書家注意。錢曾《讀書敏求記 · 譜牒類》著錄此書，言其所見爲宋槧本，首列《杏壇圖說》。由於四庫館臣未能見到宋本，而疑"不知曾所見者，又何本也，其或誤記歟"。其後黃丕烈《士禮居藏書題跋記 · 史部》亦錄此書，黃氏云："《東家雜記》二卷，葉九來曾有宋槧本，而錢遵王因假借繕寫，書見《讀書敏求記》者也。繼於顧抱冲案頭見有影宋本《東家雜記》，末有茱萸山人席鑑跋云：'往聞何□得宋槧本《東家雜記》二卷，毛省庵先輩從之影寫一本，余於丙申仲夏得之汲古閣中。據是則錢、毛二家皆有影宋本，而葉與何所藏宋槧本不知是一是二耳。'今余於東城舊家得宋槧本，即爲毛氏影寫本所自出。"可見黃氏得有毛氏汲古閣影寫本。清末丁丙又得影宋抄本，其《善本書室藏書志 · 史部七》稱，"《四庫》所收與此不同，當是別有一本，此本與錢曾《敏求記》所載合，惟二卷錢作'三卷'，當是記憶之誤也"。錢氏、黃氏、丁氏等所見宋本或影宋抄本，與文淵閣《四庫全書》本《東家雜記》不同，其附文前無《孔子生年月日考異》，末無《南渡廟記》；然卷首載《杏壇圖》並說、孔稚圭《北山移文》、石守道《擊蛇笏銘》《元祐黨籍》，文後《續添襲封世系》止於五十三代孫孔洙，後又附至聖四十六代孫宗翰、四十八代孫孔端朝家譜序，以及五十代孫孔擬跋。以上正文前後附文皆後人附入，非孔傳原本。此書今有宋刻遞修本，藏於國家圖書館；又有明刻本、清影宋抄本、清張蓉鏡家抄本、清刻本，藏於國家圖書館、上海圖書館等處。《衢州文獻集成》收錄此書，分別據《文淵閣四庫全書》本和宋刻遞修本影印。

《四庫全書總目・〈東家雜記〉提要》：《東家雜記》二卷（浙江范懋柱家天一閣藏本），宋孔傳撰。傳字世文，至聖四十七代孫。建炎初，隨孔端友南渡，遂流寓衢州。紹興中官至右朝議大夫，知撫州軍州事，兼管內勸農使，封仙源縣開國男。是編成於紹興甲辰。上卷分九類：曰姓譜、曰先聖誕辰諱日、曰母顏氏、曰娶亓官氏、曰追封諡號、曰歷代崇封、曰嗣襲封爵沿改、曰改衍聖公、曰鄉官；下卷分十二類：曰先聖廟、曰手植檜、曰杏壇、曰後殿、曰先聖小影、曰廟柏、曰廟中古碑、曰本朝御製碑、曰廟外古蹟、曰齊國公墓、曰祖林古跡、曰林中古碑。其時去古未遠，舊跡多存，傳又生長仙源，事皆目睹，故所記特爲簡核。前有《孔子生年月日考異》一篇，末題“淳祐十一年辛亥秋九月戊午朔去疾謹書”；末有《南渡廟記》一篇，題“寶祐二年二月甲子汝騰謹記”。二人宋宗室子，故皆不署姓。去疾稱舊有尹梅津跋，此本無之，而後有淳熙元年葉夢得跋，蓋三篇皆重刻所續入也。去疾考中歷駁諸家之誤，而以爲春秋用夏正，定孔子生於十月二十一日，卒於四月十八日，其説殊謬。殆由是時理宗崇重道學，胡安國傳方盛行，故去疾據以爲説歟？錢曾《讀書敏求記》曰：“壬戌冬日，葉九來過方草堂，云有宋槧本《東家雜記》，因假借繕寫。此書爲先聖四十七代孫孔傳所編。首列《杏壇圖説》，記夫子車從出國東門，因觀杏壇，歷級而上，顧弟子曰：‘兹魯將藏文仲誓將之壇也。’睹物思人，命琴而歌。其歌曰：‘寒暑往來春復秋，夕陽西去水東流。將軍戰馬今何在，野草閒花滿地愁。’考諸家琴史俱失載，附錄於此。詳其語意，未知果爲夫子之歌否也”云云。按此歌偽妄，不辨而明。曾乃語若存疑，蓋其平生過尊宋本之失。然曾云三卷，此本實二卷；曾云“首列《杏壇圖説》”，此本《杏壇》爲下卷第三篇，且有説無圖，亦無此歌。不知曾所見者，又何本也，其或誤記歟？（見《四庫全書總目・史部・傳記類一》）

使燕録一卷（佚）
（南宋）龍游余㠩撰

余㠩有《周易啓蒙》，前《經部・易類》已著録。［萬曆］《龍游縣志・藝文志》著録余㠩《使燕録》一卷。此書今佚。

闕里譜系一卷（佚）
（元）西安孔濤撰

孔濤字世平，孔子五十三代孫，西安人。起用察舉，署寧國路儒學録。延祐七年，江浙行中書省辟爲掾史曹。泰定元年，賜同進士出身，授平江路崑山州判官。遷潮州路總管府知事。有《存存齋稿》，未及詮次。惟《闕里譜系》一卷爲成書。事跡見黃溍《黃文獻集・墓誌銘》所載《承直郎潮州路總管府知事孔君墓誌銘》。［民國］《衢縣志・藝文志》著録孔濤《闕里譜系》，且有按語：“錢《補元史志》有《孔聖圖譜》

三卷，大德問孔子五十三代孫澤刊。澤，爵里未詳，蓋亦濤之兄弟行也。"孔濤《闕里譜系》今佚。

諸鄉賢行略（佚）

（明）衢州知府進賢饒泗撰

　　饒泗，進賢人。弘治六年任衢州知府。在任五年，後民立明德祠以祀之。事跡見［康熙］《衢州府志·遺愛傳》。金學曾《重建衢州府學碑記》載，弘治乙卯太守饒公撰《諸鄉賢行略》。此書當記衢州鄉賢，今佚。

斷碑集一卷（佚）

（明）開化方豪撰

　　方豪有《韻譜》，前《經部·小學類》已著録。《四庫全書總目·史部·傳記類存目六》著録方豪《斷碑集》。此書今佚。

　　《四庫全書總目·〈斷碑集〉提要》：《斷碑集》一卷（編修汪如藻家藏本），明方豪撰。豪字思道，開化人。正德戊辰進士，官至湖廣按察司副使。《明史·文苑傳》附載《鄭善夫傳》中。此其知沙河縣事時（案：《明史》載豪由崑山縣知縣遷刑部主事，不言嘗知沙河縣，蓋偶然失載）重立顏真卿所書宋璟神道碑，而記其始末者也。是碑在沙河食膳鋪，宋崇寧中，有編修國史會要所檢閱文字范致君者，別書一碑易之，而舊碑遂不顯。正德中，豪始求得原石，已斷爲二，乃錮以鐵而復建之，並裒一時題咏及案牘之文以成是集。編次冗瑣，不出地志之陋體，惟其所載真卿之文，與世所傳《魯公集》頗有異同，如集本云"嘗夢大鳥銜書，吐口中而咽之，遂來而上"，石本"吐"作"吐"，"來"作"乘"；集本云"襟懷益爽"，石本"懷"作"靈"；集本云"年十六七時，或讀《易》，曠時不精"，石本於"六"字之下"讀"字上惟缺二字；集本云"有司特聞"，石本"特"作"時"；集本云"異而召還"，石本"異"字上多一"後"字；集本云"吾比欲優游自免"，石本"自免"作"鄉里"；集本云"不宜與執政通同"，石本"通同"作"通問"；集本云"玄宗將幸西蜀"，石本作"中宗將幸西京"；集本云"又復遷相州"，石本無"復"字；集本云"東宮有大功，宗廟社稷主也"，石本作"春宮有大功，主安得異議"；集本云"無敢不葳"，石本"葳"作"畏"；集本云"變以陶瓦"，石本"陶瓦"作"陶旒"；集本云"燕國公張説者"，石本無"者"字；集本云"尋入爲洛州長史"，石本作"又爲洛州刺史"；集本云"思勗以將軍貴幸，泣訴於帝"，石本"幸"作"達"、"訴"作"辭"；集本云"改號侍中"，石本作"復兼侍中"；集本云"明年駕幸洛陽"，石本"洛陽"作"東都"；集本云"馳道險隘，行不得前"，石本作"馳道隘，稽車騎不得前"；集本云"必若致罪二臣"，石本無"必"字；集本云"以臣言免之"，石本無"言"字；集本云"上嘉而從之"，石本"上"作"遂"；集本云"母寵子愛"，石本"愛"作"異"；集本云"恐非正家之道，王化所不宜"，石本無"不"字；集本云"上藥異殊"，石本作"殊異"；集本云"躡公而歿"，石本"躡"作"儡"；集本云"河西節度行軍司馬"，石本"河西"作"河南"；集本云"忠孝之盛，人倫之綱"，石本作"人倫紀綱"；集本云"功成生讓，事軼屠羊"，石本"生"作"牢"；集本云"略無交言"，石本"略"作"路"；集本云"讜論泱泱"，石本"讜論"作"右揆"。一篇之中，舛異者凡二十八處，皆足以訂傳寫之誤。故其書雖不足存，而一節之長，特為附著於此，以資考證焉。（見《四庫全書總目·史部·傳記類存目六》）

方豪《斷碑集序》：顏書固天下珍，其在宋墓者，尤顏書之珍。蓋以顏之文與翰而述宋之功業，足為三絕。故顏書諸刻，此當為第一，不但勝於《多寶塔》文而已。而況翰不見於《集古錄》，文不載於新舊《唐書》，故初出而人競慕之，亦其宜也。然碑廣則費紙墨，勞打搨沙又瘠甚殊，不能應人之求，往往貽憾焉，蓋不唯累吾民且自累也。然既出又不可使之復晦，而有求亦不可以無答，乃謀別刻於木。它日，見東漈陳公執之，謂豪曰："顏碑天下至寶，勿多搨以損其真。"豪對曰："如求者日眾何？"公曰："盍刻木以應之。"公之惜在碑，豪之惜在民，公之意尤廣也，遂為之凡系於碑於墓者皆附焉。蓋不但欲傳顏文，亦以昭宋蹟也，乃合而命之曰《斷碑集》。豪嘗聞地有異碑，苦於人之求也，多毀之以絕焉。沙人相傳此碑之斷，亦或以是。是集一行碑乎，吾知其免矣。（見《棠陵文集·序》）

志矩述（存）

（明）西安程秀民撰

程秀民字天毓，別號習齋，西安人。由進士初授金溪知縣，後擢刑部主事、泉州知府、建寧知府、湖廣兵憲、雲南大參等職，所至以才能著。事跡見［嘉靖］《衢州府志·人物紀·孝行》。同書《人物紀·甲科》載程秀民為嘉靖壬辰進士。［天啓］《衢州府志·藝文考》著錄程秀民《志矩述》。［嘉慶］《西安縣志·經籍志》誤作程氏此書為《志矩集》。［民國］《衢縣志·藝文志下》亦著錄《志矩述》，其據《程氏家乘》錄文有四百餘字。今上海圖書館有《西安中河程氏宗譜》，此譜載有《志矩述》，譜之版心有"志矩述"，此文前題為《八世祖雲南布政司參政習齋志矩述》，末有"道光二十二年歲次壬寅孟夏之月穀旦謹遵遺筆補錄"。此載《志矩述》全文凡五千餘言。其開端云："士君子立身天地間，當念此身荷天地、祖宗、父母之生成，既得以為男子，而又能讀書識道理，通達世務。又幸自幼得師友之訓，即養於學，遭聖天子之世，邁跡科第，登名仕版，既以榮身，又以榮親，又以榮及其子孫，恩莫大焉。是故所貴於立志，挺立於貧賤之中，而超脫於富貴之外，其心之所期，身之作行，時之所遇，雖不能大有所爲，而綱常倫理、出處進退，其義利界限、名節關防，亦每以古人爲矩，量時度力，因事立功，求少異於儔人，庶不負於天地，玷於祖宗、父母，而可名以爲人也。"又曰："秀民資最魯，無過他人，但一念自立之志，自幼即能砥礪，故致有今日，叨登一第。竊想二十餘年，追維身之所履，時之所值，固未即獵顯躋要，以大其聲光，而隨在建立，因時進退，亦頗自得於心，而無愧於天地、祖宗、父母。今年過五十，氣漸衰朽，乃强顏復出，以求用於時，恐宴安氣勝，則慷慨志微，不能不深省也。因路途艱阻，愧悔輒萌，乃自述生平一得之見而自鋪述，以置之左右，俾後日佩服，以求勿忘樹立之念，則庶乎可以語人矣。"其下爲習齋述自己生平事跡，述事至其補福建建寧府知府止。故此篇主要内容爲作者五十餘歲以前自傳，重乎立志，砥礪意志，由此自述可見習齋時代的文化和政治環境。

徐子學譜二十二卷（存）

（明）西安徐日久撰

　　徐日久有《實録鈔》，前《實録類》已著録。[康熙]《衢州府志·藝文考》著録徐日久《學譜》。[民國]《衢縣志·藝文志》載："《徐子學譜》，徐日久撰。[康熙]《縣志》著録，[嘉慶]《縣志》失載。今尚有明刻本一卷。按：此書叙歷官行事，起萬曆庚戌，迄庚申，凡十年。明刻本前有崇禎壬辰三山韓廷錫撰《西安公傳》一篇冠於首。略云：其學以經世爲主，以爲舍經世，別無出世事，有志男子，須於極勞攘中尋出勞攘不到所在，倘不從兹鍛煉，即有所悟，終非實際，故機事深茂，隨方劃決，絶不見疲厭意。嘗爲《退居銘》，曰：'不諧於今，無慕於古。其儀率易，而苦規矩。其中淺直，而畏城府。易喜易驚，屢悔屢咎。學忍恥辱，而弗能媿。有心胸而未顧，若夫不言避趨，不言命數，不求援推，不傍門户，浩浩乎信心以直行，拳拳乎反身而退步，如涉大海而柁在其手，雖百折千回而莫予或阻者也。'其所行事，輒手録之，久而成書，曰即此是學矣，名之曰《學譜》。"《兩浙著述考》著録徐日久《徐子學譜》一卷①，當據[民國]《衢縣志》，然此書二十二卷。徐日久《學譜》今存，首卷前題"《真率先生學譜》，太末徐日久子卿著，男應畿子如、應餘子儀、應物子萬讀"，其版心書《徐子學譜》。此書記録子卿親歷之事，以年月編次，自明天啓三十八年庚戌至崇禎四年辛未，凡二十二年間事。書前有子卿門人龍壋《真率先生學譜序》和韓廷錫《西安公傳》。龍氏序言："大抵先生之學以本朝實録爲經，而以前代廿一史爲緯。於本朝又奉二祖十二宗爲經，而以諸各公碩輔爲緯。於祖宗公輔又以兵事爲經，而以屯鹽茶馬諸種種爲緯。"徐氏此書以經世爲務，所記之事多涉政事，時有論議。

---

　　① 宋慈抱：《兩浙著述考》，第1294頁。

如戊午、己未間載遼東戰事，"冷眼覷定，冷語道破，凡夫意見之觭，門户之分，機線之通，期許之過，每有所歉，輒書於紙"。此書頗能補史之闕，對於研究明末史實有一定價值。《西安西河徐氏宗譜》卷十九有徐日久《子卿公日鈔》，部分内容與《徐子學譜》同，有些内容如"癸亥八月望後，遊白塔洞"等所記内容不見於《學譜》。《徐子學譜》有明崇禎太末徐氏家刻本，今藏於臺灣"國家圖書館"。南京圖書館有膠卷影印明崇禎本。《衢州文獻集成》收録此書，據明崇禎刻本影印。

三衢人物考（佚）

（清）常山徐洪琈撰

徐洪琈字仲玉，號蟄庵，常山人。崇禎間，補弟子員。定鼎後，不求仕進。隱居授徒，理訓嚴而有法。所著有《前朝歷科會元墨選》《三衢人物考》《蟄庵詩集》藏於家。事跡見［雍正］《常山縣志·人物志·賢哲》。洪琈《三衢人物考》今佚。

冰夏紀聞（佚）

（清）開化汪巖叟撰

汪巖叟有《大易注解》，前《經部·易類》已著録。［康熙］《衢州府志·藝文考》著録汪巖叟《冰夏紀聞》，且載王文龍《序》曰："巖叟字石瞻。閩寇之亂，開、常二邑烈婦最多，石瞻立傳以紀之。冰夏者，其父耐庵翁避亂山莊，取昌黎韓子之意，以其名其亭者也。"此書今佚。

姓氏考源（佚）

（清）西安徐明極撰

徐明極字靜符，西安人。監生。生平刻苦自勵，博涉經史，見異書必手自録，尤工韻語。當湖陸太史奎勛序其集。事跡見［嘉慶］《西安縣志·文苑傳》。［嘉慶］《西安縣志·經籍志》著録徐明極《姓氏考源》。此書今佚。

孝友録（佚）

（清）蓋州姜承基、新鄉楊滐等撰

徐錫德字克明，常山人。少孤貧，孝友樂善。母江氏病，日焚香籲天，請減己算增之。率賢配江氏，侍奉甚謹。事媢嬸，皆曲盡禮。兩母俱以節見。撫堂弟侄，皆篤恩義，産業悉與均分。後家稍裕，凡邑有修舉大事，及鄉黨宗族婚喪不能舉者，竭力輸助之，假貸無以償者，取其券焚之。其餌疾病，瘞死亡，設橋梁，還遺金，設粥施絮，諸善行尤多，當事悉題額旌焉。郡守姜公承基、邑令楊滐皆爲立傳，有《孝友録》行世。事跡見［康熙］《衢州府志·孝友傳》。此《孝友録》爲衆人記徐錫德孝友事跡之集，故撰者當爲多人。今據［康熙］《府志》可知，《孝友録》撰者有姜承基、楊潊。又據［康熙］《衢州府志·府官表》，姜承基爲蓋州蔭生，於康熙十九年至二十二年任衢州知府。楊潊爲新鄉人，康熙二十一年任常山知縣，修有［康熙］《常山縣志》，見後文《衢州方志類》著録。此《孝友録》今佚。

忠節録（佚）

（清）太倉王掞、江山徐旭旦、徐旭升重訂

王掞字藻儒，號顥菴，江南太倉人。康熙庚戌進士。以右春坊右贊善任浙江提督學政，見載［雍正］《浙江通志·職官十一》。徐旭旦、旭升，爲徐應鑣裔孫。徐應鑣字巨翁，江山人。咸淳末，試補太學生。德祐二年，宋亡，應鑣死以報國。事跡見《宋史》本傳。康熙癸巳《江山縣志·藝文志》有莆田林雲銘《徐巨翁忠節録序》、太倉王掞《忠節録序》。下收録此二序。據王掞序可知，此書爲王掞、徐旭旦、徐旭升重訂。《忠節録》今佚。

林雲銘《徐巨翁忠節録序》：綱常爲世道之柱維，吾儒讀聖賢書，知大義在天壤間，本無可逃。宋末，臨安徐巨翁先生厠身太學，以聖賢爲師，乃真儒也。元伯顏兵至，先生誓似報國，夫人方氏以殞身蓮沼爲倡，子琦、崧二君暨女元娘相從溺井。忠孝大節，雖僮豎亦知之。但所云朝廷養士三百年，似專指太學而言。前此關、閩、濂、洛之盛，悉本崇儒治化，毋論已仕未仕，大義總無所逃。且是年元制人爲十等，儒列娼丐之間。世道已變已極，人道之滅幾盡。道存與存，道亡與亡，故不惜以一身一家，爲千古綱常之寄。非有迫於勢，非有慕於名，非有激於氣，成仁取義，其心安焉。越數年，孔聖貶爲中賢，而太學鞠爲茂草，尤甚於暴秦之焚坑。始知先生於此，兼爲斯文抱痛，以不及見爲幸，未可徒執魯連蹈海之言例論其跡也。余嘗按文信國死於至元十九年，其答王積翁有黃冠歸故鄉之説，人或疑之，不知焚毁道藏，作妖書以詆昊天上帝，乃十八年之事。信國欲擇其所棄者自處，以明此身必不容於元世之意。而衣冠則書孔孟之言，亦取其所棄者爲命詞，以謝先聖而示後學。與先生之死，俱於忠節，内寓衛道之深心，古人措意其不易明類如此。先生裔孫浴咸、上扶二子有文行，卜地移祀，曲盡崇先之勞，可謂知所務。諸鉅公序之甚詳，故余獨推言其所未及云。（見康熙癸巳《江山縣志·藝文志》）

王掞《忠節録序》：《忠節録》者，宋忠節先生徐公闔門殉義之始末也。宋自南渡以還，天道則板蕩疾威，疆宇則日蹙百里。降而至德祐改元之際，亡錐失鹿，雖有智勇，亦不能搘大厦於將傾。當其送欵皋亭，内禁則自太后妃主以逮宮人，外朝則自省院臺司以及散職，莫不偷延視息，繫累而從遷焉。先生乃率二子琦公、崧公暨女元娘，醻酒於忠武岳公之祠，各賦自悼短章，矢志不辱。承夜登樓縱火，會家人驚救，撲燎破壁，出之烈焰。不得已則又轉而共趨於井，卒死之。至先生之配忠懿夫人，居常每謂宋運將終，願椎髻練裳，與先生偕隱。見先生抗志不回，則先賦哀詞，自沉蓮沼。嗚呼！精燐碧血，爭照千古。一部十七史，爲求忠孝節義萃於一門，孰有能比烈先生者哉！間嘗論之，先生之死，後於岳少保，前於文信國。顧少保身爲大帥，志復神州，唾手燕雲，業有成筭，長驅逐北，首與和議牴牾，取忌權臣，勢必不免，壯男弱女，咸殺身以成仁。雖貞烈鍾自先天，亦覆巢本無完卵。信國科名既盛，物望畢歸，收餘燼以圖存，則昊天不吊，仗孤忠而盡命，或分宜然。若先生止一太學儒生，進退綽有餘裕；琦、崧二公雖云少年登第，然服官則未縮半通之綬，詔祿則未叨升斗之糈。使父子抱甕深山，投簪空谷，冥鴻藏豹，亦可稱歸潔其身矣。至元娘以幽閒之德，髫稺之年，追隨父兄，願同焦爛，寧爲玉碎，甘之如飴；忠懿夫人則又識炳幾，先事倡義始，此皆烈丈夫所變色而道者，而顧從容兩見於閨閣乎？今讀五人之遺詩，想見當日無復返顧之情狀，氣足以配河嶽，而言足以泣鬼神。天地無終窮，則此同一不可磨滅矣。康熙乙丑，余視學兩浙西陵，採厥貞風，亟拜先生之墓。祠宫有侐，栝檜陰森，瞻仰屏營，如睹英靈陟降。殆若史遷所云，登仲尼廟堂，見其車服禮器，徘徊不忍去也。遂檄郡縣，釐正祀典，申禁樵蘇焉。蓋余受知於先生裔孫散庵夫子，即出先生之門，亟與先生裔孫旭旦、旭升，重訂是録，題之簡端，以識高山仰止、淵源嚮往之意云。（見康熙癸巳《江山縣志·藝文志》）

嵩高柴氏世集勳德録十二卷（存）

（清）江山柴自挺等輯

柴自挺字式三，號笠齋，江山人。庠生。老而構一笠齋爲孔聖座，繪一手卷爲悲秋圖，修一舊譜爲《勳德録》。最晚將生平著作彙輯，號《笠齋雪老集》。事跡見《嵩高柴氏世集勳德録》卷十二。自挺還撰有《續丙丁龜鑑》。《嵩高柴氏世集勳德録》凡十二卷，卷前有柴自挺跋和柴允元跋，末有《移居各處爲首名次列後》。此書每卷端題《嵩高柴氏世集勳德録》，版心有《江陽嵩高柴氏宗譜》。卷前二跋皆作於康熙四十九年，故柴氏《勳德録》應初成於此年。據民國《江陽嵩高柴氏宗譜》序言，柴氏曾於乾隆十五年修譜。此書末卷有柴凌霄撰《穆廿五公孺人趙氏孝節序贊》，作於乾隆十五年；其下爲凌霄賦、頌並小序，據其小序可知凌霄當時以族長身份主修族譜。此書末卷有康熙四十九年以後内容，當爲凌霄修譜時補入。故今見此録當於乾隆十五年柴氏修譜時，入柴譜刊行。自挺跋云："吾宗勳德之録，緣先公達而在上者，有勳於朝廷，有德於郡國，爲當録；又緣先公窮而在下者，有勳於閭里，有德於鄉黨，爲當録。但録之之内，僅一言以蔽曰某勳某德，吾先公所業爲者，百千世後亦何從而徵信乎？故其録也，必録其諱字行第，必録其科甲官職，必録其林泉隱逸，必録其誥敕旌獎、言行往來，更必録其在己之詩古文辭，與在人投贈之詩古文辭，而後其勳德始詳焉。"由此可見此書內容大略。其録柴氏先公勳德，一般有贊詞，若有相關詩文則録之。此集所載詩文，有些不見於現存宋明文人別集，如所收柴氏四隱詩文，較之今傳本《柴氏四隱集》多出幾十首。此書今存清乾隆十五年活字本，藏於南京圖書館，《衢州文獻集成》據其影印。

旌節録（佚）

（清）佚名編

　　[乾隆]《開化縣志·藝文志》有錢塘進士趙杭《旌節録序》。[乾隆]《開化縣志·節烈傳》載："李日至妻方氏，二十五歲夫亡，守志婦兼子職慈，並嚴師教子，成名里鄰欽敬，乾隆三十八年具題奉旨建坊旌表。"《旌節録》乃記開化節烈李日至妻方氏之作，此書今佚。

　　趙杭《旌節録序》：太史氏修邦國之志，而名媛令節列諸簡編，傳之不朽，其有號曰行義，曰貞義，曰禮宗。適丁其變，渠始願固不及此也。外是，雖此生不辰，鏡分琴別，尚無枕蟲莽蜂，進退狼狽，苦節道窮諸事，然而幽閒貞靜，守節整齊，大家《女誡》，亦足稱矣。如節婦李方氏者，爲方鍾蔭之女，二十一而嫁李氏子日至，五年而稱未亡人，守節三十餘年，撫其子以立，既應旌格，彙以例請，得俞允焉。狀曰：氏巨族，饒於財。結縭後，撤去簪珥，摻作而前。閫以內，顧夥纖屑，若麻枲絲繭，一切煩縟之事，晨夕理之，未嘗以鞅掌辭，言笑不聞於外。而飲人以和，處姊姒兄弟也，御臧獲有法度。日至宵誦漏下數十刻不止，孺人縫裳佐之。日至病劇，巫禱醫攻，謁之弗返，孺人不知所爲，籲天求代弗應，絶而復蘇者三。舅姑泣諭曰："殉身易，立孤難，婦其爲我難乎？"氏乃復飲食。久之，而姑病且革，鼠思泣血者三年，而又以疴癢抑搔之。禮事繼姑，蕉萃代匱神亦銷甚。子廷望，承慈教者久，故鸞停岳峙，樹立不凡。氏卒以積勞致疾，屏藥餌不事，曰："吾未亡人，速死幸耳，而顧偷生與醫人接手乎？"氏在母家以孝稱，移其所以事親者事舅姑；夫早卒，又移其所以事夫者事舅姑，更代其夫之事親者事舅姑；又體舅之心，而移其所以事姑者事繼姑，可謂知禮矣。則即以所謂行義曰貞義曰禮宗者，並列之亦何不可，而必欲以此概彼，何爲哉！是爲序。（見[乾隆]《開化縣志·藝文志》）

思孟年譜一卷（佚）、趙清獻公祠墓録二卷（佚）、徐忠壯公祠墓録二卷（佚）

（清）西安陳樸撰

　　陳樸字順則，聖澤次子，西安人。能讀父書，精醫理，肆力於經史古文，不應試。嘉慶庚午，襄修邑志。郡東至聖家廟棟宇傾圮，心焉傷之，因採史鑒及各家文集百餘種，輯爲《家廟志》二卷。又搜採群書，輯《趙清獻徐忠壯二公祠墓録》二卷。後又輯《思孟年譜》一卷，考證精核。其醫理，根本《素問》《難經》及陶弘景、張仲景、李士材、朱丹溪諸家，按脈切理，洞見臟腑，治活多人，並不望報，四方多德之。事跡見［民國］《衢縣志・人物志三》。陳樸還輯有《菱湖社集》一卷。［民國］《衢縣志・藝文志》載："《思孟年譜》，清陳樸撰。《陳氏譜》錄書一卷，未梓，稿存。《自序》略曰：'思、孟享壽及生卒年月，經傳史志所載，莫衷一是。是編從漢石經、旁注採出，引證鑿然，一掃浮空之説。'"又載："《趙清獻公祠墓錄》，清陳樸撰。書凡二卷，採輯群書數百種，末附藝文。有費雙元序。稿存，陳氏未刊。《徐忠壯公祠墓錄》，清陳樸撰。書二卷，體例同前。有浙江學政朱士彥序。原稿佚，序存。"陳樸《思孟年譜》和二公《祠墓錄》今皆佚。

皇朝名臣事略（佚）

（清）龍游徐本元撰

徐本元字登瀛，號仙槎，龍游人。長於詩歌。七古於論斷、步驟，綽有餘裕。五言真摯可頌。近體詩則清淑而多遠神。所著有《耕心齋詩抄》二卷，又《文抄》一卷，《皇朝名臣事略》《曲阿叢載》各若干卷。事跡見［民國］《龍游縣志・人物傳三》。本元《皇朝名臣事略》今佚。

徐本元《皇朝名臣事略自序》：昔蘇伯修蒐輯碑銘志傳，刪節成書，使一代政治得失興廢之理瞭如指掌，其所去取豈獨以文重哉？蓋有神於治道也。顧余何人，敢言著作？且少時多病，父母愛之，年十二始就外傅識字，稍長隨官於吳，與通都大邑賢大夫相往來，以相切劘。然草茅賤士不得窺史館秘閣之書，而忠賢事跡雜見於諸家之記載者往往而有，反覆玩味，輒終日不忍去手，蓋慕其功業既隆，又喜多得確實鴻篇之作也。憶余自入塾以來十有七年，其學既無以進，而生逢盛世，集錄是書，詎非遭逢之幸？倘藉諸賢以傳後世。覽是書知我朝名臣更盛，不猶愈於今之望昔者乎？若云千百載後自有國史取徵，則非余所敢望也。（見［民國］《龍游縣志・文徵志四》）

忠孝錄一卷（存）、西安真父母記一卷（存）

（清）西安陳塤撰

陳塤字聲伯，西安人。道光間邑庠生。好學能文，讀書得間，於天文、地理、算術、醫道均有心得。鄉闈屢薦，不售，就衍聖公奎章閣典籍職。著有《忠孝錄》一卷、《西安真父母記》一卷、《西安縣志正誤》三卷、《醫學四訣》一卷、《平夷管見》一卷、《啓蒙七略》一卷。事跡見［民國］《衢縣志・人物志三》。陳塤還撰有《痘科記誤》一卷、《本草備要後編》《經絡提綱》《脈學尋源》《傷寒類辨》。［民國］《衢縣志・碑碣志四》錄有陳塤《重建龍源寺碑記》。陳塤《忠孝錄》《西安真父母記》，今皆存。

［民國］《衢縣志・藝文志》載："《忠孝錄》，清陳塤撰。未有著錄。陳氏家刻本，金衢嚴道周縉爲之序，版存。"明天啓元年，四川土司奢崇明反，殺巡撫徐可求。事

聞，朝廷以激變弗恤。其子應秋具疏訟父冤，前後歷十三年。此書即記可求死事之忠，其子應秋申父冤之孝。徐可求乃西安人，然當時新舊《西安縣志》所載徐氏父子忠孝之行未爲詳備。陳塤不忍此忠孝事跡泯滅，因搜集遺事，輯爲是書，以備續修志者所採。書前有周縉、趙光兩序，正文分二公科甲官階、二公事實奏疏、二公墳墓贈謚、二公詩文著述、二公遺跡祠祀五節；以"奏疏"最詳，"事實"次之，"詩文著述"再次之，其他内容都較少。此書爲陳氏廣採衆書而成，其文詳載文獻出處。如其記徐氏父子"事實"，所引書除方志外，另有《明史》《通鑒綱目三編》《明通鑒紀事本末》《明通紀》等。是書行文中，陳氏時加按語，或作考辨，或作闡釋。此書今有清道光二十七年刻本，藏於衢州市博物館，《衢州文獻集成》據其影印。

　　[民國]《衢縣志·藝文志》載："《西安真父母記》，清陳塤輯。未有著録。道光年間行刊，與《忠孝録》現均歸王氏雙琴軒。"此書輯録於道光二十五年，以表彰西安賢宰李呈禎。呈禎號遂菴，康熙時人。康熙十三年，遂菴蒞任西安，時遭耿精忠之亂，李公以察民疾痛爲務，緩征役，撫凋殘，焦心勞思，乃西安士民之真父母也。李呈禎至陳塤有百七十年，《西安縣志》已經兩修，即有康熙《縣志》、嘉慶《縣志》。陳塤惜新舊兩志所載李公惠政實績皆不得其詳，爲補邑乘之失，輯録是書。《西安真父母記》體類紀事本末，有文七篇，即種種美績、先後詳請緩征免征甦役、請免常夫、禁革坊長、免九十兩都雜征、謀修學宮、擬建張少卿祠、建青霞書院。陳氏於輯録文字中加以己注，或注輯文出處，或對文詞加以注釋，並於每篇文後詳加按語，類如《史記》文後"太史公曰"、《通鑒》篇中"臣光曰"。陳氏鈎沉索隱，將遂菴主政西安時政績詳盡輯録，爲後來修志者提供難得資料。此書今有清道光二十七年刻本，藏於衢州市博物館，《衢州文獻集成》據其影印。

趙清獻公集年譜一卷（存）

（清）新城羅以智撰

　　羅以智字鏡泉，浙江新登（今富陽）人。拔貢生。道光甲辰，官鎮海教諭。工古文詩，曾注《離騷》。晚益耽於經學。藏書甚豐，親自校訛訂謬。所著有《説文偏旁經證》《怡養齋詩集》等。事跡見[民國]《新登縣志·人物傳》。趙清獻公，即衢州籍宋代名臣趙抃，有《御試備官日記》已著録，另有《清獻集》傳世。羅氏序云："唐宋名賢詩文集各有年譜，其體昉於宋人俾敬慕者，因以知其人而論其世，而《清獻集》闕如焉。頃讀公集，取《本傳》及《神道碑》，參以他書所記述，綴次公之事實，譜其年月。"此譜前有朱緒曾、羅以智二序，末有以智、趙統二跋。是譜述清獻公行事比較簡略，不徵引清獻詩文詳述之，文中時有羅氏注解。以智所撰《年譜》有清咸豐九年刻本、民國二十二年鉛印本，國家圖書館皆有收藏。《北京圖書館藏珍本年譜叢刊》

《衢州文獻集成》據清咸豐九年刻本影印。至民國九年，衢州鄉紳詹熙又爲趙清獻公作年譜。詹熙有《衢州奇禍記》，前文《雜史類》已著録。詹氏言其撰清獻公譜："竊據《宋史·本傳》、蘇軾《神道碑》《西安縣志·孝弟里記》及本集，參互考證，略爲編次，使後之讀此集者，粗悉公一生概略。"與羅《譜》相類，詹《譜》亦配合爲刊刻《清獻公集》而撰，行文簡明。詹《譜》載於民國九年刻本《宋趙清獻公集》卷首，《衢州文獻集成》據金華博物館藏本，將詹氏《譜》析出，附於羅氏《譜》後。

高密易義家傳（佚）

（清）西安鄭永禧撰

鄭永禧字渭川，西安人。潛心古學，自經義史籍以及金石文字，咸喜推究、校讎、辨析，不厭精詳，而於古書雅記，有涉及地方文獻者尤爲措意。光緒中葉，作《西安懷舊録》，癸巳登副榜，丁酉舉鄉試第一。辛亥革命後，被任爲衢縣參事。五年，任湖北恩施縣知事。恩施舊志殘闕，擬重修，以受代不果，乃爲撰《施州考古録》遺之，爲異時修志之資。罷官後，家居，遂一意纂修《衢縣志》。閱五年而稿定，凡三十卷，都百餘萬言。生平一無嗜好，惟喜讀書兼耽撰述。已成者，有《高密易義家傳》《春秋地理同名異名考》《竹隱盧隨筆》《不其山館詩文存稿》諸書。其有關志事者，尚有《姑蔑地理變遷考》《衢州鄉土卮言》《爛柯山志》諸編，而衢志尤爲其精力所注。事跡見［民國］《衢縣志》卷前所載余紹宋《故湖北恩施縣知事鄭公墓誌銘》。渭川之作還有《不其山館詩鈔》《老盲吟》《頑耆思存》，輯有《隱林》。永禧《高密易義家傳》今佚。

地理類

成都古今集記三十卷（佚）、蜀都故事（佚）

（北宋）西安趙抃撰

趙抃有《新校前漢書》，前《正史類》已著録。晁公武《郡齋讀書志·地里類》載："《成都古今記》三十卷，右皇朝趙抃編。抃自慶曆至熙寧凡四入蜀，知蜀事爲詳，摭其故實，以類相從，分百餘門。"《郡齋讀書志校證》於此條下有孫猛案語："是書［嘉靖］《四川通志·藝文志》三十《序志》引范百禄序、《書録解題》卷八、《宋志》卷三作《成都古今集記》，《通志·藝文略》作《成都古今集注》（'注'蓋'記'之誤）。《遂初堂書目》地理類同《讀書志》。抃之後，王剛中有《續成都古今集記》二十二卷，范成大有《成都古今丙記》十卷，胡元質有《成都古今丁記》二十五卷，皆祖述抃書，今俱佚去。"陳振孫《直齋書録解題·地理類》載："《成都古今集記》三十卷，知府事信安趙抃閱道撰。清獻自慶曆將漕之後，凡四入蜀，知蜀事爲詳，故成此書。熙寧七年也。”王應麟《玉海·地理書》載：“《熙寧成都古今集記》三十卷。熙寧中，趙抃再守成都，延博識之士參攷衆書，述其郡邑、山川、都城、邑郭、府寺、宮室之詳，分百餘門。抃自慶曆至熙寧，凡四入蜀。”《宋史·藝文志三》著錄趙抃《成都古今集記》三十卷。《宋史·藝文志七》又載有“趙抃《成都古今集》三十卷”，當即《成都古今集記》。據吳曾《能改齋漫録·事實》引有趙抃《蜀都故事》之文，可知抃此書。趙抃《成都古今集記》《蜀都故事》今皆佚。

趙抃《成都古今集記序》：僕繇慶曆至今四入蜀，凡蜀中利害情偽、風俗好惡，瞭然見之不疑。嘗謂前世之士編摭記述，不失於疎略，則失於漫漶；不失於鄙近，則失於舛雜。嚮治平末，因取《續耆舊傳》而修正之，去年陳和叔翰林以書見貽，俾僕著古集今別爲一書，此固僕之夙心而未有以自發也。繇此參訪舊老，周咨顧生，緝以事類，成三十卷。不始乎蠶叢，而始乎牧誓之庸蜀，從經也。從經則蠶叢不必書，而書之於後，何也？揚雄紀之吾棄之不可也，參取之而已矣。事或至於數說，何也？久論之難詳也。昔者齊太公仕於周，司馬遷有三說焉，疑以傳疑，可也。神怪死生之事，不可以爲教書之，何也？吾將以待天下之窮理者也。書亂臣所以戒小人，書寇盜所以警出沒，書蠻夷所以盡制禦之本末，終之以代蜀使，萬世之下知蜀之終不可以苟竊也。其間一事一物，皆酌考衆書釐正訛謬，然後落筆。如關羽墓，今荷聖寺闃然有榜焉，而仁顯者，孟蜀末僧也，作《華陽記》云墓在草場廟；在荷聖，此目擊之所當棄而從仁顯者也。若夫知之有未，至編之有未及，則亦一人之功不可以求備，然竊意十得八九矣。後之君子，其亦有照於斯乎。（見扈仲榮等編《成都文類·序二》）

范伯祿《成都古今集記序》：成都，蜀之都會，厥土沃腴，厥民卓繁，百姓浩麗，見謂天府，縑縷之賦，數路取贍，勢嚴望偉，卓越他郡。朝廷席五聖之厚，基萬齡之泰，明燭外遐，愛均畿輔，凡選建師長，必一時名德，中外皆曰可，然後以尹茲土。其優馭西南之意，概古邈矣，非獨隆於今也。蜀之所以爲重於天下，雖窮隅鴃舌，咸共知之，而其可以文載而永久者，則往志蹐錯，近事缺絶，殆不足以彰其重。熙寧壬子八月，詔以參知政事趙公爲資政殿大學士，再莅此府。蜀之黔黎夙云易擾小異，故常必勤上心，是時天子方惻然矜之，故不憚詫公以遠。公倍道而來，下車之初，釐所當恤，亟即民心，平紛解累，人乃觀釋，盡知明天子覆育遠方之意，甚厚公，亦自謂宜於蜀也。會翰林學士陳公和叔語之書曰：“蜀事可觀，惜其墜落，泯泯不耀。”公慨然留意，每政事間隙，延多學博識之士，與之講求故實，掇採舊聞，若耳目所及，參諸老長，考覈是非。自開國權輿、分野占象、州部號名、因革之別、其鎮其浸、岡聯派屬之詳，都城、邑郭、神祠、佛廟、府寺、宮室、學官、樓觀、囿游、池沼建創之目，門閭、巷市、道里、亭館方面形勢，至於神仙、隱逸、技藝、術數、先賢、遺宅、碑版、名氏事物種種，環譎奇詭，纖嗇畢書。縣秦漢已來，凡爲守令犖犖有風迹者若干人；有唐迄今，知府事居多閎碩端毅之望又若干人。其行事暴於圖史，不可勝述。其始至若代，去之年月序次，照然著矣。厥生鉅人，千古不乏，澤我文化，雋送迭起，科選德進，相踵於朝，數百年間，無一遺者。物有其善，雖毫釐云補，實足以爲一方盛觀。自惜僭賊乘民，凶灾事變，不同久近，亦異悉其致寇之由，及王師夷難底平之迹，與夫歷世蠻獠叛服不常，中國所以驅除羈縻得失之故，又足以爲不虞不若之明鑒。嗚呼！既有政以孚，其惠又爲書以憲厥後，公之於蜀，可謂志得而道備矣。書成，凡若干篇，以類相從，爲三十卷，名曰《成都古今集記》。人之觀之，信乎蜀之爲重於天下，非虛也哉！（見扈仲榮等編《成都文類·序二》）

九域志（佚）

（北宋）西安徐敷言等編

徐敷言有《易說》，前《經部·易類》已著録。［天啓］《衢州府志·藝文志》著録徐敷言《九域志編》，［康熙］《衢州府志·藝文考》著録與其同。［嘉慶］《西安縣志·經籍志》著録爲徐敷言《九域志》。［弘治］《衢州府志·人物志·事功》本傳載，徐敷言曾爲《九域志》編修官。［天啓］《府志》言“《九域志編》”，其“編”字當誤。徐敷言爲《九域志》編修官之一，非獨撰《九域志》。

樂清志十卷（佚）、政和雜志（佚）

（南宋）西安袁采撰

袁采有《縣令小録》，前《雜史類》已著録。陳振孫《直齋書録解題·地理類》載：“《樂清志》十卷，縣令信安袁采君載撰。”王圻《續文獻通考·經籍考》載：“《政和雜志》，淳熙間袁采知政和縣著。”［民國］《衢縣志·藝文志》載袁采有《政和雜志》，然同書《人物志一》於袁采本傳載其有《政和雜記》，“記”當爲“志”。袁采此二書今皆佚。

毗陵志十二卷（佚）

（南宋）開化鄒補之撰

鄒補之有《書說》，前《經部·書類》已著録。陳振孫《直齋書録解題·地理類》載：“《毗陵志》十二卷，教授三山鄒補之撰。”《宋史·藝文志三》著録鄒補之《毗陵志》十二卷。此書今佚。

成化湯溪縣志（佚）

（明）開化金弘訓修

金弘訓字公懋，號復庵，開化人。爲人狷介奇雋，甘貧力學，鄉試不遇，遂棄舉子業。爲詩文豪邁逸宕，人莫能及。作《史論》數十篇，皆出人意見。有文集傳於時。事跡見［弘治］《衢州府志・人物志・文士》。黃虞稷《千頃堂書目・地理類中》載成化間開化金弘訓修《湯溪縣志》。弘訓所修此志今佚。

天台山方外志三十卷（存）、幽溪別志十六卷（存）、四明延慶寺志（佚）
（明）龍游釋傳燈撰

　　釋傳燈，俗姓葉，字無盡，別號有門，三衢姑蔑人。出家天台，居智者幽溪道場四十餘年，傳弘天台教觀，爲天台十九世祖師。事跡見釋受教《淨土生無生論亲聞記》，又見《幽溪別志・塔墓考》“增補”部分所載有蔣鳴玉《有門大師塔銘》，又見［康熙］《龍游縣志・人物志・仙釋》所載余際熙《幽溪燈尊者傳》。史載釋傳燈爲太末人，或言爲姑蔑人。古之姑蔑、太末大致相當於今之衢州，故《西安縣志》《龍游縣志》皆載。余際熙撰傳稱，無盡燈師爲龍游下埠人，“晚年歸梓里，開講於東安寺”。民國《龍游縣志・人物志》載傳燈爲龍游東鄉下埠人。而民國《衢縣志・人物志四》云：“無盡實爲衢之北鄉人，敬君先生同族，名棣有譜可稽。”余際熙距傳燈時代爲近，其說當可信，此以傳燈爲龍游人。傳燈著述宏富，所撰有《天台山方外志》《幽溪別志》《四明延慶寺志》《楞嚴玄義》《楞嚴圓通疏前茅》《楞嚴圓通疏》《阿彌陀經略解圓中鈔》《楞嚴經注》《楞嚴壇法表》《首楞嚴壇海印三昧》《楞嚴海印三昧儀》《楞嚴玄義釋玭》《楞伽經注》《華嚴經注》《法華經注》《法華珠影》《妙法蓮華經玄義輯略》《維摩詰所說經無我疏》《心經梗概》《永嘉禪宗集注》《天台傳佛心印記注》《般若融心論》《性善惡論》《緣起論》《無生有生論》《淨土生無生論》《無盡佛法淨土法語》《淨土圖經圖說》《淨土法語三妙門》《觀無量壽佛圖誦》《楞嚴持名懺》《菩薩戒懺》《吳中石佛相好懺儀》《七日持名三昧儀》《菩薩戒三昧儀》《四月八日浴佛儀》《祖庭元旦禮文》《廣養濟院說》《道俗問法答問》《法身二十六問》《法門會要志》《幽溪文集》等。傳燈之作，今存者凡十六種，《衢州文獻集成》皆收錄。《四明延慶寺志》今佚，其總序和各部分小序則見於傳燈《幽溪文溪》卷四。《阿育王山志》，或說亦爲傳燈之作，此考辨於下。《天台山方外志》《幽溪別志》今存。

　　《天台山方外志》三十卷，成書於萬曆二十九年，分二十考，即山名考、山源考、山體考、形勝考、山寺考、聖僧考、祖師考、台教考、高僧考、神仙考、隱士考、神明考、金湯考、盛典考、靈異考、塔廟考、古跡考、碑刻考、異産考、文章考。其中文章考內容最繁，占十七卷，分敕、書、疏、序、記、碑、塔銘、行狀、傳、贊、賦、詩、寄贈等。這些記載對研究天台山歷史文化以及天台宗史價值很高。正文以外，有釋無盡自序、天台知縣王孫熙序、司勛虞淳熙序、儀部屠隆序、翰林院顧啓元序。《方外志》有明萬曆二十九年刻本，光緒二十年再刊（卷前另有時人韓殿壽、張邁、楊晨序文），民國十一年有上海集雲軒鉛印本。明萬曆刻本藏於國家圖書館、首都圖書館、上海圖書館、南京圖書館、天一閣圖書館，清光緒刻本藏於國家圖書館、上海圖書館、浙江圖書館、南京圖書館，民國鉛印本藏於上海圖書館、南京圖書館。《四庫存目叢書》《衢州文獻集成》據明萬曆刻本影印。清乾隆三十二年，齊召南刪節、齊世南訂爲《天台山方外志要》。嘉慶間，陳韶、嚴杰重訂爲《重訂天台山方外志要》。

《幽溪別志》全稱《天台山幽溪別志》，乃繼《天台山方外志》而作，各卷卷端題“住山沙門無盡傳燈著，天台吏隱雲間朱絡較閱，侍者法孫受教增補”。此書主要記載幽溪道場的地理形勝、歷史沿革、宮室建置、人物往事以及相關的藝文之作等。《別志》成書於天啓四年，無盡於自序中言：“幽溪居東南之一偏，以當時觀之，形勝則居然乎混沌，宮室則居然乎草昧，人事則居然乎顓蒙，文章則居然乎魯樸，乃今則鑿之新之開之文之，似宜別有一志。”又曰：“志之爲品者十有六，而形勝居其三，若形勝、若泉石、若古跡，皆其事也；宮室居其四，若開山、若沿革、若重興、若規置，皆其事也；人事居其六，若宗乘、若人物、若金湯、若檀度、若福田、若塔墓，皆其事也；文章居其三，若著述、若贈遺、若學餘，皆其事也。至於章章之內，莫不具事實而備藝文，此又人事文章之血脈，而無所不周，以之備檢。”其卷首除無盡自序外，還有張師繹、朱絡、法孫受教三人所撰序文。崇禎十七年，法孫受教對《別志》加以增補，卷一《形勝考》增補較多詩文，卷八《人物考》增補了二十位僧人，卷十二《塔墓考》增補了《有門大師塔銘》。該書卷十四《著述考》著錄有無盡著述二十七種，並收錄諸多著述的序文，對於研究無盡大師之作尤有價值。此書今有明崇禎刻本，藏於臨海市博物館、臺灣“中研院”傅斯年圖書館，《四庫存目叢書》《衢州文獻集成》亦收錄；又有清道光二十一年刻本，藏於南開大學圖書館。

《四庫全書總目·〈天台山方外志〉提要》：《天台山方外志》三十卷（浙江汪啓淑家藏本），明釋無盡撰。案錢希言《獪園·釋異篇》曰“有門法師名傳燈，一號無盡，太末人也。出家天台之高明寺，少精煉戒行，學識高出道流。嘗撰《天台山志》，甚有禪藻”云云。則無盡者，乃其號也。天台山自孫綽作賦以來，登臨題咏，翰墨流傳，已多見於地志。此書成於萬曆癸卯，出自釋家之手，述梵蹟者爲多，與專志山川者體例稍殊，故別題曰“方外志”焉。（見《四庫全書總目·史部·地理類存目五》）

《四庫全書總目·〈幽溪別志〉提要》：《幽溪別志》十六卷（浙江巡撫採進本），明釋無盡撰。幽溪在天台山，無盡常居其地，因撰是志。凡十六門。每門附以藝文，而同時人所作爲多。《獪園》稱其所至講習如雲，蓋明末標榜之風，浸淫乎方以外矣。（見《四庫全書總目·史部·地理類存目五》）

釋傳燈《四明延慶寺志序》：四明法智大師，得道闡教於宋真宗朝，其道隆盛，教法恢敷，普天之下，率土之濱，莫不聞其風，被其澤，豈待此志之制而光揚哉？

不過昭示於本寺，誨敕於子孫，知吾祖當時道德，末後光明，有所景慕耳。其爲志之目十有四，曰海國鍾靈，曰日湖降神，曰遠遡教源，曰中興教觀，曰天朝寵錫，曰宰輔金湯，曰奕葉流芳，曰四方傳教，曰精藍創制，曰神邀檀度，曰戒誓不磨，曰感通靈異，曰迦陵餘音，曰後塵通塞，此志之大略也。若曰："志猶史也，必寓筆於褒貶賞罰，褒之賞之既如此，貶之罰之將如何？"此當遵戒誓之辭。一曰，舊□天台，勿事兼講，後世有違此戒者，不得爲主持矣。二曰，嚴精覃思，遠於浮僞，後世有違此戒者，不得爲主持矣。三曰，戒德有聞，正己待物，後世有違此戒者，不得爲主持矣。四曰，克遠榮譽，不屈吾道，後世有違此戒者，不得爲主持矣。五曰，辭辯兼美，敏於將導，後世有違此戒者，不得爲主持矣。生存既如此，没後當如此。凡位牌送入祖堂者，然乎？否乎？宜稱法師乎？莫者乎？天啓甲寅，余講《妙宗鈔》於延慶，范元辰比部與令弟了因居士、聞隱鱗居士，大作金湯，余受三護法請，送先師百松大師入祖堂，陪位法智，而先師弟無窮、介山二法師位，亦得侍焉。當時三居士曰："祖堂位牌，實多冒濫，宜自先朝德學兼備者止，一切俱應擯出。"當時圓復正爲主持，似有難色。余時頷首微笑而止。此三居士者，可謂具一片護法熱腸者矣。寓言於序，以爲他日修志直筆之張本云。（見釋傳燈《幽溪文集·序》）

《阿育王山志》作者考辨：《四庫全書總目·史部·地理類存目五》、［雍正］《浙江通志·經籍志十三》《續通志·藝文略·史類第五下》《續文獻通考·經籍考·史部地理類下》皆載，《阿育王山志》十卷爲郭子章撰。《幽溪別志·塔墓考》"增補"部分錄有蔣鳴玉《有門大師塔銘》，其載傳燈著述曰，"志則《天台方外》《育王》《延慶》《幽溪別志》等"。傳燈大師別號有門，今有《幽溪文集》傳世（下簡稱《文集》）。《文集》卷四載有《阿育王山志》總序、各部分小序、造塔緣起等内容。郭子章《蠙衣生傳草》（下簡稱《傳草》）卷十有《阿育王山志》各部分小序，與今傳本《明州阿育王山志》（下簡稱《山志》）、傳燈《文集》中的内容基本相同，然三書《總序》有異。《文集》載《總序》首句爲"泰和郭大司馬生平事佛"，而《傳草》和《山志》載爲"余生平事佛"；《幽溪文集》言"諸公子與大司馬同茹荼甘"，《傳草》作"吾兒延、太、陵皆與余同茹荼甘"，《山志》於延、太、陵前有"孔"，餘與《傳草》同；《文集》言"當是時余徙秘藏正理爲主持，通名理"，《傳草》作"是時舍利殿主持理公通名理"，《山志》作"當是時有秘藏理法師爲主持，理公通名理"；《文集》有"大司馬閱斯文，置卷嘆息，欲倣侯開府、屠儀部《普陀山志》，而王事靡遑。余請藏見於南都，覽《天台山方外志》，是志亦以命余。乃條以義類，立以十門"；《傳草》作"余每閱斯文，未嘗不置卷叹息，因倣《普陀山志》，條以義類，立以十門"，《山志》於《普陀山志》前有"侯開府屠儀部"，餘與《傳草》同。由此《文集》《傳草》所載《阿育王山志》總序可見，二書作者各將此志視爲己作。《阿育王山志》修成後，後人從《山志》中抽出部分内容，編爲《阿育王山志略》刊行，陸基志《刻志略小引》有"天啓甲子，鄮山道謙上人以郭大司馬父子所輯新志示我"云云。在陸氏看來，《山志》爲郭氏夫子所輯。《志略》將書中不同文章作者分別注明，其中屬郭子章所作有《志分十門偈》，既上文所言此書之各卷小序，而《古今造塔緣起》四篇爲釋傳燈之作（《山志》中亦載此四文爲傳燈作）。由《總序》可知，正理法師爲阿育王山寺主持，此志修撰出於正理之意。據正理《育王山志後序》，"《育王山志》者，總裁於大司馬郭公，校正於少宰周公，贊成於海内諸縉紳名公居士者也"；"（正理）至傳天台教觀，空得於有門大師而已，濫登講席適之。逢大司馬郭公重建宋高宗御制佛頂光明之塔，即以《育王山志》爲請。公欣然命筆，浹旬而成，遂爲一代巨典。"據正理所作《後序》則知，此《山志》成於眾人之手。故《阿育王山志》"浹旬而成"，出於眾人之力，郭氏爲總裁，各卷小序或出於其手，其諸子當亦參與輯録，傳燈參與撰述《古今造塔緣起》四篇文字。《幽溪文集》題"明天台沙門無盡傳燈著，法孫受教記編"。或法孫受教整理傳燈大師之作時，對《總序》有改動，且把郭子章所寫小序收録《文集》中。

淮南中十場志四卷（佚）

（明）常山徐光國撰

徐光國，事跡不詳。黃虞稷《千頃堂書目·食貨類》載，徐光國字瑞徵，泰州分司，常山人，有《淮南中十場志》四卷，天啓甲子修。此書今佚。

甘肅鎮考見略（存）

（明）西安周一敬撰

周一敬有《苑洛易學疏》，前《經部·易類》已著録。崇禎十年，一敬以使事歷甘肅，次年西抵張掖，目擊邊事，愾然興感，遂作此編。此書卷首有周氏《甘肅鎮考見略引》，其引言曰："山川不盡歷而形勢概焉，士馬芻糗不盡歷而營衛概焉，功罪賞罰不盡歷而撫剿概焉，有其大略而無其精詳，匪敢爲略也，即考見所及，得其略而略之之而已。"其首爲《形勢考見略》，次則《營衛考見略》而以"兵馬""錢糧"附見，又次則《撫剿考見略》而以"沿革""驛道""賞罰"附見，其各"考見略"分以甘肅所轄甘州、肅州、涼州、莊浪、西寧、蘭州、靖虜、洮州、河州等述之。書末一敬附識有云："按略所考見，非稽諸紀牒，實從目擊及奉聆明達之言，不敢以無漫入。然甘肅鎮所未咨而攟者，十猶五六也。"可見是書所據多爲作者見聞。該書所載明末甘肅各鎮兵馬、錢糧，極富史料價值，其所述諸鎮形勢、撫剿，可供研究明末西北邊防者參考。此書有明崇禎十二年刻本，藏於南京圖書館，《衢州文獻集成》據其影印。

黃縣志（佚）

（明）西安鄭幼學纂

　　鄭幼學，事跡不詳。[康熙]《衢州府志·藝文考》著録鄭幼學《黃縣志》，且引《西安縣志》曰："幼學時爲黃縣教諭"。幼學此志今佚。

[康熙]新修南樂縣志二卷（存）

（清）南樂魏若澧纂，開化方元啓修

　　魏若澧，事跡不詳。方元啓有《易書正宗》，前《經部·易類》已著録。方元啓於康熙九年任南樂縣知縣，康熙十年修成《新修南樂縣志》二卷。此志爲明嘉靖四十五年楊守城志的增修本，自楊志始修至此志新修，已經多次續修，故此書卷端題"知縣江都楊守城著，知縣東萊錢博學續修，知縣榆谿卜世昌續修，知縣無錫蔡瓊枝續修"。方元啓序曰："延魏生若澧相與訪故老，蒐遺聞，仿《春秋》傳信不傳疑之旨，怪誕不經者屏勿使入，務期有美斯録，有善斯彰，考訂編次，付諸剞劂。"可見此志增修大略。是志分上下兩卷，卷前有序八篇、志圖、凡例、目録，末有嘉靖四十一年南樂教諭李翹修志序。其仿史書紀傳體例，有紀、表、志、列傳，上卷有帝本紀、沿革表、職官表、甲科表、地里志、建置志、賦役志、秩祀志、風俗志、方物志、祥異志，下卷有宦業列傳、人物列傳、藝文志。今存此本已殘，僅有上卷止於《建置志》，下卷僅有《藝文志》，中間自《賦役志》至《人物列傳》全缺。此書有清康熙十年刻本，藏於國家圖書館，《清代孤本方志選》《衢州文獻集成》據其影印。

湘山志五卷（存）

（清）全州謝允復纂，西安徐泌修

　　謝允復，事跡不詳。徐泌字繼思，號鶴汀，西安人。以廩生入監，有文名。任全州知州。暇餘閉户著書，不以簿書廢鉛槧。好吟詠，與諸名流登臨賦詩，意澹如也。事跡見[嘉慶]《西安縣志·文苑傳》。四庫館臣言《湘山志》爲徐泌撰，而《湘山志》題曰："全州知州三衢徐泌鶴汀父主修，郡人謝允復文山氏纂修，嗣曹洞宗大圓德鑑分校，湘山嗣祖沙門通訓、通攸、通識、通俱授梓。"又據徐泌《湘山志序》言："余治全之四年，郡卿先生文山謝翁纂《湘山志》成，僧通攸稽首再進，請余一言弁其首。"可見《湘山志》爲謝允復修撰而成。四庫館臣言此書爲"徐泌撰"，不確，當爲"徐泌修"。四庫館臣著録此書時言爲"八卷"，今存《湘山志》爲清康熙二十一年刻本，僅五卷，或《四庫全書總目》所載此處有誤。《湘山志》五卷，主要記載湘山佛教相關的山水、古跡、僧人和藝文。卷一爲星野、圖考、因緣、鏡像、靈應，其中圖考包括山水總圖、湘山刹院圖、覆釜山勝跡圖、境內寺院總圖。卷二爲佛宗，其前大部分內容以問答形式闡釋佛說，多不與湘山相涉，其後則敘諸禪師生平及其在湘山佛教傳播情況。卷三爲敕封、古跡、田賦、僧正、名僧，其中古跡著錄湘山石刻、碑碣、巖泉、塔院、寺廟，田賦記載湘山佛寺的田産及收入頗有價值。卷四、卷五爲藝文，主要收錄與湘山佛教相關詩文，卷五末錄有湘山塔殿聯額。此書有康熙二十一年刻本，藏於上海圖書館，《四庫存目叢書》《衢州文獻集成》據其影印。

《四庫全書總目·〈湘山志〉提要》：《湘山志》八卷（浙江巡撫採進本），國朝徐泌撰。泌字鶴汀，衢州人。康熙中，官全州知州。以州有湘山寺，祀無量壽佛，率郡人謝允復等考佛出身本末並山水、古蹟、藝文，輯爲是書。（見《四庫全書總目·史部·地理類存目五》）

[康熙] 蘆山縣志二卷（存）

（清）蘆山竹全仁纂，開化楊廷琚修

竹全仁字冬拙，蘆山人。楊廷琚有《羲經辨精》，前《經部·易類》已著錄。廷琚於康熙五十四年任蘆山令。蘆山縣屬四川雅州府，地處崇山峻嶺之間。此志纂修以前，蘆山舊志因遭兵燹而簡帙散佚，本志創修歷經數年而成。其首卷卷端題"邑侯楊廷琚鑒訂，劉時遠重訂"；次卷卷端題"嚴道耕者竹全仁纂"，"邑侯楊廷琚、劉時遠鑒訂"。據劉時遠序可知，康熙五十七年廷琚宰蘆邑時，此志已"彙纂成冊，不及梓，以病解綬，然其書尚存也"，康熙六十年時遠刊行之。全志兩卷，卷首有楊廷琚、胡聯雲、劉時遠三序，首卷末有李弘澤《蘆志跋》。其首卷二十二目，相次爲路界、形勝、星野、山川、建置沿革、貢賦、城池、衙署、樓閣、關梁（附水堰）、風俗、秩官、學宮、名宦、鄉賢、學校、仕宦、科第、隱逸、節孝、流寓、古蹟（附清衣水傳）；次卷十目，依次爲誥敕、墳墓、祠祀、土産、仙釋、寺廟（附碑記）、坊表、縣景、風詩、籌邊。此本末題"清史館舊藏康熙間刻本，民國十九年二月國立北平圖書館鈔"。此書有康熙六十年刻本，藏於上海圖書館；又有民國間抄本，藏於國家圖書館。《衢州文獻集成》據民國抄本影印。

[乾隆] 新野縣志九卷（存）

（清）常山徐金位纂修

徐金位字西垣，常山人。以鄉貢教習，揀發楚南，宰桂東諸邑，署常德糧府，調河南新野、夏邑等縣。新野蝗災，竭力捕滅。著《捕蝗事宜》一冊，上憲採之。歷任十一縣，興利除害，有惠政聲。事跡見[嘉慶]《常山縣志·人物志·循吏》。徐金位之作還有《焚香偶紀》等。徐氏所纂修《新野縣志》成書於乾隆十九年，上距康熙四十一年所成舊志已四十餘載。金位即宰新邑，批覽舊志，見其年久缺遺，遂有增修之志。是志在[康熙]《新野縣志》基礎上修訂，"有應因者則因之，有應增者則增之，有應訂訛者而補遺者則校讎而釐正之"（見此書徐金位序）。卷首依次爲徐氏序文、志圖、檄文、原序、修志姓氏。正文凡九卷，分輿地、建置、秩官、名宦、人物、賦役、古蹟、祥異、藝文九志。相比康熙舊志，乾隆新志完善不少。舊志沿革列於卷首，與疆域等項分爲兩册，倫次不孚，徐志統入輿地志內。新野爲八水交匯之地，"源流支派、渠堰陂塘，剔晰維艱，舊志雖載，略而不詳。今詳加考核，並圖形勢，附於山川陂堰志內"（見此書《凡例》）。此志又補舊志秩官志、名宦等志的缺失，增加康熙末年至乾隆時期的人事。現存民國以前《新野縣志》僅有［康熙］《新野縣志》、［乾隆］《新野縣志》，皆彌足珍貴。此志雖晚出，然較完備。今存此本由於歷年已久，不少葉內字跡模糊。此書有清乾隆十九年刻本，藏於國家圖書館、上海圖書館。《中國方志叢書》《衢州文獻集成》據清乾隆本影印。

九河考二卷（佚）

（清）常山詹自超撰

詹自超有《太極圖說》，前《經部·易類》已著録。［嘉慶］《常山縣志·書目志》著録詹自超《九河考》二卷。自超此書今佚。

漢唐地理志合編二卷（佚）、輿圖補注一卷（佚）

（清）江山劉佳撰

劉佳有《寓杭日記》，前《雜史類》已著録。據劉佳《釣魚篷山館集》卷後所附劉履芬《先考劉府君行狀》，劉佳還有《漢唐地理志合編》《輿圖補注》。此二書今皆佚。

施州考古録二卷（存）、姑蔑地理變遷考（佚）、春秋地理同名異名考（佚）

（清）西安鄭永禧撰

鄭永禧有《高密易義家傳》，前《傳記類》已著録。據［民國］《衢縣志》卷前所載余紹宋《故湖北恩施縣知事鄭公墓誌銘》，永禧有《姑蔑地理變遷考》《春秋地理同名異名考》，此二書今皆佚。永禧另有《施州考古録》今存。鄭氏任恩施知縣，得其郡縣志乘而讀之，惜其書多殘缺，遂刊謬正訛，搜殘補缺，並附以獨見，得四十餘目。此書初名《施州訪古録》，刊印時更名《施州考古録》，分上、下兩卷。上卷二十條，主要考述恩施地理沿革變遷，內容包括該邑沿革大勢、清江源流、道路交通、遺跡名勝、城址變遷、邑名變更等。下卷二十三條，主要記載歷代與施州有關史事、典制、遺跡、風土雜詩等。該書將文獻考證與實地考察相結合，先列［同治］《縣志》之誤，再援引典籍和實地考察資料加以辨正。對於鄭氏此作考證精妙之處，吳良榮序言："'施爲古夜郎地'一條稱，《藝文志》載明李一鳳作《夜郎辨》，清李宗汾、陳詩、羅德崑並有《施非夜郎考》與《辨》，且有漢夜郎、唐夜郎之聚訟，茲引'唐置珍州。乾德四年，蠻酋珍州刺史田景遷內附，納土以西江爲界，自是西江以北夜郎縣故地盡入施州'，以施爲古夜郎之確證，其識解過人遠矣。"鄭氏考史、論史皆詳徵文獻，言之有據，對於研究恩施歷史文化大有裨益。此書有民國七年鉛印本，藏於國家圖書館等處，《衢州文獻集成》據浙江圖書館藏民國七年鉛印本影印。

衢州方志類

衢州圖經一卷（佚）

（南宋）知州毗陵張元成撰

《宋史·藝文志三》著錄《衢州圖經》一卷。《宋志》不載《衢州圖經》撰者。[康熙]《衢州府志·藝文考》載有"張元成《衢州府圖經》"，當即《宋志》所載《衢州圖經》。陳振孫《直齋書錄解題·地理類一》載："《嘉禾志》五卷，《故事》一卷，郡守毗陵張元成撰"。《四庫全書總目·史部·地理類一》於《至元嘉禾志》條下言，"淳熙中，知州事張元成始延聞人伯紀創爲之"。可見張元成爲南宋毗陵人。衢州於明代始稱爲府，[康熙]《府志》於衛玠《信安志》前載《衢州府圖經》，此"府"字應爲後人所加。程俱《北山小集·律詩》有《殷浩廢處信安偶覽〈衢州圖經〉，故居尚有遺址，有感予懷書四十字》，可見程俱曾見此《圖經》。《衢州圖經》今佚。[雍正]《浙江通志·風俗下·衢州府》"龍游縣"條引《衢州圖經》曰："其俗嗇，其民尚氣而誇功。"此爲《圖經》佚文。

信安志（佚）

（南宋）西安袁采撰

袁采有《縣令小錄》，前《雜史類》已著錄。[嘉慶]《西安縣志序》載："信安有志，不知昉何時。見於《直齋書錄》者，衛玠所撰十六卷，在嘉定己卯；葉汝明《續志》二卷，在紹定初，則皆南宋時也。時又有鄉先生袁采君載輯有《信安志》，方秋崖稱其持論質直，簡古可風。"洪煥椿在《浙江方志考》認爲《西安縣志序》所言袁采輯《信安志》即爲毛憲《信安志》[1]，此不取。袁采《信安志》，今佚。

信安志十六卷（佚）

（南宋）西安毛憲撰

毛憲，西安人。淳熙二年進士，官中書舍人。見[嘉靖]《衢州府志·人物

---

① 洪煥椿：《浙江方志考》，浙江人民出版社1984年，第352–353頁。

紀·甲科》。［雍正］《浙江通志·選舉志四》亦載毛憲淳熙二年進士，西安人，且言知溫州。《宋史·藝文志三》著録毛憲《信安志》十六卷。［弘治］《衢州府志·詩文志》載有毛憲《重刊郡守題名記》《重修城記》《東津橋記》《西橋記》。此書今佚。

［嘉定］信安志十六卷（佚）

（南宋）教授嘉興衛玠撰

衛玠，事跡不詳。陳振孫《直齋書録解題·地理類》載："《信安志》十六卷，教授衛玠撰。太守四明劉宸也。實嘉定己卯。"［雍正］《浙江通志·選舉志五》載衛玠爲嘉定元年進士，嘉興人。衛玠此志今佚。

［紹定］信安續志二卷（佚）

（南宋）教授麗水葉汝明撰

葉汝明，事跡不詳。陳振孫《直齋書録解題·地理類》載："《信安續志》二卷，教授葉汝明撰。太守四明袁甫廣微。紹定初也。"［雍正］《浙江通志·選舉志五》載葉汝明爲嘉定四年進士，麗水人。汝明此志佚。

［至大］信安志（佚）

（元）衢州路總管新泰朱霽修

朱霽字景周，泰安新泰人。大德十年，遷嘉議大夫、總管衢州路。治揚七年，徽六年，平、江、衢皆五年，所至廉平政理，名聲流聞。事跡見蘇天爵《滋溪文稿·碑誌》所載《元故通議大夫徽州路總管兼管內勸農事朱公神道碑》。《明一統志·衢州府》載，朱霽任衢州路總管，有惠政，嘗修《信安志》。［民國］《衢縣志·藝文志上》於［至大］《信安志》下案語曰："蓋成宗終於大德十一年，而武宗即位，次年改元至大。其書當在武宗時也。"朱霽所修《信安志》成書於至大年間，當是。朱霽此志今佚。

衢州府志（佚）

（明）佚名撰

《文淵閣書目·舊志》載《衢州府志》二册，於《新志》亦載有《衢州府志》，故當時應有兩種《衢州府志》。此二《府志》今皆佚。

［弘治］衢州府志十五卷（存）

（明）開化吾㫤、西安吳夔纂，知府長洲沈杰修

吾㫤有《周易傳義會同》，前《經部·易類》已著録。吳夔字學夔，西安人。由舉人任永春教諭。受知蔡虛齋。弘治甲子，典陝西文衡。著有《享先》《論後》諸集。

事跡見［嘉靖］《衢州府志・人物紀一・孝行》，同書《人物紀二》載吳爕爲弘治壬子舉人。吳爕所著另有《梅花詩》。沈杰字良臣，南直隸長洲人。進士。出知歸德州，累遷衢州知府。後陞山西參政，又進河南右布政使以歸。事跡見［康熙］《衢州府志・遺愛傳》。《明史・藝文志》著錄吾㫤《衢州府志》十四卷，"㫤"當爲"尋"，"十四卷"當爲"十五卷"。黃虞稷《千頃堂書目・地理類中》著錄吾尋、吳爕《衢州府志》十五卷，弘治癸亥修。［康熙］《衢州府志・藝文考》分別著錄吾㫤《衢州府志》和吳爕《衢州府志》，有誤。此志修於弘治十六年，時任知府爲長洲沈杰。此志十五卷，書前有長洲吳寬序，末有《後序》，卷一爲志圖、沿革、郡邑名、分野、形勝、風俗、疆域、城池，卷二爲山川，卷三爲户口、土産、貢賦，卷四爲公宇、學校、壇壝、書院，卷五爲驛遞、坊市、軍衛、屯田，卷六爲水利、橋渡、祠廟，卷七爲古蹟、寺觀，卷八爲官蹟、武臣、流寓，卷九、卷十、卷十一爲人物，卷十二爲烈女、仙釋，卷十三爲詩，卷十四、卷十五爲文。本志體例一遵《大明一統志》，惟貢賦、户口、鄉市、驛遞、科貢、詩文事目繁瑣而詳述；其載事以衢府爲綱，以所屬五縣爲目，先舉其綱於府，而後析書於縣；其記人物除照舊志外，新有節行可書者，必據公文及名公傳記登載；其錄詩文，皆據舊志，對惑於妖妄不館世教及辭疵者不錄。今存此本缺葉、殘葉者不少，一些文字漫漶不清。此志有明弘治十六年刻本，藏於天一閣博物館，《天一閣藏明代方志選刊續編》《衢州文獻集成》亦收錄。

［嘉靖］衢州府志十六卷（存）

（明）江山趙鏜等纂，知府宜興楊準、無錫鄭伯興修

趙鏜字仲聲，號方泉，江山人。嘉靖丁未進士。先後爲庶吉士、南畿都學御史、都御史。所著有《留齋漫稿》行於世。事跡見［天啓］《衢州府志・人物志・事功》，詳見康熙癸巳《江山縣志・藝文志》所載吳郡丁元復《趙中丞傳》。楊準字汝安，號安吾，南直隸宜興人，進士，嘉靖三十八年任衢州知府；鄭伯興字南溟，南直隸無錫人，進士，嘉靖四十二年任衢州知府，見本志《官守紀・秩官表》。黃虞稷《千頃堂書目・地理類中》載："趙鏜《衢州府志》，嘉靖間修。鄭伯興《衢州府志》，嘉靖間修。"黃氏《書目》誤將一志爲二。趙鏜序曰："緊志之新倡始者安吾公，繼成者南溟公，而我少郡伯文臺薛公寔後先協濟之，始葺於西安學訓導汪子旦，重校於衢州府學教授金子汝礪，又重校於西安學教諭徐子守，而總其成者則鏜。"可見是志成於衆手。全志十六卷，始輿地，次山川，次建置，次禮制，次官守，次人物，次食貨，次灾異，次外紀，卷前有趙鏜序和凡例。其各志前有小序，叙其撰述之緣由。較之舊志，其《官守紀》不僅有秩官表，又於卷九增入《宦蹟傳》，惜此卷不存。舊志將詩文别爲一卷，此志以詩文散於各項下爲小注。由卷八末附識可知，今傳此書爲民

國十二年抄本。其扉頁有"嘉靖《衢州府志》十六卷，第九卷缺，原書藏京師圖書館，葉左文先生手校注"，下有余紹宋印，當是余氏所言。此本卷末附有鄭永禧《衢志源流考》，當爲抄者所爲。抄本正文上方有葉渭清校注，其用墨筆所書者是與［天啓］《府志》相校，用朱筆所書者乃與［康熙］《府志》互較，大多爲墨筆書寫。據凡例可知，此志原本有輿地總圖和郡治圖，此抄本無。此書民國抄本藏於浙江圖書館，《衢州文獻集成》據其影印。

［天啓］衢州府志十六卷（存）
（明）西安葉秉敬等纂，知府同安林應翔修

　　葉秉敬有《葩經詩歌》，前《經部·詩類》已著録。林應翔號止巖，福建同安人，進士，天啓二年知衢州府，見本志《職官志》。黄虞稷《千頃堂書目·地理類中》著録葉秉敬《衢州府志》十六卷，天啓壬戌修。此志文詞出自葉秉敬手筆，其以舊志爲基礎，"稍爲詮次，而以六十年之人之事續焉"（見此書葉秉敬序），書成於天啓二年。志凡共十五卷，分十綱七十八目，其法遵《史記》而意稍變通，仿《史記》之紀傳，以職官、人物兩分列傳；仿《史記》之八書，以輿地、兵戎、禮典、建置、國計、藝文、翼教、政事爲八大提綱；隨人隨事則各自紀年，十表則隱然在其中。其序文有林應翔序、葉秉敬序和嘉靖《府志》趙鏜舊序。卷前有《修志姓名》《修志管見十則》《目録凡例》《書畫序説二十四條》和《衢地圖》。較之舊志，此志"分門立類，互有參差，或當合而復離，或當離而復合"（見此書《修志管見》），新立藝文、政事兩志，又增"聖宅"等目，不取［嘉靖］《府志》所載灾異等内容。本志凡名宦舊傳一百二十七篇，創立名宦新傳四十篇，人物舊傳三百六十四篇，創立人物新傳七十六篇，碑記序文九十九篇，詩詞一百四十篇，十綱紀事之末附論議十五篇，畫圖論議十二篇，《政事志》謬作論議三十六篇，總序一篇，小序共一百篇，管見十篇，合之共一千零二十篇。至崇禎五年，衢州知府丁明登增修［天啓］《府志》，新增天啓至崇禎初間内容，以人物、藝文二志所增爲多。《中國方志叢書》收録有崇禎增修本《衢州府志》，然誤題爲"據明天啓二年刊本影印"。國家圖書館藏有此志明天啓二年刻本。《衢州文獻集成》據浙江圖書館藏明崇禎五年增修本影印。

［崇禎］續衢州府志（佚）
（明）余邦緝等纂，知府九隆張文達修

　　余邦緝，事跡不詳。［康熙］《衢州府志·藝文考》載："余邦緝《續府志》。《西安縣志》曰：時崇禎七年，太守張文達，同修者西安陳其禮。"同書《府官表》載，張文達，雲南九隆舉人，崇禎七年任衢州知府。邦緝等［崇禎］《續衢州府志》今佚。

［康熙］續衢州府志一卷（佚）

（清）西安周召等纂

　　周召有《吳行日録》，前《雜史類》已著録。［康熙］《衢州府志·藝文考》載："周召《續府志》一卷。時康熙甲子，太守三韓姜承基，同修者西安徐國琛、王觀文、劉兆元。"周召等［康熙］《續衢州府志》今佚。

　　王觀文《衢州府志序》：史之有志名也，自《周官》外史始也。史之以志傳也，自班固《漢書·輿地志》始也。此皆囊括八紘，包舉六合，非郡邑之自爲紀載者。考之《文獻通考》，宋時郡人馮時中等作《會稽志》，教授衛玠作《信安志》，葉汝明作《續信安志》，是即郡乘之所自昉乎！譬諸水然，統志則溟澥也，省志則江河也，郡邑志則澗溪川澤也，合澗溪川澤之水共匯江河，而歸墟溟澥。積微成距，觀於瀾可曰此細流也，而忽視乎哉？三衢控兩浙之上游，扼七閩之喉舌，襟帶數省，水遶山環，形勝甲於百粵。溯厥權輿，秦屬會稽，漢屬永嘉，至唐始有衢州之名，領縣四。宋、元、明因之，領縣五。星分牛、女，地接仙都，人留聖裔，真東南一奧區也。有明舊志，歷吳、趙、葉諸君子之手，五易剞劂，距今閼逢一周矣。其間明公巨卿、文人瑞士、孝子貞婦之繼起挺生者，指不勝屈。但兵燹頻經，典籍淪散，寧忍其姓氏湮没不傳，與蚩氓同臭腐耶？予昔下車露冕行部，見其河山風土，雅有續貂之志，奈蝟牘勞人而未遑也。我國家敷天同文，薄海一軌，聲教漸被，必德唐虞，聖天子稽古隆儒，崇尚經術，近詔禮臣纂修《會典》《統志》諸書，定一代之章程，垂萬年之法守，甚盛舉也。凡郡邑微員，殫夏蟲井之見，仰佐萬一。予雖譾陋，當憲檄初頒，即偕二三僚屬暨薦紳名儒等，相與網羅舊聞，捃摭軼事，踵一郡之遺志而增訂之，取五邑之新志而裒輯之，删繁就簡，傳信闕疑，校訛悉正乎魯魚，蒐秘畢搜乎汲冢，匝月而經營粗定。於是學廣文紳士咸向予請曰："前此書成，二千石之牧此都者例作文弁其首，公盍惠數語以序之。"予曰：古者建國，今者建官，職均也。朝廷以數百里之井疆黎庶，舉而畀之守臣，爲守臣者必思四境何以奠安，兆民何以懷保，庶政何以修舉，賦役何以均平，而後無忝乎其職。且衢地頃罹寇氛，士女流離，皆鳥獸散，良疇盡成榛莽，城内舊盧闃然可羅雀也。幸各憲招集噢鴻，鞠謀撫字，登顛連之赤子於衽席，牧守處彫敝之餘，蒿目嘔心艱辛什倍於他郡，苟徒鍵閣卧治，藉口清淨，如境内土宇版章生齒埴壚之數，尚未周知稔習，遽欲布諸張弛，是猶醫家不審病者之肥瘠虛實而即投以藥餌也，吾知其必無濟已。兹者蕭奉簡書，躬在纂修之列，得以殫精肆力於其中，昕夕論稽，屬詞比事。志輿地則知疆域之宜鞏，志職官則知表帥之宜端，志兵戎則知容畜之宜籌，志禮典則知經曲之宜飭，建置、國計有志而鳩工與重農交資，人物、藝文有志而秋實與春華並採，以至翼教亦吾道之支流，而政事皆因革之要務也。振裘挈領，綱舉目張。凡淋漓於楮墨之間，縱橫於几案之上，皆渺躬之所負荷，拮據而不容旁貸且須臾緩者。按牒披圖，日陳座右，真覺百里蒿萊動經目睹，萬家愁歡時入耳聞，千年之人材臧否，燦若設衡；數城之地勢險彝，洞如觀火，將益凜凜焉。慎官箴，勤民隱，以求不負紫宸簡任之重，誠於郡志有厚賴焉。若夫生逢盛世，鼓吹休隆，在彼絕域共球，尚登王會遐荒，陬滋猶隸職方，況三衢固揚州之舊壤，而東南之奧區也，敢不原本山川，極命草木，諮諏故實，潤色新猷，上贊乎一軌同文之盛治，自此達諸方嶽，載乎輶軒，儲秘閣蘭臺之採擇，猶之合澗溪川澤之水，共匯江河而歸墟溟澥也。不揣蠡測之愚，敬抒朝宗之悃，以是編爲百谷王之一勺云。（見［康熙］《西安縣志·藝文志》）

［康熙］衢州府志四十卷（存）

（清）知府武進楊廷望纂修

楊廷望字競如，江南武進人，進士，康熙四十五年任衢州知府，見［康熙］《衢州府志·府官表》。衢州舊志，自天啓葉秉敬修志、崇禎丁登明增補，至康熙後期已歷百餘年。廷望守衢，有續輯之思，“乃集衢之紳士，次第參酌，微顯闡幽，仿史遷遺意，有紀、有傳、有表、有志、有圖，凡爲書若干卷。其於舊志少有增損，要之闕疑傳信，校訛訂謬，期於盡善。自沿革、建制、官師、人物、賦役、水利，以至農桑、物產、文藝，凡以類”（見此志楊廷望序）。此志凡四十卷，圖、表、考、傳各十卷，而無紀，其圖分類十五，表分類十一，考分類十七，傳分類十九。較之舊志，康熙《府志》不僅新增了清順治、康熙年間的大量內容，且其圖、表頗有創意，遂使此志圖文並茂、條分縷析。此志修成於康熙四十八年楊廷望任內，五十年始刊刻。四十八年、四十九年，馬遴、金玉衡先後知衢州府，遂有康熙四十九年金玉衡序。光緒八年，知府劉國光將［康熙］《府志》重刊，卷端題“武進楊競如先生重修本，知府安陸劉國光重刊”。卷首有聯綬、劉國光重刊序二，有楊廷望、金玉衡原序二，有重刊銜名和總目。光緒重刊本因缺葉未有補正，遂誤將金玉衡序改爲馬遴撰。劉國光重刊時，康熙刊本已非完帙，存板僅十之一二，“再三查訪，獲舊本二三部，互相展閱，字畫半多漫漶，頁數亦多殘缺”（見此志劉國光序）。光緒重刊本對原本缺葉未能補正，仍殘缺嚴重，此本缺葉共四十八處，近二百頁。上海圖書館、浙江圖書館有康熙五十年刻本，國家圖書館等處有清光緒重刊本。《中國地方志集成》《中國方志叢書》《衢州文獻集成》據清光緒八年重刻本影印。

衢州備志（佚）

（清）西安張德容撰

張德容字松坪，一字少薇，西安人。咸豐癸丑進士。出守安陸、荊州、岳州。公余之暇，輒搜羅六朝以上及周秦文字，成《金石聚》十六卷，皆手自鈎勒，考訂精核。嘗欲鈎勒唐、宋及南詔大理諸碑，各爲一集，惜未成書。著有《二銘草堂遺稿》。事跡見［民國］《衢縣志·人物志三》。德容還有《岳州救生局志》《二銘草堂近科墨選》《衢州備志》《箋注唐賦》《評選明文》。[民國]《衢縣志·藝文志》載："《衢州備志》，清張德容稿。二銘草堂抄本，未梓。按：此系先生平日觀書所得，隨手筆録。凡二類：一爲古籍所載，而前志漏未收入者；一爲耆舊所傳，而出前志已成之後者。如《蘋洲漁笛譜》之小蓬萊、柯山，貞元、元和二碑之拓本，皆足有資地方掌故也。惜未編次，先生歿後，稿亦散失。"德容《衢州備志》今佚。

衢州鄉土卮言二卷（存）

（清）西安鄭永禧纂

鄭永禧有《高密易義家傳》，前《傳記類》已著録。此書題"不其編"，"不其"乃永禧自號。永禧《緒言》曰："兹因朝廷崇尚學務，以鄉土編入教科，不揣謭陋，就管見略陳一得，區別門類，提綱挈領，務求簡易，編成四字韻文，用課初學，都凡上下兩卷。名曰《卮言》，明非執一守故也，亦以日出日新，期諸後來。"其書按方志門類編排，共十八目，上卷十目依次爲建置、山川、古蹟、種族、職官、治績、鄉賢、閨淑、僑寓（附遷徙）、方外，下卷八目依次爲文學、軍事、戶口（附田賦）、財政、交通、典禮、風俗、物産（附商礦）。其紀事總以府城事爲主要，兼及衢屬五邑之事。此書以鄭氏當時所見修府志、縣志編次，參互考訂，府縣志已登者從略，未備者補之，誤者正之，間有異同者兩存之。其於四字韻文右多有旁注，一般會詳明所引之書，如首句"衢本揚州"右旁注曰："《通典》：衢州，古揚州地。"因此書爲教科初學之鄉土教材，故其文淺顯易懂，並略加音注。其述衢州種族，不詳於其前舊志，如言"其初居人，大半蠻族。無餘受封，實爲夏裔。漢種人來，逐漸南徙"，又曰"宋室南遷，名流星聚。寄民益多，遂成安土。有回回種，不與雜婚。祖摩訶末，自稱教門。靈山道中，盤弧畬客。雷藍鐘古，語言懸隔"，多合於史實和當時實情。是書有清光緒三十二年刻本，藏於國家圖書館，衢州市博物館藏有此書上卷，《衢州文獻集成》據國圖藏本影印。

[洪武] 西安縣志（佚）

（明）西安留文溟纂

[康熙]《衢州府志·藝文考》著録留文溟《西安縣志》。[弘治]《衢州府志·宦蹟志》載留文溟爲明洪武時西安縣學訓導。民國《衢縣志·官師志》載留文溟爲自洪武元年任西安縣學訓導，西安人。《文淵閣書目·新志》有《西安縣志》，不載撰者，洪煥椿《浙江方志考》認爲其撰者爲留文溟[①]，或是。[嘉靖]《衢州府志·建置紀·學校》，載府學書籍有《西安縣志》一部二册，外《續志》一册；縣學書籍有《西安縣志》一部二册，新寫。[康熙]《西安縣志》凡例："《郡志》邑學書目中有《西安縣志》

---

① 洪煥椿：《浙江方志考》，浙江人民出版社1984年，第358頁。

四册，相傳爲明司訓留公文漠所撰，後又有《補志》二册。"此"文漠"當爲"文溪"。以上諸書所載《西安縣志》，今皆佚。

西安縣續志（佚）

（明）佚名撰

　　［嘉靖］《衢州府志・建置紀・學校》載，明代衢州府學有《西安縣續志》一册。此書今佚。

西安縣補志（佚）

（明）佚名撰

　　［康熙］《西安縣志》凡例稱，明代有《西安縣補志》二册。此書今佚。

［康熙］西安縣志十二卷（存）

（清）西安徐之凱等纂，知縣湘潭陳鵬年修

　　徐之凱有《鄉校復禮議》，前《經部・禮類》已著録。陳鵬年字滄州，湖南湘潭人，康熙辛未進士，康熙三十五年任西安知縣。歷官河道總督。事跡見［嘉慶］《西安縣志・名宦志》。［康熙］《衢州府志・藝文考》著徐之凱《西安縣志》十二卷。明洪武間，西安縣學訓導留文溪纂修邑志，其後亦有修纂。至康熙時，此前所修諸縣志無復存者。陳鵬年宰西安，見此邑無志，遂有修志之舉。康熙三十七年冬，"延聘邑紳前進士徐君之凱主其事，而遴集邑中篤學好古、耆宿譽髦之士，得士人焉，共鳩厥成，八閱月而竣，以壽諸梓"（見［嘉慶］《西安縣志》卷首所載陳鵬年序）。徐氏撰志本乎三端，即正其體，核其實，詳其用。因無舊縣志可據，此志以［嘉靖］、［天啓］《衢州府志》爲基礎，"折衷引伸於郡志，可因則因之，宜創則創之"，並參以省志、《一統志》《文獻通考》《水經注》諸書，以及稗官野史、故老舊聞，去疑存信，考古證今，而成是書（見此志《凡例》）。此志卷首有序文、志圖、總目、凡例。全志分十二類，每類分若干目爲一卷，計輿地六目、建置八目、山川五目、官師五目、學校十二目、風俗四目、賦役八目、祠祀八目、水利五目、人物十一目、藝文六目、灾祥二目。對於此志修撰得失，余紹宋在《衢縣志序》評曰："陳《志》分十二門，尚有條理，惟記載簡陋，究不洽於史裁。"然在現存西安舊志，此志最古，對於保存康熙以前此邑政績、人物、民風、物産等富有價值。此志有清康熙三十九年刻本，藏於國家圖書館、浙江圖書館等處，《衢州文獻集成》亦收録。

［嘉慶］西安縣志四十八卷（存）

（清）西安范崇楷等纂，知縣漢軍鑲黄旗姚寶煊修

　　范崇楷字式之，號退樵，西安人。乾隆癸卯舉人。官福建寧德知縣。著《鋤藥

集》四卷。事跡見潘衍桐《兩浙輶軒續錄》卷十三。姚寶煃，漢軍鑲黃旗人，進士，嘉慶十二年任西安知縣，見本志《職官志》。自康熙時修西邑縣志至嘉慶間，已逾百年，其間人物、政治變遷，無文獻可徵。邑令寶煃有感此，毅然而修新志，遂延斯邑名士范崇楷主此事，搜遺書，訪故老，刪繁補闕，不濫不遺，凡十餘月而志成。此志纂修體仿《浙江通志》，分爲四十八門，首爲《圖考》，終以《雜記》，卷首有序文、纂修姓名、凡例、總目。其坊巷、鄉莊、封蔭、仕籍，從舊志增入；賦役遵照《賦役全書》徵收解支款目，逐一登載；水利、津梁照舊志登載，其有增新改舊者，必查明檔案方錄入；職官姓氏，舊志有所遺漏，此志則從諸書搜羅詮次，略爲詳備；官宦事跡、先賢傳略，悉憑士庶口碑，不妄加評論；經籍可傳者皆有備載，以《隋書·經籍志》體例，分經、史、子、集四類，注明姓氏、卷數；藝文釐爲三卷，以文體分門，所擇者皆有關政治、民風、山川、古蹟。其引用書目先採正史，及省、府之舊志，並古今人著述，皆注明所引之書。其見聞異詞所當折中者，皆加以"按"字，使覽者不至混淆。此志告成，非但彌補舊志之缺失，亦使西邑典章文獻信而有徵。對於此志的缺失，余紹宋在《衢縣志序》中批評其體例不佳，涉於繁瑣，"其中人物一門分類益瑣，竟至分割一人列於數類，尤爲奇謬"。此書有清嘉慶十六年刻本，藏於國家圖書館、浙江圖書館等處，《中國方志叢書》收錄，《衢州文獻集成》據浙圖藏本影印。范崇楷有《纂修縣志記》，不見於〔嘉慶〕《西安縣志》，此錄之於下。

范崇楷《纂修縣志記》：志猶史也。《周禮》，小史掌邦國之志，若今之一統志是也；外史掌四方之志，若今之郡縣志是也。由縣而達之郡與省，以上於京師。備土訓誦訓之所道，則必自縣始。嘗考本邑志乘，自南宋衛君珍、葉君汝明，以及袁君采、留君文溟，其所撰述者，俱已散佚無存。前邑侯陳勤恪公，以徐若谷先生有良史之材，延請纂輯，本嘉靖、天啓兩《府志》爲根據，而更考訂群言以成實錄，誠可謂殫精竭慮不遺餘力者矣。迄今又百餘年，邑人之人物輩出，政治遞更，以至藝術、民風，隨時變易。脫今散漫無憑，將愈久而愈失其傳，後之人於何披圖而按籍焉？惟我邑侯姚公，以名進士辱臨此地，已歷五霜，政敷教洽，百廢俱興，乃於公暇，欲爲修輯志乘，商之於予。予曰："不佞三入閩疆，五蒞劇邑，自以不文，未及從事於志。而況桑梓之邦，讒謗易生，怨尤易集。昔孫盛撰《晉書》，於枋頭之戰，諸子乞改一字不得，士論韙之。而陳壽《三國志》，索千斛米爲立佳傳，醜聲至今。筆削之事，何敢遽任？"乃固辭不獲，爰與同志諸公，共襄厥事，爲之分其節目，第其次序，刪其繁復，補其闕略。仿照《通志》體例，爲四十八門，著凡例二十條。操觚提槧，夜以繼日，逾年始克藏事。是役也，實賴邑侯姚公蒐遺書，訪故老，參稽斟酌，不濫不遺。由是人物之煥者以萃，風俗之灕者以醇，政治有所考鏡，藝術有所觀摩。即凡山川、津梁，皆可以知其險易興廢之所由。於以宣聖化而正人心，使

秀事《詩》《書》，樸安畎畝，侯之功不甚鉅哉！因簪筆而爲之記。（見范登保等《可竹堂集·文》）

西安縣新志正誤三卷（存）

（清）西安陳塤撰

　　陳塤有《忠孝録》，前《傳記類》已著録。此書凡三卷，糾正［嘉慶］《西安縣志》之誤共四百餘條。陳氏認爲嘉慶新志多誤，遠不如康熙舊志，故以舊志正新志之誤，糾其削所不可削，改所不可改，略所不可略，增所不可增。是書卷端題“嘉慶十七年新志正誤”，版心爲“西安縣新志正誤”，卷前有西安知縣歐陽烜序，卷後有陳塤自序和西安教諭吳善述序。陳氏自序和吳氏序皆言，嘉慶新志爲姚寶煃延請江西進士胡森所修。然據此志今傳清嘉慶十六年刻本所載《纂修姓氏》，纂修者爲邑人范崇楷，協修者有胡森、陳岱、楊世英、余文燾四人；又據范登保等《可竹堂集》所載《纂修縣志記》，亦證新志出於崇楷手筆。陳、吳二氏所以稱胡森者，蓋爲避開對鄉賢批評。陳塤以康熙舊志來糾嘉慶新志之謬，並非完全言之有理。鄭永禧［民國］《衢縣志·藝文志》著録此書，其評曰：“其中多有未見原書而妄肆詆諆者，非至當之論也。”在《玩蜃思存》中，鄭氏還對陳塤的錯誤之處詳加指陳。余紹宋在《衢縣志序》批評道：“其指摘諸端，涉於毛舉，又多附會，未中其失。”此書所正［嘉慶］《縣志》之誤，雖有牽強者，然亦可取者，可爲後來修志者取資。此編成於道光二十五年，然至光緒九年始刊印。此書清光緒九年刻本，藏於南京大學圖書館、衢州市博物館。浙江圖書館藏有清末抄本，有“余氏寒柯堂藏書”印，末署“乙亥十二月廿二日余紹宋校訖”。《衢州文獻集成》據清末抄本影印。

［民國］衢縣志三十卷（存）

（民國）衢縣鄭永禧纂

　　鄭永禧有《高密易義家傳》，前《傳記類》已著録。［民國］《衢縣志》和後文［民國］《龍游縣志》等，均屬舊志體裁，雖出於民國，故亦著録。自嘉慶間修《西安縣志》，至民國又歷百年，永禧以志乘失修，遂於民國九年創修此志，至十五年書成。其編撰此書過程中，常與余紹宋函牘往來，商榷義例，辨析疑難。此志三十卷，分象緯、方輿、建置、食貨、古蹟、風俗、防衛、官師、族望、選舉、爵秩、藝文、碑碣、名宦、人物、列女、雜志十八門，末四卷爲詩文內外編。卷前除序文外，又有《衢志源流考》《釋衢》《古西安同名異地考》《修志膚言》《凡例》《圖》。其文凡百餘萬言，較之舊志約增四分之三。其中族望志、爵秩志、碑碣志及風俗志中方言、食貨志中林場、礦區、天然品、製造品等皆爲鄭氏獨創，所載史料皆極富價值。永禧廣採衆書，遂成茲編，其所引故籍不下千種，皆逐條注明出處，其稍近者則取裁於訪稿或私人著述。余紹宋爲是書作序，稱其條理秩然，體例勝於舊志，方言、碑碣兩篇之精審爲全書之冠，"其他諸篇除人物志外，亦極抉擇辯證之能事；而補兩舊志闕失者，無慮數百條"。此志稿本藏於浙江圖書館，卷端有余紹宋題記。此志於民國二十五年有鉛印本，藏於國家圖書館等處。《中國地方志集成》《中國方志叢書》據民國鉛印本影印。《衢州文獻集成》據浙圖藏民國鉛印本影印。

［民國］衢縣志補遺一卷（存）
（民國）衢山布衣撰

　　鄭永禧《衢縣志》成書後，有《衢縣志補遺》，題"衢山布衣稿"。衢山布衣者，不知何許人也。此書補鄭《志》所遺者五十四條，所補文字詳明出處，其自見者則加"按"語。鄭著已較精審，《補遺》能糾其失，確有價值。此書有民國抄本，藏於浙江圖書館，《衢州文獻集成》據其影印，附於［民國］《衢縣志》後。

龍游縣志（佚）
（明）佚名撰

　　《文淵閣書目·新志》載有《龍游縣志》。［嘉靖］《衢州府志·建置紀·學校》載衢州府學書籍有《龍游縣志》一部二册。二書所載《龍游縣志》今佚。

［天順］龍游縣志十卷（佚）
（明）知縣陝州王瓚修

　　王瓚字宗器，河南陝州人，進士，天順四年除龍游知縣，見［萬曆］《龍游縣志·官師志》。［天啓］《衢州府志·職官志》載王瓚爲陝州人。［萬曆］《龍游縣志·藝文志》、黃虞稷《千頃堂書目·地理類中》著錄王瓚《龍游縣志》十卷。［天順］《龍游縣志》今佚。

［弘治］龍游縣志十四卷（佚）
（明）知縣六合袁文紀修

　　袁文紀字邦振，南直隸六合人，弘治五年除龍游知縣，後陞台州判，見［萬曆］《龍游縣志·官師志》。［萬曆］《龍游縣志·藝文志》、黃虞稷《千頃堂書目·地理類中》著錄袁文紀《龍游縣志》十四卷。［弘治］《龍游縣志》今佚。

　　樊瑩《弘治戊午重修縣志序》：昔者聖人王天下，因地以制貢，觀民而設教，辨五物九等，以教樹藝。故凡天下之形勢、土俗，必籍以記之，若《九丘》《禹貢》《職方》之類是也。三代而下，治不師古，雖歷有志，文具而已。惟我朝跡先王之舊，曩者既命儒臣編輯國志，復詔郡縣纂修實錄，將使吏於土者，知土俗之勢，酌教養之宜，權寬猛之治焉。爾龍游令六合袁君邦振有志經世以王道，故樂承王者之德意，念茲邑志舊編簡繁倒置，雜亂而無章，乃於制錦之暇，斟酌損益折衷，至當之歸，斷之在己。既而托高、王二氏，編摩成帙，就秋官吳公而正焉。書成，請序於予。予覽之再四，了其顛末，綱舉目張，而書法不苟。首縣境，正疆域也；次沿革、次分野，明建置雖殊而星土不易；於形勢、風俗、戶口、賦稅、出產、農事，以及學校、人物，關於治道者，謹錄備載，不遺纖悉。其辭質，其事信，詳略當義，條理不紊，傳曰“其善志”，此之謂歟！夫百里之內，山川有夷險，土田有上下，俗尚、物產有彼此，志不備則知不預，欲治而適其宜，譬如中夜有求於幽室之中，非燭何見？此袁君雖欲無事於此，不可得已。或曰：君作令是邑，政平賦均，風移俗易；六年於此矣。教養之法，創置之跡，其見於志者後先相望，謂由志而後善其治，非所聞也。答曰：君子不以其所能者病人。是編所以預後來之鑒，使知土地之宜，奢儉之異，於以盡輔相之道。示儉禮之規，與凡農桑、水利、橋梁、貢賦之屬，所以惠下益上者，識所盡力，而澤及無窮焉。噫！此其為君之用心。是為序。（見萬曆壬子《龍游縣志》卷首）

[萬曆] 龍游縣志十卷 (佚)

（明）龍游余湘、童珮纂，知縣南昌涂杰修

余湘字毓靈，龍游人。遊鄒守益門，明濂洛之學，尤精《易》旨，旁及天文、地理、陰陽、曆律。以貢授臨武知縣。與徐天民輩商訂執中之旨，多所發明。事跡見 [萬曆]《龍游縣志·人物志》。童珮字子鳴，龍游人。善考證諸書畫、名蹟、古碑、彞敦之屬。有藏書萬卷，皆其手所自讎校者。生平冒雪游九華山，登南嶽祝融，坐雲氣間泰山日觀峰，候夜半出日以為奇，遂有《九華游記》《南嶽東岱詩》。其他有《佩萸雜錄》《龍游縣志》《文集》若干卷。所輯唐故邑令楊炯、邑人徐安貞集，太守為鋟梓行之。事跡見童珮《童子鳴集》卷首所載王世貞《童子鳴傳》、王穉登《明故龍丘高士童君子鳴墓誌銘》。童珮，亦有寫作“童佩”者。另童珮其所刻叢書《奚囊广要》《奚囊續要》，至今仍存。涂杰字汝高，江西南昌人，進士，萬曆五年任龍游知縣，見萬曆壬子《龍游縣志·官師志》。黃虞稷《千頃堂書目·地理類中》著錄余湘、童佩《龍游縣志》十卷，萬曆丙子修。萬曆壬子《龍游縣志·藝文志》著錄為“涂知縣杰修《龍游縣志》十卷”。此志實龍游余湘、童珮纂，始修於萬曆四年，成於知縣南昌涂杰任上。此志今佚。

尹燾《萬曆丙子重修縣志序》：《周官》，外史掌四方之志，凡侯國皆有史官，掌記時事，登藏王室，以備鑒觀，其道盛矣。秦罷侯置郡縣，則縣令固故諸侯也，畫壤分符，以牧長一方，以主其土地人民治教之事，厥任惟重。故邑之地利民情土俗之宜，禮刑兵賦教養之法，必謹奉我憲，以時省察而馳張之。慮其佚也，復彙次而書於冊，以告夫新令尹者，志之所繇作也。龍游自有縣以來，代為要區，邑名互五更易。明興，海內爲一。龍當衢婺之交，舟車輻輳，賦役錯出，文書填委部，使者往往留意焉。舊志兵燹無存，其修於前令袁君者，又多簡陋弗稱。南昌涂君奉命來知縣事，修政布令，蠲敝剔奸，肅敏溫裕，民用休洽。政暇，詢及邑志缺軼，愾然有懷，謂兹政典所係，堂堂鉅邑，不宜怠廢不講。乃取弘治中舊本，延邑人余子湘、童子珮，相與討倫纂輯，蒐採舊聞，參以新得，芟其繁蕪，補其闕遺。其有未盡之指，每篇復爲論列，以寓憂時救敝之意。總爲一十卷，爲目凡二十，曰輿地圖，曰分野，曰疆域，曰山川，曰溝洫，曰建置，曰防禦，曰祠祀，曰古蹟，曰田賦，曰物產，曰風俗，曰灾祥，曰官師，曰選舉，曰名宦，曰人物，曰藝文，曰雜記。以明星紀，以正封略，以表形勝，以興水利，以重民力，以戒不虞，以崇祀典，以闡靈秘，以定經制，以物土貢，以防民慝，以垂鑒戒，以修職秩，以揚俊乂，以昭翰墨，以樹風聲，以備諧語，王道之大端備矣。書成，屬予序諸首。予惟志，史之遺也；令，邑之主也。修志以盡職，盡職以安民，由近知遠，而天下之治可幾矣，故曰入其國其政可知也。故觀疆域、山川、溝洫、防禦，而知疆理慎固之道焉；觀建置、祠祀、田賦、物產，而知綜理愛養之宜焉；觀風俗、官師、選舉、藝文、人物、雜記，而知表率振作會通之機焉。雖然有《關雎》《麟趾》之意，然後可以行《周官》之法度，政固有本也。觀是志者，豈徒徵一時之得失哉？涂君學優才裕，其爲政識其大者，如興學校，建義倉，節浮費，循良之績皆卓然可紀。故能以其餘力，而及於志之事，其政業之閎偉詎可涯哉！予不敏，辱公授簡，僭爲序其大略如此云。（見萬曆壬子《龍游縣志》卷首）

陸瓚《丙子重修縣志後序》：嘗謂一家之生產，種種色色，家之父母，必條其數目，登之記籍，以遺子孫，是記籍一家之所繫關焉，而不敢忽。又以必有是記籍以遺子孫，而後爲父母之心始畢而無所歉。一邑之志，猶一家之籍也。家之父母日顧恤其家，思傳其子孫，而爲之籍。治邑者，乃恝視一邑之志，謂其無裨於政而忽之，其殆無父母斯民之心歟！邑舊有志，漫漶已久。念東涂侯來令吾邑，即謀及於此，底今而始獲成。侯廉明慈愛，天植其衷，兼以歷年之久，凡巨而國家之征輸，細而米鹽之瑣屑，閭閻凋瘵，利弊得失，靡不洞燭其隱，而深中其情。於是孳孳然爲之裁酌區畫，而公私咸獲其利，視一邑之事，固無異一家之事矣。今又舉其久廢之典，補輯詮次，俾之咸正而無缺，不猶一家之數目，必紀以遺子孫，其同此父母之心耶！雖然志以紀事似也，顧察侯之心，則有思深而慮遠者。予不能事爲之言，就其大者論之。徭役昔固有定額也，今則費增於倍蓰，即使力爲之減省，而已盡於誅求矣。習尚昔固號儉嗇也，今則日事於侈靡，即使加意於約束，而俗已漸成澆瀉矣。人文昔固彬彬然稱美盛也，今則寥寥而鮮實效，即使日從事於佔嗶，而芳烈遠不逮故先矣。此皆載諸志中可考也。苟吾邑之父母與邑之士民，感今昔之不相及，深惟而力挽焉，俾徭賦由之以少，紓習俗由之以返樸，而人文由之一洗其固陋，與古昔同其美盛，斯固涂侯屬望之心歟！孰謂邑志無裨於政而可忽乎哉？是志也，侯惟總其成而已，若鄉先生余公湘、布衣童君珮視草而終始之法並書。（見萬曆壬子《龍游縣志》卷首）

[萬曆] 龍游縣志十卷（存）

（明）知縣南昌萬廷謙纂修

萬廷謙字去盈，江西南昌人，舉人，萬曆三十五年任龍游知縣，見此志《官師志》。[康熙]《衢州府志·藝文考》於童珮《龍游縣志》條下載，"知縣萬廷謙屬邑人曹聞禮以爲《續志》，未梓"。然此志今有刻本傳世，《府志》所言有誤。此志修於萬曆四十年壬子，凡十卷，依次爲輿地、建置、祠祀、田賦、風俗、官師、選舉、人物、藝文、雜識十志。志前有徐可求、萬廷謙二序，後有鐘相業後序、曹聞禮跋言，卷首又有樊瑩《弘治戊午重修縣志序》、尹燾《萬曆丙子重修縣志序》、陸瓚《丙子重修縣志後序》。由鐘相業序可知，此志乃萬廷謙親纂修，由鐘相業、曹聞禮校訂。余紹宋稱萬《志》體例謹嚴，記載簡當有法，爲明代方志之佳構。余氏在重刊序中，將廷謙撰修《縣志》與康熙《龍游縣志》比較，其言，"兩志合校，覺康熙《志》刪所不當刪者頗多，而增補甚鮮，於其舛漏之失未嘗有所糾也，而翻覺此志爲良。"民國初，京師圖書館和龍游縣志局皆藏有萬氏《志》，紹宋得之並校勘重印，遂爲民國十二年鉛印本。余氏重刊時，前增重刊序，後附校勘記。此志明萬曆四十年刻本藏於臺灣"國家圖書館"、臺北"故宮博物院圖書館"，民國十二年鉛印本藏於國家圖書館等處。《中國方志叢書》《衢州文獻集成》據民國鉛印本影印。

[萬曆] 龍游縣志輯佚一卷（存）

（民國）龍游余紹宋輯

余紹宋字越園、樾園，號寒柯，龍游人。清末秀才。光緒三十二年，留學日本，先習鐵道，後轉東京法政大學法律科。宣統二年回國，任外務部主事。民國後，歷任眾議院秘書，司法部僉事、參事，修訂法律館編纂，北京師範大學、政法大學教授，兩次出任司法次長，代理總長。後南歸杭州定居，其間主編《東南日報》副刊《金石書畫》，爲東方文化事業委員會撰寫《續四庫全書提要》藝術類提要。詩喜古風長律，畫擅長卷巨制，對書畫目錄學和畫史理論鑽研精深，著有《畫法要錄》《畫法要錄二編》《書畫書錄解題》《中國畫學源流之概觀》《寒柯堂詩》。主纂《龍游縣志》，擬定《重修浙江通志體例綱要》《浙江省通志編纂大綱》，成初稿一百二十五冊，在方志編纂、理論方面均有建樹。事跡見新修《龍游縣志》[①]。[雍正]《浙江通志》

---

① 《龍游縣志》編纂委員會編：《龍游縣志》，中華書局1991年，第550頁。

引［萬曆］《龍游縣志》內容凡百餘條，爲萬曆丙子、壬子兩志佚文，而以萬曆丙子志文爲多。余紹宋從《通志》中輯出，並爲之作注，名爲《萬曆龍游縣志輯佚》。此書有民國稿本，藏於浙江圖書館，《衢州文獻集成》據其影印，附於萬曆壬子《龍游縣志》後。

［康熙］龍游縣志十二卷（存）

（清）龍游余恂等纂，知縣海城盧燦修

余恂字孺子，號岫雲，又號還庵，龍游人。順治壬辰進士。授翰林院庶檢討。官至福建學政。少時詩宗漢魏，古文法先秦。及在館閣，又出入於唐宋大家，文師昌黎，詩追少陵，而間出於元、白。著有《燕吟南蓬詩草》，其他詩古文數十卷，雜著數十卷。事跡見此志《人物志》。余恂之作，可考者還有《敦宿堂文集》《止庵手抄》。盧燦字孟輝，號惟庵，遼東海城人，旗下蔭生，康熙十三年任龍游知縣，見此志《官師志》。此志康熙十一年始修，時知縣爲許珇；書未成而余恂先歿。十九年成書，時知縣爲盧燦。是書在萬曆四十年舊志基礎上修撰，凡十二卷，保留有舊志輿地、建置、祠祀、田賦、風俗、官師、選舉、人物、藝文、雜識十目，又將舊志輿地中山川、水利析出，增爲十二目。卷前有余恂、顧豹文、楊昶三序，卷首又有縣志圖、纂修姓氏、凡例。此志雖據萬曆壬子舊志而修，實不如舊志，詳見前［萬曆］《龍游縣志》所引余紹宋語。此志始刊於康熙二十年。光緒八年重刊，前有劉國光、余恩鑠二序。今浙江圖書館藏有光緒刻本，此本天頭處時有批注。其中，余恂序文"豫章萬侯"句上方有批注曰："萬《序》有曰：'民靜而安，俗樸而儉，閭閻不識胥史，幾於標枝野鹿之風。'見《通志·風俗》引。"余紹宋稿本《萬曆龍游縣志輯佚》亦輯有此句，筆跡完全相同，可知此本批注必出余氏手筆。此志有清康熙二十年刻本、清光緒八年重刊本，藏於國家圖書館等處。《衢州文獻集成》據浙江圖書館藏余紹宋批注清光緒八年刻本影印。

［乾隆］龍游縣志續編（佚）

（清）知縣丹徒徐起巖修

徐起巖字非蓼，江蘇丹徒人，雍正八年進士，乾隆元年任龍游知縣，見［民國］《龍游縣志·宦績略》。［民國］《龍游縣志》卷末又載："乾隆六年，知縣徐起巖曾有續編《官師》《選舉》《藝文》之舉。雖簡率之甚，然自康熙辛酉以來，六十年志職官、科名，賴以考見焉。"徐起巖所修《龍游縣志》續編，存於官師、選舉兩志，附於［康熙］《龍游縣志》後。另［康熙］《龍游縣志》附載《藝文志》有徐起巖《龍邑豁除荒額頌》《重修龍邑尊經閣記》《義學記》《盧公傳》。

徐起巖《龍游縣志續官師志跋》：朝廷設官分職，以司教養，典至鉅也。龍邑志乘，自康熙壬子、辛酉間，漢中許公、興京盧公與鄉先達余岫雲太史先後纂修刻成，距今已六十年矣。毋論其他，即官師之授受年月與黜降賢否，已無文案可稽，而典史、巡檢二員，姓名籍貫缺略尤甚。予懼其久而益湮也，急就其見聞可考者，登諸剞劂，附入本志卷末，以俟後之君子旁搜博採焉。乾隆六年辛酉長夏，京江徐起巖題於官署之見山園。（見［民國］《龍游縣志》卷末）

沈圻《龍游縣志續選舉志序》：龍邑志乘，自康熙辛酉，邑侯盧公與鄉先達太史余公纂修以來，距今六十年矣。土田猶是，山川猶是，而官師與選舉，其間升沉顯晦，勢不得與之等量齊觀，殊闕事焉。於是乎，邑侯京江徐公既搜輯歷年官師姓氏，續刻補入矣。顧官師本乎選舉，而選舉率由科第，其儲之國學、鄉學，廣而爲恩、拔、副、歲，以至忠孝有祠、節義有旌，加銜則有農官、壽官，任事則有訓科、訓術。如前志所云，或以義舉，或以勞升，皆所以擴選舉之途，而有善必錄也。當聖世休明之會，竟任其湮沒不彰，可乎？侯乃有再續《選舉》之志，而屬予裒次其姓名、科分。余初謂此固輕而易舉也，而豈知自科甲而外，遙遙六十年間，其他如明經等，不惟年分無稽，抑且姓名莫考。余滋喟然。因旁搜博採，以庶幾一得，其或有遺漏舛訛，將厚望於後之君子。時乾隆六年嘉平月紀。（見［民國］《龍游縣志》卷末）

［道光］龍游縣志（佚）
（清）知縣掖縣周培敦修

周培敦號丹庭，山東掖縣人，舉人，道光八年任龍游知縣，見［民國］《龍游縣志·宦績略》。［民國］《龍游縣志》卷末載：“道光間，知縣周培敦議修（《縣志》），此無案可稽，縣人今亦無知情者。余讀《龍游攀轅詩集》始知之。”又曰：“遺稿當時必有存者，其散佚當在咸、同間兵燹時矣。”此志今佚。

［民國］龍游縣志初稿十四卷（存）、［民國］龍游縣志四十二卷（存）
（民國）龍游余紹宋纂

余紹宋有《萬曆龍游縣志輯佚》，前已著錄。康熙以後，龍邑修志不斷。乾隆六年，知縣徐起巖曾有續［康熙］《縣志》，編有《官師》《選舉》等，未成全志。道光間知縣周培敦、同治初知縣朱樸、光緒間知縣楊葆光等皆議修縣志，功皆不成。光緒時，馮一梅創修縣志，雖未成帙，採訪所得頗多，余氏志中所引《舊採訪》即是。民國十年後，越園致力於《龍游縣志》編撰，十二年初稿成。較之今見定稿［民國］《龍游縣志》，《初稿》各表、傳、考前各有凡例，定稿將凡例總匯於卷首爲《敘例》，且內容有異，詳略不同。《名宦傳》定稿改“傳”爲“略”，《古蹟考》定稿改入附志《叢載》下。《初稿》與定稿正文內容亦有所不同，如《人物志》中《初稿》載有宋徐泌及其子孫、呂好問，定稿皆無；又如首傳《龍丘萇傳》，定稿中有引《太平御覽》

言："篤志好學，以耕稼爲業"，《初稿》無。《初稿》雖爲草成，但可反映民國時期《龍游縣志》的纂修情況。[民國]《龍游縣志初稿》有民國十二年鉛印本，各圖書館收藏内容不同，浙江圖書館所藏最全，凡十五卷，爲《職官表》三卷、《名宦傳》一卷、《人物傳》三卷、《人物闕訪》一卷、《人物姓名别録》一卷、《選舉表》三卷、《藝文考》一卷、《古蹟考》一卷、《地理考》一卷。國家圖書館藏八卷，爲《選舉表》《人物傳》《人物闕訪》《人物姓名别録》。上海圖書館藏十一卷，爲《職官表》《選舉表》《人物傳》《藝文考》《古蹟考》。南京大學圖書館藏九卷，爲《職官表》三卷、《名宦傳》一卷、《選舉表》一卷、《人物傳》三卷、《人物闕訪》一卷，附《列女傳》《氏族考》《職官表》序例。北京大學圖書館藏四卷，爲《職官表》《名宦傳》。其他如中山大學圖書館、鄭州大學圖書館、臺灣"國家圖書館"等亦藏有，卷帙、内容多不同。《中國方志叢書》收録《初稿》四卷爲《職官表》《名宦傳》。《衢州文獻集成》據浙圖藏本影印。

[民國]《龍游縣志》於民國十四年編成，分正志二十三卷，爲通紀一紀，地理、氏族、建置、食貨、藝文五考，都圖、職官、選舉三表，人物、列女二傳；附志十七卷，爲叢載、掌故、文徵；首有《叙例》一卷，末有《前志源流及修志始末》一卷。余氏修志體例意在仿史，因分正志、附志，其於《叙例》言："正志爲志之本，文務求峻潔，以符史例；附志爲志附録，不妨廣收，以免遺漏。期於相輔而行，不使偏廢。"大體正志略似史學著述，附志則似文獻彙編。此志主從秩然，無徵不信，其獨出心裁者甚多，如梁任公序稱《氏族考》"爲千古創體，前無所承"；又如創立《都圖表》，"道理遠近，居民疏密，旁行斜上，一目瞭然"。此志《氏族考》詳載各族姓遷徙來源，對研究當地居民結構甚有價值；所考户口、田賦、水利、倉儲、物産及物價皆據採訪疏證，體裁峻潔；其所立人物傳，能懲惡揚善，於不肖官吏之劣跡不爲之諱，不憚筆伐口誅，以爲將來者戒，亦可稱道。民國以前方志，至清趨善。清代方志修撰及其理論造詣，當首推章學誠，余越園承實齋之學而有改進。故梁啓超稱"無實齋則不能有越園"；又將余氏《龍游縣志》與章氏諸志對比，稱余《志》有十長，遂言"有實齋不可無越園"。越園此志於民國方志中當屬最佳之一，故得方志界廣爲推崇。當然，此書亦非盡善盡美，亦舛誤之處，如誤將四川嘉定州龍游縣人物入衢州龍游縣者，亦前後牴牾者。此書有民國十四年鉛印本，藏於國家圖書館等處，《中國地方志集成》《中國方志叢書》《衢州文獻集成》據民國鉛印本影印。

附：[同治] 龍游縣志 (未成)
（清）知縣桐城朱樸修

朱樸字性之，安徽桐城人，同治二年任龍游知縣，見[民國]《龍游縣志·職官表》。[民國]《龍游縣志》卷末載："第三次議修（志）者爲同治初知縣朱樸。時教諭爲褚榮槐，曾代樸撰序，見於《田硯齋文集》，並議增補各條云:《建置志》應補官署、儒學各條，《田賦志》應補户口、田額、糧税各條，《水利志》應補五社壩一條於雞鳴堰下並碑記，《人物志》應補忠義一門爲小卷。末有杜孝慈注云（孝慈爲榮槐之壻，參訂其文集者）:‘龍游修志之舉，創議後，因經費無出，事遂中止。’案:樸爲俗吏，非能修志者，而應補之事，亦不止所列數條。當時即補成，猶之未修也。況志未修而先倩人爲序，意在標榜，尤爲可嗤。榮槐夙有賢聲，奈何曲徇其情，亦可異也。”《田硯齋文集》載褚榮槐代撰《龍游縣補志序》後附有本志目録爲:“輿地志第一，建置志第二（應補官署、儒學各條，其餘俟訪），官師志第三，田賦志第四（應補户口、田額、糧税各條並檢查，左宮保奏定新章，全卷款目），山川志第五，水利志第六（應補五社壩一條於雞鳴堰下並碑記），祠祀志第七，風俗志第八，選舉志第九，人物志第十（應補忠義一門爲小卷，附入檢查採訪局原案，其餘俟訪），藝文志第十一，雜志第十二。”此志書未成。

　　褚榮槐《龍游縣補志序（代）》:同治三年，余奉檄攝龍游縣事。閲五月，代後二年。再至，閲九月，代後六年。復至，蓋承乏者三矣。既稍稍習其人情風俗好憎宜異之由，二三士者，集思而均勞，户輸而庶役，培城垣，完隄堰，羅庠舍，恢祠宇，彌縫補苴，以幸汔濟懼厥美之勿昭也。文之於石，遂推而及，所以補志者。而《龍游縣志》自康熙十二年知縣盧君燦、邑太史余君恂成書之後，距今且二百年，年湮代遠，絶而莫續，文獻不足，邈焉靡得而徵矣。暇日，諸父老嘗語余曰:“吾邑蕞爾耳，左倚而澤，右負而山，厥土蹺而浮，厥産嗇而廉，厥氓儉而懦，僿而不文。在昔盛時，丁之籍十有六萬，畝獲鍾之八。無賢愚貴賤，咸重農穡多畜牧，爲恒産計。絃誦比屋聲，琅琅聞行路。俗茂而民馴，訟清而徭簡。輸將不愆，而田額溢常賦。長吏益寬，然有餘力，姁姁暖暖，以親民事，家易給而人止足也。今安可睹耶！”相與欷歔慨歎者久之。又爲余言曰:“咸豐庚申，粤賊躪兩浙，踞邑城。邑城堅不可猝復，不復則西安孤，且逼處嚴金華諸邑，水陸道俱梗，我軍不能懸而入也。而賊塵溢坌，出於皖豫之境，事尤棘。於是恪靖侯宮保左公、衢州府知府今巡撫楊公，以楚師麾而攻之，始殲焉。當賊嬰城以持市五十月，淫殺焚劫，日無安晷。荒村遐砦，氛惡徧及，兵氣所積，釀爲塊栽，毒疫厲疴，冬雷炎雪，恒暘暴潦，今兹存者，萬死一生之了遺耳。而手足之烈，窮於無人，汙萊不闢，稑穉不備，他族逼處，貪忍桀黠，緩急治之俱債也。若此者其可置之乎？抑別有道以處之乎？”余聞之，澀然愓息若益，以重余之咎責，而不敢辭也。且夫盛衰消長，環循轂轉，雖曰天道，豈非人事，前事之不忘，後事之師也，獨一邑乎哉？後之君子，覽補志以討前志，荒蕪者登熟，凋殘者蕃盛，虚枵者殷阜，强者頑者戢，而良者懦者安，富不後庶富無由，教不後富教無籍，乃愈思朝廷惠澤之久且渥也。大府僉定之不易，而民瘼之求之未嘗釋也。兵戎飢疫之餘黎，惻然有所不忍也。即如余輕材薄識，碌碌無建樹，而咨嗟喟息，濡毫吮墨，以臚其梗概於志之末者，未必無銖黍之助也。始自同治二年，近而可考者若干條，分綴諸尾繫以跋，而別爲《忠義志》一卷，他則仍前志之舊。乃爲之叙。（見褚榮槐《田硯齋文集》卷上）

[光緒] 龍游縣志（未成）

（清）慈溪馮一梅纂，知縣榆次張炤修

馮一梅字夢香，慈溪人。光緒二年舉人。爲德清俞樾高弟，長於漢學。在龍游任修志事年餘，採得事實袞然七十餘冊，即今所謂《舊採訪冊》是也。事跡見[民國]《龍游縣志·人物傳三》。張炤字楚白，山西榆次人，光緒二十一年任龍游知縣，見[民國]《龍游縣志·宦績略》。[民國]《龍游縣志》卷末詳其始末，其曰：“第五次議修（志）者知縣張炤，時慈溪馮夢香先生一梅主講衢州正誼書院，乃聘之兼修縣志。自光緒二十二年秋間始事，採訪所得頗多，大小凡七十篇，別有圖二十四幅，即今所謂《舊採訪》者是也。縣中文獻，經辛亥之役，多散軼無可徵，賴此稍存崖略。”又曰：“翌年十月，馮先生以他故辭去，事遂中輟。故僅存訪稿，未及編述，然其所欲編述之體例，亦有可考見者。其送交採訪底冊目錄附注云：舊志不更動，但增學校、兵防兩門。學校門載文廟、典禮、學額、書院、佐賓興義塾，及杭武州西龍試館章程。兵防門載兵制及鄉團，而附記粵匪齋匪。人物志則附載忠蓍義錄，別修續志。於都圖中詳村落，以彌舊志之闕。橋梁改入水利。官師中則增職一項，不錄驛丞、僧會、道會。而以陰陽學、醫學改入選舉志。田賦之後則附載卡、鹽政、煤礦、電線四端。其大較也。”此志未修成，成《舊採訪》。由[民國]《龍游縣志》注文可見，不少內容是出於《舊採訪》，據此可見其大略。

[光緒] 龍游縣志（未成）

（清）龍游葉元祺纂，知縣楊葆光修

葉元祺字吉臣，有《話雨草堂文集》，後文《集部·清人文集類》著錄。楊葆光有《龍邱戡匪紀略》，前《雜史類》已著錄。[民國]《龍游縣志》卷末：“第六次議修（志）者爲知縣楊葆光。葆光有文才，見馮先生《採訪冊》，惜其中輟，遂議設局續修，時光緒二十六年五月也。聘葉吉臣先生主局事，而以今坐辦祝先生康祺副之，又以吳際元、方泰元爲局員。葆光頗盡心於茲舉，公余恒來局，有所纂述。不幸翌月而江山匪警至，事平，葆光去職，事又中止。此二月中稿件，今無一存者，滋可惜也。”此志亦未修成。

常山縣志（佚）

（明）佚名撰

　　《文淵閣書目・新志》載有《常山縣志》。[嘉靖]《衢州府志・建置紀・學校》載府學書籍有《常山縣志》一部二册。二書所載《常山縣志》今佚。

[成化]常山縣志（佚）

（明）常山樊瑩纂

　　樊瑩字廷璧，常山人。天順末進士。歷任山東監察御史、雲南巡按、松江知府、河南按察使、應天府尹、南京工部右侍郎、都察院左副都御史、南京刑部尚書等。事跡見《明史》本傳。黃虞稷《千頃堂書目・地理類中》載：“樊瑩《常山縣志》，成化丁亥修。”[康熙]《衢州府志・藝文志》載：“樊瑩《常山縣志》。詹萊《志》曰：時成化三年，知縣李溥。”[成化]《常山縣志》今佚。[萬曆]《龍游縣志》卷首有樊瑩《弘治戊午重修縣志序》，[雍正]《常山縣志・藝文志》有樊瑩詩《雲間有感二首》。

[萬曆]常山縣志十五卷（存）

（明）常山詹萊纂，知縣臨川傅良言修

　　詹萊有《春秋原經》，前《經部・春秋類》已著録。傅良言字以德，江西臨川人，舉人，萬曆九年任常山知縣，見[康熙]《常山縣志・職官表》。黃虞稷《千頃堂書目・地理類中》著録詹萊《常山縣志》十五卷，萬曆乙酉修。[康熙]《衢州府志・藝文考》載：“詹萊《常山縣志》十五卷，順治十七年知縣王明道爲續志。”[萬曆]《縣志》在成化舊志基礎上纂修，“蕪者芟之，逸者登之，陋者飾之，訛者正之，而綴葺其歲月之曠闕者”（見詹萊序），萬曆十三年修成。全志十五卷，卷前有序文、凡例、志圖，卷後有《叙志後》《□將捐助刊刻常山縣志書其都士民姓名列後》。此志各卷名稱表，凡有八表，曰輿地、山川、建置、職官、賦役、禮秩、選舉、雜紀。其山川表、建置表、職官表各兩卷。選舉表五卷，凡科考人物有詳傳者，直書傳略於下，又將賢哲、流寓、遷徙、隱逸、孝義、貞節等人物傳入選舉表。其《職官表》，目録稱《官師表》，與正文卷名不同。至清順治十七年，邑令句曲王明道將萬曆舊志重刊，於《職官表》增補傅良言至王明道時常山知縣，又於序文加以王明道《重刻縣志引》。王明道字有功，江南句容人，拔貢，順治十三年任常山知縣，見此志《職官表》。故此書中“國朝”仍指明朝，而於《職官表》增補清朝知縣則書之“清朝”。此書有清順治十七年遞修本，藏於國家圖書館、臺灣“國家圖書館”、臺北“故宮博物院圖書館”，《衢州文獻集成》據國圖藏本影印。

[康熙] 常山縣志十五卷 (存)

（清）知縣新鄉楊澡纂修

楊澡字磻溪，河南新鄉貢生，康熙二十一年任常山知縣，見此志《職官表》。此志成於康熙二十二年，卷一卷端題"邑人詹萊時殷撰，臨川傅良言以德、句曲王明道有功重校，鄘城楊澡磻溪新輯"。此志在順治間重刊萬曆舊志基礎上續作，其分門別類仍從舊志。卷前有萬曆舊志序二、順治重刻萬曆志序、楊澡新序。楊序言，值天子"爰徵天下《通志》，以資稽考"，澡遂"爰屬學博暨本邑紳士，廣搜博採，以續前志所未備"。茲編凡例言："舊志歷宋元至萬曆十三年止，中更百有餘年，兩經兵燹，漫無稽核。後得《府志》，乃西安先達葉秉敬所編輯，亟加採入。至聞見所未備者，仍闕如也。"可知本志所增萬曆以前史文取諸萬曆《府志》。賦役則將清代《賦役全書》所記相關內容分款載入，名宦、鄉賢傳記前志未備，此志博採世族家乘、先賢碑誌補入。舊志藝文皆散於山川、勝蹟諸類下，此志間有採集，仍照類附，但將無關國計民生者則削去。[康熙]《衢州府志·藝文考》載，詹萊《常山縣志》十五卷，"康熙二十二年知縣楊澡爲續志，而澡本未梓"。可見本志並未刊行。此書有清抄本，藏於日本宮內廳書陵部，《日本藏中國罕見地方志叢刊續編》《衢州文獻集成》皆收錄此書。

[雍正] 常山縣志十二卷 (存)

（清）常山徐烈等纂，知縣江陰孔毓璣修

徐烈有《四書集要》，前《經部·四書類》已著錄。孔毓璣字秋巖，江南江陰人，進士，康熙五十六年任常山知縣，見此志《職官志》。[嘉慶]《常山縣志·書目志》載："《常山縣志》十二卷，知縣孔毓璣聘徐烈等同修。"本志凡例末條言："球川前輩徐君蟄庵，留心志乘，孫景彥（名烈）尤讀書嗜古，邑中掌故考核精詳。曾爲余補綴其缺遺，訂正其訛謬，厥功殊偉，其查送事跡，卷帙尤多。而詹子元瓚、鄭子世球、詹子錫嘏蒐訪採輯，實多將伯之助。"又據此志孔氏序文，孔毓璣纂修之功亦不可没。是志十二卷，卷首有靳樹德序、孔毓璣序、李國祥序、原序、志圖、凡例，有輿地、建置、學校、禮秩、國計、職官、選舉、人物、政蹟、藝文、風俗、拾遺十二志，凡六十一目。十二志每志有總序，各目又有小序。較之舊志，本志改表曰志，且類目變化不少。其將舊志中山川列爲《輿地志》下，改《賦役表》曰《國計志》。將舊志《選舉表》中的人物傳記析出別立《人物志》，又將舊志《雜紀》中仙釋、方技別入《人物志》，《雜紀》中變異、古蹟、寺觀等目多別入《拾遺志》。舊志詩文分列於山川、建置各卷本事之下，此志擇詩文尤雅者，分體彙編，遂立《藝文志》。又將奏疏、詳文、文告獨立爲《政蹟志》，將風俗分四民、五禮、歲時三目別爲一志。此志修於雍正元年，有清雍正二年刻本，藏於國家圖書館、中國人民大學圖書館、臺北"故宮博物院圖書館”等處，《中國方志叢書》《故宮珍本叢刊》《衢州文獻集成》亦收錄。

邑乘補遺（佚）

（清）常山徐烈撰

徐烈有《四書集要》，前《經部·四書類》已著錄。［雍正］《常山縣志·藝文志》著錄徐烈《邑乘補遺》。此書今佚。

常山逸志（佚）

（清）常山邵志謙撰

邵志謙字炳元，常山人。淹通經史，多集舊聞。督學李公聘致幕中。足跡歷數千里，見聞益廣。後以貢生任湯溪教諭。著有《常山逸志》《邵氏庭憲》《同懷集》。事跡見阮元《兩浙輶軒錄》、［嘉慶］《常山縣志·人物志·文苑》。志謙還有《文獻通考纂要》《重訂甲子紀元考》《競辰山房詩集》《然葉齋詩文集》《臨松集》《蘭陔集》《海上晷餘草》《唐詩笑》《杜詩正》等書。志謙《常山逸志》今佚。［嘉慶］《常山縣志》時引志謙《逸志》，其佚文分別見於《山川志》“三衢山”“石崆山”“朝陽峰”條下及《水利志》“項公壩”條下。

［嘉慶］常山縣志十二卷（存）

（清）知縣金溪陳珏等纂修

陳珏，江西金溪人，舉人，嘉慶十六年任常山知縣，見此志《職官志》。此志嘉靖十八年成書，由新任知縣李文熊付刊。其卷端題“知縣陳珏修輯”，陳氏序言此志創修：“與學博張君惺哉、傅君覺軒，暨諸紳耆從事，分門別類，起例發凡，罔不殫心畢慮。余雖有簿書案牘之役，猶時滌塵氛，來與兩學博暨賢士大夫，搜求闕佚，訂正訛謬，而雞鳴風雨之會，舟車山水之間，未嘗踰時不手是編者。”可見陳爲本志纂修出力甚多，故“纂修姓氏”中載爲陳珏纂修，新知縣李文熊、縣學教諭張巽、縣學訓導傅廷機協修。全志十二卷，始疆域、建置、山川、水利、形勝、城垣，次學校、公署、禮秩，次都鄙、户口、田賦，次蠲恤、積貯、兵防、風俗、物産、祥異，次職官、名宦，次政績，次徵辟、選舉，次人物（兩卷），次祠祀、寺觀、橋渡、古蹟、墟墓、利澤，次書目、藝文（上），次藝文（下）、雜記，凡三十三類，另卷首有新序、原序、凡例、纂修姓氏、目錄、繪圖。與雍正年間所修舊志相比，此志類目編排又有不少變動，其變化多據［雍正］《浙江通志》而改。此書有清嘉慶十八年刻本，藏於浙江圖書館、上海圖書館、北京大學圖書館、復旦大學圖書館、臺北“故宮博物院圖書館”等處。後道光二十八年又有重刊本，藏於國家圖書館等處。《衢州文獻集成》據浙圖藏清嘉慶刻本影印。

定陽志餘（佚）

（清）知縣金溪陳珽輯

陳珽纂修有［嘉慶］《常山縣志》，見上。［嘉慶］《常山縣志·書目志》著録陳珽輯《定陽志餘》。定陽爲常山縣故稱。《定陽志餘》爲修《常山縣志》時，未能入《縣志》的相關文獻，此書今佚。［光緒］《常山縣志》時引《志餘》，其佚文分別見於《山川志》"三衢山""賢良峰""白龍洞""私溪"條下。

陳珽《志餘序》：《志餘》者，予修《常山志》既成，以未入邑乘者，輯爲是編也。昔李穆堂先生謂，拾前人詩文傳刻行世者，其功與肉白骨、哺棄兒等。閻氏《元百家詩選》成，夢古衣冠數百人拜於堂下。夫詩文者，文人之精神，與其過而棄也，毋寧過而存之。顧志乘達之鄰邑，行之天下，上之史官，非可以濫收也。是編詹《志》、孔《志》所有，而不宜入新志者收之，詹《志》、孔《志》所無，得之採訪，而不必入新志者亦收之，以爲他日修志之採擇，以備一邦文獻之考徵。後之修志者，仿此而續刻之，俾前賢與後起之精神，長維繫於文峰崔巍、定陽澄映之間，不誠與邑乘相輔而行於無紀極哉！嘉慶十八年，歲次癸酉仲春上浣金谿陳珽識。（見［嘉慶］《常山縣志·藝文志》）

［光緒］常山縣志六十八卷（存）

（清）知縣石埭李瑞鐘等纂修

李瑞鐘，安徽石埭人，監生，光緒七年任常山知縣，見此志《職官志》。此志創修於光緒九年，李瑞鐘主修，縣學教諭朱昌泰、訓導許仁杰監修，至十二年修成。全志六十八卷，卷首有新舊序、凡例、纂修姓氏、目録、圖説，卷末有《雜記》。兹編分爲十二志，凡《地輿志》九卷、《建置志》十一卷、《風俗志》三卷、《食貨志》五卷、《學校志》四卷、《禮秩志》四卷、《職官志》二卷、《政績志》二卷、《選舉志》七卷、《人物志》十六卷、《列女志》三卷、《藝文志》三卷，每卷爲一目，其綱目編次承雍正舊志爲多。此志新修，所據舊志乃孔、陳二《志》及陳珽《志餘》，對其增删更改，瑞鐘序曰："凡有關邑之掌故、人物者，別白搜羅，期無遺濫；於忠孝、節烈等事，取具互結，赴局核載，以昭謹慎。"又云："疆域、山川、形勝、都鄙等類無可增減者，仍其舊。其有建置沿革，事關學校、政教之重，不能因就者，或續或補或易，或增減參半，各依類釐正，無稍瞻徇，體制固自章章也。"據此，本志雖承舊志，亦多有增删。一般志書將寓賢與入籍混載，此志改流寓爲寓賢，將入籍附後，其識見高於一般修志者；此志所載常山入籍人士，並非皆出於名門望族，由此所志可見本邑部分人口來源，其資料甚有價值。此書有光緒十二年刻本，藏於國家圖書館等處，《中國地方志集成》《中國方志叢書》《衢州文獻集成》亦收録。

[民國] 常山縣新志稿十九卷（存前八卷）

（民國）寧海干人俊纂

干人俊字庭芝，號梅園，浙江寧海人。清末入私塾，民國間入上海遠東大學、復旦大學讀書。民國二十五年任杭州《之江日報》主編。此後長期任杭州、寧海等地中學教師或校長。教育之餘，致力於地方志搜集與編寫，共纂修省內外志書三輯六十二種一千一百七十六卷，今所見民國常山縣、江山縣、開化縣《新志稿》收錄於第二輯。除方志外，還著有《盤溪遊草》《天台遊草》《金陵遊草》《括蒼遊草》等詩多卷。事跡見新修《寧海縣志》[①]。此志題《民國常山縣新志稿》，署"寧海干人俊纂"。此書在干氏《常山記》基礎上進行修纂，三易其稿而成書於民國三十六年。是編原本十九卷，今僅存卷首和前八卷，卷首有自序、目錄、凡例、地圖、照片，主要記民國時期常山輿地簡況、山川支脈、土田賦稅、水利工程、物產種類、機關團體、鄉鎮自治、司法保衛、教育衛生、救濟賑災、工商金融、交通狀況，以及職官、宗教、古蹟、藝文、金石、雜記等。此志主要參考《浙江省情》《中國實業志》等書編纂而成。此收干氏諸民國志書，多徵引《浙江省情》一書。據現存殘稿，其引《省情》資料最晚者在民國二十四年，此或其志書時間下限。此書殘本爲民國抄本，藏於江山市博物館，《衢州文獻集成》據其影印。

江山縣志（佚）

（明）佚名撰

《文淵閣書目·新志》載有《江山縣志》。[嘉靖]《衢州府志·建置紀·學校》載府學書籍有《江山縣志》一部二冊。二書所載《江山縣志》今佚。

[正德] 江山縣志十卷（佚）

（明）開化徐文溥纂

徐文溥有《奏議》，前《奏議類》已著錄。此《縣志》修於正德十三年，時知縣爲武進吳仲。黃虞稷《千頃堂書目·地理類中》著錄徐文溥《江山縣志》十卷，正德庚辰修。此志今佚。

徐文溥《正德庚辰江山縣志序》：昔成周盛時，內史掌八柄之法，外史掌四方之志。其後王綱不紐，五霸雄長，勢已無周，而猶惴惴焉環執牛耳，以尊共主爲名，而不敢遂肆焉者，豈力弗逮也？史官在也。志之裨於治，固如是哉！故曰："《春秋》成而亂臣賊子懼。"今之郡縣之志，即外史所掌也。江山，入唐、宋望縣，迨今數百年，而志弗修，蓋曠典也。且以近日觀之，士多知方嚮，有古遺風。時鄉里小民，

---

① 寧海縣地方志編纂委員會編：《寧海縣志》，浙江人民出版社1993年，第897—898頁。

競豪侈相高，喜告訐陷誣長吏，俗以弊壞，要以鑒戒弗昭，無所警勵耳。晉陵吳亞夫，以名進士例試外得江山，懲故轍，謀創新志。屬草稿未定，謂不敏是正。余病無能，爲同事伍達夫強委重焉。未即事，請益力，余乃強疾參訂，芟繁就簡，移事屬類，去其不當載者什之三，乃就編志凡十卷，綱鼇爲八，而條例其下：首天文，明天道也；次封域，紀地理也；次食貨，重國用也；次職官，著政也；次選舉，表人才也；次人物，章善也；次典禮，尊制也；次宮室，備民之用也；而以雜志終焉，備遺也。夫天道明，地道著，人道立，而三才之義於是備矣。觀之者可以勸，可以懲，可以風矣。君子曰："尹之功懋哉！"嗚呼！俗吏惟私是急，或縮於才，一切政務苟且，何暇於志。乃尹之至也，會宗藩之變急，八月定檄試事迫還，輒聞車架南征，出常山。常令缺，上官恐倉卒不辦，奪尹治常，百責攸萃。吾恐其弗遑櫛沐，而乃優遊暇逸，從事文事，自非中有定力，而才足濟之，能若是也乎？尹己未進士，立齋先生仲子也，英達而甚文，其持己也厲，風操凜然，太阿不可犯。其於政也，尤重風教，建大義祠，遷逸平書院，諭禁城隍賽會，毀活佛殿十餘所，皆卓卓關大節，而又急乎此以風飭之，江人其庶乎化矣。他日柄用，其梗概不略見乎？（見康熙辛巳《江山縣志》卷首）

［嘉靖］江山縣志（佚）

（明）知縣金谿黃綸修

黃綸字理夫，江西金谿人，舉人，嘉靖二十年知江山縣。見［天啓］《江山縣志·職官志》。黃虞稷《千頃堂書目·地理類中》著錄黃綸《江山縣志》，嘉靖甲辰修。此志今佚。

黃綸《嘉靖甲辰江山縣志序》：北山子承乏江山，下車無何，披閱舊志，見其體裁弗精，會通未一，喟然歎曰："修其可緩諸？是誠在我。"顧民瘼方殷，焦勞惟甚，未之能及也。既三載，民用康和，百廢漸舉，乃以其餘力修焉。採諸輿議之長，斷以一得之見，削其所當削，而增其所當增，詳其所當詳，而略其所當略。揆厥體裁，其弗弑爾已；究厥會通，其弗紊爾已。志既成，序其首簡曰：維茲江山，浙之名邑也。稽乎志之所載，產於茲邑者，名賢輩出，道學如徐公存，德行如周公穎，氣節如毛公注，忠義如徐公應鑣、徐公揆、毛公槀，所立炳炳，與日月並其明，斯不亦爲百世之儀型矣乎？宦於茲邑者，聲望相踵，節義如趙公旦，廉明如孔公准，興學如陳公仲進，剛執如王公進，靖寇如劉公松，所垂卓卓，與山川偕其久，斯不亦爲百世之軌範矣乎？夫世有古今，道則無古今；人有古今，心則無古今。鈞是人也，則鈞是心；鈞是心也，則鈞是道。故曰：人能弘道，非道弘人。又曰：苟非其人，道不虛行。是故所以弘之也者。所以行之也者，亦在乎求之心而已矣。心乎道，則至乎道矣。孰謂古今人真不可相及乎哉？是故爲江之學者觀斯志也，而感其心，以篤其學，尚友前修，切磨匪懈，則存之爲道德，發之爲事業，增休光於無窮者，將有在矣，余深望之。若余之不敏，雖勉策周行，而學術疏淺，行弗逮志，不無餘愧。乃按斯志之跡，而以心焉神之，用以光大其烈，並驅前軌，則余兢兢之心，固將俟後之君子。嗚呼！知乎此，則知志之繫乎邑也甚重。而余之修之也，亦甚不輕矣。若夫襄贊纂修之功，則主簿陳學、教諭譚景韶；參互考察之力，則訓導蔣爵、張琛，生儒鄭思仁、伍聰也，法得並書。（見康熙辛巳《江山縣志》卷首）

［天啓］江山縣志十卷（存）

（明）江山徐日葵纂，知縣興業張鳳翼等修

　　徐日葵字叔向，號藿心，江山人。萬曆己未進士，補刑部郎。以直言謫汴幕，遷大理寺。事跡見康熙癸亥《江山縣志・人物志・氣節》。日葵所著有《和鶴居集》。張鳳翼字秉瑞，號岐陽，廣西興業人，舉人，天啓二年任江山知縣，見康熙辛巳《江山縣志・職官志》。黄虞稷《千頃堂書目・地理類中》著録徐日葵《江山縣志》十卷，天啓癸亥修。此志創修於前令蔣九覲，然蔣氏有遷令，遂未成帙。張氏宰斯邑，據舊稿增修，以徐日葵總其事，故月餘而稿成。此志成於天啓三年，凡十卷，分八門，徐氏序曰：“先輿地，紀勝概也；次建置，定經制也；又次籍賦，而後秩祀，則富教之旨也；又次職官，而後人物，則名實之稽也；次雜志，以廣肆見聞；次藝文，以鼓吹休明。綱舉爲八，而叙列其下，一邑之志備矣。”是志雖卷分有十，然較爲簡略。今見此志天啓刻本已殘，卷前無序，有殘圖四幅，除卷二、卷三外，其餘各卷皆有缺葉，少者缺一葉，多者缺六葉。此本雖不見序文，然康熙辛巳《江山縣志》幸存有張鳳翼、蔣德璟、徐日葵、鄭世熙四序和張大基跋，可補其闕。此書有明天啓刻本，藏於國家圖書館。臺灣“國家圖書館”和臺北“故宫博物院圖書館”存此本八卷。《衢州文獻集成》據國圖藏明天啓本影印。

［康熙］江山縣志十卷（存後七卷）

（清）西安余錫纂修

　　余錫字九如，西安余國賓之孫，敷中之子。贅江山進士徐日葵之女，遂附籍江山。工古文詩賦，爲士林推重。事跡見康熙癸亥《江山縣志・人物志・僑寓》。康熙辛巳《江山縣志》朱長吟跋語稱，“訪有康熙癸亥余君錫纂修鈔稿”，可見余錫所修《江山縣志》並未刊行。今國家圖書館存有清抄本《江山縣志》，僅存七卷，缺卷一至卷三，不題撰修者。此本正文前有識語曰：“按《通志》内《經籍十三》載，‘《江山縣志》十卷，康熙癸亥邑人余錫修。’查此志内容事跡均至廿二年，且係十卷，應認爲康熙余《志》無疑。”《浙江通志》載有余錫此志，識者由此本内容推斷爲余氏所修，無誤。此本卷四至卷十依次爲《秩祀志》《國計志》《人物志（上、下）》《藝文志（上、下）》《雜記志》，其《藝文志》中有余錫《邑侯見田余公甘棠遺愛序》《募建城隍廟疏》、詩《次望江郎韻二首》《同友人遊心航》。較之〔天啓〕《縣志》，余氏將《籍賦志》改稱《國計志》。此志除增補天啓至康熙所見史事外，其他内容多照録天啓舊志而不加修改。由於〔天啓〕《縣志》有所殘缺，此志所存相關内容可補其闕。本志雖未刊行，但其所載明末清初内容爲後志所採。此志有清抄本，存後七卷，藏於國家圖書館，《衢州文獻集成》據其影印。

[康熙] 江山縣志十卷（存）

（清）教諭錢塘朱長吟等纂，知縣休寧朱彩修

　　朱長吟，浙江錢塘人，康熙三十三年任江山教諭；朱彩號紹亭，安徽休寧人，歲貢，康熙三十六年知江山縣，見此志《職官志》。據朱序和跋語可知，此志乃朱氏"偕兩博士及鄉衮庠彦"同修，教諭朱長吟、訓導王溥參纂，書成於康熙四十年辛巳。而據王溥跋語，"雖採輯偕諸同事，而裁定悉由之邑侯"，可知朱彩修此志之功不少。是志凡十卷，相次爲輿地、建置、秩祀、國計、職官、科名、庶官、人物、雜記、藝文十志，凡七十目。卷前序跋、凡例、目録、志圖，新撰序跋有張濬、朱彩二序，朱長吟、王溥二跋，新序跋後又有明正德、嘉靖、天啓三志序跋。今正德《志》、嘉靖《志》不存，天啓《志》序跋亦散佚，其序皆賴此志而存。此志將舊志《人物志》中屬選舉、徵辟等析出，别立《科名》《庶官》二志，其《國計》志名實採余錫舊志，其餘諸志名皆從徐日葵舊志；其將徵辟、仕宦、封蔭、戚畹、吏材不由科甲而得名位者别立庶官，爲其新創。就具體内容，是編抄録舊志者實屬不少，然亦據採訪新增余錫舊志闕遺和康熙二十三年以後人事。當然，有些内容有所修改，如其《凡例》所言，"《圖説》、序傳間有未周，添加訂正，或删繁而就簡，或潤色而補苴。"此書有清康熙四十年刻本，藏於上海圖書館，《中國地方志集成》《衢州文獻集成》亦收録。

[康熙] 江山縣志十四卷（存）

（清）教諭山陰宋俊纂，知縣武陵汪浩修

　　宋俊，浙江山陰人，副貢，康熙四十六年任江山教諭，見〔乾隆〕《江山縣志·職官志》。汪浩，湖南武陵人，舉人，康熙四十八年知江山縣，見此志《職官志》。是書多出宋俊之手，成於康熙五十二年癸巳。此志卷首有序文、例言、圖説，舊序在前，依次爲正德、嘉靖、天啓和康熙辛巳舊志序文，今見此本中正德《志》序文僅殘餘幾行，嘉靖《志》序亦殘缺不少，舊志序後爲宋俊序。卷終附有《邑人著述》，乃前志所無；末爲《增補事文》，詳列此志較舊志新增事文條例。此志凡十四卷，分輿地、建置、國計、學校、禮秩、職官、選舉、恩榮、人物、拾遺、典册、藝文十二志。與康熙辛巳舊志比較，其分别改"秩祀""科名""庶官""雜記"之名爲"禮秩""選

舉”“恩榮”“拾遺”，將《建置志》中“學校”獨立成志，又將屬於藝文之敕誥、表疏等文單獨別立《典冊志》。其他細目亦有變化，如“風俗”由舊志《輿地志》改入《拾遺志》，又如“物產”“方外”由《雜記志》分別改入《國計志》《人物志》。其《藝文志》分三卷，以文、詩分別，按時代先後編排。由後附《增補事文》可見，該志增新訂舊者達四百餘條，不僅增補康熙辛巳以後事文，亦增補了辛巳以前諸多人事，然而有些增補如“學規”“臥碑”“白鹿洞教條”“飲射”“師儒”等非江山獨有。此書有清康熙五十二年刻本，藏於國家圖書館、浙江圖書館、北京大學圖書館，《衢州文獻集成》據浙圖藏本影印。

[乾隆] 江山縣志十六卷（存）

（清）文溪書院講席仁和陸飛纂，知縣長洲宋成綏修

　　陸飛字起潛，號筱飲，浙江仁和人，乾隆乙酉解元。事跡見［民國］《杭州府志·人物志·文苑三》。此志宋成綏序稱，乾隆癸巳，陸解元筱飲來主江山文溪書院講席。宋成綏，江蘇長洲人，監生，乾隆三十二年知江山縣，見此志《職官志》。宋成綏序言，“諸紳士以修志請，余欣然爲倡，遂延陸君主其事，更定類例，參考史籍，補闕訂訛，閱歲乃成”，可見志成於陸飛之手。此志卷首有宋成綏序、凡例、纂修姓氏、志圖、總目，卷末附有明正德至康熙癸巳間所修諸志舊序，其中汪浩序不見載前志。此志凡十六卷，以舊志門類蕪雜，又多造名目，殊怪志體，遂立爲二十門，曰星野、山川、沿革、城垣、公署、關津、學校、賦役、壇廟、古蹟、職官、選舉、名宦、人物、恩榮、風俗、物產、祥異、藝文、雜錄；有些門類下又附以它目，如星野下附有疆域、形勢，學校下附以書院。此志引證資料必注明出處，闕者補之，訛者正之，所引悉從原書，或文繁不能盡錄，祇從刪節，不作增改，於詩文則錄其全篇。其於詩文或屬山川或屬古蹟等類者，各從其類，以時代相次散附於其下，惟無門類可歸者則分體入藝文志。對於康熙癸巳舊志所載非一邑所專屬之內容，如“學規”“師儒”者，是志悉刪去。此志常引［正德］《江山縣志》，可見當時正德舊志尚存。是志旁稽博考，徵信有據，少有空論，較之諸舊志改進不少。此書有清乾隆四十一年刻本，藏於國家圖書館、浙江圖書館、上海圖書館、武漢大學圖書館、臺灣“國家圖書館”和臺北“故宮博物院圖書館”，《衢州文獻集成》據浙圖藏本影印。

[同治] 江山縣志十二卷（存）

（清）教諭紹興朱寶慈等纂，知縣閩縣王彬等修

　　朱寶慈，浙江紹興人，廩貢，同治十年任江山縣教諭；王彬，福建閩縣人，解元，同治十年知江山縣，見此志《職官志》。此志卷前有王彬序、孫晉梓序和自正德至乾隆間諸志舊序。王彬序云，其來攝斯邑，籌議修志，以朱寶慈、陶謨、朱鋆分司

纂輯。據孫序可知此志成於王彬任上，由新任知縣孫晉梓付刊。又據《纂修姓氏》，纂修者爲王彬、孫晉梓、朱寶慈，分纂者爲陳鶴翔、陶謨，協修者爲朱鋆等四人，由此知是志成於衆人之力。又由王序言挽留寶慈修志，可知朱寶慈於此志出力尤多，故題於"纂修"行列。此志十二卷，總綱十二，析目五十四，凡輿地志六、沿革志四、食貨志四、學校志一、秩祀志一、職官志四、選舉志四、恩榮志四、人物志十二、列女志五、藝文志五、拾遺志四，卷首有序文、凡例、目錄、志圖，卷末附《邑人纂述書目》《舊志纂修姓氏》《修輯志書告示》。其詩文編次體例及引書詳明出處皆仿乾隆舊志，然復取康熙癸巳舊志所載非專屬一邑之志"文廟樂舞"等內容。其志於詩文有字句與前志不同者，皆考覈原本，於各條下注明。較諸舊志，本志所增修人事、詩文，以乾隆四十年以後爲多。其人物傳除多採舊志外，新增傳記多取自《採訪事實》和蔡英《俟採副草》。蔡英字蕃宣，號東軒，浙江紹興人，舉人，自乾隆五十五年後二十年間任江山縣訓導，有《東軒遺集》，見此志《職官志》。此書題"同治十有二年歲次癸酉秋月文溪書院開雕"，紀事一般止於同治十二年，而《職官志》"國朝知縣"載馮德坤於"（同治）十三年署任"知縣。此書有清同治十二年刻本，藏於國家圖書館等處，《中國地方志集成》《中國方志叢書》《衢州文獻集成》亦收錄。

[民國] 江山縣志二十卷（存卷首、卷一）

（民國）建德汪漢滔等修，王韌等纂

　　王韌，浙江建德人。[民國]《建德縣志·選舉志·正選表》載，臨時議會由嚴州軍政府召集選出王韌爲省議員，民國二年選出王韌爲農會長。此《江山縣志》編纂於民國二十八年，卷前《纂輯姓名》載："主纂，前第一區行政督察專員汪漢滔、前任江山縣縣長周心萬、現任江山縣長沈秉諶。總纂，王韌。分纂，王治國、毛存信"。此志原本二十卷，依次有天文、地理、疆域、風俗、交通、建設、職官、司法、自治、黨務、秩祀、選舉、教育、宗教、食貨、防禦、藝文、人物（男性、女性各一卷）、拾遺十九志，卷首有例言、纂輯姓名、圖、目錄。今此本僅存卷首、卷一，且卷一稍有殘缺。此民國新志，與以往舊志相比，增以近代新典新制，如司法、自治、黨務等志皆是。其將"風俗"單獨立志，以舊習、時尚相分別，新增"方言"爲前志所無。其將舊志中的津渡、橋梁改屬交通志下，新增郵傳、電報、汽車公司等新式交通。其於食貨志下所列賦則、稅率、鹽政、錢法、金庫、倉儲等目皆含新意，於防禦志新所增保衛、警察、民團等目皆爲新制。卷一殘篇紀事至民國二十一年而止，不知是否爲此志下限。是志所載民國時典制、人事，較有價值，惜不存全帙。此書有民國抄本，僅存卷首、卷一，藏於江山市博物館，《衢州文獻集成》據其影印。

[民國] 江山縣新志稿十九卷（存前七卷）

（民國）寧海干人俊纂

　　干人俊有 [民國]《常山縣新志稿》，前已著録。此志成於民國三十七年，題《民國常山縣新志稿》，署"寧海干人俊纂"。干氏是志原本凡十九卷，自序言"總爲八萬言"，今僅存卷首和前七卷。此志卷前有自序、目録、凡例、地圖、照片，其十九卷依次爲：卷一曰沿革、疆域、面積、人口、氣候、土壤、地質、道理，卷二曰叙山，卷三曰叙水，卷四曰土田、賦税，卷五曰機關、團體，卷六曰自治、司法、保衛，卷七曰交通、水路、鐵路、公路、郵政、電政，卷八曰教育、衛生、救濟，卷九曰商業、金融，卷十曰工業，卷十一、十二曰物産（分爲農畜、林礦），卷十三曰宗教，卷十四曰古蹟，卷十五曰職官，卷十六曰人物，卷十七、十八曰藝文（分書目、志乘考略、内外編）、卷十九曰雜記。本志以紀民國成立以後事爲主，故其目與民國以前舊志大不相同，所採之書主要爲《浙江省情》《中國實業志》等。前志叙水本支不分，源委未明，此志採《浙江水陸道理記圖》重爲編寫。其學校與舊志不同，分初等、中等、社會三目。其宗教先叙佛、道、耶諸教概括，次述寺觀、教堂。其《職官志》係續同治《縣志》，資料取自《大清縉紳全書》。其藝文内外編以所撰作者涉於本邑者爲限，邑人入内編，非邑人入外編。此書有民國抄本，存前七卷，藏於江山市博物館，《衢州文獻集成》據其影印。

開化縣志（佚）

（明）佚名撰

　　《文淵閣書目·新志》載有《開化縣志》。[嘉靖]《衢州府志·建置紀·學校》載府學書籍有《開化縣志》一部二册。二書所載《開化縣志》今佚。

[弘治] 開化縣志十卷（佚）

（明）開化方泌纂

　　方泌，瑛之子，開化人。舉進士，爲刑部主事，擢員外，薦陞廣東僉事。以親老且又恐負國乞歸，因以二宜爲號。事跡見 [嘉靖]《衢州府志·人物紀·孝行》。[天啓]《衢州府志·人物志·甲科》載方泌爲天順庚辰進士。黄虞稷《千頃堂書目·地理類中》著録弘治乙卯方泌修《開化縣志》十卷，[康熙]《衢州府志·藝文考》亦著録。此志今佚。

[萬曆] 開化縣志十卷（佚）

（明）開化余文浙、徐公軏纂，知縣貴溪汪應望修

　　余文浙號頤齋，開化人。以恩貢授鄞縣訓導，遷益府教授。事跡見 [崇禎]《開

化縣志・人物志・孝廉》。徐公軏，事跡不詳。[崇禎]《開化縣志・選舉志》載明萬曆貢士有徐公軏。汪應望字汝道，江西貴溪人，見[崇禎]《開化縣志・官師志》。黃虞稷《千頃堂書目・地理類中》著錄汪應望《開化縣志》十卷，萬曆戊子修。《內閣藏書目錄・志乘部》載："《開化縣志》二冊，全，萬曆戊子余文浙修。"[康熙]《衢州府志・藝文考》有"徐公軏《開化縣志》。知縣汪應望序曰：時萬曆戊子，同修者教授余文浙"。洪煥椿《浙江方志考》載此《志》爲"知縣貴溪汪應望修，開化徐公軏等纂"①。據[崇禎]《開化縣志》卷首所載"舊修志姓名"可知，萬曆戊子《縣志》爲教授余文浙、貢士徐公軏纂修，知縣汪應望主修。此志今佚。

汪應望《萬曆開化縣志序》：衢府之屬第五邑則爲開化，壤地僻小，介在叢山之中。迤遞自常而來，接徽婺，遂嚴饒，廣玉德之境。四面層巒疊巘，綿亘盤據，奇峭峻拔，凌逼霄漢，突然兀然，令人觀望神竦，莫可梯攀。水性湍悍疾駛，灘高流淺，兩山夾之以行，暴雨驟漲，則衝激奔騰，跳梁叫號，如怒如射。求拱揖拜伏之狀於開之山，求停涵蕩漾之情於開之水，蓋兩鮮焉，亦天造地設使然也。民生其間者，性習因之以爲善則上智，以之爲不善則首凶，亦理所固然矣。自有宋太平興國間，披草萊闢開原之鄉而縣之，規模建置頗稱雄偉，雖虎牢、嚴邑不過焉。枕鍾阜而面鳳山，左金錢而右玉屏，龍潭匯於鍾阜、金錢之下，而遠出鳳塔、玉屏之前，亦浙東上游一大奇觀矣。顧厥田山麓砂磧，少平原大坂之廣衍，間有下隰宜稻，而熟晚收遲，故青黃不續之歎頗長。早稻田少，更亦不奈數日之旱，忽即稿焉，非常稔之産也，故不多稱有季。且田不及山地之十五，穀資隣邑江、常轉輸商賈以濟。若才用之所利賴，則山宜杉、漆、桐、竹、松、柏、桑、棗、柿、栗諸樹，其雜薪並可代之爲炭。山地又宜姜、芋、荳、黍、麥，豐登可以當穀十分之六七，勤植而善種之，則僅足以自贏。唯有窮民多盜界焉，竊伏者尤甚焉。往季曾罹饒寇，焚戮之慘，兼以礦山起釁，四境垂漩，武悍虎視，乘之以交爭，至今防亦不懈，民甚苦之。後因塹山爲城，臨谷爲池，民獲以安。蓋利害不能相無，亦天下之常勢也，轉危爲安，固存乎其人矣。中間數百季來，景態、風物、臧否、妍醜、消長、盛衰，自亦因人與時相爲上下，其甲第人材之盛，至今誦之。而嘯聚山林、攘臂稱首者，亦時或竊發四出。邇季英雄逸轎，智少凶多，中人爲之移易各思，惟以財力譎詐相傾，肆其頑悖之性，殺人以逞其心，焉無惻容。否則陽爲健搆，陰爲險穽，匿名投謗，以戕其姻族，而非其上者，自謂得計吁，亦淪爲風氣，而莫覺其非耳。其意將謂人莫予知，豈知神明洞鑒，幽渺不遺，王法燭照，媺慝不爽，善者食其景福，而不善受其淫禍，自作之孽，悔之何及，何其迷而不悟邪！顧凡民之惟惟，上所導長民者，理而諭之，法而裁之，神而明之，徐而化之，清其原而風之，挽其流

---

① 洪煥椿：《浙江方志考》，第374頁。

而迴之。因開民之性，治開邑之民，則亦可與爲善；如拂其性而强之從，雖管、晏有不能。不獨於開邑爲然，然非聖智所爲也。即如近時健誦之風稍息，殺人之人頗少，亦漸見其俗革，庠校之士自相淬勵。今者繼六科乏人之後，而選舉於戊子之鄉者，雖僅一人，然以泰來之運度之，則後來彬彬向盛可翹足待矣，固作喜降祥之明驗也。治開之吏，與開之輿圖，民之性習，水土之品，彙載在舊志者，亦略可考鏡。而故典多逸，新事未録者且數十季，於兹修之，不可以已也。應望承乏兹邑，下車訊之，尋得舊板，摹而觀焉，亦杞宋之僅存也。然此其文也，尤幸有獻焉，得就諮詢，而徵其實。如先朝老臣儀岡徐公者，起家甲第，筮仕明刑，入爲名諫，有獨持風裁之聲；晉陟名鄉，有急流勇退之節；季將躋於耄耋，精不減於壯强；詞不尚夫浮華，事必核其情實；文資夫獻，獻兼夫文，邦之典刑，是已望也。竊幸得以主持其議論，而相與襲舊以爲新。又得孝行廣文邑博藩相余君順齋，樂與總攬其綱。邑庠生蔣應鍾、汪令德等，暨今戊子中式徐公敬諸士，從而後先左右之，以其共纂其目。先是，學師閩中李君、粵中黎君始贊其謀，會稽李君後至樂成其美，僚友南中韋君督理於先，同鄉豐邑譚君協贊於後，幕尉閩中馮君最後至，皆與有事焉。載言者士，載筆者士，蓋巨室非一木所能成，而大匠亦群工之效績。飭之删之，採之摘之，滌之揚之，色之澤之。玉石瑕瑜，真情燦列，册青黑白，公論炳彪，雖孝子慈孫，恩怨親仇，不得私予奪焉，鑒鬼神，質魯史可已。上稽列星，下察分野，中紀王章，旁搜物情。考山川風氣之偏，而知轉移變化之術；求智愚福禍之故，而知迪吉避凶之方。民之自觀，與上觀之民，交相發越，則斯志也，固上下之軌物，而化理之機衡也。豈徒録見聞備古今，篤其實而文焉已而者邪！志成將梓之，以備觀風之採，姑次其顛末與日月，以俟匠心之手而弁之。知開化縣令汪應望書。(見[崇禎]《開化縣志》卷首、[順治]《開化縣志》卷首)

[萬曆]開化縣志十卷（佚）

（明）開化徐公敬補纂，知縣高安諶士觀、東莞蘇珵修

徐公敬字承之，號濱麓，開化人。萬曆壬辰進士，授刑部主事，後改南工部。有《濱麓集》行世。事跡見[雍正]《開化縣志·人物志·文學》。諶士觀，高安人；蘇珵，東莞人，二人皆萬曆間任開化知縣，見[崇禎]《開化縣志·官師志》。黃虞稷《千頃堂書目·地理類中》著録徐公敬《開化縣志》十卷，萬曆辛丑修。[康熙]《衢州府志·藝文考》載："徐公軷《開化縣志》。新《縣志》曰：其後十四年辛丑知縣諶士觀，又五年丙午知縣蘇珵，俱屬縣人徐公敬爲補修。"據[順治]《開化縣志》卷首所載"舊修志姓名"可知，此志在萬曆（戊子）《縣志》基礎上補修，先後由知縣諶士觀、蘇珵補修，由徐公敬補纂。此志今佚。

諶士觀《萬曆開化縣志序》：夫志，所以昭往而鑒來也。順有門之，而卒以傳□

之，而反以佚者何？蓋未修則當事者病之，往往欲尋文獻以成曠典，甫修則怠事者諉焉，甚至置簡帙而失其舊，□志所以不可不修，尤不可不補也。歲庚子，予釋褐承乏開陽，始至，慮無以備知境內山川險易，風俗嫩戾，及建置沿革，户賦煩簡，人物顯晦，以爲興利除害之一助，亟索邑志。覽之，遂獲瞭舉，其概如指諸掌。因嘆志之所繫良重，而當日載筆諸公，所爲寓精楮穎昭往而鑒來者，厥功茂哉！志修於萬曆戊子，前令翊山汪公創其事，邑人藩相余君頤齋主之，庠生蔣應鐘等相與校讎，極一時之彥。文詳事核，綱羅弘治以來百餘季間往蹟昭章，凡涖茲土者，得所考覽，以無慭忘洵美且傳矣。顧戊子距今僅十五歲，而遺佚且多，即時事之趨，俯仰今昔，異同無幾，而官師之後先履歷，科甲之彬彬迭出者，登載未該，盛美遏抑。余覽而興慨，欲加增修，旋以述職行，不遑本業，無何直指□斧，觀風檄徵邑志，而□□已久，幾不能舉其全。夫以十餘季之相距而墜廢若是，及今不稍稍留意，恐愈久而愈湮滅伊，誰之責耶？適寅佐吉水魯君奉委視篆成，予鳧志掇拾原刻，屬庠生余慶舉諸友，復加採緝，捐俸鳩工繕録，而付諸剞劂。凡戊子而後，所未登載者，犁然具舉，無復掛漏，雖義例無改，而蒐輯加富焉。舍□邑之有志，無異國之有史，缺則昭代之憲章無據，志佚則闔邑之考信奚徵？是以虎觀、石渠之間，歲有編摩，鴻章炳若，垂輝無窮且也。虎觀、石渠之編摩，猶時時採及稗官野紀，庶幾芻蕘之詢。志雖關一邑無當鉅觀，然不啻區區爲名山藏於稗官野紀之後明矣，詎謂志可廢而不修而不補者耶？新舊《唐書》，互有衰益，並稱良史。今兹之役，於舊志一詞無所贊，而第補其缺遺，上以備當事之採擇，而下以竢後之君子踵而修焉。無令博物宏覽之士，欲一舉其椽筆，而恨無籍手也。則今日之纂補，或不無少裨哉！知開化縣事筠陽豫吾諶士觀書。（見［崇禎］《開化縣志》卷首）

蘇珵《［萬曆］開化縣志序》：志昉於史傳，所以載沿革而資考鏡。厥系綦重。第時移事易，俛仰之間，頓成今昔，歷禩久而編摩弗繼，後有載筆者起，無從稽往而紹來，識者憾焉。開於浙爲上游，山川風物之盛，賢哲鐘孕之奇，舊志詳載言之。重修於萬曆戊子，紀述益備。已而復事增修，起辛丑而上接戊子，則豫章汪、諶兩侯實先後之表章之力，斯已勤矣。頃不佞承乏茲邑，距辛丑之役又若干歲，其間科貢之繼起、宦跡之踵至者又若而人。不佞恐其久而軼也，爰集文學葉生日觀、施生衍慶等授簡而編纂焉。上以成豫章兩侯之美，而下以俟博雅之佳子蒐輯以彙其全者。無所憂於掛漏，則是編也，詎爲無補哉。抑又聞之"前事之不忘，後事之師也"，試披志，而吏治之隆污，時變之升降，犁然可睹。雖曠代而如新，則袞鉞之義，尚有史氏遺意焉。後之覽者亦將有感於斯乎！知開化縣事東粵具六蘇珵題。（見［崇禎］《開化縣志》卷首）

[崇禎] 開化縣志十卷（存）

（明）開化汪慶百纂，知縣項城朱朝藩修

汪慶百有《問奇》，前《經部·小學類》已著録。朱朝藩，河南項城人，舉人，崇禎三年任開化知縣，見此志《官師志》。黃虞稷《千頃堂書目·地理類中》著録汪慶伯《開化縣志》十卷，崇禎辛未修。此"伯"字當爲"百"。此志修成於崇禎四年，以方泌弘治舊縣志和吾翕等［弘治］《衢州府志》爲主，參以弘治以後府志、縣志。北宋太平興國間，始陞常山縣開化場爲開化縣，故此志纂修亦參以常山舊志。是志卷前有汪慶百《修開化志紀事》，有蘇理、諶士觀、汪應望諸舊序，有修志姓名和凡例。全志凡十卷，卷一爲志圖、輿地志、建置志，卷二爲官師志、典禮志，卷三爲賦役志，卷四爲選舉志，卷五爲人物志，卷六爲雜志，卷七至卷十爲藝文志，每志下分若干目，凡六十四目。其卷十《藝文志》載有朱熹、呂祖謙、張栻、江溥、謝諤、呂祖儉、陸九齡《題聽雨軒》詩七首，其中呂祖謙詩於《御選宋詩》有載，朱熹詩、張栻詩不見於二人文集等作。此書有明崇禎四年刻本，藏於國家圖書館，《稀見中國地方志匯刊》《衢州文獻集成》亦收録。

[順治] 開化縣志十卷（存）

（清）開化徐世蔭纂，知縣靖江朱鳳台修

徐世蔭字爾繩，號竹孫，開化人。天啓乙丑進士。初仕南京兵部車駕司主事。歷本部員外郎，出守鳳陽郡。陞福建按察司使。事跡見［順治］《開化縣志·人物志·事功》。朱鳳台有《治開録》，前《雜史類》已著録。自明清之際兵燹之後，開化土荒不穀，丁户多走，大殊於昔日。鳳臺宰是邑，人事踵新，以當時據崇禎修志已逾二十餘年，遂於順治九年壬辰請徐世蔭纂修新志。世蔭序言，其與同志取前志而詮次，"已備者整齊之，未載者補益之，書其信者，闕其疑者，質之輿論，參之見聞。弗敢執，弗敢狗，要以紀風會，則今昔之感生；載妍嫺，則勸懲之法寓；著盛衰，則維挽之力亟，非徒取鴻龐、侈美觀也。閱月而書告成"。由此可見此志取裁。此志卷首爲序文和修志姓名，各卷目次與崇禎舊志相比，僅删舊志藝文志中"頌"一目，其餘目次全同舊志。朱鳳台序云，此志内容"存舊十之七，增五之一，删九之一"。此志有清順治九年刻本，藏於臺北"中華耶穌會神哲學院圖書館"。

[康熙] 開化縣志十卷（存）

（清）開化汪爾敬纂，知縣商丘吉祥修

汪爾敬字直夫，號損庵，開化人。弱冠登賢書。生平所作詩古文辭，皆本至性。著有《卜門尊聞録》《陶林文集》《東皋詩》，藏於家。事跡見［雍正］《開化縣志·人物志·文學》。同書《選舉志》載汪爾敬爲崇禎十五年舉人。爾敬之作另有《瑞蓮堂集》。吉祥，河南商丘人，舉人，康熙十九年任開化知縣，見此志《官師志》。康熙二十二年癸亥，知縣吉祥延邑人汪爾敬增修順治舊志，次年知縣董鐸刊行。［康熙］《衢州府志·藝文考》載："徐世蔭《開化縣志》十卷。新《縣志》曰：康熙癸亥，知縣吉祥屬縣人汪爾敬爲補志。明年，知縣董鐸梓。"然［雍正］《浙江通志·經籍志十三》分別著録順治壬辰、康熙癸亥、康熙甲子三種《開化縣志》，不當。本志爲康熙時增修本，卷首有萬曆戊子至康熙甲子新舊諸序和修志姓名。康熙增修，除《賦役志》增補較多外，其他内容仍舊者十之八九。此志有清康熙二十三年刻本，藏於國家圖書館，《衢州文獻集成》據其影印。

［雍正］開化縣志十卷（存）

（清）開化方嚴翼、徐心啓纂，知縣奉天鑲白旗孫錦修

方嚴翼字二有，號再庵，開化人。雍正癸卯選拔，任樂清教諭。所著有《自怡集》《猶人集》《燕遊草》《甌云草》《古今名勝詩》，藏於家。事跡見［乾隆］《開化縣志·人物志·循吏》。徐心啓字進思，開化人。廩生。熟精古文，尤長於詩詞駢文。事跡見［乾隆］《開化縣志·人物志·文苑》。孫錦，奉天鑲白旗人，雍正二年知開化縣，見此志《官師志》。此志修成於雍正七年，卷首有新舊志序、目録、修志姓名、凡例、志圖。全志凡十卷，分輿地、建制、典禮、賦役、官師、選舉、人物、雜志、藝文九志，凡九十四目。此志分爲九志雖與舊志同，然編次稍異，且各志類目内容有別。其以舊志地輿有圖而分野未繪，遂照省志古測圖以繪之。舊志首分野，次沿革，此志以沿革先之。其將名勝增附形勝之後，增軍營於公署之下，增壇壝於學宫之後，其於《典禮志》增以學政、農政、鄉飲、鄉約、兵房。舊志於秩祀大概撮要從略，此志於文廟、山川、社稷、關帝諸祀皆詳考其源流。其人物記載，求於信史，凡有增入，務博採輿論，確有可據者，方行録入；藝文必有關名教及與邑志相表裏方爲增入。舊志評論大都不注姓氏，是志小注修志舊評舊議以別之。較之舊志，本志新增不少内容。然此志新增内容有些欠妥，如"鄉約"詳載《聖諭廣訓》非志書應採，又如"秩祀"增考内容亦非必要。此志有清雍正七年刻本，藏於國家圖書館、臺北"故宫博物院圖書館"，《中國方志叢書》《衢州文獻集成》亦收録。

［乾隆］開化縣志十二卷（存）

（清）知縣侯官范玉衡等修，開化吳淦等纂

范玉衡，福建侯官舉人，乾隆末任開化知縣，見此志《職官志》。此志成於乾隆六十年，卷首有"舊修志姓名"，而無修新志姓名，有些卷端題"知開化縣事晉安范玉衡修"。然范氏自序言，"余謹與邑之紳士採輿論，訪軼行，檢校舊乘，删其繁冗，補其漏略，訂爲信志"，可見此志並非出自范氏一人之手。全志十二卷，卷首有凡例、

總目、舊序，卷一曰聖諭，卷二曰圖説、星野、建置、疆域、山川、城池，卷三曰學校（書院附）、公署、古蹟、水利，卷四曰賦役、户口、蠲恤，卷五曰積貯、驛傳、兵制、風俗、物産、祥異、封典、職官，卷六曰選舉、宦績，卷七、卷八曰人物，卷九曰寓賢、方技、仙釋、節烈、祠祀、寺觀、經籍，卷十至卷十二曰藝文。與舊志相比，此志内容編排變化較大。今考此變，則取法〔雍正〕《浙江通志》。其仿省《通志》，卷一專載《聖諭廣訓》。此志類目編次先後與省《通志》相同，《通志》各類單獨爲卷，此縣志將不同類目合爲一卷。其學校、公署、古蹟、水利合在一卷，驛傳、風俗、物産、祥異、職官等却充爲一卷，宦績不與職官在一卷而與選舉相合，寓賢等人物傳竟與寺觀、經籍等合一，雜記乃分條記載開化雜事却在藝文志中，當入藝文志的詩文又在圖説之下，如此分卷甚不合理。此志有清乾隆六十年刻本，藏於國家圖書館、上海圖書館、浙江圖書館等處，《中國方志叢書》《衢州文獻集成》亦收録。

［光緒］開化縣志十四卷（存）

（清）永康潘樹棠纂，知縣武進徐名立等修

潘樹棠字憩南，浙江永康人。咸豐十一年拔貢，同治間舉孝廉方正，光緒時欽加内閣中書七品銜。所著有《中庸引悟》《杜律正蒙》《三瓢集》等，修纂有《永康縣志》《縉雲縣志》《開化縣志》。事跡見新修《永康縣志》[①]。此書《重修開化縣志名籍》載，武進徐名立、應城王承祁、馬平秦繼武、元和潘紹詮主修，永康潘樹棠纂修。據此志《官師志》，徐名立號麗亭，江蘇武進人，同治十三年任開化知縣，光緒七年、十一年兩次回任；光緒十年、十四年、十五年，湖北應城王承祁、廣西馬平秦繼武、江蘇元和潘紹詮先後知開化縣。潘紹詮序曰："前任麗亭徐君設局，重修司事者邑之紳衿。因經費短絀，停工三年，續捐續刊，遲至十有餘載，而志始告成。"可見此志修纂歷十餘年，經數任知縣遂成。此志十四卷，有疆域志七目、建置志八目、官師志四目、食貨志四目、兵防志二目、選舉志七目、人物志十三目、藝文志十二目、通考志五目，凡九志六十二目。卷首序有潘紹詮《重修開化縣志序》和萬曆壬子以來舊序十三篇，序後爲新舊志《修志名籍》、總目、凡例。較舊志，是編除增補乾隆乙卯以來事文，亦有不少修改。如舊志繪圖十五，此志存其八，删去八景圖，增以三書院圖、天童山廟圖，圖説則從略。其《建置志》在雍正舊志基礎上增入城池，下並水利、公署、學校，下入祀典、宗祠、坊表。其《食貨志》增入蠲恤，以述皇恩；《兵防志》增入兵事，以言時變；《藝文志》以有關國計民生及有益風化者編入。其以寺觀、仙釋不入正典，綴於《通考志》之簡末。此志有清光緒二十四年刻本，藏於國家圖書館、上海圖書館、

---

① 《永康縣志》編纂委員會編：《永康縣志》，浙江人民出版社1991年，第734頁。

浙江圖書館等處，《中國地方志集成》《中國方志叢書》《衢州文獻集成》亦收錄。

[民國] 開化縣新志稿二十卷（存前八卷）
（民國）寧海干人俊纂

　　干人俊有［民國］《常山縣新志稿》，前已著錄。此書成於民國三十五年，題《民國開化縣新志稿》，署"寧海干人俊纂"。干氏自序云，"癸亥春，余纂民國《續纂浙江通志》一百卷成，有開化"，有友請其將《續通志》中開化志料析出，擴而充之，以成［民國］《開化縣志》；其後，"因集開化稿，補略拾遺，正誤訂訛，雖事有增芟，表有繁簡，而矢勤矢慎，未嘗怠忽。尤於生產、風教有關者，加意蒐羅，務至明切恰當。"茲編原本凡二十卷，僅存卷首和前八卷，卷首有自序、目錄、凡例、地圖、照片，諸卷分次如下，卷一沿革、疆域、面積、人口、氣候、土壤、地質、道理，卷二叙山，卷三叙水，卷四土田、賦稅，卷五水利，卷六、卷七、卷八物產（分農畜、林、礦），卷九機關、團體，卷十自治，卷十一司法、保衛，卷十二教育、衛生、救濟，卷十三工商、金融，卷十四交通，卷十五職官（續光緒《志》），卷十六宗教，卷十七風俗，卷十八古蹟，卷十九藝文（分書目、詩文）、卷二十金石。是編無人物傳，其體例和所據文獻資料與前著錄干氏纂修民國常山、江山二《新志稿》基本相同。其志有續補清末縣志之功，惜僅存殘篇。此志有民國抄本，藏於江山市博物館，《衢州文獻集成》據其影印。

[民國] 開化縣志稿二十四卷（存）
（民國）開化龔壯甫等纂，縣長桐城汪振國等修

　　龔壯甫，原名龔瀾，開化人。畢業於浙江高等巡警學堂。民國後，任開化警察署長。民國二十二年，任北京圖書館館員。後又任國文教員。事跡見新修《開化縣志》[①]。汪振國字翔生，安徽南陵人，民國三十二年任開化縣縣長，見此志《職官志二》。此志纂修於民國三十八年，卷首《纂修題名》載，"主修開化縣縣長汪振國、葛延林、朱文達，總編纂兼館長龔壯甫，副館長兼分纂張恭，分纂嚴鳳翔、金益蘭、盛莘夫"。隨民國後社會體制變化，民國末所修新志與以往舊志體例大不相同。民國三十五年，內政部頒佈《地方志書纂修辦法》，此志體例兼採新規，合地志、史書所長而兼用之。全志二十四卷，卷首有舊序、歷屆修志名氏、凡例、目錄、圖，各卷依次爲地理、產業、交通、財務、戶口、風俗、建置、議會、鄉鎮自治、教育、警衛、司法、衛生、軍事、黨務、社會、職官、考選、人物、宗教、古蹟、藝文、雜錄、大事記。斯志綱張目舉，其於每綱下有詳分諸目，如《產業志》下又分穀粟、蔬茹、森林、茶靛、

---

　　① 《開化縣志》編纂委員會編：《開化縣志》，浙江人民出版社1988年，第564頁。

桐柏、藥材、羽族、獸類、水族、礦産、清丈編查、水利、堤堰、田地價目、農桑試驗、貨物出口入口概括十六目。是編條分縷析，簡明扼要，易於檢讀。此志所載民國事文尤爲詳明，所記民國時期典制沿革價值頗高。此志有民國抄本，藏於開化縣檔案館，《衢州文獻集成》據其影印。

三衢孔氏家廟志一卷附録二卷（存）

（明）知府長洲沈杰纂

　　沈杰修有〔弘治〕《衢州府志》，前已著録。南宋初，襲封衍聖公孔端友南渡，寓居衢州。至元代孔洙後，孔子後裔在曲阜者承襲公爵。衢州聖廟自孔洙後，衣冠禮儀猥同氓庶。正德元年，有司授孔彥繩翰林院五經博士，子孫世襲。見《明史·孔希學傳》所附“孔彥繩傳”。沈杰以爲，孔子道德事功及闕里聖裔已爲天下所共知，“惟衢之有廟，寔自四十八代孫宋襲封衍聖公端友扈蹕南渡始，世容有未知者，故歷採諸書與我朝大典所載，並諸臣記疏，凡繫於衢之孔氏者，謹録爲《三衢孔氏家廟志》。”（見此志開篇）此志前有沈氏弘治十八年序、“宋敕建家廟圖”和“國朝移建家廟圖”。其正文先詳載諸書所記孔氏南宗家廟史實，後録“制誥奏疏”諸文。其載史事按引書分爲“孔氏家典”“國朝制書”“郡志”三類，每類又分條記載，每類先載所採之書名，其下分條編排。“孔氏家典”採自《孔氏宗譜》《歷代實録》《孔庭纂要》《東家雜記》《孔顏孟三氏志》，分有“《闕里世系圖》題辭”“襲封衍聖公”“南渡仕宦”“歷代褒獎”“歷代襲封”“先聖世系”“宅廟”“歷代典章”“歷代崇奉”“南渡家廟”“四十八代”“天曆石刻宗圖”十二目。“國朝制書”採《大明一統志》，分“衢州流寓”“衢州祠廟”兩條，又引《寰宇通志》兩條言“載與《一統志》同”而省其文，另引《續資治通鑒綱目》僅有一句爲一條。“郡志”爲〔弘治〕《衢州府志》，分“流寓”“祠廟”兩條。沈杰抄録各書之文時，有所刪節。且沈氏引文與今傳本原文也有不同之處，如引《東家雜記》“歷代崇奉”條，其中有“閏二月二日，三省同奉聖旨，依太常寺所申”，而宋刻遞修本、文淵閣《四庫全書》本等版本《東家雜記》，“閏二月二日”均作“閏四月三日”；又如引《大明一統志》“衢州流寓”條，有“元初，封孔子後”，“召孔洙赴闕，洙遜於居曲阜者”，而《一統志》原文爲“元初，封宣聖後”，“召孔洙赴闕，洙以封爵遜於居曲阜者”。《家廟志》“制誥奏疏”部分有誥七篇、制一篇、記三篇、跋二篇、序二篇、疏三篇等。沈杰修此志，意在表明孔氏南宗有家廟，南渡後於宋世受封爵，當爲孔氏受封後裔。沈氏文後有附録二卷，卷一爲“國朝諸公詩文”收録詩九篇、文五篇；卷二爲“新家廟記載事實”，收録奏疏一篇、記四篇、表一篇、頌一篇、祭文二篇、贊一篇、詩十七篇；末有黄講《衢州孔氏清理宗派記》、孔承美《孔庭雜志》和伍聰跋。孔承美言，“前編纂修廟志者，邑人余友釜開化王友忠；後編纂修廟録者，江山伍友聰達夫也”。可見附録並非沈杰所輯，兩卷分別爲開化王忠、江山伍聰編定。伍聰跋曰：“前《家廟志》志家廟，古今事跡詳矣。今以是帙而附録之，録新廟之遷徙也，世爵之承襲也，後先振作之勛勞也，與凡奏疏碑刻及贈遺詩文之類，靡不備載而並録之。”此書有明嘉靖刻本，藏於國家圖書館藏，《衢州文獻集成》據其影印。

孔氏家廟志二卷（佚）

（清）西安陳樸撰

陳樸有《思孟年譜》，前《傳記類》已著録。［民國］《衢縣志・藝文志上》載：“《孔氏家廟志》，清陳樸撰。《陳氏譜録》云：‘樸因孔氏家廟棟宇傾圮，心焉傷之，乃採史鑒及各家文集百餘種，尊聖之言，輯爲此志，凡二卷。博士孔昭烜上諸太守周犢山，擊節稱賞，乃以其書呈撫軍帥文宗杜，遂各捐廉檄令重建家廟。’時道光三年也。今稿已佚。”陳樸《孔氏家廟志》今佚。

江郎山志（佚）

（明）武進薛應旂纂

薛應旂字仲常，號方山，南直隸武進人。嘉靖乙未進士。知慈谿縣，陞浙江提學副使。事跡見《明儒學案・南中王門學案》。［乾隆］《江山縣志・山川志》“江郎山”條下引薛應旂《江郎山志》：“江郎山在江山縣南五十里，高六百尋，一名金純山，又名須郎山。”“溫峰”條又有：“《江郎山志》：浮蓋仙山旁有溫峰，巖石倒垂如雞味，有泉出焉。”“風洞”條下引《江郎山志》：“風洞，天將雨，則風從中出。”《江郎山志》今佚。

爛柯山志（佚）

（明）知府達州瞿溥修

瞿溥，達州進士，萬曆四十五年任衢州知府，見［康熙］《衢州府志・府官表》。［康熙］《衢州府志・藝文考》載：“瞿溥《爛柯山志》。溥《序》曰：爛柯之山，去郡治二十里而近，《道書》所稱青霞第八洞天。巨石横空，神鏤天劃，而境地敻絶，泉水清幽，宜爲仙人窟宅。問奕而來者，題詠不乏，乃掌記闕然。時物遷改，斷碑破壁，榛蕪苔蘚，攫於好事者之所私，而餘無幾矣。余病其遂湮没也，公余之暇，搜得詩文如干首，稍詮次之，壽諸梓。嗟夫，古人之神與兹山之勝所托以不朽者，安必不在斯也。山川雖奇，得兹刻而益永，千百什一，將來之緒，寧有既乎！”瞿溥《爛柯山志》今佚。

爛柯山洞志二卷（存）

（明）西安徐日炅纂

徐日炅，後改名日曦，字瞻明，號碩庵，西安人。天啓壬戌進士。初授江南廬州推官，後爲松江府推官。工詩文，尤善書法。事跡見［康熙］《西安縣志・人物志下》，詳見《西安西河徐氏宗譜》卷十九所載董其昌《棠棣碑》。［嘉慶］《西安縣志・物産志》於“竹鼠”條有徐日曦詩“妙絶老坡語，四足僅能仿”句，《西河徐氏宗譜》卷十九又有其詩《宋貢院》《爛柯山》。爛柯山，一名石室山。晉樵者王質石室遇仙，觀棋斧柯爛盡，此説始見於鄭緝之《東陽記》，《水經注》始引之，《太平御覽》引鄭《記》尤詳。此故事傳者甚廣，遊山題詠者不絶。至明萬曆末，衢州知府達州瞿溥撰《爛柯山志》，其本不傳，既而有徐氏《洞志》。［民國］《衢縣志・藝文志》著録此書，且言日炅爲瞿溥門下士，“其所志或因瞿公之舊而增益之，題曰《洞志》，以別於瞿，未必同時有兩本並出也”。《四庫全書總目》著録爲《爛柯山志》。黃虞稷《千頃堂書目・地理類下》著録徐日炅《爛柯山洞志》二卷。今傳本亦題稱《洞志》。此志分上、下兩卷，上卷先録郡志、舊志、《廣輿志》所載爛柯山，次著文凡二十一篇，下卷載古今體詩凡一百七十一首。其文最早爲唐嚴綬，其詩最早爲劉宋謝靈運，諸如孟郊、陸游、朱熹等皆有題詠。然謝靈運詩，所詠者乃永嘉石室山，而非衢州石室山，此可考見樂史《太平寰宇記・江南東道・温州》“永嘉縣”條。《洞志》則誤收謝詩。此志有舊抄本，藏於臺灣“國家圖書館”，《四庫全書存目叢書補編》《衢州文獻集成》亦收録。

《四庫全書總目・〈爛柯山志〉提要》：《爛柯山志》二卷（兩淮馬裕家藏本），明徐日炅撰。日炅後改名日曦，浙江西安人，天啓壬戌進士。爛柯山在衢州府城南三十里，因晉樵者王質遇仙觀棋於此，因以爲名。日炅居與山近，因纂輯晉、唐迄明詩賦雜文，以成是編。（見《四庫全書總目・史部・地理類存目五》）

爛柯山志不分卷（存）

（清）知府內江冷時中選輯

冷時中，內江人，順治三年任衢州知府，見［雍正］《浙江通志・職官志十二》。［雍正］《浙江通志・經籍志十三》載：“《爛柯山志》上下卷，順治丁亥衢州府知府內江冷時中輯。”此書題“蜀內江冷時中心茱父選輯，西湖吳山濤岱觀父參訂，信安潘世懋公賞、王大成集生父較閲”。該志成於順治四年，前有王範、冷時中、吳山濤三序。是志爲徐日炅《洞志》續修之作，體例與《洞志》同，不少内容包括注釋文字相沿不變。較之《洞志》，其《志》增補《水經注》記載爛柯山的内容，其《記》刪去《洞志》中胡翰一文，其《序》增補王範、冷時中二文，其《賦》文、《疏》文無增删,《洞志》中《啓》文皆删去,其《詩》有增有删。新增者以明末清初之作爲多,亦增有元人詩,但有些詩文不當删者而删之。其所删有些詩文,實與爛柯山無關,如删謝靈運詩。此志有清初刻本,藏於天津圖書館,《衢州文獻集成》據其影印。

續修爛柯山志 (佚)

（清）西安潘世懋纂

潘世懋字公賞,西安人。才穎博學,誼正道明。善詩文、書法。所著有《雁字賡吟》《紉秋軒集》。事跡見[康熙]《西安縣志·人物志下》。[嘉慶]《西安縣志·經籍志》著録潘世懋《續修爛柯山志》。[民國]《衢縣志·藝文志》亦著録潘氏此書,且曰:"[嘉慶]《縣志》:《續修爛柯山志》,無卷數,注引《府志》,潘世懋著。按:[康熙]《府志》書目實未載此書,不知姚《志》何據。潘爲清初諸生,字公賞。[康熙]《縣志》有《遊爛柯山》四律,與冷公同時,不知是否即冷公所輯也。"今不見世懋所纂《爛柯山志》,此志是否爲冷時中所修之志,暫難考辨,姑存之。

[光緒] 爛柯山志十三卷 (存)

（清）西安鄭永禧纂

鄭永禧有《高密易義家傳》,前《傳記類》已著録。自明徐日炅纂修《爛柯山洞志》,清初順治時又有衢州知府冷時中修《爛柯山志》。至清末光緒間,鄭永禧新纂《爛柯山志》,凡十三卷,依次爲名稱、仙躅、異聞、撰述、勝蹟、旁文、文藪、幽栖、物産、叢譚、歷朝金石考、歷朝文、歷朝詩。志前有羅道源序、王綽序、爛柯山圖、緒言、例言,卷後補録桐城戴名世《遊爛柯山記》、南海康輝《題爛柯山觀弈圖》。此志搜羅廣泛,考核精審,其於舊籍流傳有異同互見者,悉爲標出,或附注於原文下;對郡邑志乘記述舛誤者,皆悉心糾正;其於有父老相傳而無典册可徵者,擇其言尤雅馴者登載一二;其於金石廣收博採,不棄叢殘,詳加考索。較之諸舊志,此志不僅增録詩文,補舊志闕遺,且詳載與柯山相關事文,並精於考訂。由於未見徐日炅舊志,徐氏志中所載詩文,此志不少未能收録。此志有清光緒三十三年刻本,藏於國家圖書館等處,《中國道觀志叢刊》亦收録,《衢州文獻集成》據金華博物館藏本影印。

仙霞嶺天雨庵志不分卷 (存)

（清）廣豐釋正龍輯

釋正龍,俗姓楊,號起雲,江西廣豐人。十歲至仙霞關禮端然師剃度受業,後爲天雨庵住持。事跡見本志《仙霞事跡》所載諸文。仙霞嶺綿亘浙西南,其關爲浙、閩、贛要冲,被稱"東南鎖鑰""八閩咽喉"。天雨庵近仙霞關,在衢州江山地界,原爲關帝廟，建自宋代。因耿精忠之亂，寺燬於戰火。康熙十七年，正龍奏請總督李之芳重建，至二十年落成。是書不題書名和編纂者，由其内容和楊窓《仙霞嶺天雨庵序》，可定此書名爲《仙霞嶺天雨庵志》；而據"仙霞事跡"中所載《仙霞緣起》，可知本書纂輯者爲釋正龍。此書首爲"仙霞嶺圖"，次爲江山知縣楊窓《仙霞嶺天雨庵序》，次爲"仙霞匾額"，次爲"仙霞對聯"，次爲"仙霞詩集"，次爲"仙霞事跡"，次爲"仙霞志略"，次爲"仙霞禁約"，次爲"仙霞山田"。清查慎行《敬業堂詩集》載有《度仙霞關題天雨庵壁》，不見於《天雨庵志》所收，此録之，其詩曰："虎嘯猿啼萬壑哀，北風吹雨過山來。人從井底盤旋上（注：嶺下有龍井），天向關門豁達開。地險昔曾當劇賊，時平誰敢説雄才。煎茶好領閒僧意，知是芒鞋到幾回。"此志有清康熙刻本，藏於浙江圖書館，《衢州文獻集成》據其影印。

仙霞嶺志略（佚）

（清）知縣揚州楊窓修

楊窓字讓餘，揚州人，監生，康熙三十一年知江山縣，見［乾隆］《江山縣志·名宦志》。［雍正］《浙江通志·經籍志十三》載："《仙霞嶺志略》一卷，康熙壬申知江山縣事楊窓輯。"此志今佚。［乾隆］《江山縣志·山川志》"仙霞嶺"條引《仙霞嶺志》："在縣南一百里，高三百六十級，凡二十八曲長，二十里。"《坛廟志》"仙霞嶺關帝廟"條引《仙霞嶺志》："康熙十六年燬，十七年總督李之芳重建。"

石崆山志（佚）

（清）佚名撰

［嘉慶］《常山縣志·雜記》引《石崆山志》："石崆寺僧志參能詩，雅喜與文士交，而士流亦樂與之遊。山人詞客延接不倦，石崆遂文詩文坛坫、琴酒盤桓之地。韻事雅致，一時稱盛。"可見有《石崆山志》，記常山石崆山。此志今佚，撰者亦不可考。

政書類

麟臺故事五卷（存）

（南宋）開化程俱撰

程俱有《宋徽宗實録》，前《實録類》已著録。晁公武《郡齋讀書志·職官類》載："《麟臺故事》五卷，右皇朝程俱撰。紹興初復館職，俱首入館，纂集舊聞成十二篇。予所藏書，斷之南渡以前，獨此書以載官制後事爲詳，故録之。"又陳振孫《直齋書録解題·職官類》載："《麟臺故事》五卷，中書舍人信安程俱致道撰。中興之初，復置館職，俱爲少蓬，採摭舊聞，參考裁定條上。既略施行，而爲書十有二篇以進。俱在承平時，凡三入省，故其見聞爲詳。”《麟臺故事》乃綜合記述北宋館閣制度之作，對南宋館臣制度恢復與完善曾有積極影響，在保存舊史文獻方面甚有價值[1]。《麟臺故事》現行版本來源有二，其一爲四庫館臣從《永樂大典》中輯佚出武英殿聚珍本五卷，其二爲影宋殘本三卷。清人在這兩種版本的基礎上加以補遺合編，又有其他不同種類的版本[2]。程俱在《麟臺故事後序》言，其書五卷，分十二篇。四庫館臣自《永樂大典》中輯出後，定爲五卷，釐定篇目九篇爲“沿革”“省舍”“儲藏”“修纂”“職掌”“選任”“官聯”“恩榮”“禄廩”。影宋殘本僅存三卷，凡六篇，曰“官聯”“選任”“修纂”“書籍”“校讎”“國史”，其中後三篇爲《四庫》本所無。然而《四庫》輯本所定篇目並非原本次序，且所收各條屬於他篇者、分合錯亂者，比比皆是。至清光緒十八年，陸心源纂集《十萬卷樓叢書三集》對程書重新編排，分四卷，其前三卷全録影宋抄本，第四卷補以《四庫》輯本其餘篇目内容，並新輯佚文補遺其後。光緒二十一年增刻《武英殿聚珍版叢書》本另行編排，將殘本編爲《拾遺》二卷，附於《四庫》輯本之下，另附陸氏所輯佚文和《考異》一卷。影宋抄本雖殘存三卷，然版本價值甚高，《四部叢刊續編》收録此書時據其影印。《衢州文獻集成》分別據清武英殿聚珍本、影宋抄本影印。

　　《四庫全書總目·〈麟臺故事〉提要》：《麟臺故事》五卷（《永樂大典》本），宋程俱撰。俱字致道，衢州開化人。舉進士，試南宮第一，廷試中甲科。歷官徽猷閣待制，封新安縣伯，事跡具《宋史·文苑傳》。《玉海》載元祐中宋匪躬作《館閣録》，紹興元年程俱上《麟臺故事》，淳熙四年陳騤續爲《館閣録》，蓋一代翰林故實，具是三書。今宋《録》已亡，陳《録》僅存而亦稍訛闕。是書則自明以來，惟《說郛》載有數條，別無傳本。今考《永樂大典》徵引是書者特多。排比其文，猶可成帙。其書多記宋初之事，典章文物，燦然可觀。蓋紹興元年初復秘書省，首以俱爲少監，故俱爲是書，得諸官府舊章，最爲詳備。如《東都事略·邢昺傳》載由侍讀學士遷工部侍郎，不著加中散大夫；《宋綬傳》載召試中書，不著遷大理評事；《宋史·韓琦傳》載由通判淄州入直集賢院，不著爲太常寺丞及太子中允；《王陶傳》載爲太子中允，不著編校昭文館書籍；《孫洙傳》亦不著洙嘗爲於潛令及編校秘閣書籍。而皆見於是書。又如《玉海》引《謝泌傳》，泌上言，請分四庫

　　① 王照年對《麟臺故事》有較爲全面研究，見《程俱及其〈麟臺故事〉考論》，西北師範大學博士學位論文，2008年。
　　② 除王照年對《麟臺故事》版本有研究外，張富祥、宋立民也有深入研究，見程俱撰，張富祥校證《麟臺故事校證·前言》，中華書局2004年；宋立民《〈麟臺故事〉版本考》，《古籍整理研究學刊》1986年第1期。

書籍，人掌一庫，事在端拱初，而其一百六十八卷又載此事於天聖五年，前後自相刺謬。據此書所載，則在咸平之初。又《續通鑑長編》載，咸平二年七月甲寅，幸國子監，還幸崇文院。而此日之後又有癸丑。則是月之內不容先有甲寅，顯然牴牾。據是書，乃是七月甲辰。如此之類，凡百餘條，皆足以考證異同，補綴疎略，於掌故深爲有神。原書《文獻通考》作五卷，今所裒録，仍符此數，疑當時全部收之。《通考》又稱凡十二篇，而不詳其篇目。其見於《永樂大典》者，有官聯、職掌、廩禄三門，皆與陳騤書標題相合，疑騤書即因俱舊目修之。今即以騤之篇目分隸諸條，莫不一一條貫，無所齟齬，亦可謂神明焕然，頓還舊觀矣。騤《録》載“曝書會”“餞會”及“大宴學士院”三條，俱云出《麟臺故事》。然引其事，不載其詞，殆姚廣孝等排纂之時，刊除重複，誤削前而存後。當時編輯無緒，即此可見一端。今亦無從補入。惟俱《北山集》中載有後序一篇，並附録之，以存其舊焉。（見《四庫全書總目·史部·職官類》）

憲度權衡（佚）
（南宋）江山柴綖撰

　　柴綖字元章，精典故，有《憲度權衡》及《須江集》。劉敏士字文伯，西安人，爲臨川糾曹，賊白氊笠破吉州，敏士與判官江山柴綖保城。柴綖事跡附見於［弘治］《衢州府志·人物志·事功》“劉敏士傳”後。［康熙］《衢州府志·藝文考》著録劉墾《憲度權衡》，甚誤。［雍正］《浙江通志·經籍志四》載：“《憲度權衡》，［弘治］《衢州府志》江山柴綖著；《憲度權衡》，《續文獻通考》劉敏士撰。”［雍正］《浙江通志》載劉敏士、柴綖各著有《憲度權衡》，其所引《續文獻通考》當是引［弘治］《府志》將柴綖傳附於劉敏士後，誤將柴氏之作誤爲劉氏。《兩浙著述考》亦誤爲劉敏士《憲度權衡》[1]。柴綖《憲度權衡》今佚。

紹興聖政寶鑑十卷（佚）
（南宋）龍游徐巘撰

　　徐巘字仲山，龍游人。以文章名，與梁溪、尤袤善，袤特稱之。弱冠，登進士第。著《紹興聖政寶鑑》十卷以進，上嘉之。事跡見［萬曆］《龍游縣志·人物志》，此書《選舉志》載徐巘爲紹興二十七年進士。尤袤《遂初堂書目·國史類》著録徐巘《紹興聖政寶鑑》。［天啓］《衢州府志·藝文志》著録爲徐獻《紹興聖政寶鑑》，“獻”有誤。此書今佚。

① 宋慈抱：《兩浙著述考》，第940頁。

宋朝職略（佚）

（南宋）開化鄒補之撰

　　鄒補之有《書說》，前《經部·書類》已著錄。［弘治］《衢州府志·人物志·理學》本傳載，鄒補之有《宋朝職略》。此書今佚。

海運紀原七卷（佚）、吏學大綱十卷（佚）、折獄比事十卷（佚）

（元）龍游徐泰亨撰

　　徐泰亨字和甫，龍游人。少嗜學，能爲詞賦，既又從師受經。用舉者試吏平江。憲府以時所引用斷例不一，求文學吏整比之，泰亨自中統訖大德，爲之綱目，條分理貫，簡而易求，約而可守，覽者便之。以漕事至京師，具漕法利病，下至占候探測，著《海運紀原》七卷，後有掠其美以自名者，非本書也。尋復以漕事至京師，詣都堂獻書數萬言，條陳漕運之弊，當更張者十事，執政得書，移行省用其七，至今賴之。後以職官入福建帥幕，田令史爲提控，採列郡圖籍，撰《福建總目》若干卷。朝廷方選用重臣宣撫兩浙江東，泰亨摭時政闕失關大體者，爲九策以獻。終爲池州路青陽縣尹。泰亨讀書務以致用，不屑屑於章句，作詩善體物寫情。凡所著有《端本書》《忠報錄》《自警錄》《可可抄書》各一卷、《歷仕集》二卷、《效方》三卷，及家譜詩集並藏於家；《吏學大綱》《折獄比事》各十卷，行於世。而所謂《海運紀原》《福建總錄》，皆列於官書。事跡見黃溍《黃文獻公集·墓誌銘》所載《青陽縣尹徐君墓誌銘》。泰亨《海運紀原》《吏學大綱》《折獄比事》今皆佚。

衣冠志（佚）

（明）常山詹濤撰

　　詹濤有《四書核實》，前《經部·四書類》已著錄。［雍正］《常山縣志·藝文志》著錄詹濤《衣冠志》。此書今佚。

國朝宏略（佚）

（明）常山詹在泮撰

　　詹在泮字獻公，號定齋，萊之子，常山人。萬曆癸未進士。授工部營繕司主事，補本部員外郎，轉河南按察司副使，再先後備兵潁州、蘇松，轉江西布政司左參政，陞廣東按察使。著述有《國朝宏略》《諸儒微言》《禪宗語錄》《說書隨筆》《白龍山房集》等書。事跡見［萬曆］《常山縣志·選舉表·進士》、［康熙］《常山縣志·選舉表·賢哲》。黃虞稷《千頃堂書目·別史類》著錄詹在泮《國朝宏略》。在泮此書今佚。

經世要略八卷（佚）、**南山日判六卷**（佚）、**律頌一卷**（佚）、**招議綱領一卷**（佚）、**賦役握算一卷**（佚）、**開溝法一卷**（佚）、**治汴書一卷**（佚）、**學政要録一卷**（佚）、**查律大法一卷**（佚）、**知律大意一卷**（佚）、**明謚考三十八卷**（存）

（明）西安葉秉敬撰

　　葉秉敬有《蒩經詩歌》，前《經部・詩類》已著録。［天啓］《衢州府志・藝文志》著録葉秉敬《經世要略》八卷、《南山日判》六卷、《律頌》一卷、《招議綱領》一卷、《賦役握算》一卷、《開溝法》一卷、《治汴書》一卷、《學政要録》一卷、《查律大法》一卷、《知律大意》一卷。秉敬以上諸書今皆佚。

　　《明史・藝文志二》、黄虞稷《千頃堂書目・典故類》著録葉來敬《皇明謚考》三十八卷，“來”字乃“秉”之誤。《明謚考》每載一人謚號，一般述及此人籍貫、官職、官爵、得謚原因和得謚年代。如卷一“忠介”條載：“海瑞，廣東瓊州人。南京都察院左都御史，贈太子太保。萬曆年謚。”又“忠壯”條載：“王真，陝西咸寧人。燕山護衛百户，贈金鄉侯，加封寧國公。永樂初，以靖難功謚。”由於此書以冠額之法按四聲次第列謚號，因而各卷帙内容有較大差別，如卷十五載有六十三人；而卷三十一僅載“悼僖”謚號一人，“李珍，贈襄城侯，天順年謚”，一卷内容如此而終。其中不少卷帙内容不及一葉。該書末卷則不依冠額之法録謚號，而分“屢世得謚”“祖孫得謚”“父子得謚”“父弟子得謚”“叔姪得謚”“兄弟得謚”“避父易謚”“避名易謚”“文臣初謚”“五品特謚”“降胡得謚”等不同的得謚類型。是書今存舊抄本，藏於北京師範大學圖書館，卷十一、卷十二兩卷已殘缺，《四庫存目叢書》《衢州文獻集成》據此抄本影印。

　　《四庫全書總目・〈明謚考〉提要》：《明謚考》三十八卷（山東巡撫採進本），明葉秉敬撰。秉敬有《字孿》，已著録。是書採集有明一代諸臣之謚，創爲冠額之法。以上一字爲冠，下一字爲額，復依四聲次第分列。其例頗爲杜撰，而所載之謚亦多舛誤。如宋濂正德間追謚文憲，而作文惠。又載陶琰、鄭世威俱謚恭介，而不及陳有年，有年得謚在萬曆二十六年。書中載趙志皋謚文懿在二十九年，則不可謂非考據之疎矣。末一卷所載屢世祖父子孫得謚者，亦多所遺漏，未爲詳贍。（見《四庫全書總目・史部・政書類存目一》）

五邊典則二十四卷（存）、驚言十八卷（存）

（明）西安徐日久撰

　　徐日久有《實録鈔》，前《實録類》已著録。據《徐子學譜》卷首所載韓廷錫《西安公傳》，徐日久有《五邊典則》，黄虞稷《千頃堂書目・地理類下》亦著録此書。《五邊典則》始編於萬曆間，成書於崇禎時。各卷端題“信安徐日久子卿父集，勾餘施邦曜爾韜父、閩漳張爕紹和父仝較"。卷前有兩序，其一爲張爕作。另一序文末無署名，文中自稱"曜"，稱徐日久爲"信安魯人徐公"；而爲徐日久《驚言》撰序者有漳州知府施邦曜，亦自稱"曜"，稱徐日久爲"信安魯人徐公"，故《五邊典則》此序文當爲施邦曜。所謂"五邊"者，即東北薊門遼左、北方宣府大同、西北陝西、西南滇粵黔蜀、東部海夷倭奴，書因分"薊遼四卷""宣大六卷""陝西八卷""西南五卷""倭一卷"。每卷內容按時間編排，記載太祖洪武元年至穆宗隆慶六年間的邊防、邊事與治邊策略，主要錄入朝廷治邊敕文、詔旨、聖諭、奏疏、出命以及邊境軍事事件與對策，對於研究明代邊防極富史料價值。此書因涉及建州及薊遼方面的史料較多，清廷予以禁燬，《清代禁燬書目四種》中《違碍書目》有其名。中央民族大學圖書館藏有此書舊抄本，《四庫禁燬書叢刊》據其影印，《衢州文獻集成》據明刻本影印。

據《徐子學譜》卷首所載韓廷錫《西安公傳》，徐日久有《驚言》。[康熙]《衢州府志·藝文考》著錄徐日久《驚言》，其言"汪慶百《紀略》曰：摭所聞見關切經濟肯綮爲之"。《驚言》成於天啓三年，其題名《驚言》，意爲將此書藏於篋中，不示於人。此書卷前除有作者自序外，另有孫元化、董應舉、施邦曜、張爕等序。全書十八卷，依次爲廟略、政本、本兵、督撫、監司、有司、邊帥、邊備、軍機、經制、處兵、措餉、賞罰、軍政、屯政、馬政、本領、遠慮，每卷又分若干則，共二百九十二則。其每則一般冠以三字標題，其下述以史實，自漢唐以至明代。每則內容或爲一二事件，或爲一二奏議，或爲一二聖諭，或爲一二論議，字數自一百餘字至幾百字不等。此書條次國事、邊事、古事、今事，條分款列，重在談治國方略，董應舉序稱該書爲"經濟之實學，國家起死回生之丹訣"。此書有不少關明代資料，不見於他書所載，具有較高史料價值。因此書所載明代史料犯清廷之諱，故清季遭禁燬，然仍得以流傳至今。此書有明崇禎刻本，藏於北京大學圖書館，《四庫禁燬書叢刊》據其影印，《衢州文獻集成》亦收錄。

經濟策略（佚）

（明）龍游方廷相撰

方廷相，龍游人。弱冠以聖賢自期，嚴辟佛老，著《經濟策略》十萬餘言。事跡見[民國]《龍游縣志·人物闕訪》。廷相此書今佚。

彙朝典定（佚）

（明）常山徐光掄撰

徐光掄，事跡不詳。[嘉慶]《常山縣志·書目志》著錄徐光掄《彙朝典定》，列於明人著述中。此書今佚。

救荒要略（佚）

（明）衢州葉鴻撰

葉鴻，事跡不詳。［康熙］《衢州府志・藝文考》著録葉鴻《救荒要略》，前爲明人徐日久之作，後爲清人徐從祺之作。葉鴻或爲明清之際人，此姑以明人視之。此書今佚。

救弱救荒（佚）

（清）開化張嗣溥撰

張嗣溥字天如，號銘軒，開化人。康熙丙寅，選拔。閉户力學，精究儒先語録。與諸名士講學武林，參考亭、姚江之同異。生平著述甚富，有《陰騭贊注》《筆山偶集》《入德迂言》《梅花百詠》《救弱救荒》等。事跡見［雍正］《開化縣志・人物志・理學》。嗣溥諸書今皆佚。

捕蝗事宜二卷（存）

（清）常山徐金位撰

徐金位纂修有［乾隆］《新野縣志》，前《地理類》已著録。乾隆二十四年夏，金位任夏邑知縣，時遭飛蝗過境。當時捕蝗已有成法，然未能盡善。金位隨時隨地設法剿捕，盡力撲捕，挖除蝻子，禾稼無傷。因蒙各憲批飭，遂將捕蝗之法刊行。此書首爲金位《彙刊續增捕蝗事宜小序》，次爲各憲司批飭。卷上《原奉頒捕蝗事宜十條並圖説四宗》爲故有捕蝗成法，卷下《附釘續增捕蝗事宜二十條》爲金位新訂。上卷末金位言："以上事宜十條及圖説四條，捕蝗之法，已極詳盡。如果官民遵照奉行，自可永除蟲孽。至應如何約束書役不致擾累閭閻，及如何因地變通不徒拘泥成法，是在實力奉公之賢牧令，並實心督率之賢太守矣。"可見，徐氏之法較之舊法不擾百姓且能因地變通。此書有乾隆刻本，藏於國家圖書館，《衢州文獻集成》據其影印。

文獻通考纂要（佚）

（清）常山邵志謙撰

邵志謙有《常山逸志》，前《衢州方志類》已著録。［光緒］《常山縣志・藝文志》著録邵志謙《文獻通考纂要》。此書今佚。

井田圖解（存）

（清）常山徐興霖撰

徐興霖字猶龍，常山人。髫年鼓篋，志切窮經，日以考據爲事，二十餘年曠然有得。著有《井田圖解》。書成上之，學督朱士彥極歎賞之。明年，召赴崇文院。事跡見［光緒］《常山縣志・文苑傳》。《井田圖解》於《總義》之端題"定陽徐興霖猶龍著"，於《例言》末署“衢州府學廩膳生生員徐興霖謹識”。東漢置定陽縣，唐時改稱常山縣，故興霖自署定陽人。是書前有朱士彥、成世瑄、陳桂生、張巽、胡元熙序文五篇和吳曾貫題詩二首，其下爲徐興霖《例言》《總義》。興霖認爲，自伏羲畫八卦至周人百畝而徹，皆爲良法。然而，“井地之均久壞於周末，解經之士方起於漢初，衆説紛紜，致令故帝王良法美意，有未能昭然若揭者”（見此書《總義》）。興霖作此書，“進探乎聖賢立法之意，求會乎漢唐注疏之通”，從而“使經學昌明，典制不晦”（見此書朱士彥序）。本書“先以《總義》挈其全，繼以圖考徵其實，引經證圖，以圖解經”（見此書《例言》）；其圖解凡一百二十，“首井田之法制，次朝市匠人所以營宫室也，次學校載師所以任士田也，次城郭司徒所以制室數也，次壇甸師所以供祭祀也，次封域所謂大都之田任畺地也，次官制凡鄙師縣正鄙長之供所謂禄食也，次兵賦則邱乘之政令役徒之比法也”（見此書成世瑄序）。圖解中，每一部分皆前有圖、後有“附考”；其“附考”先引《周官》《論語》《孟子》等諸家經典，興霖後以“謹案”之語加以闡釋、辯解。其於“謹案”後又有朱大宗師評語有七處，由其評語可見朱氏對興霖此作較爲認可。此書有清道光九年活字本，藏於國家圖書館、浙江圖書館，《衢州文獻集成》據浙圖藏本影印。

滇南礦廠圖略二卷（存）

（清）固始吳其濬撰，龍游徐金生繪輯

　　吳其濬字瀹齋，河南固始人。嘉慶二十二年狀元，授修撰。曾任兵部侍郎、户部侍郎，湖廣、雲貴總督，湖南、浙江、雲南、福建、山西巡撫，著有《植物名實圖考》《植物名實圖考長篇》等。事跡見《清史稿》本傳、《清史列傳·大臣傳續編三》。徐金生字琛航，龍游人。嘉慶十一年，順天舉人。銓選雲南，歷任恩樂、建水知縣，擢知永昌府，調東川府知府。金生在雲南久，曾繪輯《雲南礦廠工器圖略》一書，於採銅方法之甚詳悉。事跡見［民國］《龍游縣志·人物傳三》。［民國］《龍游縣志·藝文考》載：“《雲南礦廠工器圖略》二卷，徐金生繪輯。案：是書綜述雲南銅政原委、利弊及採礦方法、器具，實爲經濟實用之書。分上、下兩卷。上卷，前有圖十五幅，繪採礦器具方法，凡十六篇：一曰引，二曰硐，三曰硐器，四曰礦，五曰爐，六曰爐器，七曰罩，八曰用，九曰丁，十曰役，十一曰規，十二曰禁，十三曰患，十四曰語忌，十五曰物異，十六曰祭。下卷，前有圖二十四幅，皆雲南府、廳、州輿圖，而識其産礦處，凡十三篇：一曰銅礦，二曰銀礦，三曰金、錫、鉛礦，四曰帑，五曰惠，六曰改，七曰運，八曰程，九曰舟，十曰耗，十一曰節，十二曰滇鑄，十三曰採買。”是書版心題《滇南礦廠圖略》，每卷端題“賜進士及第兵部侍郎巡撫雲南等處地方吳其濬纂，東川府知府徐金生繪輯”，當是吳其濬撰文，徐金生繪圖。全書分上、下兩卷，上卷稱《雲南礦廠工器圖略》，下卷稱《滇南礦廠輿程圖略》。

此書有清刻本、清抄本，國家圖書館等處皆藏有。《續修四庫全書》據中國科學院圖書館藏清刻本影印。《衢州文獻集成》據清道光刻本影印。

岳州救生局志八卷（存）

（清）西安張德容撰

張德容有《衢州備志》，前《衢州方志類》已著録。《岳州救生局志》凡八卷，文件、章程、銀捐、錢捐、典息、契據各一卷，圖考二卷，前有張德容序、凡例，末爲《岳州救生局徵信録》，主要記載咸豐十一年至光緒元年岳州救生局設置詳情。因洞庭湖之險，雍正九年始於湖中沙州築臺以爲舟船停泊，乾隆二年沿湖設船，其後又造大船、添水手，至咸豐之際爲兵燹所毀。咸豐十一年復救生局之設，同治四年告成，同治十二年再加修復。張氏此書首叙編撰原委，弁諸卷前；文件案牘多檢銀錢定章者，以歸簡要；章程則取同治十二、十三兩年先後奉飭詳定者，以備遵循；歷年捐款以銀、錢分別，並將存、銷款目逐項詳注，以免歧混；歷年發典銀款按年月登載，又將生息銀數分注總結，以期明晰；歷年收置田房山業按年月照録原契，並將丘畝糧課價值摘開目録，以便查考；圖繪田房山業丘畝處所弓丈，並將坐落處所丘畝斗石暨業户姓名、租穀數目詳細登注，以杜欺侵（見此書《凡例》）。德容撰寫此作，雖爲釐訂救生局而作，但對研究岳州地方社會史有較高文獻價值。此書有清光緒元年刻本，藏於國家圖書館、上海圖書館等處。《衢州文獻集成》據國家圖書館藏本影印。

目録類

福建總目（佚）

（元）龍游徐泰亨撰

徐泰亨有《海運紀原》，前《政書類》已著録。據黄潛《黄文獻公集·墓誌銘》所載《青陽縣尹徐君墓誌銘》，徐泰亨以職官入福建帥幕，田令史爲提控，採列郡圖籍，撰《福建總目》若干卷。此書今佚。

童子鳴家藏書目（佚）

（明）龍游童珮撰

童珮參纂［萬曆］《龍游縣志》，前《衢州方志類》已著録。胡應麟《少室山房筆叢·經籍會通四》載：“龍丘童子鳴家，藏書二萬五千卷。余嘗得其目，頗多秘帙，而猥雜亦十三四，至諸大類書，則盡缺焉。蓋當時未有雕本，而鈔帙固非韋布所辦，且亦不易遇也。”童珮《童子鳴家藏書目》今佚。

鳳梧書院藏書目一卷（存）

（清）知縣榆次張焜輯

　　張焜曾謀修［光緒］《龍游縣志》，已附入前《衢州方志類》"龍游縣志"後。張焜曾購書三百十一部，統八千三百七十五册，自爲編目，貯藏鳳梧書院。此書目纂輯於光緒二十五年，張焜在《編目記》中言："書何爲而藏也？將以惠來學。將以惠來學，而欲以所藏之書，家喻而户曉之，此編目梓傳之意也。"此可見編目用意，又曰："此專爲便於肄習起見，故購備者尚皆尋常易得之本。"故書目多爲常見之書。書目分六類，於傳統經、史、子、集四部分類法之前，新增欽定類和叢書類。其中《欽定類》三十一部、二千七百五十二本，《叢書類》十八部、一千一百十八本，《經類》四十四部、一千二百七十八本，《史類》八十一部、一千五百二十二本，《子類》六十三部、六百二十一本，《集類》七十四部、一千零八十四本，共計三百十一部、八千三百七十五本。是書有清光緒二十五年刻本，藏於上海圖書館、華東師範大學圖書館、臺灣"國家圖書館"，《衢州文獻集成》據上圖藏本影印。

紅梅閣書目（存）

（清）江山劉履芬撰，劉毓盤增補

　　劉履芬字彦清，一字泖生，江山人。曾任江蘇嘉定知縣。學務兼綜，不遺細屑，泛覽四庫圖籍、名山金石，洞究源流；嘗箋注李商隱《樊南續集》，校勘《史》《漢》諸書，輯録宋志沂《梅笛庵詞賸稿》《紅杏樓詩賸稿》而合刊之；尤嗜抄書，手影宋本《鄧析子》、陸德明書音付刊，手抄《古紅梅閣叢鈔十種》《古紅梅閣詞録》。著有《古紅梅閣遺集》八卷。光緒五年，因爲民雪冤與兩江總督沈葆楨不洽，含憤自殺。事跡見劉履芬《古紅梅閣遺集·附録》所載《代理江蘇嘉定知縣劉君墓誌銘》《直隸州知州代理太倉直隸州嘉定縣知縣世父彦清府君行述》。《紅梅閣書目》爲劉履芬家藏書目，按一、二、三等編號，共十七號，其中十七號多殘本，最後又爲六號且多殘本。劉氏書目共收録圖書共三百四十八種，涵蓋經、史、子、集四大部類。然書目不按經、史、子、集編目，當按書架中陳列之書編排。每種書一般僅著録書名、本數或册數，偶有簡單言及版本情况和書之品相，不言撰者、卷數等，如一號之首著録爲"《禮經會元節要》，四本"，並於"節要"下小注"嘉靖本，佳"。其書目十五號中有《古今類書纂要》，爲龍游璩崑玉所編；又五號中有《爛柯山志》四本，當今傳本鄭永禧此志即爲四本。此書雖未題撰者，然據劉履芬撰有《古紅梅閣遺集》，且其書目中有難得一見的衢人著作或有關衢州的撰述，可定其撰者爲江山劉履芬[1]。而鄭氏《爛柯山志》爲

---

[1]　來新夏主編《清代目録提要》也認爲《紅梅閣書目》爲劉履芬撰，齊魯書社1997年，第189頁。

清光緒三十三年刻本，劉履芬卒於光緒五年。故是書目當爲劉履芬家藏書，或有其子劉毓盤增補而成。此書有清稿本，藏於國家圖書館，《衢州文獻集成》據其影印。

西邑碑碣考（佚）

（清）佚名撰

　　［嘉慶］《西安縣志·雜記》載有《西邑碑碣考》，不言撰者姓名。［民國］《衢縣志·藝文志下》亦著錄此書。此書當屬金石類之作，故錄於此。《西邑碑碣考》今佚。

二銘草堂金石聚十六卷（存）

（清）西安張德容撰

　　張德容有《衢州備志》，前《衢州方志類》已著錄。是編成書於清同治辛未，卷首有潘曾瑩序、陸增祥序、潘祖蔭序、張德容自序和《金石聚論略》，卷後有《二銘草堂金石聚初編後序》。德容以其所見金石拓本分次時代，周秦至南朝爲一編，北魏至隋爲一編，唐至五代爲一編，南詔、大理、西夏、朝鮮爲一編。然今所見者，僅有初編，南朝以下諸編未見刊行，甚爲可惜。《金石聚》初編所錄金石，計周有三，秦有二，西漢六，東漢九十七，曹魏九，孫吳五，兩晉九，十六國五，南朝十四，凡一百五十，分十六卷。每卷目錄中一般都列各金石所作年月、產地、前人著錄之作，是否有額，或題“無年月”“前人未有著錄”。其所收各金石，先錄其拓片，其下爲德容跋語。由於其所收碑板拓本不同，或此明而彼晦，或此缺而彼完，故其每鉤摹一碑，必取所得新舊拓本盡列於前，細意核對，不拘一本，或此字取此本，或彼字取彼本，皆擇其善者從之。其跋語皆有識見，不重述前人之言，對與前人所論有異者則加辯證，對前人所論未及者則詳論之。潘衍桐《緝雅堂詩話》卷下評論德容此著曰：“松坪太守酷好碑版，精於鑒別，所著《金石聚》一書，於輿地、職方附存，考核、訓詁、小學藉資援證。其書旨在存真，不列復本，每卷碑目之下前人著錄悉載其名，涉覽該洽，便人探討，石存何地以及出土年代、何人訪得，記載詳審，按策可稽。辨何□畫像、朱博殘石、上庸長之類爲真跡，廡孝禹陽嘉殘碑及楊□買地、嘉禾九穗之類爲僞造，具有塙見。各碑跋語自攄心得，無戾於古，而亦不欲強同。其精粹語，蘇齋、燕庭復起，亦當首肯。”其對《金石聚》評價甚高。德容在刊刻其《金石聚》同時，亦將諸城劉喜海《海東金石苑》付梓，而［民國］《衢縣志·藝文志》亦著錄《海東金石苑》，題張德容校編，不當；且宋慈抱《兩浙著述考》題曰“張德容撰”[①]，亦誤。此書有清同治十二年刻本，藏於國家圖書館等處，《衢州文獻集成》亦收錄。

----

① 宋慈抱：《兩浙著述考》，第1234頁。

史評類

閱史三要 (佚)

（南宋）西安袁采撰

袁采有《縣令小録》，前《雜史類》已著録。[天啓]《衢州府志·藝文志》著録袁采《閱史三要》。此書今佚。

讀史三卷 (佚)

（南宋）西安孔拱撰

孔拱字執謙，西安人。好學，篤志義方，鄉黨賢之。著有《錫善草堂集》五卷、《村居雜興》三卷、《習經》三卷、《讀史》三卷。事跡見徐映璞《孔氏南宗考略·宋代名賢事跡考》[1]。孔拱諸書今皆佚。

史評 (佚)

（南宋）開化張汝勤撰

張汝勤字賢甫，號霖溪，開化人。詩文尤工。入元，食貧不仕。所著有《詩集》六卷、《講義》《史評》《古賦》十卷，擬漢唐制詔誥表雜文若干卷。事跡見[弘治]《衢州府志·人物志·文士》。汝勤《史評》今佚。

讀史管見 (佚)

（明）常山鄭伉撰

鄭伉有《讀易管見》，前《經部·易類》已著録。據鄭善夫《少谷集·志銘》所載《敬齋鄭先生墓表》，鄭伉有《讀史管見》。此書今佚。

史論 (佚)

（明）開化金弘訓撰

金弘訓有《湯溪縣志》，前《地理類》已著録。[弘治]《衢州府志·人物志·文士》本傳載，金弘訓有《史論》數十篇。此書今佚。

十史斷 (佚)

（明）江山毛瑚撰

毛瑚，事跡不詳。[天啓]《江山縣志·科名志》載，毛瑚，江山人，成化丙午舉人，經魁，學禮才贍，士林宗之。康熙癸巳《江山縣志·邑人著述》著録毛瑚《十

---

① 徐映璞：《孔氏南宗考略》，見《兩浙史事叢稿》，浙江古籍出版社1988年，第29頁。

史斷》《小總論草》。毛瑚《十史斷》今佚。

讀史評四卷（佚）

（明）龍游陸靜專撰

　　陸靜專字敬姬，龍游陸順中女，蘭溪舒大猷之妻。雅擅通材，箏筑小技，各曉其意。尤長於琴，每自製新曲譜。爲古文詩詞，博雅俊逸，所著有《蘭雪稿》，凡三十卷。又有《讀史評》，翻駁古人疑義，得曹大家筆意。有《焚餘稿》詩詞一卷，其孫士麟所搜輯。事跡見［康熙］《衢州府志・人物志》。［康熙］《衢州府志・藝文考》著録陸靜專《讀史評》四卷。此書今佚。

史醉二十卷（佚）

（明）龍游王之璽撰

　　王之璽字漢光，龍游人。賦資高邁，俊朗不群。性嗜酒，涉獵書史，以酒佐之，著《史醉》百餘卷。雅好遊，登山臨水，必有清吟，著有《勝酬集》。事跡見［康熙］《龍游縣志・人物志》。［康熙］《龍游縣志・藝文志》、［康熙］《衢州府志・藝文考》著録王之璽《史醉》二十卷，與《縣志・人物志》所載百餘卷不同。之璽《史醉》今佚。

評史抄存一卷（佚）

（明）開化汪慶百撰

　　汪慶百有《問奇》，前《經部・小學類》已著録。［康熙］《衢州府志・藝文考》著録汪慶百《評史抄存》一卷。此書今佚。

讀史記異（佚）

（清）常山徐長泰撰

　　徐長泰，事跡不詳。［雍正］《常山縣志・選舉志・貢士》載徐長泰爲康熙五十六年貢士。［嘉慶］《常山縣志・書目志》著録徐長泰《讀史記異》。此書今佚。［雍正］《常山縣志・藝文志》有徐長泰詩《讀書黃岡山四首》《勸蠶》《勸農》，［光緒］《常山縣志・藝文志》有其詩《苦節篇》。

平夷管見一卷（佚）

（清）西安陳塤撰

　　陳塤有《忠孝録》，前《傳記類》已著録。［民國］《衢縣志・人物志三》本傳載，陳塤有《平夷管見》一卷。此書今佚。

史鑒詳批（佚）

（清）西安孔昭晙撰

　　孔昭晙有《五經詳注》，前《經部·五經總義類》已著録。[民國]《衢縣志·人物志三》本傳載，孔昭晙有《史鑒詳批》。此書今佚。

附：漢唐史評（佚）

（南宋）江寧何若撰

　　何若有《尚書講義》，前已附録於《經部·書類》。[弘治]《衢州府志·流寓傳》本傳載，何若有《漢唐史評》。此書今佚。

子 部

儒家類

注太玄經解十卷（佚）、玄頤一卷（佚）

（北宋）西安徐庸撰

徐庸有《周易意蘊凡例總論》，前《經部·易類》已著録。晁公武《郡齋讀書志·儒家類》載："《注太玄經解》十卷，右皇朝徐庸注。庸，慶曆間人也。以范望《解》指義不的，因王涯、林氏諸解，重爲之注。取王涯《説玄》附於後，及自爲《玄頤》，通名之爲《太玄性總》。其自序云爾。又多改其文字，如以'圪'爲'仡'，以'姤'爲'姬'，以'壯凡'爲'札乃'，以'孿'爲'挛'，以'稚'爲'推'之類。其所謂林氏者，瑀也。賈文元嘗闢瑀之奸妄於朝。"王應麟《玉海·藝文·易下》載，"《國史志》，徐庸《注太玄經》十二卷"；又載，"徐庸《注太玄經解》十卷，慶曆間"。《宋史·藝文志》著録徐庸《注太玄經》十二卷、《玄頤》一卷。朱彝尊《經義考·擬經二》著録徐庸《太玄經解》十卷，且言《紹興閣書目》作"釋文"。可見諸書所載徐庸注《太玄經》名稱、卷帙不同，此從《讀書志》。[康熙]《衢州府志·藝文考》著録徐庸此書時，誤爲《太立經解》。徐庸《注太玄經》《玄頤》，今皆佚。

元誥正謨論（佚）

（北宋）江山祝常撰

祝常字履中，江山人。從安定學，操履端毅。登進士第，王安石深器之。時有詔解《三經新義》，常出正義，反覆辯難之，遂忤安石，出令平陽。終殿中丞。有《蓬山類苑》《元誥正謨》諸論及《清高集》行於世。事跡見《宋元學案·安定學案》。《宋元學案》載祝常爲常山人，[嘉慶]《常山縣志·人物志·儒林》亦載其爲常山人。諸《江山縣志》則言祝常爲江山人，[雍正]《浙江通志·選舉志一》載嘉祐八年進士有祝常，江山人。祝常《元誥正謨論》今佚。《郎峰六川祝氏世譜》卷十一所載蘇轍《元誥正謨論序》，當爲修譜者托名僞作。

程氏廣訓六卷（佚）、默説三卷（佚）、漢儒授經圖一卷（佚）

（南宋）開化程俱撰

程俱有《宋徽宗實録》，前《史部·實録類》已著録。尤袤《遂初堂書目·儒家類》著録《程氏廣訓》。陳振孫《直齋書録解題·雜家類》載："《程氏廣訓》六卷，中書舍人三衢程俱致道撰。"程敏政《新安文獻志·行實·文苑》所載程珌《程公俱行狀》，言程俱有《默説》三卷。朱彝尊《經義考·群經五》著録程俱《漢儒授經圖》，[康熙]《衢州府志·藝文考》亦著録。程俱《程氏廣訓》《默説》《漢儒授經圖》今皆佚。

程俱《漢儒授經圖序》：古者尊師而重道，自天子達於庶人，故孔安國授經昭后，死爲之服；桓榮傅明帝於東宮①，及即尊位，幸其第，至里門下車，擁經而前，蓋其嚴如此。漢興，諸儒以經誼專門教授，故學者必有師承源流派別，皆可推考。歷東漢、二晉，以迄有唐，餘風猶有存者，然其間大儒間出，不專以一經章句授諸生，如王通行道於河汾之間，韓愈抗顏於元和之際，故從之學者，其於行已成務作爲文章，皆足以名世而垂後，如魏徵②、王珪、李翱、皇甫湜之徒是也。陋哉！夏侯勝之言也，曰："士病經術不明，經術苟明，取青紫如俯拾地芥耳。"夫所貴於學者，豈專爲是哉？而勝以利誘諸生，何也？西漢之俗，固已尚通達，而急進取矣。又使士專爲利而學，學而仕，仕而顯，則不過容悦患失之人而已。如張禹以經爲帝師，位丞相而被佞臣之目，後世議者至以謂西漢之亡，以張禹、谷永亦號博通諸經，然因灾異之對，枉公議以阿王氏。二人者，皆成帝所取決有識所企望，而當漢之所以存亡之機者也。然且不顧方懷姦而徇利，豈其志本在於青紫故耶？抑天姿然也！後世君子一志於青紫者衆，求師務學者寡，學者亦無所師承，此余所以常恨生之晚也。方祖宗隆盛之時，如孫明復、胡翼之以經術，楊文公、歐陽文忠以學問文章，爲一時宗師，學者有所折衷而問業焉。王荆公出以經義授東南學者，及得君行政於天下，靡然宗之。元祐間，蘇子瞻以文章主英俊之盟，亦云盛矣。余病卧里中，讀西漢《儒林傳》，觀其師弟子授受之嚴，所謂源流派別皆可推考者，竊有感焉。且浮屠氏自釋迦文佛傳心法，與夫講解之宗，至於今將二千年，而源派譜諜如數一二，下至醫巫祝卜百工之技，莫不有所師，如吾儒師承之道，乃今蔑焉。所謂學官師弟子，如適相遇於塗耳，蓋可歎也！則其事業之不競，語言之不工，名節之不立，無足怪者。因以漢儒授經爲圖，以想見漢興之風範云。建炎四年六月三十日信安程俱序。（見程俱《北山小集·雜著》）

---

① "桓榮"，原作"亘榮"，誤。
② "魏徵"，原作"魏譔"，誤。

西莊題意（佚）、朋遊講習（佚）、因心録（佚）

（南宋）開化江泳撰

　　江泳有《易解》，前《易類》已著録。據樓鑰《攻媿集·誌銘》所載《江元適墓誌銘》，江泳有《西莊題意》《朋遊講習》《因心録》。此三書今皆佚。

芻言四卷（佚）

（南宋）龍游柴翼撰

　　柴翼有《易索隱》，前《經部·易類》已著録。據前載周必大《文忠集·題跋》所載《柴翼秀才著書求跋語》可知，柴翼有《芻言》四卷。此書今佚。

刺《刺孟》一卷（佚）、非《非國語》（佚）

（南宋）龍游劉章撰

　　劉章字文孺，龍游人。少警異，日誦數千言，通《小戴禮》。紹興十五年廷對，考官定其級在三，迨進御上，擢爲第一，授鎮江軍簽判。後除權工部侍郎，俄兼吏部、兼侍講。郊祀畢，侍從，上《慶成詩》。除祕閣修撰、敷文閣待，詔召提舉佑神觀兼侍讀，遂拜禮部侍郎。奏禁遏淫祀，仍於《三朝史》中刪去《道釋》《符瑞志》，大略以爲非《春秋》法。官至權禮部尚書兼給事中，以資政殿學士致仕。事跡見《宋史》本傳。［康熙］《龍游縣志·藝文志》有江芹《劉文靖公祠堂鐘銘》。［弘治］《衢州府志·人物志·事功》載劉章有《刺〈刺孟〉》《非〈非國語〉》《補過齋拙稿》。朱彝尊《經義考·春秋四十二》載：“劉章《非〈非國語〉》，佚。黃瑜曰：‘劉章有文名，病王充作《刺孟》，柳子厚作《非國語》，乃作《刺〈刺孟〉》《非〈非國語〉》。江端禮、虞槃亦作《非〈非國語〉》，是《非〈非國語〉》有三書也。’”朱彝尊《經義考·孟子五》又載“劉章《刺〈刺孟〉》一卷，佚”。劉章此二書今佚。

袁氏世範三卷（存）、歙歔子一卷（佚）、千慮鄙説（佚）

（南宋）西安袁采撰

　　袁采有《縣令小録》，前《史部·雜史類》已著録。陳振孫《直齋書録解題·雜家類》載：“《袁氏世範》三卷，樂清令三衢袁采君載撰。”《宋史·藝文志四》著録袁采《世範》三卷、《歙歔子》一卷。［弘治］《衢州府志·人物志·事功》本傳載，袁采有《千慮鄙説》。袁采《歙歔子》《千慮鄙説》今皆佚，《世範》今存。

　　袁采《世範》成於宋孝宗淳熙五年，始刊於宋光宗紹熙元年。《直齋書録解題》《宋史·藝文志》《文獻通考·經籍考》皆將《世範》入“雜家類”，而《四庫全書》收録時入“儒家類”。從其內容來看，以入“儒家類”爲當。是書分“睦親”“處已”“治家”三篇，分別有六十則、五十五則、七十二則，涉及修身、孝道、敬業、處世、治家、理財等，凡傳統社會家庭倫理、身心修養、爲人處世、治家方法等皆有闡述，切於實際，近於人情，可厚人倫而美習俗，故能傳諸不朽。隆興府通判劉鎮爲是書作序，贊曰："其言則精確而詳盡，其意則敦厚而委曲，習而行之，誠可以爲孝悌爲忠恕爲善良，而有士君子之行矣。"四庫館臣將袁書與《顏氏家訓》相提並論，足見其影響。本書不僅爲家訓史重要著作，亦爲研究宋代家庭生活、社會經濟提供不少難得資料。南宋姚勉《雪坡集·譚氏孺人墓誌銘》載，譚孺人"尤喜閱書史，誦《袁氏世範》"，可見在宋時已流傳甚廣，爲婦孺所習。是書卷前有劉鎮序和袁采序後附記；卷後附方景明《集事詩鑒》三十篇，每篇先爲篇名，如首篇爲"子之於父當鑒顧愷"，下述相關史事，再爲詩贊；卷末有明正德袁表跋、袁褧跋，清乾隆間袁廷檮跋和咸豐間應陛跋。袁褧跋曰："《袁氏世範》，馬端臨《書考》定爲一卷，此本次列三卷，附後《詩鑒》一集。"今查端臨《文獻通考·經籍考》，著錄《袁氏世範》三卷，而非一卷，或袁褧所見馬書與今本不同。《世範》影響較大，備受後人重視，歷代不斷刊刻之，今傳世版本甚多。今有宋刻本傳世，藏於國家圖書館。明末，陳繼儒有《陳眉公重訂世範》，訛誤較多。《四庫全書》乃據《永樂大典》中所載宋本收錄。《世範》不同版本，藏於國家圖書館等處。《衢州文獻集成》據宋刻本影印。

《四庫全書總目·〈袁氏世範〉提要》：《袁氏世範》三卷（《永樂大典》本），宋袁采撰。考《衢州府志》，采字君載，信安人。登進士第，三宰劇邑，以廉明剛直稱。仕至監登聞鼓院。陳振孫《書錄解題》稱：采嘗宰樂清，修《樂清志》十卷。王圻《續文獻通考》又稱其令政和時，著有《政和雜志》《縣令小錄》，今皆不傳。是編即其在樂清時所作，分"睦親""處己""治家"三門，題曰《訓俗》。府判劉鎮爲之序，始更名《世範》。其書於立身處世之道，反覆詳盡，所以砥礪末俗者，極爲篤摯。雖家塾訓蒙之書，意求通俗，詞句不免於鄙淺，然大要明白切要，使覽者易知易從，固不失爲《顏氏家訓》之亞也。明陳繼儒嘗刻之《秘笈》中，字句訛脱特甚，今以《永樂大典》所載宋本互相校勘，補遺正誤，仍從《文獻通考》所載勒爲三卷。（見《四庫全書總目·子部·儒家類二》）

柯山講義（佚）、叢璧（佚）
（南宋）西安孔元龍撰

孔元龍有《論語集説》，前《經部·四書類》已著錄。廖用賢《尚友錄》卷十三載，孔元龍有《柯山講義》《叢璧》。此二書今皆佚。

洙泗言學（佚）
（南宋）西安孔從龍撰

孔從龍，舊名掄，西安人。少好學，嘗與兄元龍輯《魯論言學》，真西山爲之跋。

事跡見徐映璞《孔氏南宗考略·宋代名賢事跡考》[①]。真德秀有《跋孔從龍〈洙泗言學〉》，故以孔從龍作《洙泗言學》。此書今佚。

真德秀《跋孔從龍〈洙泗言學〉》：昔南軒先生嘗輯《洙泗言仁》一篇，發揮其義，使學者知所以爲仁。今衢梁孔君又輯其言學者四十餘章，章爲之釋，使學者知所以學。君以先聖之裔，而研精先聖之書，其所發明有補學者。雖然《魯論》二十篇，言仁與學蓋亡幾玩而繹之，實無一語之非仁，亦無一語之非學也。姑以首篇言之時習而説，朋來而樂，固學矣。孝弟以立本，巧令之鮮仁，非學乎？學在是，仁亦在是，知乎此而後爲善讀《論語》。（見真德秀《真西山先生集·題跋》）

習經三卷（佚）

（南宋）西安孔拱撰

孔拱有《讀史》，前《史部·史評類》已著録。徐映璞《孔氏南宗考略·宋代名賢事跡考》載孔拱有《習經》三卷[②]。此書今佚。

校學正書（佚）

（南宋）江山蔣文祉撰

蔣文祉，事跡不詳。康熙癸巳《江山縣志·邑人著述》著録蔣文祉《校學正書》，列於南宋人著述中。此書今佚。

講義（佚）

（南宋）開化張汝勤撰

張汝勤有《史評》，前《史部·史評類》已著録。[弘治]《衢州府志·人物志·文士》本傳載，張汝勤有《講義》。此書今佚。

端本書一卷（佚）、忠報書一卷（佚）、自警録一卷（佚）、可可抄書一卷（佚）

（元）龍游徐泰亨撰

徐泰亨有《海運紀原》，前《史部·政書類》已著録。據黃溍《黃文獻公集·墓誌銘》所載《青陽縣尹徐君墓誌銘》，徐泰亨有《端本書》《忠報録》《自警録》《可可抄書》各一卷。泰亨諸書今皆佚。

董氏家訓（佚）

（元）龍游董時中撰

董時中字有輔，龍游人。幼穎悟，年十四通經史。築室於雞鳴巖之左，發憤讀書，

① 徐映璞：《孔氏南宗考略》，見《兩浙史事叢稿》，第29頁。
② 徐映璞：《孔氏南宗考略》，見《兩浙史事叢稿》，第29頁。

題其齋曰遜志。性高尚，不屑應舉。四方學者從游甚衆。明初，徐備及西安管余慶、卞善應、虞天祥、吳佛應、范壽諸人，皆其弟子也。所著有《經史辨訛》《遜志齋集》《董氏家訓》諸書。事跡見［民國］《龍游縣志・人物傳一》。時中《董氏家訓》今佚。

爲學次第（佚）

（明）開化徐蘭撰

徐蘭有《書經體要》，前《經部・書類》已著録。［弘治］《衢州府志・人物志・文士》本傳載，徐蘭有《爲學次第》。此書今佚。

家範（佚）

（明）開化徐昱撰

徐昱，開化人。學優行端，動以禮儀，廉恥勵人。永樂初，與修郡志。作《家範》十二條，以示子孫。事跡見［崇禎］《開化縣志・人物志・隱逸》。徐昱《家範》今佚。

先正格言（佚）

（明）開化金寔撰

金寔參與修撰《明太祖實録》，前《史部・實録類》已著録。據楊榮《文敏集・墓表》所載《奉議大夫衛府左長史金君用誠墓表》，仁宗登極，妙簡宮僚之賢者輔導諸王，乃授金寔衛府左長史階奉議大夫誥，復召入西掖，纂述《先正格言》，以備顧問。金寔《先正格言》今佚。

五箴解一卷（佚）、朱子讀書法（佚）

（明）開化吾冔撰

吾冔有《周易傳義會同》，前《經部・易類》已著録。據章懋《楓山章先生集・雜著》所載《文山先生吾君墓表》，吾冔有《朱子讀書法》《五箴解》，黄虞稷《千頃堂書目・儒家類》亦著録。［雍正］《浙江通志・經籍志五》引［崇禎］《衢州府志》言"《五箴解》一卷，吾嘑著"，"嘑"字當爲"冔"。［乾隆］《開化縣志・經籍志》始載"《五經解》一卷，吾嘑著"，"經"字當爲"箴"，"嘑"字當爲"冔"。［光緒］《開化縣志・藝文志》同著録吾冔《五經解》《五箴解》。《兩浙著述考》亦收録吾冔《五經解》[1]。據章懋《文山先生吾君墓表》，吾冔撰有《五箴解》，不言有《五經解》。《衢州府志》和乾隆以前《開化縣志》均不載吾冔有《五經解》。《五經解》當是《五箴解》訛誤而成。吾冔《五箴解》《朱子讀書法》今皆佚。

程敏政《五箴解序》：聖門之教，莫先求仁，而求仁之要，又非遠人以爲道也。禁止

---

① 宋慈抱：《兩浙著述考》，第566頁。

其視聽言動之非，禮而敬以主之，則日用之間表裏交正，而德可全矣。顧其爲説，莫詳於顔冉氏之所聞，又莫切於程朱氏之所箴者。惜乎後學不能體而行之，則其群居之間，徒有講習誦説而已。江浦教諭開化吳景端氏，嘗取四箴及敬齋箴爲之箋釋，號《五箴解》，以示學者。其學者雙溪李謨間從予遊，因奉以請序曰：“景端之志也。”嗚呼！洙泗遠矣，心學晦而功利之説瀾倒於後世，伊洛勃興，考亭繼之，由是墜緒可尋。而謂夫子之所以告顔子者，乾道也，告冉子者，坤道也。夫乾言誠，坤言敬，聖賢之學，於是焉分而敬，實後學之法守也。一不敬則私意萬端起，而害仁不可勝道，誠何自而致乎敬而安焉，則無已可克而仁矣。仁則一於天理而誠矣，此希聖之功也。五箴之所由作也，景端生百世之下而知所用力，又思以及人非能篤於爲己之學有是哉！聖訓在目，遺矩凛然，孤陋無聞，豈勝寤歎！輒述所見以付謨俾致之景端，以求益焉。（見程敏政《篁墩程先生文集·序》）

家訓（佚）
（明）開化張清撰

張清字濂夫，開化人。益府引禮舍人。所著《家訓》，子孫世守之弗替。事跡見［乾隆］《開化縣志·人物志·義行》。張清《家訓》今佚。

世德徵（佚）
（明）開化余鵬撰

余鵬字廷鳳，開化人。通經史，尤精楷書篆隸。所著有《衡門集》《世德徵》。事跡見［崇禎］《開化縣志·人物志·隱逸》。余鵬《世德徵》今佚。

周氏家規二卷（佚）
（明）龍游周凱撰

周凱字希文，龍游人。爲太學生，以母老歸養。嘗著《周氏家規》八百餘言，徐履誠注釋之，刊行於世。事跡見［嘉靖］《衢州府志·人物紀·孝行》、［萬曆］《龍游縣志·人物志》。黃虞稷《千頃堂書目·儒家類》著錄周凱《家規》二卷。［民國］《龍游縣志·藝文考》載：“《周氏家規》二卷，周凱撰。案：二卷，殊可疑。［嘉靖］《府志·凱傳》言著《家規》八百餘言，寥寥八百餘言，必無二卷也。［嘉靖］《府志》又云同邑徐履誠注釋之，刊行於世，或注釋成二卷耳。但兩舊志何以又云徐履誠有《家規》二卷？今書已佚，不可考矣。”周凱《周氏家規》今佚。

龍邱徐氏家規（佚）
（明）龍游徐履誠撰

徐履誠有《明宣宗實錄》，前《史部·實錄類》已著錄。［天啓］《衢州府志·藝文志》著錄徐履誠《徐氏家規》。［康熙］《衢州府志·藝文考》、［康熙］《龍游縣志·藝文志》、[民國]《龍游縣志·藝文考》皆載徐履誠《徐氏家規》二卷。然據貝魯瞻《徐氏家規序》，言"合九十五條爲一篇目，曰《龍邱徐氏家規》"，當無二卷。此書今佚。

貝魯瞻《徐氏家規序》：規所以圓夫器，猶義所以維夫家也。大道之世，風氣渾樸，比屋可封，人有士行，無所事乎防閑。逮乎末季，漸不古若，淳龐忠厚，弗克勝夫，乖戾悖逆。士大夫家，即不敢以我之所是，徇人所非，而同趨靡靡，是以必欲自成其教於家也。徐氏履誠，有志《大學》修身齊家之事，謂聚族宜有規，庶幾可理。爰摭先聖賢格言，增之周氏舉要，參之義門楷範，合九十五條爲一編目，曰《龍邱徐氏家規》，命其子珙來京求序。惟夫古禮尚存，易簡明白，坦然可由，今乃加多者何？恐後人未達古之意也。夫舍規固不可以爲員，用規而器或不盡員者容有也，與理家之法曷異乎？責今人以故禮，咸罔不怪。殊不知千萬世一道也，千萬人一心也。試以余目擊耳聞者言之：浦陽鄭氏，由南宋迄今同居共食，合指數千人，無間於其父母昆弟之言，名公爲書"浙東第一家"鑱諸石，究能致此，惟義而已矣。義者，天理所宜，父子兄弟夫婦長幼之間能一本諸義，則人倫修，上下章，內外肅，家用平康，即三代之民之俗，何患不齊？履誠讀書博古，尊賢好士，是規乃博識君子因其實而相與訂定之，雖百世可行也。（見《[康熙]《龍游縣志·藝文志》》）

家範一卷（佚）

（明）西安周洪撰

周洪有《賓館常錄》，前《史部·雜史類》已著錄。[天啓]《衢州府志·藝文志》著錄周洪《家範》。[康熙]《衢州府志藝文考》載周洪《家範》一卷。此書今佚。

政家遺範（佚）

（明）江山毛鼎元撰

毛鼎元，事跡不詳。康熙癸巳《江山縣志·邑人著述》著錄毛鼎元《政家遺範》《西山吟稿》。[天啓]《江山縣志·科名志》載，明正統年間歲舉有毛鼎元，曾任主事。鼎元《政家遺範》今佚。

了心録（佚）

（明）開化施筀夫撰

施筀夫字公節，開化人。篤學勵行，屏跡潛山，與兄公毅閉門著述。章楓山、張東海及吾求樂父子尤器重之。所著有《了心録》並《遺稿》，藏於家。事跡見[雍正]《開化縣志·人物志·隱逸》。筀夫《了心録》今佚。

覺世集（佚）

（明）開化汪璞編

汪璞字尊五，開化人。受業吾文山先生，深究濂、洛、關、閩書，有吟風弄月之趣。隱居，屢征辟，不就。有《覺世集》《月山詩集》行世。事跡見［雍正］《開化縣志·人物志·隱逸》。［康熙］《衢州府志·藝文考》載："汪璞《覺世集》，纂朱子《近思録》，参証《通書》《正蒙》《西銘》《經世書》。"汪璞《覺世集》今佚。

家規（佚）

（明）江山何倫撰

何倫字宗道，江山人。事親孝。豫章羅念庵顔其堂曰"惇彝"，所居里至今稱孝子巷。著有《家規》。事跡見劉佳《釣魚蓬山館筆記》"何倫"條。何倫《家規》今佚。

性理集解（佚）

（明）開化蔣經撰

蔣經有《易經講義》，前《經部·易類》已著録。徐象梅《兩浙名賢録·儒碩》載，蔣經有《性理集解》。［崇禎］《開化縣志·人物志·孝廉》載蔣經有《性理習解》，"習"字當爲"集"。［天啓］《衢州府志·藝文志》言蔣經著有《性理集解》，其下爲方豪所著諸作，不言方豪有《性理集解》。而［雍正］《浙江通志》引［崇禎］《衢州府志》載方豪有《性理集解》，又引《兩浙名賢録》言蔣經有《性理集解》。［崇禎］《府志》當誤以蔣經《性理集解》爲方豪之作，爲《浙江通志》所採。此後［乾隆］《開化縣志·經籍志》、［光緒］《開化縣志·藝文志》亦載方豪有《性理集解》，或據［崇禎］《府志》，亦或據《浙江通志》。宋慈抱《兩浙著述考》有方豪《性理集解》，前後兩見[①]，而無蔣經《性理集解》，亦誤。蔣經《性理集解》今佚。

正蒙通旨（佚）

（明）開化江樊撰

江樊有《孝經明注》，前《經部·孝經類》已著録。［嘉靖］《衢州府志·人物紀·事功》本傳載，江樊有《正蒙通旨》。北宋理學家張載有《正蒙》，江樊此作當是對張載之作的解讀。乾隆以前《衢州府志》《開化縣志》皆著録此書爲《正蒙通旨》，［乾隆］《開化縣志·經籍志》、［光緒］《開化縣志·藝文志》作"《正蒙通志》"，當誤。宋慈抱《兩浙著述考》作"《正義通志》"[②]，更誤。江樊此書今佚。

鄉約書（佚）、求志説（佚）、疏問（佚）、明孝道（佚）

（明）西安欒惠撰

欒惠有《大學中庸提綱》，前《經部·四書類》已著録。［嘉靖］《衢州府志·人

---

① 宋慈抱：《兩浙著述考》，第1277、1294頁。
② 宋慈抱：《兩浙著述考》，第1277頁。

物紀·孝行》本傳載，樂惠有《鄉約書》《求志説》《疏問》《明孝道》。［康熙］《衢州府志·藝文考》著録此四書，將其作者"樂惠"誤爲"奕惠"。樂惠此四書今皆佚。王守仁有《書樂惠卷》，或爲《鄉約書》所作跋語，故録於此。

王守仁《書樂惠卷》：樂子仁訪予於虔舟，遇於新淦。嗟乎！子仁久別之懷，兹亦不足爲慰乎。顧兹簿領紛沓之地，雖固道無不在，然非所以從容下上其議時也。子仁歸矣，乞骸之疏已數上行，且得報子仁其候我於桐江之滸，將與子盤桓於雲間若耶，間有日也。聞子仁之居鄉，嘗以鄉約善其族黨，固亦仁者及物之心，然非子仁所汲汲。孔子云："言忠信，行篤敬，雖蠻貊之邦行矣。"然惟立則見其參於前，在輿則見其倚於衡也而後行。子仁其務立參前倚衡之誠乎！至誠而不動者，未之有也。不誠未有能動者也。聊以爲子仁別去之贈。（見［嘉慶］《西安縣志·藝文志》）

讀書録抄釋三卷（佚）

（明）江山毛愷撰

毛愷有《奏議》，前《史部·奏議類》已著録。［天啓］《江山縣志·建置志·書籍》著録毛愷《薛文清讀書録抄釋》。［天啓］《衢州府志·藝文志》載爲毛愷《薛文清公讀書録抄釋》，多一"公"字。黃虞稷《千頃堂書目·儒家類》載毛愷《讀書録抄釋》三卷。［康熙］《衢州府志·藝文考》著録毛愷《讀書録抄釋》二卷。諸書著録毛愷此書時，書名、卷帙有異。由毛愷《讀書録抄釋題語》可知，此書名當爲《讀書録抄釋》，以三卷爲是。《四庫全書》收録薛瑄《讀書録》，《四庫全書總目·子部·儒家類三》載："《讀書録》十一卷《續録》十二卷，明薛瑄撰。瑄字德温，河津人。永樂辛丑進士，官至禮部右侍郎，入閣預機務，贈禮部尚書，謚文清。事跡具《明史》本傳。其書皆躬行心得之言，兩録之首，皆有自記，言其因程子'心有所開，不思則塞'之語，是以自録隨時所得，以備屢省。"毛愷抄薛瑄《讀書録》，於各條之下釋以數言，而成《讀書録抄釋》。此書今佚。

毛愷《讀書録抄釋題語》：皇明理學之倡，河東敬軒薛先生實首之。先生之學一以程朱爲主，其要歸在復其本性，不失天之所以命我者而已。識明而行完，養貞而守固，誠前修之偉標，後學之法軌也。平生所筆有讀書二録，總一十卷，雖皆祖述古聖賢之成訓，而言言句句率自潛修默證中流出，初非役志高玄務騰口説者，可擬私心敬信。顧其言隨得隨筆，非有詮次過不自揆，乃竊取有宋張南軒氏裒輯二程夫子粹語之義，此二録中擇其要而尤純然者，第爲三篇，首論道，次論學，次論政，凡各以類從焉。嘗謂道也者，天之命，人之性，斯理之統會也。道之所在，内以治己則爲學，外以治人則爲政。君子之明體達用，要不越兹二者，合人己，一内外，固無非性分事也。復於各條之下釋以數言，用宣厥旨，寓仰止之私焉。間出己意一二，補其所未發，則非敢求異於先生也，蓋一時偶見，不忍棄捐，姑存之以俟正於後先生而作者云耳。是又近諸呂涇野氏抄釋宋四子而爲之者也。嗟夫！予年且耆，來日有限，而區區録此，藉以自警，亦既晚矣。弟念昔人謂暮年務學，如秉燭夜行。則兹録也，雖病於晚，然倘幸以餘生冀得畢力從事焉。而因有以稍復其性命之萬一，其視諸終身冥途卒取顛躓，而莫知燭之可秉者，猶或少間也夫。（見康熙癸巳《江山縣志·藝文志》）

　　余一龍《讀書録抄釋序》：國朝理學名臣，自薛敬軒先生而下可數也，而敬軒先生實爲之倡。一龍自爲童子時讀《言行録》，竊有願學步趨之志，而材質庸下，其欲進而踏者屢矣。乙丑登第後，觀天曹尚書政時，則毛介川先生爲少宰朋儕中有知先生者，輒相謂曰："先生爲方今理學名臣，行務實踐，靡事浮言，當嚴氏用事時，先生獨不通一刺，以故優游藩臬者若干年。先年鄒東郭先生、補南先生時爲侍御，力疏乞留，以故遷謫郡佐者有若干年。今而公道昭明，先生以天曹之重，吾儕可以彈冠相慶矣無何。"一龍叨補先生桑梓之邑，晉謁請教先生，一語不及家事，惟以里中均平之法爲言，至則代巡龐惺庵公，已行之矣。今而浙人實受其福。嗟！乃先生之意也。先生之居無樓臺，蓄無金帛，江邑有築城之役，例當照米徵銀，揭册視之，先生之米僅數石，猶不逮江民下户之産。今人口談仁義，而行或背馳，亦有粉飾於立朝而惰行於幽獨者，如先生之徹表徹裏，渾然一致，天下寧幾人哉！先生自南吏部轉大司寇，以病就醫於家者凡半載餘。一龍乘公事之便，時得一見，就之如太和元氣，而聽其議論則凛凛然壁立萬仞，是非利害不少毫髮假借。蓋昔年山斗之仰至此，得以親而炙之，豈不爲至幸歟？然居於官守，纔日暮便行矣。鄙吝之心，求其不萌於既見之後，不可得也。近得讀先生所釋《讀書録》。《讀書録》著於敬軒先生，大抵祖述古聖賢之成訓，而其言隨得隨筆，不暇序次。先生擇其要而猶純然者，分爲三篇，首論道，次論學，次論政，復各爲之注釋，其下而間有發敬軒先生所不及者，然後知先生之學乃内聖外王之道也。因讀之不釋手，亦欲以竊比於古之書紳者。假復自念先生之勳業，在朝廷則有史氏，在郡國藩臬則有口碑，獨此一書乃先生理學正脈，尤其立勳業之根本，不可以不傳。傳之者，有司之責也。江陽多志道之士，典刑在近，何俟遠求？今天下之談道辯惑而慕古人者，得是書而沉潛玩味之，其真可以爲理學之標的，入聖之階梯矣。豈直不肖如一龍者，將藉是而日汲汲以求，無枉過此一生也。夫隆慶二年歲次戊辰孟冬望日，賜進士第江山縣知縣晚學生新安余一龍頓首拜書。（見《江山清漾毛氏族譜·外集》卷三）

世德乘（佚）、道器真妄諸説（佚）

（明）江山徐霈撰

　　徐霈字孔霖，號東溪，江山人。嘉靖辛丑進士。曾任河南督學，官至廣東布政使。

師事陽明，悟良知之諦。解綬歸家，筑講會舍館，著書談道，老而不倦。事跡見［天啓］《衢州府志・人物志・事功》。［天啓］《江山縣志・建置志・書籍》著録徐霈《世德乘》《道器真妄諸説》《東溪文集》。徐霈《世德乘》《道器真妄諸説》今皆佚。

講餘集一卷（佚）

（明）江山徐鳴鑾撰

徐鳴鑾有《史綱統要》，前《史部・編年類》已著録。據［乾隆］《福建通志・名宦傳三》本傳載，徐鳴鑾有《講餘集》一卷。此書今佚。

稽道編（佚）

（明）龍游葉良相撰

葉良相字邦佐，龍游人。爲諸生，受學錢緒山，與聞良知之旨。居家，以孝友立訓。後爲天真書院長。當充貢士，力讓徐天民，更十二年始貢。司訓婺源，講論亹亹，士樂從焉。擢廬州授，未幾，致仕歸。事跡見［萬曆］《龍游縣志・人物志》。［萬曆］《龍游縣志・藝文志》著録葉良相《稽道編》。此書今佚。

仕學編（佚）

（明）西安余懋中撰

余懋中字德懋，號浣玄，西安人。萬曆庚辰會魁。歷任淮安府推官、汝寧推官、湖廣道御史、福建海道僉事、福建參議。其行文瞬息萬言，苞孕千古。事跡見［天啓］《衢州府志・人物志・博雅》。鄭永禧《爛柯山志・文藪》載有余懋中詩《梅巖訪古》。［天啓］《衢州府志・藝文志》著録余懋中《仕學編》。此書今佚。

理論二卷（存）、十二論一卷（存）、荊關叢語六卷（存）

（明）西安葉秉敬撰

葉秉敬有《葩經詩歌》，前《經部・詩類》已著録。［天啓］《衢州府志・藝文志》著録葉秉敬《十二論》一卷、《荊關叢語》六卷、《理論》二卷。黃虞稷《千頃堂書目・儒家類》著録葉秉敬《荊關叢語》六卷。秉敬《理論》《十二論》《荊關叢語》今皆存。

《理論》二卷，成書於明天啓二年。卷前有秉敬自序，述其撰述此作原委。上卷有太極、天道、地道、人心、執中、無心、有心、精神、志氣、意身、意心、心聲、心眼、良知、無知、德風、天地位、得名、揚名、立志、得志、凡人、惡人，計二十三篇；下卷有頓漸、長生、氣塞、出神、無始、終始、先天、身心、真假、四勿、聞道、歸仁、心在、述作、好古、大過、生知、無能、鬼神、上下、大謀、大事、知人、算法、格物、中人、古，凡二十七篇。是書與《十二論》皆首論太極，葉氏於《理論》"太極篇"言："太極即是人之清心，其生陰生陽，立爲乾坤，名爲太極生之，實則清心生之耳。"其論"太極"雖文字表述與《十二論》不同，然其主旨大意大致相通，皆以"太極爲心"立説，當受陽明心學影響。葉氏通篇所論，以心學爲宗旨，認爲天地人皆有心，其以太極爲總心，由總心生出天、地、人各具其心。秉敬之説雖承陽明，然其好立新意，故又與王氏心學有異。此書有明刻本，封面有容肇祖題記，簡述葉氏生平、著述，藏於國家圖書館，《衢州文獻集成》據其影印。

《十二論》一卷，《四庫全書總目》著録此書入《雜家類存目二》，稱《寅陽十二論》二卷。葉秉敬號寅陽，故又稱《寅陽十二論》，而今傳本無"寅陽"二字。此本一卷，所載十二篇與四庫館臣所言相合，或四庫館臣所見爲二卷本。葉氏以"太極"之理統攝全書，認爲"人心各具之太極，即是天地統體之太極"，"心爲太極，太極爲心"；"太極之説明，而舉世萬事畢矣；太極之説晦，而舉世萬事錯矣。故不知太極，不可以讀《五經》；不知太極，不可以讀《四子》；不知太極，不可以總統諸子百家甚矣"。故其下文所論"仁孝""性善""工夫"等皆本於"太極爲心"之説。葉氏之説雖"喜爲新奇"，但其立説仍本於宋代以來理學理念，"太極""工夫""學問""知行""理欲"等皆宋儒廣泛討論命題，其言"仁孝""性善""慎獨"等仍未能超出宋學理路。此書有明刻本，藏於衢州市博物館，《衢州文獻集成》據其影印。

《荊關叢語》六卷，依次爲講學、執中、一貫、心性上、心性下、天人。葉氏認爲講學與修德等並重，"講必以學，則講爲身心性命之實地，此夫子講學意也。夫子講學不汎常事，直與修德、徙義、改過並列"（見《講學篇》）。他以爲"堯以道授舜曰執中，孔以道授曾曰一貫"，唯得未發之喜怒哀樂、不睹不聞、至隱至微之心性才得執中；又曰："夫子之道忠恕而已，堯舜之道孝弟而已矣，均千古一貫之法門也。"（見《一貫篇》）他從天命之性上説"心"，認爲"心是道心，性是天命之性，則心、性一矣"，真心性應與太虛打成一片，不分爲二物（見《心性篇上》）；"識得近取諸身，此是存心養性、超凡入聖的第一法門"（見《心性篇下》）。其於《天人篇》提出，"惟聖人體天之意，以自期待，故視其身非世之人，而爲天之人。"葉氏雖動輒引孔孟等先秦儒家之言，實則其説仍受當時心性之學影響。是書有明刻本，藏於上海圖書館，《衢州文獻集成》據其影印。

《四庫全書總目·〈寅陽十二論〉提要》:《寅陽十二論》二卷（浙江巡撫採進本），明葉秉敬撰。秉敬有《字孿》，已著録。是編分十二篇，曰太極、曰仁孝、曰性善、曰工夫、曰勉強、曰學問、曰資質、曰知行、曰理欲、曰好惡、曰零總、曰獨並。其説喜爲新奇，而理多不愜。（見《四庫全書總目·子部·雜家類存目二》）

仕學解（佚）

（明）常山徐士廉撰

徐士廉字靜予，常山人。萬曆三十四年，由儒士選授應天府檢校。察中官僞印，府尹奇之，委管龍江商稅，移邳州周目。後陞荊府典儀。事跡見［雍正］《常山縣志·人物志·賢哲》。［雍正］《常山縣志·藝文志》著錄徐士廉《仕學解》。［嘉慶］、［光緒］《常山縣志·藝文志》載爲 "徐志廉"《仕學解》，"志"字當誤。此書今佚。

傳習録（佚）

（明）開化徐公運撰

徐公運字文之，號習南，開化人。性警敏通達，屢考輒冠多士，晉川劉宗師拔置第一。所著有《傳習録》《存拙稿》《步武詞》若干卷。事跡見［崇禎］《開化縣志·人物志·孝廉》。公運《傳習録》今佚。

纂玄四卷（佚）

（明）開化汪慶百撰

汪慶百有《問奇》，前《經部·小學類》已著錄。［崇禎］《開化縣志·人物志·忠節》本傳載，汪慶百有《纂玄》四卷。此書今佚。

上壽要旨（佚）

（明）開化徐九疇撰

徐九疇字子範，號雒源，開化人。閉户究周、程之學，極深研幾。以歲薦司訓嘉善。陞吉安府授。年八十餘，猶手著《上壽要旨》一書，俱性命微言。事跡見［雍正］《開化縣志·人物志·孝廉》。［康熙］《衢州府志·選舉表》載徐九疇爲萬曆三十八年歲貢。［康熙］《衢州府志·藝文考》著録徐九疇《上壽要旨》。此書今佚。

下學約言（佚）、下學續言（佚）、下學又言（佚）、下學信言（佚）

（明）開化徐泰徵撰

徐泰徵有《韻書輯要》，前《經部·小學類》已著錄。［順治］《開化縣志·人物志·理學》本傳載，徐泰徵有《下學約言》《續言》《又言》《信言》。此四書今皆佚。

性理纂要（佚）

（明）西安鄭子俊撰

鄭子俊有《宧中紀録》，前《史部·雜史類》已著錄。［天啓］《衢州府志·藝文志》著録別駕鄭子俊《性理纂要》。而［康熙］《衢州府志·藝文考》載爲鄭子俊《性理彙要》。此從［天啓］《府志》。此書今佚。

男女幼訓（佚）

（明）西安徐母葉氏撰

　　徐母葉氏，事跡不詳。〔天啓〕《衢州府志·藝文志》著録徐母葉氏《男女幼訓》，列於西安人著述中。此書今佚。

省身日録（佚）

（明）龍游葉文懋撰

　　葉文懋號翼云，龍游人。本姓曹，葉其母族也，母舅無子，以爲嗣，因襲葉姓。萬曆壬午鄉試，以國子監學録，陞武昌府同知。又署武、蒲二邑，皆以廉潔著稱。居鄉，敦古道，以尊祖睦族爲先。事跡見〔康熙〕《龍游縣志·人物志》。〔天啓〕《衢州府志·藝文志》著録葉文懋《省身日録》。〔康熙〕《衢州府志·藝文考》作葉文懋《省身録》，或脱“日”字。〔民國〕《龍游縣志·藝文考》據《浙江通志》作“《省身目録》”，其“目”字當誤。文懋《省身日録》今佚。〔民國〕《龍游縣志·文徵志二》有葉文懋《發祥庵記》。

詹言二編（佚）、學規七要（佚）、潛陽遠訓（佚）、倚南囈言（佚）

（清）開化汪爾衍撰

　　汪爾衍字旦存，號耐庵，開化人。所舉子業及詩賦古文，古奧沉雄。以歲薦，授於潛訓。著有《詹言二編》《學規七要》《景筠草》《霞外草》《潛陽遠訓》《倚南囈言》諸集。事跡見〔雍正〕《開化縣志·人物志·文學》。汪爾衍諸書今皆佚。

雙橋隨筆十二卷（存）

（清）西安周召撰

　　周召有《吳行日録》，前《史部·雜史類》已著録。〔康熙〕《衢州府志·藝文考》著録周召《雙橋隨筆》十四卷，卷數與今傳本不同。《雙橋隨筆》成於康熙十五年，分十二卷，每卷有隨筆若干則，爲避耿精忠之亂隨筆所記，文中多基於儒家禮教立場對佛、老加以批判。周召認爲：“凡人立身行己，待人接物，處常履變，皆宜以‘中庸’二字爲主。‘中’者，心至當而無所偏；‘庸’者，道有常而不可易，惟祈愜乎天理、合乎人情而止。”（見此書卷六）周氏持無鬼神之論，其言：“古今所傳神鬼仙佛，皆街談巷語、道聽塗説之類，當如坡公所謂姑妄言之、姑妄聽之可也。”（見此書卷九）周召又云：“世人喜談風水，每見鉅公名流以及村氓市叟所至皆然，惟余不自揣竊以爲非。”（見此書卷九）又曰：“余一生不信陰陽，毫無忌諱，事至即行，未嘗擇日，多有相笑以爲過於矯者，余亦株守如故焉。”（見此書卷二）可見周召與當時流俗觀念不同，對傳統迷信予以反對。《雙橋隨筆》爲《四庫全書》收録，今有《四庫》本傳世。《衢州文獻集成》據《文淵閣四庫全書》本影印。

《四庫全書總目·〈雙橋隨筆〉提要》:《雙橋隨筆》十二卷(浙江巡撫採進本),國朝周召撰。召字公右,號拙菴,衢州人。康熙初,官陝西鳳縣知縣。是編乃其甲寅、乙卯間,值耿精忠搆逆,避兵山中所作。雙橋者,其山中所居地也。卷端標曰《受書堂集》,而以《雙橋隨筆》爲子目,殆全集中之一種歟?前有自序,稱"老生常談,誠不足採,而藥石之言,原以鍼砭兒輩,與世無關。所自矜者,集中大意在於信道而不信邪,事人而不事鬼,言理而不言數,崇實而不崇虛。竊以爲獨立之見,若中流一砥"云云。雖自詡似乎太過,而所言皆崇禮教,斥異端,於明末士大夫陽儒陰釋、空談性命之弊,尤爲言之深切,於人心風俗,頗有所裨。惟其隨筆記錄,意到即書,不免於重複冗漫。又適逢寇亂,流離奔走,不免有憤激之詞,是則其學之未粹耳。(見《四庫全書總目·子部·儒家類四》)

盡心行己錄（佚）

（清）西安劉必鳴撰

劉必鳴字於岡,西安人。性端嚴恬澹,嗜學不干外事,蓋有獨行之操義,識者欽之。養高泉石,嘗以一編自娛,藻鑑人物,省身克己,人皆方之爲郭有道一流人。所傳有《忠定公盡心行己錄》一集。事跡見[康熙]《西安縣志·人物志下》、[康熙]《衢州府志·里善傳》。[康熙]《衢州府志·藝文考》著錄爲劉必召《劉忠定公盡心行己錄》,"召"字當爲"鳴","已"字當爲"己"。[民國]《衢縣志·藝文志》著錄爲劉必鳴《劉忠定公盡心行己錄》。宋慈抱《兩浙著述考》載劉必鳴爲明人[1],有誤。劉必鳴《盡心行己錄》今佚。

知困日鈔二卷（佚）

（清）西安徐日儶撰

徐日儶字虞卿,西安人。篤行敦倫,至誠君子。藏書甚富,甲乙丹黃,翻閱殆遍。以明經司教天台。所著有《知困日鈔》《霞城小草》。事跡見[康熙]《西安縣志·人物志下》。[康熙]《衢州府志·藝文考》載,徐日儶《知困日抄》二卷,且稱龍游余恂爲序。日儶《知困日鈔》今佚。《西安西河徐氏宗譜》卷十九有徐日儶《刻知困日鈔小引》、張元聲《知困日鈔序》,此錄之於下。

徐日儶《刻知困日鈔小引》:《記》云:"學然後知不足,教然後知困。"此言教學之相長也。然必待教而知困,則世之知困者亦無幾矣。如吾夫子忘食忘憂,不知老至,則又何時非困,何時自足乎?余以乙巳冬受事台庠,深媿忝竊,固又不第,知困己也,因循職守,月課罔怠。其屢居前茅者潘子玉京,輒爲陟三金宗師所賞,旋捷西闈;越

---

① 宋慈抱:《兩浙著述考》,第1301頁。

歲，袁子實齋又以明經冠兩浙；今楊子國濱選拔成均，皆課業之錚錚者也。緬惟文爲國華，行爲國幹，幹立而華，斯茂寧止課藝云哉！巾箱中攜有殘書數卷，日夕展玩，意有所羨，即手錄之，久而成帙，聊用自娛。而索觀者眾，爰授梓人，公諸同志。昔嚴君平賣卜，與子言孝，與臣言忠。今濫竽一鐸，自覺覺人，職志斯在，縱蕪雜不倫，亦興會所至，要之無忝所生，以不負知困之意云爾。若曰著述，漫災梨棗，則余滋罪矣夫。康熙壬子臘月八日瓊臺散吏徐日儁識。（見《西安西河徐氏宗譜》卷十九）

　　張元聲《知困日鈔序》：予自戊申冬，杜門養疴，五年於茲，罕聞户外事。忽虞卿先生以《知困日鈔》相示，卒讀之，見其中高文快論，流溢行墨，如雲興泉涌，應接不暇，胸膈間數年之魂礧一朝都豁，不覺蹶然起曰："是愈吾疾哉！"昔漢元帝在青宮時，體不樂忽忽善忘，宣帝詔儒臣王褒等侍以誦讀，兼搆佳篇進之，卒至平復帝，何見而然歟？蓋理之於心，不能勝欲，故格格不入，及其暢曉，則天和融洽，神情霽朗，鬱者以宣，滯者以達，入膏肓者霍然而驅，斯固盧、扁所不能解，而文字有甦之，其中有機焉。要惟學道篤者，能窺其旨，非淺見寡聞所可同日語也。先生學窮道奧擅詞宗，自乙巳秉鐸吾台，每與多士談經晰疑，輒出意表，即風晨月夕，飛觴拈韻，如瑤圃積玉，無非夜光其才，固已軼倫邁等矣，乃好學深思，久而靡倦，日取古之微言，彙茸成編。苜蓿清俸所入幾何，不以謀田舍，獨用之壽梨棗，其曠達更何如哉？李永和有言："丈夫擁書萬卷，何假南面。"百城先生之志，其在斯乎？是編出，將見讀之者，憬然覺悟如夢，斯醒俾一切柔情惰氣，皆有起色，是直愈天下人之疾也，奚啻於予之愉快已乎？因投筆題於端，以見先生積學之功救世之心，可窺一斑云。康熙癸丑臘月五日年家眷姪張元聲書於度予亭中。（見《西安西河徐氏宗譜》卷十九）

岑山講義（佚）

（清）西安葉盛芳撰

　　葉盛芳字新羨，號菊亭，西安人。篤志好修，潛心理學。少時，即從其叔艮敦問道於蕺山劉念臺先生，言動悉符軌範，執經其門者甚眾。以明經司鐸太平縣，嚴教約以訓士。諸《岑山講義》，發明立誠主敬之旨，士風翕然丕變。事跡見[康熙]《衢州府志·文學傳》。盛芳《岑山講義》今佚。《江山江陽何氏宗譜》卷二十有葉盛芳《祝勝水何翁七旬壽圖》，《三衢西邑瑤峰葉氏宗譜》有其《祝余孺人六十節壽詩》。

修齊纂訓十卷（佚）、生生録八卷（佚）

（清）西安葉淑衍撰

　　葉淑衍字椒生，號茹庵，西安人。康熙庚戌進士。官江西德興知縣。著《孩音詩集》《茹庵文集》。事跡見[嘉慶]《西安縣志·循吏傳》和潘衍桐《兩浙輶軒續録》卷二，詳見於《三衢仁德葉氏宗譜》卷二所載《椒生公行述》、卷三《衍生公傳》。[康熙]《衢州府志·藝文考》著録葉淑衍《修齊纂訓》十卷、《生生録》八卷。此二書今皆佚。

家政彙要（佚）

（清）常山程萬鐘撰

程萬鐘有《見聞偶録》，前《史部·雜史類》已著録。［康熙］《衢州府志·藝文考》著録程萬鐘《家政彙要》。［嘉慶］、［光緒］《常山縣志·藝文志》著録爲程萬鐘《家政類要》。此從《府志》。萬鐘此書今佚。

理學新書（佚）

（清）開化徐大顯撰

徐大顯字孚若，號旦邨，開化人。以選拔遊都門，屢冠雍試。著有《理學新書》《續寒香詩集》，藏於家。事跡見［雍正］《開化縣志·人物志·文學》、［乾隆］《開化縣志·人物志·儒林》。［雍正］《縣志》作"徐大顯"，［乾隆］《縣志》作"徐大禹"，此從前志。大顯《理學新書》今佚。

義學七規（佚）、幾園圖説（佚）

（清）開化方易撰

方易字天晫，開化人。任湖廣平江教諭，講學造士，多所成就。生平著述甚富，如《燕臺詩可》《柳湖社集》《義學七規》《幾園圖説》皆已刻行世者。事跡見［康熙］《衢州府志·文學傳》。方易《義學七規》《幾園圖説》，今皆佚。

道學津梯（佚）、學基草（佚）

（清）開化汪巖叟撰

汪巖叟有《大易注解》，前《經部·易類》已著録。［康熙］《衢州府志·文學傳》汪爾衍傳所附子巖叟傳載，汪巖叟有《道學津梯》《學基草》。此二書今皆佚。

家塾正銓（佚）

（清）開化楊廷琚撰

楊廷琚有《羲經辨精》，前《經部·易類》已著録。［雍正］《開化縣志·人物志·事功》本傳載，楊廷琚有《家塾正銓》。此書今佚。

修凝堂家訓（佚）

（清）龍游范世燧撰

范世燧字金左，號云樵，龍游人。曾著《修凝堂家訓》五十二條。事跡見［民國］《龍游縣志·人物闕訪》。同書《藝文考》亦著録范世燧《修凝堂家訓》，且案："雞山范氏譜曾載，有祝緯序。"范氏《家訓》今佚。

仁孝編二卷（佚）

（清）西安葉瑋撰

　　葉瑋字仙琦，號慎齋，西安人。邑庠生。幼即知孝。及長，力學通經，資館穀奉甘旨，從游日衆。著有《仁孝編》。事跡見[嘉慶]《西安縣志·孝友傳》，詳見於《三衢仁德葉氏宗譜》卷三所載《慎齋公傳》。[嘉慶]《西安縣志·經籍志》著録葉瑋《仁孝編》，注文曰："《纂集古今孝子》一卷，《古今孝順詩歌》一卷"。葉瑋《仁孝編》今佚。《仁德葉氏宗譜》卷三有《慎齋公勸孝十二章》，當爲《仁孝編》佚文。[嘉慶]《西安縣志·祠祀志》載有葉瑋《晏公祠記》。

格致小録四卷（佚）、日省編（佚）

（清）江山劉佳撰

　　劉佳有《寓杭日記》，前《史部·雜史類》已著録。據劉佳《釣魚篷山館集》卷後所附劉履芬《先考劉府君行狀》，劉佳還有《格致小録》四卷、《日省編》。此二書今皆佚。

啓蒙七略一卷（佚）

（清）西安陳塤撰

　　陳塤有《忠孝録》，前《史部·傳記類》已著録。[民國]《衢縣志·人物志三》本傳載，陳塤有《啓蒙七略》一卷。此書今佚。

訓俗遺規（佚）

（清）江山徐元和撰

　　徐元和，原名起華，字榮春，號靜軒，江山人。道光戊申，補弟子員。曾手輯《訓俗遺規》一書。事跡見[同治]《江山縣志·藝文志三》所載嘉善許汝璜《徐元和傳》。元和《訓俗遺規》今佚。

小山課子文（佚）

（清）西安孔昭晙撰

　　孔昭晙有《五經詳注》，前《經部·五經總義類》已著録。[民國]《衢縣志·人物志三》本傳載，孔昭晙有《小山課子文》。此書今佚。

家範（佚）、存心録一卷（佚）

（清）常山汪氏徐灝妻撰

　　汪氏徐灝妻，常山人。性温柔，通經書，孝舅姑。教子姪，以立品敦行爲先。著《家範》十二則、《存心録》一卷。事跡見[光緒]《常山縣志·賢母傳》。汪氏此二書今皆佚。

兵家類

兵書解（佚）

（南宋）開化鄒補之撰

鄒補之有《書說》，前《經部·書類》已著録。[弘治]《衢州府志·人物志·理學》本傳載，鄒補之有《兵書解》。[天啓]《衢州府志·藝文志》、[康熙]《衢州府志·藝文考》、[雍正]《開化縣志·藝文考》著録鄒補之《諸經兵書解》，當以《兵書解》爲是。此書今佚。

八陣圖説（佚）

（明）常山鄭林撰

鄭林字伯森，常山人。正統間進士。景泰初，授兵科給事中。遇事敢言，權貴無不斂跡。團營將不知兵，操練無法，當事者請委林操練軍士，林以軒轅破蚩尤之陣教閲軍伍，具疏繪圖以進。時于謙爲大司馬，深嘉嘆賞，以爲得古兵法不傳之祕，奏請頒其法於天下。凡練兵官，悉以是教閲隊伍，始整其法，至今不廢。事跡見徐象梅《兩浙名賢録·儒碩》。[雍正]《常山縣志·藝文志》著録鄭林《八陣圖説》。此書今佚。[天啓]《衢州府志·藝文志》載有鄭林《八陣圖疏》，此録之於下。

鄭林《八陣圖疏》：景泰四年，林見團營軍無統制，每出征人馬雜沓致死，劾其操練不如法當國，遂請以其事委之。林乃繪圖具疏以進，曰："臣通考古今陣法，莫有過於軒轅破蚩尤之陣。夫古之蚩尤，即今之胡虜也。黃帝按井田作陣法，而後漢諸葛亮推演之名之，以爲天、地、風、雲、龍、虎、鳥、蛇者，非泥於形象之謂也，蓋按河圖、洛書之數而爲之也。夫洛書之數，戴九履一，左三右七，二四爲肩，六八爲足，五居於中。九數居離，南方朱雀，七宿之地前朱雀，雀者鳥也，故曰鳥陣。一數居坎，北方玄武，七宿之地後玄武，玄武者蛇也，故曰蛇陣。三數居震，東方蒼龍，七宿之地左青龍也，故曰龍陣。七數居兑，西方白虎，七宿之地右白虎也，故曰虎陣。六居西北，乾之位也，乾爲天，故曰天陣。二居東南，坤之位也，坤爲地，故曰地陣。四居西南[1]，巽之位也，巽爲風，故曰風陣。八居東北，艮之位也，艮爲山，不曰山而曰雲者，連山出雲，故曰雲陣。大將象五居中，則又所以應乎太極也。一大陣之中，固有八陣，而大小陣中，亦各有八陣。大陣則法伏羲八卦，小陣則法文王六十四卦，所謂隊間容隊，陣間容陣者也。大將居中，專主旗鼓，八部纏繞，悉聽指揮。若正南受

---

[1] 原文"四居東南"，此據[萬曆]《常山縣志·選舉表·賢哲》所載鄭林傳相關内容，改爲"四居西南"。

敵，則東南、西南二陣爲奇兵，張左右翼以救之。若正北受敵，則東北、西北二陣爲奇兵，張左右翼以救之。其正東、正西及四隅受敵，亦如之。所謂常山之蛇，擊其首則尾應，擊其尾則首應，擊其中則首尾俱應者也。”（見［天啓］《衢州府志・藝文志》）

武經捷解三卷（佚）

（清）常山鄭楠撰

鄭楠，事跡不詳。［嘉慶］《常山縣志・選舉志》載乾隆六年武舉有鄭楠。［嘉慶］《常山縣志・書目志》著錄鄭楠《武經捷解》三卷。此書今佚。

五子連環炮演講（佚）、盤馬彎弓術（佚）、平原設伏不厭詐（佚）

（清）西安郭成貴撰

郭成貴字君錫，西安人。投效營伍，咸豐時堵剿，多有戰捷。幼時好讀《左傳》，泛覽兵家者言，著有《五子連環炮演講》《盤馬彎弓術》（又名《穿鬃箭術》）、《平原設伏不厭詐》諸書，曾經送呈撫帥。事跡見［民國］《衢縣志・人物志三》。成貴諸兵書今皆佚。

雲門拳法（佚）

（清）西安王登漣撰

王登漣字亭川，號雲門，西安人。道光間歲貢。學問淵博，書法超妙。精拳術，得少林真傳。曾與山東鏢客角藝，名著京都。著有《雲門拳法》，言“拳者，權也。隨心應變，莫能捉摸”，又云“拳以護身，非以炫身”。事跡見［民國］《衢縣志・人物志四》。登漣《雲門拳法》今佚。

農家類

耕譜（佚）

（吳越）西安愼溫其撰

愼溫其，西安人。事吳越都統軍錢仁俊，會程昭悦譖闞璠、杜昭達，欲奉仁俊爲亂，收溫其使證之，考掠備至，堅守不屈。吳越王弘佐嘉之，擢爲國官，誅昭悦，釋仁俊。有《耕譜》行於世。事跡見［弘治］《衢州府志・人物志・事功》。上引［弘治］《府志》所載愼溫其事跡，亦見《資治通鑒》後晉開運二年十一月所載。《耕譜》今佚。

經界捷法（佚）

（南宋）西安袁采撰

袁采有《縣令小錄》，前《史部・雜史類》已著錄。［弘治］《衢州府志・人物志·事功》本傳載，袁采有《經界捷法》。［民國］《衢縣志·藝文志》載："《經界捷法》，宋袁采撰。按：此蓋農家量田折算之書也。"此書今佚。

藝菊簡易一卷（存）

（清）常山徐京撰

徐京有《四書句讀頓連》，前《經部·四書類》已著録。［光緒］《常山縣志·藝文志》著録徐京《種菊簡易》，而今傳本題爲《藝菊簡易》。該書首爲作者自序，其下有《藝菊十三則》《菊名詩》一百八首。徐京認爲植菊難易在於負與不負，不負其難則易植。徐京自序言，"予緣出藝法十三則，並菊名詩一百八截質之。十三則系予遞年增删諸法，參以鄙意，所屢經試驗者。詩一百八截系予經植二百餘種，因名稱不同，方言互異，或遵或改，均爲定正；又因園地狹隘，隔愛大半，擇其尤佳者"。其藝法十三則，分擇地、培土、種植、澆灌、壅培、去害、培葉、扦接、删繁枝條、去牡、留蕾、論佳花、留種，將藝菊良法傳諸後人。而菊名詩一百八首，將菊花分黄、白、紅、褪紅、紫、間諸色，黄色二十八種，白色三十種，紅色十八種，褪紅色九種，紫色十種，間色十三種。每種菊名，注明其改名、古名、今名，並對花之特徵加以描述，其下爲菊名題詩。如，"《鵝毛菊》（古名。半管，長闊，瓣厚大，無心）"，詩曰："晉人著作獨陶文，書法超凡是右軍。雙壁合來希世品，花神著意養鵝群。"其下又注曰"盂城草"。徐京藝菊深得其術，對各種菊花亦深有研究，此書爲難得農學專門之作。是書有清嘉慶四年刻本，藏於國家圖書館，《衢州文獻集成》據其影印；又有民國二十二年鉛印本，藏於國家圖書館、浙江圖書館、河南大學圖書館等處。

雲根菊譜（佚）

（清）龍游潘錦釭撰

潘錦釭號雲根，龍游人。好古，尤喜藝菊，曾著《菊譜》，題其齋曰慕陶。事跡見［民國］《龍游縣志·人物闕訪》。錦釭此書今佚。

農林蠶説（存）

（清）西安葉向榮撰

葉向榮，事跡不詳。［民國］《衢縣志·爵秩志·仕進表》載葉向榮由歲貢就職，分發安徽，又於《選舉志·明經》載葉向榮曾任安徽縣丞。［民國］《衢縣志·藝文志》載："《農林蠶説》，清葉向榮撰。光緒間出版。按：此書分天時、種植及家庭日用飲食之所需要，而尤重在蠶桑，皆經實地試驗者，以簡明淺近之言出之。"此書今存，自序末署有"歲貢生安徽候補州判衢西葉向榮"。是書封面題《農林蠶説附畜牧圃事居家食物常菜》，前有"衢州府崇興序"和作者自序。葉氏自序言，"農林蠶三事，是王道之始，當今之急務也”，而撰農林蠶事之書，“必先勤其試驗之法，而後考成其發達之理，則理莫不了然於心”。向榮親操農林蠶事逾四十年之久，頗有成效，以不能推廣爲恨，遂撰是書，以導富國利民之先路。此書首爲《每月事宜》，分月記載人事、樹木、穀、蔬。次爲《農事各穀》，後附《畜牧》《圃事各蔬》，記書各種農作物種植之法和家畜等動物家養之法。又次爲《林業種植》，載桑、柘等樹木種植之法。又次爲《蠶桑圖説》，先有光緒八年西安知縣歐陽烜序和光緒二十二年葉向榮序，下述詳述種桑和蠶業，並配以精美繪圖。最後爲《供應常菜食物》，叙述各種醬製、醃製等家庭日用食品做法。此書内容以蠶桑最詳，其言簡明淺近，讀者易曉，其法易於施行。此書有光緒二十年刊本藏於浙江圖書館，又有清宣統三年衢城正新書局石印本，藏於浙江圖書館、南京大學圖書館、北京大學圖書館，《衢州文獻集成》據南大圖書館藏本影印。

醫家類

古先禁方（佚）、色脉藥論（佚）

（元）衢州鄭禮之撰

據戴良《九靈山房集·傳》所載《滄洲翁傳》，滄洲翁者，姓吕氏，名復，字元膺，晚號滄洲。以母病，復喜攻岐扁術，而恨無其師。一日，遇三衢鄭禮之逆旅中，即知爲醫中毛遂也，每謹事之。鄭亦見翁醇謹無他，頗心愛翁，因呼翁語曰：“我有《古先禁方》及《色脉藥論》諸書，知人生死，定可治甚精，我年老，欲具以授公。”翁即避席，再拜，盡得其書，受讀可一年，所輒試之有驗，然尚未精也。鄭復教翁日記診藉，考方藥驗否，悉爲參訂，不使毫釐失理。又若干年，所積爲人治診病，效無不神。由此可知，衢州醫家鄭禮之有《古先禁方》《色脉藥論》。此二書今皆佚。

效方三卷（佚）

（元）龍游徐泰亨撰

徐泰亨有《海運紀原》，前《史部·政書類》已著録。據前黄溍《黄文獻公集·墓誌銘》所載《青陽縣尹徐君墓誌銘》，徐泰亨有《效方》三卷。此書今佚。

活人寶鑒十卷（佚）

（明）江山伍子安撰

伍子安，江山人。通經史，邃於醫，請者如市，不責報。郡守張實薦爲御醫。

所著有《活人寶鑒》十卷。學士宋濂志其墓。事跡見［嘉靖］《衢州府志·外紀·技術》。子安此書今佚。

病機藥性賦二卷（存）、論四時六氣用藥權正活法（存）
（明）西安劉全備撰

劉光大字宏甫，西安人。子咸字澤山，建濟民藥局以濟民，設太子神祠以驅疫情。孫全備，亦精於醫，著有《藥性病機賦》。曾孫仕聰，著有《方脈全書》，並行於世。事跡見［嘉靖］《衢州府志·外紀·技術》。殷仲春《醫藏目録》著録有劉全備《病機賦》二卷。黃虞稷《千頃堂書目·醫家類》著録爲劉全修《注解病機賦》二卷。［民國］《衢縣志·藝文志下》："《病機藥性賦》，明劉全備撰。黃氏《千頃堂書目》有《注解病機藥性賦》二卷，劉全修著，西安人。《浙江通志》引黃氏《書目》同。［康熙］《府志》作劉光大《藥性病機賦》，［康熙］《縣志》又作劉光山著，［嘉慶］《縣志》兩引之。茲據《洛陽劉氏譜》更正。按：《劉氏譜》：光大，字適庵，精岐黃術。元至元召對稱旨，授衢州路醫學教授，以醫世其家，後人無不知醫者。此書實爲劉全備著。全備，字寶善，光大孫。全修或其本名也。"又載周召《序》略曰："吾鄉以醫名者數星，而洛陽劉氏爲僑胖。劉自遷衢祖適庵，以廷對運氣策稱旨，名噪於元。數傳至寶善公，而天分彌朗，喜讀群書。善著述，所撰《病機》《藥性》二賦，行世已久。識者以爲，與沈存中治疾別藥之義，味若水乳，而剖析尤精，於神農黃帝之旨並有功焉。語云：醫不三世不服其藥，若劉氏者，其微言妙諦，豈僅三世而已哉！"又載："《四時六氣權正活法論》，明劉全備撰。此書據《劉氏譜·寶善公行略》補録。"今傳有明末建陽書林余應虬近聖居刻本《合刻劉全備先生病機藥性賦》，首卷端署"柯城醫士劉全備克用撰，後學劉朝珂、魏知幾較正，書林余應虬重訂"，卷前有明成化二十年刊書序。此經書林余氏新訂，分上、下兩卷，上卷題《新編注解藥性賦》，凡有總賦、外感、內傷、五臟六腑賦十四篇，末爲"補真養性"；下卷爲《注解藥性賦》，缺首葉上半葉，末附"論四時六氣用藥權正之活法"。其《藥性賦》，以大字爲賦文，其下詳爲之注。此書有明末余氏刻本，藏於北京大學圖書館，《中國本草全書》《衢州文獻集成》亦收録。

方脈全書（佚）
（明）西安劉仕聰撰

黃虞稷《千頃堂書目·醫家類》著録劉仕聰《方脈全書》。［民國］《衢縣志·藝文志下》載："《方脈全書》，明劉仕聰撰。黃氏《千頃堂書目》：'《方脈全書》，劉仕聰著，西安人。'《浙江通志》引黃氏《書目》同。［康熙］《府志》作劉光大，［康熙］《縣志》作劉光山，［嘉慶］《縣志》兩引之。今據《劉氏譜》更正。按：《劉氏譜》，仕聰爲全備兄子、全福子，亦世醫也。"劉仕聰《方脈全書》，今佚。

袖珍小兒方十卷（存）

（明）西安徐用宣撰

徐用宣，事跡不詳。殷仲春《醫藏目録》著録有《小兒袖珍方》，無撰者。黄虞稷《千頃堂書目·醫家類》著録徐用宣《袖珍小兒方》十卷。該書卷前有三序和徐用宣《袖珍小兒方引》，卷後有兩序。卷前首序不署撰者，其中有云："吾從兄用宣，嘗摭古今小兒應驗之方，彙成帙，名曰《袖珍小兒方》"。可見此序爲用宣從弟所作。卷前第三序、第三序分别爲番陽童軒、天台潘棋所作，卷後兩序分别爲弘治三年文安邢表、弘治十年晉陽李思仁所作。童序作於弘治三年，其言，永樂間，三衢徐用宣"以世醫，自少通儒書，究心醫道，晚年貫通，得其要領。每歎世傳小兒脈書浩瀚，多得此失彼，殊無旨歸。於是究竟源流，參互己意，著爲論議，擇取良方，彙成此帙"。此書分上、下兩册，目録隨之分入上、下册中，上册爲卷一至卷六，下册爲卷七至卷十。今傳本下册目録有缺葉，僅存卷九"紫草本香湯"以下及卷十内容。卷一爲全書總論，通過歌訣、圖文闡述如何診治小兒疾病，有"虎口脈紋圖"等圖三幅，有"水鏡訣"等歌訣九篇。卷二爲對初生嬰兒護養及疾病治療，卷三至卷九爲診治各類小兒疾病。對於每種類型疾病，徐氏各有"方論"，如卷三有"急慢驚風方總論"，下又有"急驚方論"，其下爲不同藥方。其有些藥方有劑量，有些藥方無劑量。卷十爲"小兒鍼灸圖"，其中正人形圖六幅，背人形圖三幅，每圖都有相應解説。徐用宣此書在診治小兒疾病方面有一定價值，李時珍《本草綱目》亦徵引徐氏《袖珍小兒方》。此書卷十之末有"嘉靖十一年冬，提督軍都察院命贛州府通判茶陵陳琦刊行，贛州府學教授瓊山吳誠校正"。該書有明嘉靖十一年刻本，安徽省圖書館所藏十卷全。上海圖書館所藏僅存上册前六卷，且無卷前三序和用宣《袖珍小兒方引》，《四庫存目叢書》《衢州文獻集成》據上圖藏本影印。

《四庫全書總目·〈袖珍小兒方〉提要》：《袖珍小兒方》十卷（浙江范懋柱家天一閣藏本），明徐用宣撰。用宣，衢州人。《藝文志稿》作徽州人，蓋字形相近而訛。其書以《脈訣》爲首，方論鍼灸圖形次之，總七十二門，六百二十四方，搜採頗備。惟論斷多襲舊文，無所發明耳。是書作於永樂中，嘉靖十一年贛撫錢宏重刊，以是書原本宋錢乙也。（見《四庫全書總目·子部·醫家類存目》）

秘傳音製本草大成藥性賦五卷（存）

（明）常山徐齒撰

徐齒，號鳳石，常山人。歲貢。教諭。東山醫藪，齒更有神，時稱爲鳳石醫仙。事跡見［天啓］《衢州府志·技術傳》。是書凡五卷，前四卷題《秘傳音制本草大成藥性賦》，卷端署"常山庠生徐鳳石彙編，上饒後學余瀘東校閱，建陽書林劉元初繡梓"。第五卷題《秘傳音製十二經絡臟腑大成藥性賦》，署"柯城醫士劉全備、上饒後學余瀘東校閱，建陽書林劉元初繡梓"，實此卷爲劉全備所撰，蓋余瀘東取劉氏《藥性賦》中五臟六腑藥性賦附於鳳石書下。徐氏之書四卷，分寒門藥性賦、熱門藥性賦、溫門藥性賦、平門藥性賦，每卷前有目錄，各賦述藥依石、草、木、人、獸、禽、蟲、果、米、菜諸部爲次，每賦文之下，詳加注解，時有音注。此書涉及藥味近千味，在賦體本草類之書中實屬少見。書中注解記載大量本草，有些不見於古代本草資料。其所載藥物配用，對於臨床用藥甚有價值。此書有明萬曆刻本，藏於日本獨立行政法人國立公文書館內閣文庫，《珍版海外回歸中醫古籍叢書》《中國本草全書》《衢州文獻集成》皆收錄。

醫書會要（佚）
（明）開化吾翕撰

吾翕有《易説》，前《經部·易類》已著錄。徐象梅《兩浙名賢錄·吏治》載，吾翕《醫書會要》。此書今佚。

金閨秘方（存）、救急秘傳新方（存）、製藥秘傳（存）、醫要見證秘傳三卷（存）、醫要脈學秘傳二卷（佚）
（明）龍游張文介撰

張文介字惟守，龍游人。爲博士弟子員。嫻於詞賦，澹雅秀逸，卓然成家。所著有《代贄》《題行》《醉吟》《孤憤》《湖上》諸集，選入明朝十二家中。事跡見［康熙］《龍游縣志·人物志》。今傳本《廣列仙傳》卷端署"明少谷張文介輯"。《金閨秘方》署"紫薇山堂玉泉子輯"，《救急秘傳新方》署"少谷張文介選集"，《製藥秘傳》署"少谷張文介輯"，《醫要見證秘傳》署"少谷張文介輯注，男張尚玄校書"。黃虞稷《千頃堂書目·別集類》載，張文介字惟守，龍游人，有《少谷集》。《少谷集》《廣列仙傳》《救急秘傳新方》《製藥秘傳》《醫要見證秘傳》當皆爲龍游張文介之作。《中國醫籍考》載"張文介《玉泉子金閨秘方》一卷，存"[1]。《金閨秘方》亦爲龍游張文介之作。《醫書要字音釋》署"古杭仰谷張尚玄輯注"，據此尚玄當爲杭人。然尚玄爲文介子，實爲龍游人。《醫書要字音釋》於"臍"字條下載，"當見衢、婺地方穩婆，多半是老年人"；"惟杭人得此法，穩婆多少年"。可見尚玄對杭州及衢、婺民俗極爲熟悉。張文介爲龍游人，子尚玄行醫於衢、婺、杭間，而後居於杭州。此"古杭"之稱，或爲當時書商所爲。如同衢人吾衍寓居於杭，有《閒居錄》，明萬曆書商增補此書而成《閒中漫錄》，亦署"古杭吾衍"撰。據張文介《醫要見

---

① 丹波元胤編：《中國醫籍考》，人民衛生出版社1995年，第1255頁。

證秘傳》卷端小序可知，其還有《脈學秘傳》。明人殷仲春有《醫藏目録》，此書一抄本載張文分《醫要脈學秘傳》二卷，此“分”字爲“介”；而陳繼儒校本《醫藏目録》載爲張文介《醫要脈學秘侍》二卷，此“侍”字當爲“傳”。《金閨秘方》《救急秘傳新方》《製藥秘傳》《醫要脈學秘傳》今存，《醫要脈學秘傳》今佚。

　　《金閨秘方》爲婦科醫書，共七十二方，書稱“金閨”乃因許多内容涉及婦女外陰、生育等不便訴説之處，又有髮少、髮秃、狐臭、黑齒等有關婦女容貌或形象内容，書中有關美容之方，如“治美人面上皺路方”“梨花白面香粉方”“桃花嬌面香粉方”等。《救急秘傳新方》共八十方，後附《鍼灸神驗方》六方，此書目録和正文於書名下均有“卷下”字樣，表明此書原本可能爲兩卷或三卷，其卷下主要婦科、小兒科救急之法，後爲日常急症如自縊、水溺、中熱等，所缺内科、外科急救法或在上卷。《製藥秘傳》於《醫學四要》一書前題名爲《醫家秘法》，共三十一法，其“製藥”乃相當於當今製劑，所製之藥包括某些成藥（如紫雪、碧雪）、需要特製（如秋石、神曲、半夏曲、白藥煎、膽南星等）或精製（如玄明粉、蟾酥、紫河車、煉蜜）等藥品；該書因成於萬曆或稍晚，故有當時風行的紅鉛煉製法，此實爲一種邪術①。《救急秘傳新方》《製藥秘傳》《金閨秘方》與《醫書要字音釋》合稱《醫學四要》，有江户抄本，藏於日本公文書館内閣文庫。《海外回歸中醫善本古籍叢書（續）》收録《醫學四要》，爲校點本。《醫要見證秘傳》爲張文介輯注，張尚玄校書，目録分上、中、下三卷，正文不分卷，正文首頁版心有“閩人姚億誠刊”。該書論述五臟病見證、六腑病見證、痰病見證、小兒病見證等，於正文上欄中時有小注。正文前有作者小序，正文後有新建東河雷雲《青囊二秘後跋》。其小序言：“余嘗憫世醫之昏昏戕賊人，既刻《脈學秘傳》矣。然猶念囊中所藏《見證》一書，尤大有益於海内蒼生者。何則？脈之精微，非心思之巧者不能知，若《見證》書明白，直俾某證見，則知其爲某臟病當用某臟藥，某腑病當用某腑藥，因外知内。雖至庸工，一覽之後，可無東病西療並實實虛虛之誤也。”《醫要見證秘傳》今有明刻本，藏於上海圖書館。

醫書要字音釋（存）

（明）龍游張尚玄撰

　　張尚玄，事跡不詳。尚玄有《醫書要字音釋》，署“古杭仰谷張尚玄輯注”。據上文所述，尚玄爲張文介子，故當爲龍游人，行醫於衢、婺、杭間。可能後居於杭，故有稱之古杭人者。《醫書要字音釋》乃爲醫書中重要字詞注音、釋義之作，全書分

　　①　張文介、張尚玄輯，萬芳、鍾贛生校點：《醫學四要》，《海外回歸中醫善本古籍叢書（續）》（第九册），人民衛生出版社2010年，第513—514頁。

爲身體外門、身體內門、病症門、《內經》《靈樞經》五部分。身體外門爲身體外部所見部位名稱，身體內門爲體內器臟、體液名稱，病症門爲內科、外科、五官科等疾病名稱，前三部分一般既注音又釋義，亦有釋義而不注音者。其《內經》《靈樞經》要字，大多是注音，亦有既注音又釋義者。該書書名後有"卷一"字樣，然未見卷二，或今所見並非是書全部內容。是書與張文介《救急秘傳新方》《製藥秘傳》《金閨秘方》合稱《醫學四要》，有江戶抄本，藏於日本公文書館內閣文庫。《海外回歸中醫善本古籍叢書（續）》收錄《醫學四要》，爲校點本。

集驗醫方（佚）

（明）常山楊氏撰

據《鍼灸大成》所載王國光《衛生鍼灸玄機秘要叙》，楊繼洲祖父官太醫，授有真秘，有《集驗醫方》[①]。楊氏《集驗醫方》今佚。

鍼灸大成十卷（存）、衛生鍼灸玄機秘要（佚）

（明）常山楊繼洲編

楊繼洲，事跡不詳。［民國］《衢縣志·藝文志》載："《鍼灸大全》，明楊繼洲編。《六都楊氏宗譜》著錄。前志失載。按：繼洲，縣南六都楊氏，以在平陽治愈趙文炳疾，故刊此書於平陽。詹氏熙據《楊氏譜》，以爲衢人，宜可從。"《四庫全書總目》和［民國］《衢縣志》載楊繼洲之書爲《鍼灸大全》，然今傳此本名爲《鍼灸大成》。四庫館臣據楊氏之書刻於平陽，而推測楊繼洲爲平陽人，有誤。而據［民國］《衢縣志》引《楊氏譜》，以楊繼洲爲衢州西安人，亦誤。《鍼灸大成》卷一"鍼道源流"中著錄歷代鍼灸著作有《玄機秘要》，且言"三衢繼洲楊濟時家傳著集"，可證楊繼洲爲衢州人。王國光《衛生鍼灸玄機秘要叙》稱"三衢楊子繼洲"，亦證繼洲即楊濟時，爲衢州人。［康熙］《常山縣志·選舉表·吏材》載："楊闓，前坊人，嘉靖間太醫院吏目。楊濟時，闓之子，隆慶間太醫院吏目。"據《鍼灸大成》前王國光《叙》和趙文炳《序》可知，楊繼洲生活於嘉靖、隆慶、萬曆三朝。可見，《鍼灸大成》編者楊繼洲即《常山縣志》所載楊濟時。故楊繼洲爲衢州常山人[②]。王國光《叙》稱楊繼洲秉承家學，躬讀古醫籍，"積有歲年，寒暑不輟，卓然有悟。慮諸家書，弗會於一，乃參合指歸，會同考異，手自編摩，凡鍼藥調攝之法，分圖析類，爲天地人卷，題曰《玄機秘要》"。繼洲此作全稱《衛生鍼灸玄機秘要》，今已佚。楊氏

---

① 《衢州市志》中記載楊繼洲祖父爲楊益，不知何據，見《衢州市志》編纂委員會編《衢州市志》，浙江人民出版社1994年，第1284頁。有關繼洲祖父爲楊益之說，暫無確切史料依據，此不從。

② 黃興土：《楊繼洲故里考證新得》，《中國鍼灸》1993年第2期。

以家傳鍼灸學爲功底，參研衆書，進而編成《鍼灸大成》。趙文炳序稱，楊氏編《鍼灸大成》，廣求群書，"凡有關於鍼灸者，悉採集之。更考《素問》《難經》以爲宗主，鍼法綱目備載之矣。且令能匠於太醫院，肖刻銅人像詳著其穴，並刻畫像圖，令學者便覽而易知焉"。此書有衆多關於人體穴位之圖，其文有論、歌、訣、賦、策（問答式）等不同的體式，還有鍼灸之"法""門""主治"等。文中不少圖、歌、賦等爲繼洲所創，對於輯自以往鍼灸學之文皆注明出處。該書總結明代以前鍼灸學經驗，收載衆多鍼灸歌賦，重新考訂穴位名稱和位置，闡述歷代鍼灸操作手法，主張鍼灸藥物按摩並重、鍼法灸法並重、穴法手法並重，甚有價值。是書最早有明萬曆二十九年本，清代以來翻刻達數十次，較重要的刻本有順治十四年本、康熙十九年本、康熙三十七年本、乾隆二年本等，藏於國家圖書館等處。《四庫全書存目叢書》《續修四庫全書》《衢州文獻集成》據明刻本影印。

　　《四庫全書總目·〈鍼灸大全〉提要》：《鍼灸大全》十卷（內府藏本），明楊繼洲編。繼洲，萬曆中醫官，里貫未詳。據其刊板於平陽，似即平陽人也。是書前有巡按山西御史趙文炳序，稱"文炳得痿痹疾，繼洲針之而愈。因取其家傳《衛生鍼灸玄機秘要》一書，補輯刊刻易以今名"。本朝順治丁酉，平陽府知府李月桂以舊板殘缺，復爲補綴。其書以《素問》《難經》爲主，又肖銅人像，繪圖立說，亦頗詳賅。惟議論過於繁冗。（見《四庫全書總目·子部·醫家類存目》）

秘訣方書（佚）
（明）常山鄭仁愛撰

　　鄭仁愛字貞卿，別號景泉，常山人。授迪功郎。精岐黃。值都察院考醫學，列第一，授順天醫官。禮部尚書李騰芳授太醫院吏目。自知壽算解組歸。著有《秘訣方書》，惜未行世。事跡見［光緒］《常山縣志·人物志·方技》。仁愛《秘訣方書》今佚。

方聚（佚）
（明）西安徐日久撰

　　徐日久有《實錄鈔》，前《史部·實錄類》已著錄。據《徐子學譜》卷首所載韓廷錫《西安公傳》，徐日久有《方聚》。［康熙］《衢州府志·藝文考》著錄徐日久《方聚》，且言"日久《自序》云：偶閱方書，撮其經驗者，匯分之，列爲《方聚》。"此書今佚。

醫學直格二卷（佚）
（明）常山汪普賢撰

　　汪普賢字希顏，常山人。篤志經學，尤工辭賦，精究方書。時以救人爲心，著有《醫理直格》二卷。晚年遊須江大陳，遂居焉。事跡見［同治］《江山縣志·人物

志十一》。汪普賢爲常山人，晚年居江山，故《江山縣志》入於流寓傳中。［嘉慶］、
［光緒］《常山縣志·藝文志》著録汪普賢《醫學直格》，［同治］《江山縣志·人物志》
作“《醫理直格》”，此從《常山縣志》。普賢此書今佚。

補醫學訓科（佚）

（明）常山汪餘慶撰

汪餘慶，事跡不詳。［嘉慶］《常山縣志·書目志》著録汪餘慶《補醫學訓科》，
列於明人著述中。此書今佚。

心醫集六卷（存）、醫印三卷（存）、醫驗一卷（存）、功醫合刻十二卷（佚）

（清）龍游祝登元撰

祝登元有《四書講成》，前《經部·四書類》已著録。［民國］《龍游縣志·人物
傳三》本傳載，祝登元有《心醫集》六卷、《功醫合刻》十二卷。《功醫合刻》今佚，
《心醫集》今存。登元還有《醫印》三卷、《醫驗》一卷傳於今。

《心醫集》成於順治七年，各卷端署名“古龍丘祝登元茹穹甫著，侄有旂以文甫
校正，門人李如龍虎友甫訂正”，卷前有祝登元自序及福建巡撫張學聖、遼陽佟國鼏、
福建布政使丁文盛、潮陽鄭廷槐、閩海兵使武寧鄭清、秋浦朱正源、天台顧礽、古
譙彭六翮諸序。登元自序言：“予究以有年，往往疑難症，報藥立效，其理有爲諸書
所未明，其方又即衆醫所共曉，但察脈獨真，故著功自異耳。回紀其症與其驗，並
著其方，以公之世。”此書包括方、脈、臨床病證、醫案和養氣靜功，診斷、診治、
醫案、靜功皆有，爲綜合性臨床醫學之作。卷一“紀驗”録有三十九例醫案，其患
者大多爲官員，每一案例述患者姓名、官職、患病時日、治療經過和所開藥方。卷
二“症方”爲不同症狀疾病所開藥方，不少藥方是在前賢基礎上加以變通而成良方。
卷三“三科”分婦人科、小兒科、眼科，各科先有詳論，而後列出相應藥方。卷四“脈
論”分脈竅、脈印及臟腑病脈等十類脈，末爲“臟腑圖藥屬”，其論尊王叔和，然未
盡信之，有自己見解。卷五“秘方”，或自家傳，或自友傳，或自師傳，或自高人術
士傳，其方皆屢用屢效；他如古方爲日用必須者，並撮其最要。卷六“靜功妙藥”，
分醒語、八懿、前珍、九種四部分，後附“袁了凡靜功訣”，集儒、佛、道靜心坐功
之法於一，屬養生內容。此書有清順治七年刻本，藏於日本國立公文書館內閣文庫，
《珍版海外回歸中醫古籍叢書》《衢州文獻集成》亦收録。

今所傳祝登元《醫印》，題《祝茹穹先生醫印》，署“廬陵弟子趙崚一蒼子記注”，
後附《醫驗》一卷，卷前有祝氏弟子沈朝璧序和兩江總督郎廷佐序。《醫印》凡三卷，
主要探討醫學基礎理論，前兩卷重在脈論，其論脈首重胃氣，故開篇即論“胃氣一線，
定部分用”，其下曰：“人秉中和而生，診脈要先識胃氣。胃氣者，三陰三陽之界中間

一線是也。”作者推崇《内經》，故常以其爲立論依據。《醫印》論治傷寒内容甚多，祝氏以爲，“傷寒本受寒，而摽發爲熱病，乃寒盛生熱也。其三時見證，或證不合時，或證合乎時，有正傷寒温暑之分，治法隨異。”（見卷三第四節）沈朝璧《醫印序》言登元有《紀驗》，當即《醫驗》一書。《醫驗》非祝氏自撰，每一醫案後皆有記述者，當爲記述者追憶而成；其患者上自名士、官員，下至鄉民。《醫驗》之後有錢謙益書寫祝登元之文，以及錢氏記登元爲其治病醫驗，其下又有醫案十則，與錢文之前醫驗記述方式不同。雖同爲登元醫書，此書與《心醫集》多不相同；即使二書都有之内容，如《心醫集》中“紀驗”和此書中“醫驗”，記述方式又不相同；又如《心醫集》和此書皆有脈論，然論述角度和内容皆不同。《心醫集》《醫印》《醫驗》皆爲祝茹穹行醫之經驗總結，可互爲補充。此書有清順治十三年刻本，藏於中國中醫科學院圖書館，《中醫古籍孤本大全》《中國古醫籍整理叢書》《衢州文獻集成》亦收録。

醫約類書（佚）、眼科珍言（佚）

（清）開化汪春苑撰

汪春苑字錦如，開化人。順治己亥，歲飢，發米減價平糶。著有《醫約類書》《眼科珍言》，藏於家。事跡見［乾隆］《開化縣志·人物志·義行》。春苑此二書今皆佚。

素問注（佚）

（清）開化張文勳撰

張文勳有《毛詩合參》，前《經部·詩類》已著録。［乾隆］《開化縣志·人物志·文苑》本傳載，張文勳精熟《素問》，細爲注釋。文勳《素問注》今佚。

傷寒分彙十二卷（佚）

（清）西安徐養士撰

徐養士字士諤，西安人。家貧，性孝，以父久抱痾，潛究長沙脈法三年而業精。名噪一郡，延請者踵相接。著有《傷寒分彙》十二卷，大學士王杰、温州郡守邵齊然爲之序。事跡見［嘉慶］《西安縣志·方伎傳》。徐養士《傷寒分彙》今佚。

痘科記誤一卷（佚）、醫家四訣四卷（佚）、本草備要後編（佚）、經絡提綱（佚）、脈學尋源（佚）、傷寒類辨（佚）

（清）西安陳塤撰

陳塤有《忠孝録》，前《史部·傳記類》已著録。［民國］《衢縣志·藝文志下》載：“《痘科記誤》，清陳塤撰。《陳氏家傳》，一卷，未梓。《自序》略曰：道光庚戌，天痘流行。時醫多以瀉火爲治，兒童受害不淺。塤家損折二孫，因閲各家痘書治法，寒温攻補，各抒臆見。乃日夜體察，以爲痘必由感冒而發，病標是痘，病本屬傷寒，治法當宗仲景。因據《傷寒論》治其幼孫及里中貧乏小兒，多效。遂摘記痘科之誤，凡二十三條，爲一卷。"又載："《醫家四決》，清陳塤撰。《陳氏家傳》，四卷，未梓。《自序》略曰：醫學四書，本草書、經絡書、方書、脈書，缺一不可者也。第其功深，皆難鹵莽而獲。塤習之二十餘年，先後得成《本草備要後編》及《經絡提綱》《脈學尋源》《傷寒類辨》諸稿，然苦於繁多，仍難記誦，今約爲四訣，便於初學問津。例略云：《本草訣》，酌取妥善常行之品，以主用及症爲主，約一百十一條，每條約十味。《内外經絡訣》，考《靈樞》部位及《明堂正側》諸圖，依各經所歷舉其兩端。《脈訣》，於脈法精義中，挈其要領。《方訣》，述張仲景《傷寒金匱》及宋局諸方略。附後賢數方，約七十餘。訂爲四卷。"據《醫家四訣自序》可知，陳塤還撰有《本草備要後編》《經絡提綱》《脈學尋源》《傷寒類辨》諸稿。陳塤諸醫書今皆佚。

醫鑒十二卷（佚）
（清）龍游余鏘撰

余鏘字珍鳴，號怡珂，龍游人。諸生。長於詩，並通醫學，所著有《抱梓山房詩稿》四卷、《百衲集》二卷、《醫筌》十二卷。事跡見［民國］《龍游縣志·人物傳三》。［民國］《龍游縣志·藝文考》著錄余鏘《醫鑒》十二卷。《人物傳》載余鏘撰《醫筌》，而《藝文考》作《醫鑒》，蓋字形近而有誤，此從《藝文考》。余鏘此書今佚。

醫博四十卷（佚）、醫約四卷（佚）、逸仙醫案二卷（存）、方案遺稿不分卷（存二集）
（清）西安雷焕然撰

雷焕然字春臺，號逸仙，西安人。稍長通經史。因家窘，遂棄儒，從程芝田學醫，盡得其秘。道光辛丑，携家僑寓龍游行道。嘗著《醫博》四十卷、《醫約》四卷、《詩稿》八卷，俱未梓。事跡見《逸仙醫案》卷首所載雷豐撰《逸仙公小傳》。逸仙《醫博》《醫約》今皆佚，今傳有其《醫案》《方案遺稿》。

《逸仙醫案》二卷，乃後人整理而成。逸仙逝後，留方案數百餘則，其子豐珍之。至民國十五年，逸仙外孫龔香圃纂輯《六一草堂醫學叢書》，將其醫案編次校刊。今傳此本首爲戴銘禮《六一草堂醫學叢書總序》，次爲衢州知府劉國光序、雷豐《逸仙公小傳》、刊行"緣起"。是書分上、下兩卷，上卷分六淫、寒疫、瀉痢、疸症、瘧疾、霍亂六門，下卷分内風、咳喘、血證、虛損、消症、痺痿、癇痙、嘔噎、腫脹、諸竅、雜治、調經、崩帶、胎前、産後十五門。其於每門之下，先述患者病情、脈象，再列藥方。其患者一般稱之爲"王左""劉右""潘媼""蘇嫗""楊翁""胡女"等以區分男（左）、女（右）、老、幼。此醫案當皆爲治療成功案例，故僅言病情和藥方而不言療效。此書有民國十五年鉛印本，藏於浙江圖書館，《衢州文獻集成》

據其影印。

《方案遺稿》亦爲逸仙醫案，當分春、夏、秋、冬四集，此僅存"秋集""冬集"，有醫案九十八例，題"浙衢雷煥然逸仙甫著，孫大震福亭甫注，門下晚學生三衢江誠抱一甫、新安程曦錦雯甫、三衢葉訓聰次言甫全注"。逸仙是書按春、夏、秋、冬分門列醫案，與雷豐《時病論》分四時病相通，雷豐門人當以雷豐醫學理論整理該書。《逸仙醫案》中的不少案例見於此書，較之《醫案》，此書則於藥方後對描述病情中的醫學用詞則加以注解。如《遺稿》中第三醫案"姜左（霍亂）"，其述病情曰："倉卒之間，心腹擾痛，上欲吐而下欲瀉。乃暑濕飲食雜糅交病於中，正氣不堪，一任邪之揮霍撩亂。脈形微濇，宜二香湯加減治之。"於方劑後注解曰："倉卒，蘇詩：'流傳後世人，談笑資口舌。是非今已矣，興廢何倉卒。'注，倉卒，忽透貌。微濇，仲景云：'其脉微澀者本是霍亂。'三香湯，即正氣散，合香需玖。"《遺稿》前文和《醫案》均作"二香湯"，又據所開方劑爲"藿香""紫蘇"等爲"二香湯"藥方，故此注解寫爲"三香湯"當爲筆誤。又《遺稿》中"姜左"後有"霍亂"二字，《醫案》無。此補以"霍亂"以及對"倉卒""微濇""二香湯"注釋當是雷大震等人所作。此書有舊抄本，藏於衢州市博物館，《衢州文獻集成》據其影印。

時病論八卷（存）、方藥玄機一卷（存）、灸法秘傳一卷（存）、藥引常需（佚）
（清）西安雷豐撰

雷豐字松存，號侶菊，又號少逸，西安人。其父逸仙，自閩浦來衢，即懸壺於市。豐幼承父訓，天資聰穎，詩、書、畫皆擅長，時有三絕之譽。以醫道盛行於時，研究醫理益精，有《時病論》及《醫家四要》之作，蓋所以教其及門江、程二生也。事跡見［民國］《衢縣志·人物志四》。《西安懷舊錄》卷三有雷豐詩《題畫》《自題著書小影》。《衢州簡史》載雷豐撰有《藥引常需》[1]，當有所據，此亦著錄。雷豐《藥引常需》今佚，《時病論》今存。雷豐還撰有《方藥玄機》一卷，訂補《灸法秘傳》一卷，今皆存。

《時病論》成於光緒八年，卷前有劉國光序、吳華辰序、雷豐自序和凡例，卷一目錄後又有雷氏小序，卷末有附論十三篇、題詞二十篇、受業門人程曦跋和江誠跋。今見此本其"凡例"末兩條爲朱筆增入，其一"新增陸晉生先生《新編雷氏六十法歌》，俾學者便於記誦"，又一"新增古越何廉臣先生按語，以資參閱"，然未見此本有歌和注。此書凡八卷，春、夏、秋、冬四時病各爲兩卷，各卷首述大意，次載病名、治法、備用成方、醫案，其論病七十二，治法六十四，成方一百六。《時

① 徐以寧主編：《衢州簡史》，浙江人民出版社2008年，第308頁。

病論》以《内經・陰陽應象大論》八句經旨爲綱，集四時六氣之病爲目，總言先聖之源，分論後賢之本。其專論四時之病，一切瘟疫概不載入；諸論皆本《内經》、諸賢之説，對於先宗之論有偏頗者則加糾正；諸法皆雷氏所擬，仿古人之意而有所損益，所用諸藥細心參究，每法之後詳加解釋；諸方悉選於先哲諸書，以補諸法所不及；諸案系豐臨證時所筆，危病、輕病並載。雷氏認爲，"春時病温，夏時病熱，秋時病涼，冬時病寒"，"按四時五運六氣而分治之名爲時醫，是爲時醫必識時令，因時令而治時病，治時病而用時方，且防其何時而變，決其何時而解，隨時斟酌"（見該書雷豐《小序》）。他還提出，"知時論證，辨體立法。蓋時有温、熱、涼、寒之別，證有表、里、新、伏之分，體有陰、陽、壯、弱之殊，法有散、補、攻、和之異，設不明辨精確，妄爲投劑，鮮不誤人"（見該書雷豐《自序》）。《時病論》刊行後廣爲流傳，今有光緒十年慎修堂刻本，藏於國家圖書館、浙江圖書館、上海圖書館等，《衢州文獻集成》據浙圖藏本影印，《續修四庫全書》亦收錄。民國間，是書又有不同刊本。後人還爲《時病論》加增以批注或列表，如陳秉鈞《加批時病論》逐條批注，何筱廉《增批時病論》重加案語，彭光卿《時病分證驗方》《時病分證表》分列驗方和圖表，足見其影響。

《方藥玄機》一卷，署"三衢雷少逸先生著，靜園主人加編詩歌，柯城六一子敬錄校刊"。該書前刊印者有龔香圃序和戴銘禮序，末有"勘誤表"。全書自"辛温解表法"至"甘熱祛寒法"共六十醫法，每法先叙主治之病症狀，再列方劑，次詳爲解釋，最後爲靜園主人所編方歌以便記憶。香圃刊行時，又在經驗天頭處注有數語，如"辛温解表法"天頭處有："四時感冒、風寒皆可施用，若兼有暑熱燥氣之證，須臨時酌加可也。"對於此書價值，戴序言："夫病症至不一也，而方藥又至不一也，必欲以至不一之方藥，而治至不一之病症，其可哉！雖然因法而處之方藥，經常也，經常者使有所守也。臨症而觀摩乎因法所處之方，加以增減，則權變也。惟先有所守，而後始可資以行權變。權變行，雖因法而處之方，亦能治至不一之病症矣。《方藥玄機》之價值在此而不在彼。"故讀此書，應明乎所守和權變之理，融會之，變通之，而能解方藥之玄機。是書有民國十五年鉛印本，收錄《六一草堂醫學叢書》第二集，附於《逸仙醫案》後，藏於浙江圖書館，《衢州文獻集成》據其影印。

《灸法秘傳》有清稿本，不題撰者，首有"治田金鎔"所撰"小引"，下爲凡例、目錄和正文。是書另有清光緒九年楚北樂善堂劉氏刊本，其"應灸七十症"之首題有"治田金鎔鈔傳，少逸雷豐補説，抱一江誠校字"。清刻本前有劉國光序，然無金鎔"小引"。據劉氏序可知，此書原本爲雷豐親戚金冶田所藏，得自蜀僧，施治頗驗。然原書譾陋不文，"經雷君取所列諸證，分門而爲之説，言簡意賅，深得經旨，誠濟世之良術也"，"其論穴治病，則從太乙神鍼神明而出，實近今所罕見之本"。《灸法秘傳》雖非爲雷豐初創，而經雷氏補説而得完善，故少逸亦有補訂重編之功。此書有鍼灸穴位"正面圖""背面圖"，而"指節圖""灸盞圖"有文字説明，又有"灸藥神方""人神在日不宜灸單"。其下文爲"中風"等應灸七十症，每一病症先議病，再列應灸之穴位，皆言簡意賅。其鍼灸之法，將特製藥料放入銀質"灸盞"中進行"銀盞隔姜灸法"頗具特色，所繪製"灸盞圖"亦未見於他書有載。其用灸時講究氣候時日，認爲用灸應在天氣温和、密室無風之所。若遇人神所在，不宜灸之，如初一不宜灸足和大指，子時不宜灸踝，子日不宜治頭，甲日亦不宜治頭等，其用灸避忌頗有迷信色彩。《灸法秘傳》有清稿本，藏於衢州市博物館，《衢州文獻集成》據其影印。此書清光緒九年刻本，藏於中國中醫科學院圖書館，《續修四庫全書》據其影印。

醫家四要四卷（存）

（清）西安江誠、新安程曦、西安雷大震撰

江誠字抱一，西安人。以媚母多病，棄儒習醫，從游雷氏之門。於醫理剖析入微，凡他醫所束手者，誠治之，每獲生。著有《醫粹》一書。事跡見〔民國〕《衢縣志·人物志四》。程曦字錦文，徽州人。雷大震，豐子。〔民國〕《衢縣志·藝文志下》載："《醫家四要》，清雷豐撰。光緒甲申刊本，四卷。雷氏養鶴山房藏版。按：此書內分四種：一、《脈訣入門》，二、《病機約論》，三、《方歌別類》，四、《藥賦新編》。薈萃群書，加以心得之語。其及門程曦、江誠二生，亦皆有所論列，洵醫學之津梁也。書之大要與《四訣》相仿佛。陳本未見，此獨刊行。"《醫家四要》今存，題"三衢江誠抱一甫、新安程曦錦文甫、三衢雷大震福亭甫仝纂"，且據劉國光序亦知該書爲三人合撰。《衢縣志》所載《醫家四要》爲雷豐撰有誤。《醫家四要》爲《脈訣入門》《病機約論》《方歌別類》《藥賦新編》四編合稱，將雷豐平日選讀之書，分脈訣、病機、湯方、藥性四類，括歌彙賦，以成是編。《脈訣入門》有四十九則，首論脈訣，其下有十二經絡、內景部位、五運六氣、萬金一統等説，"此皆從諸書中選摘最明之訓，蓋欲學者入門易易耳"（見《凡例》）。脈訣既識，當熟悉病機。較之諸書所論病機繁而難記，古傳先賢名論七十二則較爲簡約，江誠等對古論加以删補，修其欠妥，遵其條目，遂成《病機約論》。病機既明，當知湯方。其《方歌別類》選時用湯方四十篇，分門別類，載明某方治某病，括爲長歌，便於記誦，附以立方有君臣佐使、七方、十劑、煎藥用水法。《藥賦新編》分寒、熱、温、平四性，共三百六十餘種藥物，對於同類藥物，於每品之下一一載明，此編後附藥性大略、十八反歌、十九畏歌。是書前劉國光序稱《四要》，"去泛删繁，辭明義顯，便於記誦，極易入門，誠爲醫家至要至約之訣”。《醫家四要》有清光緒十二年養鶴山房刻本，藏於國家圖書館、浙江圖書館、上海圖書館等處，《衢州文獻集成》據浙圖藏本影印。

醫粹（佚）、本草詩（佚）
（清）西安江誠撰

江誠參撰有《醫家四要》，見上文。據［民國］《衢縣志·人物志四》本傳載，江城有《醫粹》。［民國］《衢縣志·藝文志下》載：“《本草詩》，清江誠撰。一卷，稿本，未刊。按：此書前有江誠小引，略云：蘋香居士《本草詩》三百首，嫌其太簡，不免過於遺漏，因細按本草之功能，亦編爲七言絕句，合計三百五十餘種云。”江誠《醫粹》《本草詩》今皆佚。

眼科新新集一卷（佚）、痘疹撮要一卷（佚）
（清）西安吳嘉祥撰

吳嘉祥字志成，西安人。精於醫，善治眼科，遠道求診者踵至，不取藥資，藉以濟世。事跡見［民國］《衢縣志·人物志三》。［民國］《衢縣志·藝文志下》載：“《眼科新新集》，清吳嘉祥撰。光緒間刊本，一卷，有圖。《痘科撮要》，清吳嘉祥撰。一卷，未刊。亦皆秘方要旨。”嘉祥此二醫書今皆佚。

症治實録不分卷（存）
（清）龍游項文燦撰

項文燦字錦堂，號斐然，龍游人。精於醫學，曾著有《症治實録》一卷。事跡見［民國］《龍游縣志·人物闕訪》。同書《藝文考》載：“《症治實録》一卷，項文燦撰。案：文燦以能醫名。此書皆其平生臨症治驗之作，別有心得，凡六十七篇。第一篇爲其《自序》。”今傳此本《症治實録》，不題書名和撰者，其自序末有“醫篤司命之操，並不敢著書立説，冒仿古人，有欺當世，以遺口實，故自顏曰《症治實録》云”，可見此書名爲《症治實録》。書前有啓一封，末題“祝坐辦、余總纂兩先生台鑒，採訪員王樹熙叩”，此余總纂者，乃龍游余紹宋也，爲［民國］《龍游縣志》編撰者。據［民國］《龍游縣志》卷末《前志源流及修志始末》載，此志之修，以紹宋爲總纂，祝劫庵先生康祺坐辦局務，城鄉各聘採訪員，“北鄉聘定王君樹熙”，又曰“王君樹熙所採，間加考訂，尤多可取”。據此，《症治實録》一書爲修《龍游縣志》採訪所得，經王樹熙考訂，訂爲龍游項文燦之作。是書除自序外，每篇症治詳記其治療過程，對病人病情、所開藥方及療效等有所叙述。書前王氏啓言“啓者此稿，央自敝徒龔恩甫代鈔”，可知今傳此本爲民國抄本，此本藏於南京圖書館，《衢州文獻集成》據其影印。

喉科症治論（佚）

（清）龍游金長啓撰

　　金長啓字廣源，龍游人。以善治傷寒名於時。著《喉科症治論》，多發前人所未發。事跡見［民國］《龍游縣志·人物闕訪》，同書《藝文考》亦著録金長啓《喉科症治論》，稱余暢撰序。長啓此書今佚。

回春集（佚）

（清）開化徐必仁撰

　　徐必仁，開化人。業醫凡三世，故幼習之。漢晉以來諸醫書，靡不研究。道光辛卯，邑侯給匾曰"婆心濟世"。著有《回春集》，毀於寇。事跡見［光緒］《開化縣志·人物志·方技》。必仁《回春集》今佚。

天文算法類

渾儀圖（佚）

（北宋）常山王沈之撰

　　王沈之，王介之子，常山人。銓試第一，賜出身。明天文，嘗修《渾儀圖》以進。事跡附見於［弘治］《衢州府志·人物志·文士》"王介傳"後。［嘉靖］《衢州府志·人物紀二·甲科》載元豐五年進士有常山王沈之。沈之《渾儀圖》今佚。

天文便覽（佚）

（明）西安葉秉敬撰

　　葉秉敬有《葩經詩歌》，前《經部·詩類》已著録。［雍正］《浙江通志·經籍志七》著録葉秉敬《天文便覽》。此書今佚。

重訂甲子紀元考（佚）

（清）常山邵志謙撰

　　邵志謙有《常山逸志》，前《史部·衢州方志類》已著録。［光緒］《常山縣志·藝文志》著録邵志謙《重訂甲子紀元考》。此書今佚。

九章算術方程新術校（佚）

（清）開化戴敦元校

　　戴敦元字金溪，開化人。乾隆五十五年進士，選庶吉士，散館改禮部主事，銓授刑部主事，典山西鄉試。累遷郎中。嘉慶二十四年，出爲廣東高廉道。道光元年，擢江西按察使。二年，遷山西布政使。三年，召授刑部侍郎。十二年，擢刑部尚書。十四年，卒，贈太子太保，諡簡恪。敦元博聞强識，過輒不忘。罕自爲文，僅傳詩數卷。喜天文、律算，討論有年，亦未自立一説。事跡見《清史稿》本傳、戴敦元《戴簡恪公遺集》卷首所載陳奐《戴簡恪公紀略》。羅士琳《續疇人傳·戴敦元傳》載，戴敦元篤好曆算之學。劉徽所注《九章算術方程新術》有二，文多脱誤，簡恪曾校其一。謂先置第四行以減第三行，反減第四行，去其頭位。次置第二行，以第三行減第二行，去其頭位。次置右行及左行，去其頭位。次以第二行減右行頭位。次以右行去左行及第二行頭位。又去第二行頭位，餘可半。次以第四行減左行頭位。次以左行去第四行及第二行頭位。次以第二行去第四行頭位，餘約之爲法實。如法而一，得六，即黍價。以法減第二行得荅價，左行得菽價，右行得麥價，第三行得麻價。凡改八字，添二十六字，移二十九字。曾記囊演朱氏《四元玉鑑細草》，其末一問，原本爛脱十五字。敦元據術代爲訂補。又士琳所撰《句股容三事拾遺》及《演元九式》二書，敦元亦皆審定賜序。戴敦元所校《九章算術方程新術》今佚。

術數類

五家通天局一卷（佚）
（北宋）西安蔡望撰

　　蔡望，西安人。咸平三年，進新注《陰符經》，命翰林學士宋白看詳，白奏此書，當付史館，授中嶽主簿。事跡見［弘治］《衢州府志·人物志·文士》。蔡望之作有《五家通天局》《陰符經注》《陰符經要義》。《宋史·藝文志五》著録蔡望《五家通天局》一卷。此書今佚。

地理五龍秘法（佚）
（北宋）江山毛漸撰

　　毛漸有《表奏》，前《史部·奏議類》已著録。《宋史·藝文志三》著録毛漸《地理五龍秘法》。此書今佚。

六壬斷案一卷（存）
（北宋）衢州邵彦和撰

　　邵彦和，事跡不詳。今存《六壬斷案》乃由程鈺編次而成。程鈺字樹勳，號愛函，乾嘉時安徽歙縣人，居揚州，以壬學著稱，著有《畢法集覽》《壬學瑣記》等[1]。是書

---

[1] 莊圓：《〈一字訣玉連環〉〈畢法集覽〉〈壬學瑣記〉校訂序》，見［金］徐次賓、［清］程樹勳撰，莊圓、吳楠、李鐏濤校訂《〈一字訣玉連環〉〈畢法集覽〉〈壬學瑣記〉》，星易圖書有限公司2014年。

程鉄《弁言》云："邵彥和先生，宋人也。據其自占動靜一數而推之，生於英宗治平二年乙巳，歿於高宗紹興三年癸丑，似浙江太末人。按：斷語中有云，日後動於東北，近二百里，果辛亥年十月過婺州，自鄉里行一百八十里。然則之西南方也。婺州西南一百八十里，是爲太末人。云壬子年過嚴州，自鄉中東北過西北，然則在嚴州東南方也。嚴州東南亦太末也。"由此推斷彥和爲衢州人。《四庫全書總目·子部·術數類存目二》於《六壬畢法賦》條載："始徐道符作《六壬心鏡》。建炎中，又有邵彥和者，著書名曰《口鑒》，以闡明徐氏之說，後多爲俗學所竄亂。"《壬人斷案》爲六壬驗案，蓋邵氏門人所編。今傳此本乃程鉄編次而成，分元亨利貞四集，共十七類，凡天時三、宅墓三十九、前程仕進五十八、終身十六、流年二、婚姻三、胎產子息七、財產十二、一課二事務斷式三、交易謀爲而、出行訪謁七、行人音信六、疾病十七、六畜九、亡盜十四、官訟十二、雜占六。是書有清抄本，藏於上海圖書館、北京大學圖書館。

丙丁龜鑑十卷（存）

（南宋）江山柴望撰

柴望字仲山，號秋堂，江山人。嘉熙間爲太學上舍，除中書奏名。淳祐六年丙午元日，日食，詔求直言，上《丙丁龜鑑》，忤時相意，詔下府獄。趙節齋疏救，得放歸田里，因又號歸田。景炎二年，端宗登極，三山孔大諫奏薦，特授迪功郎，史館國史編校，辭歸山中。宋亡後，稱宋遺臣。爲詩文，效古法，馳騁晉魏，駕軼盛唐，工小詞。著有《丙丁龜鑑》《道州台衣集》《詠史集》《涼州鼓吹》。事跡見柴望《秋堂集》所載蘇幼安《宋國史秋堂柴公墓誌銘》，又見厲鶚《宋詩紀事》卷六十五。下載四庫館臣言柴望爲"嘉定、紹興間爲太學上舍"，然據蘇幼安《柴公墓誌銘》，"理宗嘉熙間，爲太學上舍"。故《四庫全書總目》中所言當爲"嘉定、紹熙間"。黃虞稷《千頃堂書目·編年類》著錄柴望《丙丁龜鑑》六卷。柴望《丙丁龜鑑》，原本十卷，今傳本僅五卷，黃氏《書目》或誤爲六卷。柴望自序言："數生於理，理有是非得失，則數有吉凶禍福。自昔災異之變，未有不兆於人爲者，帝王盛時格心有道則災異踈，帝王以後格心無術則災異密。"故其本於陰陽術數之說，以丙丁之厄，借古鑑今，以明治亂，而作《丙丁龜鑑》。王士禎《池北偶談》卷二十《丙丁龜鑑》條載："丙午、丁未，從古以爲厄歲。陰陽家云：丙丁屬火，遇午未而盛，故陰極必戰，亢而有悔也。康熙丙午冬，戶部尚書蘇納海、督撫尚書王登聯等搆死。丁未春，災祲疊見，彗星出，太白晝見，白眚出西北，經月餘。是歲七月，輔臣蘇克薩哈誅死。吾友程職方謂予欲裒輯前史所載丙丁災變徵應爲一書。頃見宋理宗淳祐中柴望所上《丙丁龜鑑》十卷，自秦莊襄王五十二年丙午，迄五季後漢天福十二年丁未，通一千二百六十載中，爲丙午、丁未者二十有一。備摭事實，系以論斷。元至正中，又有《續丙丁龜鑑》者，補宋元事之闕。前人已有此書，當考據故明三百年中丙丁事，應以續二書之後。"是書今有明萬曆刻本，題"《寶顏堂訂正丙丁龜鑑》"，藏於國家圖書館、北京大學圖書館。是書又有清嘉慶十八年當塗金氏刻本、清光緒間刻本，藏於國家圖書館、上海圖書館等處。國家圖書館還藏有清南昌彭氏知聖道齋抄本，亦題"《寶顏堂訂正丙丁龜鑑》"，《四庫存目叢書》《衢州文獻集成》皆收錄此本。

　　《四庫全書總目·〈丙丁龜鑑〉提要》：《丙丁龜鑑》五卷《續錄》二卷（兩江總督採進本），宋柴望撰。望字仲山，江山人。嘉定、紹興間爲太學上舍。除中書，特奏名。淳祐六年，歲在丙午，正旦日食，望因上此書，逮下詔獄。尋放歸。景炎二年，薦授迪功郎，史館國史編校。宋亡後，不仕而終。爲柴氏四隱之一。是書大旨，以丙午、丁未爲國家厄會，因歷摭秦莊襄王以後至晉天福十二年，凡值丙午、丁未者二十有一，皆有事變應之，而歸本於修省戒懼，以人勝天。《通考》著錄作十卷，此本止五卷。然首尾完具，蓋明人所合併也。《續錄》二卷，一爲元人所撰，記宋真宗景德三年至理宗淳祐七年，值丙午、丁未者五；一爲明人所續，記元世祖大德十年至順帝至正二十七年，值丙午、丁未者二，亦各舉時事實之如望書之例，均不著姓名。考陽九、百六、元二之說，自漢以來即有之。丙丁之說，則倡於望。元人《續錄序》引陰陽家之言曰："丙丁屬火，遇午未而盛，故陰極必戰，亢而有悔也。"又曰："丙祿在巳，午爲刃煞，丁祿居午，未爲刃煞。"其說純用術數家言，不出經典。夫王者敬天勤民，無時可懈，豈待六十年一逢厄會，始議修省。且史傳所書，亂多治少，亦不必盡係於丙丁。望徒見靖康之變，適在是二年中，故附會其文，冀以悚聽。實則所列事跡，多涉牽就，宜其言之不行也，且論涉機祥，易熒民聽。《輟耕錄》所載龍蛇跨馬之妖言，豈非至正二十七年適當丙午，遂借是說以惑衆歟。後世重其節義，又立言出於忠愛之誠，故論雖不經，至今傳錄，實則不可以爲訓也。（見《四庫全書總目·子部·術數類存目二》）

三辰顯異經（佚）

（明）龍游朱暉撰

　　朱暉字德明，龍游人。少從趙緣督先生出，學得其星曆之學。胡大海取金華，暉獻平天下三策，大海異之，命領兵從攻衢州。洪武初，受知高廟，擢任欽天監，累官至司玄大夫中官正。所撰有《三辰顯異經》。事跡見［嘉靖］《衢州府志·外紀·技術》、［萬曆］《龍游縣志·人物志》。［康熙］《衢州府志·藝文考》著錄《三辰顯異經》。此書今佚。

堪輿論（佚）

（明）江山柴復貞撰

柴復貞，江山人。力勤於天文地理，無不精通。萬曆九年辛巳貢舉歲進士。初任靈璧縣訓導，陞德慶州教授，終國子監學正。著有《堪輿論》《四六莊啓》。事跡見《嵩高柴氏世集勳德録》卷十二。復貞《堪輿論》今佚。

象緯歌圖一卷（佚）

（明）西安葉秉敬撰

葉秉敬有《葩經詩歌》，前《詩類》已著録。［天啓］《衢州府志·藝文志》著録葉秉敬《象緯歌圖》一卷。此書今佚。

三衢來脈（佚）

（明）西安余敷中撰

余敷中有《春秋麟寶》，前《經部·春秋類》已著録。［康熙］《衢州府志·藝文考》著録余敷中《三衢來脈》。此書今佚。鄭永禧《爛柯山志·旁支》引有余敷中《三衢來脈》之文。

築砂圖（佚）

（明）開化余曾撰

余曾號嫩崖，開化人。術精堪輿。所著《築砂圖》，將刻行，忽一夕雷震，失書所在。兼善寫竹，有《墨竹百吟》。事跡見［崇禎］《開化縣志·人物志·技術》。［康熙］《衢州府志·藝文考》著録余曾《築砂圖》。此書今佚。

天文秘占（佚）、地理確義（佚）

（清）龍游祝登元撰

祝登元有《四書講成》，前《經部·四書類》已著録。據《醫印》中所載沈朝璧《醫印序》，祝登元有《天文秘占》《地理確義》，當屬術數類之作。登元此二書今皆佚。

續丙丁龜鑑二卷（佚）

（清）江山柴自挺撰

柴自挺有《嵩高柴氏世集勳德録》，前《史部·傳記類》已著録。［同治］《江山縣志·邑人纂述書目》著録柴自挺《續丙丁龜鑑》二卷。此書今佚。

地學金鑒（佚）

（清）開化徐宗祐撰

徐宗祐字助庵，開化人。邑增生。精堪輿，尋地以妥先靈，所著有《地學金鑒》

一書，傳於家。事跡見［乾隆］《開化縣志·人物志八》。宗祐《地學金鑒》今佚。

風水圖説（佚）、青烏圖記（佚）

（清）開化余恒撰

余恒字次咸，號莘谷，開化人。五歲就塾，日誦數千言。九歲能屬文，下筆有驚人句。所著有《偶然集》《青烏圖記》，藏於家。事跡見［乾隆］《開化縣志·人物志·文苑》。［乾隆］《開化縣志·經籍志》著録有余恒《風水圖説》，或即《青烏圖記》。此姑兩存之。余恒《風水圖説》《青烏圖記》今佚。

相宅經一卷（佚）

（清）龍游余恩鑠撰

余恩鑠字鏡波，原名鑾，字聽韶，龍游人。道光十四年，中順天鄉試舉人。咸豐三年，以知縣銓發廣東，調署海陽兼饒平知縣。歷署東莞、德慶、南雄各州。在南雄時，刻有《凌江唱和詩》二卷。尤喜培植人才，鼓勵士氣，聽訟之暇，即與士子講習文藝，娓娓不倦。所爲詩文，輯有《勵志書屋課藝》四卷，皆歷任課士子之作，當時粵中盛行。宦有餘資，悉以購置名人書畫、金石，又精於考訂，撰有《藏拙軒珍賞》六卷。又喜抄書，所抄書逾四百卷。歸田後，又輯所爲詩文四卷，名曰《勵志書屋續稿》。著述另有《吳越雜事詩》一卷、《相宅經》一卷。事跡見《余紹宋日記》"中華民國十一年五月十二日"條、［民國］《龍游縣志·人物傳三》。余恩鑠《相宅經》今佚。

賴公衢州府記一卷（存）、賴太素龍游縣圖記一卷（存）

（清）佚名撰

《賴公衢州府記》所冠"賴公"當即賴太素。賴太素爲南宋初人，今存有其《催官篇》。《四庫全書總目·子部·術數類二》於《催官篇》提要載："太素名文俊，處州人。嘗官於建陽。好相地之術，棄職浪遊，自號布衣子，世稱賴布衣，所著有《紹興大地八鈐》《三十六鈐》。"《賴公衢州府記》和《賴太素龍游縣圖記》題名冠以"賴公""賴太素"之名，其實並非宋人賴太素之作。《賴公衢州府記》所載地名，今大都見在，可見此書撰述距今不遠。此書稱西安而不言衢縣，當非民國所作。是書首篇所繪爲衢州府城圖，此圖主要標出了府城諸門，東曰迎和門，南曰光遠門，北曰拱辰門，西曰朝京門，小南曰通仙門，小西曰通廣門。據［康熙］《西安縣志》，北宋宣和年間築城，東曰迎合，南曰禮賢，西曰航遠，北曰永清，小南曰清輝，小西曰和豐，此諸門名稱至南宋初當不改。《賴公衢州府記》所載諸門之名並非宋代諸門，完全是清代名稱，故可定此書爲清人托賴太素之名而撰。是書前五十七篇有記有圖，後一百九篇有記無圖。其記多以詩言，如首篇記曰："二十四脈會三衢，中有樓臺五馬居。浮石波光涵玉印，柯山秀氣發天書。旌旗鼓角看無盡，蟠節屯軍畫不如。多少英雄來鎮此，萬家和氣藹門闆。”由《賴太素龍游縣圖記》其所記龍游諸都名來看，該書實爲清代之作。此書與《賴公衢州府記》同藏於衢州市博物館，故二書當同時收藏，其撰者當亦爲同一人。《賴太素龍游縣圖記》基本按龍游諸都先後撰述圖記，自一都始，其下二都、三都以至三十五都，又下爲“盈川圖記”“有圖無記”“九都圖記”“又九都圖記”，末篇有圖有記，而無圖記之名。《賴太素龍游縣圖記》大部分篇目有圖有記，有記無圖者有三十六篇。撰者承形勢派堪輿之術，注重生氣所在之龍，如“一都半路楊地圖”記曰：“龍游縣之東，有地似遊龍。山廻水朝聚，雷電與雲從。遷得龍頭穴，子息入朝中。”其下有繪圖似遊龍。此二書講究山川巒頭形勢，屬堪輿學之形勢派，其堪輿理念當承賴氏《催官篇》，對於研究當時堪輿學有一定價值。此二書有舊抄本，藏於衢州市博物館，《衢州文獻集成》據其影印。

附：增補萬福全書（佚）

（唐）江山祝其岱撰

祝其岱字台峰，號東山，江山人。明經不仕。二子，欽明、克明。事跡見《郎峰六川祝氏世譜》卷十。《祝氏世譜》又載，欽明登第；克明字德仲，號月清，衢州須江人，徐敬業之壻也。然《舊唐書·儒學傳下》載：“祝欽明，雍州始平人也。”《新唐書·祝欽明傳》載：“祝欽明字文思，京兆始平人。父綝字叔良。”兩《唐書》所載祝欽明當非《祝氏世譜》所載欽明。《祝氏世譜》卷十一載西洋赫巴嗣聖十九年《增補萬福全書序》，稱祝其岱有《增補萬福全書》。然唐嗣聖僅一年，此爲十九年，有誤。《增補萬福全書序》顯然是後人僞作，亦難説祝其岱有《增補萬福全書》一書，故附於此。

革象新書五卷（存）、推步立成（佚）

（元）鄱陽趙緣督撰

宋濂《革象新書序》載，“《革象新書》者，趙緣督先生之所著也。先生鄱陽人，隱遁自晦，不知其名若字。或曰名敬字子恭，或曰友欽其名，弗能詳也。故世因其自號，稱之爲緣督先生”；“視世事若漠然不經意，間往東海上獨居十年，注《周易》數萬言”；“復悉棄去，乘青騾從以小蒼頭，往來衢、婺山水間。人不見其有所齎，旅中之費未嘗有乏絕，竟不知爲何術。倦游而休，泊然而亡，遂葬於衢之龍游雞鳴山原。有朱暉德明者，龍游人也，久從先生游，得其星曆之學，因獲受是書，而暉亦以占天名家”。（見《宋濂全集·序十一》）趙緣督《革象新書》原本五卷，明王禕删訂爲二卷，稱《重修革象新書》。四庫館臣從《永樂大典》中輯出五卷本，稱《原本革象新書》。據宋濂《革象新書序》可知，趙緣督本鄱陽人，曾遊歷於衢、婺間，卒後葬於龍游。然［天啓］《衢州府志·藝文志》、［康熙］《衢州府志·藝文考》、［民國］《龍游縣志·藝文考》皆著録趙氏《革象新書》，故附於此。［民國］《龍游縣志·藝文考》還著録趙緣督《仙佛同源論》十卷、《金丹正理》《盟天録》《三教一源》《金丹問難》《推步立成》，此數書今皆佚。

藝術類

逸字（佚）

（北宋）西安劉正夫撰

劉正夫字德初，西安人。未冠入太學，有聲。元豐八年，南省奏名在優選。徽宗時，詔刊定元祐、紹聖所修《神宗史》，正夫以起居舍人爲編修官。不閲月，遷中書舍人，進給事中、禮部侍郎。後爲工部尚書，拜右丞，進中書侍郎。卒，贈太保，諡文憲，再贈太傅。事跡見《宋史》本傳。［弘治］《衢州府志·科貢志》載劉正夫爲元豐八年進士。《宣和書譜·行書六》載，劉正夫字德初，三衢人，平日喜書學，多作行法，好與人論字，晚年間作《逸字》，獨藏於家。逸字指草書字，故劉正夫此作屬書學著述。正夫《逸字》今佚。

淳化閣帖辨記十卷（佚）

（北宋）衢州汪逵撰

汪逵字季路，衢州人。官至端明殿學士，建集古堂，藏奇書秘蹟金石遺文二千卷。著《淳化閣帖辨記》共十卷，極爲詳備，末云：“其本乃木刻，計一百八十四版，二千二百八十七行，其逐段以一二三四刻於旁，或刻人名，或有銀鋌印痕，則是木裂。其墨乃李廷珪墨，黑甚如漆，其字精明而豐腴，比諸刻爲肥。”見陶宗儀《南村輟耕録》卷十五“《淳化閣帖》條”。汪逵《淳化閣帖辨記》今佚。

學古編二卷（存）、古人印式二卷（佚）、篆陰符經（佚）

（元）開化吾衍撰

吾衍有《重正卦氣》，前《經部·易類》已著録。黃虞稷《千頃堂書目·小學類》著録吾衍《學古編》二卷。吾衍《學古編》中“三十二舉”曰：“僕有《古人印式》二册，一爲官印，一爲私印。具列所以，實爲甚詳，不若嘯堂《集古録》，祇具音釋也。”吾衍以篆學名世，［光緒］《開化縣志·藝文志》載有“吾衍《篆陰符經》”。明人高濂《遵生八牋·元碑帖》載爲“吳衍《篆陰符經》”，“吳”字當爲“吾”。吾衍《古人印式》《篆陰符經》今佚，《學古編》今存。

　　《學古編》成於元成宗大德四年，初刊於元順帝至正四年。其首卷《三十五舉》
爲最早研究印章藝術專論，其前十七舉（除第十三舉）主要探討篆刻藝術，後
十八舉以漢印爲中心探究印章藝術。吾氏結合自身經驗、體會，在古印漢法基礎
上加以創新，並就篆刻藝術提出了“古法”“渾厚”“不可太乖”“不可隨俗”等要
求。其下卷“小篆品”以下四十六條著録有關篆刻印章之學著作，並爲之提要。《學
古編》爲中國古代印學理論奠基之作，流傳甚廣，版本較多。是書最早版本爲好
古齋本，前有危素序，今不傳。其下爲明萬曆十九年《王氏書畫苑補益》本，此
爲現存最早版本，《閩中》等本據其翻刻。再後爲萬曆二十五年《夷門廣牘》本，
《叢書集成初編》據其影印。明萬曆三十四年所刻《寶顏堂秘笈》本流傳較廣，後
有《唐宋叢書》本、《廣百川學海》本、《説郛》本、《學津討原》本、《四庫全書》
本、《武林往哲遺著》等本，皆據《寶顏堂秘笈》本翻刻。對《學古編》版本源流，
日本學者野田悟考之甚詳[①]。《衢州文獻集成》亦收録此書，據明萬曆《寶顏堂秘笈》
本影印。

　　《四庫全書總目·〈學古編〉提要》：《學古編》一卷（浙江巡撫採進本），元吾
邱衍撰。衍有《周秦刻石釋音》，已著録。是書專爲篆刻印章而作，首列“三十五舉”，
詳論書體正變及篆寫摹刻之法，次合用文籍品目：一小篆品，二鐘鼎品，三古文品，
四碑刻品，五器品，六辨謬品，七隸書品，八字源，九辨源，凡四十六條。又以洗
印法、印油法附於後。摹刻私印，雖稱小技，而非精於六書之法者必不能工。宋代
若晁克一、王俅、顏叔夏、姜夔、王厚之，各有譜録，衍因復踵而爲之，其間辨論
訛謬。徐官《印史》，謂其多採他家之説，而附以己意，剖析頗精。所列小學諸書，
各爲評斷，亦殊有考核。其“論漢隸”條下，稱“寫法載前卷十七舉下，此不再敷”。
是原本當爲上、下二卷，今合爲一卷，蓋後人所併也。（見《四庫全書總目·子部·藝
術類二》）

繪事微言十卷（佚）

（明）西安朱昌順撰

　　朱昌順字瑞芝，西安人。性聰穎，善書畫，尤精於詩。所著有《繪事微言》十卷。
事跡見［嘉慶］《西安縣志·方伎傳》。《方伎傳》載其書，於下有按語：“《繪事微言》
三卷，明唐志契撰，姜紹書《無聲詩史》稱其頗得六法之旨。《府志》云朱昌順著《繪
事微言》十卷，殆另有一書而同其名耶。”［康熙］《衢州府志·藝文考》亦著録朱昌
順《繪事微言》。此書今佚。

　　①　［日］野田悟：《吾衍與其〈學古編〉之研究》，中國美術學院博士學位論文，2009年。

墨林辨體 (佚)

（明）江山周相撰

周相，事跡不詳。康熙癸巳《江山縣志·邑人著述》著録周相《墨林辨體》。此書今佚。

墨竹百吟 (佚)

（明）開化余曾撰

余曾有《築砂圖》，前《子部·術數類》已著録。[崇禎]《開化縣志·人物志·技術》本傳載，余曾有畫作《墨竹百吟》。[康熙]《衢州府志·藝文考》著録余曾《墨竹百吟》。此書今佚。

字畫廣彙 (佚)

（清）龍游祝登元撰

祝登元有《四書講成》，前《經部·四書類》已著録。據《醫印》中所載沈朝璧《醫印序》，祝登元有《字畫廣彙》。此書今佚。

書畫船 (佚)

（清）西安徐國珩撰

徐國珩有《隱史》，前《史部·雜史類》已著録。[康熙]《衢州府志·藝文考》著録徐國珩《書畫船》。此書今佚。

圖書纂要 (佚)

（清）西安余本敦撰

余本敦有《禮記直解》，前《經部·禮類》已著録。[民國]《衢縣志·藝文志》著録余本敦《圖書纂要》。此書今佚。

三硯齋印譜 (存)、三硯齋金石編 (存)

（清）常山王宇春撰

王宇春字酒村，常山人。性廉靜，不慕榮利。精篆刻。杜門不出家，徒四壁，宴如也。事跡見[光緒]《常山縣志·人物志·隱逸》。張咀英《魯盦所藏印譜簡目》卷三載："《三硯齋印譜》，六本，定陽王宇春刻。清嘉慶壬申公曆一八一二年。高七寸八，闊三寸九，綠格高五寸二，闊三寸。每頁二印，注釋文。陳珏、戴敦元、余本敦序，王宇春爲手寫虛。"此書卷四又載："《三硯齋金石編》，十本，定陽王宇春編。清道光戊子公曆一八二八年。高七寸八，闊三寸九。綠格高五寸二，闊三寸。每頁二印，注釋文。凡例七則。張振夔手寫序。"《三硯齋印譜》目前已知有香港松蔭軒藏殘本（六册存後四册）。西泠印社曾拍賣出《三硯齋金石編》，現不知爲何人收藏。

藏拙軒珍賞六卷（佚）

（清）龍游余恩鑠撰

余恩鑠有《相宅經》，前《術數類》已著録。［民國］《龍游縣志·藝文考》載：“《藏拙軒珍賞》六卷，余恩鑠撰。馮一梅曰：‘恩鑠酷嗜書畫，富於收藏，仕粤三十年，歸裝惟名人筆墨盈米家船。此其目録也。有自序一篇，極言市儈以贋亂真之弊，與賞鑒家品評之得失。目録下皆詳載其款識並附考證，網羅淹博，有本有源，亦有得諸傳聞自書所見者。’”［民國］《龍游縣志·文徵志四》載余恩鑠《藏拙軒珍賞自序》後有案語曰：“右文，録自原書。時同治十年也。”故《藏拙軒珍賞》當成書於同治十年。恩鑠此書今佚。

余恩鑠《藏拙軒珍賞自序》：夫荆山之姿，非卞氏三獻，莫辨其爲寶；冀北之駿，非伯樂一顧，不知其爲良。古今多美玉、名馬，而卞氏、伯樂不世出，未嘗不嘆識者之難也。況畫學之傳，由晉唐而宋而元而明，專門名家者代不乏人。往往尺素寸楮，珍同拱璧，市值千金者有之。於是射利之徒，竞相摹仿，而真贋混淆，紛然莫辨。嗜古者無所取證，乃一憑諸題識，不知元李簡公見文湖州墨竹十餘本，皆大書題識，無一真跡；沈石田先生片縑朝出，午見副本。辨其印而作僞者積有數枚，辨其詩而效書者如出一手。又如董宗伯矜慎其畫，請乞者多倩他人應之，僮奴以贋筆相易，亦欣欣然題署。然則題識果可憑歟？近來市肆家變幻百出，遇名家與題跋，分裂爲二。每有畫真跋假，以畫掩字；畫假跋真，以字掩畫。甚有前朝無名氏畫妄填姓名，或因收藏家以印章題跋爲證據，輒依樣雕刻，照本摹描。直幅則列滿邊額，橫卷則排綴首尾，類皆前朝印璽、名人款識，具施之贋本，而俗眼不察，至以燕石爲瓊瑶，下駟爲駿骨，冀得厚資。而質之古人，要無所損；所惜者古人真跡經歷代名手鑒定者，固多其散布流傳，珍藏家秘不示人，向不獲品題者亦復不少。而一人市儈之手，加以私章，贅以跋語，苟裝點未工，經吹求者指爲破綻，將並古人之真跡亦棄置而不復深辨，良可慨矣。余本不知畫，余近却好畫。明王安道云：“好故求，求故蓄，蓄故多。”計前後傾竭宦囊而得之者，棄瑕録瑜，去駁存純，不下三百餘種，有無題識者，有無名氏者，且多畫譜不載，似難取信者，然要非俗工之塗青抹紅所能假托。昔荆浩《秋山蕭寺圖》，評者謂出范寬之手，米元章借真跡臨移，至真副二本主人莫辨。余故謂無論真本、摹本，但得如仲立、元章手筆，名非瓊瑶，亦美玉也；目非驊騮，亦良駟也。生不與古人同時，誰曾目睹其渾灑。既未見所爲真，又安知所爲贋？果模得逼真，雖古人易何以加此。昔有論畫者云：“聖人，吾不得而見之矣。得見君子者，斯可矣。”洵通論哉！爰按時代之先後爲序，分作四册；其餘集錦、合錦及扇

頁各種，不能以先後拘者，另與墨蹟、法帖合爲二本，統顔以《藏拙齋珍賞》云。（見
［民國］《龍游縣志·文徵志四》）

萬石齋印譜（佚）

（清）西安周世滋撰

　　周世滋字潤卿，西安人。歲貢。官永康訓導。著《淡水山窗詩集》十一卷。同
治間，由永康訓導解任歸，閉户著書，有《玉屑編》等稿，未刊。事跡見［民國］《衢
縣志·人物志三》。周世滋之作還有《萬石齋印譜》《蓮池片葉》《柳源文集》。［民國］
《衢縣志·藝文志下》載："《萬石齋印譜》，清周世滋撰。周氏家藏本。按：世滋，
同治間貢，好搜古代名印私章，晶玉竹石，陳列几案，璀璨奪目。刊有《萬石齋印譜》，
其所鑒別尤精。"世滋《萬石齋印譜》今佚。

雜家類

事實類苑（存）

（南宋）常山江少虞撰

　　江少虞有《經説》，前《經部·五經總義類》已著録。少虞知吉州任上，撰成《事
實類苑》，詔藏史館。［弘治］《衢州府志·人物志·事功》和［天啓］《衢州府志·藝
文志》載江少虞有《宋朝類詔》，當爲《宋朝類苑》之誤。［崇禎］《開化縣志·人物
志·文學》於江袤傳載其有《宋皇朝類苑》，［康熙］《衢州府志·藝文考》以及［嘉
慶］、［光緒］《常山縣志·藝文志》皆同時著録江少虞《皇朝事實類苑》、江袤《皇
朝類苑》。然［嘉靖］《衢州府志·人物紀三·文苑》所載江袤傳，稱江袤有《嚴谷
集》，無《皇朝類苑》。《衢州府志》《開化縣志》所載江袤《皇朝類苑》，當以江少虞
之作誤入。少虞是書有《皇宋事實類苑》《皇朝事實類苑》《皇朝類苑》《宋朝事實類
苑》《宋朝類要》《事實類苑》不同之稱，其卷帙又有二十六卷、六十三卷、七十八卷、
五十五卷之别。

　　陳振孫《直齋書録解題·類書類》載："《皇朝事實類苑》二十六卷，知吉州江
少虞撰。紹興中人。其書亦可入小説類。"《宋史·藝文志二》《宋史·藝文志六》皆
著録江少虞《皇朝事實類苑》二十六卷。王應麟《玉海·藝文》載："《皇朝事實類苑》，
紹興中江少虞撰。次二十六卷，祖宗聖訓、名臣事跡及藝術、仙釋神怪、夷狄風俗，
釐爲二十六門。"《直齋書録解題》《宋史·藝文志》《玉海》皆著録江書爲二十六卷，
《玉海》言其分爲二十六門，蓋當時按門分卷。《事實類苑》二十六卷本今佚。

　　《四庫全書》收録此書，題《事實類苑》，凡六十三卷。《事實類苑》初有紹興

二十三年麻沙書坊刻本，當時刻書有大卷、小卷之分，每大卷分若干小卷，故拆分爲七十八卷。麻沙本傳於日本後，於元和七年據其印行，其目錄首行題"麻沙新雕皇朝事實類苑卷第目錄一"，目錄第三卷又有"紹興二十三年癸酉歲中元日麻沙書坊印行"。日本七十八卷本回傳後，清末以來一些刻本便據其刊刻。清宣統三年，武進董康將日本傳回七十八卷本刊行。較之六十三卷本，七十八卷本於"風土雜志"後又有"談諧戲謔""神異幽怪""詐妄謬誤""安邊禦寇"四門，且第六十二卷中"風俗雜志"亦六十三本所無。加之七十八卷本後四門，遂與江氏自序所言二十八門相合。七十八卷本與六十三卷本不僅卷帙有多少，而且編排有異，七十八卷本"詩賦歌詠"門分爲六卷，"文章四六"門爲一卷，而六十三卷本此二門分別爲七卷、二卷，且兩種卷帙的版本在第十五卷、十六卷編排亦有不同。

《事實類苑》又有五十五卷本，首爲江少虞《皇宋事實類苑序》，總目和各卷端皆題《皇朝類苑》。五十五卷本有"總目"五卷，其目至"五十五卷"後，末書"畢"。其"總目"與正文條目名稱略有不同，有些"總目"中條目直稱某人姓名，而正文中條目則或稱其官銜，或稱其謚號，如"總目"卷六有"王濟""李穆"，而正文中條目此書"王光祿""李尚書"。就卷帙析分來看，五十五卷本與六十三卷本大致相同。此由第三十六卷可見，七十八卷本此卷止於"陳烈先生"，此本與六十三卷本第三十六卷皆止於"蘇爲"條，自"劉沆"條至"陳烈先生"條爲三十七卷。然較之六十三卷本，五十五卷本無卷三十九至卷四十二、卷六十至卷六十三共八卷內容，且無卷三十八"錢惟演、劉筠警句"以下七條內容。由卷帙析分，五十五卷本與六十三卷本相近，然具體內容却與七十八卷較一致。如卷六，五十五卷本、七十八卷本"趙韓王"皆有兩條，且末條都爲"馮元、孫奭"，而六十三卷本"趙韓王"僅有一條，且末條僅有"孫奭"而無"馮元"。又如卷八，五十五卷本"總目"中載"凡九事"，然其正文缺鈔五、六、七，其餘諸條六十三卷本、七十八卷本皆載；然六十三卷本載八條，七十八卷本載九條，兩者互缺對方書中所載內容；五十五卷本抄錄第四條後，直接抄錄第八、九條，且明確寫爲"八""九"，而非"五""六"。再如卷十五"司馬溫公"，三本內容相同，而六十三本分爲三條，五十五卷本和七十八卷本皆分爲兩條。可見，五十五卷本與六十三卷本、七十八卷各有同異，當別有所本。以上今存諸本，國家圖書館皆藏有，其他圖書館所藏以六十三卷、七十八卷爲多，《衢州文獻集成》分別收錄六十三卷本、七十八卷本、五十五卷本。

《四庫全書總目·〈事實類苑〉提要》：《事實類苑》六十三卷（兩淮馬裕家藏本），宋江少虞撰。少虞，始末未詳。據序首自題，稱左朝請大夫權發遣吉州軍州，而《江西通志》亦未載其履貫，蓋已不可考矣。其書成於紹興十五年。以宋代朝野事跡見於諸家記錄者甚多，而畔散不屬，難於稽考，因爲選擇類次之。分二十四門，各以四字標題，曰：祖宗聖訓、君臣知遇、名臣事跡、德量智識、顧問奏對、忠言讜論、典禮音律、官政治蹟、衣冠盛事、官職儀制、詞翰書籍、典故沿革、詩賦歌詠、文章四六、曠達隱逸、仙釋僧道、休祥夢兆、占相醫藥、書畫技藝、忠孝節義、將相才略、知人薦舉、廣智博識、風俗雜志。自序作二十八門，蓋傳録之訛也。所引之書，悉以類相從，全録原文，不加增損，各以書名注條一，共六十餘家，凡十四年而後成，故徵採極爲浩博。其中雜摭成編，有一事爲兩書所載，而先後並存者。又如邊鎬稱邊和尚等事，及諸家詩話所摘唐人詩句與宋朝事實無所關者，亦概録之，未免疏於簡汰。然北宋一代遺文逸事，略具於斯，王士禎《居易録》稱爲宋人説部之宏構，而有裨於史者，良非誣也。其間若《國朝事始》《三朝聖政録》《三朝訓鑒》《蓬山志》《忠言讜論》《元豐聖訓》《傅商公佳話》《兩朝寶訓》《熙寧奏對》《劉真之詩話》《李學士叢談》等書，今皆久佚，藉此尚考見一二，是尤説家之總彙矣。王士禎載此書作四十卷。今本實六十三卷，檢勘諸本皆同，疑爲士禎筆誤，或一時所見偶非完帙歟？（見《四庫全書總目·子部·雜家類七》）

芹説一卷（佚）
（南宋）江山柴衛撰

柴衛有《中庸解》，前《經部·四書類》已著録。據《嵩高柴氏世集勳德録》卷二所載謝諤《大理寺正公墓誌銘》，柴衛有《芹説》一卷。[天啓]《江山縣志·建置志·書籍》亦著録柴衛《芹説》。柴衛此書今佚。

中隱對（佚）
（南宋）西安留清卿撰

留清卿字獻之，號中隱，西安人。登第。好學自持，以薦爲審計院。有《中隱對》及《文集》，王炎爲序。事跡附見於[弘治]《衢州府志·人物志·事功》"留觀德傳"後。[弘治]《衢州府志·科貢志》載留清卿爲紹興二十七年進士。[民國]《衢縣志·藝文志》亦載留清卿《中隱對》，其下按曰："[康熙]《縣志》作劉清卿。[嘉慶]《縣志》注引舊志，亦作留。清卿爲刑部侍郎怗孫，登紹興進士，作劉姓者誤也。趙《志》云，號中隱，有《中隱對》。其書未見，不知其恉。惟《通志》列入儒家儒術類，大約亦講理學之書也。"[康熙]《衢州府志·藝文考》亦載有留清卿《中隱對》，入《子部·雜説類》，此從之。清卿《中隱對》今佚。

裋身粹言二卷（佚）、讀書通説五卷（佚）
（南宋）江山鄭魏挺撰

鄭魏挺字景烈，父可與、從父陞同師徐誠曳存，挺早承家學，登嘉定甲戌進士，調分宜縣尉，著有《裋身粹言》二卷、《讀書通説》五卷。事跡見[民國]《寧國縣志·人物志上》。[乾隆]《江山縣志·人物志》載，鄭極，江山丞，括寇亂，迎戰卒；

長子魏挺遊學外郡，聞信，奔赴，廬於墓側，因家焉。魏挺還有《卓齋集》，見載於[康熙]《江山縣志·邑人著述》。魏挺《徂身粹言》《讀書通説》今皆佚。

閒居録一卷（存）、閒中漫録二卷（存）、山中新話（佚）
（元）開化吾衍撰

　　吾衍有《重正卦氣》，前《經部·易類》已著録。據宋濂《宋濂全集》所載《吾衍傳》，稱吾衍有《閒中編》。錢大昕《補元史藝文志》載："吾衍《閒居録》一卷，一作《閒居編》《山中新話》。"[崇禎]《開化縣志·人物志·文學》載吾衍著有《閒中編》《山中新話》。吾衍《山中新話》今佚，《閒中編》今存，今又見吾衍《閒中漫録》。

　　《閒居録》一卷，卷前有陸友仁跋，陸氏稱是書一名《閒中編》。《閒居録》乃吾衍所作劄記，其中不乏創見，如其提出《山海經》成書於秦，"《山海經》非禹書，其間言鯀入羽淵及夏后啓等事，且又多祭祀鬼神之説，中間凡有'政'字皆避去，則知秦時方士無疑"，此自爲一説。《閒居録》有元至正十八年抄本，瞿鏞《鐵琴銅劍樓藏書目録·雜家類》，稱是書"舊出華亭孫明叔書手鈔。明叔，名明道，乃同時友人親見其手稿録之，書法古雅，圖記重重，可貴也。末題識至正十八年戊戌之秋七月旦日鈔於泗北村居之映雪齋"。其後有明汲古閣抄本，內容和條目與元抄本同。入清有吳氏綉谷亭抄本和郁氏東嘯軒抄本，內容與元抄本同，而條目有異。清嘉慶十年時此書始有刻本，其後又有光緒二十二年刻本，皆以元抄本爲祖本。元抄本今藏於國家圖書館，《衢州文獻集成》據其影印。

　　《閒中漫録》二卷，題"古杭吾衍"撰。此書分上、下兩卷，卷前有陸友仁《閒中漫編題詞》。今傳本最後一條內容未完，表明其下已殘缺。上卷內容與吾丘衍《閒居録》基本相同；下卷《閒居録》至"雌黃銀朱皆能損剝硯石，雌黃尤甚"，見於《閒居録》，此後四十七條爲《閒居録》未載。今考是書"陸友仁"《題詞》，乃改《閒居録》陸氏跋文而來，其將原跋語首句"《閒居録》一名《閒中編》，魯郡吾衍子行所草本"改爲"《閒中漫編》一名《閒居録》，古杭吾衍子行所草本"，又將"子行，太末人"改爲"子行，元末人"。然吾氏爲元初人，陸氏亦爲元人，豈有"元末"之稱？由此可知此《題詞》爲後人篡改陸氏跋語而成。後四十七條中有"至正中""至正間""至正末"等至正時事，元初吾衍豈知元末時事？此必後人所作。又如自"錢塘僧思聰"條至"阿濫堆雀屬也"前五條，抄自宋王十朋《東坡詩集注》之注文，亦後人所爲。因此，下卷後面新增諸條並非爲吾氏所作，乃後人妄增[①]。此書雖有下卷部分內容並非出於吾丘衍之筆，然此書上卷和下卷部分內容爲吾衍所作，且今存之書爲明刻本，

---

①　唱春蓮：《吾衍〈閒居録〉與〈閒中漫録〉考異》，《文獻》1996年第3期。

自有保存吾氏著述的價值。是書有明萬曆二十一年刻本，藏於國家圖書館，《衢州文獻集成》據其影印。

《四庫全書總目·〈閒居録〉提要》：《閒居録》一卷（浙江汪啓淑家藏本），元吾邱衍撰。衍有《學古編》，已著録。是書乃衍劄記手稿，陸友仁得於衍從父家，録而傳之。猶未經編定之本，故皆隨筆草創，先後不分，次序字句，亦多未修飾。其中如"駁戴侗六書故妄造古篆"一條，辨"徐鉉篆書筆法"一條，皆與《學古編》互相出入。蓋先記於此，後採入彼書，而初稿則未削除也。然零璣碎玉，往往可採，如辨顏氏誤解匆匆，辨魏伯陽《參同契》誤以爲易字從日月，辨杜甫非不詠海棠，語皆有識。惟論《堯典》中星以爲四時皆以戌刻爲昏，未免武斷。論借書一瓻謂以甖盛卷軸，亦爲穿鑿；以及論奥竈字與《爾雅》相違，論五伯字不考《後漢書·禰衡傳》，以爲唐人行杖之數，皆不免於疎漏。其他雜談神怪，亦多蕪雜。以衍學本淹通，藝尤精妙，雖偶然涉筆，終有典型。故仍録存之，以備節取焉。（見《四庫全書總目·子部·雜家類六》）

經史辨訛（佚）
（元）龍游董時中撰

董時中有《董氏家訓》，前《儒家類》已著録。[民國]《龍游縣志·人物傳一》本傳載，董時中有《經史辨訛》。此書今佚。

觀物餘論（佚）
（明）常山鄭伉撰

鄭伉有《讀易管見》，前《經部·易類》已著録。據鄭善夫《少谷集·志銘》所載《敬齋鄭先生墓表》，鄭伉有《觀物餘論》。此書今佚。

啓沃録（佚）、山中日録（佚）、圖説（佚）
（明）江山周積撰

周積有《讀易管見》，前《經部·易類》已著録。[天啓]《江山縣志·建置志·書籍》著録周積《啓沃録》《山中日録》《圖説》。周積此三書今皆佚。

莘畬遺粒（佚）
（明）龍游祝啓周撰

祝啓周有《禮記類記》，前《經部·禮類》已著録。[萬曆]《龍游縣志·藝文志》著録祝啓周《莘畬遺粒》，凡十六條。[康熙]《衢州府志·藝文考》著録爲祝起周《華畬遺粒》十六條，有誤。啓周《莘畬遺粒》今佚。

超古新論（佚）

（明）常山詹濤撰

詹濤有《四書核實》，前《經部·四書類》已著録。［雍正］《常山縣志·藝文志》著録詹濤《超古新論》。此書今佚。

困學摭言（佚）

（明）西安葉縮撰

葉縮，事跡不詳。［天啓］《衢州府志·藝文志》著録廣文葉縮《困學摭言》。［民國］《衢縣志·藝文志》載："《困學摭言》，明葉縮撰。《浙江通志》引崇禎《府志》著録，無卷數。［康熙］《縣志》同。［嘉慶］《縣志》引舊志。按：縮爲秉敬之從祖，館教諭。此其讀書時之劄記也。"葉縮《困學摭言》今佚。

鮒窺牖攬十二卷（佚）

（明）龍游余湘撰

余湘曾參撰［萬曆］《龍游縣志》，前《史部·衢州方志類》已著録。［萬曆］《龍游縣志·藝文志》著録余湘《鮒窺牖攬》十二卷。［康熙］《龍游縣志·藝文志》、［民國］《龍游縣志·藝文考》著録此書時"攬"字作"櫳"字，或誤。黄虞稷《千頃堂書目》分別於《雜家類》《別集類》著録余湘《鮒窺牖攬》十二卷，前後兩見。余湘此書今佚。吳景旭《歷代詩話·庚集下之下》"治聾"條引《鮒窺牖攬》云："社飲糍酒，非謂止聾，社勾龍以勞農也。春爲農之始戊者，土德也，致酒灌勾龍乎。"［萬曆］《龍游縣志·藝文志》有余湘詩《登天堂庵》，［康熙］《龍游縣志·藝文志》有其《貞節詠爲葉禄姑作》《韓太守冒雨見顧奉謝一律用童子鳴韻》，《龍游木城祝氏宗譜》卷首有其跋。

佩萸雜録（佚）

（明）龍游童珮撰

童珮參撰［萬曆］《龍游縣志》，前《衢州方志類》已著録。王穉登《明故龍丘高士童君子鳴墓誌銘》載童珮有《佩萸雜録》，［天啓］《衢州府志·藝文志》亦著録爲童珮《佩萸雜録》。［民國］《龍游縣志·藝文考》著録爲《珮萸雜録》。此書今佚。

微言四卷（佚）、説書隨筆一卷（佚）

（明）常山詹在泮撰

詹在泮有《國朝宏略》，前《史部·政書類》已著録。［萬曆］《常山縣志·選舉表·進士》本傳載，詹在泮有《諸儒微言》。《四庫全書總目》載詹在泮有《微言》四卷，附《説書隨筆》一卷。在泮此二書今皆佚。

《四庫全書總目·〈微言〉提要》：《微言》四卷附《説書隨筆》一卷（浙江巡撫

採進本），明詹在泮編。在泮字定齋，衢州人。萬曆癸未進士。是編採輯明代講學語録，王守仁、王畿、羅汝芳三家合爲一卷，良知家之宗主也。又雜録諸儒之言爲一卷，良知家之支派也。其非良知家言而亦割裂勦綴者，援儒入墨之術也。末爲《説書隨筆》一卷，則在泮所自著。要其宗旨，總借儒言以闡禪理耳。（見《四庫全書總目・子部・雜家類存目二》）

寫心文章（佚）

（明）常山徐之俊撰

徐之俊有《經書講義》，前《經部・五經總義類》已著録。[雍正]《常山縣志・藝文志》著録徐之俊《寫心文章》。此書今佚。[嘉慶]《常山縣志・藝文志》有徐之俊詩《長春館》。

墨子家言（佚）

（明）西安王家業撰

王家業有《韻要》，前《經部・小學類》已著録。[天啓]《衢州府志・藝文志》著録王家業《墨子家言》。此書今佚。

古逸十三言（佚）、冷癡符（佚）

（明）開化蔣士禮撰

蔣士禮字叔存，號敬庭，開化人。學求自得，以姚江爲宗。由選貢雋南闈，授建德令。所著《古逸十三言》《冷癡符》。事跡見[順治]《開化縣志・人物志・事功》。[光緒]《開化縣志・人物志中》載蔣士禮撰有《診癡符》，或有誤。士禮氏此二書今皆佚。[崇禎]《開化縣志・藝文志》有蔣士禮《鮑師去思碑記》。

書肆説鈴二卷（存）、讀書録抄八卷（佚）、讀書解五卷（佚）、木石對語四卷（佚）、蘭臺講會一卷（佚）、讀書録詠一卷（佚）、孝順録詠一卷（佚）、郢斤一卷（佚）、逌徇編三卷（佚）、坐塵轉話一卷（佚）

（明）西安葉秉敬撰

葉秉敬有《葩經詩歌》，前《經部・詩類》已著録。《明史・藝文志三》著録葉秉敬《讀書録鈔》八卷。[天啓]《衢州府志・藝文志》著録葉秉敬《讀書解》五卷、《木石對語》四卷、《蘭臺講會》一卷、《讀書録詠》一卷、《孝順録詠》一卷、《郢斤》一卷、《逌徇編》三卷、《書肆説鈴》二卷。黃虞稷《千頃堂書目・儒家類》著録葉秉敬《讀書録抄》八卷，同書《小説類》著録葉秉敬《書肆説鈴》二卷。[雍正]《浙江通志・經籍志六》引[崇禎]《衢州府志》載有葉秉敬《坐塵轉話》一卷，而[嘉慶]《西安縣志・經籍志》亦引崇禎《府志》作“《坐塵轉話》”，[嘉慶]《縣志》當是。葉秉敬《讀書録抄》《讀書解》《木石對語》《蘭台講會》《讀書録詠》《孝順録詠》《郢斤》《遒狗編》《坐塵轉話》今皆佚，明陶珽編《説郛續》存有《遒狗編》之文三十條。《書肆説鈴》今存。

　　《書肆説鈴》成於萬曆二十五年，書名出於揚雄《法言·吾子篇》，揚子曰："好書而不要諸仲尼，書肆也；好説而不見諸仲尼，説鈴也。"今所見者爲閔元衢重編本，然仍載原本目録，卷前有葉秉敬自序和閔氏《類次書肆説鈴序》。重編本分二卷十二類，上卷依次爲"論《毛詩》"四條、"論《春秋》"六條、"論《爾雅》"四條、"論《道德經》"二條、"論《莊子》"十二條，凡二十八條；下卷依次爲"論《國語》《史記》《白虎通》"各一條、"論《文選》、學文"六條、"論古詩、學詩"七條、"論天文"七條、"論時令、統、數"五條、"論道學"五條、"論韻、字"六條，凡三十九條。秉敬之論雖有考據之疏，然頗有新意，故閔元衢贊其所闡發奧義，越葉子奇《草木子》遠甚。《類次書肆説鈴》有明萬曆刻本，藏於國家圖書館、北京師範大學圖書館，《四庫存目叢書》《衢州文獻集成》亦收録。葉氏《葉子詩言志》十二卷，《四庫全書總目·集部·別集類存目六》著録此書，稱此集中"《遒狗編》五卷，則襍録對聯偶語"。《葉子詩言志》已散佚，然明陶珽編《説郛續》存有《遒狗編》之文三十條，可窺一斑。《衢州文獻集成》據明末刻本《説郛續》，節録《遒狗編》，附於《類次書肆説鈴》後。

　　《四庫全書總目·〈書肆説鈴〉提要》：《書肆説鈴》二卷（兩淮鹽政採進本），明葉秉敬撰。秉敬有《字孿》，已著録。是書乃其隨筆劄記，原分三卷。後烏程閔元衢爲之重編，分十一類，併爲上下二卷，而仍載原次於卷首，以存其舊，即此本也。秉敬好爲議論，而考據殊疏。如謂"三代皆建寅，若周人建子則二十四氣皆錯"，不知古本無二十四氣之名。謂"《三都賦》改草木'甲坼'爲'甲宅'"，不知《周易》古本實作"甲宅"。謂"冰凝於水而寒於水爲《翰苑新書》論文之妙"，不知本《荀子》語，昭明太子《文選序》亦嘗引用。皆失之目睫之前。至於溺信二氏，謂"盲儒之議老子，如叔孫之毀仲尼，桀犬之吠堯舜"，又謂"讀書不可不學禪"，其言尤不可訓也。（見《四庫全書總目·子部·雜家類存目五》）

芙蓉鏡寓言（存）、芙蓉鏡韻言（佚）、芙蓉鏡卮言（佚）、芙蓉鏡玄言（佚）、芙蓉鏡文言（佚）、芙蓉鏡孟浪言四卷（佚）、芙蓉鏡壯言（佚）、芙蓉鏡重言（佚）
（明）開化江東偉撰

　　江東偉字中立，號清來，開化人。十歲習《易》，半月而熟。萬曆丙午，領鄉薦。後患足疾，杜門著書，吟詠不輟，詩作力追大雅。所著有《芙蓉鏡韻言》《卮言》《孟浪言》《玄言》《文言》《心經注》《演聯珠》《淨土詩》，行於世。事跡見［順治］《開化縣志·人物志·文學》，［崇禎］《開化縣志·選舉志》載江東偉爲萬曆丙午舉人。［天啓］《衢州府志·藝文志》僅著録江東偉《芙蓉鏡卮言》。［雍正］《開化縣志·藝文考》著録江東偉《芙蓉鏡韻言》《卮言》《寓言》《孟浪言》《玄言》《文言》。《四庫全書總目》所言江東偉字號與《開化縣志》不同。江東偉《芙蓉鏡玄言》,《開化縣志·人物志》作《元言》,而《藝文考》作《玄言》,當爲《玄言》。[康熙]《衢州府志·藝文考》著録江東偉《美蓉鏡韻言》,此"美"字當爲"芙"。東偉在《芙蓉鏡寓言凡例》中言:"《壯言》分理學、禪學、玄學三卷,《重言》分醫學、修養二卷,《孟浪言》合天壤奇事續刻之,以就正大方。"可見江東偉還應有《芙蓉鏡壯言》《芙蓉鏡重言》。《四庫全書總目》稱《孟浪言》分玄部、幻部、靈部、幽部四集。江東偉《芙蓉鏡韻言》《卮言》《孟浪言》《玄言》《文言》《壯言》《重言》今皆佚,《芙蓉鏡寓言》今存。

《芙蓉鏡寓言》成書於天啓七年,分爲四集,共三十六門,卷前有潘汝楨序、但宗皋序、江東偉自序、凡例、目録。其書仿《世說》而作,各門皆採《世説新語》舊例,採輯先秦至明代言行,以冀裨風教。何良俊《語林》亦因襲《世説》,而東偉取何氏《語林》者有十之三,文字無所改。除採《語林》外,明以前言行多取於歷代史書、諸家筆記等,有關明代之文多録自本朝名公之書。江氏於其所輯每條言行後,皆有"壺公曰"用簡短數字評之。東偉於該書《凡例》言:"著書最忌影射時事,臧否人物,不佞一病支離,身世兩忘,不過從往藉中拈弄。"此書之文所涉明代史事亦有不見於它書所載,頗有一定史料價值。此書有明末刻本,藏於浙江圖書館,《衢州文獻集成》據其影印。

《四庫全書總目·〈芙蓉鏡孟浪言〉提要》:《芙蓉鏡孟浪言》四卷(浙江巡撫採進本),明江東偉撰。東偉字青來,自號壺公,開化人。萬曆丙午舉人。其書分玄部、幻部、靈部、幽部爲四集,皆摘録諸書神仙鬼怪之事,各系評語,而佻纖殊甚。如《幻部》中載"張南軒晚得奇疾,歿時就殮,通身透明,腑臟筋骨,歷歷可數,瑩徹如水晶"云云,本説部無稽之談,東偉乃爲之評曰:"此明明德之本體。"可謂無所不戲侮矣。其曰"孟浪言"者,蓋取《莊子·齊物篇》語,殆亦自知其不經歟。(見《四庫全書總目·子部·小説家類存目二》)

尊生炳燭（佚）、壺丘雜識一卷（佚）

（明）開化汪慶百撰

汪慶百有《問奇》,前《經部·小學類》已著録。[康熙]《衢州府志·藝文考》著録汪慶百《尊生炳燭》《壺丘雜識》一卷。此二書今皆佚。

子卿隨筆（佚）

（明）西安徐日久撰

徐日久有《實録鈔》,前《史部·實録類》已著録。[民國]《衢縣志·藝文志下》於《葵園雜著》下有案語曰:"日久有《子卿隨筆》一書,屢見引於姚《志》,《書目》

不著録。”日久此書今佚。

玉芝堂談薈三十六卷（存）

（明）西安徐應秋撰

　　徐應秋有《雪艇塵餘》，前《經部·易類》已著録。《明史·藝文志三》、黄虞稷
《千頃堂書目·小説類》皆著録徐應秋《談薈》三十六卷。應秋於是書自序言，“舉
尋常意想之所未經，多古今載籍之所已備，惜學人少見而多怪，致往牒似誕而疑誣
用是”，“大都標神道之妖祥，記山川之靈怪，表人事之卓異，著物性之瑰奇”。全書
三十六卷，每卷又分若干則，每則多記録歷代同類之事，各立標題。其書將天地人
物分門別類，其記人文涉及帝王、將相以至各色人等，並録有歲時、民俗、史籍、
小説、碑銘、詩體、書畫、文字及各種技藝；其載自然與天文涉及宇宙、天地、日月、
星辰、風雨，於輿地涉及山川、井池、城宅、潮汐、海市、地震，亦載鳥獸、草木等。
是書所載怪異之事尤多，如載“牛哀化虎”“母鷄殼中哺出小兒”“女化爲男”“人化
異物”“男子孕育”等極爲荒誕。然諸多奇聞皆有所本，或取於歷代史籍，或源自諸
家小説，或採於釋道典籍。其間有不少內容頗有考據之功，足可資參考。是書爲《四
庫全書》收録，又有明崇禎刻本藏於浙江圖書館，清康熙、光緒年間又據明刻本翻刻，
《衢州文獻集成》亦收録清抄本。國家圖書館有康熙間沈紹姬輯《讀七柳軒談薈》四
卷，爲《玉芝堂談薈》的節録本。

　　《四庫全書總目·〈玉芝堂談薈〉提要》：《玉芝堂談薈》三十六卷（浙江巡撫採
進本），明徐應秋編。應秋字君義，浙江西安人。萬曆丙辰進士，官至福建左布政使。
是書亦考證之學，而嗜博愛奇，不免兼及瑣屑之事。其例立一標題爲綱，而備引諸
書以證之，大抵採自小説雜記者爲多。應秋自序有曰：“未及典謨垂世之經奇，止輯
史傳解頤之雋永。名之談薈，竊附説鈴。”其宗旨固主於識小也。然其捃摭既廣，則
兼收並蓄，不主一途，軼事舊聞，往往而在。故考證掌故、訂證名物者，亦錯出其間。
披沙揀金，集腋成裘，其博洽之功，頗足以抵冗雜之過，在讀者別擇之而已。昔李
昉修《太平廣記》、陶宗儀輯《説郛》，其中迂怪居多，而皆以取材宏富，足資採擇，
遂流傳不廢。應秋此編，雖體例與二書小別，而大端相近。至來集之之《樵書》，全
仿應秋而作，然有其蕪漫，而無其博贍，故置彼取此焉。（見《四庫全書總目·子
部·雜家類七》）

日用必需六卷（佚）

（清）龍游祝登元撰

　　祝登元有《四書講成》，前《經部·四書類》已著録。［民國］《龍游縣志·人物
傳三》本傳載，祝登元有《日用必需》六卷。此書今佚。

蝶園閒筆（佚）

（清）龍游楊聖修撰

楊聖修有《易經解義》，前《經部·易類》已著録。[民國]《龍游縣志·藝文考》著録楊聖修《蝶園閒筆》。[民國]《龍游縣志·人物傳三》本傳載，楊聖修傳有《蝶園間筆》，與同書《藝文考》不同，傳文或誤。聖修此書今佚。

止庵手抄十二卷（佚）

（清）龍游余恂撰

余恂有[康熙]《龍游縣志》，前《史部·衢州方志類》已著録。[康熙]《龍游縣志·藝文考》、[康熙]《衢州府志·藝文考》著録余恂《止庵手抄》十二卷。[民國]《龍游縣志·藝文考》載余恂《止庵手抄》爲二十卷，或誤。此書今佚。

問禮辨訛五卷（佚）

（清）龍游毛鳳飛撰

毛鳳飛，事跡不詳。[康熙]《龍游縣志》之"纂修姓氏"中，協修者有生員毛鳳飛，本邑人。[康熙]《衢州府志·藝文考》載："毛鳳飛《問禮辨訛》五卷。余恂《序》曰：極論孔子未嘗有適周問禮老聃之事，遠征博引，依類就班，折衷辨難，確有依據。"鳳飛《問禮辨訛》今佚。

養生録（佚）、訓鐸醒迷（佚）

（清）開化方輔圓撰

方輔圓字左一，號立竹，開化人。邑庠生。順治間，由監生知臨汾縣。所著有《養生録》《訓鐸醒迷》及詩文集若干卷。事跡見[雍正]《開化縣志·人物志·事功》。輔圓此二書今皆佚。[雍正]《開化縣志·藝文志》有方輔圓詩《將母篇（並序）》。

繁水敷言（佚）

（清）開化方元啓撰

方元啓有《易書正宗》，前《經部·易類》已著録。[順治]《開化縣志·人物志·事功》本傳載，方元啓有《繁水敷言》。此書今佚。

山叟雜記（佚）

（清）西安柯巖撰

柯巖字石庵，號寄叟，西安人。康熙時人。工於詩。著有《山叟雜記》，大抵記衢之瑣事者。事跡見《西安懷舊録》卷四。柯巖《山叟雜記》今佚。《西安懷舊録》卷四有柯巖詩《春溪放釣》《嘗橘歗》《橘蜜》。

入德迂言（佚）

（清）開化張嗣溥撰

張嗣溥有《救弱救荒》，前《史部・政書類》已經著録。［雍正］《開化縣志・人物志・理學》本傳載，張嗣溥有《入德迂言》。此書今佚。

紀事論警（佚）、詩家入神（佚）

（清）開化張世持撰

張世持有《葩經論什》，前《經部・詩類》已著録。［雍正］《開化縣志・人物志・文學》本傳載，張世持有《紀事論警》《詩家入神》。此二書今皆佚。

醒世俚言（佚）

（清）常山徐敦禮撰

徐敦禮字仲寅，號敬庵，常山人。天姿穎悟，博通經史。所著有《醒世俚言》等篇，傳於世。事跡見［康熙］《衢州府志・文學傳》。敦禮《醒世俚言》今佚。

竹林紀聞（佚）

（清）常山徐烈撰

徐烈有《四書集要》，前《經部・四書類》已著録。［光緒］《常山縣志・藝文志》著録徐烈《竹林紀聞》。此書今佚。

吉川語録（佚）

（清）開化汪日炯撰

汪日炯字淑丹，號真庵，開化人。博涉經史，尤精河洛。詩文雄郁逸宕，自抒性靈。所藏書萬卷，皆丹黄數過。著有《吉川文鈔》《詩鈔》及《語録》若干卷。事跡見［雍正］《開化縣志・人物志・孝廉》。日炯《吉川語録》今佚。

樹根園雜記四卷（佚）

（清）西安馮世科撰

馮世科字一登，號鹿巖，西安人。乾隆甲寅恩貢。家近菱湖，邱園半畝，手栽奇樹百十盆。書畫余閒，輒採樹根制文玩，各鐫以銘，四座輪囷滿目，人因呼樹根先生。著有《樹根園雜記》四卷。楊幹《蓉泉漫録》載：“三衢馮鹿巖，工棒書及楷法，兼善寫蘭。與人交，有真意。嘗作《自鑒圖》，其題後略云：‘言笑休強爲，靈明須靜守。吁嗟！鏡中人面目勿含垢。’觀此足以知其人矣。”事跡見［嘉慶］《西安縣志・文苑傳》。［民國］《衢縣志・人物志三》稱馮世科有《樹根園筆記》，與［嘉慶］《縣志》略不同。馮世刻《樹根園雜記》今佚。《西安懷舊録》卷二於徐一澤小傳下引有《樹根園筆記》之文。［嘉慶］《常山縣志・雜記》亦引有《樹根園雜記》之文，載張莒與柳子厚事。［嘉慶］《西安縣志・雜記》引作《樹根園筆記》，載"宋贈少卿張公應麒築堰"云云。［嘉慶］《西安縣志・祠祀志》"魯阜山神祠"下有馮世科《魯阜山神祠記》。《西安懷舊録》卷一有馮世科詩《閒居》《石鼓潭泛槎》。

王氏彙考二卷（佚）

（清）龍游王洪惠撰

王洪惠，事跡不詳。［民國］《龍游縣志・藝文考》著録王洪惠《丹山別館詩文集》四卷、《王氏彙考》二卷。此二書今皆佚。

井居隨筆（佚）

（清）常山王錫黻撰

王錫黻有《歷代崇正好異鑒》，前《史部・雜史類》已著録。［嘉慶］《常山縣志・書目志》著録王錫黻《井居隨筆》。此書今佚。［嘉慶］《常山縣志・藝文志》有王錫黻詩《遊紫竹山》。

摭言（佚）

（清）西安徐健撰

徐健，事跡不詳。［嘉慶］《西安縣志・經籍志》著録徐健《摭言》。此書今佚。

渡世津梁二卷（佚）、修省編六卷（佚）

（清）西安范鐘銓撰

范鐘銓字君選，號石林，西安人。邑庠生。性仁慈，周親族，恤孤寡。著有《修省編》《渡世津梁》行世。事跡見［嘉慶］《西安縣志・義行傳》。［嘉慶］《西安縣志・經籍志》著録范鐘銓輯《渡世津梁》二卷、《修省編》六卷。此二書今皆佚。

大易寸知録（佚）、今文寸知録（佚）

（清）開化汪永泰撰

汪永泰字景山，開化人。邑增廣生。工詩文，屢試一等。著有《大易寸知録》《今文寸知録》行世。事跡見［乾隆］《開化縣志・人物志・義行》。永泰此二書今皆佚。

日升堂雜纂（佚）

（清）開化詹文鳳撰

詹文鳳號羽輝，開化人。由明經候選訓導。家藏經史五千卷，丹鉛殆盡。著有《日升堂雜纂》。乾隆乙卯，協修縣志。事跡見［光緒］《開化縣志・人物志・文苑》。文鳳《日升堂雜纂》今佚。

得月樓雜記（佚）

（清）西安鄭桂東撰

鄭桂東字湘舲，一字薌林，西安人。道光癸卯舉人。著《得月樓詩》一卷、《百花詠》一卷。事跡見潘衍桐《兩浙輶軒續錄》卷三十八。《西安懷舊錄》卷一於汪文炳小傳載："鄭桂東《得月樓雜記》：汪廉叔有季父，嘗幕遊外省。壬辰歸，賦秋試即捷鄉薦。予初未識其人，既讀其文，心竊傾之。其鄉里評云，出入經史，發爲偉論，焰燭天庭，聲震海浦，非虛語也。"據此，鄭桂東有《得月樓雜記》。此書今佚。

類肪（佚）、輿肪（佚）、姓肪（佚）、韻肪（佚）、典肪（佚）、香雪隨筆（佚）

（清）江山劉侃撰

劉侃有《三衢正聲》，前《經部・小學類》已著錄。劉侃《香雪詩存》末劉佳跋言，劉侃有《類肪》《輿肪》《姓肪》《韻肪》《典肪》《香雪隨筆》。劉侃此六書今皆佚。

群書便覽（佚）

（清）西安葉春華撰

葉春華有《四書彙覽》，前《經部・四書類》已著錄。據《三衢仁德葉氏宗譜》卷三所載《翠巖公傳》，葉春華有《群書便覽》五集。此書今佚。

傍花居雜錄二卷（佚）

（清）龍游王嗜書撰

王嗜書，事跡不詳。［民國］《龍游縣志・藝文考》著錄王嗜書《漪園詩草》四卷、《傍花居雜錄》二卷。此二書今皆佚。

經義公穀國策子史各書要語（佚）

（清）開化魏崇燦撰

魏崇燦有《左傳彙編摘錄》，前《經部・春秋類》已著錄。［光緒］《開化縣志・人物志・文苑》本傳載，魏崇燦有《經義公穀國策子史各書要語》。此書今佚。

興朝應試必讀書八卷（存）

（清）西安詹熙評注，衢州濮陽增選刊

詹熙有《衢州奇禍記》，前《史部・雜史類》已著錄。濮陽增，事跡不詳。此書卷首題"衢州肖魯詹熙評注，衢州益齋濮陽增選刊"。是書成於光緒二十四年七月並刊行，時正值百日維新，其爲適應科舉新制而作。此年六月，光緒帝頒佈科舉新制，鄉會試改詩賦、小楷之法爲策論，試分三場，"第一場試中國史事、國朝政治論五道，第二場試時務策五道，專問五洲各國之政、專門之藝，第三場試《四書》義兩篇、《五經》義一篇"，科舉之重轉移至實政爲主。此書卷前有《光緒二十四年六月初一奉》，即頒佈科舉新制全文，次爲詹氏自序。詹熙於序中斥責八股取士阿世無用，認爲"古今得失之林，莫萃於史；討論時事，莫詳於策；窺見心術，莫善於經"，故力挺朝廷罷斥時文及詩賦而爲論策經義，可見詹氏支持科舉改制，以贊同維新變法。此書原爲二十卷，删削爲八卷。卷一至三爲《史論》，主要議論歷代興亡與典章制度，上卷、中卷之文選自清人徐學乾編注《古文淵鑒》，皆爲元代以前名家名篇，下卷選方苞、姚鼐以來近世名作。卷四爲《時務論》，以通商、富國爲主要論題，除鄒弢《工西藝不必習洋文論》，其餘爲詹熙文十一篇，熙弟塏文五篇。卷五爲《國朝政治策》，所議內容包括治水、兵餉、殿試、救荒、勸農、理財等，以乾隆時策文爲多。卷六爲《時務策》，主要討論學習西方技藝和制度，其中詹熙之作九篇，詹塏之作兩篇。卷七爲《五洲近今政治》，前兩篇論述中國沿海形勢，其下爲詹熙所作，介紹俄、英、日、美、法、意、德七強國政治，後附以《補遺》。卷八爲《四書義》《五經義》，《四書義》僅有任啓達制義一篇，《五經義》皆出自清朝名臣經筵進呈之作。詹熙與其弟塏之文，爲二人任上海商務報館主筆時所作。此書不僅選録詹熙諸多文論，且其他諸文篇末多有"熙注"，爲詹氏評議。此書目録與正文內容有不一致之處，如卷二有范仲淹《推委臣下論》，而目録無；又如卷七有詹熙《中國沿海形勢》《江浙沿海形勢》，而正文爲陳倫炯《中國沿海形勢》、郭起元《中國由海入江形勢説》；目録中有《五洲近今政治》，先英吉利而後俄羅斯，而正文標題作《五大洲近今政治》，先俄羅斯而後英吉利。雖然戊戌變法百日而終，此應時之作未能施用，但仍不失爲研究該時期科舉、社會等方面重要文獻。此書有清光緒二十四年石印本，藏於衢州市博物館，《衢州文獻集成》據其影印。

花月盧筆記（佚）

（清）西安方壺撰

　　方壺字小仙，號錦川，別號方園居士，西安人。諸生。著有《方園詩草》《花月盧筆記》。事跡見《西安懷舊録》卷五。方壺諸書今皆佚。《懷舊録》卷七於范廣城小傳下引有《花月盧筆記》。

隱林四卷（存）

（清）西安鄭永禧輯

　　鄭永禧有《高密易義家傳》，前《史部·傳記類》已著録。《隱林》前有羅道源序和作者自序。永禧以爲隱語言雖小而可喻大，故採擷父祖留遺者和友朋欣賞者而輯之，益以史隱和二十四格謎，而成此書。是書四卷，卷一有《湘芷隱書》《秋浦隱書》《琴浦隱書》，分別爲鄭瀰湘芷、鄭桂金秋浦、鄭桂堂琴浦著，皆鄭永禧述，各有二十九則、六十六則、一百則。卷二有《薌林隱書》《櫟亭隱書》《蓮舫隱書》《蓬萊仙館隱略》《紅豆山莊隱略》《誦瀑山房四書謎》，前三種分別爲鄭桂東薌林、鄭桂著櫟亭、鄭鍔蓮舫著，鄭永禧述，後三種分別爲羅道源逢甫稿、吳序笠亭稿、金麗源仲白稿，鄭永禧選訂，諸書各有三十七則、十六則、五十七則、六十四則、二十八則、七十七則。前六種《隱書》之謎語、謎底分別在前後兩葉，謎底多取“五經”“四書”等經典中一句，亦有取唐詩、宋詩、宋文、元曲或《老子》《三字經》《千字文》《詩品》等中一句，其最後一小部分謎底則打一曲牌名、傳奇名、韻目、人名、官名、地名、花名、藥名、果名、蟲名、鳥名、禽言、物、字、俗語等。後三種書謎底直接見於謎語下，羅氏書按漢字“六書”分象形、會意、指事、諧聲、轉注、假借六類，謎底主要打人名、地名、藥名、韻目、字或經書中的一句，以打人名爲多；吳氏書分傳神、會意、別解、拆字四類，謎底主要猜經書、蒙書中一句和人名、藥名、詞牌等；金氏書僅打《四書》中一句，故稱《四書謎》。卷三爲《史隱》，題“三衢鄭永禧緯臣編”，分上古、唐虞、夏、商、周、東周列國、戰國、秦、楚漢、漢、後漢、晉、東晉、五胡十六國、南朝、北朝、隋、唐、五季、宋、南宋、元、明二十三部分，其謎語取古時某一事件，謎底多打經書中一句或人名、地名、物名等，此本謎底見於該卷之末。卷四爲《二十四格謎》，分梨花格、雪帽格等二十四格，此卷目錄後有鄭氏附識曰：“按顧禄《清嘉録》載有二十四格之名，與此小異，以時尚有遞變，未能與古悉合也。”其於每格名下首解此格之意，如“玉頸格”下曰：“題里第二字寫白”，即謎底中第二個字爲白字，“玉頸格”首言：“八家皆私百畝，（打）《四書》一句，（謎底）齊井〔景〕公田。”其中“井”爲“景”的白字。《二十四格謎》之謎底多取經書、古詩、蒙書中一句，亦有打人名、物名等。此書有清光緒十七年刻本，藏於國家圖書館、清華大學圖書館，《衢州文獻集成》據國圖藏本影印。

竹隱盧隨筆四卷（存）、頑騃思存二卷（存）

（清）西安鄭永禧撰

鄭永禧有《高密易義家傳》，前《史部・傳記類》已著録。《竹隱盧隨筆》題“三衢瘦竹詞人輯”，卷前有鄭永禧弁言，每卷前有“渭川叙目”。永禧所以自稱瘦竹者，其於首卷次篇言明，其曰“予家有瘦竹數竿，當窗拂檻，頗饒逸致，暇時每拍詞以寄意”云云，是書所以稱爲《竹隱盧隨筆》者亦有此意。鄭氏隨筆凡四卷，卷一有五十七篇，卷二有五十四篇，卷三有七十六篇，卷三有二十九篇，合計二百十六篇。今存此本有殘缺，其中卷一缺第十至十九葉，卷二缺第二十二葉、第三十五葉，卷三完整；卷四僅至三十九葉，《春闈》以下八篇不見。此作爲渭川删削其數年隨筆而成，所記“或拾書舊之遺，或糾沿流之謬，或嘉名節以興風化，或搜逸史以廣見聞”。

卷二中《通用字》《互用字》二篇，有資於閱讀古文。卷四《上大人二則》對於解魯迅《孔乙己》之題頗有意義，一般認爲"上大人孔乙己"爲舊時學童描紅習字用語，鄭氏却解爲"'上大人'八句出自宋贊美孔子之詞"，其第二則又言"江右一秤店孔姓號乙己"，可見魯迅小説用《孔乙己》之名自有來歷。鄭氏隨筆談詩詞者甚多，不少內容可視爲詩話。此書有民國木活字本，藏於上海圖書館、吉林大學圖書館，《衢州文獻集成》據上圖藏本影印。

《頑瞽思存》二卷，今存。《浙江省文獻展覽會專載》於《鄉賢遺書·抄本》載："《頑瞽思存》二卷，一册，抄稿本，衢縣鄭永禧著，衢縣鄭氏藏。"[1]《頑瞽思存》成於民國十六年，分上、下兩卷，封面題"三衢解元渭川著，甲戌夏午浮若鈔"，末附歙州汪浮若跋語，由此可知此本爲民國二十三年抄本。其上卷小序曰："予生年六十二矣，憂患餘生，既老且瞽。偶憶前事，不忍捐棄，拉雜存之，都無詮次。以所記多頑固之言耳，閉目作書，示請諸兒女，不忘其初之意云。"可見此書爲渭川晚年之作。其書所記爲作者親臨塵往舊事和衢城等地逸事掌故、名物制度等，亦有作者讀書治學之心得體會和對當時社會之議論。其所載衢州名物典故有補舊志之缺，如衢州科舉舊事、藏書刻書等，皆爲史志不載；其考西安縣建置、孔氏家廟、趙清獻公琴鶴等，能得其正；其論孫中山"三民主義"是對孔、孟之學繼承，頗有新意；其對忠君愛國、婦女纏足等問題見解，能反映民國以後人們思想觀念變化。此書雖爲作者晚年失聰之筆記，然對於研究清末社會特別是衢州地方史有一定參考價值。此書有民國抄本，爲鄭永禧外孫胡鳳昌家藏，《衢州文獻集成》據其影印。

師稼山房雜記四卷（佚）

（清）龍游余述曾撰

余述曾，事跡不詳。[民國]《龍游縣志·藝文考》載："《師稼山房雜記》四卷，余述曾撰。案：此編據所見聞，隨筆登記，爲子部小説家體例。採取群書，兼及委巷瑣事，亦有足資考證者。"述曾《師稼山房雜記》今佚。[民國]《龍游縣志·文徵志八》有余述曾詩《甲子上元前後大雪，龍邱聞賊警戒嚴，限嚴字即景感賦四十韻》。

讀書隨筆四卷（佚）

（清）龍游余慶椿撰

余慶椿字延秋，龍游人。優廩生。幼從祖訓，治《説文》《爾雅》，經籍、掌故之學致精，所爲詞賦及古近體詩別有風格。二十四歲後，遊學四方。既歸，知縣鄒

---

① 浙江圖書館編：《鄉賢遺書》，載《浙江省文獻展覽會專載》，《文瀾學報》第二卷第三、四期，1937年。

壽祺聘爲鳳山書院山長，一時從學者頗衆。著有《讀書隨筆》四卷、《延秋軒偶存稿》二卷。事跡見［民國］《龍游縣志·人物傳三》。慶椿《讀書隨筆》今佚。

附：庶齋老學叢談三卷（存）

（元）揚州盛如梓撰

《四庫全書總目·子部·雜家類六》載："《庶齋老學叢談》三卷，元盛如梓撰。如梓，衢州人，庶齋其自號也。嘗官崇明縣判官。"《御選宋金元明四朝詩·御選元詩·姓名爵里一》載："盛如梓，號庶齋，揚州人。大德間爲嘉定州儒學教授，以從仕郎崇明州判官致仕。著《老學叢談》。"《庶齋老學叢談》今存，有《知不足齋叢書》本，後有鮑廷博跋，其言"庶齋，揚州人，曾爲衢州教官"。楊武泉《四庫全書總目辨誤》亦辨盛如梓爲揚州人[1]。四庫館臣誤以爲衢州人，［嘉慶］《西安縣志·經籍志》、［民國］《衢縣志·藝文志》、［民國］《重修浙江通志稿·著述考·衢州經籍》皆著録盛如梓《庶齋老學叢談》，《兩浙著述考》仍以盛如梓爲衢州人[2]，故附辨於此。

琴餘雜言（佚）

（元）於潛徐夢吉撰

黃虞稷《千頃堂書目·別集類》載："徐夢吉《琴餘雜言》，於潛人"；後又載："徐夢吉《琴餘雜言》，龍游人，常熟儒學教官。"［民國］《龍游縣志·藝文考》據《千頃堂書目》著録。［雍正］《浙江通志·人物志六》據《於潛縣志》載徐夢吉爲元時於潛人，著有《琴餘雜言》；同書《選舉志八》又載："徐夢吉，於潛人，舉茂才，傳貽書院山長。"可見徐夢吉非龍游人，當是於潛人。然［民國］《龍游縣志》著録此書，《兩浙著述考》亦言《琴餘雜言》爲龍游徐夢吉撰[3]，故附辨於此。

厚生訓纂（存）

（明）霸州周臣撰

［天啓］《衢州府志·藝文志》載："《厚生訓纂》，郡守周臣著。"［民國］《衢縣志·藝文志》載："《厚生訓纂》，明周臣撰。［康熙］《府志》著録。［康熙］《縣志》作《原生訓纂》，周臣著。［嘉慶］《縣志》亦作'厚生'，引舊志作周召著。"［康熙］《縣志》所載"原生"和［嘉慶］《縣志》所載"周召"皆誤，應是"周臣《厚生訓纂》"。［民國］《重修浙江通志稿·著述考·衢州經籍》亦著録周臣《厚生訓纂》。據［天啓］《府志·藝文志》可知，周臣爲衢之郡守。明胡文煥編《壽養叢書十六種》收録有周臣《厚

① 楊武泉：《四庫全書總目辨誤》，上海古籍出版社2001年，第161頁。
② 宋慈抱：《兩浙著述考》，第1523頁。
③ 宋慈抱：《兩浙著述考》，第1523頁。

生訓纂》，國家圖書館藏有此叢書明刻本。據《厚生訓纂引》，周臣自言嘉靖己酉守衢，末署"知衢州府在山周臣撰"。可見，周臣爲衢州知府，非爲衢人。又據［天啓］《衢州府志·職官志》載，周臣於嘉靖二十八年守衢，"直隸霸州籍，吳縣進士"。因此，周臣爲霸州人，於嘉靖時爲衢州知府，在衢州撰有《厚生訓纂》。而康熙以來府縣志著録《厚生訓纂》，《兩浙著述考》著録爲衢縣周臣撰 [①]，皆不辨周臣籍貫，故附辨於此。

二酉委譚（存）

（明）太倉王世懋撰

［民國］《衢縣志·藝文志下》載："《二酉委譚》，明王世懋撰。見［嘉慶］《縣志·古蹟》城西舊樓。"而［嘉慶］《西安縣志·古蹟志》"城西舊樓"條下引王世懋《二酉委譚》言"衢州城西層樓下臨衢水"云云，但並不表明王世懋爲衢州人。太倉王世貞《弇州山人續稿·亡弟中順大夫太常寺少卿敬美行狀》載，王世懋字敬美，所著有《二酉委譚》等作。此書今存。［民國］《衢縣志·藝文志》著録王世懋《二酉委譚》，故附於此。

類書類

春秋類對賦一卷（存）

（北宋）開化徐晉卿撰

徐晉卿字國梁，開化人。仁宗朝召對爲義井記，嘉其才，敕洪州刺史。尤精於韜略。神宗朝爲黃門給事中，知延州。元豐五年，帥師伐寇，戰亡於新城。事聞，帝臨朝慟哭。贈柱國、少保、節度使。事跡見［嘉靖］《衢州府志·人物紀·忠義》。［弘治］《衢州府志·科貢志》、［雍正］《浙江通志·選舉志一》皆載徐晉卿爲皇祐元年進士。［弘治］《府志》載晉卿爲西安人，［雍正］《通志》載晉卿爲金華人。此從［嘉靖］《府志·人物紀》所載，以晉卿爲開化人。《春秋經傳類對賦》一卷，卷前有作者自序。晉卿自序言："余讀五經，酷好《春秋》。治《春秋》三傳，雅尚《左氏》。然義理牽合，卷帙繁多，顧茲謏聞，難以殫記，乃於暇日，撰成録賦一篇，凡一百五十韻，計一萬五千言。欲包羅經傳，牢籠善惡，則引其辭以倡之。欲錯綜名跡，源統起末，則簡其句以包之。欲按其典實，故表其年以證之。欲循其格式，故比其韻以屬之。首尾貫穿，十得其九，命曰《春秋經傳類對》。將使究其所窮，可以尋其枝葉，舉其宏綱，可以撮其樞要也。"此書賦文每一句大致述及《春秋》經傳中一事，

---

① 宋慈抱：《兩浙著述考》，第1344頁。

其下注所系之年。其文重在便於記誦，故所述之事不按年代先後排比。是書清康熙十九年《通志堂經解》本，卷前有納蘭性德《題辭》，其曰：“屬辭比事而不亂，則深於《春秋》者也。誦秘書之賦，其比事之切，非深於《春秋》者能然歟？”王士禎《居易錄》卷十三載：“《春秋左傳類對賦》一卷，似連珠體，宋將仕郎試祕書省校書郎徐晉卿撰。……予觀其比事屬辭，頗自斐然。然無關經傳要義，大抵宋人著述，如《事類賦》《蒙求》之類，皆類徘體取，便記誦云爾。”是書有清康熙十九年《通志堂經解》本，藏於國家圖書館等處，《四庫存目叢書》《衢州文獻集成》亦收錄此本。《春秋經傳類對賦》後隨《通志堂經解》不斷翻刻，有清康熙三十年、乾隆五十年、同治十二年等刻本，另有清高士奇補注本、周脊續本。

　　《四庫全書總目·〈春秋經傳類對賦〉提要》：《春秋經傳類對賦》一卷（兩江總督採進本），宋徐晉卿撰。晉卿，里貫未詳，自署稱將仕郎秘書省校書郎，亦不知其始末也。《左傳》文繁詞縟，學者往往緯以儷語，取便記誦，見於《宋史·藝文志》者有崔昇等十餘家，今並亡佚，惟此賦尚存，凡一百五十韻，一萬五千言。屬對雖工，而無當於義理。其徵引亦多舛漏。前有皇祐三年自序，云“首尾貫串，十得八九”。殊未然也。國朝高士奇嘗爲之注，《通志堂經解》亦收之。末有元至大戊申長沙區斗英一跋，稱江陰路總管太原趙嘉山得善本，授郡庠，俾錄梓云。（見《四庫全書總目·子部·類書類存目一》）

蓬山類苑（佚）

（北宋）江山祝常撰

　　祝常有《元誥正謨論》，前《儒家類》已著錄。《宋元學案·安定學案》載有祝常事跡，稱祝常有《蓬山類苑》。此書今佚。下錄《郎峰六川祝氏世譜》卷十一所載有曾鞏《蓬山類苑序》，當爲修譜者托名僞作。

左傳類對賦六卷（佚）

（北宋）西安毛友撰

　　毛友字達可，西安人。少遊太學，與郡人馮熙載、盧襄號三俊。擢進士第。崇寧間，守鎮江。方臘已殘睦、歙，監司猶不以實聞，友奏言之。後爲翰林學士。有《爛柯集》。事跡見［弘治］《衢州府志·人物志·事功》。［弘治］《衢州府志·科貢志》載有毛友龍爲崇寧二年進士，［嘉靖］《衢州府志·人物紀二·甲科》、［雍正］《浙江通志·選舉志一》皆載毛友爲大觀元年進士。毛友，初名毛友龍，曾敏行《獨醒雜志》載：“蔡元長嘗論薦毛友龍召對，上問曰：‘龍者君之象，卿何以得而友之？’友龍不能對，後遂除‘龍’字。”天啓、康熙癸亥、康熙辛巳《江山縣志》皆未載有毛友其邑人。自康熙癸巳《江山縣志·人物志·名臣》始載毛友事跡，視毛友爲江山人，然毛友爲大觀元年進士，而此書《選舉志》中不載。鄭永禧《爛柯山志·叢譚》載：“毛友達可，家住柯山，諸名士時相過從。”又載：“狀元毛自知出柯山毛族。［嘉靖］《府志·西安世科表》柯山毛氏，毛友、毛开父子。同族有毛憲，宋孝宗淳熙二年進士，官中書舍人；子自知，寧宗開禧元年狀元。”又載：“毛家塘在石室街，今毛氏聚居東村，亦稱桐村。”故毛友應爲西安人。《宋史·藝文志六》《藝文志八》皆載有毛友《左傳類對賦》六卷，一入子部類事類，一入集部文史類。《四庫全書總目·凡例》言：“《左傳類對賦》之屬，舊入《春秋類》，今以其但取儷詞，無關經義，改隸類書。”此從《四庫全書總目》，亦入類書類。毛友《左傳類對賦》今佚。

班左誨蒙三卷（存）

（南宋）開化程俱撰

程俱有《宋徽宗實錄》，前《史部·實錄類》已著錄。程俱《班左誨蒙》三卷，成書於宋徽宗政和三年，卷前有作者自序。程俱自序言，“中古以還，叙事之文唯左丘明《春秋傳》、太史公《記》、班固《漢書》最爲近古。班、左得善注，故訓詁益明，世之人發言下筆終日出其中，乃或不知其所謂，又若字畫不異而音釋頓殊。苟爲道聽意讀，其不遺笑於人者幾希”，遂撰此書，“以謂成學之士當易而哂之，髫齕之童將以一二誨之，則或有所取”。此書按班、左二書卷次先後編次，逐條錄其中重要文詞。是書所取之詞，特重古言、異字、名物、制數，其於班、左二書，獵取殆盡，對此，程俱舉例曰：“古言如‘無不祥大焉’‘魯故之以’，異字如臧、藏、稟、凜、忽、明、卷、善、奮、辟、氏、首，名物制數如六蓄、五牲、侵、伐、滅、入、鄉亭、成、旅、轞靷、毳、桐之類。”（見程俱自序）程氏於每詞條下，注明此詞所用原文，常兼引二書注釋之文，如卷中《漢書·文帝紀》有“銅虎符、竹虎符”條，引文爲：“初與郡守爲銅虎符、竹使符”，下引顏師古注文爲：“應曰：‘銅虎符第一至第五，國家當發兵遣使者，至郡合符，符合乃聽受之。竹使符皆以竹箭五枚，長五寸，鐫刻篆書，第一至第五。’”又引“師古曰：‘與郡守爲符者，謂各分其半，右留京師，左以與之。’”《漢書》注“應劭曰”和“師古曰”間還有注文：“張晏曰：‘符以代古之圭璋，從簡易也。’”而程俱省而不錄。卷上錄《左傳》文詞，卷中、卷下錄《漢書》文詞。程俱試圖以班、左二書之文，讓初學者作文時明瞭其用詞本意，不至於因“道聽意讀”而“遺笑於人”。有些書目著錄此書，尤袤《遂初堂書目》將其列於《史學類》下，陳振孫《直齋書錄解題》錄於《類書類》下，馬端臨《文獻通考》載於《經部·小學類》下，王應麟《玉海》著於《藝文·論史類》中，《宋史·藝文志》入《類事類》中。作者雖自題其書曰《誨蒙》，實有自謙之意，並非專門蒙學之書，與經部小學類著作不同。

程氏所取《左傳》《漢書》，今人視爲史書，然古人皆奉《左傳》爲經，且程氏僅録其文詞，並非論史，故入史學類、論史類皆不當。然觀此作，雖以班、左二書内容次序録其文詞，然其逐條編次與《白孔六帖》等類書相近，其撰述主旨又與《蒙求集注》等類書相仿，故應入類書類。是書卷後題“紹興三十一年五月日南劍州雕匠葉昌等鏤版”，可見此書據紹興時刻本抄録。是書有清抄本，藏於國家圖書館、北京大學圖書館，《衢州文獻集成》據國圖藏本影印。

孔氏六帖三十卷（存）、續尹氏文樞秘要（佚）
（南宋）西安孔傳撰

孔傳有《東家雜記》，前《史部·傳記類》已著録。［天啓］《衢州府志·藝文志》著録孔傳《續白氏六帖》《續尹氏文樞紀要》。黄震《黄氏日抄》卷三十二所載《闕里譜系》稱孔傳有《文樞要紀書》，凌迪知《萬姓統譜》卷六十八言其書爲《文樞要記》，［康熙］《衢州府志·藝文考》著録爲孔傳《續尹氏文樞類要》，皆不同。然《新唐書·藝文志二》著録尹植《文樞秘要目》七卷（抄《文思博要》《藝文類聚》爲《秘要》）。故孔傳之作當是《續尹氏文樞秘要》。《續尹氏文樞秘要》今佚，《孔氏六帖》今存。

《孔氏六帖》爲續白居易《六帖》之作，有《續白氏六帖》《後六帖》《續六帖》《續白氏六帖》《六帖新書》異稱。陳振孫《直齋書録解題·類書類》載：“《後六帖》三十卷，知撫州孔傳世文撰。以續白氏之後也。傳，襲封衍聖公。”《宋史·藝文志六》載：“《前後六帖》三十卷，前白居易撰，後宋孔傳撰。”胡仔《苕溪漁隱叢話後集·本朝雜記下載》：“《苕溪漁隱》曰：‘《六帖新書》，出於東魯，兵火之餘，南北隔絶，其本不傳於江左，使學者弗獲增益聞見，惜哉！近時有《緗素雜記》《學林新編》《藝苑雌黄》，此三書皆相類，辨正古今訛舛，校定史傳得失，誠有補於學者，吾於《叢話》固嘗採摭云。’”《文淵閣書目》卷三“類書”條下載“《孔氏六帖》一部十册”。《孔氏六帖》成於宋紹興間，時孔傳已南遷至衢。對比《白氏六帖》，孔氏基本按前《六帖》形式補充於後，所補内容各門多少不同。孔氏另新增三十二門，爲幼敏、樞密、左右丞、内翰、端明、左右司、補闕、拾遺、集賢學士、侍御、殿中侍御史、監察御史、太常博士、殿中監、司業、少府監、軍器監、都水監、賓客、諭德、左右衛、左右神策、元帥、都督、招討、總管、安撫大使、方鎮、治中司馬、防御使、團練使、少尹，另有四十一門爲孔氏所未補。《白孔六帖》一百卷，此書據明嘉靖刻本影印。今有宋乾道二年刻本《孔氏六帖》三十卷，卷十一藏於北京國家圖書館，其餘二十九卷藏於臺北“故宮博物院”。《衢州文獻集成》影印國圖藏本一卷，附於《白孔六帖》後。南宋末，白氏、孔氏之《六帖》合編一書，後世所傳多爲合編本，今存有宋、明、清不同刻本的《白孔六帖》，多爲一百卷，藏於國家圖書館等處，《衢州文獻集成》據浙江圖書館藏明嘉靖刻本影印。

　　《四庫全書總目·〈白孔六帖〉提要》：《白孔六帖》一百卷（内府藏本）。案《文獻通考》載《六帖》三十卷，唐白居易撰；《後六帖》三十卷，宋知撫州孔傳撰。合兩書計之，總爲六十卷。此本編兩書爲一書，不知何人之所合。又作一百卷，亦不知何人之所分。考胡仔《苕溪漁隱叢話》，稱《六帖新書》出於東魯兵燹之餘，南北隔絶，其本不傳於江左，使學者弗獲增益聞見。則南渡之初，尚無傳本。王應麟《玉海》始稱孔傳亦有《六帖》，今合爲一書，則併於南宋之末矣。黄朝英《靖康緗素雜記》載白氏《六帖》，有元祐五年博平王安世序，此本佚之。卷首所冠韓駒序，則專爲孔傳續書作者也。楊億《談苑》曰：“白居易作《六帖》，以陶家缾數十，各題門目，作七層架列齋中，命諸生採集其事類，投缾中，倒取抄録成書。故所記時代，多無次序。”《唐志》稱其書爲《白氏經史事類六帖》，蓋其别名。程大昌《演繁露》稱：“唐開元中舉行科試之法，帖經者以所習經掩其兩端，中間惟開一行，裁紙爲帖。凡帖三字，視時增損，可否不一。或得四、得五、得六者爲通。《六帖》之名所由，起取中帖多者名其書也。”然此書雜採成語故實，備詞藻之用，與進士帖經絶不相涉，莫詳其取義之所在。大昌所説，殆亦以意附會歟？其體例與《北堂書鈔》同，而割裂餖飣，又出其下。《資暇集》摘其誤引朱博烏集事，《南部新書》摘其誤引陶潛五柳事，《東皋雜録》摘其誤引鳥鳴嚶嚶事，《學林就正》摘其誤引毛寶放龜事。然所徵引，究皆唐以前書，墜簡遺文，往往而在，要未爲無裨考證也。《容齋隨筆》又稱：“俗傳淺妄書如《雲仙散録》之類，皆絶可笑，孔傳《續六帖》悉載其中事，自穢其書。”然《復齋漫録》（案：《復齋漫録》今已佚，此條見胡仔《苕溪漁隱叢話》所引）稱，“東魯孔傳字聖傳，先聖之裔，而中丞道輔之孫也。爲人博學多聞，取唐以來至於吾宋詩頌銘贊，奇編奧録，窮力討論，纖芥不遺，撮其樞要，區分彙聚有益於世者，續唐白居易《六帖》，謂之《六帖新書》。韓子蒼爲篇引，以爲孔侯之書，如富家之儲材，榱棟枅栱，雲委山積，匠者得之，應手不窮，其用豈小”云云，則宋人亦頗重其書矣。《玉海》引《中興書目》，稱居易採經傳百家之語，摘其英華，以類分門，悉注所出卷帙名氏於其下。晁公武《讀書志》則稱“居易原本，不載所出書，曾祖父秘閣公爲之注，行於世”，其説不同。然公武述其家事，當必不誤。且《玉海》又引《中興書目》，稱白居易以天地事分門類爲聲偶，而不載所出。其説亦自相矛盾。蓋當代所行，原有已注出處之本，又有未注出處之本，應麟各隨所見書之耳。此本注頗簡略，亦不題注者姓名，其即晁氏所注與否不可復考。今亦仍原本録之，不更增題名氏焉。居易始末，具《唐書》本傳。傳有《東家

雜記》，已著録。（見《四庫全書總目·子部·類書類一》）

駢字集考（佚）

（明）西安葉繼撰

葉繼字大光，號近山，西安人。歲貢。歷任袁州府學訓，徽州婺源訓，岳州府澧州慈利諭。祀岳州名宦。事跡見［天啓］《衢州府志·人物志·鄉賢》。［天啓］《衢州府志·藝文志》著録葉繼《駢字集考》。［康熙］《衢州府志·藝文考》著録爲葉秉敬《駢字集考》。［民國］《衢縣志·藝文志下》載："《駢字集考》，明葉繼撰。［康熙］《縣志》著録。［康熙］《府志》、［嘉慶］《縣志》並爲葉秉敬著。按：繼，秉敬之祖也。陳《志》列敬君先生遺書類目四十種，而此書別録在前，當不致誤。《府志》改作秉敬，姚《志》依之，未知何據。"葉繼《駢字集考》今佚。

群書摘錦（佚）

（明）開化徐洪撰

徐洪字裕卿，號虛谷，開化人。孝友端方，問學賅博。任宿州判官，廉能著聲。母老致仕歸養，家居二十餘年。所著有《群書摘錦》，行於世。事跡見［嘉靖］《衢州府志·人物紀·孝行》。［光緒］《開化縣志·藝文志》載，"徐文洪號虛谷，任宿州判官，著《群書摘錦》"。其餘《衢州府志》《開化縣志》言及此書時，均作徐洪《群書摘錦》，［光緒］《開化縣志》所載當衍一"文"字。徐洪《群書摘錦》今佚。《嵩高柴氏世集勳德録》卷十有徐洪《贈武陵爾尹柴侯入覲復任序》。

策學類聚（佚）

（明）常山詹濤撰

詹濤有《四書核實》，前《經部·四書類》已著録。［雍正］《常山縣志·藝文志》著録詹濤《策學類聚》。此書今佚。

教兒識數不分卷（存）

（明）西安葉秉敬撰

葉秉敬有《字孿》，前《經部·小學類》已著録。［天啓］《衢州府志·藝文志》著録葉秉敬《教兒識數》十卷，今傳本不分卷。是書成於萬曆三十八年，前有秉敬自序和凡例，末有《新刻教兒識數跋》。葉氏自序言，"天下未有離理之數，未有無數之理"，"理也數也，有一而無二者也"；又言"愚謂兒欲成人，不可不教之識數；兒欲識數，不可不教之悟理"，故撰是書，以使兒童"因數而見事，因事而見理"。宋王應麟有《小學紺珠》，以數目分門隸事，每門之中以數爲綱，以所統之目繫於下。葉氏《教兒識數》，實承王氏《小學紺珠》而來，不過編排與王書有異，内容較王書更爲繁多。《教兒識數》一書，"凡數自一至十百千萬，今取事之有數者，分而記之。却自二起者，所謂'虚一以象太極'也"；"事數或二或三，各從其類，其或有一事而二三四五相連者，割裂之嫌於紛糾，另立雜數以收之"（見《凡例》）；其每數之下，以天、地、人等分爲諸類，如"二數"下分爲天、地、人、君、官、文、道、術、禮、樂、兵、刑、財、寶、服、食、居、器、役、夷、鬼、蟲二十二類。新刻跋語稱此書，"於天地人物、禮樂兵刑之數，序次分列，綜錯百家，包羅萬象，要之至理實不外是"，有助於幼學由數明理。此書有明萬曆三十八年刻本，藏於南京圖書館、北京大學圖書館，《衢州文獻集成》據南圖藏本影印。

駢字憑霄二十四卷（存）、枳記二十八卷（佚）

（明）西安徐應秋撰

徐應秋有《雪艇塵餘》，前《經部·易類》已著録。《明史·藝文志三》著録徐應秋《駢字憑霄》二十卷、《枳記》二十八卷。黄虞稷《千頃堂書目·類書類》著録《枳記》二十八卷，不載撰者。《枳記》今佚。《駢字憑霄》今存，凡二十四卷，非《明史》所記二十卷。徐應秋《駢字憑霄》以朱謀㙔《駢雅》和陳懋仁《庶物異名疏》爲本，參之四部，益補綴其偶遺，擴充其未備。是書備搜載籍，悉採瓌奇，具述所由，取便披尋，務删繁冗。其摘要弋玄，止搜奇字；其於藻詞快事，無暇旁收。是編所成隨見箋記，故或以稗乘先於經典，或以宋元冠於漢唐。該書卷前有應臬、劉夢震、沈捷、鄭應昌諸序文以及徐應秋《駢字憑霄緣起》《凡例》，另有夏謹《徐雲林先生駢字憑霄序》和徐國襄、徐國廉爲夏序所作《注釋》。此書前十卷爲《詮義》；第十一卷至二十四卷爲《釋名》，諸篇子目爲"天文、時令""方域""山水""仙佛""神鬼""異人""服飾、宮室""器用""飲饌、藥餌""圖籍""毛群、羽族""鱗介、蠕動""卉植、竹木""夷裔"。其於所録駢字多稍加注釋，有些注明所出典籍，亦有不加注者。是書有明末刻本，藏於華東師範大學圖書館，中山大學圖書館所藏缺前三卷，《四庫存目叢書》《衢州文獻集成》亦收録。

《四庫全書總目·〈駢字憑霄〉提要》：《駢字憑霄》二十四卷（江蘇巡撫採進本），明徐應秋撰。應秋字君義，號雲林，浙江西安人。萬曆丙辰進士，官至福建布政使。是書皆採掇經史駢連之字，備詞藻之用。凡詮義十卷，釋名十四卷。每卷又各分子目。皆略爲注釋，而不盡著出典。大概勦諸朱謀㙔《駢雅》居多，殊餖飣不足依據。其名"憑霄"者，自注引王嘉《拾遺記》曰："蒼梧有鳥名憑霄，能吐五色氣，又吹珠如塵，積珠成壘，名書之義取此"云云。非惟險僻無義理，且考之嘉書，是舜帝南巡葬於蒼梧之故實，尤非佳事。可謂迂怪不經矣。（見《四

庫全書總目·子部·類書類存目二》）

事類累珠（佚）、駢語永雋（佚）

（明）開化徐泰徵撰

　　徐泰徵有《韻書輯要》，前《經部·小學類》已著録。［順治］《開化縣志·人物志·理學》本傳載，徐泰徵有《事類累珠》《駢語永雋》。此二書今皆佚。

古今類書纂要十二卷（存）

（明）龍游璩崑玉編

　　璩崑玉，事跡不詳。《古今類書纂要》卷一之端題"龍丘璩崑玉朝聘甫纂集，同邑葉文懋汝功甫校閲，金閶錢國焕郁之甫梓行"。葉文懋有《省身日録》，前《儒家類》已著録。沈際飛爲此書作序，稱是書"凡天地、古今、綱常、倫紀、鳥獸、草木、宮盧、服食、器物，已稍稍提挈其綱領，訓釋其文義，胡容以自覆"。是書凡十二卷，以天、地、人、物分門別類，卷一爲天文部，卷二爲地理部，卷三爲時令部，卷四爲人道等三部，卷五爲仕進等七部，卷六爲文史等八部，卷七爲醫家等十二部，卷八爲草木十部，卷九至卷十二爲人事部，卷十二於人事部後又有通義十和通用等六部。其人事部四卷，分一百七十七類，其中卷九有三十八類、卷十有四十一類、卷十一有六十四類、卷十二有三十四類。其於每詞條大多有注文，或詳或略。崑玉僻居龍游，以獨力纂輯是編，實難能可貴。是書有明崇禎刻本，題《古今類書纂要增删》，藏於國家圖書館等處；又有日本寬文九年山形屋刻本，藏於東京大學東洋文化研究所，《和刻類書集成》《衢州文獻集成》皆收録此本。

經世文抄（佚）

（清）西安徐從祺撰

　　徐從祺有《存心録》，前《史部·奏議類》已著録。［康熙］《衢州府志·藝文考》著録徐從祺《經世文抄》，入《類書類》。此書今佚。

新纂類書（佚）

（清）開化楊廷琚撰

　　楊廷琚有《羲經辨精》，前《經部·易類》已著録。［雍正］《開化縣志·人物志·事功》本傳載，楊廷琚有《新纂類書》。此書今佚。

附：錦繡萬花谷四十卷（存）

（南宋）佚名撰

　　《四庫全書總目·子部·類書類一》："《錦繡萬花谷》前集四十卷，後集四十卷續集四十卷，不著撰人名氏。前有自序，題淳熙十五年十月一日，蓋宋孝宗時人……
前集之末，獨附載衢州盧襄《西征記》一篇，於體例殊不相類。或撰此書者亦衢人，
故附載其鄉先輩之書歟？”由此可知，《錦繡萬花谷》前集或爲衢州人所著，故附於
此。《錦繡萬花谷》今存，且爲《四庫全書》收録。

對制談經十五卷（存）

（明）晉陵杜漈編

　　黃虞稷《千頃堂書目·經解類》著録“葉時《對制談經》十三卷，杜漈纂”。
《四庫全書總目·子部·類書類存目二》載：“《對制談經》十五卷，明杜漈編。漈，
西安人，其始末無考。是書成於萬曆甲午。因宋葉時《禮經會元》舊文百篇散亂
無緒，乃分類排纂，立十五門以統之。以其可資制科之用，故易今名。然葉書四卷，
本有次第。漈以不便摭扯，改爲類書，且於原文頗有汰節，非古人著書本志也。”
《四庫全書總目》稱杜漈爲明代西安人。［嘉慶］《西安縣志·經籍志》著録此書，
且注明採《四庫全書目録》言“漈，西安人”，［民國］《衢縣志·藝文志》亦著録，
仍採《四庫全書總目》之說。然杜漈並非西安人，而是晉陵人。此書卷首有晉陵
吳亮《對制談經序》，其言“吾友杜君”，此則表明杜漈有晉陵人之可能。而今甘
肅省圖書館藏有明萬曆晉陵杜氏泰初堂刻本《對制談經》（《四庫存目叢書》本據
其影印），即爲晉陵杜氏刻本，可證杜漈爲晉陵人。然四庫館臣爲何言“漈，西安
人”。則因此書每卷卷端有“明京兆杜漈纂注”。京兆爲杜氏郡望，杜漈自言“京
兆杜漈”，如同韓愈言“昌黎韓愈”也。京兆於明爲今陝西省西安之地，故四庫館
臣言爲西安人。而［嘉慶］《西安縣志》、［民國］《衢縣志》、［民國］《重修浙江
通志稿·著述考·衢州經籍》編修者不查，誤以爲彼西安爲衢州西安，誤之又甚。
因二《縣志》收録此書，故附辨於此。

小説家類

班超傳奇（佚）

（明）龍游胡超撰

　　胡超字彥超，龍游人。以貢入國學。舉進士，授都水主事，改虞衡。後又分理
通州。弘治初，乞骸歸，歲給米四石。事跡見［萬曆］《龍游縣志·人物志》，此書《選
舉志》載胡超爲成化壬辰進士。胡超有《耻菴先生遺稿》傳世，是書後潘景鄭跋語，
其言胡超有《班超傳奇》。此書今佚。

花柳深情傳四卷（存）、鑄錯記（存）

（清）西安詹熙撰

詹熙有《衢州奇禍記》，前《史部·雜史類》已著録。此書封面題《繪圖花柳深情傳》，原名《醒世新編》，再版時曾題名《除三害》《花柳深情傳》《海上花魅影》。全書共四卷三十二回，前有詹氏自序，末署“光緒丁酉重九日緑意軒主人衢州肖魯詹熙序於上海春江書畫社”，每卷前題“緑意軒主人著”。正文前繪圖四幅，圖有九人，皆小説中人物。是書始作於光緒二十年，時值甲午戰後，朝野之士奮筆著書，爭爲自强之論。當時英國儒士傅蘭雅謂中國所以不能自强者因時文、鴉片和女子纏足，“欲人著爲小説，俾閲者易解説，廣爲勸戒”（見自序），詹氏應此倡議而撰此作。此書講述西溪村大族魏氏家族的興衰，魏隱仁醉心科舉，吸食鴉片，終中毒身亡；隱仁有四子，長子鏡如喜食鴉片，次子華如癡迷時文，三子水如愛小脚女人，受此三害而家道衰敗；四子月如未染惡習，遊歷西洋後更是眼界大開，通過學習西方科技，帶領鄉鄰走上富裕之路；最終人們認識到八股、鴉片、纏足的危害，將其徹底戒除。小説通過魏氏家族的痛苦遭遇，以此反映時文、鴉片、纏足給當時社會帶來的禍害。詹熙在此書中借小説人物之口提出了“革時弊以策富强”的主張，反映了當時有志之士的願望。美國漢學家韓南提出詹氏此作與《熙朝快史》爲“最早的中國現代小説”[1]，依此可見該書在中國近代小説史上的地位。是書有清光緒二十七年上海書局石印本，藏於國家圖書館、上海圖書館、北京師範大學圖書館、日本東京大學東洋文化研究所，《衢州文獻集成》據國圖藏本影印。至民國五年，是書又有上海鑄記書局石印本，藏於上海圖書館、鄭州大學圖書館、日本東京大學東洋文化研究所。

《鑄錯記》署“傷心人撰”，以歷史小説再現清末庚子年間衢州劉加福變亂之事。至於撰者“傷心人”之真實身份，段懷清於《有情的歷史：“庚子衢州教案”的四種文學叙述文本》中注釋言：“筆者在另一篇論文《〈鑄錯記〉作者爲詹熙考》中將展開論述。”[2]然目前尚未見此文。但由此可知段懷清推斷《鑄錯記》爲西安人詹熙。詹熙《衢州奇禍記》全面記載庚子衢州教案。比較《奇禍記》和《鑄錯記》，可見二書的叙事和立場較爲一致。故段懷清推斷《鑄錯記》作者爲詹熙較爲可信。《鑄錯記》連載《新世界小説社報》第七期至第九期，時爲光緒三十二年，共七回，其目爲：第一回“兆亂象衢地起訛言”，第二回“信妖人六匪散布票”，第三回“楓林營陸遊擊請兵”，第四回“清湖鎮宋秀才迎賊”，第五回“搗虚乘隙兩縣俱淪”，第六回“逐臭附羶群凶大會”，第七回“吳知縣固執啓群疑”。新世界小説社後將《鑄錯記》印成

① 韓南著，徐俠譯：《中國近代小説的興起》，上海教育出版社2004年，第164-167頁。

② 段懷清：《有情的歷史：“庚子衢州教案”的四種文學叙述文本》，《中國文學研究》第十四輯。

單本，衢州文獻館所複製《鑄錯記》單本亦僅七回。第七回至群疑吳知縣通匪而終，尚未及西安知縣吳德瀟被殺事，此變亂並未終結。又一回與二回，三回與四回，五回與六回，題名皆成對，故當有第八回。阿英言："有署傷心人者，撰《鑄錯記》八回，載《新世界小說社報》，後有該社印成單本，演庚子浙江事，與林紓《蜀鵑啼》傳奇，同以西安令吳德瀟爲幹線。但此書衹寫至義和團迫至衢州縣城止，尚未及德瀟被殺事，全書沒有寫完。"① 是書稱《鑄錯記》，其一至七回共鑄二十二錯，每錯必於事後注以"錯一""錯二"等。其注文除記諸錯外，時注以作者對事件評論等，如第三回有注："衢州戕官殺教之禍，端王實爲罪魁，而乃歸罪衢人，冤哉！"第六回有注："是乃劉匪留滯江山之原因。"是書撰者稱"說書中的情節，都是由各處調查而得，語語都是實在，沒有一語杜撰"，可見該書雖稱歷史小說，其實爲真實歷史記錄。

附：蜀鵑啼傳奇（存）

（民國）閩縣林紓撰

林紓字琴南，號畏盧，福建閩縣人。光緒八年舉人。有《畏盧文集》《畏盧詩存》《畏盧漫録》《畏盧筆記》《畏盧瑣記》等，用古文翻譯《茶花女》等西方文學作品。事跡詳見張旭、車樹昇編著《林紓年譜長編》。宣統二年商務印書館出版林紓《畏盧文集》，收録有《記西安縣知縣吳公德瀟全家被難事》。民國六年《小說月報》第八卷第四、五號發表《蜀鵑啼傳奇》，署"畏盧老人填詞"；同年商務印書館出版該書單行本。該作品以傳奇劇形式反映庚子衢州教案實情，共分二十曲，爲雲約、訪柳、游雲、餞柳、憤奸、哭血、團閧、抗檄、羅挑、周甬、圍署、罵賊、殉親、戕教、滿議、杭警、鞫囚、羅閽、斬德、吊柳。民國六年商務印書館出版《蜀鵑啼傳奇》，藏於國家圖書館等處。是書爲民國時期作品，然與《鑄錯記》同爲反映庚子衢州教案之作，故附於此。

海上百花傳四卷（存）、柔鄉韻史三卷（存）、花史五卷續編八卷（存）、碧海珠不分卷（存）、中國新女豪不分卷（存）、女子權不分卷（存）

（清）西安詹塏撰

詹塏字穉癯，號子爽，西安人。年十二，即通全經，旁及《史》《漢》《莊》《騷》，均有心得。逮甲午戰事發生，乃遊滬上，爲《商務報》主筆。讜論時事，皆有至理。其所撰《洋場大觀賦》一篇，隱寓箴規，洋洋數千言，海內傳誦。旋見世道日非，隱其名爲幸樓主人。所著詩文集，一以幸樓名之。事跡見〔民國〕《衢縣志·人物志三》。詹塏著述頗豐，有《幸樓詩文集》二卷、《海上百花傳》四卷、《柔鄉韻史》三卷、《花史》五卷《續編》八卷、《碧海珠》《中國新女豪》《女子權》，另前《雜家類》

---

① 阿英：《關於庚子事變的文學》，載阿英編《庚子事變文學集》（上册），中華書局1959年，第23頁。

所録《興朝應試必讀書》亦收録詹塏之文。

《海上百花傳》四卷，題《繪圖海上花列傳》，正文前繪有圖七幅，皆傳中人物；圖後爲沈敬學序、詹塏自序、袁祖志等《題詞》五篇、目録。詹塏自序中言，"逮中東講和而後，内地民窮財匱，國家創鉅痛深，而滬上青樓之盛乃倍乎從前。貴游豪客之徵，逐於煙花場中者，通衢之間，肩摩轂擊，一歲所糜金錢，難以計數也。"作者以爲國難之際當應卧薪嘗膽，而國人中爲富者居然全無心肝，"乃就見聞所及，萃爲兹編，不徒以海上群芳足供採録，亦以見中國外强中乾之勢，至今日尤岌岌可危。"詹氏懷着愛國之心撰述此作，雖是爲青樓女子作傳，意在警示國人。此書傳有單人傳及兩人或多人合傳，分四卷，卷一前有小序並有傳共十三，卷二有傳共二十七，卷三有傳三十二，卷四有傳二十八，末有《李金蓮校書小傳補録》和《滬上竹枝詞十首》。有些傳名下題"己亥年補作"，有些題"戊戌年補作"，可見是書歷數年而刊行。是書有清光緒二十九年上海書局石印本，藏於南京圖書館，《衢州文獻集成》據其影印。

《柔鄉韻史》署"衢州幸樓主人詹塏著"，正文前有序文、題詞、目録，並繪書中人物圖十八幅。此書分上、中、下三卷，立傳百餘篇，上卷立傳三十三並卷前小序，中卷立傳四十二，下卷立傳二十八，下卷末附《滬上竹枝詞十首》。此書目録與正文稍有不同，卷上正文有"趙蘭英傳"，而目録中無；卷上正文"淩倩雲傳"，目録作"淩慶雲傳"；中卷正文"祝文玉傳"，目録作"施文玉傳"；中卷正文"蔡菱芬傳"，目録作"蔡淩芬傳"。較之《海上百花傳》，二書繪圖不同，序文、題詞相同，祇不過詹氏自序《百花傳》署"光緒二十九年"，而《韻史》署"光緒三十三年"；《韻史》卷上前三傳爲"藍橋別墅傳""李金桂傳""梅嫣春傳"，爲《百花傳》所無，其餘諸傳二書相同，可見《韻史》爲增補《百花傳》而成。詹氏後來又撰有《花史》，其中有以《柔鄉韻史》舊稿附益之，故《韻史》與《花史》之傳時有重複，有些傳内容相同，亦有傳文稍有區别者，如二書皆有《花愛卿傳》，《韻史》有"迄今回憶之"等四十六字，而《花史》無。是書有清光緒二十四年寓言報館鉛印本，藏於上海圖書館、復旦大學圖書館、北京大學圖書館；又有民國六年上海文藝消遣所石印本，藏於浙江圖書館，《衢州文獻集成》據其影印。

《花史》五卷《續編》八卷，首卷端題"幸樓著，漭隱編"，書末有"思綺齋印"。《花史》卷前有作者自序，末署"丙午春分前三日衢州詹塏紫葉序於海上"，《花史序》後又有《附〈柔鄉韻史〉原序》，較之《柔鄉韻史》中序文，此《附〈柔鄉韻史〉原序》有《湯序》，而《柔鄉韻史》序文無。《花史續編》卷前有許序、陳序、陶序和《花史題詞》，卷後附彭鶴儔、李詠、李採、周愛卿四家詩選和《藍橋別墅勸集路股意見書》，其中彭氏傳詳載於《碧海珠》，後三家傳詳見於《花史》。據詹塏自序，其友章荷亭欲創設《新世界報》，專記"中外傑士畸人英雄兒女之異聞佚事"，又欲設學堂以教育青樓女子，因搜羅海上名花之史。章氏見詹塏所撰《柔鄉韻史》殘卷而意動，遂出其搜集青樓女子資料，囑詹氏爲之立傳，遂成此作。《花史》將海上名花分爲品、情、色、藝四類，其不能入此四類者雜編一門，合爲五卷。《續編》八卷，前七卷後有《花評》，分豪品、能品、雅品、妙品、艷品、清品、流品之屬。是時值女學勃興之際，其撰述此作，有意"使失足青樓者，亦知勉自立品"，故以品類冠其首，《續編》又分品評述。在此書中或有割股奉親者，或有道不拾遺者，或有焚券示義者，或有屏絕浮華者，雖爲青樓女子，皆有品行可誦。《花史》有清光緒三十二年作新社本石印本，《續編》有清光緒三十三年商務印書館石印本，藏於浙江圖書館，《衢州文獻集成》據其影印。

《碧海珠》封面題"思綺齋碧海珠艷情小説之一"，署"薄倖郎述，忘情子編"。一般小説史述及"思綺齋"，罕有能言明其爲何許人。今考是書撰者"思綺齋"，乃衢州詹塏，依據如下。其一，詹塏撰有《花史》及其《續編》，其書封底皆有"思綺齋印"。其二，《花史》首卷端題"幸樓著，潚隱編"，《花史續編·陶序》言"適藕隱生以《花史續編》授讀"云云。《陶序》中"藕隱"即《花史》所署名"潚隱"，可見"潚隱"（或"藕隱"）亦爲詹塏所隱名號；而《中國新女豪弁言》題"思綺齋潚隱著"，可見"思綺齋""潚隱"同爲詹氏所隱名號。其三，《花史續編》卷末附有《彭鶴儔詩選》，其在彭鶴儔小傳中言"其生平略詳於《碧海珠》説部中"，而《碧海珠》中的主人公之一即彭鶴儔。故可知《碧海珠》亦爲詹塏之作，"思綺齋"乃詹氏齋號。此書卷前有《碧海珠序》和《碧海珠題詞》。小説借綺情生之口，先述色藝冠絕上海的金小寶事跡，再叙其與彭鶴儔感情故事。鶴儔對綺情生動有真情，然綺情生不喜其動輒言買山偕隱，故終不爲其情所動。小寶放蕩不羈、天馬行空，綺情生對其有傾慕之情，而仍貌合神離。此作雖爲言情小説，也與《花史》《柔鄉韻史》等著作同樣表達了對女子命運的關切。是書有清光緒三十三年京師書業公司石印本，藏於浙江圖書館，《衢州文獻集成》據其影印。

《中國新女豪》正文前有《弁言》，題"思綺齋潚隱著"。"思綺齋""潚隱"爲詹塏稱號，前已言明。《弁言》作於光緒二十二年立秋日，故《中國新女豪》成書稍晚於《花史》。詹塏撰述是作，正值女權運動勃興之際，他深惡國俗輕賤婦女，爲振興女權而大聲疾呼，其言"欲復女權，必先改良女俗，然女俗之改良，必非一朝一夕所能爲力"，"原本斯意，撰爲茲編"（見《弁言》）。此小説分十六回，塑造了黃英娘領導女權運動的女豪傑形象。英娘留學日本，在東京被女留學生推爲恢復女權會顧問，因駐日公使鎮壓，該會正副會長死之。其後英娘改換方針，成立婦女自治會，並被推爲會長。經過英娘領導女權運動的鬥爭，最終皇帝頒佈詔令，"朕維東西各國自强之道，以男女平等爲起點，不尚壓制婦女"，遂"將從前所有男女不平等之法律，一切刪除，更定新律。除政治、軍役兩端，不許婦女干預外，餘皆與男子立於同等地位”（見第十六回末）。作者試圖通過小説的語言向人們昭示，在正確的領導策略鬥爭下，婦女可以獲得應有的權力。是書有清光緒三十三年上海集成圖書公司石印本，藏於浙江圖書館、廈門大學圖書館，《衢州文獻集成》據浙圖藏本影印。

《女子權》題“思綺齋著”。“思綺齋”爲詹塏之號，已見前考。此小説分十二回，末附《中國婦女會章程》（録丁未四月十二《中外日報》北京所立）。小説主人公袁貞娘學習極好，被送北大讀書，其父因見貞娘有男同學名片，而拒絶其上北大，貞娘激憤投江。被救後，貞娘積極投身於女權運動，在貞娘等人不懈努力的活動下，皇帝下旨採文明制度，删除舊時男女不平等法律。《女子權》與《中國新女豪》成書於同年，二書撰述主旨大致相同，意在爲當時興起的婦女運動探尋一條正確的道路；主人公分別稱貞娘、英娘，皆有堅貞不屈的女英雄之意；結局亦大體相近，經過艱難的鬥爭後最終使婦女獲取了一定的權力；末回篇目也十分相近，《新女豪》末回爲《遂初衷一旦奉綸音，懷先烈千秋仰銅像》，《女子權》末回爲《享大名千秋仰銅像》。故可稱《女子權》是《中國新女豪》的姊妹篇。是書有清光緒三十三年作新社刊行石印本，藏於浙江圖書館，《衢州文獻集成》據其影印。

道家類

陰符經注一卷（佚）、陰符經要義一卷（佚）
（北宋）西安蔡望撰

蔡望有《五家通天局》，前《術數類》已著録。王應麟《玉海・天文・陰陽五行書》載：“咸平三年，蔡望進新注《陰符經》。八月十八日，宋白看詳付史館。”可見蔡望《陰符經注》成書於宋真宗咸平三年。《宋史・藝文志四》著録蔡望《陰符經注》一卷，又《陰符經要義》一卷。此二書今皆佚。

蔡望《陰符經注序》：《陰符經》三百言，李筌得於石室中，云寇謙之所藏，出於黄帝。河南邵氏以爲戰國時書，程子以爲非商末則周末。世數久遠，不得而詳知，以文字氣象言之，必非古書，然非深於道者，不能作也。大要以至無爲宗，以天地文理爲數，謂天下之故，皆自無而生有，人能自有以返無，則宇宙在手矣。筌之言曰：“百言演道，百言演法，百言演術。道者神仙抱一，法者富國安民，術者强兵戰勝，而不知其不相離也，一句一義，三者未嘗不備。道者得其道，法者得其法，術者得其術，三之則悖矣。”或曰此書即筌之所爲也，得於石室者僞也。其詞支而晦，故人各得以其所見爲説耳。（見王應麟《玉海・天文・陰陽五行書》）

老子解（佚）

（北宋）西安毛友撰

毛友字達可，有《左傳類對賦》，前《類書類》已著録。尤袤《遂初堂書目·道家類》著録毛達可《老子解》。此書今佚。

道書援神契一卷（佚）

（元）開化吾衍撰

吾衍有《重正卦氣》，前《經部·易類》已著録。據趙琦美《趙氏鐵網珊瑚》所載胡長孺《吾子行文塚銘》、宋濂《宋濂全集》所載《吾衍傳》，吾衍有《道書援神契》。而王褘《王忠文集》所載《吾邱子行傳》則言吾衍之作爲《道書援文契》，疑有誤。[雍正]《浙江通志·經籍志五》著録吾衍《道書援神契》一卷。此書今佚。

廣列仙傳七卷（存）

（明）龍游張文介撰

張文介有《金閨秘方》，前《醫家類》已著録。《廣列仙傳》七卷，成書於萬曆十一年，卷端署“明少谷張文介輯”。又據黄虞稷《千頃堂書目·別集類》載，張文介字惟守，龍游人，有《少谷集》。此書以劉向《列仙傳》、葛洪《神仙傳》爲基礎，廣泛採録歷代正史、道教名山志以及道家、小説家、類書等作中的神仙事跡。其取《列仙》《神仙》等書，對其傳文較少者則全録，而對傳文較詳者則加删節。此書上起上古傳説中人物，下迄明代列仙，共述三百零四位神仙。與《列仙傳》《神仙傳》分別將赤松子、廣成子爲首不同，《廣列仙傳》以老子爲首，其下依次爲赤松子、容成公、廣成子、黄帝等。其末篇爲王曇陽，全取王世貞《弇州續稿》卷七十八《曇陽大師傳》。內葉天頭處時有注文，當爲他人所加。此書廣輯明末以前歷代仙人傳記，進一步豐富了漢晉以來仙人傳記，其彙集之功亦可稱道。浙江圖書館藏有是書明萬曆十年刻本，國家圖書館藏有清青霞露天刻本。明刻本末傳缺十八葉，《中華續道藏初輯》《衢州文獻集成》據明刻本影印，並據萬曆本楊爾曾《仙媛紀事》補齊末傳所缺內容。

莊子膏肓四卷（存）、莊子全解（佚）、陰騭録詠一卷（佚）

（明）西安葉秉敬撰

葉秉敬有《葩經詩歌》，前《經部·詩類》已著録。[天啓]《衢州府志·藝文志》著録葉秉敬《南華指南》四卷，《陰騭録詠》一卷。黄虞稷《千頃堂書目·道家類》著録葉秉敬《莊子膏肓》四卷。[雍正]《浙江通志·經籍志五》載：“《莊子膏肓》四卷，葉秉敬撰。按：[崇禎]《衢州府志》作《南華指南》。”據葉秉敬《莊子膏肓序》，秉敬別撰有《莊子全解》，此書今佚。《陰騭録詠》今亦佚。秉敬自序末署“太末飛鳳山人葉秉敬書萬曆彊圉作噩歲陬月元日”，“彊圉作噩”即丁酉年，故此書成於萬曆二十五年。葉氏自序云，莊子之言"能脱死生，能忘是非，可以破世人之膏肓也"；"而世之學莊子者，乃不得其脱死生忘是非之旨。而競相傳寫其一二，脱空杜撰之語，以相誇詡，至其中有脱簡篆編，不成文理者亦復寶之，以爲神異，人以之膏肓甚矣。夫莊子方將以其言破天下之膏肓也，而執意後之模擬其文者，反以成文字之膏肓也耶"，故其注《莊子》，以破世人之膏肓。此書將《莊子》分爲四卷，卷一自《逍遙遊》至《應帝王》，卷二自《駢拇》至《秋水》，卷三自《至樂》至《徐無鬼》，卷四自《則陽》至《天下》。葉氏注《莊子》，詞句注文在《莊》文之右，又將《莊》文分爲若干段，對某段大意則注於天頭處，其注文不多。此書有明萬曆刻本，藏於國家圖書館、浙江圖書館、東京大學東洋文化研究所，《子藏·道家部·莊子卷》《衢州文獻集成》亦收錄。

入道始終四卷（佚）、靜功秘旨二卷（佚）

（清）龍游祝登元撰

　　祝登元有《四書講成》，前《經部·四書類》已著錄。[民國]《龍游縣志·人物傳三》本傳載，祝登元有《入道始終》四卷、《靜功秘旨》二卷。此二書今皆佚。

感應疏（佚）

（清）西安徐衍嘉撰

　　徐衍嘉，西安人。敦厚樸誠，性孝友尚義。曾梓《感應疏》行世。事跡見[康熙]《西安縣志·人物志下》。衍嘉《感應疏》今佚。

感應經圖錄八卷（佚）

（清）西安鄭士登撰

　　[嘉慶]《西安縣志·經籍志》著錄鄭士登輯《感應經圖錄》八卷。[民國]《衢縣志·藝文志》載："《感應經圖錄》，清鄭士登撰。[嘉慶]《縣志》著錄，八卷。按：公爲永禧七世祖，始由閩遷衢者也。聞此書原有刊本爲《感應篇圖錄》，或[嘉慶]《志》之誤記。"士登《感應經圖錄》今佚。

陰騭贊注（佚）

（清）開化張嗣溥撰

　　張嗣溥有《救弱救荒》，前《史部·政書類》已經著錄。[雍正]《開化縣志·人物志·理學》本傳載，張嗣溥有《陰騭贊注》。此書今佚。

莊郭參微（佚）

（清）開化張世持撰

　　張世持有《葩經論什》，前《經部·詩類》已著錄。[雍正]《開化縣志·人物志·文學》本傳載，張世持有《莊郭參微》。此書今佚。

莊子補注（佚）

（清）西安吳士紀撰

　　吳士紀字慎予，號硯堂，西安人。康熙間，歲貢生。雍正甲辰，補癸卯正科舉人。有文名，著《莊子補注》《蓮園偶集》《畏築新詞》行世。事跡見〔民國〕《衢縣志·人物志三》。士紀《莊子補注》今佚。

陰騭文彝訓四卷（佚）

（清）西安王登賢撰

　　王登賢字其秀，號慕庭，西安人。乾隆辛丑明經。博學能文，尤工吟詠。著有《慕庭文集》《陰騭文彝訓》。事跡見〔嘉慶〕《西安縣志·孝友傳》，詳見《三衢琅琊王氏宗譜》卷十一所載龔渭《儒學訓導慕庭府君暨元配范老孺人合葬墓表》。〔嘉慶〕《西安縣志·經籍志》著録王登賢《陰騭文彝訓》四卷。此書今佚。

諸名家南華經評注四卷（佚）

（清）江山劉光表撰

　　劉光表字聖章，號虛室，江山人。乾隆丁酉，應闈試，報罷。庚子、癸卯，兩戰兩蹶，遂去舉業，潛心青烏之書。性酷先秦以上書及唐宋八家文，有輯《諸名家南華經評注》四卷、《諸名家唐宋八家文評注》十卷、《諸名家唐詩評注》八卷、《唐宋文粹》四卷。生平所作，僅《虛室制藝》三百餘篇。事跡見劉佳《釣魚篷山館集》卷六所載《先考虛室府君行述》。光表諸書今皆佚。

丹桂籍彙編（存）

（清）常山添甘山人撰

　　添甘山人，不知其姓名，事跡不詳。是書卷端題《文昌帝君丹桂籍彙編》，署"定陽添甘山人録纂"。衢州常山古稱定陽，故添甘山人爲常山人。該書首爲編者自序，末署"大清光緒八年壬午之冬十月既望常邑曲阜氏自叙於添甘山房"。序後爲凡例和《文昌帝君丹桂籍》全文。《文昌帝君丹桂籍》前按語稱："《陰騭文》，垂自宋代，原文止有五百四十四字，逮國朝康熙年間，帝君親自降鸞，增補更定，易《陰騭文》之名爲《丹桂籍》，文載《文昌化書》。"《陰騭文》旨在勸人行善積陰德，久而將有神靈賜福。《丹桂籍》乃增補《陰騭文》而成。《丹桂籍彙編》是對《丹桂籍》各句之注釋，每句頂格書《丹桂籍》原文，後低一格爲注釋之文。其注文有説性理處，有説因果處，有説報應處；皆採輯修身齊家，切於日用行習之語；言吉言凶亦從事理抉出，不專借神道設教；言動言靜，抉透聖學之旨，文取先儒語録、各家格言。是編雖爲注道教之文，然却本於儒家之説，言因果報應則又受佛家影響，可見清末三教之融合。是書有清光緒刻本，爲衢州文獻館劉國慶收藏。

寶訓內函四卷（存）、寶訓外函八卷（存）

（清）台山余乾耀編，與善軒弟子輯校

余乾耀編有《同善録彙編》，前《史部・雜史類》已著録。清末之際，江山南部人士多有信道教者，《寶訓內函》《寶訓外函》收録清末在江山道士詩文，旨在勸善，以度世人，各卷端署“嶺南余乾耀編定，與善軒弟子輯校”。《內函》凡四卷，卷端題《寶訓內函》，版心爲《鸞筆寶訓內函》；卷前前三序末撰者分別署“玉清內相呂純陽”“東華上清監清逸真人青蓮氏”“桂宮上相王陽明”，顯然係托名；《內函》第四序爲余乾耀《校刻鸞筆寶訓序》。《內函》卷一爲《汪雅堂夫子鸞筆》，凡文鈔三十篇、詩詞二十三首。卷一首篇爲汪雅堂《自述篇》，汪氏自稱明增生，生於明隆慶三年，終於明崇禎十七年，然其實爲清末人；汪氏名南佐，字有德，號善齋，一號雅堂。《內函》卷二、卷三爲《馮悟齋夫子鸞筆》，卷二凡文鈔四十篇、詩歌三十二首，卷三有詩文四十二篇。卷二首篇亦爲《自述篇》，馮氏名性源，號悟齋，別號樵雲居士，仍爲清末人。《內函》卷四有《嚴猛省夫子鸞筆》，凡文鈔六篇、詩歌十二篇，另有其他詩文八篇；據首篇《自述篇》可知，嚴莊字敬臨，號省齋，別號猛省。《外函》凡八卷，所收詩文不載撰者，卷前首爲《上諭端方呈進勸善歌》，次爲柳道人序，卷一文四篇，卷二詩文四十三篇，卷三詩文五十五篇，卷四詩文五十二篇，卷五詩文三十三篇，卷六詩文二十五篇，卷七詩文二十八篇，卷八詩文四十三篇。《內函》《外函》雖爲道士之作，以道教爲宗，仍爲文取儒釋，如《外函》卷四就有《三教同源》篇，又有頌《觀音大士座下玉女》《海南金剛菩薩》《普陀護法金剛》等；《內函》受儒家思想影響則尤爲明顯，如卷一有《自述篇》後依次有《百行孝爲先》《萬惡淫爲首》《示內功》（首句：“示內功者，內自省之功也。”）、《性功事功論》《盡人合天》等，卷二《自述篇》後爲《發明大道宗旨》，其後有余乾耀注曰：“探《易象》《洪範》理數之源，抉《大學》《中庸》誠教之旨，返諸心性，洞貫天人上下同流，無物不備，斯爲大道宗旨。”而《內函》序言又曰：“汪、馮二仙及諸天列仙神明，時以善言覺世共集，得詩文數卷，謀刊布以流傳，用牖民而覺世。厥心善矣，其事美矣。其文詞則皆本諸經傳之旨，多方旁引，罕譬而喻，蓋有關乎世道人心者也，而亦奉天地之心以好善爲懷者也。”《內函》《外函》有光緒己亥江山與善軒刊本，爲江山王保利收藏。

附：陰符經注（佚）

（北宋）建陽陳師錫撰

［民國］《衢縣志・藝文志下》載：“《陰符經注》，宋陳師錫撰。［康熙］《縣志》

書目原列兩種：一蔡望'著'字作'註'；一陳師錫'著'字作'注'。［康熙］《縣志·人物傳》：'師錫字伯珍，建中靖國初，因言事謫衢州監酒，因注《陰符經》。'《古蹟志》又有陳師錫宅。"此言師錫謫衢州，可見其並非衢州人。《宋史·陳師錫傳》載，陳師錫字伯珍，建州建陽人，徽宗時拜殿中侍御史。［民國］《衢縣志》著錄此書，姑存此。陳師錫《陰符經注》今佚。

仙佛同源十卷 (佚)、金丹正理 (佚)、盟天録 (佚)、三教一源 (佚)、金丹問難 (佚)

（元）鄱陽趙緣督撰

趙緣督有《革象新書》，附録於前《術數類》。［民國］《龍游縣志·藝文考》載趙緣督《仙佛同源論》十卷、《金丹正理》《盟天録》《三教一源》《金丹問難》，諸書今皆佚。

釋家類

二會語録四卷 (佚)

（元）西安世愚禪師撰

世愚號傑峰，俗姓余氏，衢州西安人。自幼好禮佛塔，迨長，遂入蘭溪顯教禪寺。後止南屏山中，三年不踰户限。聞止巖成公倡道大慈山定慧禪寺，往謁焉。服勤三年，又還南屏。元至順二年，歸西安，止烏巨山福慧古刹。帝師大寶法王聞之，賜號佛智弘辨禪師。有《二會語》四卷，已刊行。事跡見《宋濂全集·塔碑銘三·佛智弘辨禪師傑峰愚公石塔碑銘》。［天啓］《衢州府志·藝文志》著録禪師余世愚《傑峰語録》。［民國］《衢縣志·藝文志下》載："《二會語録》，元世愚禪師撰。《藏經·佛智》：'弘辯禪師諱世愚，號傑峰，俗姓余氏，衢州西安人，著有《二會語》四卷。'《浙江通志》據［萬曆］《錢塘縣志》作'《二會語録》，世愚著，西安人'。《衢州府志》作'余世愚《傑峰語録》'。［康熙］《縣志》亦作'《傑峰語録》，禪師余世愚著'。［嘉慶］《縣志》引《通志》，增余姓。按：《兩浙名賢外録》：'世愚，西安人，姓余氏。'《虎跑寺志》云：'號傑峰，衢之西安人。母毛氏有姙，夢觀世音送青衣童子，覺而生。自幼好禮佛，長遂入蘭溪顯教禪寺，受具足戒，後止南屏。故此書亦載《錢塘志》。晚歸，主烏石山寺。終，宋濂作塔銘。'"世愚禪師之《二會語録》，又稱《傑峰語録》。而徐象梅《兩浙名賢外録》於世愚傳載其有"《二陰語録》"，有誤。世愚《二會語録》，今佚。

禪宗語録 (佚)

（明）常山詹在泮撰

詹在泮有《國朝宏略》，前《史部·政書類》已著録。［萬曆］《常山縣志·選舉表・進士》於詹在泮傳載，在泮有《禪宗語録》。［康熙］《衢州府志・藝文考》著録爲詹在泮《禪宗語》，當脱“録”字。在泮此書今佚。

楞嚴玄義四卷（存）、**楞嚴圓通疏前茅二卷**（存）、**楞嚴圓通疏十卷**（存）、**妙法蓮華經玄義輯略一卷**（存）、**維摩詰所説經無我疏十二卷**（存）、**阿彌陀經略解圓中鈔二卷**（存）、**永嘉禪宗集注二卷**（存）、**天台傳佛心印記注二卷**（存）、**性善惡論六卷**（存）、**淨土生無生論一卷**（存）、**幽溪無盡大師淨土法語一卷**（存）、**禮吳中石佛起止儀式一卷**（存）、**佛説觀無量壽佛經圖誦一卷**（存）、**楞嚴經注**（佚）、**楞嚴壇法表一卷**（佚）、**首楞嚴壇海印三昧二卷**（佚）、**楞嚴海印三昧儀四卷**（佚）、**楞嚴玄義釋玭一卷**（佚）、**楞伽經注**（佚）、**華嚴經注**（佚）、**法華經注**（佚）、**法華珠影二卷**（佚）、**心經梗概一卷**（佚）、**般若融心論一卷**（佚）、**無生有生論一卷**（佚）、**緣起論**（佚）、**淨土圖經圖説三卷**（佚）、**淨土法語三妙門一卷**（佚）、**楞嚴持名懺**（佚）、**菩薩戒懺一卷**（佚）、**七日持名三昧儀一卷**（佚）、**菩薩戒三昧儀一卷**（佚）、**四月八日浴佛儀一卷**（佚）、**祖庭元旦禮文一卷**（佚）、**廣養濟院説一卷**（佚）、**道俗問法答問二卷**（佚）、**法身二十六問**（佚）、**法門會要志五卷**（佚）

（明）龍游釋傳燈撰

釋傳燈有《天台山方外志》，前《史部・地理類》已著録。釋傳燈字無盡，別號有門，俗姓葉。釋傳燈《幽溪別志・著述考》載，傳燈佛典類著述有《法華玄義輯略》二卷、《楞嚴玄義》四卷、《楞嚴圓通疏前茅》二卷、《圓通疏》十卷、《楞嚴海印三昧儀》四卷、《心經梗概》一卷、《永嘉集注》四卷、《般若融心論》一卷、《法華珠影》二卷（未完）、《彌陀經略解圓中鈔》四卷、《性善惡論》六卷、《淨土生無生論》一卷、《維摩經無我疏》十二卷、《傳佛心印記注》二卷、《淨土圖經圖説》三卷、《淨土法語三妙門》一卷、《七日持名三昧儀》一卷、《菩薩戒三昧儀》一卷、《四月八日浴佛儀》一卷、《祖庭元旦禮文》一卷、《無生有生論》一卷、《廣養濟院説》一卷、《法門會要志》五卷。釋傳燈《幽溪別志・塔墓考》“增補”中載有蔣鳴玉《有門大師塔銘》，其言傳燈著述云：“講述疏經則《圓通》《無我》《圓中》《梗概》《永嘉》《心印》等，論則《融心》《性善惡》《生無生》《有生無生》《緣起》等，懺則楞嚴持名、菩薩戒等，志則《天台方外》《育王》《延慶》《幽溪別志》等，禮佛、浴佛、元旦、祖忌皆有禮文，《文集》三十卷，《道俗問法答問》二卷，《法身二十六問》，餘著作數十部，幾十萬言。”幽溪傳燈法孫受教《淨土生無生論親聞記》言，傳燈有《楞嚴玄義》《圓通疏前茅》《圓通疏》《海印三昧》謂之《楞嚴四書》，又著《淨名無我疏》《彌陀圓中鈔》《永嘉集注》《般若融心論》《性善惡論》。《明史・藝文志》著録傳燈《楞嚴玄義》四卷。黃虞稷《千頃堂書目・釋家類》著録傳燈《楞嚴玄義》四卷、《楞嚴圓疏前茅》二卷、《般若融心論》

一卷、《淨土生無生論》一卷、《楞嚴壇表法》一卷、《首楞嚴壇海印三昧》二卷、《菩薩戒懺》一卷。[康熙]《衢州府志·藝文考》著録葉無盡《楞嚴經注》《楞伽經注》《華嚴經注》《法華經注》。[康熙]《龍游縣志·人物志·仙釋》載有余際熙《幽溪燈尊者傳》，其言傳燈"所著有《天台志》《楞嚴會解》《諸經疏義》"。《楞嚴會解》爲元惟則之作，際熙所言《楞嚴會解》或是傳燈解《楞嚴經》諸作。[民國]《衢縣志·藝文志下》稱，《諸經疏義》實即傳燈所疏解之經，不必另有一書。傳燈上述佛典類著述，所存者有《楞嚴玄義》《楞嚴圓通疏前茅》《楞嚴圓通疏十卷》《妙法蓮華經玄義輯略》《維摩詰所説經無我疏》《阿彌陀經略解圓中鈔》《永嘉禪宗集注》《天台傳佛心印記注》《性善惡論》《淨土生無生論》《無盡佛法淨土法語》《吳中石佛相好懺儀》《觀無量壽佛圖誦》，其餘諸作今皆佚。

《楞嚴玄義》四卷。傳燈之佛學，與淨土、禪宗及天台教皆有關係。淨土則因《龍舒淨土文》，禪宗則因《禪宗永嘉集》，天台教則融通《法華經》《摩訶止觀》及《楞嚴經》。傳燈曾云："盡大地是一部《楞嚴經》，蓋根、塵、識三以至七大皆圓通妙門，處處入首楞嚴定。然而期心淨土，妙觀寂光。一生志願，惟在教觀。"（見蔣鳴玉《有門大師塔銘》）《楞嚴經》全名爲《大佛頂如來密因修證了義諸菩薩萬行首楞嚴經》，一名《中印度那蘭陀大道場經》，通常簡作《首楞嚴經》《楞嚴經》，十卷，乃般刺蜜帝於唐神龍元年廣州制止道場譯出。傳燈曾作四書以闡釋之，著《楞嚴四書》，"以《玄義》釋題，《圓通》釋文，《海印》修觀，《前茅》闢妄"（見蔣鳴玉《有門大師塔銘》）。此《玄義》即《大佛頂首楞嚴經玄義》。是書卷前有四明聞龍序、南屏寺宗鏡序沙門傳如序，卷一首爲傳燈自序。《玄義》一書在於説明如何破顛倒，通過十信、十住、十行等修行階次，從而顯發常住真心。傳燈認爲，《首楞嚴經》與天台宗所宗《法華經》相通，其言："非唯悟《楞嚴》爲《法華》之要綱，抑以見智者愜如來之本心。談藏性則冥符性具之宗，説止觀則暗合大定之旨，乃至懸判地位，預防陰魔，一切名言，靡不彈契。"故"徵文立義，略擬懸談，學慚疏野，而詞愧不文，言肆支離，而義求或當。勒爲四卷，質諸同志"（傳燈自序）。據《楞嚴圓通疏前茅》卷上《叙承稟》，《楞嚴玄義》撰於明萬曆十五年。是書有明刻本，即《徑山藏》本，藏於國家圖書館、臺灣"國家圖書館"，《衢州文獻集成》據國圖藏本影印；又有清光緒十四年刻本，藏於國家圖書館、北京大學圖書館、錦州圖書館；又有日本《卍續藏經》本。

《楞嚴圓通疏前茅》二卷，爲傳燈《楞嚴四書》之一。傳燈稱其所以作其書云："是以自古諸師，莫不稟台教以釋《楞嚴》……惟近代義學，澆漓特甚，既好新而尚奇，復排同而黨異。有謂阿難雖請三法，如來但答一心，由是排斥三止，悉所不用。良由不知機應相符，磓椎互發，問處則圓伸三止之名，答處惟密宣三止之義。苟能預習天台三止，又能傍通圓覺三觀，用彼讀此，則首楞三法，如指諸掌。此等諸師，如稻麻竹葦，豈能細數其過。惟近時一二師，既形於筆，復灾於木，苟不破斥，妨道孔多。然亦不能一一修究其非，但破陣首，餘當望風也。"（見本書《雪疑謗》）故書名《前茅》，所謂前茅者，摧敵先鋒之意，乃爲正本清源而作，蔣鳴玉《有門大師塔銘》即云"《前茅》闢妄"。又據本書《叙承禀》，其所斥具體對象乃宋代覺範德洪原著、宋釋雷庵正受論補《楞嚴合論》，明釋交光真鑑所著《楞嚴正脉》，兼及月川鎮澄《楞嚴別眼》、天如惟則《楞嚴會解》。傳燈是書内容，首爲《叙緣起》，言作書之經過；次《叙承禀》，言自己思想之師承；次《會異同》，言《楞嚴經》與《首楞嚴三昧經》《圓覺經》《法華經》《涅槃經》《莊子》之異同；次《明科判》，言己文分科之所依；次《雪疑謗》，依次評破《楞嚴別眼》《楞嚴正脉》《楞嚴會解》中傳燈認爲錯誤之説法，例皆先引其文，後再予以評破；次論《楞嚴正脉》得失，認爲其"得惟一，而失之有十"；最後基於"楞嚴與止觀，特大同而小異。……即諸宗若性若相，若禪若教，莫不歸源於性海也"之立場，特設一百零八問以難交光真鑑。由此可見，傳燈所闢重點在交光真鑑之《楞嚴正脉》耳。據本書《叙緣起》及蔣鳴玉《有門大師塔銘》推斷，《前茅》當作於萬曆三十九年。是書有清道光七年刻本，藏於上海圖書館。另有日本《卍續藏經》本，《衢州文獻集成》據其影印。

《楞嚴圓通疏》十卷，亦爲傳燈《楞嚴四書》之一。是書以元釋天如惟則《大佛頂首楞嚴經會解》（或簡稱《楞嚴會解》）爲基礎所作彙釋疏解。惟則，元代臨濟宗禪僧，嗣法於中峰明本。其《楞嚴會解》十卷，歷三年而作成於至正二年。其内容乃節録興福惟愨、資中弘沇、真際崇節、攜李洪敏、長水子璿、孤山智圓、吳興仁岳、泐潭曉月、温陵戒環九位唐宋間教禪諸師之有關《首楞嚴經》注疏，揚長避短，連同惟則自己的補注，彙爲一編。傳燈之師百松於《楞嚴》旨趣多所發明，傳燈亦於《楞嚴》大有省發。故傳燈於《楞嚴》，不僅有《前茅》批評有關《楞嚴經》異説，正本清源，亦有《玄義》發揮《楞嚴經》主旨，而《圓通疏》則以惟則《大佛頂首楞嚴經會解》爲基礎，廣引其前與其時諸家《楞嚴經》疏解，以釋其文句。傳燈此疏，雖以《會解》爲基礎，但是多有改變。其一，其所引諸家，比《會解》多出近二十家。其二，體例有所變更，《會解》無科，但爲發明章段且不與《會解》相違，故"用細字傍經而書，謂之旁科"（見本書《凡例》）。其三，對《會解》某些觀點有所改正。傳燈認爲《會解》在教理方面並不完備，故在《會解》基礎上進一步作疏。對其可議不完備之處，傳燈於自序已有詳細羅列。但實際傳燈《圓通疏》對惟則《會解》改變並不大，因爲二者主要目的都是融通天台教義與《楞嚴》思想。清釋通理述《楞嚴經指掌疏懸示》就批評説："《圓通疏》力扶台宗，專依《會解》，與《正脈》函矢相攻，未免傷於祖護。"（見清釋通理述《楞嚴經指掌疏懸示》"天台幽溪法師傳燈玄義並圓通疏"條下注）。是書卷前有袁世振序、傳燈自序、所引經目、凡例、惟則

《大佛頂首楞嚴經會解叙》，卷後有惟則《勸持叙》、傳燈自跋。據傳燈自序及釋幻輪編《釋鑑稽古略續集》，《圓通疏》當作於萬曆四十五年至萬曆四十七年之間。是書今有明刻本，即《徑山藏》本；又有清順治間刻本，藏於臺灣“國家圖書館”；又有清光緒三年，乃釋敏曦募刻本，藏於國家圖書館、北京大學圖書館、遼寧大學圖書館、錦州圖書館；又有日本《卍續藏經》本。《衢州文獻集成》卷一至卷二、卷四至卷十採國圖藏光緒三年刻本，而以《卍續藏經》本卷三配補而成。

《妙法蓮華經玄義輯略》一卷。傳燈所信奉之教門乃天台宗，其真正開宗者智顗有《摩訶止觀》《妙法蓮華經玄義》《法華文句》等作。宋釋智圓《閒居編》第十《法華玄記十不二門正義序》曾説明三者之關係：“所謂《玄義》釋題，止談化意；《文句》解經，但事消文；至於《止觀》，方談行法。故教在《玄》《文》，行在《止觀》。意令解行相濟，成我自心。是故三部相須，闕一不可。”即此三書雖各有側重，然構成一完整體系。《妙法蓮華經玄義》最能見智顗釋經體例、方法，而構建起自己獨特思想體系。《法華玄義》釋經體例、方法，要言之，即五重玄義，或名五章玄義：釋名、辨體、明宗、論用、判教；而其内容，除了卷首序言外，可分爲通釋、别釋《妙法蓮華經》五重玄義兩部份。傳燈《妙法蓮華經玄義輯略》，即對《妙法蓮華經玄義》所作删繁就簡而成。傳燈《妙法蓮華經玄義輯略》主體部分爲“五章大略”，即依《法華玄義》别釋部分初釋名、第二顯體、第三明宗、第四明用、第五釋教相之順序，進行節略。然節略頗爲隨意，如第五釋教相部分，《法華玄義》分大意、出異、明難、去取、判教五部分闡釋，但傳燈僅節略“大意”部分，對其他四部分則付諸闕如。傳燈此作之具體時間乏考，然據明釋一如集注《妙法蓮華經科注》卷首所載傳燈之《重刻法華經科注序》，至遲在明天啓七年夏以前，傳燈是書已成並鏤板，然此刻本今不存。此書其他現存刻本亦極其稀少，僅見於日本《卍續藏經》中，《衢州文獻集成》據其影印。在傳燈此書之後，明釋蕅益智旭有《妙法蓮華經玄義節要》，簡作《妙玄節要》，與傳燈之《妙法蓮華經玄義輯略》屬於同一性質之作，故有人將二者混淆，“《標目》同《妙玄節要》”（《卍續藏經》本《妙法蓮華經玄義輯略》首葉天頭校語）。

《維摩詰所説經無我疏》十二卷。《維摩詰所説經》，或稱《維摩經》《淨名經》，今有梵本傳世。而從漢至唐，前後漢譯凡七，今存者三，即吴支謙譯《佛説維摩詰經》二卷、姚秦鳩摩羅什譯《維摩詰所説經》三卷、唐玄奘譯《説無垢稱經》六卷，皆十四品。其中，羅什所譯，因其辭意雙美，故流傳最廣。天台宗智顗晚年極其重視《維摩經》，曾據羅什譯本而有疏釋之作，據南宋釋慈雲遵式《天台教隨函目録》，有《維摩經疏》（即《淨名疏》）、《維摩經玄義》，但大概如遵式所説“文多”之因，荆溪湛然略本流行而智顗原廣本罕傳，所以明時已亡佚。傳燈於是書自序云：“陳隋智者，《疏》已云亡。然而《淨名玄義》，既昭昭而可觀。”即其時《維摩經疏》已亡，

而《維摩經玄義》尚存。傳燈晚年重視此經，一如智顗從五時八教角度來看。自序
又云："《維摩詰所説經》者，蓋大乘圓頓教中通方之妙典也。曷以言之？正以如來
五時施教，各有專門。如華嚴則專於頓。阿含則專於小。般若則專於空。法華則專
於圓。涅槃則專於常。至若方等則無所專，無所而不專。已爲通方之時，適此經説
於方等，得無所專、無所而不專之正，故曰大乘圓頓通方之妙典也。……此則正專
於方等，而得遍攝圓頓、秘密、不定、大乘諸教矣，故曰無所專、無所而不專也。……
讀是經者，儻一遇此，苟能以是而融會之，則若大若小，若圓若偏，莫不歸於此經
了義之正轍也。"故傳燈之疏，一如智顗，亦據羅什譯本，依其十四品順序，以五重
玄義的方法，逐句闡釋。以其完整形式言，首有簡要科分提示，次引經文，次引僧肇、
羅什、智顗等説，次以"燈曰"附以己意，最後爲觀解。至於爲何以"無我"名疏，
其自序曰："題之爲《維摩詰所説經無我疏》，意用儒童之不我，以御龜氏之二無。"
其時人或簡作《淨名無我疏》（見明釋受教《淨土生無生論親聞記》卷上）。據傳燈
自序可知，該書最後寫成於天啓五年三月。是書有明天啓五年王文珪刻本，藏於天
一閣圖書館；又有清光緒二十三年，天台山真覺寺重刊是書，此本藏於上海圖書館、
南京圖書館、北京大學圖書館；又有民國十七年揚州佛經流通處刻本，藏於上海圖書
館；又有日本《卍續藏經》本，《衢州文獻集成》據其影印。

　　《彌陀略解圓中鈔》二卷。《佛説阿彌陀經》，今有梵本傳世。從南北朝至唐，前
後漢譯凡三，即姚秦釋鳩摩羅什譯《佛説阿彌陀經》一卷、劉宋釋求那跋陀羅譯《小
無量壽經》一卷、唐釋玄奘譯《稱讚淨土佛攝受經》一卷，求那跋陀羅譯本早佚，
而鳩摩羅什、玄奘譯本傳諸於世，其中尤其以鳩摩羅什譯本影響最爲深遠。後世講
解注疏發揮，多依鳩摩羅什譯本。明釋大佑字蘧菴，蘇州北禪天台講寺住持，既宗
奉天台，亦好淨土，有《淨土指歸集》；其《佛説阿彌陀經略解》則屬於釋經之作，
乃據鳩摩羅什譯本而逐句解釋之，釋義簡略。傳燈以大佑《佛説阿彌陀經略解》爲
基礎，列經文，存《略解》，而於二者之前增以科分，於二者之後詳加疏解，以成此
書。傳燈之所以名己作爲《圓中鈔》，因與此經意旨相關。傳燈是書，前有其自序，
後有自跋，自序云："今爲之鈔，而特題爲圓中者，意以極樂依正，爲妙有一心，持
名爲真空。微真空，而莫能證於極樂之妙有。微妙有，而莫能顯於此心之真空。所
謂不思議假，非偏假；真空不空，非但空。合是二者而行之，則圓中圓滿，非但中之
道成。是故命爲鈔焉。意欲讀是經而修行者，顧名思義。誠宜一心不亂，而萬慮皆
忘，則真空之理彰。七日持名，念念相續，則妙有之理顯。行成而見佛，心淨而華
開，娑婆之印壞，而極樂之文成。印壞所以空其情，是之謂真空。文成所以立其法，
是之爲妙有。二者俱忘而俱存。彌陀之經，厥語所以略，厥義所以深。"據自序可知，
此書當撰成於天啓元年十二月初前。而其最早之刻本，當在明天啓五年，傳燈《刻

圓中鈔跋》："吳門蓮庵法師之《略解》，余首登講席時，以之發軔。經三十餘年，恍焉若新。然《解》雖稱略，于中多涉教門關鑰，乃爲初學鈔出圓中已證。惟心淨土，本性彌陀者，必以是爲蒭狗。若失方問徑於清泰者，不無少裨云。四明延慶法子圓復，募刻流通，余嘉其有自益公人之志，故復爲之跋。皇明天啓五年冬傳天台無盡燈僧書。"是書有清同治十年釋清蓮刻本，藏於上海圖書館、北京大學圖書館；又有清刻本，藏於南京圖書館；又有民國二年揚州藏經院刻本，藏於國家圖書館、上海圖書館；又有民國間佛學書局影印明天啓刻本，藏於國家圖書館、上海圖書館；又有民國間《弘化叢書》本，藏於南京圖書館；又有日本《卍續藏經》本，《衢州文獻集成》據其影印。

《永嘉禪宗集注》二卷。《永嘉禪宗集》本稱《禪宗永嘉集》，乃唐釋永嘉玄覺法語、書信之彙集。玄覺字明道，號真覺大師，俗姓戴，溫州永嘉人。出家遍閱三藏，精天台止觀法門。後因左溪玄朗激勵，遂與東陽玄策禪師同詣曹溪，見六祖慧能，得其印可，返回溫州。於先天二年十月入滅。其入滅之後，俗家弟子慶州刺史魏靜將其平常所説法語等彙集起來，勒爲一編，名曰《禪宗永嘉集》，或簡作《永嘉集》。魏靜所編《禪宗永嘉集》，宋釋戒珠行靖曾予以注釋，曰《禪宗永嘉集注》二卷。宋代有多個名行靖釋子，如石壁行靖、南湖行靖，皆與天台宗有關。傳燈在《永嘉禪宗集注》多次引"石壁云"，此石壁當即指石壁行靖，但是没有任何文獻記載石壁行靖曾有此注。顯然，傳燈將戒珠行靖與石壁行靖混爲一談。傳燈此作，前有其自序，言因馬僧摩正眼居士請求而撰此注。據《永嘉禪宗集注》"唐永嘉沙門元覺撰"下注，傳燈以魏靜編次《禪宗永嘉集》有六方面不合理，他雖對原書作了删、分、合、重編，仍定爲十門，並將題目改作《永嘉禪宗集》。傳燈此番改訂，其標準基於其天台宗止觀思想，此在自序中言明。雖然傳燈對自己改編頗爲自信，但實際仍有臆改之嫌。其實，玄覺參訪慧能前，天台宗止觀思想非常明顯，此從原本第一至第八門可見；而得到慧能印可、返回溫州之後，其曹溪禪思想已突出，此從原書第九門中《大師答朗禪師書》可見，此時玄覺與天台宗玄朗思想有顯然差異。魏靜所編，正好保存有關玄覺思想豐富資料，顯示玄覺思想之真面目。但傳燈嚴格地以天台宗思想爲標準進行删改，要想讓玄覺"於常寂光中而爲之首肯"，恐怕不可能。傳燈之注，除引用行靖之釋五十多處外，其他則爲其新加之釋，主要内容是解釋名相，闡發義理。傳燈此注寫作時間在明天啓二年，寫成後初以寫本形式傳世。清順治十一年，釋蕅益智旭撰成《閱藏知津》，其中卷四十二"永嘉"條下注云："幽溪有注二册，可作四卷。"據此注，傳燈《永嘉禪宗集注》原貌當有二册，但不分卷，僅僅分門而已，其至智旭之時亦尚未付板刊刻。是書有日本《卍續藏》本，清代有不同時期的刻本，藏於國家圖書館等處，《衢州文獻集成》據國圖藏清光緒二十二年李培楨刻本影印。

　　《天台傳佛心印記注》二卷。《天台傳佛心印記》乃元代天台宗僧虎谿懷則所述，主要追溯自釋尊至於荊溪湛然間天台宗統，力倡天台宗性具思想，並以此爲標準，批評性宗、相宗及禪宗佛性思想。傳燈則據懷則之《記》而加以注釋。傳燈與懷則，同屬天台，所持理論標準是一致。傳燈此書自序云："是故作《傳佛心印》者，廣引佛祖誠言，以明性具宗旨，庶令從事斯道者了衆生修惡之地，本全性以起修。雖昏盲倒惑之鄉，亦全修而在性。是則生佛因果，悉由悟迷；悟迷無因，本乎心性。迷之則道修曠劫猶曝腮於龍門，悟之則稗販屠沽亦高超於上乘。然而見道雖齊於諸佛，結習猶紆於下凡。所當全性以起修，妙達全修而在性。全性以起修，則修無別修；全修而在性，則性無別性。此則終日在性，念念達性以成修；終日起修，心心了修而在性。不妨建立水月道場，廣作空花佛事；修行如幻三昧，回向鏡像如來；具菩薩之威儀，成比丘之細行；立文殊之智種，圓普賢之行門。能具乎此，則學道事畢。此《傳佛心印記》之所以作也。"而其批判對象，主要在禪宗"教外別傳，不立文字""直指人心，見性成佛"之思想。傳燈此注之主要特色，在於廣泛闡述天台宗思想。其例，首科分，次引懷則《記》原文，次詳釋。因其層次清晰、內容純厚，頗爲其時人所重。明釋智旭云："《傳佛心印記注》，附呈清覽。此翁學識俱富，解行兩優，堪爲近日作家。虛心玩味，知未易及耳。"（見釋智旭《靈峰蕅益大師宗論》卷五《寄修雅法主》）傳燈此注當成於明天啓七年，而最早付板則在天台高明寺。清康熙十九年，釋靈耀重新校訂，刊板流傳。日本元祿十年，釋大雲又加刊刻，前有大雲《重刊傳佛心印記引》，《卍續藏經》所收即大雲之本，《衢州文獻集成》據其影印。是書又有民國十二年杭州刻經處刻本，藏於上海圖書館；又有民國間鉛印本，藏於錦州圖書館、吉林市圖書館、哈爾濱圖書館。

　　《性善惡論》六卷。性具善惡，乃智顗所開創天台宗最具特色思想之一，唐宋天台宗徒亦多有闡釋發揮。傳燈思想，與智顗等天台前賢思想大體一致，但因應其時代思想變化，又有明顯新特色。其一，由理論性，傳燈在其書卷一開篇即言："夫性者理也，性之爲理，本非善惡。古今之立論，以善惡言者，無乃寄修以談性，借事以名理。猶緣響以求聲，緣影以求形。性之爲理，豈善惡之足言哉？"卷六又借客之口云："雖言善惡，實不分而分，分而不分。故得性善性惡，其理融通。是則九界性惡遍處，即佛界性善遍處。"其二，特重視修，認爲性具善惡是就性上而言，但就修上而言就有善惡之分，是書卷一有云："蓋台宗之言性也，則善惡具。言修也，而後善惡分。乃以本具佛界爲性善，本具九界爲性惡。修成佛界爲修善，修成九界爲修惡。他宗既但知性具善，而不知性具惡，則佛界有所取，九界有所舍，不得契合《淨名經》生死即涅槃，煩惱即菩提，平等不二之旨。故立圓理以破偏宗，且欲援九界修惡之人，不須轉側，以達性惡。性惡融通，無法不趣，任運攝得佛界性善，以爲直指人心，見性成佛妙門。"其三，通過體用關係來談性與修，卷一又云："惟楊子人性善惡混爲近理。蓋善惡之論，有性也、修也。於性之未形，固不當以善惡論。若以修而觀乎性，孰有無體之用，異性之修乎？是故約修以論性。修既有善惡矣，而性豈得無之？"從傳燈思想看，他一方面批評其他思想，一方面又力圖融匯天台與宋儒、禪宗，但其天台立場非常鮮明。傳燈此《論》特色還在於其技巧，全文既設賓主問答，又廣引佛經因緣譬喻故事，文學意味濃厚。這些特色，正如其自序所云："是故假託賓主，以性善惡而立論焉。然以道該儒釋，理別偏圓，各有攸歸，曷容槩與。世出、世間之旨，不得不霄壤以分庭。大小頓漸之宗，不得不雲泥而立壺。兼之修性駢舉，法喻重伸，援事援人，證經證論。"據傳燈自序，是書寫作始於明天啓元年六月，成於八月。居士弟子聞龍、張師繹、袁世振、王立轂等同校，永嘉縣漁潭寺受戒弟子衆等奉刻流通，前有王立轂序和傳燈自序。是書有日本《卍續藏經》本，《衢州文獻集成》據其影印；又有民國十三年杭州刻經處刻本，藏於上海圖書館。

《淨土生無生論》一卷。天台宗諸僧，自智顗以來，已重視淨土，他如四明知禮、慈雲遵式、石芝宗曉等天台宗大德，都有關於淨土著述。傳燈此作，乃踵武其宗派前賢興趣，闡發其所體淨土理論。傳燈是書之宗旨，依據天台宗一心三觀，闡述唯心淨土生即無生、無生即生之圓融關係，其云："是以觀極樂依正者，以吾心一觀之三觀，照彼一境之三諦，無不可者。以吾三觀之一心，照彼三諦之一境，亦無不可者。"（見本書《三觀法爾門》）又云："圓頓教人，頓悟心性，無修而修，修彼樂邦。性中所具極樂，由修顯發。而此心性竪貫三際，橫裹十虛，佛法、生法，正法、依法，因法、果法，一念圓成。是以念佛之人，名爲全性起修，全修在性。全性起修，雖名爲因，全修在性，因中有果，以所具因法與所具果法同居一性，心性融通，無法不攝，故如蓮花開敷，花中有果，況此心常住，無生滅去來。"（見本書《現未互在門》）是書首爲七言偈頌一首，説明此書撰述目的，下示以全文所立門類，此相當於序。正文分爲十門：一眞法界門，二身土緣起門，三心土相即門，四生佛不二門，五法界爲念門，六境觀相吞門，七三觀法爾門，八感應任運門，九彼此恒一門，十現未互在門。每門首爲五言偈頌，次引經論以解釋，如其卷首七言偈頌所言："敬採經論秘密旨，闡明淨土生無生，普使將來悟此門，斷疑生信階不退。"傳燈之著此書，直接起因乃應居士聞隱鱗之請，作於明萬曆三十一年。萬曆三十二年，初次在新昌石佛寺宣講（見明釋受教記《淨土生無生論親聞記》卷末附清釋眞銘《跋語》）。居士即已錄梓流通（見明釋正寂《淨土生無生論注序》），然是本已不存。萬曆四十五年春，正知歸依傳燈後不久，曾予以刊刻；至清順治三年，正知又將此書與《淨土十疑論》《念佛三昧寶王論》合成《淨土三論》，刻板流傳。此正知之本，一存於蕅益智旭《淨土十要》中，此本後又經成時刪改評點；一存於乾隆四十九年衍法寺刻《淨土津梁》中，《衢州文獻集成》據其影印。另外，日本有德川時代刊本，爲《大正新修大藏經》所收。

《幽溪無盡大師淨土法語》一卷。傳燈淨土思想，已見於其《彌陀略解圓中鈔》《淨土生無生論》，《淨土法語》則重在實修上。傳燈雖持"唯心淨土""本性彌陀"之天台圓教觀念，認識到"蓋凡修行求出離生死，須仗三種力，一自力，二他力，三本有功德之力"。但在具體修持上，認爲濁惡之世，藉助他力即念佛才可往生，故本篇主要是説明如何"念"。傳燈首先論述輕愛之道，他認爲，"欲一其念，莫若輕愛；欲輕其愛，莫若一念"，此乃"明一念之所以"。"一念之道"具體有信、行、願三方面，信"大要有二：悟妙有遍周遍具，以爲欣淨之本；悟真空圓離圓脱，以爲捨穢之原"；行有正行、助行二門，正行有稱名、觀想；助行有世間之行、出世之行。傳燈生活於淨土思想深入人心時代，所謂"處處彌陀佛，家家觀世音"（見明釋無相説《法華大意》卷上）。傳燈稍前，栖袾宏亦提倡淨土念佛之著名大德，與傳燈稱名、觀想兼行不同，袾宏認爲祇要念佛就可往生，極其簡單易行。鍾惺云："讀所寄《淨土三妙門》，始知念佛一事不可視爲太難，亦不可恃其太易。云棲之言念佛，似祇須口誦，便可往生。彼非不欲知幽溪所言，恐人以爲難，反生退轉，不若且引之口誦。幽溪極深之論，恐人視爲太易。然不善會之，亦能生退轉。"（見鍾惺《隱秀軒集》卷二八《與徐元歎》）雖二者皆倡彌陀淨土，但傳燈所持立場是天台宗淨土觀，而袾宏所持乃典型淨土宗淨土觀。傳燈此作之刊，見於記載者，首爲其弟子正知校刊。《淨土法語》跋云："不肖正知向蒙天台無盡大師開示《法語》，即與《生無生論》等合梓印施矣。……敬將眷屬遺貲，重刻《法語》並天如《或問》《淨土三論》等，願爲再廣流通，用代事、理二懺。……丁亥季春菩薩戒比丘正知識於幽棲禪寺，時年六十有一。"丁亥年乃清順治四年。據《淨土生無生論》正知跋語，正知第一次刊《淨土生無生論》在萬曆四十五年春其歸依傳燈後不久，則《淨土法語》首次刊刻當亦在此時。至清順治四年，正知又重刊流通。此正知本存於蕅益智旭所編《淨土十要》中，此本後又經成時删改評點；又有乾隆四十九年衍法寺刻《淨土津梁》本，《衢州文獻集成》據其影印。比較而言，《淨土津梁》本優於《淨土十要》本。

《禮吳中石佛起止儀式》一卷。禮吳中石佛，由來已久。念常《佛祖歷代通載》卷六載，西晉愍帝建興元年，吳中有維衛、迦葉二佛石像泛海而來，故當地人將其奉安於通玄寺供養。對吳中石佛宗教性贊頌崇拜，與傳燈同時紫柏真可作有《吳中泛海石佛贊並序》，序云："夫像設之始，莫始於優填王金像與旃檀像。像設之靈奇，則莫靈奇於阿育王銅像與吳中石像。夫金佛不度鑪，木佛不度火，則石佛不度水明矣。而吳中石佛，乃出没大海，浮沉驚濤，螺髮繩衣，跏趺於碧琉璃上，現大希奇，魚龍悲仰，濟海入吳，而獨應朱氏父子之請。由是觀之，石佛既以度水，則金佛度鑪，木佛亦度火矣。予是以知無物非心，無像非真。心能所卷舒，精粗莫測，惟照用俱全者，則黄土與松枝，皆隨感放光。況我維衛、迦葉二如來，於無量劫，與吳人有大因緣，特此顯現。令無量衆生起靈應想，想則思，思則悟，悟則通，通則近取諸身，遠取諸物，皆自心也。然四方黑白不道於吳者，無緣瞻仰。予甚慨之，乃屬丁南羽氏繪像以傳。"（見明釋德清閲《紫柏尊者全集》卷十七）又據《與曹直指夜談》中李麟所記，此贊作於萬曆二十八年（見《紫柏尊者全集》卷首《紫柏老人圖中語録》）。與真可請丁南羽"繪像以傳"崇拜行爲表現不同，傳燈以制訂其崇拜禮儀來表達自己對石佛之信仰。《禮吳中石佛起止儀式》即對禮吳中石佛應具儀規，首爲禮唱，次贊佛莊嚴，次依次贊維衛、迦葉二佛諸相好，最後爲懺悔發願。實際宗教生活中，天台宗一貫作風在於重視懺儀，故該宗大德多熱衷於製作儀規，智顗一生就有多種製作。特別至宋代慈雲遵式，更熱衷於此。傳燈此種行爲，乃延續其宗派興趣。又據蔣鳴玉《有門大師塔銘》記載，傳燈居於幽溪道場的時候，曾"領衆行道石城、吳中、育王，皆禮八萬四千三世佛也"（釋傳燈《幽溪別志》卷十二"增補"）。傳燈此作，實乃其率衆於吳中禮佛時具體儀規指導説明書。是書今存版本不多，一爲寫本，乃明崇禎十一年曹禎驥寫本，收於臺北新文豐所出《嘉興大藏經》中，《衢州文獻集成》據其影印；一爲刻本，收於日本《卍續藏經》中。

《佛説觀無量壽佛經圖頌》一卷。《佛説觀無量壽佛經》爲劉宋釋畺良耶舍譯，主要叙述釋迦佛向阿難和韋提希講説阿彌陀佛淨土十六觀法，即日想觀、水想觀、地想觀、寶樹觀、寶池觀、寶樓觀、華座觀、想像觀、無量壽佛像觀、觀世音菩薩像觀、大勢至菩薩像觀、普觀、雜想觀、上品生觀、中品生觀、下品生想觀，故又稱《十六觀經》。此經與《佛説無量壽經》《佛説阿彌陀經》同稱爲淨土三部經，是淨土法門所依核心經典。此經不僅淨土宗徒有諸多注釋，天台宗内亦一直注重此書，隋代智顗、宋代知禮等皆有注解。傳燈《觀無量壽佛經圖頌》，乃通過圖、頌配合方式，對《觀無量壽佛經》内容提綱挈領。現存主要有兩種版本，一爲一九五五年上海大雄書局刊印本，名曰《觀經連環圖》；二爲《卍續藏經》本，名曰《觀無量壽佛經圖頌》。就圖而言，第一本有三十四圖，第二本無圖，但以其名稱推斷，亦當有圖。就偈頌而言，兩本有五十一首偈頌相同，但第一本"韋提哀請"在第二本作"緣起弑逆，韋提哀請"，即多了"緣起弑逆"一頌，由於其上一頌是"加惡弑母"，顯然第二本衍此頌。但比起第二本，第一本在"落日懸鼓""大水結冰"等十四頌後附有中峰、善導、省庵等詩偈，此乃後人所加，當非傳燈原本所有。就體例言，第二本一般首爲《觀無量壽佛經》原經文提示，次偈頌，次注釋，其中衹有最後"繪圖攝頌"没有原經文，"緣起弑逆"和"韋提哀請"、"九品總圖"和"上品上生"合用一段原經文；但第一本全部都没有原經文提示。至於注釋，第二本"闍王幽父""大水結冰"等十三頌後有注釋，但是第一本衹有"闍王幽父"等六頌後有。這些注釋乃張文嘉所增。文嘉字仲嘉，浙江錢塘人。是書傳燈原本已不傳。現傳二本實屬同一系，即爲張文嘉刻本。其中題爲《觀無量壽佛經圖頌》者近真，《觀經連環圖》則又經過後人改造。雖然如此，二者皆各有優劣。倘以圖、頌皆具而言，《觀經連環圖》本優於《觀無量壽佛經圖頌》本。《淨土叢書》亦收録是書，題爲《觀無量壽佛經圖頌》，前有釋盛行和張文嘉序，正文與《卍續藏經》本相似，僅有細微差異，最後附録南北朝至宋代十一位淨土名人事跡。是書又有清順治十二年刻本，藏於上海圖書館、宜春圖書館；又有清刻本，藏於天津圖書館。《衢州文獻集成》據上海大雄書局刊印《觀經連環圖》本影印。

范汝梓《般若融心論序》：天台肉山也，骨人無盡師振智者之宗，咒泉幽溪，金輪轉處，動天動地。虞司勳目以足行經藏，皮裹法華；顧太史指爲舌上珠璣，法中龍象，展也言乎。師昔振錫四明，諸善知識折體歸依。余時尚爲瞌睡，潩丁巳入山謁師，師憐捉枝之猿，深加錐劄。時魔軍張甚東衝西突，未暇盡承記莂。比觀瀑石梁，見曇華亭楚楊柱史修齡題句，辭妙粲花，悟超指柏，始知柱史於師深蒙印可。一日，越祁太守爾光問師印可柱史之旨謂何，師曰："柱史問應無所住而生其心，其旨畢竟作麼生解。余曰：古人重在無住，余則重在生心。蓋須菩提尊者於阿含十二年，時已證阿羅漢果佛讃。於弟子中解空第一，豈解空尊者尚住六塵，而令其無住乎正慮偏空，如焦芽敗種誨以生心，令不生者能生，化聲聞乘爲菩薩乘耳。然則須菩提退則進之，宜告以應無所住而生其心；檀越進則退之，宜承當乎應生其心而無所住，則兩皆不失，其正矣。"柱史歡喜讚歎曰："師妙得辯才，巧於説法，可謂發古人之所未發，聞古人之所未聞也。"爾光因勸師廣其義，以醒三千大千衆生之夢。師乃論般若融心，纚纚數萬言。庚申，余再訪師，飫聆真諦，得未曾有。大都謂三界勞生，緣塵分别，心不可有，六度萬行，心不可無。一切諸天龍神人王宰官以至鬼道畜道地獄道，皆有菩薩之位，皆當生清靜之心。且約四教以分淺深，用八法以明行相，生化兩冥，自他兼濟，真剪業果之慧刀，渡愛瀛之寶筏也！雖普惠雲興之問二百，普賢瓶瀉之訓二千，曷以加諸？夫釋子談空墮於無住之邊，見厌離根身器界，以與吾儒相水火。師獨標生心之指，舉祖祖未發之秘密藏，揭出全機，遂令拈槌豎拂，止可止啼，瞬目揚眉，都非好手。柱史與師一解後，間直將千古以來黑漫漫地，照以白日，引之康衢，此與裴相國之叩石霜留下笏子，張商英之謁兜率翻却踏床，何以異乎？雖然師之豎義，判斷分明，調適而上，遂從此以去，可以入佛，亦可以入魔，第遇明眼人即爲透網之金鱗，若不遇明眼人終成守池之鶣鳥。雖有切切婆心，何益於的的祖意邪！昔楊提刑謁楊岐，楊岐煎茶提刑，云："這個不消得，有甚乾嚗嚗底禪，希示些子。"楊岐曰："這個尚自不要，豈況乾嚗嚗底禪。"噫乎！提刑是家裏人尚然如此。吾願世人以師此論，受持讀誦，廣爲人説，其爲福德，勝於須彌山王，如是等七寶聚，持用布施，幸勿當面蹉過，別尋乾曝曝底禪也。時泰昌庚申至日甬東友人范汝梓撰。
（見釋傳燈《幽溪別志·著述考》）

釋傳燈《淨土圖經序》：余生平喜遊佳山水，海內三方舉矣，獨未及西遊。今則暮年，而濟勝者告疲，欲臥遊之，苦無善圖懸於四壁。然臥遊又不及神遊，得送想之法於觀經。觀經乃遊神於法界者也。觀不藉目，而萬像洞照，濟勝不藉足，而億剎遍遊。余將從事斯道，以爲暮年之遊具矣。第余猶按圖索馬者也，實未能忘筌。然維摩詰固有言無離文字，以說解脫，是則因筌得魚，按圖得馬，古昔聖人之所不廢。乃今裂經以爲三十五，分繪圖，稱之名爲《淨土圖經》。圖則始繪於四明李次公居士麟豁達遶庭，遺漏未完。有天台吞清所居士受正者，善能縮大令小，增少爲多。余於每圖又贅以攝頌，或偶或奇，共五十二首，蓋不敢讚一辭，惟攝之而已。意令讀者因圖而會經，因經以會觀，亦可謂圖經之稱富者矣。獨於諸佛如來是法界身，入一切衆生心想中，而不可圖，是必如華嚴心師造佛三無差別乃可。希覬此又《圖經》者，有所屬望於大衆者也。天台幽溪無盡傳燈述。（見釋傳燈《幽溪別志·著述考》）

釋傳燈《淨土圖說序》：此圖有兩本，上本稱《圖經》，圖則畫以十六觀境，經則書以十六觀境，凡是一觀先畫一圖，圖後列以一觀之經。下本稱《圖說》，乃取《觀經疏妙宗鈔》中體宗之旨，共立二十九圖，著以二十九說。此書本爲揚州袁大參疏理，蒼孺公請入衙齋，傳授止觀，兼欲得淨土要旨，故撰此二圖，命孫受教膳寫，以曉悟之。當時未遇繪工高手，遷延至今，未遂流通。茲者講演《妙宗鈔》於四明延慶寺，偶李次功同寓厥寺，乃請圖繪次。公搜尋匱中，得舊日所繪圖稿數紙，先付剞劂，續當補足。今所刻者，下本《圖說》也。《華嚴經》云：“心如工畫師，造種種五陰。一切世間中，無法而不造。”次公以心師手師寫淨土佛界五陰，則畫者觀者及余撰圖說者，教孫損資壽梓者，將來得生淨土，成就佛道無疑。皇明天啓五年乙丑仲冬天台山幽溪無盡傳燈撰。（見釋傳燈《幽溪別志·著述考》）

釋傳燈《淨土法語三妙門序》：觀夫三界之苦，莫大於有生勞生之因，莫大於有念破有念以歸，無念圓無念以歸，無生果無生矣。三界之苦，何有哉？此吾佛世尊所以出興於世救世而有說焉。第雖無苦生而不無樂生，雖無妄念而不無真念。故隨機不同，教有進否，有生生之教焉，人天戒善是也；無生之教焉，三乘涅槃是也；無生而生生即無生之教焉，圓頓最上乘是也。今念佛求生淨土法門，實圓頓中之圓頓，上乘中之上乘，了義中之了義，何也？蓋求生淨土，以念佛爲因，念佛以往生爲果。不知者以爲有念有生，難契無生之果；玄會者以爲無生無念，深合涅槃之因要。知生即無生念，而無念以無念爲念，雖終日念而未嘗念，念念契合乎無生；以無生而爲生，雖終日生而未嘗生，生生玄同乎無念，是以不慧之往生，《淨土生無生論》爲四明往生居士而有作焉。然無生之旨雖闡，往生之事未彰，蓋尚無生者或以求生爲芻狗,尚有生者何妨以無生爲餼羊,是以不慧之往生,《捷徑法門》又爲茂苑韓朝集居士而有作焉。若是,合二者以爲之説,則不慧又將進之,以大勢至菩薩《圓通章》別行疏,合是三者同刊,總命之曰《求生淨土三妙門》。非曰不慧之書爲三妙,蓋讀此書者能臻乎即念無念、生而無生,兩者並忘之,之三妙念佛往生法門,豈不妙乎?朝集名逢祐,法名正知,爲韓太史公之仲子,以名門宦胄而苦行長齋,是真火裏蓮華、離垢摩尼。嘗禮天台華鼎智者大師塔,頓蒙放光,攝尋受捐百金,以爲創院之資。又茹淡齋者經年,刺血書法華等諸大乘經數卷。從是一志西方,不攻雜學,是則成佛生天,二行俱其所先。回生天之報,以爲往生之因,尚何淨土之不生;以成佛之因,而爲無生之道,尚何無生之理而不會。是則余所著書,皆居士生淨土之左券云。天台山幽溪無盡傳燈撰。(見釋傳燈《幽溪別志·著述考》)

釋傳燈《四月八日浴佛儀序》:出家之士,捨所親以投法親,一知一解,一行一住,罔匪如來之法恩,所謂從佛口生,從法化生,獨非耶?儒云:"父母之年,不可不知也,一則以喜,一則以懼。"吾佛滅後三千餘年,計降生之辰,乃始於四月八日,逢生而可喜,見滅而興悲,不能無戀戀之私。叢林浴佛之舉,則百丈教苑二清規班班可鏡也。第其間所行法事,似太簡略,故輒採義淨法師《南海寄歸傳》所稱述,西方蘭若,每於齋日,廣設塗香,多市名花,用爲浴佛供散之需,浴畢,則繼以梵音稱讚,法樂喧闐,普使見聞,頂禮舞忭。今效以舉行一二,實法門之盛事也。況兹首夏,山花尚繁遍,令淨人施力採取,積之則盈筐盈几,散之則載地載筵,恍諸天之雨曼陀,靈山之變淨土,非一時之快事乎!剞劂流通,以貽好事,若上士忘情,下士不及情,以此刻而爲芻狗,亦惟命焉。皇明萬曆天王在鶉火之濱佛降生前一日,天台山幽溪沙門無盡傳燈書於楞嚴壇東方之不瞬堂。(見釋傳燈《幽溪別志·著述考》)

釋傳燈《七日持名三昧儀序》:夫四種三昧,雖皆念佛,若自他俱念,則以淨土念佛法門爲要,而淨土法門又以小本《彌陀經》一心不亂七日持名爲要。蓋念則不忘之謂也,苟微一心,安能不忘,苟微不忘,安能不亂。故知此經七日一心不亂,乃求生極樂之要門,速成佛道之捷徑。乘此往生,即階不退。有流因此而直截,萬行因此而圓成,佛道因此而究竟,衆生因此而度脱矣。第以此經流通雖廣,依教奉行受持者稀,不徒讀誦以爲受持,要必矢志持名,期於七日一心不亂,方真受持也。余於萬曆末年,嘗依此經要期七日,令諸大衆一心持名,晝夜不寐,心無間斷。當是時,衆亦精進,無有一人若身若心生懈怠者。故知此法可以流行於末世,有益於行人。今依佛説,立爲成式,初之三日,先修懺悔,求聖冥加,爲前方便,過三日已,方專持名,不涉餘緣,懺摩方法,書之於左,寄語行者,願各流通。天台山幽溪老僧傳燈撰。(見釋傳燈《幽溪別志·著述考》)

釋傳燈《祖庭元旦禮文序》:吾佛世尊一代施化,説示億而默示一,顯示億而密示亦一。於密示中，有不過或爲此人説頓，或爲彼人説漸，彼此互不相知而已。其於拈椎豎臂，揮竿解頤，密中之密，見於契經者，又不過億兆經常之一變。蓋變則不可以常示人，苟可以常，則四十九年一宗於變而已矣，豈所謂經常之道哉？佛師若此，佛弟亦然。西天金口祖承之二十三祖，未承所記之四祖，東來一花五葉之六祖，見於經傳。而千常之一變，固不能無之，獨後世之稱別傳者，慮經常不足以爲訓，故盡驅之爲變。本擬杜情，不期變復爲情，諺所謂"雲裏路千條，雲外路無數"。非耶！是以一變以爲頌古，再變以爲評唱，又再變以爲秘要，俾之爲家傳户習，人人皆得爲牙慧，五家宗旨從而掃地矣。夫以常爲變，尚不失其常，變復爲變，豈其常哉？吾不若以常而守常，終不失其常，欲杜其情又不若以依常以塞其常，由之杜視聽，絶情識。四門之內，吾用其空門可也；四句之外，吾用其無言句可也。一空一切空，尚何文字之有？尚何禪教律之有？尚何生佛之有？謂之即常之變可也，即變之常亦可也。束餘之三門於高閣，以待不時之所需，豈非經常之道哉？宗變者，祀西天之二十八祖，祀東土之六祖，祀五宗之列祖，既無所而不可。宗常者，祀西天之十三祖，祀東土之十七祖，豈獨不可哉？吾宗建祖堂，設祖象，肇始於宋慈雲大師之上，天竺龍樹已上未聞也，興道已下未聞也。兹於天台幽溪像設祖庭，中釋迦，東文殊，西彌勒，前普賢，一依法華爲之。置昭穆，則始於迦葉尊者，未及法智大師，而先師百松和尚，亦得陪位，以其當未運叛亡之際，深有草創之功。如匹夫而有天下，誰得而議之？於諸祖中功德隆盛者。先賢業有禮文，俾以時思，外而諸祖，若漫無所述，則"吾不與祀，如不祀"，此烏乎可？是以仿先德之著述，勉後學之敬修，每於元旦，總事舉行，實教苑之盛典也。預於是文者，西堂弟子正寂也；舉行其事者，住持法孫受教也；校讀者，書狀法孫受蔭也。法得附書。皇明萬曆己未歲佛成道日，天台幽溪遠孫傳燈著於楞嚴壇之東方不瞬堂。（見釋傳燈《幽溪別志·著述考》）

　　釋傳燈《楞嚴玄義釋玼序》：楞嚴寶偈，雜糅精瑩，誠非良璧之可比；人昧玄義，非荆璞之未理乎。余於是經會事蹉切，既以三觀習密，因復用五重釋玄義，非望得璧，豈意致玼。客有過余幽溪者，人非趙使，貌類藺生，乃大言曰："璧有瑕，請示之。"此之幾幾玉名之瑕也，此之幾幾玉體之瑕也，此之幾幾玉宗之瑕也，此之幾幾玉用之瑕也，此之幾幾分別玉者之瑕也。一經指揮，似無完璧。余莞爾對曰："玉體本瑩，玼因目眚。君所見者，豈空華乎？抑圓影乎？"客遂指余隨釋，賓主盤桓，累成問答，退而書之，名爲《楞嚴玄義釋玼》。天台山幽溪無盡傳燈撰。（見釋傳燈《幽溪別志·著述考》）

禪燕二十卷（佚）、禪燕別集二卷（佚）

（明）西安徐可求撰

　　徐可求有《奏議》，前《史部·奏議類》已著録。《明史·藝文志三》著録徐可求《禪燕》二十卷，入《釋家類》。黃虞稷《千頃堂書目・釋家類》著録徐可求《禪燕》二十卷、《禪燕別集》二卷。此二書今皆佚。

八大接引一卷（佚）、金剛演説一卷（佚）、心經演説（佚）、華嚴論貫一卷（佚）、貝典雜説一卷（佚）、讀楞嚴（佚）、讀圓覺（佚）

（明）西安葉秉敬撰

　　[天啓]《衢州府志・藝文志》著録葉秉敬《八大接引》一卷、《金剛演説》一卷、《華嚴論貫》一卷。[康熙]《衢州府志・藝文考》著録葉秉敬《金剛演説》《心經演説》《讀楞嚴》《讀圖覺》。[雍正]《浙江通志・經籍志六》著録葉秉敬《貝典雜説》一卷。《楞嚴經》《圓覺經》皆爲佛教經典，[康熙]《府志》所載《讀圖覺》，當是《讀圓覺》之誤。黃虞稷《千頃堂書目・小説類》載《日典雜説》一卷，而[雍正]《浙江通志》引[崇禎]《衢州府志》載爲《貝典雜説》一卷，列入《釋藏類》。“貝典”是指佛教經典，故“日典”當誤，《貝典雜説》亦屬釋家類之作。葉秉敬所撰《八大接引》等釋家類之作，今皆佚。

心經注（佚）

（明）開化江東偉撰

　　江東偉有《芙蓉鏡寓言》，前《雜家類》已著録。[雍正]《開化縣志・人物志・文學》本傳載，江東偉有《心經注》。此書今佚。

蓮池片葉（佚）

（清）西安周世滋撰

　　周世滋《萬石齋印譜》，前《藝術類》已著録。[民國]《衢縣志・藝文志》載：“《蓮池片葉》，清周世滋撰。此書刊於同治初年，乃詮釋《金剛經》者。”周氏《蓮池片葉》今佚。

附：宗鏡録一百卷（存）

（北宋）錢塘釋延壽撰

　　[民國]《衢縣志・藝文志》載：“《宗鏡録》，唐末永明壽禪師在衢撰。《釋藏》有宋釋延壽《宗鏡録》一百卷。又《御録宗鏡大綱》二十卷。”《宗鏡録》撰寫於衢，然釋延壽並非衢人。據釋贊寧《宋高僧傳》卷二十八所載《大宋錢塘永明寺延壽傳》，“釋延壽，姓王，本錢塘人也”，“著《萬善同歸》《宗鏡》等録數千萬言”。可見釋延壽爲錢塘人。[民國]《衢縣志》著録《宗鏡録》，故附於此。釋延壽《宗鏡録》今存，有諸多刻本傳世。

集　部

唐人別集類

徐侍郎集二卷附録一卷（存）

（唐）龍游徐安貞撰

　　徐安貞參注有《御刊定禮記月令》，前《經部·禮類》已著録。［天啓］《衢州府志·藝文志》著録徐安貞《徐侍郎集》。［康熙］《衢州府志·藝文考》載："《徐安貞集》二卷，邑人童珮輯。凡詩賦雜文十有三篇，童佩、玉（應爲王）穉登爲之序。"《浙江省文獻展覽會專載》於《鄉賢遺書·抄本》載："《徐侍郎集》二卷，一册，鐵琴銅劍樓抄本，唐龍游徐安貞著，衡山李佩秋藏。此常熟瞿氏鐵琴銅劍樓抄本，前有朱文'瞿氏手抄'白文'古里瞿氏''鐵琴銅劍樓'諸印。"[1] 今傳是書有明抄本二卷，凡詩、賦、雜文十六篇，後附録一卷，且無童珮、王穉登二序，或非童珮輯佚之作。此本卷上有賦一首、詩十首，卷下有文五篇，附録九篇。此輯安貞詩文，未能注明出處，其中《奉和聖制喜雨賦》《書殿賜宴應制》《奉和早渡蒲津關應制》《奉和同前應制》《授席豫尚書右丞等制》《授王翼殿中侍御史等制》《除裴耀卿黄門侍郎張九齡中書侍郎同平章事制》《貞順皇后哀册文》當輯自《文苑英華》，其他詩文不知出於何書。唐芮挺章編《國秀集》卷上載徐氏詩六首，其中《從駕温泉宫》《書殿侍宴》《送呂向補闕西岳勒碑》，此本分別作《侍從遊温泉宫》《書殿賜宴應制》《送呂補闕西岳勒碑》，輯文與《國秀集》有所不同。此本輯文有所漏失，《唐大詔令集》載《讓皇帝哀册文》、明曹學佺編《石倉歷代詩選》所載七言律詩《聞鄰家理箏》、國家圖書館藏《唐故尚書右丞相贈荊州大都督始興公陰堂誌銘並序》（按：此爲張九齡墓誌銘），皆爲徐安貞所作，未見此集。另趙明誠《金石録》載，安貞撰有《唐徐偃王廟碑》《唐華嚴玄覽律師碑》《嘉禾寺禪院碑》，然其文不見。安貞詩文有名氣，

---

① 浙江圖書館編：《鄉賢遺書》，載《浙江省文獻展覽會專載》，《文瀾學報》第二卷第三、四期，1937年。

童珮評之曰："今讀其文與詩，並厚重敷瞻，端嚴警拔，都無凌轢急促之氣。"惜其詩文傳世者不多，今可見者皆散金碎玉。是書有明抄本、清抄本，藏於國家圖書館，《衢州文獻集成》據明抄本影印。

童珮《徐侍郎集序》：余鄉有先賢曰徐公安貞，官唐玄宗朝中書侍郎、東海開國男。案國史，安貞龍丘人。尤善五言律詩。應制，三擢甲科，拜學士。上屬文，多命視草，甚承恩顧。天寶初卒，加贈東海子。屬者高淳韓公以秋官尚書郎來守我衢，龍爲衢支縣，其地多徐姓，然不知誰爲公後。相傳有集凡若干卷，亦散漫不復見。此詩賦雜文十有三篇，往余得之斷碑脫簡，以故多闕文。余生公鄉人後，公書亡且久獲，妝其緒餘於千百什一中，蓋亦幸矣。或謂余外家本徐氏，無乃公後乎？今其子孫式微，轉而之四方，安能招而問之邪？韓公以儒學飾吏治，百廢聿興，尤加意文獻，見公此編，以爲是誠山川之光也。鳳之毛，麟之角，寧謂其非全體而不爲之重邪？手爲詮次，授諸梓人，流布之狃歟！公以一代文儒，雅負海嶽之靈，騰耀於世，如龍騫云游，莫之可挽。方其載筆翰苑，潤飾鴻猷制詞，謂爲德行宗師，文辭雄伯，博綜維精，彌綸有叙，蓋深有夾輔之望。公默察朝廷，怙寵佞倖，大政紊壞，遂免官遠遙，視名位如敝履。及天下不寧，大官小臣鮮不罹禍，公獨能全身林壑。今讀其文與詩，並厚重敷瞻，端嚴警拔，都無凌轢急促之氣，雖百世而下，人爲想望其豐採。君子謂龍之爲地，當山谿交錯，俗尚纖嗇，民到於今莫能盡變。公出乎其間，崛然而起，爰以文學振動海宇，至亡姓名，自廢於暗啞，雜於賤流，其靈氣卒不自掩，姑不論其他，豈不誠然豪傑也乎哉？乃余鄉之人，不特不知公，至其子孫族屬，皆忘公所自出。苟不以韓公之好文，求之深且切，則公之此編，余且録已三數十年，又何從示人也？（見童珮《童子鳴集·序》）

附：樓幼瑜集六十六卷 （佚）
（南朝齊）東陽樓幼瑜撰

樓幼瑜有《禮捃遺》，附見於前《經部·禮類》。《隋書·經籍志四》載有"《婁幼瑜集》六十六卷"，〔康熙〕《衢州府志·藝文考》採之，此"婁"當爲"樓"。唐以前不見衢人有文集，此《樓幼瑜集》爲南齊人之作，姑附於《唐人別集類》下。《樓幼瑜集》今佚。

楊盈川集十卷附録一卷 （存）
（唐）華陰楊炯撰，龍游童珮輯

楊炯，華陰人，曾任盈川（今龍游）縣令。事跡見《舊唐書》本傳。〔天啓〕《衢州府志·藝文志》載"《盈川集》，唐楊炯著"，諸《龍游縣志》亦皆著録有楊炯《盈川集》。楊炯《盈川集》至明代多散佚，已非完本，明龍游童珮輯成《楊盈川集》十卷附録一卷,《四庫全書》所收録即童珮輯本,另國家圖書館藏有明萬曆三年童珮輯本《楊盈川集》。此本目録前題"唐華陰楊炯撰,皇明龍游童珮詮次",卷一前題"唐盈川令華陰楊炯撰",正文前有皇甫汸序、童珮序、附録和目録。童珮参纂[萬曆]《龍游縣志》,前《史部·衢州方志類》已著録。楊炯詩文有三十卷,至萬曆初子鳴所見僅存詩一卷。童珮爲書商,家藏書逾二萬五千卷,每見楊炯詩文輒録之,詮次而成此書。童珮輯成《楊盈川集》,後世不斷翻刻之,遂使楊氏之文得以流傳。《盈川集》雖爲華陰楊炯之作,但龍游童珮搜集、整理此書佚文數十篇,遂使此集得以傳世。因童氏輯佚之功,故《衢州文獻集成》據明萬曆三年刊童珮輯本影印。此以楊炯非衢人,故録於此。

江山快音（佚）

（唐）江山祝其岱撰

前《子部·術數類》載祝其岱《增補萬福全書》,是否有此書難考。《郎峰六川祝氏世譜》卷十一又載李白爲祝其岱作《江山快音序》,其僞毋須辨。故難説祝其岱有《江山快音》此書,姑附於此。

宋人別集類

道深文集一卷（佚）

（北宋）西安徐泌撰

徐泌字道深,西安人。泌登第,終起居舍人、知制誥。有文集,藏史館。事跡見[弘治]《衢州府志·人物志·事功》,同書《科貢志》載徐泌爲雍熙二年進士。[天啓]《衢州府志·藝文志》著録徐泌《道深文集》,[康熙]《衢州府志·藝文考》載徐泌《道深文集》一卷。[康熙]《龍游縣志·藝文志》著録爲《徐泌集》一卷。[民國]《龍游縣志·藝文考》亦著録徐泌《道深文集》一卷,然此書《人物傳》未有徐泌傳。[弘治]《衢州府志》載泌爲西安人,當是。徐泌《道深文集》,今佚。

南陽集六卷（存）、趙叔靈詩（佚）

（北宋）西安趙湘撰

趙湘字叔靈,趙抃之祖。初舉進士,主司先題其警句於貢院壁上,遂擢第。有詩集數十篇,閒雅清淡,不作晚唐體,自成一家。清獻漕成都日,宋祁鎮成都,爲序其詩。事跡見陳鵠《西塘集耆舊續聞》卷八。蘇軾《趙清獻公神道碑》稱趙湘曾任廬州廬江尉。[弘治]《衢州府志·科貢志》載趙湘爲淳化三年舉進士。尤袤《遂初堂書目·別集類》著録《趙叔靈詩》,當即趙湘詩之別本,惜已散佚。趙湘《南陽集》原佚,此書爲四庫館臣從《永樂大典》中輯出。今存此集凡六卷，卷一有賦三首、雅八首、頌二首，卷二有五言律詩六十八首，卷三有七言律詩三十二首、五言排律二首、七言絶句五首，卷四有箴銘六首、論二首、辨四首，卷五有説四首、解一首、序六首，卷六有雜著六首。是書前有胡森《刻宋贈司徒趙公南陽集緣起》和宋祁序，後附跋五首，分別爲歐陽修、吳儔、蔡戡、文同、趙大忠所作。歐陽修評其詩文云："余讀太傅趙公文，至於抑揚馳騁，辯博宏遠，可謂壯矣，豈止其詩清淑粹美之可喜也，公之盛德有後矣。然方其屈於一時，其所以自樂而忘憂者詩也，可以想見其人焉。"宋祁贊曰："南陽趙叔靈詩，纔十餘解，清整有法度，渾焉所得，不琢而美，無丹臒而採然"，"其文恢動沈蔚，不減於詩"，"叔靈不旁古，不緣今，獨行太虛，探出新意，其無藉一家者歟？"是書有清乾隆武英殿聚珍版，清道光、同治、光緒至民國多次翻刻，《叢書集成初編》亦據武英殿本排印，另有清刻本，諸版本國家圖書館等處皆有收藏。《衢州文獻集成》據浙江圖書館藏清道光二年武英殿木活字本影印。

《四庫全書總目·〈南陽集〉提要》：《南陽集》六卷（《永樂大典》本），宋趙湘撰。湘字叔靈，其先自京兆徙家於越，至湘始家於衢，遂爲西安人。登淳化三年孫何榜進士，即資政殿大學士趙抃之祖也。《宋史》抃傳不著世系，故湘始末亦不具。惟蘇軾爲抃作碑，稱湘官爲廬州廬江尉，其後追贈司徒，則以抃貴推恩者也。湘著作散佚，僅《宋文鑑》載其《春夕偶作》詩一首，《剡録》載其《剡中齊唐郎中所居》詩一首，《方輿勝覽》載其《方廣寺石橋》詩一首，《瀛奎律髓》載其《贈水墨巒上人贈》《張處士》詩二首，《文翰類選》載其《秋夜集李式西齋》詩一首，《雲門集》載其《別耶溪諸叔》詩一首，《爛柯山志》載其《遊爛柯山》詩一首，餘悉不傳。並《南陽集》之名，知者亦罕。惟《永樂大典》所載詩文頗夥，裒之尚可成帙。北宋遺集，傳者已稀，是亦難靚之秘本矣。案元方回作《羅壽可詩序》稱："宋剗五代舊習，詩有白體、崑體、晚唐體。其晚唐一體，九僧最迫真，寇萊公、林和靖、魏仲先父子、潘逍遥、趙清獻之祖凡數家，深涵茂育，氣勢極盛。"又回所選《瀛奎律髓》評湘《贈張處士》詩曰"清獻家審言如此，宜乎乃孫之詩，如其人之清，有自來哉"云云。其推挹湘者甚至。然回録湘二詩，皆取其體近江西者，殊不盡湘所長。今以《永樂大典》所載觀之，大抵運意清新，而風骨不失蒼秀。雖源出姚合，實與彫鏤瑣碎、務趨僻澀者迥殊。其古文亦掃除排偶，有李翱、皇甫湜、孫樵之遺，非五季諸家所可及。沉埋晦蝕，幾數百年，今逢聖代右文，復得掇拾散亡，表見於世，豈非其精神足以不朽，故光氣終莫可掩歟！其中《揚子三辨》一篇，推重揚雄，頗爲過當。然孫復、司馬光亦同此失，蓋北宋儒者所見如斯，不能獨爲湘責，知其所短則可矣。據方回稱"清獻漕益路時，宋景文序叔靈集，歐陽公跋亦稱之"，是原集實抃所編。今其目次已不可考，謹分類排訂，釐爲六卷。（見《四庫全書總目·集部·別集類五》）

金川集（佚）

（北宋）開化江鉞撰

江鉞字執中，開化人。性剛而行高。以進士爲建、洪兩州觀察推官，遷秘書省著作佐郎，曾知江寧府上元縣、益州温江縣，又爲監州交子務，再爲通判台州，四遷至尚書都官員外郎。事跡見沈遘《西溪集》卷十《尚書都官員外郎江君墓碣文》。[嘉靖]《衢州府志・人物紀二・甲科》載江鉞爲天聖五年進士。[弘治]《衢州府志・人物志・事功》載江鉞有《金川集》，抃爲序，稱其得劉、白遺風。黄虞稷《千頃堂書目・别集類》著録江鉞《金川集》，列於明萬曆時人文集中，有誤。又[康熙]《衢州府志・藝文考》載"汪越《金川集》，趙抃爲序"，此"汪越"爲"江鉞"之誤。[雍正]《開化縣志・藝文考》載爲"江越《金川集》"，"越"字亦誤。江鉞此集今佚。

趙清獻公文集十六卷（存）

（北宋）西安趙抃撰

趙抃有《新校前漢書》，前《史部・正史類》已著録。[天啓]《衢州府志・藝文志》著録趙抃《清獻文集》。[康熙]《衢州府志・藝文考》著録《趙抃集》十卷。《四庫全書總目》收録趙抃書，作"《清獻集》十卷"。《四庫全書總目》於《清獻集》提要言："是集詩文各五卷，前有天台陳仁玉序，乃從宋嘉定中舊本重刊。"此"嘉定"乃"景定"之誤[①]。趙抃是集宋有二十卷、十六卷兩本，而無十卷本。二十卷本爲大字本，末有"後學張林校正"（見莫友芝《郘亭知見傳本書目》卷十三）。十六卷本即景定本，爲衢州郡守天台陳仁玉刊於景定元年。今所據宋元遞修本乃十六卷，題"《趙清獻公文集》"，與《四庫》本卷帙不同，而詩文内容基本相同。在陳氏刊本基礎上，有元明遞修本。此本卷一至七爲古詩、律詩、絶句，卷八至十三爲奏議，卷十四包括奏議、表狀和記。卷十五爲補遺，當爲仁玉刊行時搜佚之文，所補有詩五首、銘二篇、贊一篇、誦二篇、記一篇、疏一篇。卷十六附録有《宋史・趙抃傳》、蘇軾《神道碑》、曾鞏《越州救淄記》等。明成化七年，衢州知府阎鐸將殘宋本釐爲十卷刊行，此乃十卷本之祖。明萬曆四十三年，又有《趙清獻公詩集》五卷梓行，題"宋趙抃閲道甫著，明潘是仁訒叔甫輯較"，輯録五言古詩十五首、五言律詩二十三首、五言排律五首、七言律詩八十首、五言絶句十八首，皆見於《趙清獻文公文集》，且篇數遠少於《文集》。自宋以來，趙抃此集不斷翻刻，藏於國家圖書館等處。《北京圖書館珍本叢刊》《衢州文獻集成》據元明遞修本影印。[康熙]《西安縣志・藝文志上》載有趙抃《湖鎮舍利寺塔記》，不見於《清獻集》。

---

① 祝尚書：《四庫宋集提要糾誤》，《宋代文化研究》第4輯。

《四庫全書總目·〈清獻集〉提要》:《清獻集》十卷（副都御史黄登賢家藏本），宋趙抃撰。抃事跡具《宋史》本傳。是集詩文各五卷，前有天台陳仁玉序，乃從宋嘉定中舊本重刊。所載多關時事，其劾陳執中、王拱辰疏皆七八上，可以知其伉直。而宋庠、范鎮亦皆見之彈章，古所稱群而不黨，抃庶幾焉。其詩諧婉多姿，乃不類其爲人。王士禎《居易録》稱其五言律中《暖風》一首、《芳草》一首、《杜鵑》一首、《寒食》一首、《觀水》一首，謂數詩掩卷讀之，豈復知鐵面者所爲。案：皮日休《桃花賦序》稱宋廣平鐵心石腸，而所作《梅花賦》輕便富艷，得南朝徐庾體。抃之詩情殆，亦是類矣。（見《四庫全書總目·集部·別集類五》）

鳳山八詠（佚）、山房即事十絶（佚）
（北宋）江山毛維瞻撰

毛維瞻字國鎮，江山人。以詩鳴，與趙抃相得爲山林之樂。宋元豐中，出守筠州，政平訟理。時蘇轍謫筠州監酒，相與倡和。有《鳳山八詠》《山房即事十絶》。事跡見《氏族大全》卷七。[弘治]《衢州府志·人物志·文士》載毛維瞻爲江山人，而[康熙]《西安縣志·人物志下》載其爲西安人，此從[弘治]《府志》。[弘治]《衢州府志·科貢志》載毛維瞻爲慶曆二年進士。[康熙]《衢州府志·藝文考》著録毛惟瞻《鳳山八詠》《山房即事十絶》，"惟"字當爲"維"。維瞻《鳳山八詠》《山房即事》今皆佚。[嘉靖]《衢州府志·山川紀·山川》載有毛維瞻詩《爛柯山》，[嘉慶]《西安縣志·寺觀志》載有毛維瞻《明果禪寺記》，《江山清漾毛氏族譜·内集》卷六有其詩《題柯山》①。

毛愷集十卷（佚）
（北宋）江山毛愷撰

毛愷字和叔，江山人。皇祐五年進士。調明州司理參軍、真州司户，遷利州、嘉州令。後又知建州，官秘書丞。工於詩，有集十卷。事跡見《江山清漾毛氏族譜·外集》卷二所載王觀《宋朝請郎致事上護軍賜緋魚袋和叔毛君墓誌銘》。清漾毛氏有兩毛愷，另一爲明人，官至刑部尚書。毛愷集今佚。

王中甫詩集（佚）
（北宋）常山王介撰

王介字中甫，常山人。慶曆六年進士。嘉祐六年，策賢良方正直言極諫之士，

---

① 《江山清漾毛氏族譜·内集》卷六僅有毛維瞻詩《題柯山》一首。然浙江省江山市檔案局編《清漾毛氏族譜·藝文選》還録有毛維瞻詩《白雲莊》《山房》，中國檔案出版社2008年，第3—4頁。而前一首於蘇轍《欒城集》卷十二題《白雲莊偶題》，内容相同；後一首見於《欒城集》卷十有《次韻毛君山房即事十首》後《再和十首》。故《白雲莊》《山房》非毛維瞻之作，而爲蘇轍詩。

取上第。後以祕閣校理出知湖州。其作詩多用助語足句，有送人應舉詩，落句云："上林春色好，攜手去來兮。"又贈人落第詩云："命也豈終否，時乎不暫留。勉哉藏素業，以待歲之秋。"此前古未有也。平生所嗜惟書，不治他事。其談語多用故事，淺聞者未易曉。事跡見張耒《張太史明道雜志》、[萬曆]《常山縣志·選舉表·賢哲》。[雍正]《常山縣志·藝文志》著錄王介《王中甫詩集》。王介此集今佚。[弘治]《衢州府志·詩文志》載有王介詩《唐臺山》，[萬曆]《龍游縣志·藝文志》亦載此詩，題爲《白石山》，且注"介字元石，金華人"。《宋史·王介傳》載有南宋王介，金華人，非常山王介。《唐臺山》是常山王介作，還是金華王介作，暫不可考，姑存此。

柴元瞻詩集（佚）

（北宋）江山柴元瞻撰

柴元瞻字伯巖，江山人。刻苦經書，精通義理。除宣議郎。有《詩集》傳於世。事跡見《嵩高柴氏世集勳德錄》卷一。嵩高柴氏爲江山大族。柴元瞻傳贊前爲柴詠傳贊，言爲共城侯五十世孫，皇祐元年進士。而柴元瞻爲共城侯五十一孫，故當爲北宋仁宗至神宗時人。元瞻《詩集》今佚。

慎伯筠集（佚）、東美詩集（佚）

（北宋）西安慎伯筠撰

慎伯筠字東美，西安人。豪於詩。嘉祐間，韓琦薦之，與林和靖俱至，而伯筠留京師。一日遇鬒紛道人，傾蓋如舊，談論累日，人莫能解，自是不飲亦不作詩。有詩集。事跡見[弘治]《衢州府志·隱逸傳》。尤袤《遂初堂書目·別集類》著錄《慎伯筠集》。[天啓]《衢州府志·藝文志》著錄慎伯筠《東美詩集》。《東美詩集》，或即《慎伯筠集》。然《遂初堂書目》、[天啓]《府志》所載不同，此姑兩存之。伯筠之集今佚。

李之儀《跋慎伯筠書》：治平中，錢塘元積中子發守山陽，樂士喜談笑。山陽介東南舟車之衝，以故客至，殆不容館穀。伯筠嘗岸幅巾，着芒鞋見。子發於清晨盛服，聽覽之際，子發爲之倒屣，即謝他客，輟所事，命酒三斗，把大觥以沃之，語諄諄勞苦，欽擁之不已。伯筠直視取醻，了不與酬對，酒盡翻然引去。州人譁傳曰："吾使君有客，是可不往敬耶？"戶外之屨至無少間。伯筠多作字，出廋詞爲謝，而口未嘗啓也。予爲兒童時亦往見之，輒謂予曰："家何在？將奉報。"明日既至，索酒滿飲，揮滿壁而去。方時，子發募州人作新橋甫成矣，請伯筠記之。適據一大几，隨請題几上。州人亟模之石，相與率百金爲謝。伯筠怒目叱去。清晨拏小舟徑歸。子發走十餘輩，挽之不回。嗚呼！世豈復有斯人哉。（見李之儀《姑溪居士前集·題跋》）

清高集（佚）

（北宋）江山祝常撰

祝常有《元誥正謨論》，前《子部·儒家類》已著録。《宋元學案·安定學案》載有祝常事跡，稱祝常有《清高集》。此集今佚。《郎峰六川祝氏世譜》卷十一載有祝常《清罷新法疏》，同卷所載楊時《清高集序》當爲修譜者托名僞作。

毛漸詩集（佚）

（北宋）江山毛漸撰

毛漸有《表奏》，前《史部·奏議類》已著録。《宋史·藝文志一》著録《毛漸詩集》十卷，列於《經部·詩類》。此頗疑毛漸《詩集》爲其詩詞之集，而非解《詩經》之作，故此入集部。［天啓］《衢州府志·藝文志》、［天啓］《江山縣志·建置志·書籍》、［康熙］《衢州府志·藝文考》皆著録毛漸《詩文表奏》。毛漸當有詩文之作。毛漸《詩集》今佚。宋周應合［景定］《建康志·城闕志三》有毛漸詩《此君亭歌》。宋林師葳等編《天台續集》卷中有毛漸詩《劉阮洞》，清厲鶚《宋詩紀事》卷二十三引《天台山志》載此詩題名爲《桃源洞》。《宋詩紀事》、［天啓］《江山縣志·藝文志》有毛漸詩《水簾泉》，康熙癸巳《江山縣志·藝文志》有其《開梅山頌（有引）》《題李翰林詩集後》。《江山清漾毛氏譜·内集》卷五有毛漸《宋贈中大夫潛翁公墓誌銘》，卷六有其詩《題水簾洞（仙居寺）》。宋紹興婺州州學刻本《古三墳書》有毛漸《古三墳書序》，《江山清漾毛氏譜·内集》卷首有毛漸所作譜序。

伯堅文集（佚）

（北宋）江山周穎撰

周穎字伯堅，江山人。受業安定胡公，以行義稱，與趙公抃、李公覯交游。熙寧詔舉有學術者，守以穎薦，賜進士第，授校書郎，後出宰樂清。有文集行於世。事跡見［弘治］《衢州府志·人物志·節義》。［天啓］《江山縣志·建置志·書籍》著録周穎《伯堅文集》。周穎此集今佚。《芳坂學坦留嘉鍾周氏宗譜》卷七有周穎《小江郎構觀音閣疏》、詩《旅況》《讀莊子栩栩蝴蝶句偶成》《濠上吟》。

宮詞一卷（存）、齊峰集（佚）

（北宋）江山周彦質撰

周彦質字文之，江山人。以進士第。歷官循州守，治民以教化爲本，蘇軾以"默化"名其堂。官終發運使。所著有《齊峰集》行於世。事跡見徐象梅《兩浙名賢録·吏治》。［嘉靖］《衢州府志·人物紀二·甲科》載周彦質爲熙寧六年進士。［天啓］《江山縣志·建置志·書籍》著録周彦質《齊峰集》。［同治］《江山縣志·邑人纂述書目》

作周彦質《齋峰集》，“齋”字當爲“齊”。彦質此集今佚。周彦質有《賀鄭憲被召啓》《賀吕丞相帥永興啓》，載於魏齊賢、葉棻同輯《五百家播芳大全文粹》卷十五、卷十六。康熙癸巳《江山縣志·藝文志》有周彦質詩《瀟巖》。陳振孫《直齋書録解題·總集類》載：“《五家宮詞》五卷，石晉宰相和凝、本朝學士宋白、中大夫張公庠、直祕閣周彦質及王仲修，共五人。各百首。”周彦質《宮詞》，今存宋本，卷端署“奉議郎直祕閣權發遣江南東路計度轉運副使周彦質”撰。周氏《宮詞》文詞華美，主要描寫帝王、大臣等宮廷活動，歌頌帝王豐功偉績，其寫宮廷政事如第一首：“正朝排仗謹天元，常服無令入禁闈。十樣冠裳五千襲，紫宸前殿對諸蕃。”寫宮廷節慶活動如第十五首：“元宵鼓吹滿嚴城，萬燭螢煌禦駕行。才入端門回鳳輦，兩軍遊藝一齊呈。”寫宮廷日常生活如第三十八首：“名園蹴鞠稱春遊，近密宣呈技最優。當殿不教身背向，側中飛出足跟毬。”爲帝王歌功頌德如第六十八首：“聖主邊謀過六奇，指蹤決勝率前知。深沈清禁傳三皷，猶報金牌出睿思。”《書録解題》著録《五家宮詞》，周彦質《宮詞》爲其一。後有《四家宮詞》《十家宮詞》等，皆收録周彦質《宮詞》。《衢州文獻集成》據宋刻《四家宮詞》本影印。

王漢之文集三十卷（佚）

（北宋）常山王漢之撰

　　王漢之字彦昭，常山人。熙寧六年進士。元祐初，先後知金華、澠池縣。建中靖國元年，爲開封府推官。後遷工部員外郎，尋遷吏部，兼國史編修官。再遷禮部侍郎、户部侍郎、兵部侍郎。又先後出知瀛洲、蘇州、潭州、洪州、鄭州、青州、鄆州、定州、濠州、江寧府。漢之自經術、政事、文詞、字畫、養生、方外之理皆爲之意。有集三十卷。事跡見程俱《北山小集·行狀》所載《延康殿學士中大夫提舉杭州洞霄宮信安郡開國侯食邑一千七百户實封一百户贈正奉大夫王公行狀》及《宋史》本傳。漢之《文集》今佚。

王涣之文集三十卷（佚）

（北宋）常山王涣之撰

　　王涣之字彦舟，常山人。元豐二年進士。元祐中，通判衛州。元符間，除吏部員外郎，充國史院編修官，尋兼《哲宗實録》檢討官，修元符敕令參詳官，遷尚書左司員外郎。建中靖國元年，遷起居舍人。崇寧元年，遷吏部侍郎。又先後知廣州、舒州、福州、滁州、潭州、杭州、壽州等。有《文集》三十卷。事跡見程俱《北山小集·墓銘一》所載《寶文閣直學士中大夫致仕太原郡開國侯食邑一千四百户實封一百户贈正議大夫王公墓誌銘》及《宋史》本傳。涣之《文集》今佚。

東堂集十卷（存）、東堂詞一卷（存）、東堂詩四卷（佚）、書簡二卷（佚）、樂府二卷（佚）
（北宋）江山毛滂撰

毛滂字澤民，江山人。元祐中，東坡守錢塘，澤民爲法曹，秩滿辭去，有歌贈別小詞。公問誰作，以毛法曹對，公語客曰：“郡僚有此詞人而不及知，某之罪也。”翌日，折簡追還，留連數月，澤民因此得名。官至祠部副郎，知秀州。有《東堂集》。事跡見［弘治］《衢州府志·人物志·文士》。《宋史·藝文志七》著錄《毛滂集》十五卷。陳振孫《直齋書錄解題·別集類中》載：“《東堂集》六卷、《詩》四卷、《書簡》二卷、《樂府》二卷，祠部郎江山毛滂澤民撰。滂爲杭州法曹，以樂府詞有佳句，受知於東坡，遂有名。嘗知武康縣，縣有東堂，集所以名也。又嘗知秀州，修月波樓，爲之記。其詩文視樂府頗不逮。”同書《歌詞類》又載：“《東堂詞》一卷，毛滂澤民撰。本以‘斷魂分付潮回去’見賞東坡得名，而他詞雖工，未有能及此者。”四庫館臣引《書錄解題》載滂有《書簡》一卷，或誤。《書錄解題》著錄十四卷，加《東堂詞》一卷，毛滂全集合爲十五卷，故《宋史·藝文志》載《毛滂集》十五卷。［天啓］《江山縣志·建置志·書籍》著錄爲毛滂《東堂文集》。毛滂《東堂詩》《書簡》《樂府》已佚，《東堂集》《東堂詞》今存。

今所存《東堂集》爲四庫館臣自《永樂大典》中輯出，編爲十卷，非原毛滂集之舊。此集卷一至四爲詩賦，有賦二篇、五言古詩二十六首、七言古詩三十四首、五言律詩三十七首、七言律詩六十六首、五言絕句二十二首、七言絕句八十六首；卷五至十爲文，有制三篇、表五篇、啓二十八篇、書二十九篇、記九篇、序三篇、贊六篇、銘一篇、墓誌四篇、文十五篇。《江山清漾毛氏族譜·內集》卷六有毛滂詩《仙居禪院》《題仙居禪院懷舒閣（並序）》，不見於《東堂集》。是書除《四庫全書》本外，國家圖書館有清抄本、清乾隆鮑氏《知不足齋叢書》刻本，浙江圖書館清顧氏藝海樓抄本，中山大學圖書館有清南海孔氏嶽雪樓抄本，皆本於《四庫全書》。《衢州文獻集成》據浙圖藏清顧氏抄本影印。

《東堂詞》一卷，收錄毛滂詞二百三調。毛滂爲蘇軾弟子，東坡曾作《次韻毛滂法曹感雨詩》，有言：“公子豈我徒，衣鉢傳一簞。定非郊與島，筆勢江河寬。”可見蘇公甚重毛滂，以孟郊、賈島比之。清人張思巖《詞林紀事》評毛詞曰：“其令武康東堂《驀山溪》詞最著，其小序亦工”，“今讀《山花子》《剔銀燈》《西江月》諸詞，想見一時主賓，試茶勸酒，競渡觀燈，伐柳看山，插花劇飲，風流跌宕，承平盛事，試取‘聽訟陰中苔自綠，舞衣紅’之句，曼聲歌之，不禁低徊欲絕也。”張氏以爲，毛滂“謂非元祐初一知名之士也？知之者，豈獨一蘇公耶”。今人薛礪若認爲毛氏爲當時宋詞中瀟洒派之領袖，其言：“他有耆卿之清幽，而無其婉膩；有東坡之疏爽，而無其豪縱；有少游之明暢，而無其柔媚。他是一個俯仰自樂、不沾世態的風雅作家。"①《東堂詞》現存版本以明末毛氏汲古閣《宋名家詞》本爲早，清代諸刻本、抄本多源於汲古閣本，而民國六年《彊村叢書》刻本與毛氏本稍異。《衢州文獻集成》據浙江圖書館藏明崇禎毛氏汲古閣刻本影印。

《四庫全書總目·〈東堂集〉提要》：《東堂集》十卷（《永樂大典》本），宋毛滂撰。滂字澤民，衢州江山人。官至祠部員外郎，知秀州。陳振孫《書録解題》載滂《東堂集》六卷、《詩》四卷、《書簡》一卷、《樂府》二卷。滂嘗知武康縣，縣有東堂，故以名其集也。初，元祐中蘇軾守杭州，滂爲法曹，秩滿，去，已行抵富陽，軾聞有歌其《惜分飛》詞者，折簡追還，留連數月，由此知名。然其後乃出蔡氏兄弟之門。蔡絛《鐵圍山叢談》載，蔡京柄政時，滂上一詞甚偉麗，因驟得進用。王明清《揮麈後録》又載，"滂爲曾布所賞，擢置館閣，布南遷，坐黨與得罪，流落久之。蔡卞鎮潤州，與滂俱臨川王氏婿，滂傾心事之。一日家集，觀池中鴛鴦，卞賦詩云'莫學饑鷹飽便飛'，滂和呈云'貪戀恩波未肯飛'，卞妻笑曰：'豈非適從曾相公池中飛過來者乎？'滂大慚"云云。是其素行儇薄，反覆不常，至爲婦人女子所譏，人品殊不足重。即集中所載酬答之文，亦多涉請謁干祈，不免脂韋涊忍之態，故陳振孫謂其詩文視樂府頗不逮，蓋亦因其人而少之。然平情而論，其詩有風發泉涌之致，頗爲豪放不羈，文亦大氣盤礴，汪洋恣肆，與李廌足以對壘。在北宋之末，要足以自成一家，固未可竟置之不議也。謹從《永樂大典》搜採裒輯，釐爲詩四卷、文六卷，仍還其十卷之舊。其書簡即附入文集，不復別編。至所作《東堂詞》，則毛晉已刊入《六十家詞》中，世多有其本，今亦別著於録焉。（見《四庫全書總目·集部·別集類八》）

《四庫全書總目·〈東堂詞〉提要》：《東堂詞》一卷（江蘇巡撫採進本），宋毛滂撰。滂有《東堂集》，已著録。此詞一卷，載於馬端臨《經籍考》，與今本相合。蓋其文集久佚，今乃裒録成帙。其詞集則別本孤行，幸而得存也。端臨又引《百家詩序》稱其罷杭州法曹時，以贈妓詞"今夜山深處，斷魂分付潮回去"句，見賞於蘇軾。其詞爲《惜分飛》，今載集中。然集中有《太師生辰詞》數首，實爲蔡京而作。蔡絛《鐵圍山叢談》載其父柄政時，滂獻一詞甚偉麗，驟得進用者，當即在此數首之中。則滂雖由軾得名，實附京以得官，徒擅才華，本非端士。方回《瀛奎律髓》乃以爲守正之士，蓋偶未及考。其詞則情韻特勝，陳振孫謂滂"他詞雖工，終無及蘇軾所賞一首者"，亦隨人作計之見，非篤論也。其文集、詞集並稱"東堂"者，滂令武康時，改"盡心堂"爲"東堂"，集中《驀山溪》一闋，自注其事甚悉云。（見《四庫全書總目·集部·詞曲類一》）

---

① 薛礪若：《宋詞通論》，上海書店1985年，第130頁。

春日書懷詩集（佚）

（北宋）常山江緯撰

江緯字彦文，常山人。元符中爲太學生。徽宗登極，應詔上書，陳大中至正之道，言頗剴切，上大喜，召對稱旨，賜進士及第，除太學正，自此聲名籍甚。政和末，爲太常少卿。晚批出改除宗正少卿，繼而外出知處州。緯精於經學，口授諸生，皆能發前儒未發之旨，從子少齊、少虞、漢皆從受業，若負笈而至者則汪藻、程俱、李處業、趙子晝等七人，擢科顯仕，時人指爲文中虎，遂扁講學之所曰七賢堂。事跡見王明清《玉照新志》卷三、徐象梅《兩浙名賢録・儒碩》。《玉照新志》言江緯進士及第在徽宗即位之年，《兩浙名賢録》言其哲宗元符三年中進士，［嘉靖］《衢州府志・人物紀二・甲科》載其爲元符二年進士，不知孰是。［弘治］《衢州府志・人物志・事功》稱江緯有《春日書懷》唱酬之作。［天啓］《衢州府志・藝文志》著録江緯《春日書懷集》。［康熙］《衢州府志・藝文考》著録爲江緯《春日書懷詩集》。此書今佚。陳耀文《花草粹編》卷二十二有江緯詞《向湖邊》，此爲江緯自制詞牌名，因"向湖邊柳外"而得名，但其詞牌近"拜星月慢"，故［雍正］《浙江通志・古蹟志十》引江緯此詞而其名曰《拜星月詞》。［光緒］《開化縣志》載江緯爲開化人，該書《藝文志》言緯有《春日書懷詩》《拜新月詞》，此"《拜新月詞》"當是"《拜星月詞》"之誤，且《拜星月詞》僅爲一首詞，而非獨立成書。［弘治］《衢州府志・詩文志》有江緯詩《七賢堂》，［嘉靖］《衢州府志・山川紀・古蹟》有其詩《和萃清閣》。

嚴谷集二十卷（佚）

（北宋）開化江袤撰

江袤字仲長，開化人。弱冠登甲科，娶曾布女。以趙鼎、謝克家薦，補官入敕局授删定官。有《嚴谷集》，藏於家。事跡見［嘉靖］《衢州府志・人物紀・文苑》。［嘉靖］《府志》、［萬曆］《常山縣志・選舉表・隱逸》載江袤爲常山人，［崇禎］《開化縣志・人物志・文學》載袤爲開化人。程俱《北山小集・墓銘四》載有《江仲舉墓誌銘》，言"襃字仲舉，開化通德諸江也"，有弟袤仲長、襃仲嘉。可見江袤爲開化人。《宋史・藝文志七》著録《江袤集》二十卷。［康熙］《衢州府志・藝文考》著録江袤《嚴谷集》二十卷。［萬曆］《常山縣志・山川表》於"嚴谷"條下載，嚴谷，在縣北三十八里，山下有嚴姓居焉，故號。江袤此集今佚。明焦竑《老子翼・附録》載江袤之文近一千三百字，末言"並見《嚴谷集》"。宋人史鑄《百菊集譜》卷四載有江袤詠菊詩《都勝菊》《御愛菊》《五色菊》。［弘治］《衢州府志・詩文志》載有江袤詩《靈峰》。

江褒遺稿五卷（佚）

（北宋）開化江褒撰

江褒字仲嘉，開化人。登進士第。調餘杭尉，終餘杭宰。善楷書，自謂鍾、王、虞、褚以來，皆傳一法，非取其形似也，篆、隸俱入能品。有《遺稿》五卷。事跡見程俱《北山小集·墓銘二》所載《承議郎信安江君墓誌銘》、[弘治]《衢州府志·人物志·事功》。[弘治]《衢州府志·科貢志》載紹聖元年進士有江褒。江褒此書今佚。《江山清漾毛氏族譜·外集》卷二有江褒《宋朝奉郎簽書婺州節度判官廳事賜緋魚袋毛公行狀》。

江袞遺稿三卷（佚）

（北宋）開化江袞撰

江袞字聖潛，開化人。大觀戊子進士，授通州靜海縣主簿。滿歲，遷磁州邯鄲縣令。後知杭州餘杭縣。好讀書，至老手之不釋。時時作詩，多奇句。然爲文不喜留稿，今存者三卷。事跡見胡寅《斐然集·墓誌銘》所載《左朝散郎江君墓誌銘》。江袞之作有三卷，不知書名，此姑以《江袞遺稿》稱之。此書今佚。

彦爲文集（佚）

（北宋）西安馮熙載撰

馮熙載字彦爲，西安人。舉進士，爲弋陽尉。旋除祕書省正字，遷著作佐郎、起居郎、中書舍人，由大司成拜翰林學士，旬除尚書左丞，逾年遷中書侍郎。以資政殿學士知亳州，尋提舉洞霄宮，起知福州。引疾，再領宮祠。事跡見王稱《東都事略》本傳。[弘治]《衢州府志·科貢志》載馮熙載爲大觀元年進士。[天啓]《衢州府志·藝文志》著録馮熙載《彦爲文集》。此集今佚。王明清《揮麈後録》卷四載，"徽宗宣和七年十二月二十一日，就睿謨殿張燈預賞元宵，曲燕近臣，命左丞王安中、中書侍郎馮熙載爲詩以進"，其下録有馮熙載詩。[弘治]《衢州府志·詩文志》載馮熙載詩《爛柯山》。

華陽集（佚）

（北宋）西安盧襄撰

盧襄有《西征記》，前《史部·傳記類》已著録。[天啓]《衢州府志·藝文志》著録盧襄《華陽集》。此集今佚。宋林師蒇等《天台續集》卷下收有盧襄詩《石橋道中》三首，元方回《瀛奎律髓》卷二十録有盧襄詩《窗外梅花》，明李蓘《宋藝圃集》卷十二收有盧襄詩《桐君祠作招仙詞》《姑蘇臺》《吳江懷古》《雍丘》《招隱》《又歌》，清厲鶚《宋詩紀事》卷三十八收録盧襄詩《遊南巖山》《剡溪》《隱天閣》

《瑞香花》《登玉虹亭》《遊定林寺》《上鹿苑寺》《途中書懷寄奉化知縣》《春興》《窗外梅花》《酴醾花》《桐君祠作招仙詞》《招隱》。[弘治]《衢州府志·詩文志》載有盧襄詩《爛柯山》,[嘉慶]《西安縣志·藝文志下》有盧襄詩《爛柯山》《和田南仲梅》《秋暮》。

爛柯集（佚）、毛友文集四十卷（佚）
（北宋）西安毛友撰

毛友有《左傳類對賦》,前《子部·類書類》已著録。尤袤《遂初堂書目·別集類》著録毛友《爛柯集》。《宋史·藝文志七》著録《毛友文集》四十卷。此集今佚。高似孫《蟹略》卷一有毛友詩"長安酒苦貴,蟹初臂著霜"句,卷二有其詩"身綴鵷鷺集鳳池,夢尋麋鹿遊蟹埕"句,卷四有其《康判官寄螃蟹》詩曰"沙頭郭索衆橫行,豈料身歸五鼎烹。支解樽前供大嚼,胸中戈甲也虛名"。史鑄《百菊集譜》卷六中有毛友"自有清香處處知"一語。[嘉靖]《衢州府志·山川紀·古蹟》載有毛友詩《從山閣》,冷時中《爛柯山志》有其詩《爛柯山》,[嘉慶]《西安縣志·藝文志下》有其詩《冷泉亭（並序）》。《江山清漾毛氏譜·內集》卷五有毛友《奉孺人江氏墓誌銘》。《清漾毛氏族譜·藝文選》有毛友詩《玉晨鑒義茵公見訪》[①],然此詩並未見《江山清漾毛氏族譜》,不知何據。

陳應祥詩集二十卷（佚）
（北宋）西安陳應祥撰

陳應祥字知明。政和間,試修文輔教科,授道至元素大夫凝神殿校籍,嘗詔爲高麗國教師。尚書毛友以詩送之。應祥能詩,首抄爲二十卷。人傳其《西興晚望》一律云:"晚色催吟思,江風掠斷霞。亂鳥投岸木,幽鷺集河沙。月出海門近,人歸渡口譁。會須操舴艋,隨處是天涯。"復於太虛觀側草庵,程俱名以常清靜且銘之,趙子畫爲書,鄭仲熊跋。事跡見[弘治]《衢州府志·仙釋傳》。應祥《詩集》今佚。

碧川濯纓録（佚）
（北宋）西安鄭道撰

鄭道字待問,自號碧川居士。情耽幽靜,不詭隨於流俗。與毛开、范進筑精舍於梅巖,深究《易》理。士大夫就訪無虛日。一時詩人墨士,如盧襄、馮熙載、趙令袗輩,相與唱和往還。遺稿名《碧川濯纓録》,爲世稱重。事跡見[民國]《衢縣志·人物志一》。鄭道《碧川濯纓録》今佚。

---

① 浙江省江山市檔案局編:《清漾毛氏族譜·藝文選》,第23頁。

和清真詞一卷（存）

（北宋）西安方千里撰

　　方千里，事跡不詳。《和清真詞》一卷，乃和周邦彥詞，共九十四調。對方千里和清真詞，後人評價不一。劉體仁《七頌堂詞繹》評曰："千里偏和美成詞，非不甚工，總是堆練法，不動宕。唯'鴻影又被戰塵迷'一闋，差有氣。"馮煦《蒿庵論詞》評曰："千里和清真，亦趨亦步，可謂謹嚴。然貌合神離，且有襲跡，非真清真也。其勝處則近屯田，蓋屯田勝處，本近清真，而清真勝處，要非屯田所能到。"丁紹儀《聽秋聲館詞話》言："三衢方千里有《和清真詞》一卷，雖不能如驂之靳，與陳西麓頗堪並駕。"（上三書皆載於《詞話叢編》）毛晉《和清真詞原跋》曰："美成當徽廟時，提舉大晟樂府，每製一調，名流輒依律賡唱，獨東楚方千里、樂安楊澤民有《和清真全詞》各一卷，或合爲《三英集》行世。花菴詞客止選千里《過秦樓》《風流子》《訴衷情》三闋，而澤民不載，豈楊劣於方耶？"千里《和清真詞》現存版本以明末毛氏汲古閣《宋名家詞》本爲早，清代諸刻本、抄本多源於汲古閣本，《衢州文獻集成》據浙江圖書館藏明崇禎間毛氏汲古閣刻本影印。

　　《四庫全書總目·〈和清真詞〉提要》：《和清真詞》一卷（安徽巡撫採進本），宋方千里撰。千里，信安人。官舒州簽判。李龏《宋藝圃集》嘗録其《題真源宮》一詩，其事跡則未之詳也。此集皆和周邦彥詞。邦彥妙解聲律，爲詞家之冠，所製諸調，不獨音之平仄宜遵，即仄字中上、去、入三音亦不容相混，所謂分刌節度，深契微芒。故千里和詞，字字奉爲標準。今以兩集相較，中有調名稍異者，如"浣溪沙"，目録與周詞相同，而題則誤作"浣沙溪"；"荔枝香"，周詞作"荔枝香近"，吳文英《夢窗稿》亦同，此集獨少"近"字；"浪淘沙"，周詞作"浪淘沙慢"，蓋"浪淘沙"製調之始，皇甫松惟七言絕句，李後主始用雙調，亦止五十四字，周詞至百三十三字之多，故加以"慢"字，此去"慢"字，即非此調，蓋皆傳刻之訛，非千里之舊。又其字句互異者，如《荔枝香》第二調前闋"是處池館春遍"，周詞作"但怪燈偏簾卷"，不惟音異，平仄亦殊；《霜葉飛》前闋"自遍拂塵埃玉鏡羞照"句止九字，周詞作"透入清輝半晌特地留殘照"共十一字，則和詞必上脱二字；《塞垣春》前闋結句"短長音如寫"句，止五字，周詞作"一懷幽恨如寫"乃六字句，則和詞亦脱一字，後闋"滿堆襟袖"，周詞作"兩袖珠淚"，則第二字不用平聲，和詞當爲"堆滿襟袖"之誤；《三部樂》前闋"天際留殘月"句，止五字，周詞作"何用交光明月"，亦六字句，則和詞又脱一字。若《六醜》之分段，以"人間春寂"句屬前半闋之末，周詞刊本亦同，然証以吳文英此調，當爲過變之起句，則兩集傳刻俱訛也。據毛晉跋，"樂安楊澤民亦有《和清真詞》，或合爲《三英集》刊行"。然晉所刻六十一家之內，無澤民詞，又不知何以云然矣。（見《四庫全書總目·集部·詞曲類一》）

歸田閒詠十二卷（佚）

（北宋）常山胡緒撰

胡緒，事跡不詳。［嘉慶］《常山縣志·書目志》著錄胡緒《歸田閒詠》十二卷。此書今佚。

青山樂府一卷（佚）

（北宋）衢州徐伸撰

徐伸字幹臣，三衢人。政和初，以知音律爲太常典樂，出知常州。嘗自製《轉調二郎神》之詞云：“悶來彈鵲，又攪碎，一簾花影。謾試着春衫，還思纖手，薰徹金虬爐冷。動是愁端，如何向，但怪得新來多病。嗟舊日沈腰，如今潘鬢，怎堪臨鏡！重省。別時淚滴，羅襟猶凝。爲我厭厭，日高慵起，長託春醒未醒。鴈足不來，馬蹄難駐，門掩一亭芳景。空佇立，盡日欄干倚遍，晝長人靜。”事跡見王明清《揮塵餘話》卷二。黃昇《花菴詞選》卷八載：“徐幹臣，名伸，三衢人。有《青山樂府》一卷行於世，然多雜調詞。惟此一曲，天下稱之。”徐伸《青山樂府》今佚。《花菴詞選》有徐伸詞《二郎神》。

北山小集四十卷（存）、北山律式二卷（佚）

（南宋）開化程俱撰

程俱有《宋徽宗實錄》，前《史部·實錄類》已著錄。程俱《北山小集》，又稱《北山集》。葉夢得爲其書作序稱《程致道集》。尤袤《遂初堂書目·別集類》著錄程俱《北山集》。《宋史·藝文志七》著錄《程俱集》三十四卷。陳振孫《直齋書錄解題·別集類下》載：“《北山小集》四十卷，中書舍人信安程俱致道撰。俱父祖世科，而俱乃以外祖鄧潤甫蔭入仕，宣和中賜上舍出身，爲南宮舍人，紹興初入西掖。徐俯爲諫議大夫，封還詞頭，罷去。後以次對修史，病不能赴而卒。”此書四十卷本，有古詩八卷、律詩二卷、絕句一卷、賦騷一卷、論二卷、雜著三卷、碑記二卷、表一卷、啓、書、咨目、簡合一卷、外制六卷、內制、進故事合一卷、進講一卷、墓誌銘四卷、行狀一卷、狀劄六卷。程俱歷經兩宋交際之亂，然心存民生，此在其詩文中多所反應。葉夢得序曰：“今觀其文精確深遠，議論皆本仁義，而經緯錯綜之際，則左丘明、班孟堅之用意也。至於詩章，兼得唐中葉以前名士衆體。晚而在朝，雖不久遇，所建明尤偉，蓋其爲人剛介自信，擇於理者明所行，寧失之隘不肯少貶以從物。是以善類皆相與，推先惟恐失，雖有不樂之者，亦不敢秋毫加疵病，信乎直道之不可終屈也。”程俱詩文較有價值，引起後人關注，出現了不同選本。《北山律式》所選程俱詩，當出於《北山小集》，《律式》今已散佚。明人施介夫輯有《北山小集》八卷，有五言律詩一卷，七言律詩一卷，賦、表、記一卷，序、論、辨、題、傳、書、祭文、贊一卷，後附程俱行狀一卷。另清人吳之振編《宋詩鈔》中選有《北山小集鈔》一卷，《宋人小集六十八種》收錄《北山小集》二卷。《北山小集》清代抄本較多，國家圖書館就有清道光五年袁氏貞節堂抄本、道光七年張蓉鏡家抄本等。又有傅增湘影宋寫本，《四部叢刊續編》《衢州文獻集成》影印。

《四庫全書總目·〈北山小集〉提要》:《北山小集》四十卷（浙江鮑士恭家藏本），宋程俱撰。俱有《麟臺故事》，已著録。是集凡詩十一卷、賦及雜文二十九卷。俱天性伉直，其在掖垣，多所糾正。如《高宗幸秀州賜對劄子》極言賞罰施置之當合人心，《論武功大夫蘇易轉橫行劄子》極言朝廷之當愛重官職，又徐俯與中人唱和，驟轉諫議大夫，俱亦繳還録黃，頗著氣節。今諸劄俱在集中，其抗論不阿之狀，讀之猶可以想見。至制誥諸作，尤所擅場。史稱其典雅閎奧，殆無愧色。詩則取逕韋、柳以上闚陶、謝，蕭散古澹，亦頗有自得之趣。其《九日》一首，毛奇齡選唐人七律，至誤以爲高適之作，足知其音情之近古矣。其集傳世頗稀，此本乃石門吳之振得於泰興季振宜家，蓋猶從宋槧抄存，故鮮所闕佚。近時厲鶚作《宋詩紀事》，載俱古詩二首、律詩二首、聯句一首，皆稱採自《北山集》，而其中《南園》一首，檢集本實作《章僕射山林》，與鶚所引已不相合。又《遊大滌》一首採自《洞霄詩集》，而集本第三卷内有《同餘杭尉江仲嘉褒道人陳祖德良孫遊洞霄宮》一首，檢勘即鶚所引而篇幅較長，幾過其半，鶚亦不及詳檢，反欲以補是集之遺，殊爲疎舛。殆鶚據他書轉引，未見此本歟。（見《四庫全書總目·集部·別集類九》）

《四庫全書總目·〈北山律式〉提要》:《北山律式》二卷附《王炎詩》一卷《晁冲之詩》一卷（浙江鮑士恭家藏本），宋葉夢得所選程俱詩也。夢得有《春秋傳》，俱有《麟臺故事》，皆已著録。是編前有夢得序，稱:“致道《北山集》四十卷，既爲之序，人皆知致道之文，而不知其詩。即知其詩，亦僅知其古風，而不知其律詩之妙。及門鄭晦係致道同里人，初學韻語，予謂其何舍近而就遠也？因選録致道近體詩二卷，名曰《北山律式》”云云。其文淺鄙，不似夢得他作。《北山集》已別著録，此爲駢拇枝指，無論真偽矣。卷後附録王炎《雙溪類稿》十數首，晁冲之《具茨集》數首，尤不解其何意，大抵雜湊之本，姑充插架之數者也。（見《四庫全書總目·集部·別集類存目一》）

樵隱詞一卷（存）、樵隱集十五卷（佚）
（南宋）西安毛开撰

毛开字平仲，西安人，毛友子。負氣不群，詩文清快。與尤袤延之相厚，自宛陵罷官歸，號樵隱居士。有集。事跡見韓淲《澗泉日記》卷中。《宋史·藝文志七》著録毛开《樵隱集》十五卷。陳振孫《直齋書録解題·別集類下》載:“《樵隱集》十五卷，信安毛开平仲撰。禮部尚書友之子，負才傲世，仕止州倅。與尤遂初厚善，臨終以書別之，囑以志墓。延之既爲銘，又序其集。"同書《歌詞類》又載："《樵隱詞》一卷，毛开平仲撰。"毛开《樵隱集》今佚，《樵隱詞》今存。《遂初堂書目》載有毛开《遂初堂書目序》，〔弘治〕《衢州府志·詩文志》載有毛开《超覽堂記》《和風驛記》《竚舟亭記》、詩《塵外堂》《闓山亭》《雲山閣》，厲鶚《宋詩紀事》卷四十九有其詩《泊釣臺》①。

《樵隱詞》一卷，共四十二調。卷前有乾道中永嘉王木叔《題樵隱詞》，其言："《樵隱詩餘》一卷，信安毛平仲所作也。平仲爲人傲世自高，與時多忤，獨與錫山尤遂初厚善，臨終以書別之，囑以志墓，遂初既爲墓誌銘，又序其集。或病其詩文視樂府頗不逮其，然豈其然乎？"又毛晉《樵隱詞跋》曰："平仲三衢人，仕止州倅，禮部尚書友之子。負才玩世，頗有毛伯成之風。撰《樵隱集》十五卷，尤延之爲序，惜乎不傳。楊用修云，'毛开《小詞》一卷，惟余家有之'，極賞其'潑火初收'一闋，今亦不多見。余近得楊夢羽先生秘藏《宋元名家詞》抄本二十七種，內有《樵隱詩餘》一卷，共四十二首，調名二十有三，亟梓而行之，庶不與集俱湮耳。"毛开《樵隱詞》現存版本以明末毛氏汲古閣《宋名家詞》本爲早，清代諸刻本、抄本多源於汲古閣本，《衢州文獻集成》據浙江圖書館藏明崇禎間毛氏汲古閣刻本影印。

《四庫全書總目·〈樵隱詞〉提要》:《樵隱詞》一卷（安徽巡撫採進本），宋毛开撰。开字平仲，信安人，舊刻題曰"三衢"，蓋偶從古名也。嘗爲宛陵、東陽二州倅，所著有《樵隱集》十五卷，尤袤爲之序，今已不傳。陳振孫《書録解題》載《樵隱詞》一卷。此刻計四十二首，據毛晉跋謂得自楊夢羽家秘藏抄本，不知即振孫所見否也。开他作不甚著，而小詞最工。卷首王木叔題詞有"或病其詩文視樂府頗不逮"之語，蓋當時已有定論矣。集中《滿江紅》"潑火初收"一闋，尤爲清麗芊眠，故楊慎《詞品》特爲激賞。其《江城子》一闋注"次葉石林韻"，後半"爭勸紫髯翁"句，實押翁字，而今本《石林詞》此句乃押"宮"字，於本詞爲復用，可訂《石林詞》刊本之譌。至於《瑞鶴仙》一調，宋人諸本並同，此本乃題與目録俱譌作《瑞仙鶴》。又《燕山亭》前闋"密映窺亭亭萬枝開遍"句止九字，考曾覿此調作"寒壘宣威，紫綬幾垂金印"共十字，則窺字上下必尚脱一字，尾句"愁酒醒緋千片"止六字，曾覿此調作"長占取朱顏緑鬢"共七字，則緋字上下，又必尚脱一字。其餘如《滿庭芳》第一首注中"東陽"之譌"東易"，第三首注中"西安"之譌"四安"，《好事近》注中"陳天予"之譌"陳天子"，魯魚糾紛，則毛本校讎之疎矣。陳正晦《遜齋閒覽》載开爲郡，因陳牒婦人立雨中，作《清平調》一詞，事既媟褻，且开亦未嘗爲郡。此宋人小説之誣，晉不收其詞，特爲有識。今附辨於此，亦不復補入云。（見《四庫全書總目·集部·詞曲類一》）

---

① 浙江省江山市檔案局編《清漾毛氏族譜·藝文選》有毛开詩《月坡亭李耆明見菊》，第25頁。然此詩並未見《江山清漾毛氏族譜》。〔弘治〕《衢州府志·詩文志》載此詩，爲李耆明《月坡見菊》。《藝文選》誤收。

謝峰集（佚）

（南宋）常山江躋撰

江躋有《柏臺奏議》，前《史部·奏議類》已著録。［雍正］《常山縣志·藝文志》著録江躋《謝峰集》。此集今佚。

須江集（佚）

（南宋）江山柴紱撰

柴紱有《憲度權衡》，前《史部·政書類》已著録。據前引［弘治］《衢州府志》所載柴紱傳略可知，其還撰有《須江集》。［康熙］《衢州府志·藝文考》分别著録有劉敏士《須江集》、柴紱《須川文集》，有誤，前文於柴紱《憲度權衡》條已辨。［天啓］《江山縣志·建置志·書籍》著録柴紱《湏川文集》。此以［弘治］《府志》所載《須江集》爲是。此集今佚。

劉冠集一卷（佚）

（南宋）龍游劉冠撰

劉冠字仲元，龍游人。舉政和八年進士，以尚書郎爲吏部使者。有文集，周必大爲序。事跡見［弘治］《衢州府志·人物志·文士》。［萬曆］《龍游縣志·藝文志》著録《劉冠集》一卷。［天啓］《衢州府志·藝文志》著録爲劉冠《仲元文集》。此集今佚。

江少虞文集（佚）

（南宋）常山江少虞撰

江少虞有《經説》，前《經部·五經總義類》已著録。［康熙］《衢州府志·藝文考》著録《江少虞文集》。此集今佚。

伯原文集（佚）

（南宋）西安舒清國撰

舒清國字伯原，西安人。以上舍第甲科，爲秀州司士曹。建炎初，自館職轉對，爲上所知。歷遷太常少卿，再爲權中書舍人，後知道州。事跡見徐象梅《兩浙名賢録·讜直》。［弘治］《衢州府志·科貢志》載舒清國爲政和八年進士，同書《人物志·事功》載清國有文集藏於家。［天啓］《衢州府志·藝文志》著録舒清國《伯原文集》。此集今佚。［民國］《衢縣志·古蹟志·宅第園亭》有舒清國詩《迎暉閣》。

南渡集二十卷（佚）

（南宋）西安孔端朝撰

孔端朝有《闕里世系續》，前《史部·傳記類》已著録。據程敏政《新安文獻志·行實·寓公》載有李以申《孔右司端木傳》，孔端朝有《南渡集》二十卷。此書今佚。

沂川集（佚）

（南宋）西安孔端問撰

孔端問字子誠，孔傳子。篤學，工詩。宣和七年，恩例授迪功郎。靖康元年，任仙源縣丞。紹興間，授從政郎、洪州奉新縣丞。著有《沂川集》。事跡見徐映璞《孔氏南宗考略·宋代名賢事跡考》[①]。端問《沂川集》今佚。

杉溪集（佚）

（南宋）西安孔傳撰

孔傳有《東家雜記》，前《史部·傳記類》已著録。據黃震《黃氏日抄》卷三十二所載《闕里譜系》，孔傳有《杉溪集》。此集今佚。

西安詩集（佚）

（南宋）西安知縣仙居吳詠撰

［民國］《衢縣志·藝文志下》載："《西安詩集》，宋西安縣令吳詠撰。《浙江通志》引《赤城志》：吳咏，仙居人，字永言。建炎、紹興時人。《選舉下》作臨海人。"吳詠《西安詩集》作於任西安知縣時，内容當涉衢州。《西安詩集》今佚。

徐逸平集（佚）、徐逸平詩帖（佚）

（南宋）江山徐存撰

徐存有《書籍義》，前《經部·書類》已著録。據袁甫《蒙齋集》可知，徐存有《徐逸平集》《徐逸平詩帖》，此二書皆後人整理徐存之作，今皆佚。［天啓］《江山縣志·藝文志》有徐存詩《潛心室》。

袁甫《徐逸平集序》：學有淵源，人有傳授。逸平徐公自言其學得於蕭先生，蕭先生得於龜山楊先生，蓋出於伊洛之學者也。觀逸平所著書，淵源傳授概可知矣。而余所深敬逸平者，非徒以其言也，以行足以副其言。《記》曰："天下有道，則行有枝葉；天下無道，則辭有枝葉。"夫言辭，豈君子所貴哉？枝葉之盛，本根之衰，平日躬行，果無愧怍，發而爲言，斯足貴矣。逸平信其素學，恬然不以仕進爲意，行乎於鄉，咸師尊之。五峰胡公，一時之傑，往復書辭，亦以先生稱則其行卓矣，豈徒言而已哉？余既爲逸平書其墓，江山王令哀其遺稿，又以序見屬，余遂得寓目焉。中庸曰："言顧行，行顧言。"其逸平之謂乎！（見袁甫《蒙齋集·序》）

袁甫《跋徐逸平詩帖》：此邦尊事清獻趙公，既祠於學矣。歲時，郡守帥僚屬展

① 徐映璞：《孔氏南宗考略》，見《兩浙史事叢稿》，第27頁。

拜其墓，所以勵節行厚風俗也。方將推廣斯意，益求前輩師友淵源所自，如徐逸平之師楊龜山者，表而出之。今得見逸平與其高弟鄭吏部詩篇，斂衽三復，良用感歎。吏部之孫洋，儻有志焉，盡搜逸平遺書來，當與學者共之，是余之志也。（見袁甫《蒙齋集·題跋》）

天籟編（佚）
（南宋）開化江泳撰

　　江泳有《易解》，前《易類》已著録。據樓鑰《攻媿集·誌銘》所載《江元適墓誌銘》，江泳有《天籟編》。此書今佚。

小艇集（佚）
（南宋）西安柴安宅撰

　　《宋史·禮志二十二》載，紹興五年，詔周世宗玄孫柴叔夏爲右承奉郎，襲封崇義公，奉周後；二十六年，叔夏陞知州資序，別與差遣。以子國器襲封，令居衢州，朝廷有大禮，則入侍祠如故事；其柴大有、柴安宅亦各補官。［嘉靖］《衢州府志·人物紀·僑寓》載，“（柴）安宅字居仁，能詩，有《小艇集》”。［天啓］《衢州府志·藝文志》著録周恭帝後柴安宅《小艇集》。安宅此集今佚。

嚴陵十詠（佚）
（南宋）西安柴國寶撰

　　［嘉靖］《衢州府志·人物紀·僑寓》載，“（柴）國寶字唯賢，亦能詩，人傳其《嚴陵十詠》”。［天啓］《衢州府志·藝文志》亦著録柴國寶《嚴陵十詠》。此書今佚。

退翁集三十卷（佚）
（南宋）江山柴瑾撰

　　柴瑾字叔懷，江山人。紹興八年進士。淳熙二年，除尚書右司郎中，五月除殿中侍御史。有《退翁集》二十卷及《文選類要》三十卷，傳於世。事跡見《嵩高柴氏世集勳德録》卷二。《勳德録》同卷又有《殿中侍御史行狀》，稱其有《退翁集》三十卷。此姑從《行狀》所載《退翁集》卷帙。［天啓］《江山縣志·建置志·書籍》著録柴瑾《退翁集》。柴瑾此集今佚。

補過齋稿一卷（佚）
（南宋）龍游劉章撰

　　劉章有《刺〈刺孟〉》，前《子部·儒家類》已著録。［弘治］《衢州府志·人物志·事功》和［康熙］《衢州府志·藝文考》均載劉章有“《補過齋拙稿》”，諸《龍游縣志·藝文志》著録劉章《補過齋集》一卷。下載吳泳序文，言劉章此作爲《劉靖文文集》，又稱之爲《補過齋稿》。此集今佚。[嘉靖]《衢州府志·外紀》載有劉章詩《仁惠王廟》，[萬曆]《龍游縣志·藝文志》載此詩題作《偃王廟》。[康熙]《龍游縣志·藝文志》有劉章詩《水竹居》。

吳泳《劉靖文文集序》：科舉之士末也，而文章之興喪人物之盛衰係焉。世道將廢而之治，則文物亦從而盛；世運日降而趨薄，則人才亦從而衰，非人才文物自爲之變也，天也。故嘗謂政宣之際，策上第者多佞臣。紹興以來，擢高科者多奇士，如張子韶、汪聖錫、王龜齡，則又其魁偉奇傑，真足以開南渡之中興，而紹北方之絶學者也。每得其書，常冠帶而讀之，乃知養氣厚者，其立言也，確用功深者，其收名也。遠視彼之諛言佞舌，立收富貴而終與枯骨朽竹化爲野土者，殆相十百千萬也。余生長西州，寡聞淺識，實未知有劉靖文者，生乎橫浦玉山之後，而出乎梅谿之前也。屬假守東嘉，與其曾孫賚同官爲寮。暇日，以一編之書見示曰："此先狀元《補過齋稿》也，子其序之。"因締翫數過，文有勁氣奇骨，詩有儒言雅旨，最是王充作《刺孟》，乃作《刺〈刺孟〉》，柳子厚作《非國語》，乃作《非〈非國語〉》。又以《三朝國史》有《道術》《符瑞》兩志非《春秋》法，乞申命史官删而去之。自非卓識之懿，安能破千古是非如此分明哉！孟子嘗曰："我知言，我善養吾浩然之氣。"韓子亦曰："氣水也，言浮物也。"氣盛則言之短長與聲之高下，皆宜蓋公平日守正秉誼養熟道凝，不戚於貧賤，不淫於富貴，雖以老檜之氣熖熏灼嗾言者擯之於外。而公如雪中松栢愈堅而愈不挫，斯其所以昌於文歟！若夫榮進素定不自愛重，而曳裾沓沓於他門者，亦枉矣。（見吳泳《鶴林集·序》）

永年文集（佚）
（南宋）西安蔡椿撰

蔡椿字永年，西安人。博學强記，善屬文。登進士第。父殁，廬墓。先是，弟松出繼鄭氏，椿既仕，得俸即取松歸。凡先疇故廬悉遺之，以孝弟聞。有文集。事跡見[弘治]《衢州府志·人物志·孝行》；同書《科貢志》載蔡椿爲紹興十五年進士。[天啓]《衢州府志·藝文志》著録蔡椿《永年文集》。此集今佚。

溪上翁集（佚）
（南宋）江山嚴瑀撰

嚴瑀字元瑜，江山人。紹興中進士，卒官平江府録事參軍。卜居泛仙山之溪，以文字名家，有《溪上翁集》。事跡見王鏊《姑蘇志·宦蹟志三》。[嘉靖]《衢州府志·人物紀二·甲科》載嚴瑀爲紹興十八年進士。[康熙]《衢州府志·藝文考》載爲嚴瑀《溪上翁》，康熙癸巳《江山縣志·邑人著述》、[同治]《江山縣志·邑人纂述書目》皆著録爲嚴瑀《溪上翁草》，與《姑蘇志》所載《溪上翁集》不同，此從《姑蘇志》。嚴瑀此集今佚。

柴衛集三十一卷（佚）、竿牘一卷（佚）

（南宋）江山柴衛撰

　　柴衛有《中庸解》，前《經部·四書類》已著録。據《嵩高柴氏世集勳德録》卷二所載謝諤《大理寺正公墓誌銘》，柴衛有《竿牘》一卷。另古今詩、奏議、表狀、書啓、墓誌凡三十一卷，此總稱爲《柴衛集》。柴衛諸書今皆佚。

留清卿文集（佚）

（南宋）西安留清卿撰

　　留清卿有《中隱對》，前《子部·雜家類》已著録。據［弘治］《衢州府志·人物志·事功》"留觀德傳"後所附留清卿事跡，清卿有《文集》。此集今佚。

公明文集（佚）

（南宋）江山鄭升之撰

　　鄭升之字公明，江山人。師徐存。擢進士第，除學官。嘗論學術之害，莫甚老莊，乞勿命題論其切。後爲吏部郎，守賀州。有文集。事跡見［弘治］《衢州府志·人物志·理學》；同書《科貢志》載鄭升之爲紹興二十七年進士。［天啓］《江山縣志·建置志·書籍》著録鄭升之《公明文集》。此集今佚。《江山文溪姜氏續修宗譜》卷十七有鄭升之《進士姜旌齋序》。

竹溪集十卷（佚）

（南宋）龍游徐嶢撰

　　徐嶢字次山，龍游人。登第，爲國子博士。學富才贍，詩法老而嚴。有《竹溪集》十卷，傳於世。事跡見［嘉靖］《衢州府志·人物紀·文苑》。［弘治］《衢州府志·科貢志》載徐嶢爲南宋隆興元年進士。［萬曆］《龍游縣志·藝文志》著録徐嶢《竹溪集》。［康熙］《衢州府志·藝文考》載徐嶢《竹溪集》十卷。此集今佚。

叢脞敝帚集（佚）、率山編（佚）

（南宋）開化鄒補之撰

　　鄒補之有《書説》，前《經部·書類》已著録。［天啓］《衢州府志·藝文志》著録鄒補之《叢脞敝帚集》《率山編》。［雍正］《開化縣志·藝文考》載鄒補之有《叢脞集》，與《府志》不同。補之此二書今皆佚。《吳中水利全書》有鄒補之《武進縣重開後河記》。

澹庵集（佚）

（南宋）開化汪杞撰

汪杞號端齋，開化人。嘗遊東萊先生門，朱子、南軒、呂祖儉、陸九淵諸公皆與之往還，爲賦《聽雨軒詩》。事跡見［弘治］《衢州府志·隱逸傳》。［康熙］《衢州府志·藝文考》著録汪杞《澹庵集》。［乾隆］《開化縣志·經籍志》、［光緒］《開化縣志·藝文志》著録爲汪玘《澹庵集》，"玘"字當誤。汪杞此集今佚。《開化包山汪氏統宗譜》卷一有汪杞《丙申輯修族譜序》，卷三有其《胡夫人墓誌銘》。

無塵居士集（佚）

（南宋）西安徐盈撰

徐盈字茂功，西安人，有《無塵居士集》。事跡見［弘治］《衢州府志·人物志·事功》。［弘治］《衢州府志·科貢志》載徐盈爲淳熙五年進士。徐盈此集今佚。

鶴嶼遺編二十卷（佚）

（南宋）西安鄭若撰

鄭若有《書經折中》，前《經部·書類》已著録。［民國］《衢縣志·藝文志下》載："《鶴嶼遺編》，一稱《集》，宋鄭若撰。前志未有著録。據《鄭氏家傳》補，有二十卷。"鄭若此書今佚。

景叢集十卷（佚）

（南宋）西安孔行可撰

孔行可字希祖，舊名璞字伯玉，號景叢子，西安人。以孔氏最長授官。性嗜經史，至老手不釋卷，至如稗官、雜志、運氣、太乙等書，有資於世用者，無不貫通。有《景叢集》十卷。事跡見徐映璞《孔氏南宗考略·宋代名賢事跡考》[①]。孔行可《景叢集》今佚。

魯樵斐稿（佚）

（南宋）西安孔元龍撰

孔元龍有《論語集説》，前《經部·四書類》已著録。據廖用賢《尚友録》卷十三載孔元龍有《魯樵斐稿》。此書今佚。

錫山草堂集五卷（佚）、村居雜興三卷（佚）

（南宋）西安孔拱撰

孔拱有《讀史》，前《史部·史評類》已著録。徐映璞《孔氏南宗考略·宋代名

---

① 徐映璞：《孔氏南宗考略》，見《兩浙史事叢稿》，第28頁。

賢事跡考》載，孔拱有《錫山草堂集》五卷、《村居雜興》三卷①。此二書今皆佚。

卓齋集（佚）

（南宋）江山鄭魏挺撰

　　鄭魏挺有《提身粹言》，前《子部·親家類》已著録。康熙癸巳《江山縣志·邑人著述》、[同治]《江山縣志·邑人纂述書目》皆著録鄭魏挺《卓齋集》，[乾隆]《江山縣志·藝文志》著録爲鄭魏梃《卓齋集》，其中作"梃"字。魏挺此集今佚。康熙癸巳《江山縣志·藝文志》有鄭魏挺詩《題松風館》。

劉克詩一卷（佚）

（南宋）龍游劉克撰

　　劉克有《詩説》，前《經部·詩類》已著録。[萬曆]《龍游縣志·藝文志》著録《劉克詩》一卷。此書今佚。

吾竹小稿一卷（存）

（南宋）衢州毛珝撰

　　毛珝字元白，柯山人。豪於詩，有聲端平間。有《吾竹小稿》一卷。事跡見《兩宋名賢小集》卷三百十。《兩宋名賢小集》並載寶祐六年荷澤李龏《吾竹小稿序》，其曰："柯山毛元白，詩人之秀者也。通今達古，蓍蔡後生，採詩之家得其一二，如寶肆中犀璧混於螺月。惜其以文自晦，不求於時，吟稿一帙，章不盈百，清深雅正，跡前事而寫芳襟深，有沈千運獨挺一世之作，奚衹嘲弄風月而已哉！千運之詩，世不多見，元白馳軼，駕於天壤間，豈不能接殊響於當世。"《吾竹小稿》最早收録於宋人陳起《江湖群賢小集》，計五十八篇八十首。《兩宋名賢小集》亦録之，較之《江湖小集》，少《石湖》一首。清人曹庭棟《宋百家詩存》收録毛珝《吾竹小稿》四十六篇六十首，厲鶚《宋詩紀事》從《吾竹小稿》中選録七首。陳起《小集》有《浙江潮》一首，其他諸書皆稱之《浙江》，就其詩作内容來看，當以《浙江潮》爲是。由於陳起之書先出，且收録毛詩最全。《衢州文獻集成》據國家圖書館藏清抄《江湖群賢小集》本影印，此本有後人批校，或補其缺字，或正其誤字。毛珝以詩見長，亦有詞作。周密《絶妙好詞》卷五載有毛珝《浣溪紗》，朱彝尊《詞綜》卷二十二載毛珝《踏莎行·題〈草窗詞〉卷》。

山居疏草（佚）

（南宋）江山何郁撰

　　何郁有《金陵雜録》，前《史部·雜史類》已著録。康熙癸巳《江山縣志·人物

---

　　①　徐映璞：《孔氏南宗考略》，見《兩浙史事叢稿》，第29頁。

志·高隱》本傳載，何郁有《山居疏草》。此書今佚。

徐霖遺稿五十卷（佚）、春山文集二十卷（佚）
（南宋）西安徐霖撰

徐霖有《太極圖説》，前《經部·易類》已著録。［弘治］《衢州府志·人物志·理學》本傳載，徐霖有《遺稿》五十卷。［天啓］《衢州府志·藝文志》亦著録徐霖《遺稿》五十卷。［康熙］《衢州府志·藝文考》著録徐霖有《春山文集》二十卷、《遺稿》五十卷。此二書今皆佚。［天啓］《衢州府志·藝文志》有徐霖《題爛柯山詩》，［嘉慶］《西安縣志·藝文志上》載有其《劾史嵩之疏》，［民國］《衢縣志·方輿志·山脈》有其詩《疊石山》。

實齋詠梅集一卷（存）、實齋詩集（佚）
（南宋）開化張道洽撰

張道洽字澤民，號實齋，開化人。端平進士，真西山所取士。官止授池州僉判。有《詠梅詩》三百首。事跡見［崇禎］《開化縣志·人物志·文學》。［弘治］《衢州府志·科貢志》載張道洽端平二年進士。［天啓］《衢州府志·藝文志》著録張道洽《實齋詩集》，［康熙］《衢州府志·藝文考》載張道洽《詠梅詩》三百首，黃虞稷《千頃堂書目》著録張道洽《實齋梅花詩》四卷，雖書名有異，當指一書。曹庭棟序其詩曰"（實齋）嘗自裒所作，次爲二卷"，此言"二卷"，與黃氏《書目》不同。方回《瀛奎律髓·梅花類》收録實齋梅花七言律詩十六首，而其序文稱之爲二十首。曹庭棟《宋百家詩存》卷三十五收録實齋詩八十七首，其中五言律詩十六首、七言律詩三十八首、五言絕句五首、七言絕句十二首、詠梅雜詩十六首，題《實齋詠梅集》。清人所輯《南宋群賢小集》收録有張道洽《梅花詩》一卷，民國七年葉渭清編《開化叢書》亦收有張道洽《梅花詩》一卷。實齋詠梅詩後人評價不一。方回贊其詩曰："篇篇有味，雖不過古人已言之意，然縱説、橫説、信口、信手，皆脱灑清楚。"又云："公談笑而道之，如天生成自然，有此對偶，自然有此聲調者，至清潔而無埃，至和平而不怨，放翁、後村亦當歛衽也。"（見方回《瀛奎律髓·梅花類》）曹庭棟評其詩曰："詩亦刻意造微，頗多傳神妙句。"（見曹庭棟《宋百家詩存》卷三十五）然清代紀昀對張道洽梅花詩評之不高，其評方虛谷所選張道洽詩曰："二十首總不免俗。梅花宜以淡遠求之，一味矯激不自知，其愈俗矣。二十首語既重複，絕少新意。"又云："五律二十首，又成其律六十首。勉強支湊，字句鄙俚粗疏，更摘不勝摘。虛谷以交契而録之，所評殊非公論，不足據也。"（見《瀛奎律髓匯評·梅花類》）因曹氏《宋百家詩存》所收張道洽梅花詩最多，故《衢州文獻集成》所收實齋梅花詩，據浙江圖書館藏清乾隆六年曹氏二六書堂《宋百家詩存》本影印。張道洽除有梅花詩外，［崇禎］《開化縣志·藝文志》有其《包山書院詩》。［崇禎］《開化縣志·藝文志》有張道洽《梅花詩序》、施恕《實齋梅花詩跋》，未與今傳本張道洽詩同載，此録之於下。

張道洽《梅花詩序》：梅花風味，在淵明則爲數條佳花，在少陵則爲冷蕊疎枝，在和靖則爲暗香疎影。三君子者，梅花中人也，其故詩如此。予官萬里海外，蓋常道羅浮山下，登廣平堂上，歲寒，心事於梅最深。己未冬歸舟，載月拜曲江祠，挹其風度，得詠梅數首。丹山翁先生適持使節，延而飲之酒，舉“一白雪相似，獨青春未知”之句，丹山擊節稱賞。蓋其囊常薦予於朝，以爲趨向閒雅，有隱君子風操，豈變化亦入梅花品格者乎？別庚嶺十季，留此面與梅花相見，無一點媿色。故山雲臥，因取餘篇，裒成小集，索共簪梅一笑。但未知視三君子風味何如耳？予詩似梅乎，梅似予詩乎？黃梅夜半，當持叩丹山消息。（見［崇禎］《開化縣志·藝文志》）

施恕《實齋梅花詩跋》：衢先生張實齋詠梅詩餘三百首，僅存什一於《瀛奎律髓》。此集則僉憲方二宜先生所珍藏者，兹用鋟梓，與海內詩家共。其標格風味，方虛谷已有評致，予復何言。實齋諱道洽，字澤民，登宋端平二季進士。惜乎位不滿才，官至池州僉判云。（見［崇禎］《開化縣志·藝文志》）

秋澗詩（佚）

（南宋）開化徐子榮撰

徐子榮號秋澗，開化人。精詩文。鄱陽董秀翁稱，金溪近世詩人，惟張實齋、徐秋澗、張霖溪三人。霖溪體裁高尚，視實齋似過之，而秋澗詩愈枯愈淡愈有味，尤爲傑出，非時流可望。事跡見［崇禎］《開化縣志·人物志》。［康熙］《衢州府志·藝文考》著録徐子榮《秋澗詩》。此集今佚。徐子榮有《張霖溪詩序》，見下條所録。

霖溪詩集六卷（佚）、古賦十卷（佚）

（南宋）開化張汝勤撰

張汝勤有《史評》，前《史部·史評類》已著録。［弘治］《衢州府志·人物志·文士》本傳載，張汝勤有《詩集》六卷、《古賦》十卷。［天啓］《衢州府志·藝文志》著録張汝勤《霖溪詩集》。汝勤《詩集》《古賦》今皆佚。［崇禎］《開化縣志·藝文志》有張汝勤詩《答蔣解元芸》《寄徐秋澗》《又寄徐秋澗》《懷繆竹林》《戲徐觀空》。

徐子榮《張霖溪詩序》：今人作詩，必曰吾爲魏晉體，吾爲唐體。及徐觀其所作，則不免於近局，未見其爲魏晉唐也。愚謂苟其古詩從容自在，雖不盡如魏晉間語，吾亦謂之魏晉矣；苟其長篇律句事辭俱稱清遠壯麗，雖不盡如唐人語，吾亦謂之唐矣。此吾所以深有取於霖溪之詩也。霖溪有檀山先生爲之祖，有竹巖先生爲之父，家學淵源，有自來矣。其文渾然天成，不特工於歌詩，大概發於持滿之餘，流於即溢之後，不事刻畫，自合律度，故古詩近魏，其長篇律句近唐，浸淫於宋諸公之波瀾矣。節初公當世名士，亦既序其詩，予又何敢僭？或謂卜子夏爲《詩》前序，漢衛宏亦得爲《詩》後序，予伯仲於漢儒之間，不亦可乎？於是乎書。至元癸巳二月望日，秋澗徐子榮序。（見［崇禎］《開化縣志·藝文志》）

兩山塗稿（佚）
（南宋）開化徐汝一撰

徐汝一字伯東，號兩山，開化人。文武兼資，好謀能斷。景定二年，以戰功累陞至通州守。有《兩山塗稿》，劉後村爲序。事跡見［弘治］《衢州府志·人物志·事功》。［光緒］《開化縣志·藝文志》載爲徐汝乙《雨山涂稿》，“乙”字、“雨”字當誤。汝一此書今佚。

龍川集（佚）
（南宋）龍游鄭巖嵩撰

鄭巖嵩字如山，龍游人。德祐乙亥，歲飢，發粟平糶，活口二千，邑令舒滸牓其門曰龍川義居。有《龍川集》。事跡見［弘治］《衢州府志·人物志·節義》。［康熙］《衢州府志·藝文考》著錄“鄭巖嵩《龍川集》”，“嵩”字當誤。巖嵩此集今佚。

秋澗遺稿（佚）
（南宋）江山柴也愚撰

柴也愚字道明，復名彥穎，號秋澗，江山人。宋理宗朝襲封崇義公，淳祐十二年領浙漕。幼有幹略，詩文該博。有《秋澗遺稿》。事跡見《嵩高柴氏世集勳德錄》卷五。《秋澗遺稿》今佚。《勳德錄》卷五載有柴也愚詩《七言二絶呈盧石村》《送史提舉之官三山》《三疊古句呈鹿苑寺亮講師》《餞金華鄭琴堂二子秋試雙疊》。

秋堂集三卷（存）、道州台衣集（佚）、詠史詩（佚）、涼州鼓吹（佚）
（南宋）江山柴望撰

柴望有《丙丁龜鑑》，前《子部·術數類》已著錄。［天啓］《衢州府志·藝文志》著錄柴望《秋堂集》。［天啓］《江山縣志·建置志·書籍》著錄柴望《道州台衣集》《秋堂集》。［康熙］《衢州府志·藝文考》著錄柴望《台州道衣集》，有誤。據蘇幼安《宋國史秋堂柴公墓誌銘》可知，柴望有《道州台衣集》《詠史詩》《涼州鼓吹》。據楊仲弘序文，柴望詩文集於元初散佚。後人輯錄柴望所佚詩文，合編爲《秋堂集》。四庫館臣言，《秋堂集》中“《夢傳說》以下十一絶疑即《詠史詩》中之作”，或是。

楊仲弘評柴望詩云："公詩秉於忠義，而慮於危迫，摛詞琢句，動諧音律。雄豪超越，如天馬之驟空；瀟灑清揚，如春花之映日。就其所造之深，直能卑視近代，而與唐之諸名家相上下矣。至其詩之所以至者，則又上抒李、杜之精華，而性情法度不啻自其胸中流出。"柴望乃宋亡以後隱者，故其詩文多出於時事所激。是書有清乾隆六年曹氏二六書堂刻本，題《秋堂遺稿》；又有嘉慶三年鮑氏《知不足齋》抄本《秋堂集補遺》一卷；民國六年《彊村叢書》收錄有《秋堂詩餘》。另《柴氏四隱集》卷一所收錄亦爲柴望詩文。民國三年，南城李之鼎宜秋館叢書《宋人集》收錄有柴氏《秋堂集》三卷，卷一錄文類五篇，卷二錄詩五十八首，卷三錄詩餘十一首。此本前有《四庫全書總目》所載《秋堂集》提要、丁丙《善本書室藏書志》所載《秋堂集》題跋、陸心源《宋史翼列傳三十四獻疑一》、張斗《柴氏四賢集叙》、柴復貞《刻柴氏四隱集叙》、楊仲弘《原序》，後附《墓誌銘》、自趙聞禮《陽春白雪》輯出補《詩餘》三闋、《秋堂集跋》。國家圖書館所藏是書《宋人集》本，有後人批校，於陸心源文後補入傅增湘題識，卷一末補有《道州台衣集自序》，卷二末補有《梁州鼓吹詩餘自序》，《補遺》後又補柴日新識語。《衢州文獻集成》據國圖藏民國三年南城李氏宜秋館刻本影印。

　　《四庫全書總目·〈秋堂集〉提要》：《秋堂集》三卷（編修汪如藻家藏本），宋柴望撰。望有《丙丁龜鑑》，已著錄。其詩有《道州台衣集》《詠史詩》《西涼鼓吹》諸編，俱佚不存。此本乃後人雜裒而成。詩末尚有《道州台衣集序》，其《夢傅說》以下十一絕，疑即《詠史詩》中之作也。望以淳祐丙午上《丙丁龜鑑》得名。然應詔上書，但當指陳人事，論朝政之是非，乃牽引讖緯，以值歲干支推衍禍福，穿鑿附會，迂誕支離，其心雖出於忠誠，其言則涉於妖妄。乃出獄歸里，士大夫至祖道涌金門外，賦詩感慨，傾動一時。王應麟《困學紀聞》尚載其表中之語，以爲佳話。宋末士氣之浮囂，於是爲極。已別存其目，糾正於本條之下。至其人則宋亡以後遁跡深山，至元十七年乃卒。僞然高節，追步東籬。其詩雖格近晚唐，未爲高邁，而黍離、麥秀，寓痛至深，騷屑哀音，特爲悽動，亦可與謝翱諸人並傳不朽。故殘章斷簡，猶能流播至今也。（見《四庫全書總目·集部·別集類十八》）

襪線稿（佚）

（南宋）江山柴元彪撰

　　柴元彪字炳中，初號澤臞，晚號草亭，江山人。宋度宗咸淳四年進士第。官至建寧府觀察推官。有詩集曰《襪線稿》行於世。又編《柴門如在集》。事跡見《嵩高柴氏世集勳德錄》卷五。厲鶚《宋詩紀事》卷七十九載，柴元彪字炳中，號澤臞居士，有《襪線集》。［天啓］《江山縣志·建置志·書籍》著錄柴元彪《襪線稿》。元彪詩詞大多散佚，今《柴氏四隱集》僅録有元彪詞八首，《勳德録》卷五收録有元彪詩三十五首、詞八首、古句長篇八首。

長臺詩集（佚）

（南宋）江山柴蒙亨撰

柴蒙亨字道正，江山人。六歲暗誦《九經》，通《春秋》大旨。太守張公面試童科，挑念作文者三，以神童聞於監省，得免文解。宋理宗端平二年，嘗侍御駕幸六和寺，上指六和塔云：“一塔七層八面，萬佛千燈。”公即應聲曰：“孤舟雙槳片帆，五湖四海。”上大嘉嘆，賞其聰敏。有《神童詩》傳於世。事跡見《嵩高柴氏世集勳德録》卷三。[天啓]《衢州府志·藝文志》著録柴蒙亨《長臺詩集》。《勳德録》所言《神童詩》，當即《長臺詩集》。此書今佚。

瞻岵居士集（佚）

（南宋）江山柴隨亨撰

柴隨亨字剛中，號瞻岵居士，江山人。寶祐四年進士。知建昌軍事。宋亡，與其兄望、弟元亨、元彪隱於櫸林九磏之間，人稱“柴氏四隱”。事跡見厲鶚《宋詩紀事》卷六十七。[天啓]《江山縣志·建置志·書籍》著録柴隨亨《瞻岵居士集》。隨亨此集大多散佚，《柴氏四隱集》存其詩一卷。《江山文溪姜氏續修宗譜》卷十七有柴隨亨《庠生姜宗素序》。

柴氏四隱集（存）

（南宋）江山柴望、柴隨亨、柴元彪撰

柴望有《丙丁龜鑑》，前《子部·術數類》已著録。柴隨亨有《瞻岵居士集》，柴元彪有《襪線稿》，前《集部·宋人別集類》皆已著録。《四庫全書總目》言“隨亨字瞻屺”，而厲鶚《宋詩紀事》卷六十七載“柴隨亨字剛中，號瞻岵居士”，所記或誤。柴氏四隱，指柴望、柴隨亨、柴元亨、柴元彪四人，望、隨亨、元彪皆有集，其作稱《柴氏四隱集》，而此集無元亨之作。《柴氏四隱集》乃柴望十一世孫柴復貞所編，初刊於萬曆十六年，前有張斗、柴復貞二序，末又有柴復貞、柴時秀後序，初刊本今佚。《四庫全書》收録《柴氏四隱集》，分爲三卷，柴望、隨亨、元亨三隱集各爲一卷。今有嘉慶三年鮑氏知不足齋抄本，與《四庫》本編排不同。鮑氏抄本分爲五卷，卷一、卷二爲柴望詩文，卷三爲隨亨詩，卷四爲元彪詩，卷五爲元彪詞。《四庫》本誤收趙抃《白雲莊四首》，鮑氏抄本無；鮑氏本有柴望《崧山書院上梁文》，《四庫》本無。是書清嘉慶三年鮑氏知不足齋抄本，藏於國家圖書館，《衢州文獻集成》亦收録此本。是書題《四隱集》，附刻於江山柴氏《江陽嵩高柴氏宗譜》

後，收録柴望、柴隨亨、柴元彪及其元彪子登孫四家詩文。道光二十五年，柴隨亨十七世孫亨榮以其家藏《秋堂》《瞻屺》《襪線》三集抄本爲基礎，增以登孫《芳所吟稿》，並録其宗譜所載柴氏四隱詩文，遂重刻而成此本。此本前有柴亨榮、朱家麒、朱履勝序跋，各家集前有四隱小傳，《秋堂》《襪線》集後還附刻與二隱相關詩文。該本不僅新增《芳所吟稿》詩三十六首，就柴望、隨亨、元彪三隱而言，也較萬曆時柴復貞輯本多出四十餘篇。亨榮輯本中有柴望詩《登高行》《秋暮行》《武夷行》等三十九首，不見於柴復貞輯本；元彪有《嚴子陵贊》《諸葛亮贊》《陶淵明贊》《李太白贊》《杜子美贊》五篇，亦不見於復貞本。較之柴氏舊譜，亨榮時新修柴氏宗譜，係全族十五派合力纂成，故亨榮廣搜衆家譜牒中四隱佚文，在萬曆柴復貞輯本基礎上又得新篇，具有較高的文獻價值①。是書有清道光刻本，衢州文獻館劉國慶有收藏，《衢州文獻集成》據其影印。除上述《四庫全書》本、嘉慶三年鮑氏本、道光本外，另有諸多清抄本，藏於國家圖書館、上海圖書館、浙江圖書館、北京大學圖書館等處。

　　《四庫全書總目·〈柴氏四隱集〉提要》:《柴氏四隱集》三卷（浙江鮑士恭家藏本），宋柴望及其從弟隨亨、元亨、元彪之詩文也。望有《丙丁龜鑑》，已著録。隨亨字瞻屺，登文天祥榜進士，歷知建昌軍事。元亨字吉甫，與隨亨同舉進士，歷官朝散大夫、荆湖參制。元彪字炳中，號澤曜居士，嘗官察推。宋亡以後，兄弟俱遁跡不仕，時稱“柴氏四隱”。望所著有《道州台衣集》《詠史詩》《涼州鼓吹》。元彪所著有《襪線集》。隨亨、元亨著作散佚，其集名皆不可考。明萬曆中，其十一世孫復貞等搜羅遺稿，元亨之作已無復存，因合望與隨亨、元彪詩文共爲一集，仍以“四隱”爲名，因舊稱也。世所行者，僅望《秋堂》一集，而實非足本。錢塘吳允嘉始得刻本抄傳之，又據《江山志》及吳氏《詩永》，益以集外詩五首遂爲完書。其詩格頗近晚唐，無宋人权椏之習。隨亨、元彪所作，差遜其兄。然亮節高風，萃於一門，雖遺編零落，而幽憂悲感之意托諸歌吟者，往往猶可考見，存之足以勵風教，正非徒以文章重矣。（見《四庫全書總目·集部·總集類二》）

十八代高僧贊（佚）

（宋）開化規式翁撰

　　規式翁，開化人。住梅林院。有高行，通禪學。宗門崇重，遐邇敬服。著有《十八代高僧贊》。事跡見［崇禎］《開化縣志·雜志·寺觀》。［康熙］《衢州府志·方外傳》載規式翁住海林院，著有《十八大高僧贊》，“大”當爲“代”。規式翁此書今佚。

① 周揚波:《道光本〈四隱集〉的版本價值》，《古籍整理研究學刊》2012年第6期。

附：內外制文集（佚）、拙齋遺稿（佚）

（北宋）西安曾楙撰

曾楙有《東宮日記》，已附見於前《史部·雜史類》後。［天啓］《衢州府志·藝文志》著錄《拙齋遺稿》。［弘治］《衢州府志·流寓傳》本傳載，曾楙有《內外制文集》。曾楙此二書今皆佚。

東窗先生集四十卷（存）

（南宋）德興張擴撰

張擴字彥實，德興人，有《東窗集》爲《四庫全書》收錄。陳振孫《直齋書錄解題·別集類下》載，"《東窗集》四十卷，中書舍人鄱陽張廣彥實撰。與呂居仁爲詩友，其在西掖，當紹興十一年。"此"張廣"乃"張擴"之誤。《四庫全書總目·集部·別集類九》："《東窗集》十六卷，宋張擴撰。擴字彥實，一字子微，德興人。《宋史》不爲立傳，《江西通志》載其崇寧中進士。"據［嘉靖］《衢州府志·人物紀·僑寓》，張擴字彥質，號東窗先生，有集。子恭之，始家衢。［嘉靖］《府志》"彥質"當爲"彥實"之誤。可見，張擴乃江西德興人，非衢州人，至其子始居衢州。然［天啓］［康熙］《衢州府志·藝文志》、［民國］《衢縣志·藝文志》皆著錄張擴《東窗先生集》，不當，故附於此。

崇蘭集二十卷（佚）

（南宋）開封趙子晝撰

趙子晝字叔問，宋太祖六世孫。宣和初，爲《九域圖志》編修官。南渡來居衢州，爲崇蘭圃於城南，與程俱諸人酬唱。據程俱《北山小集·墓銘四》所載《宋故徽猷閣直學士左中奉大夫致仕常山縣開國伯食邑九伯户贈左通奉大夫趙公墓誌銘》，趙子晝字叔問，五世祖德昭封於燕，紹興初寓止衢州七年，有集二十卷，卒後葬西安縣道泰鄉甘泉之原。可見，趙子晝爲趙宋宗室後，自燕王趙德昭之後，世居開封，當爲開封人。［天啓］《衢州府志·藝文志》、［康熙］《衢州府志·藝文考》、［民國］《衢縣志·藝文志》均著錄趙子晝《崇蘭集》。而趙子晝寓居於衢之年有限，雖葬於衢，而非衢州人，故附於此。

雪齋集（佚）

（南宋）開封趙子覺撰

［嘉靖］《衢州府志·人物紀·僑寓》載，趙令矜字表之，宋太祖裔孫，罷官，居三衢，後復起，知泉州，後又歸於衢；子子覺，工行草，能詩，有《雪齋集》。［天啓］《衢州府志·藝文志》、［康熙］《衢州府志·藝文考》、［民國］《衢縣志·藝文志》

均著録趙子覺《雪齋集》。與趙子畫同，子覺亦非衢人，故附於此。

忠正德文集十卷（存）

（南宋）聞喜趙鼎撰

趙鼎字元鎮，號得全居士，山西聞喜人，有《忠正德文集》爲《四庫全書》收録。事跡見《宋史》本傳。［萬曆］《常山縣志·選舉表·流寓》載，趙鼎字元鎮，聞喜人，因沮和議，與秦檜異罷，與范冲、魏矼同隱常山黄岡山。［嘉慶］、［光緒］《常山縣志·藝文志》著録趙鼎《得全集》《忠正德文集》十卷。《得全集》當即《忠正德文集》。趙鼎雖曾寓居於衢，非衢州人，故附其作於此。

三賢唱和詩（佚）

（南宋）聞喜趙鼎、華陽范冲、歷陽魏矼撰

范冲，華陽人；趙鼎，聞喜人；魏矼字邦達，和州歷陽人，於《宋史》皆有傳。［萬曆］《常山縣志·選舉表·流寓》載，“趙與范、魏三公者，天下之名賢，而居常之跡”，“又有《唱和集》，故予略附其一二首於志，以明三賢之遺焉”。［雍正］《常山縣志·藝文志》載：“《三賢唱和詩》，趙鼎、范冲、魏矼著。”趙、范、魏三賢，曾同寓居常山，有唱和詩作，故《常山縣志》著録之。然三賢非衢州人，因而附録於此。［雍正］《常山縣志·藝文志》有趙鼎《題草萍驛》《懷范元長》《次韻贈了空》《獨往亭》，范冲《次元鎮韻》《贈寺僧了空》，魏矼《次韻贈了空》。［嘉慶］《常山縣志·藝文志》不僅收録［雍正］《縣志》所載趙、范、魏諸詩，還有趙鼎《趨三衢別故人》、魏矼《閒居》。

樂郊集（佚）

（南宋）南京張琾撰

張琾字仲思，南京人。登進士第。建炎初，守昭武，金遺使約琾降附，琾怒亟斬之。有《樂郊集》。事跡見［弘治］《衢州府志·流寓傳》。張琾曾寓居衢州，故附録其著於此。《樂郊集》今佚。

拙齋遺稿三卷（佚）

（南宋）濟寧任古撰

任古字信儒，世居濟寧。建炎初登第。紹興間宰甌寧，以母憂歸，過衢，因卜葬焉，盧墓。終喪，後除監察御史。有《拙齋遺稿》三卷。事跡見［弘治］《衢州府志·流寓傳》。任古曾寓居衢州，故附録其著於此。《拙齋遺稿》今佚。

野航集（佚）

（南宋）政和邵知柔撰

邵知柔字民望，政和人。進士。紹興間寓西安城東之菱塘。舍側有木輪困離奇卧塘上，知柔因繫小舟，扁曰野航，日夕吟詠其中，題其詩曰《野航集》。事跡見［民國］《衢縣志·流寓傳》。邵知柔曾寓居西安，其《野航集》當作於西安，故附錄其集於此。

冰壺居士集（佚）

（南宋）河內李耆明撰

李元老字景芳，懷之河內人，邦彥後也。子耆明字子誠，號冰壺居士，有文集。事跡見［弘治］《衢州府志·流寓傳》。［天啓］《衢州府志·藝文志》載“《冰壺居士文集》，李元老著”，［康熙］《衢州府志·藝文考》載有李元老《冰壺居士集》，［康熙］、［嘉慶］《西安縣志》亦著錄，［民國］《衢縣志·藝文志》作《冰壺士集》，脱“居”字。據［弘治］《府志》，冰壺居士實爲李耆明之號，此集爲耆明之作，故天啓以來府縣志皆誤。李元老、耆明非衢州人，僅曾寓居衢州，而康熙以來府縣志著錄此集，故附錄之。［弘治］《衢州府志·詩文志》載有李耆明詩《月坡見菊》。

風山集（佚）

（南宋）江寧何若撰

何若有《尚書講義》，前已附錄於《經部·書類》。［弘治］《衢州府志·流寓傳》本傳載，何若有《風山集》。［康熙］《衢州府志·藝文考》亦著錄何若《風山集》，［民國］《衢縣志·藝文志下》著錄爲何若《鳳山集》。此以《風山集》爲是。何若此書今佚。

徐夫人集（佚）

（南宋）徐夫人撰

［嘉慶］《西安縣志·經籍志》載：“《徐夫人集》。《遂初堂書目》：徐侍郎敷言之女蔡子羽之母。子羽，鬱林人。”此書《雜記》又載：“《朝天集詩》內有《跋悟空道人（注：徐敷言女）墨蹟》云：‘臨川蔡教授詵之母，徐氏諱蘊行，自號悟空道人，學虞書，得楷法，手抄佛書。’”尤袤《遂初堂書目》載有《徐夫人詩》，非《徐夫人集》，未言爲徐敷言之女。楊萬里《朝天集》有《跋悟空道人墨蹟並序》，未言注云徐氏爲徐敷言女。趙抃《清獻集》有《題徐夫人墓表銘》，言此徐夫人爲徐泌之女，未言名蘊行。周必大《文忠集卷·題跋》載《跋徐夫人所書〈華嚴經〉〈梁武懺〉》云：“鬱林蔡侯子羽故母徐氏，三衢人。宣和間刑部侍郎諱敷言之女，潛心内典，學虞世南書，嘗手寫《華嚴經》《梁武懺》，皆終部帙。”陳傅良《止齋文集·題跋》有《跋徐夫人手寫佛經》。因［嘉慶］《西安縣志·經籍志》著錄，姑附於此。

元人別集類

存齋集二卷（佚）

（元）西安孔洙撰

　　孔洙撰有《江南野史》，前《史部·雜史類》已著録。徐映璞《孔氏南宗考略·元代名賢事跡考》載，孔洙字思魯，一字景清，號存齋，著有《存齋集》二卷[1]。此書今佚。

漁唱集（佚）

（元）西安孔萬齡撰

　　孔萬齡字松年，西安人。從魯齋許衡學，有聲江浙。恩授將仕郎、袁州分宜縣尹。至元三十年，仍授原職，辭疾不赴。著有《漁唱集》。事跡見徐映璞《孔氏南宗考略·元代名賢事跡考》[2]。萬齡《漁唱集》今佚。

魯林集一卷（佚）

（元）西安孔津撰

　　孔津字世魯，西安人。先，繼衍聖公洙嗣，改名楷，字魯林。至元二十八年，有司以大宗世嗣，舉聞於朝，授常州路教授。後特陞承事郎、遂昌縣尹。給由赴都，得與曲阜五十三代秘書省著作郎淑，參訂南北宗圖，合爲一本。再授崇安縣尹。著有《魯林集》一卷。事跡見徐映璞《孔氏南宗考略·元代名賢事跡考》[3]。孔津《魯林集》今佚。

柯山集（佚）

（元）衢州路治中臨海陳孚撰

　　[民國]《衢縣志·藝文志下》載："《柯山集》，元治中陳孚撰。《浙江通志》引《赤城新志》，陳孚著。按：孚字剛中，台州臨海人，見《元史·儒學傳》。曾爲衢州路治中。著有《柯山》等集。亦見《兩浙名賢録》。"《柯山集》作於衢地，內容當多涉衢州。陳孚《柯山集》今佚。

三峰集（佚）

（元）江山祝君翔撰

　　祝君翔號山臞，江山人。經明行修，尤長於詩賦。路官欲薦之，以親老力辭，有《三峰集》藏於家。事跡見[天啓]《江山縣志·人物志·隱逸》。君翔《三峰集》

①　徐映璞：《孔氏南宗考略》，見《兩浙史事叢稿》，第30—31頁。
②　徐映璞：《孔氏南宗考略》，見《兩浙史事叢稿》，第31頁。
③　徐映璞：《孔氏南宗考略》，見《兩浙史事叢稿》，第32頁。

今佚。《郎峰六川祝氏世譜》卷十一所載金履祥《三峰集序》，當爲修譜者托名僞作。

適庵文集（佚）

（元）西安劉光大撰

劉光大字宏甫，號適庵，西安人。精理學，旁及岐黄。元至元二十三年任衢州路醫學提領，後陞本學教授。創三王廟，繪塑聖像。著有《適庵文集》。事跡見［嘉靖］《衢州府志·外紀·技術》、［嘉慶］《西安縣志·義行傳》。光大《適庵文集》今佚。

竹素山房詩集三卷附録一卷（存）、聽玄集（佚）、造玄集（佚）

（元）開化吾衍撰

吾衍有《重正卦氣》，前《經部·易類》已著録。陶宗儀《南村輟耕録》所載《吾竹房先生》言吾衍有《聽玄集》《造玄集》，宋濂《宋濂全集》所載《吾衍傳》云吾衍有《聽玄造化集》《竹素山房詩》，王禕《王忠文集》所載《吾邱子行傳》稱吾衍有《聽元集》。［天啓］《衢州府志·藝文志》載吾衍有《聰玄集》《造玄集》，［民國］《衢縣志·藝文志》載有《聽玄集》《造玄集》《造化集》《極玄造化集》，［光緒］《開化縣志·藝文志》載有《聽元集》《造元集》。蓋吾衍之作，當爲《聽玄集》《造玄集》，此二書今皆佚。黄虞稷《千頃堂書目·別集類》著録吾衍《竹素山房集》二卷。吾衍《竹素山房詩集》今存。另，《剪燈叢話》收録吾衍《三女星傳》文一篇。

吾衍《竹素山房詩集》三卷。胡長孺評吾氏曰："慕李長吉詩，樂府效其體，爲之氣韻，輒與相似。性曠放，有高世不仕之節，自比張志和、郭忠恕，玩褻一世。"吾丘衍不少詩效仿李賀，亦有詩篇抒發其超然遁世情懷，如《洞山吟》所涉愚公、夸娥、釣鼇人、龍伯國、玄洲鶴侣、玄元真人等皆不入仕。《竹素山房詩集》爲《四庫全書》收録，凡三卷附録一卷。是書以清抄本爲多，諸本藏於國家圖書館等處。清光緒二十一年錢塘丁丙嘉惠堂《武林往哲遺著》收録是書，此本收入詩一百五十四首，文中有《招雨師文》，詩後有《錢良佑名説》，又有補遺七首；卷前有《四庫全書總目》所載本集提要，詩文後附録吾氏墓銘、傳記、贈酬、題跋等詩文二十三篇。清光緒丁氏刻本，藏於國家圖書館等處，《衢州文獻集成》據浙江圖書館藏本影印。吾衍詩亦爲後人選元詩者收録，清人顧嗣立編《元詩選》收録吾丘衍詩十二首，《御選元詩》收録吾氏詩九首。

《四庫全書總目·〈竹素山房詩集〉提要》：《竹素山房詩集》三卷（編修汪如藻家藏本），元吾邱衍撰。衍有《晉史乘》，已著録。此其所著詩集，而附以遺文二篇。其詩頗效李賀體，不能盡脱元人窠臼。然胸次既高，神韻自別，往往於町畦之外逸致橫生，所謂"王謝家子弟雖復不端正者，亦奕奕有一種風氣"也。考衍於至大三年爲人所累，被攝得釋，不勝其恚，自投西湖死，留一詩別其友仇遠云："劉伶一鍤事徒然，蝴蝶西飛別有天。欲語太元何處問？西泠西畔斷橋邊。"別見於《釋宗泐集》，而此三卷中無之。意者原稿爲衍所自編，故未經載入歟？朱存理《樓居雜著》有《書吾氏類集》一篇，稱"《虞山雜抄》內有《竹房集》三卷，予家有子《招雨師文》等篇遺跡一冊，錄附集後"，其卷帙與此本合，則此猶舊帙矣。（見《四庫全書總目·集部·別集類十九》）

存存齋稿（佚）
（元）西安孔濤撰

孔濤有《闕里譜系》，前《史部·傳記類》已著錄。黃溍《黃文獻集·承直郎潮州路總管府知事孔君墓誌銘》載，由端友至洙，襲衍聖之封，洙所居室匾曰存齋，君惜其以存自號而不能欽承德意，存其封爵，因自稱存存齋云。孔濤所爲詩尚俊邁，文渾厚，不事纖巧，有《存存齋稿》，未及詮次。孔濤《存存齋稿》今佚。

歸朝稿（佚）、明農稿（佚）、居朝錄（佚）
（元）常山汪文璟撰

汪文璟字良辰，常山人。泰定甲子成進士，授餘姚判官。遷翰林編修。後仕至嶺南廣西道肅政廉訪副使。有《歸朝稿》《明農稿》行世。事跡見［弘治］《衢州府志·人物志·事功》。彭大翼《山堂肆考·著書下》載："元汪文璟，常山人。泰定初進士。所著有《居朝錄》《明農稿》。"汪文璟此三書今皆佚。清人顧嗣立、席世臣編《元詩選癸集·己集上》收錄汪文璟詩《題丹山》。

歷仕集二卷（佚）
（元）龍游徐泰亨撰

徐泰亨有《海運紀原》，前《政書類》已著錄。據黃溍《黃文獻公集·墓誌銘》所載《青陽縣尹徐君墓誌銘》，徐泰亨有《歷仕集》二卷。此書今佚。［民國］《龍游縣志·藝文志》載徐泰亨撰有《可可詩集》，言"見黃溍撰《徐君墓誌》"。然黃溍所撰墓誌僅言泰亨有《可可抄書》，無《可可詩集》，此不從［民國］《縣志》。

龍麓子集（佚）
（元）開化程斗撰

程斗字仲元，開化人。世居龍山，號龍麓子。受業三江先生之門，傳性理之學。尤長於詩文，有《龍麓子集》。事跡見［弘治］《衢州府志·隱逸傳》。程斗《龍麓子集》今佚。［崇禎］《開化縣志·人物志·理學》載，程斗隱居龍山，元季，有强起之者，斗作詩見志，云："妾身空負貌如花，少小難婚鬢已華。媒妁不知時已過，頻教學士嫁時車。"［崇禎］《開化縣志·藝文志》有程斗《重修保安院碑記》《顯祐廟記》。

芳所吟稿（佚）

（元）江山柴登孫撰

柴登孫字季武，號芳所，江山人。文思清雅，積書至數千卷，攝職嵩高書院山長。有詩集《芳所吟稿》。元統間，手編國史，察判二公所遺詩文及諸朋友廣倡編之曰《怡思集》，刊行於世。事跡見《嵩高柴氏世集勳德録》卷六。登孫《芳所吟稿》今佚。《勳德録》卷六收録有柴登孫贊六首、詩三十五首。

竹山稿（佚）

（元）開化鄭克欽撰

鄭克欽字敬叔，開化人。世居龍山。有《竹山稿》。時稱其範以坡、谷之煆煉，以濂、洛之波瀾。同里繆志通，號竹林，與相賡吟，稱二竹先生。事跡見［崇禎］《開化縣志·人物志·文學》。［康熙］《衢州府志·藝文考》載有鄭克欽《竹山詩稿》，與《縣志》略不同。克欽此書今佚。

竹林詩稿（佚）

（元）開化繆志通撰

繆志通號竹林，居龍山，開化人。與鄭克欽相倡和，時稱二竹先生。事跡附見於［崇禎］《開化縣志·人物志·文學》“鄭克欽傳”後。［雍正］《開化縣志·藝文考》著録繆志通《竹林詩稿》。此書今佚。

徐浩集二卷（佚）

（元）龍游徐浩撰

徐浩子伯清，龍游人。涇貫經史，志方而行圓。舉任遂昌教諭。歸老，與弟濟優游林下，更唱迭和，有集二卷。事跡見［康熙］《龍游縣志·人物傳一》。［萬曆］《龍游縣志·藝文志》、［天啓］《衢州府志·藝文志》著録《徐浩集》。而［康熙］《衢州府志·藝文考》著録爲徐浩《伯清集》。此集今佚。

遜志齋集（佚）

（元）龍游董時中撰

董時中有《董氏家訓》，前《子部·儒家類》已著録。［民國］《龍游縣志·人物傳一》本傳載，董時中有《遜志齋集》。此集今佚。

桐山老農文集四卷（存）

（元）開化魯貞撰

魯貞有《易注》，前《經部·易類》已著録。［天啓］《衢州府志·藝文志》、［康熙］

《衢州府志·藝文考》所著録魯貞《起元文集》，當即《桐山老農文集》。此集四卷，卷一爲記十三篇，卷二爲序十篇，卷三爲雜著九篇，卷四爲詩三十六首。是書爲《四庫全書》收録。浙江圖書館藏有清抄本，卷前有《四庫全書總目》所載本集提要，文中間有龍游余紹宋批注，卷四末有"癸亥十二月四日余紹宋校讀訖"，末爲葉葦清跋語。《衢州文獻集成》據浙圖藏余紹宋所校清抄本影印。魯貞詩文有散見於其他典籍者，陳元龍《歷代賦彙·禎祥》收録有魯貞《龍馬圖賦》，[崇禎]《開化縣志·藝文志》載有《修學記》《縣學七賢堂記》《湖山堰詩序》《修學詩》，清人顧嗣立、席世臣編《元詩選癸集·己集上》收有魯貞《題塔山》，《癸集下》又録有《水南山》《橫碧軒》。

　　《四庫全書總目·〈桐山老農文集〉提要》：《桐山老農文集》四卷（浙江范懋柱家天一閣藏本），元魯貞撰。貞字起元，自號曰"桐山老農"，開化人。集中《萬青軒記》自稱曲阜人，蓋曲阜其祖貫也。是集凡文三卷、詩一卷，凡元代所作皆題至正年號，其入明以後惟題甲子，殆亦"栗里"之遺意。詩不出元末之格，且間有累句，殊非所長。其文亦聞見頗狹，或失考正，如《武安王廟記迎神詞》中有"蘭佩下兮桂旗揚，乘赤兔兮從周倉"句，考"周倉"之名不見史傳，是直以委巷俚語鐫刻金石，殊乖大雅。然人品既高，胸懷夷曠，一切塵容俗狀無由入其筆端，故稱臆而談，自饒清韵，譬諸深山幽谷，老柏蒼松，雖不中繩規，而天然有出塵之意，其故正不在語言文字間矣。（見《四庫全書總目·集部·別集類二十一》）

止庵觀感詩四卷（佚）
（元）開化施敏政撰

　　施敏政，事跡不詳。黃虞稷《千頃堂書目·文史類》著録施敏政《止庵觀感詩》四卷，載敏政爲開化人，將其詩集列於元人之下。敏政此詩集今佚。

金臺稿（佚）、拙逸齋集（佚）
（元）江山柴珪撰

　　柴珪字伯玉，號拙逸，江山人。至正十一年知衢州同知總管府事。有《金臺稿》及《拙逸齋集》詩文傳於世。事跡見《嵩高柴氏世集勳德録》卷七。柴氏《金臺稿》《拙逸齋集》今佚。《勳德録》卷七有柴珪《全庵記》和詩《題璩源寺六言二絶》《題白巖寺》《蚤朝》《題璩源寺二首》《蕭介謁同知公》。

父子賡和詩（佚）
（元）江山柴尚志、柴永福撰

　　柴尚志字志賢，江山人。自幼勤力家事，博通詩書，養高弗仕。有子永福，亦長於詩。集名《父子賡和詩》。事跡見《嵩高柴氏世集勳德録》卷八。尚志、永福《父子廙和詩》今佚。《勛德録》卷八有柴尚志詩《燈蛾》《臘月開晴》《有感借喻》《村居》《乙巳移居溪後》，有柴永福詩《村居》《和乙巳移居溪後》。

蓬窗集十卷（佚）

（元）西安王宏撰

王宏有《易啓疑》，前《經部·易類》已著録。據［民國］《衢縣志·碑碣志四》所載《明逸士全閒府君墓誌銘》，王宏有《蓬窗集》十卷。［嘉靖］《衢州府志·人物紀·隱逸》載，王宏有《蓬窗集》。王宏字存道，號全閒老人。商輅《全閒老人卷後序》，不言其所題書名，當即爲王宏文集所作，故系於此。商輅此序不見《商輅集》，可補其佚。王宏《蓬窗集》今佚。［嘉慶］《西安縣志·物産志》於“梁”條有王宏詩“有夢炊煙里，邯鄲事業忙。泉明惟飲酒，高枕在羲皇”句，“何首烏”條有其詩“野人白首亦稱翁，不須服食如公黑”句，不知此王宏是否爲元代西安王宏。《西安上麓祝氏宗譜》卷五有《會同學博先生傳》，署“全閒老人王宏”撰。

商輅《全閒老人卷後序》：浙右衢州王公存道翁，高世之士也。讀書窮理，不爲物所拘繫，泄泄然以退閒爲尚，嘯傲乎煙霞木石之間，瀟灑乎乾坤日月之表。自幼至老，不求聞達於人，遂以全閑老人自號。廬陵臧縉氏先生記之爲甚詳，士大夫播諸詩以頌美之。而知衢郡府事太守傅公，其姻家甥也，囑余序之於後。夫序者，序其從來之意也。上古巢許輩初無序文，古史亦未嘗表之。三代以下，士習披靡，長奔競之風，乖廉恥之義，民欲不壞，莫底其正，於是作史者推本聖人，不以處者爲非之意，始進隱遁以勵風教。逸民之傳，范曄大書於《漢史》。繼《漢》而作者，不獨隱逸，凡孝義、獨行之輩，盛見於史，何其詳哉！伊欲使後世士君子明出處之義，兼致本末，扶植斯世，其所繫不既大矣乎！今存道當四海混一之時，無爲之日，雖欲出而不閒，安得而不閒也乎？是宜慕巢許等輩之風，繼兩諸公之志，以旌我朝士風之美，又安知日後觀風君子不採，而爲之立全閒老人之傳也乎！況存道翁與嚴相去密邇，其於先生之風，講之有素，其所爲號，豈虛語哉！故爲之序，而復爲之歌，曰：吾愛全閑老，長嘯歌全閒。龐眉鶴發如童顔，生平寄跡樵漁間。心閒身懶懶，柴門日午和。雲關敲火煮香茗，松濤翠漲秋滿山。家聲遠繼三槐裔，文獻相承經幾世。白石清泉樂素心，芝蘭玉樹羅庭砌。圖書列壁抵萬金，銀濤墨務供清吟。雨涼一枕雪生夢，絲桐幾擫冰入琴。桑麻禾黍生涯足，散發逍遥自捫腹。酒熟能留隱者蒭，詩成慣與比鄰讀。錦籜裁爲冠，芰荷制成衣。青松落户牖，白雪堆巖扉。採茹釣鮮何所希，振衣長謝淡忘歸。嗟彼商山翁，不免一出成漢功。何似鹿門公，終日不厭爲老農。是非寵辱了不計，種豆山下歌秋風。全閒老人誰不及，仰戴堯天治舜日。日出而作日入息，公等豈知蒙帝力。（見［康熙］《西安縣志·藝文志》）

明人別集類

餘清文集三十卷（佚）、餘清稿（佚）

（明）常山何初撰

何初有《書傳會選》，前《經部·書類》已著錄。據金寔《覺非齋文集·行狀》所載《故開化縣教諭非齋何先生行狀》，何初有《文集》三十卷。〔弘治〕《衢州府志·人物志·文士》本傳載，何初有《餘清稿》。〔天啓〕《衢州府志·藝文志》、雍正以來《常山縣志·藝文志》皆著錄爲何初《餘清文集》。何初諸集今皆佚。〔雍正〕《常山縣志·藝文志》有何初詩《贈宴南樓》。

璞玉集（佚）、自鳴稿一卷（佚）、鳴陽稿（佚）

（明）開化徐蘭撰

徐蘭有《書經體要》，前《經部·書類》已著錄。〔弘治〕《衢州府志·人物志·文士》本傳載，徐蘭有《自鳴稿》《鳴陽稿》。焦竑《國史經籍志·別集類》著錄徐蘭《自鳴集》一卷。〔康熙〕《衢州府志·藝文考》著錄徐蘭《璞玉集》《自鳴集》。徐蘭諸書今皆佚。〔崇禎〕《開化縣志·藝文志》有徐垠《序徐先生自鳴稿》，而同書《人物志·事功》載，徐垠任刑部主事，陞東昌府知府。諸《開化縣志·人物志》皆作"徐垠"，應是。《開化江山譙國戴氏宗譜》卷一有徐蘭《贈友人戴彥則序》。

徐垠《序徐先生自鳴稿》：《自鳴稿》者，前進士徐先生謫皋蘭時所作也。余曩在秋臺，侍講金城，黃公廷臣，語予曰："洪武中，三衢有徐蘭者，以文章鳴，吾皋蘭人得其片文，不趨拱璧。嘗著《自鳴稿》若干卷，不知何人得之？"竊恨予生也晚，未聞先生出處之詳，愧無以對。越明季，余承乏東昌，黃公奉使駐節崇武，出其所藏墨跡示余，上載先生文一詩一，余誦之，怳若聞絲竹於孔堂，一唱三嘆而有遺音也。天順五季秋，適以考績至濟南，貳守崇仁楊君見予，而問曰："公之徐先生嘗丞吾邑，文章政事復出人表。僕得其《自鳴稿》一帙，寶而藏之三十餘季，嘗竊披玩不能釋手。"余正渴想先生之文，亟求得之。持歸，質諸同寅，貳守胡君、通守鄧君陳君、節推王君一見皆嘆曰："斯文也，非今之文，乃古之文也。"遂相率捐俸。命工刊畢，僉謂予宜序首簡。余惟古今文章之鳴世者，皆以六經爲根柢。文不本六經，則不能載道，謂之文且不可，況可以鳴世而傳後乎？今觀先生之文，根本乎六經，出入諸子，新而不刻，清而不露，如夏云奇峰，疊見層出，而有連翩弗斷之態；如長川大河，十步九折，而無直瀉怒奔之失。以之視古人而無愧，以之傳後世而不忝，以之載道而裕如也。嗚呼！先生之文沉埋久矣，微黃侍講啓其端，無以啓予之景仰；微楊貳守藏其稿，無以致斯文之傳世。譬龍泉太阿，縱埋豐城之土壤，而其神光上射斗牛者，終弗能掩也。雖然，先生之文足以鳴世矣。今云自鳴者，蓋由不遇知己爲之鳴也。昔孟東野沒於江南，韓子爲作序以鳴之，千載之下餘響未絕。先生，東野之儔也，謫戍邊徼，垂老而不遇韓子之鳴，故以自鳴其稿，無乃以道自解也。向使先生得時行道，則將和其聲大鳴國家，豈止自鳴而已哉！吾於是乎有感。天順六季夏五月，東昌府知府同邑後學徐垠序。（見［崇禎］《開化縣志·藝文志》）

信安集二卷（存）

（明）衢州教授金華胡翰撰

胡翰字仲申，金華人。洪武初，爲衢州府教授。事跡見《明史》本傳。［民國］《衢縣志·藝文志》載："《信安集》，明初衢州教授胡翰撰。錢氏《絳云樓書目》著錄。《浙江通志》附注《胡仲子集》下引［嘉靖］《金華縣志》有《信安集》，亦見《金華賢達傳》。錢謙益曰：胡翰字仲申，金華人。師事黃文獻、柳文肅，與宋潛溪、王子克友善，預修《元史》，官止衢州教授，不及宋之大顯也。此集在衢州所作，故名。"是書題《胡仲子先生信安集》，凡二卷，前有吾玗序，其言："文集舊刻於浦陽王氏，歲久淹沒，學者有不得而見。吾君邦伯沈公杰重其人，愛其文，而惜其不行於世，以先生嘗爲衢庠師，訪求於衢之人，得其作凡若干篇，將以鋟行。"《信安集》刊刻於衢州，且［民國］《衢縣志·藝文志》錄之，内容涉及衢州，故此著錄之。胡翰《信安集》有明弘治十六年刻本，藏於國家圖書館。

覺非齋文集二十八卷（存）

（明）開化金寔撰

金寔參與修撰《明太祖實錄》，前《史部·實錄類》已著錄。焦竑《國史經籍志·別集類》著錄金實《覺非齋稿》二十八卷，《明史·藝文志》載有《金實文集》二十八卷，黃虞稷《千頃堂書目·別集類》著錄金實《覺非齋文集》二十八卷，［康熙］《衢州府志·藝文考》和［雍正］《開化縣志·藝文志》均作金寔《覺非集》。楊士奇《故奉議大夫衛府左長史金君墓誌銘》言金君諱"寔"，當是。金氏晚號其齋居曰覺非，以自儆不妄。錢溥序稱此書爲《覺非齋文集》，今傳本題名與其同。是書凡二十八卷，卷一爲賦、詩、歌、詞、頌，卷二至九皆爲詩，卷十至十二爲記，卷十三至十九爲序，卷二十爲行狀、哀詞，卷二十一至二十三爲墓誌、碑碣，卷二十四爲傳，卷二十五爲講義，卷二十六爲箴、銘、贊、説，卷二十七爲雜著，卷二十八爲題跋、祭文。卷前有錢溥序、黎近之序，卷末有唐瑜後序。各卷端題"四川按察司按察使弋陽黃溥選編，蜀府紀善吉文黎紘校正"，此乃黃溥選編之本，非金寔文集之全。［崇禎］《開化縣志·藝文志》所存金寔《通濟橋記》《靜照圓通閣記》《贈開化令梁公之官序》，《三衢仁德葉氏宗譜》卷二有金寔《御史箴》，爲《覺非齋文集》所未錄。楊士奇贊金寔"文章豐腴雅則”，錢溥評其詩文曰：“獨以先生之文，其浩瀚馳遂如長江萬斛風帆，駛千里於一息，雖賁、育莫之禦也；其清簡峭挾如天開日霽，矗孤峰於萬仞，而一塵不之染也。其詞賦則援經據騷，而瞻廉以則；其詩哥本唐人音響，而古選純似韋、陶，氣味尤爲時所推讓。蓋皆根極理致而暢之以詞，故能不溺於近習而駸駸乎，有復古之盛也。”此書有明成化元年唐瑜刻本，藏於山東大學圖書館，《續修四庫全書》《衢州文獻集成》亦收録。

大方笑集十二卷（佚）

（明）開化徐曦撰

　　徐曦字叔睿，號東旭，開化人。舉人，任道州學正，陞楚府伴讀，尋預文淵閣纂修。父晚香翁年高，乞歸養，翰林諸公以晚香堂詩文贈其行，人皆以孝友稱之。事跡見［嘉靖］《衢州府志·人物紀一·孝行》，同書《人物紀二·鄉薦》載徐曦爲洪武己卯舉人。黄虞稷《千頃堂書目·別集類》載，徐曦字叔霽，開化人。永樂初，預修《大典》，爲楚府伴讀，有《大方笑集》十二卷。［康熙］《衢州府志·藝文考》著録徐曦《大方笑集》十卷。此集今佚。［崇禎］《開化縣志·藝文志》有徐曦詩《靈山寺》《頤真宮》。

宦餘稿（佚）

（明）開化汪琦撰

　　汪琦，開化人。任山東肥城知縣，民心悦服。有《宦餘稿》。事跡見［崇禎］《開化縣志·人物志·事功》。汪琦《宦餘稿》今佚。

鳴和集（佚）、和唐詩集（佚）

（明）開化吾紳撰

　　吾紳字叔縉，開化人。官刑部主事，治獄有聲。歷郎中，拜禮部侍郎。出爲廣東參政。尋召爲南京刑部侍郎，奉敕考察兩廣、福建方面官。復改禮部。正統六年卒於官。事跡附見於《明史·段民傳》後。［嘉靖］《衢州府志·人物紀二·甲科》載吾紳爲永樂甲申年進士。［雍正］《開化縣志·人物志·事功》載，吾紳字叔縉，參修《四書五經》《性理大全》，著有《鳴和》《和唐詩》二集。此二集今皆佚。［崇禎］《開化縣志·藝文志》有吾紳詩《登故友虞給事墓》，《汪氏乘言》有其《汪母程孺人九十七壽像贊》。

囂囂集（佚）

（明）開化嚴珊撰

　　嚴珊字崇振，開化人。以進士任翰林庶吉士，陞刑部主事。歸後日處靜室，寒暑不釋卷，而尤邃於性理之學。有《囂囂集》，方豪爲序。事跡見［嘉靖］《衢州府志·人物紀·文苑》、［崇禎］《開化縣志·人物志·事功》。［天啓］《衢州府志·人物志·甲科》載嚴珊爲永樂乙未進士。黃虞稷《千頃堂書目·别集類》著録嚴珊《囂囂集》，與［嘉靖］《府志》同。［崇禎］《開化縣志·人物志》載嚴珊有《囂囂子集》，［康熙］《衢州府志·藝文考》亦著録爲嚴珊《囂囂子集》。此集今佚。［崇禎］《開化縣志·藝文志》有嚴珊詩《慈恩堂》《寄江秉心先生》《春日閒居》《還善吟》《宿雲門寺閣》，［乾隆］《開化縣志·藝文志》有其《泉井記》。

金臺集（佚）、芹香集（佚）、南歸集（佚）
（明）開化江秉心撰

江秉心號笏山，開化人。永樂時，舉明經。陞司經局正字、襄府紀善。以詩文擅名一時。所著有《金臺》《芹香》《南歸》等集。事跡見［崇禎］《開化縣志·人物志·文學》。秉心諸集今皆佚。明程敏政《新安文獻志·行實·遺逸》載有江秉心《金處士祖壽墓表》。［崇禎］《開化縣志·藝文志》有江秉心《送耕讀先生起復》、詩《烏石靈湫》。《汪氏乘言》有江秉心《汪母程孺人九十七壽像贊有序》，《開化江山譙國戴氏宗譜》卷一有其《送耕讀先生起復序》《律詩奉寄國子先生戴廣文》。

尚綱齋集（佚）
（明）開化余春壽撰

余春壽字永齡，號尚綱，開化人。任諸城知縣。永樂時，以彈劾宦者罷譴。所著有《尚綱齋集》。事跡見［崇禎］《開化縣志·人物志·忠節》。春壽《尚綱齋集》今佚。

素軒詩文集（佚）
（明）開化方沃撰

方沃字孔輔，號素軒，開化人。風度灑落，該覽古今，詩宗唐人，文尤典贍，追古作者。有《詩文集》。事跡見［弘治］《衢州府志·人物志·文士》。［天啓］《衢州府志·藝文志》著録方沃《素軒詩文集》。此集今佚。

雞肋集（佚）
（明）開化方瑛撰

方瑛字廷蘊，開化人。以進士任行人司司正。未幾，乞歸。蕭然四壁，人稱箬溪先生。所著有《雞肋集》，藏於家。事跡見［嘉靖］《衢州府志·人物紀·文苑》。［崇禎］《開化縣志·選舉志》載方瑛爲永樂甲辰進士，且言有《木雞集》。黃虞稷《千頃堂書目·别集類》著録方瑛《雞肋集》。［崇禎］《開化縣志·人物志·隱逸》載方沃有《雞肋集》。［康熙］《衢州府志·藝文考》載，“方瑛《木雞集》，一作《雞肋集》”，又載“方沃《雞肋集》，一作《素軒集》”。方沃所撰爲《素軒集》，已見前，而［崇禎］《縣志》則載爲《雞肋集》，［康熙］《府志》持兩説，黄氏《書目》載爲《雞肋集》方瑛所撰，此姑從黄書。方瑛《雞肋集》今佚。［崇禎］《開化縣志·藝文志》有方瑛詩《遊太平寺和溥叡上人韻》。

汪圻詩集（佚）

（明）開化汪圻撰

　　汪圻，隱居不仕。長於五言、古選，人號汪短選。有詩集。事跡見［嘉靖］《衢州府志·人物紀·隱逸》。［康熙］《衢州府志·藝文考》著録汪圻《詩集》。此集今佚。［崇禎］《開化縣志·藝文志》有汪圻詩《晚香堂》。

青雲詩稿（佚）

（明）常山陳知章撰

　　陳知章，事跡不詳。［雍正］《常山縣志·選舉志》載永樂十五年舉人有陳知章，曾任黄梅訓導。［嘉慶］《常山縣志·書目志》著録陳知章《青雲詩稿》。此書今佚。［嘉慶］《常山縣志·藝文志》有陳知章詩《東魯八景之二》，即《輿梁濟涉》《南湖靈湫》。

白下集（佚）

（明）江山伍盛撰

　　伍盛，事跡不詳。［嘉靖］《衢州府志·人物紀二·鄉薦》載伍盛爲江山人，永樂辛卯舉人。黄虞稷《千頃堂書目·别集類》、康熙癸巳《江山縣志·邑人著述》皆著録伍盛《白下集》，黄氏《書目》且言伍盛字德恭，江山人。伍盛此集今佚。

遺安集（佚）

（明）龍游徐諒撰

　　徐諒，事跡不詳。［萬曆］［康熙］《龍游縣志·藝文志》、黄虞稷《千頃堂書目·别集類》、［康熙］《衢州府志·藝文考》皆著録徐諒《遺安集》。［天啓］《衢州府志·藝文志》著録爲徐讓《遺安集》，“讓”字當誤。黄氏《書目》著録徐諒此作於宣德時。《遺安集》今佚。

穀溪漁唱集（佚）

（明）龍游胡榮撰

　　胡榮字希華，龍游人。嗜學，有文行。從金華汪公若講學，得其旨。著有《穀溪漁唱》。事跡見［弘治］《衢州府志·隱逸傳》。［萬曆］《龍游縣志·藝文志》載胡榮有《瀫溪漁唱集》，與［弘治］《府志》略不同。《穀溪漁唱集》今佚。

城南集二卷（佚）

（明）龍游徐履誠撰

徐履誠參修《明宣宗實錄》，前《史部·實錄類》已著錄。［萬曆］《龍游縣志·藝文志》著錄徐履誠《城南集》一卷，而黃虞稷《千頃堂書目·別集類》著錄徐履誠《城南集》爲二卷，不知孰是。履誠《城南集》今佚。

西山吟稿（佚）

（明）江山毛鼎元撰

毛鼎元有《政家遺範》，前《子部·儒家類》已著錄。康熙癸巳《江山縣志·邑人著述》著錄毛鼎元《西山吟稿》。此書今佚。

胡敩文集（佚）

（明）江山胡敩撰

胡敩字孟文，江山人。邃於經學，爲文近古，尤善楷書。領鄉薦，爲國子助教。有文集，行於世。事跡見［嘉靖］《衢州府志·人物紀三·文苑》，同書《人物紀二·鄉薦》載胡敩爲正統戊午舉人。［康熙］《衢州府志·藝文考》著錄胡敩《文集》。此集今佚。康熙癸巳《江山縣志·藝文志》有胡敩《遜敏齋銘》。

自得稿（佚）、宦游雜録稿（佚）

（明）常山鄭佑撰

鄭佑字孔佐，號魯齋，常山人。景泰辛未進士。拜廣東道監察御史。官至福建按察副使。所著有《自得稿》《宦游雜録稿》若干卷，藏於家。事跡見《衢州墓誌碑刻集録》所收録林文《大明故中憲大夫福建按察副使魯齋鄭公墓誌銘》[①]。鄭佑《自得稿》《宦游雜録稿》今皆佚。

柏崖集（佚）

（明）開化徐鑾撰

徐鑾字用和，號柏崖，開化人。舉會魁，擢監察御史。著有《柏崖集》。事跡見［嘉靖］《衢州府志·人物紀·事功》，同書《人物紀·甲科》載徐鑾爲景泰甲戌進士。徐鑾《柏崖集》今佚。［崇禎］《開化縣志·藝文志》有徐鑾詩《天童山》《從子綏業軒岐之術，吾君景端嘗德其愈疾之功，以〈杏林春意卷〉爲壽，余因賦此以勖之》。

---

① 衢州市博物館編：《衢州墓誌碑刻集録》，第59—60頁。

青蒙集（佚）

（明）開化吳錫撰

　　吳錫字天祐，開化人。任刑部主事，歷員外郎、廣東總兵等。工於詩翰。有《青蒙集》。事跡見［崇禎］《開化縣志·人物志·事功》。［天啓］《衢州府志·人物志·甲科》載吳錫爲天順丁丑進士。吳錫此集今佚。［嘉靖］《衢州府志·建置紀·學校》有吳錫《題修郡學記》。［崇禎］《開化縣志·藝文志》有吳錫詩《遊石梯》，冷時中《爛柯山志》有其詩《爛柯山》，《開化鄭氏宗譜》卷十七有其《霞峰鄭處士德洪藏記》《逸士惟忠鄭公壽塋誌銘》，卷十八有其《樂琴軒詩》。

太學稿（佚）、江浦稿（佚）、還山稿（佚）

（明）開化吾㝷撰

　　吾㝷有《周易傳義會同》，前《經部·易類》已著録。據章懋《楓山章先生集·雜著》所載《文山先生吾君墓表》，吾㝷有《太學》《江浦》《還山》三稿。［天啓］《衢州府志·藝文志》著録吾㘶《大學還山稿》，“吾㘶”當爲“吾㝷”，“大學”當爲“太學”，《太學稿》《還山稿》當爲二書。黃虞稷《千頃堂書目·別集類》著録吾㝷《還山稿》。吾㝷此三書今皆佚。［嘉靖］《衢州府志·山川紀·古蹟》載有吾㝷詩《高山閣》，又《建置紀·橋梁》有其《觀風橋記》，［天啓］《衢州府志·藝文志》有其《題常山縣浮橋記》。［崇禎］《開化縣志·藝文志》有吾㝷詩《讀張霖溪詩》，《嵩高柴氏世集勳德録》卷九有其詩《□□士公詩章》，《龍游木城祝氏宗譜》卷首有其《明義官節峰祝公墓銘》。

素庵詩集（佚）

（明）江山柴大興撰

　　柴大興字茂霖，復字商佐，號素庵，江山人。博通《五經》，手不釋卷，經史子傳，過目不忘。長於詩辭，善於楷書。成化庚子終。有《素庵詩集》。事跡見《嵩高柴氏世集勳德録》卷九。大興此集今佚。《勳德録》卷九載有柴大興《素庵詩集》遺稿數篇，有詩《步父師戴大尹思親詠絕句韻》《茶竈》《厨書》《和王司訓題梅花二絕韻寄贈龍游孫大尹》《題陳邑〈判松圖〉》《代戴大尹和原潔進士寄韻》《上戴大尹朝覲》《和李通判題海會寺韻》《送毛鼎元主事八句》《和家姪玘生男赴試》《上本府太尊》《府差促催再上太尊》、文《秋亭別意序》。

大方笑集（佚）

（明）江山柴賢撰

　　柴賢字希賢，江山人。成化十三年任湖廣常德府武陵縣縣丞。有遺詩傳於世，名曰《大方笑集》。事跡見《嵩高柴氏世集勳德録》卷十。柴賢《大方笑集》今佚。《勳德録》卷十有柴賢詩《畫菊》《尸下砧聲》《寄見》《春牧》《題虎》《題龍》《冬雪》《伊尹耕莘》《太公釣渭》《日出扶桑》《對月思鄉》《重陽有感》《寄兄》《寄内》《辭歸》。

劣叟集（佚）

（明）江山柴浩撰

柴浩字文剛，號劣叟，江山人。博通書史，居家教授。有《劣叟集》傳於世。事跡見《嵩高柴氏世集勳德録》卷十。柴浩《劣叟集》今佚。《勳德録》卷十載有柴浩詩《題畫竹梅扇》《元旦試筆》《代玉山吳氏慶八旬冠帶翁》《題白巖寺》《中秋奕山書館翫月》《賀黄文樸八旬冠帶》《遊西湖作》。

蛙鳴集（佚）

（明）常山鄭伉撰

鄭伉有《讀易管見》，前《經部·易類》已著録。鄭善夫《少谷集·敬齋鄭先生墓表》載鄭伉有《蛙鳴集》。黄虞稷《千頃堂書目·別集類》亦著録鄭伉《蛙鳴集》。〔天啓〕《衢州府志·藝文志》載"《蛙鳴稿》，都伉著"，"都"字有誤。〔康熙〕《衢州府志·藝文考》和雍正以來《常山縣志·藝文志》皆著録爲《蛙鳴稿》。此書今佚。

復庵文集（佚）

（明）開化金弘訓撰

金弘訓有《湯溪縣志》，前《史部·地理類》已著録。〔天啓〕《衢州府志·藝文志》著録金弘訓《復庵文集》。此集今佚。〔弘治〕《衢州府志·詩文志》載有金弘訓詩《題忠簡公墓》，〔崇禎〕《開化縣志·藝文志》有其《上周僉憲書》、詩《題趙子昂〈山水圖〉》。

二宜軒集（佚）

（明）開化方泌撰

方泌有〔弘治〕《開化縣志》，前《史部·衢州方志類》已著録。黄虞稷《千頃堂書目·別集類》著録方泌《二宜軒集》。此集今佚。〔崇禎〕《開化縣志·藝文志》有方泌詩《歸老雜興》。《嵩高柴氏世集勳德録》卷九有其詩《□□士公詩章》。

風月交談集（佚）

（明）龍游徐以昭撰

徐以昭字用晦，號曉山，龍游人。讀書談道，不求仕進。所作文，必有補名教。有《風月交談集》行世。事跡見〔弘治〕《衢州府志·隱逸傳》。以昭《風月交談集》今佚。

耻菴先生遺稿（存）

（明）龍游胡超撰

胡超有《班超傳奇》，前《子部·小説家類》已著録。[萬曆]《龍游縣志·藝文志》和黄虞稷《千頃堂書目·別集類》皆著録胡超《耻菴集》十卷。今傳本題《耻菴先生遺稿》，不分卷。明成化七年，析金華、蘭溪、龍游、遂昌四縣之地爲湯溪縣。此集中有《新建湯溪縣上梁文》，末署"時成化七年歲舍辛卯閏九月七日，邑人進士胡超撰"，時胡超尚未登進士榜，此"進士"當爲後人所加。可見成化七年後胡超家居之地由龍游改屬湯溪。有關胡超籍貫問題，余紹宋於[民國]《龍游縣志·叙例》提出："諸書中載胡超及其祖榮多作湯溪人，皆緣未考湯溪置縣年月，所致不足辨也。"余氏遂以胡超爲龍游人。胡超父祖皆龍游人，超中進士前夕始置湯溪縣，故黄氏《書目》亦言其爲"龍游人"，而不作湯溪人。故以胡超爲龍游人。《耻菴先生遺稿》爲胡超七世孫俊生手抄本，其中有三處於書葉頂端題"《耻菴先生遺稿》"，全集共載詩七百七十八首（其中《寄衣曲》重出），祭文五篇，末篇爲《新建湯溪縣上梁文》，附録有長洲吳寬《耻菴説》、古剡舜夫錢悌《感遇詩序》。俊生抄文後，有近人潘景鄭、范行準二跋語。由范氏跋語可知，衡陽李淼於杭州書肆中購得此書，後由李氏轉爲范氏收藏，封面題有"范行準先生捐贈"。是書今存清抄本，藏於上海圖書館藏，《衢州文獻集成》據其影印。

施筜夫遺稿（佚）

（明）開化施筜夫撰

施筜夫有《了心録》，前《子部·儒家類》已著録。[雍正]《開化縣志·人物志·隱逸》本傳載，施筜夫有《遺稿》。此書今佚。[崇禎]《開化縣志·藝文志》有施筜夫詩《客過寒窗》。

閒窗賡詠集（佚）

（明）開化施源撰

施源字水齋，開化人。有《閒窗賡詠集》，佺恕衰次，方侍御爲序。事跡見[崇禎]《開化縣志·人物志·隱逸》。施源《閒窗賡詠集》今佚。

貞齋集（佚）

（明）開化施恕撰

施恕字勉仁，號貞齋，開化人。進士。授工部主事、郎中，後知岳州府。爲詩文雄健，與求樂吾尋、白沙陳獻章、定山莊泉、東白張元禎友善。事跡見[天啓]《衢州府志·人物志·事功》。[崇禎]《開化縣志·選舉志》載施恕爲成化戊戌進士。[天啓]《衢州府志·藝文志》、黄虞稷《千頃堂書目·別集類》著録施恕《貞齋集》。此集今佚。[崇禎]《開化縣志·藝文志》有施恕《貞齋梅花詩跋》。

櫟莊稿（佚）
（明）開化徐端撰

徐端字天緒，開化人。邑廩生。隱櫟莊教授，毫無私干，士咸敬禮之。所遺有《櫟莊稿》，程侯爲之序。事跡見[崇禎]《開化縣志·人物志·隱逸》。[康熙]《衢州府志·藝文考》著録爲徐端《櫟莊集》。此集今佚。

廣詠集（佚）
（明）開化徐聯撰

徐聯字弘芳，號敬所，開化人。治《易》《書》二經，隱居教授。篤好詩文，精書法。所著有《廣詠集》。事跡見[崇禎]《開化縣志·人物志·隱逸》。徐聯此集今佚。

衡門集（佚）
（明）開化余鵬撰

余鵬有《世德徵》，前《子部·儒家類》已著録。[崇禎]《開化縣志·人物志·隱逸》本傳載，余鵬有《衡門集》。此書今佚。

栗齋集（佚）
（明）開化施璧撰

施璧號栗齋，開化人。幼習舉子業，既而隱居教授。方豪嘗遊其門。長於吟詠，著《栗齋集》。事跡見[崇禎]《開化縣志·人物志·隱逸》。施璧《栗齋集》今佚。

小牕論草（佚）
（明）江山毛瑚撰

毛瑚有《十史斷》，前《史部·史評類》已著録。康熙癸巳《江山縣志·邑人著述》著録毛瑚《小牕論草》。此書今佚。《江山文溪姜氏續修宗譜》卷十七有毛瑚《姜翁仕能序》《處士姜仕倫序》。

月山詩文集（佚）
（明）開化汪璞撰

汪璞有《覺世集》，前《子部·儒家類》已著録。[雍正]《開化縣志·人物志·隱逸》本傳載，汪璞有《月山詩集》。[康熙]《衢州府志·藝文考》著録爲汪璞《月山詩文集》。此集今佚。

雪窩遺稿（佚）

（明）龍游余黙撰

　　余黙字克容，龍游人。少師吾尋於江浦，凡八年。中鄉試，授樂安，補舒城。學博，以經義授諸生，多所造就。歷官壽府長史，盡匡救之道。事跡見［萬曆］《龍游縣志·人物志》。［弘治］《衢州府志·科貢志》載余黙爲弘治己酉舉人。諸《龍游縣志·藝文志》和［天啓］《衢州府志·藝文志》、［康熙］《衢州府志·藝文考》著録余黙《雪窩遺稿》。而黄虞稷《千頃堂書目·別集類》著録爲余黙《雪窗遺稿》，此“窗”字或有誤。余黙《雪窩遺稿》今佚。

享先集（佚）、論後集（佚）、梅花詩（佚）

（明）西安吴夔撰

　　吴夔曾參撰［弘治］《衢州府志》，前《史部·衢州方志類》已著録。［嘉靖］《衢州府志·人物紀·孝行傳》本傳載，吴夔著有《享先》《論後》諸集。［天啓］《衢州府志·藝文志》著録吴夔《梅花詩》。吴夔諸集今皆佚。［嘉慶］《西安縣志·物産志》於“貍”條有吴夔詩“山家有旨蓄，玉面登春盤”句。

蟲技集一卷（佚）、寓蒲集一卷（佚）、和杜集一卷（佚）

（明）龍游何晉撰

　　何晉字石川，龍游人。卒業南雍，爲章懋高弟。除福建興化府通判，以仁廉著聲。工古文辭，詩宗少陵，文宗昌黎。有集。事跡見［萬曆］《龍游縣志·人物志》。此書《選舉志》載何晉爲弘治甲子舉人。［萬曆］《龍游縣志·人物志》、黄虞稷《千頃堂書目·別集類》著録何晉《蟲技集》《寓蒲集》《和杜集》各一卷。［天啓］《衢州府志·藝文志》著録何晉《蟲枝集》《寓蒲集》《和杜集》，“枝”字當誤。何晉《蟲技》等集今皆佚。《江陽嵩高朱氏宗譜》卷二有何晉《慎齋號詩》。

東山樵者集（佚）

（明）江山柴珂撰

　　柴珂字宗玉，號東山樵者，江山人。弘治十三年進士，除山東兗州府沂州儒學訓導。有《東山樵者集》傳於世。事跡見《嵩高柴氏世集勳德録》卷十。柴珂《東山樵者集》今佚。《勳德録》卷十載有柴珂詩《鱖魚》《紅葉》《題竹》《嵩高書院》《送仙霞巡宰》《和高師尊春夜有懷回文》《和林師尊蚤春苦雪》《上謝祭酒》《題董千里樂壽堂》《慶尚德兄八旬》《送范舉人璟會試》《送張治常歲貢》《送張知州陞雲南太守》《中秋賞月獨酌有懷》。

元峰文集（佚）

（明）江山周任撰

周任參修《明孝宗實録》，前《史部·實録類》已著録。［天啓］《衢州府志·藝文志》、黃虞稷《千頃堂書目·別集類》著録周任《元峰文集》，［天啓］《江山縣志·建置志·書籍》著録爲周任《元峰集》。此集今佚。［天啓］《衢州府志·藝文志》載有周任《徐正節祀田記》，《江山江陽何氏宗譜》卷二十有其詩《寄何哲夫》，《江山文溪姜氏續修宗譜》卷十七有其《尚義郎姜仕美序》。

雞鳴寓情集（佚）

（明）西安王雯撰

王雯字漢章，西安人。弘治四年，選貢。由上舍釋褐，授廣西都指揮使司經歷。年老告歸，改號一貧居士。著有《雞鳴寓情集》。事跡見［民國］《衢縣志·人物志二》。［嘉慶］《西安縣志·經籍志》著録王雯《雞鳴寓情集》。此書今佚。

存耕詩册（佚）

（明）龍游毛文瑛撰

毛文瑛字元秀，號存耕，龍游人。發貯挾貲商，遊閩廣之間。尤喜誦郭、楊書，凡名奇山川而偏陟之，因精堪輿之術。正德壬申卒。没之後，有少傅大學士石麓李公序其《存耕》卷端。事跡見《龍游毛氏宗譜》卷一所載《明封大夫存耕毛公墓誌銘》《明故處士存耕毛公墓誌銘》。據《龍游毛氏宗譜》卷一載有李春芳《存耕詩册序》可知，文瑛有《存耕詩册》。此書今佚。

李春芳《存耕詩册序》：夫作善降祥，作不善降殃，自古記之，然不能無一二爽者，申包胥不得已而爲相勝之説。嗟！斯豈善言天人之際者哉？夫天果可以人勝，則爲不善者之計得矣。而天果可以勝也，譬之耕力田而穫者有矣，不田未有能穫者也，力田而不穫者有矣。田而穫者其常也，故有不逢其身而逢其子孫者。蘇子有曰：“善惡之報，至於子孫，而其定也久，吾常執此以稽。”夫善不善之報審矣。予同年露山毛子持册示予，曰：“此予先子存耕所遺也。予先子力行善道，遺我後人。聞諺所謂‘但存方寸地，留與子孫耕’之説而悦焉，號存耕子以自勵。命予請諸學士大夫之言，將佩服之，未逮，而先子逝矣。悲夫！子其爲我序之，以終吾先子之志。”嗟！若公者，其察於天道者哉！吾聞公事父母生養死葬，咸竭心力商，遊四方振乏賙困，唯恐或後，如造梁南海以濟涉，施緡維揚以賑饑，同舍盗金，不發其非，同里歲灾，不徵其負，諸所存心其力耕而待秋者乎已而。露山子果舉進士，授番禺令，聲秩顯進未涯也。天之報善人，何有爽哉！世之喪心稔惡，務蕃田宅，以遺子孫，而不顧其後者，視公亦可少愧矣。雖然保而衍之，則又露山子責也。吾嘗見世之積德者，修之累世，而始發於一人之身，及其子孫怙勢滅理，貪行穢惡，以伐先澤而不恤，其視不才子舍其穡事，而污萊先人之業者，殆過之，露山子寧效之也？兹者天子舉番禺之命而授之露山，露山子而能厚恤其命則番禺安，否則番禺危。番禺之安危，而毛氏之福之延與否係之矣，斯天道也，露山子其念之。觀露山子不忘存耕公之祝，而思所以表之，則不忘公之教，不足慮也。嘉靖庚戌冬日賜進士及第翰林院國史修撰淮南年生李春芳頓首拜撰。（見《龍游毛氏宗譜》卷一）

永思集二卷（佚）

（明）龍游方冕撰

　　方冕字尚周，龍游人。以貢除兵馬副指揮。年餘，念母老，上書乞終養。事跡見［萬曆］《龍游縣志·人物志》。［民國］《龍游縣志·人物傳二》載方冕爲弘治十六年歲貢。［萬曆］《龍游縣志·藝文志》、黃虞稷《千頃堂書目·別集類》著錄方冕《永思集》二卷。此集今佚。

江右集（佚）

（明）開化華棠撰

　　華棠，開化人。弘治年間貢生，曾爲吉安府經歷。著有《江右集》。見［崇禎］《開化縣志·選舉志·貢士》。華棠《江右集》今佚。

瀶庵稿（佚）

（明）開化吾翁撰

　　吾翁有《易説》，前《經部·易類》已著録。徐象梅《兩浙名賢録·吏治》載，吾翁有《瀶庵稿》。黃虞稷《千頃堂書目·別集類》著録吾翁《瀶庵稿》，"翁"字當爲"翁"。［天啓］《衢州府志·藝文志》、［康熙］《衢州府志·藝文考》著録吾翁《瀶庵稿》。此書今佚。［崇禎］《開化縣志·藝文志》有吾翁詩《登少華山次中翰公韻》《答施公毅》。

棠陵文集八卷（存）、方棠陵集一卷（存）、棠陵集三卷（佚）、養餘録（佚）、老農編（佚）、洞庭煙雨編（佚）、珍憶録（佚）、奉希集（佚）、崑山集（佚）、見樹窗集（佚）

（明）開化方豪撰

　　方豪有《韻譜》，前《經部·小學類》已著録。［嘉靖］《衢州府志·人物紀·孝行》本傳載，方豪有《養餘録》《老農編》《洞庭煙雨編》《珍憶録》《奉希》諸集。黃虞稷《千頃堂書目·別集類》著録方豪《棠陵集》三卷、《養餘録》《老農編》《洞庭煙雨編》《珍憶録》《奉希集》《棠陵文選》八卷。［康熙］《衢州府志·藝文考》著録方豪《崑山集》《養餘録》《見樹窗集》《洞庭煙雨編》《老農編》《珍意録》《奉希集》。［雍正]《開化縣志‧藝文考》載方豪有《崑山集》《養餘録》《見樹窗集》《洞庭煙雨編》《老農編》《珍憶録》《奉希集》。以上諸集，僅魏憲編《棠陵文選》八卷今存，另俞憲編《盛明百家詩》收録有《方棠陵集》一卷，其餘諸集今皆佚。魏憲、俞憲所編方豪文集外，另有一些方豪佚文散見於諸書中。明李攀龍《古今詩删》卷三十二、卷三十三分別收有方豪詩《常山臥雪亭》《答林炫見懷》。清人張豫章編《御選明詩》卷四十四、卷七十九、卷九十七、卷一百七收有方豪詩《太白樓席上追和先輩陳剛中》《冰玉篇贈徐子謙》《贈寫真孫木峰》《棄瓢圖寄國英侍御》《尋王粲樓故址》《游桃花寺》《看月》《題畫》《鴛鴦湖》《贈陳生》，朱彝尊編《明詩綜》卷三十八收有方豪《尋王粲樓故址》《游桃花寺》《看月》《滄江吟》《題畫》《鴛鴦湖》。方豪曾爲崑山縣令，在任間對當地水利建設有所貢獻，有相關詩文見存，明張內蘊、周大韶《三吳水考》卷九、卷十四分別載有方豪《崑山知縣方豪水利議》《崑山知縣方豪勘荒書》，明張國維《吳中水利全書》卷十五、卷二十八載有方豪《勘視昆承湖復治水都御史俞諫揭》《勘視陽城湖復治水都御史俞諫揭》《謁林知府懋舉於白茆港舟中獻詩（有序）》《倪宗正方豪白茅舟中聯句》《方豪過河舍》。方豪與鄭善夫交友較多，鄭善夫《少谷集》附録中有方豪《題少谷先生遺稿》《和勾谷哭少谷先生》。孫一元《太白山人漫稿》卷首有方豪爲其所作《太白山人漫稿序》，夏良勝《東洲初稿》附録有方豪詩《夏年兄先生歸麻姑山》。《三衢孔氏家廟志》有方豪《家廟記》，此文又見《衢州墓誌碑刻集録》，題爲《正德衢州孔氏家廟碑》[①]。[嘉靖]《衢州府志‧山川紀‧古蹟》有方豪《高山閣詩》，《建置紀‧學校》有方豪《題開化縣學記》，《禮制紀‧祠廟》有其《林公德惠祠記》《江山忠義祠記》。[天啓]《衢州府志‧藝文志》有方豪《題爛柯山詩》。[萬曆]《龍游縣志‧藝文志》有方豪《北澤堰記》，[崇禎]《開化縣志‧藝文志》有方豪《重建戒石亭記》《雜言貽王縣丞瑛》、詩《孫女謠》《欒城得宋用儀消息》《毛塢雜興（有序）》《園趣亭寄興》《贈僧會月痴子》《題僧月痴〈梅國圖〉贈劉介夫方伯》《少華山中雨夜讀先輩〈囂囂子集〉》《歸舟夢故山花發田家扣門借甕貯酒》《九日山居問菊李節推舉南送酒主》《梅林院》《天聖堂》。[萬曆]《常山縣志‧山川表》有方豪《乞休讀書白龍洞中二首》。康熙癸巳《江山縣志‧藝文志》有其《逸平書院記》，[雍正]《常山縣志‧藝文志》有其詩《送葉明府陞任》《草萍驛會徐伯知》《圓通寺》《木棉嶺值雪》，[光緒]《開化縣志‧藝文志》有其《上張中丞探賑本論》《上王中丞繽緩催徵書》，《汪氏乘言》有其《宋迪功郎汪公濟川墓表》，《江山江陽何氏宗譜》卷二十有其詩《惜哲夫所任不稱其才》，《開化鄭氏宗譜》卷十八有其詩《霞山漫興》。

《棠陵文集》八卷，爲清人魏憲所選。魏憲所選《棠陵文集》，卷前除有魏憲序

---

① 衢州市博物館編：《衢州墓誌碑刻集録》，第83頁。

文外，另有劉友光和方豪裔孫方元啓二序。除此，卷前又有王陽明先生《常山縣留別方思道詩》，《王文成公全書》亦錄有此詩，題《方思道送西峰》，名稱有所不同。此集卷一有疏二、序八，卷二有序十三，卷三有記十一，卷四有記十一，卷五有書三、篇二、墓誌銘三、事實一、祭文一，卷六有古體詩五十一篇，卷七有近體詩九十四篇，卷八爲補，有文四篇、詩七篇。方豪喜作詩，王陽明稱："每逢泉石處，必刻棠陵詩。"魏憲所輯《棠陵文集》，今有康熙十二年方元啓刻本，藏於天津圖書館，《四庫存目叢書》《衢州文獻集成》皆收錄。臺北圖書館、臺北"故宮博物院圖書館"有明嘉靖間刻本《棠陵文集》八卷，前有陳德文序，與魏憲選本不同。

　　《方棠陵集》一卷，爲明人俞憲編《盛明百家詩》收錄。俞氏序曰："開化方思道豪，負磊落不羈之才，屬超忽無求之志，高視遠覽，發諸生詩昌。自號棠陵子，官止按察副使，正德戊辰進士。初仕崑山，即有文名，故吳中猶盛傳之。今刻僅得《洞庭》《老農》二編，餘多未錄。"可見俞氏所錄之文輯自《洞庭煙雨編》《老農編》之詩。《方棠陵集》一卷，錄方氏詩一百二十七首，七言絕句、五言絕句、七言律詩、五言律詩、七言古風、樂府等皆有，俞氏輯編時不以類別。蓋此集前部分選自《洞庭煙雨編》，後部分錄自《老農編》。由其詩作中所言姚江、西湖、瓜洲、蘭溪、白鹿洞、廬山、赤壁、荊門、黃鶴樓等，可知諸詩爲方氏遊歷各地所作，蓋屬《洞庭煙雨編》。此集後部分如《牧牛詞》《療飢園》及諸茶山之作，多吟農事，如《療飢園》曰："春風芝草發，秋雨菊苗肥。""老農仍學圃，便欲扣柴扉。"又如《再至茶山》有："野色連秔稻，洲容雜蔘蘋。壯心今欲已，自佛老農中。"當出自《老農編》。《盛明百家詩》有諸多版本，《衢州文獻集成》據浙江圖書館藏明嘉靖、隆慶間刻本影印其中《方棠陵集》。

　　《四庫全書總目・〈棠陵集〉提要》：《棠陵集》八卷（浙江汪汝瑮家藏本），明方豪撰。豪有《斷碑集》已著錄。是集前六卷爲文，後二卷爲詩。豪與鄭善夫友善，集中有《祭鄭繼之文》，叙交情極爲篤摯，而詩則不及善夫遠甚。"（見《四庫全書總目・集部・別集類存目三》）

潛夫漫稿（佚）

（明）江山徐伯知撰

　　徐伯知有《音韻通考》，前《經部・小學類》已著錄。康熙癸巳《江山縣志・邑人著述》、[康熙]《衢州府志・藝文考》著錄徐伯知《潛夫漫稿》。此書今佚。

二峰摘稿（佚）

（明）江山周積撰

　　周積有《讀易管見》，前《經部・易類》已著錄。[天啓]《江山縣志・建置志・書籍》、黃虞稷《千頃堂書目・別集類》著錄周積《二峰摘稿》。此書今佚。《江山江陽何氏宗譜》卷二十有周積《壽何翁明夫七秩序》《明耆老永十四敬齋何公孺人伍氏合兆墓誌》。

燕程集（佚）、留都拾遺（佚）、南巡稿（佚）、東巡録（佚）、梧山集（佚）、短篦録（佚）
（明）開化徐文溥撰

徐文溥有《奏議》，前《史部·奏議類》已著録。黄虞稷《千頃堂書目·別集類》著録徐文溥《燕程集》《留都拾遺》《諫議稿》《南巡稿》《東巡録》《梧山集》，此"《諫議稿》"或即爲《奏議》。〔康熙〕《衢州府志·藝文考》著録徐文溥《燕程集》《留都拾遺》《奏議》《南巡稿》《東巡稿》《梧山集》《短篦録》。文溥諸集今皆佚。《三衢孔氏家廟志》有徐文溥《家廟記》，〔天啓〕《衢州府志·藝文志》載有其詩《題江山大義祠》，〔崇禎〕《開化縣志·藝文志》有其《論寧府不當請護衛屯田疏》、詩《贈潛山施徵君公節昆仲四首》《諫議講堂》，〔乾隆〕《開化縣志·藝文志》有其詩《惠山與二泉先生聯句》《迴韻》《和前韻並迴韻二首》，《開化鄭氏宗譜》卷十八有其《松鶴圖序》《贈希周鄭眷丈慕萱詩集序》、詩《題霞山書舍》，《龍游木城祝氏宗譜》卷首有其《文峰公贊》。

鳴秋稿（佚）
（明）開化徐綿撰

徐綿，號拙庵，開化人。少負才名，從劉文定學，屢試不售。晚與樊清簡公講道，所得益深，表裏洞達，事皆安於義命。事跡見〔崇禎〕《開化縣志·人物志·隱逸》。徐文沔《澗濱先生文集·序》有《鳴秋稿序》，稱《鳴秋稿》爲其先大父拙庵先生詩稿。徐文沔，開化人，有《澗濱先生文集》傳世，見後文。徐綿《鳴秋稿》今佚。

徐文沔《鳴秋稿序》：《鳴秋稿》者，大學士少保李公輯其先大父拙庵先生詩也。稿曰鳴秋，先生之自命云。先生生當國家全盛之時，士以文學辭章爭效用。而先生獨以其才自韜，隱鬱於稽山鑑水之間，不獲馳騁上下，以發舒其所韞，而振耀於當年，則變哀搖落之感，愉悅懷恨之懷，固有觸之，而情生遇焉，而景會者矣，兹《鳴秋稿》所爲作與。其志絜，故其稱物幽；其行高，故其寄興遠；其篇因物而賦，故其調雅俗具陳，要歸於和平温厚而有遺音，其諸隱君子之思乎。乃今少保公以雄文大雅起家，詞垣早履政府，凡所述作既已登朝廷薦郊廟，且將爲國家建萬世之策，不但鳴其盛已也。是故變哀搖落之感微，而洽熙雍和之氣盛，愉悅懷恨之懷泯，而賡歌喜起之會隆。然則先生之韜藏沉鬱於當年者，不將發之少保，以厚其蓄而宏其施與。昔歐陽氏文章相業，卓然一時，觀其推本祖考之積，庶幾近之，然自崇公而上，未聞翔片撰於藝林也。杜司户在貞觀間，詩聲籍甚，孫甫繼之，復爲有唐詩人之冠，可謂盛矣。然甫遭時不偶，徒以愛君憂國之心，發之坎壈流離之際，視今少保公何如哉？予嘗讀先生寫懷之作，憂思悱惻，方有羨於赤松之遊者。先生身隱矣，又何赤松之慕耶？留侯漢業，先生蓋齋志焉，而貽之少保公矣，獨詩也與哉。余先生鄉人也，嘗從故老聞先生遺事，又獲侍少保公，頗能道其祖孫之閒。樂亭令相君刻斯稿於縣齋，而以序屬余，遂不辭而言之，豈以予文能爲先生重也。（見徐文溥《潤濱先生文集·序》）

曉溪文集二卷（佚）
（明）龍游祝品撰

　　祝品字公叔，龍游人。以進士授刑部主事。是時，武宗久不視朝，品與同官應大猷等上疏直諫，直聲大振。後陞廣東提學副使，調巡視海道，晉左參政。乞歸，度五嶺，僅載圖書百餘卷。事跡見［萬曆］《龍游縣志·人物志》。此書《選舉志》載祝品爲正德甲戌進士。［萬曆］《龍游縣志·藝文志》、黃虞稷《千頃堂書目·別集類》皆著錄祝品《曉溪文集》二卷。此集今佚。《江陽嵩高朱氏宗譜》卷二有祝品《慎齋朱公哀辭》，《龍游木城祝氏宗譜》卷首有其詩《漁滄夜火》，《衢州墓誌碑刻集錄》有其《鄭愷墓誌》①。

祝弼集（佚）
（明）龍游祝弼撰

　　祝弼，事跡不詳。［康熙］《衢州府志·藝文考》、［民國］《龍游縣志·藝文考》著錄《祝弼集》二卷。此書今佚。

了虛先生文集不分卷（存）
（明）開化吾謹撰

　　吾謹字惟可，號了虛，開化人。正德丁丑進士。經傳、子史、天文、地理、兵家、陰陽、釋道等書，過目不忘。得第後，歸隱少華山。事跡見［天啓］《衢州府志·人物志·博雅》。［崇禎］《開化縣志·人物志·文學》載吾謹有《了虛集》行於世。［天啓］《衢州府志·藝文志》著錄吾謹《大方笑集》，黃虞稷《千頃堂書目》亦著錄之。黃氏《書目》除載有吾謹《大方笑集》外，另載有徐曦《大方笑集》十卷，已見前。［康熙］《衢州府志·藝文考》和諸《開化縣志》皆僅載徐曦《大方笑集》和吾謹《了虛集》，不載吾謹有《大方笑集》。頗疑［天啓］《府志》誤載吾謹有《大方笑集》，而黃氏《書目》因之亦誤。吾謹之作爲《了虛集》，今存。是書題"《了虛先生文集》，開化文山了虛吾謹著"，其版心時有"開化先哲遺書"，首有汪慶百《了虛先生集序》。

---

　　① 衢州市博物館編：《衢州墓誌碑刻集錄》，第67—68頁。

汪慶百，明崇禎時開化人。此文集非吾謹自編，當是明末邑人整理而成。是書不分卷，共九類，其中"詩類"有"七言絶句"十四篇、"七言律詩"三十四篇、"七言古風"十三篇，"歌類"五篇，"行類"二篇，"樂府類"十一篇，"辭類"八篇，"賦類"六篇，"誌類"五篇，"書牘類"十二篇，"雜著類"十八篇，末附《補遺》四篇。《三衢吾氏重修宗譜·藝文考》自《惟可了虚集》收録詩文多篇，其中七言律詩《徐孺亭》，《宗譜》作《徐孺子亭》。《宗譜》中《恬弭八政頌並序》、五言古詩《瀑布泉》《贈御史吳公鳳木餘哀序》《灃蘭録序》，爲《了虚先生集》所未載。另外，[崇禎]《開化縣志》收録有吾謹五言律詩三首《答施公毅》《秋夜喜何仲默過飲》《館試春日述懷》，亦不見於《了虚先生集》。今所見此本藏於衢州市博物館，有明崇禎時汪氏序文，當是舊抄本，《衢州文獻集成》據此本影印。

栖碧録（佚）

（明）江山楊起溟撰

楊起溟，號栖碧，江山人。强記能文，尤善書法。著有《棲碧集》。事跡見[天啓]《江山縣志·雜紀志·仙釋》。黄虞稷《千頃堂書目·別集類》著録楊起溟《栖碧録》，系楊起溟此集於正德間。[乾隆]《江山縣志·藝文志》引[正德]《江山縣志》著録楊起溟《栖碧録》。[天啓]《江山縣志》本傳前言"起溟號栖碧"，後言"著有《棲碧集》"，"棲"字當爲"栖"。楊起溟《栖碧録》今佚。

一齋集十二卷（佚）

（明）江山趙檜撰

趙檜字廷堅，江山人。性聰敏，博學能文，竟不仕。有《一齋集》十二卷，藏於家。事跡見[嘉靖]《衢州府志·人物紀·隱逸》。[天啓]《江山縣志·建置志·書籍》著録趙檜《一齋集》。黄虞稷《千頃堂書目·別集類》著録趙檜《一齋集》十二卷，系趙檜此集於正德間。趙檜《一齋集》今佚。[同治]《江山縣志·藝文志》有趙檜《補黄節婦傳跋》。《江山清漾毛氏族譜·外集》卷二有趙檜《烈婦江氏傳》《補節婦傳》《明宣十六義兵千户毛公墓誌銘》，卷三有其詩《贈毛顯宗以人材赴京》《留別毛文中有慶》《寄毛秉辰》。

白室稿（佚）、漁溪稿（佚）、燕石稿（佚）、缶音稿（佚）

（明）開化宋鴻撰

宋鴻字用儀，開化人。學務深潛，每事必求實踐。受《易》於吾𡿨，爲所器重。四方從遊者甚衆。司訓宜興，以道自尊，士民愛慕。著有《白石》《漁溪》《慈石》《缶音》諸稿，藏於家。事跡見徐象梅《兩浙名賢録·儒碩》。又詳見於宋淳《還峰宋先生集·墓誌》所載《皇考岷府教授贈承德郎刑部主事西渚府君皇妣封太安人吾氏合葬誌》，此《誌》稱宋鴻著有《白室》《漁溪》《燕石》《缶音》諸稿，藏於家。［嘉靖］《衢州府志·人物紀·理學》本傳載，宋鴻字用儀，號西渚，開化人，著有《白室》《漁溪》《燕石》《缶音》諸稿。黃虞稷《千頃堂書目·別集類》著録爲宋鴻《白石》《漁溪》《慈石》《缶音》諸稿，系於正德間。［天啓］《衢州府志·藝文志》著録爲宋鴻《白室》《漁談》《燕石》《五音》稿。［崇禎］《開化縣志·人物志·理學》載宋鴻有《白室》《漁談》《燕石》《缶音》諸稿。［康熙］《衢州府志·藝文考》、［雍正］《開化縣志·藝文考》、［乾隆］《開化縣志·經籍志》、［光緒］《開化縣志·藝文志》載爲宋鴻《白室稿》《漁談稿》《燕石稿》《缶音稿》。此以宋淳《還峰宋先生集·墓誌》所載爲是。宋鴻諸稿今皆佚。［乾隆］《開化縣志·藝文志》有宋鴻詩《桃溪晚步》。

文川遺稿二卷（佚）

（明）西安葉頊撰

葉頊，號文川，西安人。以文學馳聲郡庠，有司薦太學。歷滿，試天曹，擢山西布政司左理問。嘉靖辛丑仲秋，俺答犯晉陽，頊堅守之，俺答退去。著有《文川集詩稿》。事跡見［民國］《衢縣志·人物志二》。［民國］《衢縣志·藝文志》載："《文川遺稿》，明葉頊撰。《三橋葉氏譜》載，二卷，已梓行。蘭溪章橋《序》略曰：文川之詩多寫胸中一時自得之景，非模效音律者比，故意趣有餘而格調多不足。開化宋淳、同里郡庠徐澮並有《序》。"葉頊之集，《衢縣志》於《人物志》言爲《文川集詩稿》，而《藝文志》載爲《文川遺稿》。此集今佚。

在庵文集（佚）

（明）西安王璣撰

王璣字在叔，號在庵，西安人。嘉靖己丑進士。先後任山東按察司僉事、江西布政司參議、山東按察司副使、福建布政司左參政等職。事跡見《衢州墓誌碑刻集録》所收王畿《在庵王公墓表》[①]，又見《三衢琅琊王氏宗譜》卷十一所載陸順中《誥授中憲大夫都察院右僉都御史在庵王公行狀》、王畿《誥授中憲大夫都察院右僉都御史在庵府君墓表》。［天啓］《衢州府志·藝文志》著録王璣《在庵文集》。黃虞稷《千頃堂書目·別集類》著録爲王璣《在庵遺稿》。［康熙］《衢州府志·名賢傳》載王璣傳，言璣"所著有《在庵遺稿》"，顯然"遺"字爲"遺"之誤。黃氏《書目》作《在庵遺稿》，而天啓、康熙《府志》及康熙以來《西安縣志》皆載爲《在庵文集》，此從府縣諸志。

---

① 衢州市博物館編：《衢州墓誌碑刻集録》，第142—143頁。

王璣此集今佚。［嘉靖］《衢州府志·山川紀·古蹟》有王璣《楊公河記》，又此書《建置紀·郡治》有其《守佐題名記》，《縣治》有其《西安令佐題名記》，《禮制紀·祠廟》有其《張公遺愛祠碑記》，《衢州金谷吳氏宗譜》卷一有其《明處士蘭五吳公墓銘》，《衢州墓誌碑刻集録》有其《嘉靖增孔廟祭田記》①。

荆山詩文（佚）
（明）開化江樊撰

　　江樊有《孝經明注》，前《經部·孝經類》已著録。［嘉靖］《衢州府志·人物紀·事功》本傳載，江樊有《荆山詩文》。黄虞稷《千頃堂書目·別集類》著録江樊《荆山詩文》。此書今佚。徐日炅《爛柯山洞志》有江樊詩《爛柯山》。

聯珠集（佚）
（明）開化鄭仕清、鄭仕淵、鄭仕彝、鄭仕宏合撰

　　鄭仕清，開化人。以薦舉仕至按察使，以廉能稱。兄仕淵、弟仕彝、仕宏時稱四鄭先生，有《聯珠集》。事跡見［嘉靖］《衢州府志·人物紀·事功》。［康熙］《衢州府志·藝文考》著録鄭仕清、仕淵、仕彝、仕宏《兄弟聯珠集》。此集今佚。［崇禎］《開化縣志·藝文志》有鄭仕彝詩《題竹軒》，［乾隆］《開化縣志·藝文志》有鄭仕淵詩《若舟姊夫輯〈金溪詩集〉，甥懷賢資刊成》。

習齋文集（佚）
（明）西安程秀民撰

　　程秀民有《志矩述》，前《史部·傳記類》已著録。［天啓］《衢州府志·藝文志》著録程秀民《習齋文集》。此集今佚。［嘉靖］《衢州府志·外紀》載有程秀民《西安藥師寺記》，［嘉靖］《衢州府志·建置紀·學校》於“西安縣學”條首載程秀民《遷西安縣學碑記》，［雍正］《常山縣志·藝文志》有其詩《修道庵》。《江山下陸陸氏族譜》有程秀民《象山書院落成祭文》，《西安中河程氏宗譜》有其《西安中河六世祖明雲南彌勒州知州葩軒公暨宜人余氏墓表》。

響莎録（佚）、步邙漫稿（佚）、窺隙雜著（佚）、鳴缶編（佚）、慕椿稿（佚）、谷音詞（佚）
（明）西安葉時新撰

　　葉時新，項季子，西安人。善吟詠，偶得輒書，詩囊恒滿。所著有《響莎》等集，詩詞數卷，梓行於世，人謂有李長吉風。事跡見［民國］《衢縣志·人物志二》。［民國］《衢縣志·藝文志下》載：“《響莎録》《步邙漫稿》《窺隙雜著》

---

① 衢州市博物館編：《衢州墓誌碑刻集録》，第84頁。

《鳴缶編》《慕椿稿》《谷音詞》，明葉時新撰。前志未有著録。《三橋葉氏譜》云，均已梓行。會稽章有常序《響莎録》，略曰：體律法度，高古而不激詭，冲淡而不恬憊，和平而不腐弱。淵源澄深，金精玉瑩，誠如布帛菽粟之章，玄酒太羹之味，朱絃疏越之音。程秀民序《步邯漫稿》，略曰：不事斤琢，不入煙火，而自有一唱三嘆之意。馬寅《海山書樓記》，略曰：海山用韻琢句，皆擲地鏗然者也。"時新諸文集今皆佚。

下洲隱居集（佚）

（明）西安樂惠撰

　　樂惠有《大學中庸提綱》，前《經部·四書類》已著録。［嘉靖］《衢州府志·人物紀·孝行》本傳載，樂惠有《下洲隱居集》。［康熙］《衢州府志·藝文考》著録爲樂惠《下州隱居集》，"州"字當爲"洲"。樂惠此集今佚。［嘉慶］《西安縣志·物産志》於"鯈"條有樂惠詩"但浮不肯沉，果樂吾未知"句。

還峰宋先生集十卷（存）

（明）開化宋淳撰

　　宋淳字德完，號還峰，開化人。嘉靖乙未進士。初任職刑部，其後任太平知府、大名兵備副使、山西參政、南贛巡撫等職。晚居林泉，游心古籍，寄興詩文。事跡見［天啓］《衢州府志·人物志·事功》，又詳見於宋淳《還峰宋先生集》所附金紞《明故承德郎雲南徵江府通判前刑部主事宋公墓碣銘》、毛愷《明故通議大夫都察院右副都御使還峰宋公行狀》。［天啓］《衢州府志·藝文志》、黄虞稷《千頃堂書目·別集類》著録宋淳《中丞集》《三宋詩》。［光緒］《開化縣志·藝文志》載宋醇著《中丞集》《何莫窗集》《履素草》《尺牘》《三宋詩合稿》，"醇"字當爲"淳"。《何莫窗集》《履素草》《尺牘》，爲宋淳子治卿之作，［光緒］《開化縣志》誤入爲宋醇作。《中丞集》今存。是書卷端題《還峰宋先生集》，"明通議大夫右副都御史開化宋淳著"，版心題《宋中丞集》。還峰詩文較多，然多散佚，此集爲其子治卿所輯，卷前有萬曆四年何維柏序和目録，卷後有萬曆十年劉經緯跋。全書凡十卷，另首一卷，附録一卷，卷首收録奏疏兩篇，卷一記四篇、序十一篇，卷二序十五篇、傳一篇，卷三書啓三十二篇，卷四墓誌三篇、祭文十四篇，卷五雜著十篇、贊十篇，卷六五言詩一百八十九首、五言長篇二首，卷七五言長篇六十四首，卷八七言詩一百三十七首，卷九七言長篇八首，卷十四言擬古五首、五言絕句四十首、六言詩七首、七言絕句九十四首，卷末附刻金紞《明故承德即雲南徵江府通判前刑部主事宋公墓碣銘》、毛愷《明故通議大夫都察院右都御史還峰宋公行狀》。毛愷評還峰詩文曰："爲文章溫純平易，不爲險刻峭厲之言。作詩古體追漢魏，五言、七言、近體，舂容渾厚，有盛唐音。"劉經緯言:"今觀其集,學問宏博,而詞氣雅馴,文宗左氏、司馬遷,詩宗初唐、杜工部。"此書有明萬曆刻本,藏於遼寧省圖書館,《衢州文獻集成》據其影印。

介川文集四卷(佚)

(明)江山毛愷撰

毛愷有《奏議》,前《史部·奏議類》已著録。[天啓]《江山縣志·建置志·書籍》著録毛愷《介川文集》。[康熙]《衢州府志·藝文考》載毛愷《介川文集》四卷。黃虞稷《千頃堂書目·別集類》載爲毛愷《文集》四卷。此集今佚。徐日炅《爛柯山洞志》有毛愷詩《爛柯山》。康熙癸巳《江山縣志·典册志》有毛愷《乞留宮臣疏》《題禁濫獄疏》,同書《藝文志》有其《新建石城記》《中流砥柱賦(有引)》《蒲團賦(有引)》《斗亭賦(有引)》《漁者説》《與徐巖泉文宗》《與劉羽泉巡撫》《與余見田大尹》《與王敬所文宗》《答徐東溪藩伯》《答谷近滄巡撫》《與王仁庵巡按》《啓周乾明巡按》《與邵養齋邑侯》《答趙玉泉巡撫》《讀書録抄釋題語》《高蘇門文集跋》、詩《石門別墅》《夾溪草堂》《贈武學楊蕭山遷秩二首》《登太華》、詞《如夢令·題〈介川集〉》《風入松·夏日寓仙居禪寺》《沁園春·東塾師白蓮河秀才》。宋淳《還峰宋先生集》後附有毛愷《明故通議大夫都察院右副都御使還峰宋公行狀》。《江山文溪姜氏續修宗譜》卷十七有毛愷《友人姜玉華序》,《江陽嵩高朱氏宗譜》卷二有其《敬仲翁傳》。《江山清漾毛氏族譜·内集》卷五有毛愷《江山縣新建石城碑記》《重建延齡石橋記》《讀書録抄釋題語》《毛公三世行略》《慎考察以隆治道疏》《乞留貢臣疏》《乞選布士兵以省煩費疏》《地方極災再乞破格寬恤疏》《申舉憲職疏》《乞发内犯以昭國法疏》《乞法内犯對理疏》《禁濫獄疏》《寄徐存齋相》《與劉羽泉巡撫》《與龐惺庵巡按》《與毛小山兵備》《與邑父母余見田》《與見田大尹》《與虞坡太冢宰》《與吳望湖太冢宰》《與高熙齋大司徒》、《與劉清渠大司徒》二篇、《答趙玉泉巡撫》、《答谷近滄巡撫》二篇、《復龐惺庵巡按》《復毛小山兵憲》《與何肖山郡伯》《與湯麓郡伯》《與周二峰長史》《啓師伯鎮安先生》、《與王西山學博》二篇,此譜卷六《内集》有毛愷《續中流砥柱賦》《續蒲團賦》、詩《石門別墅》《夾溪草堂》《自太平赴寧鄉,晚宿官水鎮鋪》《和曹南紀山學憲至日書懷並讌集之作》《題許由卷》《鵲巢有感》《除夕》《對雪效禁體》《寒食聞喜道中值雨》《飯捌政鋪》《過盤陀驛時逼歲除矣,予二載間已五過兹路》《秋日旅思》《寄將南冷大參兼訊譚朱二子》《對雪》《九日同孟衛源靳兩城二首》《聞警》《聞捷》《寄南衡侍御時左遷湖藩幕》《題魚樂卷》《江城圖》《秋日陪陳少伯松谷、吳中丞望湖遊碧雲寺,二公以詩見遺,次韻奉答》《暮春偶憩池亭即事兼呈昆湖瞿少宰》《別馬鐘陽大司徒》《寄賀徐紫崖得第二首》《西齋》《直

院聞鶴》《居庸關》《石山道中值雨》《宿宏濟寺》《東阿遇雨》《獨坐有作》《過崞縣》
《山村即景》《大寧縣》《冬夜齋居》《燕坐》《題竹窗卷》《題蒼鷹圖》《徐澗濱進士
抵都攜酒往訪》《窩病》《聞瞿昆湖少宰仙酒將熟，詩以覓之》《宿平原驛》《過村舍
寄懷二首》《秋興二首》《松鶴圖》《雪景》《仲秋別胡文溪出長安》《都門別劉五溪
秀才》《四時吟，贈懷西上人二首》《題册卷小景二首》。康熙癸巳《江山縣志・藝
文志》有趙鏜《毛介川文集序》，《江山清漾毛氏族譜・外集》卷三亦有此文，題爲
《刻介川毛先生文集序》，末有“萬曆六年孟夏望日，賜進士第中憲大夫都察院右僉
都御史協理院事前翰林院庶吉士河南道監察御史奉敕提督南直隸學政同里趙鏜仲聲
甫撰”。

　　趙鏜《毛介川文集序》：介川先生詩文，世少概見，晚年獨注意於《讀書録抄釋》，
自爲序，以授見田余公，業已刻之縣齋，復梓其散見詩文三卷，以並行於世。未久
見先生捐館。予子河與其孫允讓乃裒集其奏議及詩文遺稿數十卷，藏於家。適余公
再涖浙藩，聞之將梓行以成全書未及也。無何而公有滇臬之轉，取道三衢，謂允讓
曰：“此吾素志也，成之者不在子乎！”允讓惶恐謝不敏，亟謀諸河曰：“奏議我不
敢辭，詩文全稿敢以累之君。”於是河手自編録，以授之梓人。凡十一卷，閱數月
而告成。允讓請序於予，予曰：今世所稱作家，疇不以文自名，而爭雄於藝圃哉！
然求其可信而傳焉者，何寥寥也！蓋世之信而傳焉者三：以道性情也期於正，以闡
學術也期於純，以昭功業也期於偉，三者備，而後其文始取重於天下。不然則疑而
弗信，駭而弗傳，天下其孰與之？予觀先生幼負奇質，以古人自期，弱冠連登科第。
不即仕，移疾歸臥山中，以大遂所學，視世味紛華，淡然不入於心。及出而拜大行，
官侍御，揭揭諤諤，凜然鐵面之風，雖經左遷，而其操愈勵，學愈篤。晚由藩臬而
中丞，而八座，洊歷兩都，始終一節，天下至今稱正人君子，無異詞焉。今取斯集
讀之，其詩清以婉，其文雅以邕，其書啓雜著咸本於理而澤於氣沛如也。再觀前後
奏議，又皆關係國家大體、民生大計，鑿鑿經濟實事，匪空談者。學者觀斯集也，
而先生情性之正，學術之純，功業之偉，概可見矣。先是隆慶丁卯，先生自南太宰
改北司寇，以疾乞身，優詔不允，趣赴任。將行，余公求其詩文，以授諸梓。先生
手持《讀書録抄釋》，語之曰：“愷平生精力頗在此書，願公梓之以與吾黨共，他非
所敢聞也。”噫！先生師淑文清之學，意蓋有在如此。然則以詩文名世，豈先生意
哉？而奚計其信今傳後也歟哉？雖然先生之可信而傳焉者，固不專在斯集，而天下
後世之欲知先生者，舍是集其何以焉？兹固余公先刻《抄釋》，後刻《全集》之意也。
學者合二書而並讀之，其於知先生也庶其深乎？因書此以弁其端。（見康熙癸巳《江
山縣志・藝文志》）

東溪文集十九卷（存）

（明）江山徐霈撰

徐霈有《世德乘》，前《子部·儒家類》已著録。［天啓］《江山縣志·建置志·書籍》著録徐霈《東溪文集》，黃虞稷《千頃堂書目·別集類》著録徐霈《東溪文集》六卷。今傳《東溪文集》十九卷，卷首有序文四篇，分別爲彭啓豐、蔣德璟、羅汝芳、趙鏜之作，有劉佳《東溪公傳》一篇。正文十九卷，卷一爲奏疏、表，卷二爲詳文、議，卷三至卷七爲序，卷八爲記，卷九爲論，卷十爲説，卷十一爲雜作，卷十二爲講意，卷十三爲詩類，卷十四爲傳，卷十五爲誌、銘、表、碣，卷十六（案：目録中誤爲"卷十八"）爲贊、銘、箴、考、序，卷十七爲祭文，卷十八、卷十九爲書、啓。卷末附"紀事"一篇，"增補"六篇，萬曆四十二年、道光三年、民國十五年"跋"四篇。其中"增補"諸篇，非徐氏所作，爲他人送東溪序文等。卷十八中《附與掌科論隱符書》有言"承諭《陰符經》，乃戰國隱謀之書"，此二"隱"字皆誤，當爲"陰"字；又目録中篇目爲《與胡掌科論陰符書》，當以目録爲是。東溪學於陽明之門，集中所載諸説、講義皆本於心性之説，諸奏議悉關國計民生，故趙鏜序曰："神理道器之諸書、真妄無思諸説，則宋大儒之未發也。賑濟修堤諸議，則賈太傅之通達也。奏疏明庭條陳諸篇，則陸宣公之流亞也。其序記碑銘雜作，又皆醇雅典則，如渾金璞玉，不見敦琢刻畫之工，而光彩襲人，睹者傾動，可與古之作者相頡頏，信無愧於陽明先生之文之學也已。"是集原刻已毀無可考，萬曆版無存，乾隆、道光重刊者款式互異。民國十五年再刊時，依道光本翻印，刪去目録前例言九則，其殘缺者以乾隆本參補之。是書有清乾隆十八年增訂重刊本，藏於臺灣"中研院"傅斯年圖書館，又有民國十五年刻本，藏於上海圖書館、浙江圖書館、江山市博物館，《衢州文獻集成》據江山館藏本影印。

留齋漫稿七卷（佚）

（明）江山趙鏜撰

趙鏜有［嘉靖］《衢州府志》，前《史部·衢州方志類》已著録。［天啓］《江山縣志·建置志·書籍》著録趙鏜《留齋漫稿》。焦竑《國史經籍志·別集類》著録趙鏜《留齋漫稿》七卷。黃虞稷《千頃堂書目·別集類》載趙鏜《留齋漫稿》七卷（一作十三卷）。此集今佚。朱彝尊《經義考·孝經七》載有趙鏜《孝經集義後序》，此序爲余時英之書所撰。徐惟輯《紫崖遺稿》卷首有趙鏜《徐紫崖先生詩序》。徐霈《東溪文集》卷前有趙鏜序。［嘉靖］《衢州府志》卷首有趙鏜序，同書《外紀》有其《東嶽廟記》《張公遺愛祠記》。［萬曆］《龍游縣志·藝文志》有趙鏜《雞鳴書院記》，［天啓］《衢州府志·藝文志》有其《侍郎劉羽泉公生祠記》《余侯生祠記》，康熙癸巳《江山縣志·典册志》有趙鐣《薦舉儒官疏》,同書《藝文志》有其《仙居寺復田記》《毛介川文集序》《翰林院讀書説》《與毛介川司寇》《自題小像》,［康熙］《衢州府志·學宮圖·府學宮圖》有其《修建府學明倫堂記》,［同治］《江山縣志·藝文志》載有其《養齋邵公不諠碑記》《江郎書院賦》,《江山江陽何氏宗譜》卷二十有其《德軒何公孺人王氏墓誌銘》,《江陽嵩高朱氏宗譜》卷二有其《華峰翁傳》《贈華峰朱隱君詩》,《江山清漾毛氏族譜·外集》卷二有其《明資政大夫刑部尚書介川毛公行狀》)。

徐霈《留齋漫稿序》:留齋者,方泉子晚年所更號也。漫稿者,方泉子自名其作所也。春元楊節庵彙集之,間以序請於余。余與方泉知且二十餘年,則知方泉者莫余若也,而可靳乎一言哉?乃作而言曰:文者,聖賢不得已而有言,筆之於書,以化天下,以垂後世者也。然隨時有作,不能盡同,故孟氏之文不盡同孔氏,孔氏之文不盡同周公。雖其並世而生,會聚於一堂之上,其聲音氣象亦自不同,況筆於之書,以垂後世者乎?故論文當隨時可也。國初宋濂氏以昌大之文,潤色鴻業,觀其廟制諸作,足以備一代之典章,爲百王之大法矣。弘治以來,有崆峒李子崛起於其間,靈珠獨握,兼總諸家,自爲文之大成矣。然其機軸出於左氏、《國語》,雖肆力斷削,而陶鎔未盡。何仲默譏其高者不過古人影子,其下者已落近代之口,信矣。甘泉湛氏獵取左氏之音響,飭以理窟,著述甚多,其大者《中庸訓測》,自謂羽翼孔氏矣。然用古句爲訓釋,而《中庸》之義益晦,所謂莊周注郭象,非郭象注莊周也,奚以《訓測》爲哉?公自釋褐登庭,即選翰林庶吉士,讀中秘書。凡我朝典章,古今因革,人物事宜,靡不得其要領。故其一出而巡歷鹽海,條陳七事,宿弊厘革,國課賴焉。再出而典學南畿,端其刑范,彰之訓典,士風正焉。蓋其以精深之學,淵涵之度,陶以玉堂,煦以天藻久矣。及入內臺,協章院事,獨持風裁,不騫不茹,百僚肅焉。故其文思涌出,如長江大河,數千言立就。其率爾成章,莫不抒指道情,旁通物理,宛然自成一家,非蹈襲前人以爲尺度也。或曰:“文則似矣,律之於古則未也。”余應曰:“不然。惡衣菲食,土階不剪,其後世乃有九延之臺,五清之衣,清廟之瑟;朱弦疏越,一唱三歎,其後世乃有大成之樂,備極聲容之美。山罍與犧尊並陳,弘璧奇珍,非兑戈和弓倫也,而中國皆世寶焉。則所謂古,豈必盡同哉?若崆峒、甘泉殆有心於古而反失之者。以是論文,思過半矣。乃屑屑然較方泉之非古,不亦左乎?”問者唯唯而退。遂書之以爲留齋序。(見徐霈《東溪文集·序》)

寓東和集三卷（存）

（明）江山徐鳴鑾撰

徐鳴鑾有《史綱統要》,前《史部·編年類》已著録。鳴鑾《寓東和集》三卷,卷端題《丹臺居士寓東和集》,署“門生林叙校刊”。卷上首篇《北遊記》,末署“嘉

靖壬午至日丹臺主人寓東和書”；卷下《又自悼一律》云其子惟軻逝後，“自從去歲辭
歸後，無復東和省侍來”；下文《命立仲子惟軻後諭告文》言“維嘉靖戊子月日，寓
政和父遺書”云云，且言“忽傳訃於東和，銷我魂於九地”；下文《祭王氏甥文》亦
言“維嘉靖戊子月日寓政和”云云，後又有言“嘉靖壬午，我官政和”。可見鳴鑾
言“寓政和”，與“寓東和”意同，當是其爲官政和縣所言。此書成於嘉靖七年，時
仍官政和，據其諸文内容來看，皆是在政和縣所作，故書稱《寓東和集》。全書共三
卷，合詩文八十二篇，前有徐惟輻序和重刊時跋語。該書有律詩、長歌、聯句、序跋、
書牘、墓誌、祭文等各種文體，其編排諸詩文則不以文體，首篇作於嘉靖壬午初官
政和之年，末篇成於嘉靖戊子此集成時，且由所記内容來看，當是以年編排。書中
有《〈水滸傳〉略序》，對高俅、童貫、蔡京、楊戩等奸臣怒加鞭笞，對宋江等梁山
好漢贊揚有加，可見其觀念不同於當時流俗。今傳此本刊於光緒二十五年，與其子
惟輻《紫崖遺稿》合刻，稱《聯珠集》。是書清光緒二十五年刻本，藏於江山市博物館，
《衢州文獻集成》據其影印。

紫崖遺稿二卷（存）

（明）江山徐惟輻撰

徐惟輻字汝協，號紫崖，江山人。嘉靖乙未進士。博學能詩文，天才濬發，信
手拈來，都成雅韻。嘗咏回文詩，宛轉幽間，縱橫如意，音節佳妙，不下盛唐。爲
内閣中書舍人，相國徐階應詔制青詞，命惟輻代爲之。事跡見［天啓］《衢州府
志・人物志・博雅》。［天啓］《江山縣志・建置志・書籍》著錄徐惟輻《紫崖遺稿》。
康熙癸亥《江山縣志・人物志・文學》言徐惟輻“有《詩集》”，此《詩集》當即《紫
崖遺稿》。《浙江省文獻展覽會專載》於《鄉賢遺書・抄本》載：“《紫崖遺稿》二卷，
一册，抄本，明江山徐惟輻著，江山縣政府徵集。”① 《紫崖遺稿》與其父《寓東和
集》合刻於《聯珠集》，卷前有邑人趙鐙、柴惟道序文兩篇，卷後有其孫徐克溥編
撰此書《後述》和光緒間重刻《聯珠集》跋語，末附《天啓甲子科徐克溥殊卷》和
《雍正癸卯科徐應元殊卷》。是書卷端題“《紫崖遺稿》，江陽紫崖徐惟輻著，同邑
介川毛愷校”。愷，惟輻妻之叔父，官至刑部尚書。是書分上、下兩卷，由柴惟道
詮次訂正，以成卷帙，上卷有詩一百十二篇、一百六十六首，下卷有詩一百三十七
篇、一百六十四首。對其詩文内容，惟道言：“今觀紫崖君集稿，補袞樓作，寓意
王室，事君之誠也；侍食慈幃，念兄嗚咽，孝友之至也；旅館有懷，慰勉崇德，友
生之誼也；秋風寄興，慨然永思，志道之心也；山署聞鐘，揭示聲塵，悟性之詮也；

---

① 《鄉賢遺書》，載《浙江省文獻展覽會專載》，《文瀾學報》第二卷第三、四期，1937年。

贈處之詞，勸諭深遠，輔仁之規也；夢舊之歌，死生契闊，刑家之則也；聞寇警報，每爲感惕，憂世之真也。"惟輯以詩名，趙鏜贊其詩："大都興寄冲玄，思調清逸，不煩繩削，昭合作者，雖與國寶、國雅方軌並驅可也。"此或有過譽。《紫崖遺稿》並非徐惟輯之全，[天啓]《衢州府志·藝文志》所載惟輯詩《題爛柯山》《回文詩》即不見於此集。是書有清光緒二十五年刻本，藏於江山市博物館，《衢州文獻集成》據其影印。

玩梅亭集稿二卷（存）

（明）江山柴惟道撰

　　柴惟道字允中，號白巖，江山人。古詩有《十九首》之影響，置之唐人之林，未可別也。天台友人王宗沐爲作《玩梅亭稿序》。事跡見[天啓]《衢州府志·人物志·隱逸》。柴惟道有《玩梅亭集稿》今存，據集中《寄毛介川司憲》《贈徐東溪廉憲二首》《寄徐紫崖進士金臺觀政》，可見惟道與毛愷、徐霈、徐惟輯爲同時人。[天啓]《江山縣志·建置志·書籍》、黃虞稷《千頃堂書目·別集類》著録柴惟道《玩梅亭集》。康熙癸巳《江山縣志·邑人著述》著録爲柴惟道《玩梅集》，缺"亭"字。[康熙]《衢州府志·藝文考》著録爲"程中道《玩梅亭詩集》，天台王宗沐爲序"，"程中道"當爲"柴惟道"。四庫館臣言柴書名爲《玩梅亭詩集》，今傳此本卷端題爲《玩梅亭集稿》，此二卷皆爲詩作，題"江陽白巖山人柴惟道"撰。柴惟道乃江山人，號白巖山人，故其自題"江陽白巖山人柴惟道"，四庫館臣誤爲巖州人。惟道好爲詩，其詩清潔如水，飄灑如風。此書於清代遭毀，據姚覲元《清代禁燬書目四種》，是書被抽毀，"查《玩梅亭集》，係明柴惟道撰，卷下《吊國史秋堂公》詩、《登建昌郡大夫墓》詩小序中，俱有偏謬語，應抽毀。"[天啓]《衢州府志》言天台友人王宗沐爲作《玩梅亭稿序》，四庫館臣亦言是書有序。今傳本，既無序文，亦無抽毀兩詩。另，徐惟輯《紫崖遺稿》卷首有柴惟道《徐紫崖先生詩序》，不見此集。《嵩高柴氏世集勳德録》卷十一載有柴惟道詩，是集中《贈徐東溪廉憲二首》，《勳德録》中作《贈徐東溪觀察有引》，此詩前小引爲是集所無。《勳德録》中《江郎八景》《吊徐逸平先生》《吊徐正節先生》《〈翫梅集〉中古風一首》《作大宗祠堂序》《綸音志序》，皆不見此本《玩梅亭集稿》。是書有明刻本，藏於國家圖書館，《四庫存目叢書》《衢州文獻集成》亦收録。

　　《四庫全書總目·〈玩梅亭詩集〉提要》：《玩梅亭詩集》二卷（兩江總督採進本），明柴惟道撰。惟道字允中，號白巖山人，巖州人。是集前有原序，而此本闕其末頁，遂不知誰作。序稱山人以才不遇，而所抱有以自樂，遊公卿間，泊然無所求，乃稱其高。然其詩則未成家也。（見《四庫全書總目·集部·別集類存目七》）

高園漫稿（佚）

（明）江山柴天復撰

柴天復字元甫，號崧皋山人，江山人。困於場屋，遂厭薄世味，接盧高園，與叔惟道終日唱和，飄然自得。著有《高園漫稿》。事跡見［天啓］《江山縣志·人物志·隱逸》。［天啓］《江山縣志·建置志·書籍》著録柴天復《高園漫稿》。此集今佚。［天啓］《江山縣志·藝文志》有柴天復詩《江郎山》，康熙癸巳《江山縣志·藝文志》有其詩《講舍詠》。

南渚文集（佚）

（明）龍游陸佐撰

陸佐字子翼，龍游人。進士。選桐城知縣，大著廉能之聲。歷官潮州知府，竟以勞瘁民事，卒於官。事跡見［萬曆］《龍游縣志·人物志》。此書《選舉志》載陸佐爲嘉靖丁未進士。［康熙］《衢州府志·藝文考》著録陸佐《南渚文集》。此集今佚。

南遊北遊草（佚）

（明）常山徐登泰撰

徐登泰，常山人。由選貢中北直隸嘉靖甲午科。任南康府通判，謫河南都司，復陞郇陽通判。事跡見［萬曆］《常山縣志·選舉表·舉人》。［雍正］《常山縣志·藝文志》著録徐登泰《南遊北遊草》。此書今佚。［萬曆］《常山縣志·山川表》有徐登泰詩《魯家塢泉》，［雍正］《常山縣志·藝文志》有其《陳侯去思碑記》。

招摇池館集十卷（存）、範川論稿（佚）

（明）常山詹萊撰

詹萊有《春秋原經》，前《經部·春秋類》已著録。［萬曆］《常山縣志·選舉表·進士》載詹萊有《招摇池館集》。《明史·藝文志四》著録詹萊《招摇池館集》三十卷。黃虞稷《千頃堂書目·別集類》著録詹萊《招摇池館集》十六卷（一作三十卷）。［康熙］《常山縣志·選舉表·賢哲》本傳載，詹萊號範川，有《範川論稿》。［康熙］《衢州府志·藝文考》亦著録詹萊《範川論稿》。而［光緒］《常山縣志·藝文志》載爲《範川詩文集》。詹萊《範川論稿》今佚。今存《招摇池館集》，僅十卷，卷一卷端署"三衢範川詹萊著"，卷二版心首葉有"福建書坊詹美佛刊"，無序跋。卷一有賦五篇，卷二有四言詩六篇、五言古詩三十三篇，卷三有五言近體十五篇、五言律詩三十七篇、五言絕句十篇，卷四有七言古體二十三篇、七言近體二十篇、七言絕句八篇、雜體二篇、詞曲八篇，卷五有辭述頌説七篇、記十二篇，卷六有序十二篇，卷七有序九篇，卷八有序十一篇，卷九有書三篇、傳二篇、誌銘表七篇，卷十有碑銘五篇、雜文七篇、祭文七篇。［雍正］《常山縣志·藝文志》所載詹萊《義倉記》《報功祠記》《容保祠記》《超霞臺記》《修道庵記》《春秋原經序》《春秋原經後序》、詩《示兒在泮十首》等，及［嘉慶］《常山縣志·藝文志》所載詹萊《趙公巖觀音堂賦》《浮空記銘》，今傳本《招搖池館集》皆未收録。此集原本三十卷，今存此本僅十卷，故［雍正］《常山縣志·藝文志》所載詹萊詩文多不見今傳本《招搖池館集》。是書爲明福建書坊詹佛美活字本，藏於武漢大學圖書館。

夢棲集（佚）、翻日録（佚）

（明）開化徐文浯撰

徐文浯字信卿，開化人。善吟詠，博習子史。與諸友結社竹亭。所著有《夢棲集》《翻日録》。事跡見［崇禎］《開化縣志·人物志·隱逸》。［康熙］《衢州府志·藝文考》著録徐文浯《夢溪集》，與《縣志》所載不同。文浯此二書今皆佚。

澗濱先生文集六卷（存）、勳部集（佚）

（明）開化徐文沔撰

徐文沔字可繩，號澗濱，開化人。嘉靖丁未進士。奉使歸省，謫建陽丞。後歷任甌寧令、刑部主事員外郎、吏部稽勳郎中。事跡見［天啓］《衢州府志·人物志·事功》。［天啓］《衢州府志·藝文志》、黃虞稷《千頃堂書目·別集類》著録徐文沔《勳部集》，此集今佚。今有徐文沔《澗濱先生文集》六卷，輯成於嘉靖四十四年，卷前有豫章劉曰材序，每卷卷端題“明吏部稽勳司郎中徐文沔著”。劉序稱徐文沔“世家開化南澗之濱，學者稱曰澗濱先生，因以名集”，又曰“何子乃澗濱子執友也，維時督學江右，恢弘文教，爰輯澗濱子遺文若干卷”。此集爲何鏜所輯，故該書附集收有括蒼何鏜文《桃溪書堂記》《詩册後語》、詩《送徐祠部乞養南還》。是書凡六卷，後有附集一卷。其卷一有頌兩篇、賦兩篇、記五篇，卷二有序二十三篇，卷三有序三十七篇，卷四有碑銘十九篇、祭文一篇，卷五爲書兩篇，卷六有五言古詩七篇、七言歌行三篇、五言律詩二十篇、五言排律一篇、七言律詩十篇、絕句四篇。附集有文五篇、詩十五篇，並非徐文沔之作，而是與文沔相關詩文。今存此本，缺卷三，餘下內容全。此集有明嘉靖四十四年何鏜刻本，藏於安徽省圖書館。

露山漫稿一卷（佚）

（明）龍游毛汝麒撰

毛汝麒字伯祥，龍游人。嘉靖庚戌進士。歷任番禺令、常德通判、廣平通判、贛州同知、江西兵備僉事。倡明理學，謀於中丞陸穩，刊佈《陽明年譜》。事跡見［萬曆］《龍游縣志·人物志》、［民國］《龍游縣志·人物傳二》。毛汝麒事跡詳見於《龍游毛氏宗譜》卷一所載《明故江西按察司僉事前以軍功陞從四品露山毛公行狀》，其稱汝麒所著有《宦遊歸田漫》，"漫"後或應有"稿"字。［天啓］《衢州府志·藝文志》著録毛汝麒《露山漫稿》《門明年譜》，"門"字當爲"陽"之誤。然據毛汝麒傳略可知，汝麒刊佈《陽明年譜》，而非自撰此書，故［天啓］《衢州府志·藝文志》甚誤。［萬曆］《龍游縣志·藝文志》、黄虞稷《千頃堂書目·別集類》著録毛汝麒《露山漫稿》一卷。《露山漫稿》當即《宦遊歸田漫稿》。此書今佚。［萬曆］《龍游縣志·藝文志》有毛汝麒《文昌閣記略》《湖鎮公館記》《龍洲塔記略》《龍洲塔銘記略》，［康熙］《龍游縣志·藝文志》有毛汝麒《湖鎮公館記》《文昌閣記》，同書《山川志》有其詩《游翠光巖》，《龍游木城祝氏宗譜》卷首有其《壽官東渠公贊》《東山公贊》。另外，國家圖書館藏有清康熙刻本毛伯温《大司馬毛襄懋公文集》，爲毛汝麒所選。

琢齋文集四卷（佚）

（明）西安葉良玉撰

葉良玉字德卿，號琢齋，西安人。選貢，先後任安福教諭、歸德紀善。事跡見［康熙］《西安縣志·人物志下》。［天啓］《衢州府志·人物志·貢彦》載葉良玉爲嘉靖間選貢。［民國］《衢縣志·藝文志下》載："《琢齋文集》，明葉良玉撰。前志未著録。舊抄本，四卷，存詩、文各二卷，統名文集。"葉良玉《琢齋文集》今佚。［嘉慶］《西安縣志·祠祀志》載有葉良玉《忠孝祠記》。［民國］《衢縣志·方輿志·山脈》有良玉詩《道巖》，此書《建置志下·壇廟》又節録其《祝知事父子忠孝祠記》，《古蹟志·宅第園亭》有其詩《空中樓閣》。《三衢仁德葉氏宗譜》卷二有葉良玉《重建祠堂記》。

湘溪文集（佚）

（明）西安鄭大經撰

鄭大經有《疏稿》，前《史部·奏議類》已著録。［天啓］《衢州府志·藝文志》著録太僕卿鄭大經《湘溪文集》。此集今佚。［嘉慶］《西安縣志·祠祀志》"縣城隍廟"下載有鄭大經《重建縣城隍廟記》，《江陽嵩高朱氏宗譜》卷二有其《贈洋山朱先生考績榮掌北城序》。

尹禮繼詩集（佚）

（明）龍游尹禮繼撰

尹禮繼字濲世，龍游人。雅慕王文成良知之旨，務扣其奥，而不立門户。署福清教諭，陞順天教授，再遷漳州通判。詩宗少陵，得其風韻，刻有集。事跡見［萬曆］《龍游縣志·人物志》，此書《選舉志》載尹禮繼爲嘉靖戊午舉人。［康熙］《衢州府志·藝文考》著録尹禮繼《詩集》。［民國］《龍游縣志·藝文考》載："《尹禮繼詩集》，尹禮繼撰”。尹禮繼《詩集》今佚。《龍游木城祝氏宗譜》卷首有尹禮繼《樂泉公暨孺人方氏傳》。

童子鳴集六卷（存）、童賈集一卷（存）、南嶽東岱詩（佚）、九華遊記（佚）

（明）龍游童珮撰

　　童珮參撰［萬曆］《龍游縣志》，前《史部·衢州方志類》已著録。今存童珮《童子鳴集》六卷，據該書卷前王世貞《童子鳴傳》可知，童珮有《九華遊記》《南嶽東岱詩》，此二書今佚。［天啓］《衢州府志·藝文志》著録童佩《童子鳴集》。［康熙］《衢州府志·藝文考》著録爲童佩《集》六卷。黃虞稷《千頃堂書目·別集類》著録童佩《童子鳴詩集》四卷、《文集》二卷，此“童佩”當爲“童珮”。《童子鳴集》六卷，前四卷爲詩集，有五言古詩三十五首、七言古詩十四首、五言律詩一百十一首、七言律詩一百十六首、五言絶句十八首、七言絶句二十一首。後二卷爲文集，依次有序四篇、記六篇、疏一篇、誦一篇、銘五篇、傳兩篇、行狀一篇、書四篇，卷前有王世貞《童子鳴傳》和王穉登《明故龍丘高士童君子鳴墓誌銘》。世貞言子鳴“業五七言古詩，有清韻，而其爲他文亦工，尤善考證諸書畫、名蹟、古碑、彝敦之屬”。是集有明萬曆梁溪談氏天籟堂刻本，藏於國家圖書館、天津圖書館、北京大學圖書館，《四庫存目叢書》《衢州文獻集成》亦收録。浙江圖書館有民國抄本《童子鳴集》，後有余紹宋跋。錢謙益《列朝詩集·丁集第十》收録童珮詩三十四首。俞憲《盛明百家詩》選有童珮《童賈集》一卷，凡録詩八十八首。《衢州文獻集成》收録《童子鳴集》時，後附《童賈集》一卷，據國家圖書館藏明嘉靖、隆慶間刻《盛明百家詩》本。

　　《四庫全書總目·〈童子鳴集〉提要》：《童子鳴集》六卷（浙江汪汝瑮家藏本），明童佩撰。佩字子鳴，龍游人。世爲書賈，佩獨以詩文遊公卿間，嘗受業於歸有光。其歿也，王世貞爲作傳，王穉登爲作墓誌，蓋亦宋陳起之流也。詩格清越，不失古音，而時有累句。如《讀李博士集》“繞屋梅花然”句，蓋用沈約詩“山櫻紅欲然”語，以之品梅殊不類。又如《觀魏知古告身歌》“高齋試展竹滿牆”句，上四字下三字邈不相貫。他如“囊琴挾水流，客鬢帶山蒼”之類，皆失之纖巧。“公牘無盈案，私錢不入囊”之類，皆失之拙俚。“川原呈伎倆”之類，尤失之儇佻。舊序稱其“閉戶屬草，必屢易而後出。出則使人彈射其疵，往往未愜，併其稿削之，不留一字。”殊不盡然也。（見《四庫全書總目·集部·別集類存目五》）

習庵文集（佚）

（明）開化汪朝仕撰

　　汪朝仕有《易經通解》，前《經部·易類》已著録。黃虞稷《千頃堂書目·別集類》著録汪朝仕《習庵文集》，［雍正］《開化縣志・藝文考》與其同。［康熙］《衢州府志・藝文考》著録爲汪朝《習庵遺稿》，脱"仕"字，書名亦有所不同。朝仕此書今佚。《汪氏乘言》録有《金溪詩社選稿》，下題"汪朝仕可學甫著"，所選皆爲汪朝仕詩，共十九首，見後文方楫編《金溪詩社》所録。

半山人稿三卷（佚）
（明）江山楊夢玄撰

楊夢玄字兆真，號節庵，江山人。補博士弟子。趙鏜見其文，輒歡賞不已，且以其所著《留齋漫稿》屬其定。隆慶丁卯登賢書。萬曆間宰福建邵武之泰寧縣。平生著述甚富，大半散逸。所遺有《半山人稿》三卷，自壬子訖丁巳，皆晚年所作。事跡見《江山南峰楊氏宗譜》卷十一所載《敕授文林郎泰寧縣知縣夢元公傳》。《宗譜》載爲夢元公，當避清康熙帝諱。［天啓］《江山縣志・選舉志》載隆慶丁卯舉人爲楊夢玄，泰寧知縣。夢玄《半山人稿》今佚。《江山南峰楊氏宗譜》卷十一有《夢泫公遺集雜著》和《五七言詩稿》，《遺集雜著》有《積氣》《客聞》《教小兒法》《自在佛》《自叙》《雜述》《無名公傳贊》，《五七言詩稿》有《感遇二首》《冬夜有懷時十一月二十五日追思往事作》《八月十三日擬賀皇上聖壽筵宴》《山居》《生日逢穀雨有懷》《余生日有懷父母劬勞恩深莫報，因爲賦此以寄遐思》《十三日風雷震電雨雹如石天威可懼，書此警心》《感舊懷通府趙守吾契丈》《余竊禄泰寧時，華麓薛道尊（本姓俞）以僉憲分巡建南，忝爲屬吏，繆辱知顧，永不能忘，乃今俞大父母即其賢久也，聯登甲第，奉簡命來尹敝邑，欲往叩謝，先爲作此以志感焉》《秋夜懷瞻巖書屋（並序）》《遊柯山》《荒村》《春日有感》《甲寅十月初一復蒙請鄉飲，暨今蓋七次矣，赴席後寫懷》《乙卯秋試近在目前，作此與京子着鞭》《初夏草堂獨坐》《飛仙》《又八月望前偶思往事有作》《望後因舊詩有憶同遊之句用韻和之》《感舊》《寒食》《初夏》《獨坐》《送別》《花朝苦雨》《雨中展墓》《春雨》《九日登高》《清明述懷》《詠鷺》《後中秋有作》《秋夜寫懷》。詩後有謝培芳跋，此並其《自叙》録之於下。

楊夢玄《半山人稿自叙》：我自分平生不任讀得幾卷書，不任做得幾分事，乃具心中活潑潑地覺得，祇空闊世界中也有我這等人在其中打諢，真可謂一噗。比其晚年，耳目各去其半，因復私命之爲半山人。夫半山之與一噗，又奚以相遠也，合無統名之爲一噗半山人，或者其庶乎。四月悉達生日，一噗半山人自叙。（見《江山南峰楊氏宗譜》卷十一）

謝培芳《半山人稿跋》：明初四子曰高槎軒、楊眉庵、張靜居、徐北郭，其小詩淡雅瀏亮，秀拔出坐，雖三唐二宋亦不數見。戊寅之春，因遊須江，與楊肇義大兄訂交，暇日論古今名賢著述，肇義出渠高祖前泰寧令節庵先生文集見示。得讀一過，不禁掩卷，三嘆超宗，殊有鳳毛，豈虛語哉？惜無三子以爲匹，而先生一鳴之後，退處深山，故名不甚稱。其長句善於摩古人，出入韓孟間，則盡勝於漑。蘭墅謝培芳跋。（見《江山南峰楊氏宗譜》卷十一）

發筦集（佚）

（明）江山鄭抃撰

　　鄭抃字汝敬，號東里，江山人。性英敏，涉筆千言。判邵武，多惠政。家居，置義學、義倉。所著有《發筦集》。事跡見［天啓］《江山縣志·人物志·事功》。［乾隆］《江山縣志·藝文志》、［同治］《江山縣志·邑人纂述書目》皆著録爲鄭忭《發筦集》，“忭”字或應爲“抃”。鄭抃《發筦集》今佚。［天啓］《江山縣志·藝文志》有鄭抃詩《遊江郎》。

明德樓稿（佚）

（明）江山朱夏撰

　　朱夏，號華山居士，江山人。弱冠，入成均。私淑陽明，潛心理學。若王龍溪、李見羅俱雅重之。著有《明德樓稿》。事跡見［天啓］《江山縣志·人物志·隱逸》。朱夏《明德樓稿》今佚。

詩叢集（佚）

（明）西安余國賓撰

　　余國賓有《禮經正覺》，前《經部·禮類》已著録。黃虞稷《千頃堂書目·別集類》、［康熙］《衢州府志·藝文考》皆著録余國賓《詩叢集》。此集今佚。徐日炅《爛柯山洞志》有余國賓詩《爛柯山》，［嘉慶］《西安縣志·物産志》於“含竹”條有其詩“活竹編作籬，菜花玲瓏見”句，此書《寺觀志》有其《萬壽庵記》。《西安上麓祝氏宗譜》卷五有余國賓《西池明三公傳》。

二游稿（佚）、平苗詩（佚）

（明）常山詹思謙撰

　　詹思謙字牧甫，號洞源，常山人。萬曆甲戌進士。以工部主事起，補刑部。歷任知成都府、河南副使、遼東參政等職。事跡見［天啓］《衢州府志·人物志·事功》。黃虞稷《千頃堂書目·別集類》著録詹思謙《二游稿》《平蠻詩》。［天啓］《衢州府志·藝文志》載爲詹思謙“《二游稿》《平苗詩》”，雍正以來《常山縣志·藝文志》與其同，［康熙］《衢州府志·藝文考》作“《一游稿》《平苗詩》”。思謙此二書今皆佚。［嘉慶］《常山縣志·藝文志》有詹思謙詩《修道庵》。

白龍山房集（佚）

（明）常山詹在泮撰

詹在泮有《國朝宏略》，前《史部·政書類》已著録。[康熙]《衢州府志·藝文考》著録詹在泮《白龍山房集》。此集今佚。[康熙]《常山縣志·雜紀表·寺觀》有詹在泮《欽教寺記》。[雍正]《常山縣志·藝文志》有詹在泮《重建縣堂記》和詩《長春館》《西高峰》《四賢祠二首》《修道庵》。

徐天民遺稿（佚）

（明）龍游徐天民撰

徐天民字邦中，號水南，龍游人。從王陽明學，博參范引年、王艮、錢德洪、王畿，無不頂禮問學焉。萬曆乙亥，試歲貢，公車入京。南遷，如嘉善、平湖間，輒停驂大集，隨處以國士隆之。事跡見[民國]《龍游縣志·文徵志二》所載王之弼《徐水南先生傳》。[萬曆]《龍游縣志·藝文志》、黃虞稷《千頃堂書目·別集類》皆著録《徐天民遺稿》。[康熙]《衢州府志·藝文考》、[民國]《龍游縣志·藝文考》作徐天民《水南遺稿》。[萬曆]《龍游縣志·藝文志》有徐天民詩《圓通庵》。[康熙]《龍游縣志·山川志》"龍邱山"條下有徐天民詩《游九峰巖》，同書《藝文志》有其詩《桐村道中作》。[民國]《龍游縣志·文徵志六》有徐天民詩《游九峰巖》《圓通庵》《重游九峰巖》《江山下圩有懷》《拜龍山先生墓》《六石山居》《過高橋書舍二首》。

萬廷謙《徐水南先生詩叙》：水南徐先生者，龍之高士也。丁未，余捧盈川檄。屆行，里中章君本清、朱布衣以功兩先生爲言，水南先生不置已。余年家參伯丁公右武送予言曰："明府治中有水南先生者，此呂石交也。劇志綿細，慕餘姚學師龍溪有年，往此呂之京師，先生送之行，會此呂病，先生意不舍，手藥餌，至彭城乃歸，蓋學問中具俠骨者。一時名巨如馮奉常少洲、陸太宰五臺、魏司寇敬吾、沈司馬繼山諸先生雅重之。長媳鄭氏，以貞孝著。先生貢於朝，不欲碗足一官，惟淑人明學儳焉如不及，没俎豆學宮。呂時備兵西淛，爲先生置祠田，今表章之而恤其裔，其在君乎，其在君乎！"予頷之。至則訪其家，甚消落，僅一孤幼孫。予憫然召之見，已爲之復祠田，且將表鄭氏於臺史。而搜覽先生之遺編，多散佚，僅於其族子太學可效得十一於千百。予正襟讀之，不躁不兢，有德之言，亟殺青以志不朽。嗟夫，荀卿有言曰："志意修則驕富貴，道義重則輕王公。"先生之謂歟！漢高士龍邱萇隱於邑之東華山下，邑遂以得名，龍人士至今援龍邱以爲重。先生清風高節，直當與龍邱千古並躅，寧藉是一二殘段詩篇鼓吹不朽耶？則余之知先生猶淺矣。（見[民國]《龍游縣志·文徵志二》）

面岑堂集六卷（佚）

（明）龍游陸順中撰

陸順中字裕文，龍游人。自幼篤孝，事母定省甚恪，務在承顏。爲諸生，好折節讀書。事跡見［萬曆］《龍游縣志·人物志》。［萬曆］《龍游縣志·藝文志》、黃虞稷《千頃堂書目·別集類》著録陸順中《面岑堂集》六卷。此書今佚。［康熙］《龍游縣志·山川志》有陸順中詩《遊獅子山》，同書《藝文志》有其詩《寄徐水南》《桐村》，《三衢琅琊王氏宗譜》卷十一有其《誥授中憲大夫都察院右僉都御史在庵王公行狀》。

王之弼詩集（佚）

（明）龍游王之弼撰

王之弼字以忠，龍游人。初聞王陽明之學，尚意向之，故生平無日廢學，無日廢講學，亦無日廢遊。工詩古文辭，邑令萬廷謙爲梓一集，僅什一云。事跡見［萬曆］《龍游縣志·人物志》。［萬曆］《龍游縣志·藝文志》、黃虞稷《千頃堂書目·別集類》皆著録《王之弼詩集》。此集今佚。［康熙］《龍游縣志·祠祀志》有王之弼詩《謁龍邱先生新祠二首》，［民國］《龍游縣志·文徵志二》有其《徐水南先生傳》。

龍丘風雅集（佚）

（明）龍游陸維斗撰

陸維斗字元樞，號華岳，又號雪嶺道人，龍游人。邑諸生。曾著《龍丘風雅集》。事跡見［民國］《龍游縣志·人物闕訪》。維斗《龍丘風雅集》今佚。

吼劍集（佚）

（明）龍游陸大剛撰

陸大剛字君直，號克宇，龍游人。邑諸生。曾著《吼劍集》。事跡見［民國］《龍游縣志·人物闕訪》。同書《藝文考》載爲“陸大綱”《吼劍集》，與《人物闕訪》所載“大剛”不同。大剛《吼劍集》今佚。

龍岡集（佚）

（明）龍游曹叔靖撰

曹叔靖，號龍岡，龍游人。有《龍岡集》。見［民國］《龍游縣志·人物闕訪》。同書《藝文考》載，陸維斗、陸大綱、曹叔靖三人著述均録自城南兩家譜，三人皆嘉靖、萬曆間人。叔靖《龍岡集》今佚。

斗南文集二卷（佚）、斗南詩集一卷（佚）

（明）龍游徐良選撰

　　徐良選字子仁，號斗南，又號宇廓，龍游人。曾任侯官知縣，有政績。事跡見［民國］《龍游縣志・人物闕訪》。［民國］《龍游縣志・藝文考》著録徐良選《斗南文集》二卷、《斗南詩集》一卷。［萬曆］《龍游縣志・選舉志》載徐良選爲萬曆癸未進士。徐良選詩文今皆佚。

少谷集（佚）、題行集一卷（佚）、代贄集一卷（佚）、醉吟集一卷（佚）、孤憤集（佚）、湖上集（佚）

（明）龍游張文介撰

　　張文介有《金閨秘方》，前《子部・醫家類》已著録。［康熙］《龍游縣志・人物志》本傳載，張文介有《代贄》《題行》《醉吟》《孤憤》《湖上》諸集。［萬曆］《龍游縣志・藝文志》著録張文介《題行集》《代贄醉吟集》，並一卷。黃虞稷《千頃堂書目・別集類》於嘉靖年間著録“張文介（字惟守，龍游人）《少谷集》”，於萬曆年間又著録“張文介（龍游人）《題行集》《代贄集》《醉吟集》”。［康熙］《龍游縣志・藝文志》載《題行集》作《題竹集》，或誤。文介諸集今皆佚。《御選明詩》卷三十、卷六十、卷九十八分別存有張文介詩《湖上晚興》《九日風雨登吳山亭子》《醉醒口號》，《明詩綜》卷五十五有張文介詩《湖上晚興》《九日風雨登吳山亭子》《遣懷》《吳江舟中》。［康熙］《龍游縣志・山川志》有張文介詩《陪劉月陂翠光巖放舟》，［民國］《龍游縣志・文徵志六》有其詩《雨霽登靈鷲峰》。

幽溪文集十二卷（存）

（明）龍游釋傳燈撰

　　釋傳燈有《天台山方外志》，前《史部・地理類》已著録。釋傳燈《幽溪別志・著述考》載有傳燈《幽溪文集》，同書《塔墓考》“增補”部分所載蔣鳴玉《有門大師塔銘》其言傳燈有《文集》三十卷。今存《幽溪文集》十二卷，題“明天台沙門無盡傳燈著，法孫受教記編”。卷一爲序，收録諸佛教著述序文；卷二爲贊，收録佛像或佛教人士等像贊；卷三亦爲序，收録《天台山方外志》《天台山幽溪別志》二書總序和各分考諸序；卷四亦爲序，收録《四明阿育王山志》《四明延慶寺志》二書之總序和各分考諸序；卷五、卷六爲疏，所收多爲募緣疏；卷七爲記，諸記多與佛事或佛教建築等相涉；卷八首篇爲讞言，爲傳燈所講佛法，其餘可見者爲銘；卷十、卷十一、卷十二爲幽溪大師問答之語。《四庫全書總目》等各書目著録《阿育王山志》皆言撰者爲郭子章，然此集所收《四明阿育王山志總序》和各部分序，對這些內容是否傳燈之作，前文於《天台山方外志》後已做考辨。由此集可知傳燈另撰有《四明延慶寺志》，且《文集》保存了該志的部分内容。是書有清光緒十九年天台山真覺寺刻本，藏於上海圖書館。此本已殘破，其中卷一缺第三十五、三十六兩葉，卷六缺第四葉，卷七缺第十一、十二兩葉，卷九全缺，卷十缺八葉，卷十一僅存十五葉，卷十二内容未完而中斷，其下已殘缺，其他葉中亦殘缺部分。是書又有清道光二十一年刻本，藏於南開大學圖書館。《衢州文獻集成》據上海圖書館藏清光緒十九年天台山真覺寺刻本影印。［康熙］《龍游縣志·藝文志》有釋傳燈詩《和斗潭八詠》。

集虚堂稿（佚）、駐春園集（佚）

（明）西安徐任道撰

徐任道字仁卿，號弘宇，西安人。萬曆丙戌進士。知固始縣，後陞廣西道御史。事跡見方應祥《青來閣合集·誌銘》所載《太學生起寰徐公墓誌銘》，亦見［康熙］《西安縣志·人物志下》。《龍游縣志》載徐任道爲龍游人。［民國］《衢縣志·人物志二》載，徐任道字仁卿，公墓在今衢北鄉之云溪，有碑志二，且言［萬曆］《龍游志》自稱邑人爲誤收。方應祥所撰《墓誌銘》言“吾邑徐弘宇先生”，應祥爲西安人，任道應同爲西安人。［康熙］《衢州府志·藝文考》著録徐任道《駐春園集》。［嘉慶］《西安縣志·經籍志》著録徐任道《集虚堂稿》《駐春園集》。［民國］《衢縣志·藝文志下》載徐任道有《集虚堂集》，其所引則爲［嘉慶］《縣志》，疑“集”字有誤。任道此二書今皆佚。

四六莊啓十卷（佚）

（明）江山柴復貞撰

柴復貞有《堪輿論》，前《子部·術數類》已著録。《嵩高柴氏世集勳德録》卷十二所載《泉四六學正復貞公志略並贊》，稱復貞《莊啓》有卷。《江陽嵩高柴氏宗譜》卷首載柴復貞有《四六莊啓》十卷。此書今佚。

燕山遺稿（佚）

（明）江山璩一桂撰

璩一桂字惟馨，號霽陽，江山人。萬曆乙酉領鄉薦。孝友。工古文詞。所著有《燕山遺稿》。事跡見康熙癸亥《江山縣志·人物志·文學》。一桂《燕山遺稿》今佚。康熙癸亥《江山縣志·藝文志》有璩一桂詩《騎石山》，康熙辛巳《江山縣志·藝文志》有其詩《水簾泉》《瀑布泉》。

毛允讓文集八卷（佚）、毛允讓詩集四卷（佚）、訓子帖一卷（佚）

（明）江山毛允讓撰

毛允讓字禮卿，號星岳，毛愷孫，江山人。萬曆十一年乞恩補國子生，癸巳授中府都事。後陞刑部四川司員外郎、湖廣司司員外郎、四川司郎中。官至湖廣辰州府知府。曾續修《清漾毛氏族譜》二十卷，著有《文集》八卷、《詩集》四卷、《訓子帖》一卷。事跡見《江山清漾毛氏譜·外集》卷二所載姜習孔《明中憲大夫湖廣辰州副知府星岳毛公行狀》、徐可求《明中憲大夫湖廣辰州副知府星岳毛公墓誌銘》。康熙癸巳《江山縣志·藝文志》有毛允讓詩《送友人歸江山》《仙居之右蘭香精舍》《登仙居寺介亭漫題二首》。《江山清漾毛氏族譜·內集》卷五有毛允讓《明誥贈刑部尚書祥八十八直齋公小記》《黃氏行狀》《本生父母請封行略》《乞移封贈》，卷六有其《送別友人歸江山》《遊滿井逢李明府白嵩尹廣文陶庵先酌井上邀飲》《萬壽聖節皇極殿朝賀口占》《贈吳謹庵徐蘭谷而姊丈》《寄懷三十六叔君錫、二十二兄一松》《謝定齋、詹水部過宴海神祠》《都門送趙嶽父之任河間》《宮柳》《宏光寺》《刑部觀風亭臺次壁間韻》《同會書報大宗祠新池成喜答三首》《同君錫叔展謁曾大父八十八誥贈尚書公先塋龍源，廿四宗數文昌文嘉諸宗兄見招過宅却贈》《鳴宇薛公祖榮耀擢憲長過石門寒居，公昔宰江山》《方道華、王澹中、王東明招集水心寺，同印宗上人鹿潭夜泛二首》《奉邀胡帘巖先生暨二叔祖小園賞牡丹，時君錫叔、明卿弟同侍》《緝經鋤園君錫叔贈詩却和四首》《需渡望湖頭山寄謹庵蘭谷二姐丈（並序）》《寄懷》《登仙居寺介亭漫題四首（並序）》。

滄浪雜詠（佚）

（明）西安王家業撰

王家業有《韻要》，前《經部·小學類》已著錄。黃虞稷《千頃堂書目·別集類》著錄王家業《滄浪雜詠》，[康熙]《衢州府志·藝文考》亦著錄。家業此書今佚。

葵圃雜詠（佚）

（明）西安徐可求撰

徐可求有《奏疏》，前《史部·奏議類》已著錄。[民國]《衢縣志·藝文志下》載："《葵圃雜詠》，明徐可求撰。[嘉慶]《縣志》著錄。按：應梟《葵圃記》有予逸軒、鴻石堂、靜園、六清渚、磬折溪、小青霞、佛閣、寧澹齋、木石居、問葵堂、擬云山閣、菱湖、芙蓉灣、月波橋、梧井、水雲鄉、丹房、壁觀齋、露臺、玉照亭、畫舫、小友軒、青來館、萬卷樓、蒼蒼閣、松風磴、翠微嶺，點綴林泉，凡二十七景。今所傳者，僅可求自作《葵圃十詠》葵圃予逸軒、靜園、六清渚、磬折溪、小青霞、佛閣、木石居、月波橋、水雲鄉五絕十首而已。葵圃總名。其餘十八景俱不見諸題詠，豈佚之耶？可求官四川巡撫，死難前有《禪燕》《奏疏》。"可求《葵圃雜詠》今佚。[嘉慶]《西安縣志·物產志》於"葵"條有徐可求詩"年來謝却肥甘味，手把長鑱學種葵"

句, 於 "羊" 條下有其詩 "西坡在堤外, 春色賴點綴" 句, 同書《藝文志下》存其《葵圃十詠》。徐日炅《爛柯山洞志》有徐可求《日遲亭記》《爛柯山疏》、詩《爛柯山》。[萬曆]《龍游縣志》卷首有徐可求《龍游縣志序》。[天啓]《衢州府志·藝文志》有徐可求《西安縣令劉公生祠碑記》,[天啓]《江山縣志·藝文志》有其《凝秀塔記》,[雍正]《常山縣志·藝文志》有其《重修儒學碑記》《司訓洛祥吳先生去思碑記》,[民國]《衢縣志·建置志下·寺觀》有其詩《白鶴庵》,《龍游木城祝氏宗譜》卷首有其《叙柘川公行實》、詩《雷石凌霄》。《江山清漾毛氏譜·外集》卷二有徐可求《明中憲大夫湖廣辰州副知府星岳毛公墓誌銘》。《衢州墓誌碑刻集録》有徐可求《徐可求母葉氏墓誌》[①]。

濱麓集 (佚)
(明) 開化徐公敬撰

徐公敬有[萬曆]《開化縣志》, 前《史部·衢州方志類》已著録。[雍正]《開化縣志·人物志·文學》本傳載, 徐公敬有《濱麓集》。此集今佚。[順治]《開化縣志·藝文志》有徐公敬《遷學記》。

燕遊草 (佚)、甌吟草 (佚)、賁園詩草 (佚)
(明) 開化汪令德撰

汪令德字潤中, 號憲庵, 開化人。天性篤孝。舉明經, 司訓瑞安。遷崇明教諭, 不就。所著有《燕游》《甌吟》《賁園詩草》。事跡見[順治]《開化縣志·人物志·孝廉》。[康熙]《衢州府志·藝文考》著録汪令德《燕游草》《甌吟草》《園草》,《園草》當爲《賁園詩草》之誤。令德諸書今皆佚。[崇禎]《開化縣志·藝文志》有汪令德詩《寄弟儀倦黌署中》《北塘讌集和方少朴韻》《壽胡節婦》,《汪氏乘言》有其《明處士雲山汪公曁孺人姜氏合葬墓表》。

楊翰林賸馥 (佚)
(明) 西安楊希聖撰

楊希聖字恒初, 號心往, 西安人。萬曆戊戌進士。爲翰林編修。事跡見[天啓]《衢州府志·人物志·博雅》。[天啓]《衢州府志·藝文志》、黃虞稷《千頃堂書目·別集類》皆著録楊希聖《楊翰林賸馥》。[康熙]《衢州府志·藝文考》著録楊希聖《賸馥》。此書今佚。[嘉慶]《西安縣志·物産志》於 "蠃" 條有楊希聖詩 "過能盡十千, 何厭入手重" 句,《龍游木城祝氏宗譜》卷首有楊希聖《文梅公贊》。

---

① 衢州市博物館編:《衢州墓誌碑刻集録》, 第70頁。

定山園迴文集一卷（存）、葉子詩言志十二卷（佚）、賦集三卷（佚）、書籍序文一卷（佚）、時義序文一卷（佚）、偶牘四卷（佚）、尺牘二卷（佚）

（明）西安葉秉敬撰

葉秉敬有《葩經詩歌》，前《經部·詩類》已著録。[天啓]《衢州府志·藝文志》著録葉秉敬《詩言志》四集共十一卷、《賦集》三卷、《書籍序文》一卷、《時義序文》一卷、《迴文詩》一卷、《偶牘》四卷、《尺牘》二卷。黃虞稷《千頃堂書目·別集類》著録葉秉敬《賦集》三卷、《書籍序文》一卷、《時義序文》一卷、《迴文詩》一卷、《偶牘》四卷、《尺牘》二卷、《詩言志》七卷。[天啓]《府志》言《詩言志》十一卷，黃氏《書目》和《四庫全書總目》載爲十二卷，[嘉慶]《西安縣志·經籍志》載爲十卷。《四庫全書總目》又言“次載《賦類》十卷”，中華書局點校本於十卷下注言“十卷”當爲一卷，應是。[天啓]《府志》和黃氏《書目》皆載《尺牘》二卷，而[嘉慶]《縣志》記爲四卷，此以“二卷”爲是。葉秉敬《迴文詩》今存，其餘諸集今皆佚。[天啓]《衢州府志·藝文志》有葉秉敬詩《題爛柯山》，[崇禎]《開化縣志·藝文志》有其詩《贈開化江伯仁》《贈方少朴》，徐日炅《爛柯山洞志》有其《爛柯山賦》《一線天賦》《修建寶巖寺題疏》、詩《爛柯山》二十首、《日遲亭詩（有序）》。[嘉慶]《西安縣志·墳墓志》有葉秉敬《徐忠烈公墓銘》，此書《藝文志》有其《巨峰庵碑記》。[民國]《衢縣志·食貨志下·水利》有葉秉敬《舊議堰事七弊》《浮橋議》，此書《碑碣志三》有其《西安縣城隍廟上梁文》（此文又見《衢州墓誌碑刻集録》①）。今存潘之淙《書法離鉤》、張介賓《類經》、吳安國《爨瓦編》諸書前皆有葉秉敬序。[民國]《龍游縣志·文徵志六》有葉秉敬詩《觀手談歌贈奕客芝軒翁先生》，《龍游木城祝氏宗譜》卷首有其詩《山寺鐘聲》，《衢州孝義周氏宗譜》卷上有其《次陽公像贊》。

葉秉敬《定山園迴文集》一卷。有關迴文詩，宋人桑世昌《迴文類聚序》言之甚詳，其曰：“《詩苑》云：迴文始於寶滔妻，反覆皆可成章。舊爲二體，今合爲一。止兩韻者謂之迴文，而舉一字皆成讀者謂之反覆。又上官儀曰：凡詩對有八，其七曰迴文對。‘情親因得意，得意逐情親’是也。自爾或四言，或六言，或唐律，或短語，既極其工，且流而爲樂章。蓋情詞交通，妙均造化，此文之所以爲無窮也。”寶滔妻者，前秦苻堅時蘇蕙也，其織錦迴文，是爲《璇璣圖詩》，古今傳爲佳話。明代能作迴文詩之人不少，而能如葉秉敬作迴文詩之多者甚鮮。此集首篇爲《七言排律迴文二十韻》，迴文詩文甚長；其下爲《七言律迴文一百首》，迴文詩篇甚多。詩篇前有葉秉敬自序，言其退居定山園，作詩吟誦園內外之山水景物，以爲尋常之詩未足解戲，遂吟迴文詩以解之。今存此集，《七言律迴文一百首》僅存前九十九首，缺最後一首，

---

① 衢州市博物館編：《衢州墓誌碑刻集録》，第151—152頁。

序文、七言排律以及七言律詩第三、十、十二、十六、二十一、二十五略有殘缺。是書有萬曆四十七年刻本，藏於臺灣"國家圖書館"，《衢州文獻集成》據其影印。

　　《四庫全書總目·〈葉子詩言志〉提要》：《葉子詩言志》十二卷（浙江巡撫採進本），明葉秉敬撰。秉敬有《字孿》，已著録。是編首載《述職吟心》五卷，乃大計入觀時作。次載《賦類》十卷，《吟類》一卷，乃督學河南時作。次《遒狗編》五卷，則雜録對聯偶語。自序稱"取《虞書》'詩言志'、《論語》'志於學'二語，以爲作詩要領，故以此名其集"。秉敬淹貫群書，著述甚富，而所作韻語，乃過於質朴，殆所謂詩有別才耶？（見《四庫全書總目·集部·別集類存目六》）

緑蘿館集十二卷（佚）
（明）龍游曹聞禮撰

　　曹聞禮字肖蒙，龍游人。以歲貢授金華訓導。著有《緑蘿館集》十二卷。萬曆四十年，知縣萬廷謙纂修《縣志》，聞禮校補之功爲多。事跡見［民國］《龍游縣志·人物傳二》。［萬曆］《龍游縣志·藝文志志》著録曹聞禮《菉蘿館集》。此書今佚。［萬曆］《龍游縣志·藝文志》有曹聞禮詩《謁涂公祠》，《龍游木城祝氏宗譜》卷首有其《隱君南陵公傳》。

蘭雪齋稿三十卷（佚）、焚余稿一卷（佚）
（明）龍游陸靜專撰

　　陸靜專有《讀史評》，前《史部·史評類》已著録。［康熙］《龍游縣志·藝文志》著録陸靜專《蘭雪齋稿》三十卷。前引［康熙］《龍游縣志·人物志》載陸靜專傳，言靜專著有《蘭雪稿》三十卷，與《藝文志》略不同。《人物志》又言靜專孫舒士麟輯有陸靜專《焚余稿》一卷。陸靜專文集今皆佚。［康熙］《龍游縣志·藝文志》有陸氏詩《閨詠四首》。

南壁集（佚）、表貞集（佚）、續陶詞（佚）
（明）常山徐汝晉撰

　　徐汝晉字裕庵，常山南壁人。稍知學，即遊徐魯源門，參良知宗旨，得正心誠意之學。以貢授司訓，歷仕華亭，遷曹州正。所著有《南壁公遺稿》《樊母集》《續陶詞》諸書，皆有關世教。祀閩道山書院，人稱安定先生。事跡見［康熙］《衢州府志·孝義傳》。黃虞稷《千頃堂書目·別集類》著録常熟徐汝晉《南壁集》《表貞集》《續陶詞》，此"常熟"當爲"常山"。雍正以來《常山縣志·藝文志》載徐汝晉有《南壁集》《表貞集》，"壁"字當爲"壁"。［嘉慶］《常山縣志·書目志》著録徐汝晉《續陶詞》，［光緒］《常山縣志·藝文志》載爲《續陶詩》。［康熙］《府志》所載《南壁公遺稿》當即《南壁集》,《樊母集》或爲《表貞集》。汝晉諸文集今皆佚。

寓遊詩草（佚）

（明）常山陳其詩撰

陳其詩,事跡不詳。[嘉慶]《常山縣志·選舉志·貢士》載萬曆年間有貢生陳其詩,任桃源教諭,陞汀州通判。[嘉慶]《常山縣志·書目志》著録陳其詩《寓遊詩草》。此書今佚。

存拙稿（佚）、步武詞（佚）

（明）開化徐公運撰

徐公運有《傳習録》,前《子部·儒家類》已著録。[崇禎]《開化縣志·人物志·孝廉》本傳載,徐公運有《存拙稿》《步武詞》。此二書今皆佚。

水竹園漫稿（佚）、萍涯習嫕（佚）、菊圃疚余集（佚）

（明）開化徐公輔撰

徐公輔字望之,號白江,開化人。嚴毅好學,上詮部試第一。歷任高淳、桐城、揚州教職。所著有《水竹園漫稿》《萍涯習嫕》《菊圃疚余集》等書。事跡見[崇禎]《開化縣志·人物志·孝廉》。[天啓]《衢州府志·藝文志》著録徐公輔《水竹園漫稿》。[雍正]《開化縣志·藝文考》載徐公輔有《中丞集》,而其他各志不載,前載開化徐世蔭、宋淳各有《中丞集》,疑[雍正]《縣志》有誤。[光緒]《開化縣志·藝文志》載徐公輔有《水中園漫稿》,"中"字當爲"竹"。公輔諸書今皆佚。[崇禎]《開化縣志·藝文志》有徐公輔詩《頌倪縣令》。

演連珠（佚）、淨土詩（佚）

（明）開化江東偉撰

江東偉有《芙蓉鏡寓言》,前《子部·雜家類》已著録。[順治]《開化縣志·人物志·文學》本傳載,江東偉有《演連珠》《淨土詩》。[乾隆]《開化縣志·經籍志》載江東偉有《聯珠集》,或即《演聯珠》。東偉《演連珠》《淨土詩》今皆佚。[天啓]《衢州府志·藝文志》載有江東偉《遊爛柯山四首》《題王明□修城詩》《過霞山詩》《吊程烈女歌》,[崇禎]《開化縣志·藝文志》有江東偉《開邑王侯修城記》、詩《過方棠陵先生毛塢》《王侯修城詩》《輓汪憲庵先生》《天啓甲子五月望日水》。

山雨樓詩集（佚）、翠微十景册（佚）

（明）開化施化行撰

施化行字西侯,號雪溪,開化人。性耿介不阿,詩文並妙。萬曆己酉登賢書,七上春官不受。所著有《翠微十景册》《山雨樓詩集》。事跡見［雍正］《開化縣志·人物志·文學》。化行此二書今皆佚。

可莫窗集（佚）、履素草（佚）、尺牘（佚）

（明）開化宋治卿撰

宋治卿字汝龍，開化人。以例貢入太學。雅號吟詠。所著有《可莫窗集》《履素草》《尺牘》。事跡見［崇禎］《開化縣志·人物志·孝廉》。治卿諸集今皆佚。

少樸詩集（佚）

（明）開化方逢恩撰

方逢恩字時承，號少樸，開化人。爲詩歌俊爽，有棠陵風。操履峻整，鄉黨敬服。有《少樸詩集》。事跡見［崇禎］《開化縣志·人物志·隱逸》。逢恩此集今佚。［崇禎］《開化縣志·藝文志》有方逢恩詩《遷居閒賦示子》，［雍正］《開化縣志·藝文志》有其詩《和趙相公題龍華寺壁間韻》《詠金錢山》。

工部集十四卷（佚）

（明）開化汪慶百撰

汪慶百有《問奇》，前《經部·小學類》已著録。［雍正］《開化縣志·藝文考》著録汪慶百《工部集》十四卷。此書今佚。［崇禎］《開化縣志·藝文志》有汪慶百《傅公生祠碑》《了虛先生集序》（此序亦見今傳本《了虛先生集》）、《甲子水災上當道書》《後乞言》，［順治］《開化縣志·藝文志》有其《論進藥罪案疏》，［雍正］《常山縣志·藝文志》有其《重修城垣碑記》，《汪氏乘言》有其《永思詒燕園贊》。

前後燕遊草（佚）

（明）西安徐日嚴撰

徐日嚴，事跡不詳。［康熙］《衢州府志·藝文考》著録徐日嚴《前後燕遊草》。［民國］《衢縣志·藝文志》亦載徐日嚴《前後燕遊草》，且言"日嚴，萬曆間恩貢，曾官漢陽通判"。徐日嚴《前後燕遊草》今佚。《西安西河徐氏宗譜》卷十九有徐日嚴詩《菱湖》殘句。

徐子卿近集十卷（存）、葵園雜著（佚）

（明）西安徐日久撰

徐日久有《實録鈔》，前《史部·實録類》已著録。［天啓］《衢州府志·藝文志》、黃虞稷《千頃堂書目·別集類》皆著録爲徐日久《子卿近業》，誤，當爲《子卿近集》。［嘉慶］《西安縣志·經籍志》著録徐日久《子卿近集》《葵園雜著》。徐日久《葵園雜著》今佚。《徐子卿近集》凡十卷，今存，分《啓事》六卷、《雜録》四卷，卷前有友人晉江張維樞序。《啓事》收録子卿寫與友人書牘，共二百九十五篇。《雜録》收有申詳十二件、呈揭八件、募疏一首、告神二首、序八首、壽文一首、記二首、議二首、祭文二首。日久爲學，重在經世致用，不喜有韻之文，未嘗留意古文辭，故徐氏此集僅有文無詩。徐氏諸文多涉政事，即使與友人啓文所談大都與政事有關，其爲官務實，故其文亦無虛發。如《分布議》小序言："西安之俗，親死，先以布分親戚朋友，於是受布者各償其直以爲典儀。至其輕重多寡，則彼此又各以世情爲衡量，尤可厭薄。余故爲是議革之。"其議旨在移風易俗，以革世弊，亦爲經世而作。較之俗吏無關痛癢吟誦之作，徐氏之文頗有資於世。是集諸文對於研究明末政治、經濟、社會諸端，具有較高的史料價值。方苞等編《隆萬四書文》卷六載有徐日久《象日以殺舜爲事一章》《周室班爵禄也一章》，[民國]《衢縣志·方輿志·山脈》有徐日久《遊白塔洞記》《遊涼棚洞記》，《龍游木城祝氏宗譜》卷首有其詩《下坪牧唱》，《西安西河徐氏宗譜》卷十九有其《曾祖樂泉府君墓盧碑約》《先祖父母傳》《先父母傳》，以上皆爲《徐子卿近集》未載。此書有明末刻本，藏於國家圖書館，《四庫禁燬叢刊補編》《衢州文獻集成》據其影印。

竹中集（佚）

（明）西安方文烈撰

方文烈，事跡不詳。[天啓]《衢州府志·藝文志》載："《竹中集》，孝廉方文烈著。"黄虞稷《千頃堂書目·別集類》著録方文烈《竹中集》。[民國]《衢縣志·藝文志》載："《竹中集》，明方文烈撰。康熙《府》《縣志》、嘉慶《縣志》均著録，無卷數。按：文烈，字仲闇，萬曆壬子舉人。《余太末集》子鈺《跋》，言仲闇先生工於詩，規摩思致，冲澹簡遠，不愧作者。與馮元照、徐爾芳齊名。後裔淪落，遺文散佚，此集亦徒存其名。"文烈《竹中集》今佚。徐日炅《爛柯山洞志》有方文烈詩《爛柯山》。

樾溪集（佚）

（明）西安鄭孔庠撰

鄭孔庠，號樾溪，西安人。穎敏絶世，日誦千萬言，古今詩賦、稗官野史，一經涉獵，終身不忘。年十六，遊武林，盡和梅花詩，名輩歡賞。所詠詩篇，嘗不留草，弟子輩識其什之一，名《樾溪集》。事跡見[天啓]《衢州府志·人物志·博雅》。又方應祥《青來閣初集·祭文》有《祭鄭樾溪先生》。[天啓]《衢州府志·藝文志》："《樾溪遺詩》，鄭孔庠著。"黄虞稷《千頃堂書目·別集類》："鄭孔庠（西安人）《樾溪集》。"黄氏書目載鄭孔庠於萬曆時人下。[康熙]《衢州府志·藝文考》著録爲鄭孔庠《越溪遺詩》，此"越溪"當爲"樾溪"。又據［天啓］《府志》所言鄭氏所詠詩篇名爲《樾溪集》，而於《藝文志》著録爲《樾溪遺詩》，當以《樾溪集》爲本名。此書今佚。［民國］《衢縣志·古蹟志·宅第園亭》有鄭孔庠詩《採月臺》。

嘯歌集（佚）、抒憤集（佚）
（明）龍游龔承薦撰

　　龔承薦有《徵蠻録》，前《史部·傳記類》已著録。［康熙］《龍游縣志·藝文志》著録《嘯歌集》，［康熙］《衢州府志·藝文考》又據黎元寬所撰《墓誌》著録龔承薦《抒憤集》。承薦此二集今皆佚。

覽德齋全詩（佚）
（明）開化宋世臣撰

　　宋世臣字君禮，號勛銘，開化人。萬曆乙卯鄉薦，再上春官鍵户。著述尤邃於詩，所著有《三宋詩合稿》《覽德齋全詩》。事跡見［雍正］《開化縣志·人物志·文學》。世臣《覽德齋全詩》今佚。［崇禎］《開化縣志·藝文志》有宋世臣詩《題羽士清甃》《重九日登菩提庵》。

三宋詩（佚）
（明）開化宋玘、宋淳、宋世臣撰

　　宋玘字玉成，開化人。永樂初，以貢歷政，拜刑部山東司主事，後授雲南澄江通判。居家，與侍郎吾紳輩建通濟橋，其時民賴焉。事跡見［嘉靖］《衢州府志·人物紀·忠義》。宋淳有《還峰宋先生集》，宋世臣有《覽德齋全詩》，前已著録。［雍正］《開化縣志·藝文考》著録宋玘、宋淳、宋世臣《三宋詩》。三宋三代爲祖孫之關係。《三宋詩》爲後人合編，［光緒］《開化縣志·藝文志》又稱《三宋詩合稿》。此集今佚。［崇禎］《開化縣志·藝文志》有宋玘詩《玉霄宮》。

兩闈合刻（佚）、人鏡録（佚）
（明）西安徐應秋撰

　　徐應秋有《雪艇塵餘》，前《經部·易類》已著録。［康熙］《西安縣志·人物志下》本傳載，徐應秋有《兩闈合刻》。鄭應昌《駢字馮霄序》稱徐應秋所撰有《人鏡録》。應秋此二書今皆佚。［嘉慶］《西安縣志·物産志》於"棠"條有徐應秋詩"蔽芾謹勿扒"句，此書《墳墓誌》有其詩《鄭平墓》，［民國］《衢縣志·方輿志·山脈》有其詩《鹿鳴山宴集》。陳壎《忠孝録·事實奏疏》和《西安聯奼徐氏宗譜》卷二有徐應秋《謹奏爲藺酋蓄謀搆逆先臣爲國捐軀瀝陳情乞》《謹奏爲先臣死忠甚慘逆黨陷難堪瀝剖沉冤仰祈聖鑒》《爲蜀功堪叙已明臣父忠魂待雪瀝陳死難本末仰祈聖鑒》《辭户部侍郎疏》《請乞侍養疏》。

青來閣初集十卷（存）、**青來閣二集十卷**（存）、**青來閣三集十五卷**（佚）、**方孟旋先生合集二十卷**（存）、**方孟旋稿一卷**（存）、**方孟旋先生四書藝不分卷**（存）、**松籟編**（佚）、**金陵寓草**（佚）、**藝餘**（佚）

（明）西安方應祥撰

方應祥有《周易初談講意》，前《經部·易類》已著録。［天啓］《衢州府志·藝文志》著録方應祥《青來閣集》。《明史·藝文志四》著録方應祥《青來閣集》三十五卷。《清代禁燬書目四種》有方應祥《青來閣初集》十卷、《二集》十卷、《三集》十五卷，《三集》今佚，《初集》《二集》今存。據《青來閣初集》卷九有方應祥《松籟編引》《金陵寓草小引》《藝餘自述》，可知應祥有《松籟編》《金陵寓草》《藝餘》，此三書今皆佚。今存方應祥之作，還有《方孟旋先生合集》二十卷、《方孟旋稿》一卷、《方孟旋先生四書藝》。方應祥現存諸集，皆不收其詩，［康熙］《西安縣志·藝文志》有方應祥詩《爛柯山》，［康熙］《龍游縣志·山川志》有其詩《小飲獅子巖》。［嘉慶］《西安縣志·物産志》於“獺”條有方應祥詩“美人兩頰若霞抹，安用得髓添春紅”句，“蚌”條有其詩“屑粉塗面澤，採珠裝髻高。何當與鷸謀，一出飫老饕”句，此書《藝文志下》有其詩《遊順城門外》《古意》，［民國］《衢縣志·碑碣志三》有其詩《謁徐忠壯公祠並跋》，《龍游木城祝氏宗譜》卷首有其詩《塔邊古渡》，《衢州孝義周氏宗譜》卷上有其《紹溪公像贊》，皆不見方應祥傳世諸書。《唐宋八大家文鈔》《東野志》、潘一桂《中清堂集》、釋性通注《南華發覆》、李光縉《景璧集》、張灝《學山堂印譜存》，諸書明刻本卷前皆方應祥序，亦不見方應祥今存諸書。方應祥《易經初談講意序》亦不見載於《青來閣初集》《二集》及《方孟旋先生合集》。

《青來閣初集》十卷。此集成於萬曆四十五年，卷前有莆陽宋珏、渤海吳之鯨、嘉定汪明際、甬東應臬爲之序，卷一、卷二序文三十六篇，卷三至卷七尺牘一百三十六篇，卷八、卷九雜著四十三篇，卷十祭文十三篇，共二百二十八篇。其中雜著部分，目録與正文内容顛倒，目録中卷八的内容在正文卷九，目録中卷九的内容反而在卷八。應祥以文章著稱，汪明際以爲“孟旋之爲文也，深之以經術，而抒之以湛思，出之以吞吐之氣，而挾之以造勝遍決之靈性”。方氏“爲文自闢阡陌，非六經語不道”，李維禎於《青來閣二集序》贊“其言多發明五經、孔、曾、思、孟之旨，與濂、洛、關、閩諸儒訓詁同切”。方文對後學甚有影響，艾南英於《二集序》稱其“汲引天下文士，無論識與不識，爲之表章發明，以揚其幽，又爲之聯上下疏戚之交，以廣威輔氣者，不啻韓子之於李翶、長吉，歐陽子之於介甫、子固諸人者也”。方氏爲文雖有盛名，然其諸集却遭清廷禁燬。據姚覲元《清代禁燬書目四種》，方氏《青來閣初集》屬抽燬書目，“查《青來閣初集》，系明方應祥撰。卷五內與錢謙益兩尺牘，推崇太過，應抽燬”。方、錢同年中舉，二人交誼頗深。錢謙益著作在乾隆時嚴旨禁燬，《初集》卷五有《與錢受之》尺牘兩篇，方氏言語中充滿自謙，然無太多粉飾錢氏之句，但仍遭抽燬。此書有明萬曆四十五年刻，藏於國家圖書館、上海圖書館、北京大學圖書館、臺灣“國家圖書館”、臺北“故宮博物院圖書館”，《四庫禁燬書叢刊》《衢州文獻集成》亦收錄。

　　《青來閣二集》十卷。此集成於天啓四年，收錄萬曆四十六年至天啓三年序文、書牘和雜著，前有東鄉艾南英、京山李維禎二序，其下有《校刻〈二集〉姓氏》。方氏善爲文，認爲詩賦太過細膩多愁而不喜詩，故其青來閣諸集全爲文。此集卷一、卷二序文三十四篇，卷三至卷九尺牘共一百八十四篇，卷十雜著二十一篇，共二百三十九篇。《軍機處奏準全燬書目》有《青來閣二集》。《初集》被抽燬，因與錢謙益尺牘推崇太過，《二集》卷三、卷四、卷五皆有與謙益書。《二集》卷三《奉曾棠苐座師書》稱滿人爲“黠猾不可控御之酋虜”，《與徐明衡年兄》言及遼東之敗“可謂摧敗困踣之極”；《奉曾棠苐老師》又言“宇內腥氛未澄，殺機方衡”，“我不內用而聽其用於外生者”，“遼東必非國家之有”，“今日上計，唯有必請天子之怒臨，次則商首都城之方略，事有不測，虜雖薄城，聖心屹然”。《二集》全遭禁燬不僅因其中有與錢謙益書文，當亦因對滿人不敬之辭及其禦外患方略。方應祥又有“《青來閣三集》十本”，見《清代禁燬書目四種》之《全燬書目》。《三集》十五卷，成書較晚，時明與滿人交爭，可能文集中有些內容涉及當時事，故遭全燬。應祥《二集》雖遭清廷禁燬，然仍傳諸於今。此書有明天啓四年刻本，藏於國家圖書館，《四庫禁燬書叢刊》《衢州文獻集成》亦收錄。

　　《方孟旋先生合集》二十卷。此集爲清順治間李際期選編，收錄孟旋《青來閣初集》《二集》中的部分文章及未刻之文。卷一至卷三爲序文，分制義、詩文、贈賀三類，卷四至卷十五爲書牘，分論文、經濟、善世、薦揚、叙述、孝思、念故、唁慰、通候、禪喜、小品十二類，卷十六至卷二十依次爲誌銘、祭文、傳贊、記紀、雜文。卷前有李際期序二篇和一篇跋語，其中首序已殘，僅剩數行。際期序跋後又錄舒曰敬、應臯《初集》序文兩篇，錄艾南英、李維禎《二集》序文兩篇，其中舒曰敬不見今傳本《初集》所載。序文下又爲際期《梓〈青來閣合集〉雜論四則》和總目。李氏刊刻此集，於每篇文下皆注明其出自“初集”“二集”，或是“未刻”，或爲“逸稿”，其中“未刻”者達二百四十九篇，“逸稿”四篇。《青來閣初集》《二集》《三集》皆遭清廷禁燬，然《初集》《二集》至今完存，《三集》仍未見存。幸此合集所收之文，於《初集》《二集》外，尚有甚多未刻之文。據際期《雜論四則》所述，至李氏刊刻《合集》時，《三集》尚未梓行。故此集所載“未刻”之文，當爲後來《三集》所收。《三集》雖佚，其部分文章當賴《合集》幸存。此書有清順治九年刻本，藏於上海圖書館、臺灣大學圖書館，臺灣"國家圖書館"、臺北"故宮博物院圖書館"皆僅存十八卷，《衢州文獻集成》據上圖藏本影印。

《方孟旋稿》一卷。是書封面題《名家制義》，後有小序《題〈方孟旋稿〉》，蓋方氏之作爲衆名家制義之一種。小序稱孟旋"自少至老，與親爲命，固宜其文之深沉而可誦也。聞先生家居時，授徒講學，名擬昔賢，且清節文望著於海內"。此集選孟旋制義二十九篇，方氏文後一般有陳百史、馬君常、韓求仲等評語，以陳氏所評最多。每篇最後都有不加作者署名之評語，當爲《名家制義》編者所言。如《己欲達而達人》篇後，周介生評曰："妙在無一句可移到立人處。"其下又有評語："立是體，達是用，最難鏤刻，鏤刻極精，鏤刻極確。蘊蓄宏深，而文特高潔，可方駕弘正諸程。"可見諸評語對方氏制義極爲贊賞。孟旋爲學，秉承孔孟，深得經術，行爲世範，故其制義之作爲世楷模。八股之文，近人批評者甚多，然方氏所作斷無套語矯情，蓋得之於治學做人之正。是書今有清刻本、清抄本，藏於國家圖書館，《衢州文獻集成》據清抄本影印。

《方孟旋先生四書藝》，卷端題"後學李瀛、吳德旋、陳用光選評，後學周壬福校刊"。目錄前有吳德旋《重刻〈方孟旋先生四書藝〉序》和陳用光《方孟旋先生傳》。此集收錄方氏制藝五十六篇，方文之後一般有吳仲倫等人評語，亦有篇目無評語者。《四書藝》中的有些篇章亦見於《方孟旋稿》，其後評語不僅評論者不盡相同，即使有相同者，文詞間有的也有差異。如《居下位不夷也》篇，《四書藝》有韓求仲、何季穆、（吳）仲倫三人評語，《方稿》此篇後評者爲韓求仲和《名家制義》編者；《四書藝》中韓氏評曰："不事正以維事使之，分暗逗仁字，見地精絕。"《方稿》中韓氏語前面皆同，最後四字爲"可稱精解"。方氏以理學名，學問造詣甚深，且"三十年治此一藝，寸心嘔，修髯枯，殉之以性命"，故其所撰制藝爲後來者師法。陳用光評孟旋制藝曰："其《四書藝》發揮理義，使人見聖賢立言之旨，而感發其志氣。"今讀方氏制藝，亦見其治學爲人。此書有清道光十四年刻本，藏於國家圖書館、湖北省圖書館，《衢州文獻集成》據國圖藏本影印。

方應祥《松籟編引》：文章之道竅乎？性靈非假於物而然也。精之所注，觸境成趣，得趣成聲，若有所然而不知其然。宋玉有言："因其所託，則風氣殊焉。"造物所不能强，而況人乎！大塊噫氣，吹萬不同，得松而響，若加清松耶風耶。雲居枕吳山而寺，虬松倚空，遠近林立，時拂以風。余以講業之暇，與二三子披襟其間，所託可知也。於是余以深秋久客，不勝停雲之思，二三子計所以志一時者，余爲出所課藝哀而梓之，而題其編曰《松籟》。昔人論聲絲不如竹，竹不如肉貴，其自然玄賞之士，至求之山水之間，境之所觸，與會神合，有所以然，而不知其然。所謂造物之不能强者，非顧擇而取之也。編曰《松籟》何居？蟬湑露而聲泠，麝飾柏而肌馥，彼二蟲者何知焉？知其嘗湑且飾於此而已。余與二三子所爲，志其一時者如此。是編也，成敢妄附休明之鼓吹徹惠同好，或以爲大輅之椎輪而加徵至焉。余不慧，業已清道而待之矣。（見方應祥《青來閣初集·雜著》）

方應祥《金陵寓草小引》：是敗物耳，安用理之，欒之桐亭之竺不然耶？鄙人之意，唯是遺簪墜履之愛，不能自割，爰命左史橅而記之。題於曰《金陵寓草》，以紀地也。是役也，振筴於歲朔秋，杪而馳擔得，文凡百紙，而奇録其存於篋中者，如此夫大雅不作久矣。孰持此道之是非，同乎我者正之，異乎我者正之，余俱不能知。余以志余遺簪墜履之念而已。（見方應祥《青來閣初集·雜著》）

方應祥《藝餘自述》：七月至自武林，以徐孺子抱施期之戚，兀坐凄斷。三月而奇於時，吾鄙之士有挾筴而過山中者，不得不勉以故業應之。自孟冬之朔每間日刺二題，性不便書，又善忘，或僅成思，未脱於手，或既就草，雜實絮楊，童子誤以脂燭，俱不復省。斯所列者，以文計之得二十七，以題計之得二十四。余兩月間，陰晴風雨之感具是矣。乃並《武林夏課》十六首，《鼠壤草》二十一首，彙而存之，總題其袠曰《藝餘》，今作取之脂燭之餘也。《鼠壤草》多舊搆遠者，至十年所於以飼鼠宜矣，靈於爲余就蔓藪中輯之，取之鼠嚙之餘也。《武林夏課》何亦曰餘？嘻！余茲苦矣。孺子束髮而兒，余二十年於此，雖篤嚶鳴之好，以余多四方之役，不無並軫懷人之憛，促邾論心，自喻適志，未有茲遊之勝也。嗟夫！孰使中乎？羿之彀而不免也哉！余文直取孺子之胸待寫之耳，豈非濠上之遺譚而海濱之佚響乎？謂之曰餘，余之心苦矣。客曰：“吾聞六藝之學，道之餘也。言立而道存焉。君子所以托於文也，字藝曰餘，子何托焉？”此非余所敢知也。老氏之道，人棄我取，其言曰“不足以取餘明乎”，餘者人之所棄也。斯編也，余以志今昔之槪，義則竊之老氏而已矣。（見方應祥《青來閣初集·雜著》）

太末先生集一卷 (佚)、南園草一卷 (佚)、北遊草一卷 (佚)、清溪草一卷 (佚)
（明）西安余敷中撰

余敷中有《春秋麟寶》，前《經部·春秋類》已著録。［康熙］《衢州府志·藝文志》著録余敷中《太末先生集》《南園草》《北遊草》《清溪草》。［民國］《衢縣志·藝文志下》載：“《太末先生集》，明余敷中撰。［康熙］《府志》、［嘉慶］《縣志》均著録，無卷數。按：此集詩文共四卷，文一、詩三，系先生之子鈺手鈔，依類編次。原本未梓，初名《太末集》，以其出之後人，故加先生二字。前有西陵門年弟周振序，尚稱《余太末集》，次有崇禎八年友弟鄭應昌序，則稱《太末先生集》。卷首弁列《太末公小傳》，末有子鈺跋語。陳《志》敷中傳稱，《太末先生集》外，尚有《南園》《北游》

《清溪》諸詩草,其《三衢來脈》考據尤詳。今查《太末集》首載《三衢來脈賦》一篇,似已無單行本,而諸詩亦多散見於集內,是先生晚年所手定者惟此一集。姚《志》分別列目,殆當時採取陳《志》,未見原書故耳。原書今尚存永禧家,固可考也。"《浙江省文獻展覽會專載》於《鄉賢遺書·抄本》載:"《太末先生集》一卷、《北遊詩草》一卷、《清溪詩草》一卷、《南園詩草》一卷,四册,舊抄本,明衢州余敷中著,衢州鄭氏藏。"①《鄉賢遺書》雖著録敷中諸文集,然今皆未見。徐日昺《爛柯山洞志》有余敷中詩《爛柯山》。[民國]《衢縣志·方輿志·山脈》載其《三衢來脈賦》和詩《天井山》,此書《碑碣志四》有其《上龍寺碑》和《考君壙記》,《詩文外編下》有其詩《登釣臺》《再過釣臺謁嚴先生祠用前韻》,[民國]《龍游縣志·文徵志六》其詩《春杪過龍游柬温元蓋令尹》)。

鄭應昌《太末先生集序》:今之名閥世其家者,類亦拄手版襲朝來爽氣以為雍雅,更則取金印斗大懸肘爾,雖輞塗殊軌,終鮮占藝圃一席者。非以此不貴也,蓋天之祚人家世,眠其延促,始莫不有龐固單厚之氣,數世而後興,不特先代有德善功烈勛勞,子孫能興舊嗜欲,乃必蔚為文采,高偉絶麗,復欲蘊崇之遲之,又久而彌昌焉。此亦未可取而代也,豈即如視蔭者之朝不及夕乎?往余結髮時,從薦紳子弟之末,私心響慕邑方伯公之季,今稱太末先生云。方伯德業文章垂之乘志,歿而祀諸黌宮,男子四,兩雋賢書,兩籍明經。曰:予季尚慎旃,世毋滋大,而天故秘惜之也。獨難一第,視篆青溪,所謂廣文官獨冷者。甫下檄為令,居無何而逝矣。嗟乎!今其詩卷古文詞留人間,其意以為小技,與制藝,俱不欲傳。嗣人式如輯之遺笥者廑爾。近古昉漢策士,雒陽少年,江都大儒,纚纚數千言。詞賦如司馬長卿,不自致也。唐李杜,號宗工,而皆由薦辟。其他名流應舉之章,不少概見。逮經藝興,而古詩文益為外臣外篇矣,其以帖括進取者何多也。先生得天人之優於書卷,篤於嗜古,為古今文辭皆超箸,嘗以峕經《麟寶》一書行世。援弄柔翰未足,雖形家、音律、字學、方書,無不研悦。奉親之暇,宴坐齋居,猶憶曩偕吴郡林若撫飲於凌虹館,倡予為柯山四韻。今十數年矣,散帙之富何如,而序記銘贊詩賦如干首,故曰廑也。蓋其壯懷自分為金門之彦,起草承明之盧,得一掞其天藻而今乃止是耶!若其嗣公之才,則人人目攝之矣。間為古篇,扶質立幹,垂條結繁,余復得寓目焉。是稱鶯停鵠翠,不長在碧梧翠竹間也。昔人云:長松之下必有清音。嗚呼!此其為豐水之芑乎哉?崇禎八年十月一日友弟鄭應昌題。(見[民國]《衢縣志·詩文內編上》)

---

① 浙江圖書館編:《鄉賢遺書》,載《浙江省文獻展覽會專載》,《文瀾學報》第二卷第三、四期,1937年。

和鶴居集（佚）

（明）江山徐日葵撰

　　徐日葵纂［天啓］《江山縣志》，前《史部·衢州方志類》已著録。［天啓］《江山縣志·建置志·書籍》著録徐日葵《和鶴居集》。此集今佚。［天啓］《江山縣志·藝文志》有徐日葵《江山縣會館記》，《江山江陽何氏宗譜》卷二十有其《壽月山何年伯六旬序》。

啓發正宗集（佚）

（明）江山祝少見撰

　　祝少見，事跡不詳。《郎峰六川祝氏世譜》卷十一有趙洙爲祝少見所作《啓發正宗集序》。［天啓］《江山縣志·選舉志》在萬曆初歲薦有趙洙，少見爲其同時人。《郎峰六川祝氏世譜》卷十一所載序多托名人而作僞，而《啓發正宗集序》應不僞。少見《啓發正宗集》今佚。

　　趙洙《啓發正宗集序》：余不爽友約，期會文於東溪講舍，賓舍少見祝年兄，而主舍者少溪徐世兄也，又有群賢十餘人交相唱和。是日，成玉堂茂春之賦，既各成律，彼此質疑相觀，而善僉曰少見作佳。少見堅不自言其佳。少溪曰：“藝文無他，熟則必精。少見無日不詩，稿積邱陵，曷不勝我哉？”少見曰：“噫！消愆已耳。恐思邪者多矣。”少溪曰：“寄託各有因所志辭，有近於不正，其謂屈騷若何？”洙以學詩未成，常思求所就正而未得，今又聞二子之言而深有感焉。因請少見平日全稿見示，少見未肯。少溪贊之，竟得就讀。既卒業而歎曰：“嗚呼！溫柔敦厚之思，其人固有若此乎！”詩不妨於淡，而寄興已真；詩不必於深，而感人不淺。吾乃今而知詩之所以爲詩也。向予讀三百篇，固知其可以興觀群怨矣，然果能興觀群怨矣乎？曰：未也。何哉？學而未知所以學也。今乃得知於少見之詩，學固有未得於此而或因旁通於彼者。於以知洙質之魯，然使非少見之詩有與三百篇同其溫柔敦厚者，亦何能啓發乎？洙而得此，吾乃而知詩之所以可興觀群怨，又不獨三百篇之能使人興觀群怨已也。雖然，非余所可私也。以洙質之魯，而斯集啓之，則少見之啓人憒者多矣；以洙之無所得，而斯集發之，則少見之發人悱者深矣。則以公之詩而啓發後學，不亦可乎？因以其彙稿參爲《啓發正宗集》，與少溪合資刊行於世，使後學詩者皆能曉然興意，達然知方，則不獨洙一人之受益已也。集成，而序其首如此。（見《郎峰六川祝氏世譜》卷十一）

墨癖齋集（佚）

（明）常山詹從洙撰

　　詹從洙，事跡不詳。［康熙］《常山縣志·選舉表·例貢》載詹從洙爲明末例貢。

［天啓］《衢州府志・藝文志》著録詹從洙《墨癖齋集》。此集今佚。

七香居稿（佚）、擬古樂府（佚）、閬山詩集（佚）

（明）開化徐泰徵撰

徐泰徵有《韻書輯要》，前《經部・小學類》已著録。［順治］《開化縣志・人物志・理學》本傳載，徐泰徵有《七香居稿》《擬古樂府》《閬山詩集》。此三書今皆佚。［順治］《開化縣志・藝文志》有徐泰徵《菩提院藏經記》。

銑溪山堂詩文集四卷（佚）

（明）開化蔣泰賓撰

蔣泰賓有《易存》，前《經部・易類》已著録。［雍正］《開化縣志・藝文考》著録《蔣泰賓詩文集》，［光緒］《開化縣志・藝文志》著録蔣泰賓《銑溪山堂詩文》四卷。此書今佚。

榔閣草（佚）、華山草（佚）、介園別集（佚）

（明）開化蔣泰初撰

蔣泰初字履祥，號穉一，開化人。於古無所不涉，而沉酣制舉。以歲貢游兩雍。就部試，得郡別駕。晚栖心清淨，雅稱禪悦，尤邃曉琴理，審音入渺。所著有《榔閣》《華山》二草、《介園別集》。事跡見［順治］《開化縣志・人物志・文學》。［雍正］《開化縣志・藝文考》著録蔣泰初《榔閣詩》《華山詩》《介園別集》，與［順治］《縣志》稍異。泰初諸書今皆佚。

旅泊集（佚）

（明）開化僧溥叡撰

溥叡，開化人。永樂間，住京師之靈谷寺，通禪秘，嗜儒書，戒行修整。所作詩文，爲一時諸名公所稱賞。所著有《旅泊集》，行於世。事跡見［嘉靖］《衢州府志・外紀・仙釋》。［崇禎］《開化縣志・雜志》亦載溥叡著有《旅泊集》。［天啓］《衢州府志・藝文志》著録僧博睿《旅泊集》，［康熙］《衢州府志・藝文考》載爲曾傳叡《旅泊集》，作者有誤。溥叡此集今佚。

介孺詩集（佚）

（明）開化方祝壽撰

方祝壽字介孺，開化人。工書法，聲名藉甚。有《介孺詩集》刊行。事跡見［雍正］《開化縣志・人物志・文學》。祝壽《介孺詩集》今佚。［雍正］《開化縣志・藝文志》有方祝壽詩《蟠桃山和韻》。

柏庵草（佚）

（明）開化方期壽撰

　　方期壽字見孺，開化人。崇禎戊辰恩貢。富於著述。有《柏庵草》行世。事跡見［雍正］《開化縣志·人物志·文學》。期壽《柏庵草》今佚。

青來閣草（佚）

（明）江山施幼學撰

　　施幼學字德珍，號玉洲，江山人。肆志博古，嗜詩書畫。晚訓長興。所著有《青來閣草》。事跡見康熙癸亥《江山縣志·人物志·文學》。幼學《青來閣草》今佚。［天啓］《江山縣志·藝文志》有施幼學詩《寶陀寺》《吊徐烈婦二首》。

閒中臆稿（佚）

（明）西安鄭子俊撰

　　鄭子俊有《宦中紀録》，前《史部·雜史類》已著録。［天啓］《衢州府志·藝文志》著録別駕鄭子俊《閒中臆稿》。此書今佚。

遺囊剩草（佚）

（明）西安王禧撰

　　王禧字子發，西安人。郡庠生。善屬文，工詩，書法得晉人筆意。所著《遺囊剩草》。事跡見［康熙］《衢州府志·文學傳》。王禧《遺囊剩草》今佚。［嘉慶］《西安縣志·物産志》於“絲瓜”條有王禧詩“魚�別有字，世但稱天蘿”句。

西園詩集（佚）

（明）龍游翁祚撰

　　翁祚字子長，龍游人。少遊吳中，與張西銘、楊維斗、張受先諸先生友善。崇禎丙子，中鄉舉，遭亂不仕。古文宗兩漢，詩學昌黎，有集藏於家。事跡見［康熙］《龍游縣志·人物志》，同書《藝文志》著録翁祚《西園詩集》。《西園詩集》今佚。［康熙］《龍游縣志·山川志》有翁祚《靈源溪行記》，同書《藝文志》有其《李氏節孝傳》。

勝酬集四卷（佚）

（明）龍游王之璽撰

　　王之璽有《史醉》，前《史部·史評類》已著録。［康熙］《龍游縣志·人物志》本傳載，王之璽有《勝酬集》。［康熙］《龍游縣志·藝文志》、［康熙］《衢州府志·藝文考》著録王之璽《勝酬》四卷。此集今佚。

陶山小集（佚）

（明）龍游陳敬撰

　　陳敬，事跡不詳。［康熙］《龍游縣志·藝文志》、［康熙］《衢州府志·藝文考》著録陳敬《陶山小集》。此集今佚。

華陽隱詩集（佚）

（明）龍游余用循撰

　　余用循字見卓，號酉陽，龍游人。邑增生。事跡見［民國］《龍游縣志·人物闕訪》。［康熙］《龍游縣志·藝文志》、［康熙］《衢州府志·藝文考》著録余用循《華陽隱詩集》。此書今佚。［康熙］《龍游縣志·山川志》有余用循詩《登塔巖》《九日登雞鳴山》，同書《藝文志》有其詩《寄天台無盡大師》。

努鳴草二卷（佚）

（明）龍游徐允迪撰

　　徐允迪字吉甫，龍游人。邑廩生。曾著《努鳴草》二卷。事跡見［民國］《龍游縣志·人物闕訪》。允迪《努鳴草》今佚。

竹素堂稿（佚）

（明）龍游徐希頤撰

　　徐希頤，事跡不詳。［民國］《龍游縣志·藝文考》著録徐希頤《竹素堂稿》。此書今佚。

鳴谷集（佚）

（明）常山魯鴻撰

　　魯鴻有《資昏小學直解》，前《經部·小學類》已著録。［嘉慶］《常山縣志·書目志》著録魯鴻《鳴谷集》。此集今佚。

介園續集（佚）

（明）開化蔣國光撰

　　蔣國光字季溫，號無近，開化人。性孝友。博洽典雅，屢試冠軍。歲薦後，益潛心詩古文詞。與一二知己，詩酒唱和。所著有《鍾英詩選》《杜詩選》《介園續集》。事跡見康熙《開化縣志·人物志·文學》。國光《介園續集》今佚。

寓園詩文合集（佚）

（明）開化徐應芳撰

　　徐應芳字爾聲，號流百，開化人。博物洽聞，詩文並臻。究心理學，精研河、洛，問字之屨充庭，一時名士皆出其門。所著有《寓園詩文合集》，藏於家。事跡見［順治］《開化縣志·人物志·理學》。應芳《寓園詩文合集》今佚。

張汝弓詩集（佚）

（明）衢州張汝弓撰

張汝弓，事跡不詳。［康熙］《衢州府志·藝文考》著錄張汝弓《詩集》，列於明人集中。汝弓《詩集》今佚。

徐英詩文集（佚）

（明）衢州徐英撰

徐英，事跡不詳。［康熙］《衢州府志·藝文考》著錄徐英《詩文集》，其前後皆爲明人文集。徐英此集今佚。

太末山遊草（佚）

（明）仁和吳之鯨撰

吳之鯨字伯霖，號德公，仁和人。萬曆己酉舉人。曾任上饒令。事跡見方應祥《方孟旋先生合集·誌銘》所載《上饒令吳德公墓誌銘》。方應祥《青來閣初集·序》有《叙吳伯霖太末山遊草》。之鯨《太末山遊草》今佚。

方應祥《叙吳伯霖太末山遊草》：自富春溯而上逆，折而至信安，昔人所謂山轉遠轉高，水轉深轉清者也。其靈勝之蹟在郡治曰峥嶸、菱湖，環郡則鹿鳴、浮印，四遠而映發，若青同、太真、九僊、石梁之類，未易縷舉，賢聖之所遊化，神僊之所窟宅，流風遺址，往往而在。歲春，伯霖從聖水徙席信安，遂兼有予邑山川之勝，杖履所及，金石迸奏，嶒崖飛壁，所不勝勒，而壹抒之制舉之業。讀《太末山遊草》，而伯霖所爲遊可知也。信安自宋季諸賢講德菱湖，距今五百載，而近輶軒往來不絕於境，大都流連光景，送懷觴詠，以爲敖盪不者蟄匿，步趚之內又不則席未煖。而去於性情之實，山川之勝，靡所發明，不名爲遊，得名爲遊，莫如伯霖。伯霖腹笥萬卷，足跡欲遍天下佳山水，而至性樹惇，奉太夫人歡不欲去郯下。所遊未能數百里，其歸不能再易火，取道邇而更時久，莫如太末之遊，蓋生平莊懷斯焉。伊始皆不可不紀不佞邑人也，又辱偕伯霖遊，不能無叙。叙曰長卿、子雲詞賦妙天下，而蜀都詁自太冲范則冠而蟬，有綏善喻哉！太冲殫思歷紀，纏藻連行，經用自賞，論者顧有不盡之憾。少陵諸什出，而三都益難爲工矣，夫其撫景命物，放言舒嘯，毫不待呓，紙不徑赤，襟裾風雅，深愷悱惻，千載之下，恍履其地，而低回不已。若不復數左氏語也者，何也？將陶冶性情，與原本山川，覽察草木，取精既殊，所由致遠乎？知此，可與言伯霖之遊哉矣。或謂伯霖天賦秀挺，學窮掌故，發爲文章，上者體貳丘索，下則包漢孕魏，斯已足付宛委之藏矣。制舉之業，取適寸晷，敝蹤自視，安所用之，斯又不然。一代之憲典，皇王玄聖之作述，紀綱群動，埏埴庶無，道具其中，精氣吐哈不朽，兹在豈必賦頌，乃足述哉？故制舉之業，患不如伯霖，不患不足當名山大川矣。（見方應祥《青來閣初集·序》）

衢遊紀略一卷（佚）

（明）合肥許如蘭撰

許如蘭字湘畹，合肥人。萬曆丙辰進士。官至副都御史。事跡見［嘉慶］《廬州府志·名臣傳下》。黃虞稷《千頃堂書目·地理類下》著録許如蘭《衢遊紀略》一卷。［民國］《衢縣志·藝文志下》亦載許如蘭《衢遊紀略》，誤爲宋人，亦不知其籍貫。如蘭《衢遊紀略》今佚。

開化遊一卷（存）

（明）鄞縣陸寶撰

陸寶字敬身，鄞縣人，官內閣中書。事跡見朱彝尊編《明詩綜》卷七十二所載陸寶小傳。《開化遊》爲《陸敬身全集》中一卷。此卷前有萬曆三十三年王穉登《開化遊序》，王氏將敬身自明州遊開化，與司馬相如自成都遊臨邛相比，且贊此詩作“篇篇麗逸，令人讀之唯恐其盡”。敬身以蘇令君故，往遊開化，因留下詩作十九篇。此卷起於《寄蘇開化》，即敬身起身前之作；敬身前往開化，途經餘姚、山陰、嚴子陵釣臺、蘭溪、龍游、常山等地，沿途吟誦；至開化後，陸氏覽此地古跡名勝，曾宿靈山寺，遊宋中丞園亭，過鐘山道院，至張氏隱居等處，皆留有詩篇；離別開化，最後作《東歸留別蘇開化及諸同遊》。《陸敬身全集》有民國抄本，版心有“四明叢書”四字，當爲《四明叢書》之一種。然《中國叢書綜録》所著録民國張壽鏞輯《四明叢書》（張氏約園刊本）無陸寶此集。此抄本偶有抄寫之誤，後乃朱筆修改，如首篇詩《寄蘇開化》，誤爲《寄蘇化開》；此篇末句“遙指飛鴻一寄音”，脱一“指”字，後又補上。此本藏於國家圖書館。陸寶雖非衢人，然其《開化遊》與所涉爲衢州開化，故《衢州文獻集成》節録國圖藏《陸敬身全集》中此卷影印。

姑蔑集（佚）

（明）華亭唐汝詢撰

唐汝詢字仲言，華亭人。生五歲而瞽。年方盛壯，益令昆弟輩取六經子史以及稗官野乘，皆以耳授顛末原委，默自詮次，純纇瑕瑜，剖別精核。善屬文，尤工於詩。所著有《編蓬集》《姑蔑集》及《唐詩解》共若干卷，行於世。事跡見黃宗羲編《明文海·傳十八》所載陳衍《唐仲言傳》。汝詢《編蓬後集》卷二有《將赴姑蔑發故園國》《柯峰四詠》《夜發姑蔑》，卷三有《客居姑蔑寄王山人汝産》《九憶歌（並序）》，其後一首序言：“姑蔑山居多暑，而署中尤甚。久客倦遊，懷歸靡亟。”衢州於春秋時稱姑蔑之地，後世所言“姑蔑”一般指衢州或衢州龍游。唐汝詢《姑蔑集》當客居姑蔑間所作，内容當多涉衢州，故録於此。汝詢《姑蔑集》今佚。

清人別集類

東珂偶録（佚）、北行草（佚）

（清）西安徐國珩撰

　　徐國珩有《隱史》，前《史部·雜史類》已著録。［民國］《衢縣志·藝文考下》載：“《東珂偶録》《北行草》，清徐國珩撰。《浙江通志·文苑傳》引《衢州府志》：國珩著有《東珂偶録》《北行草》。［康熙］《縣志》，‘東珂’作‘東柯’、‘北行’作‘北征’。［嘉慶］《縣志》引《府志》，‘珂’作‘柯’，‘行’不作‘征’，均無卷數。”國珩《東珂偶録》《北行草》今皆佚。［康熙］《西安縣志·藝文志》載有徐國珩《婚嫁議》《柯山四詠》（《霞洞空青》《石梁驚虹》《洞天一線》《玉枰仙隱》）。

浮漚集十三卷（佚）、約庵詩選十卷（佚）、胡文蔚文集十卷（佚）

（清）西安胡文蔚撰

　　胡文蔚字豹生，西安人，寄籍仁和。性嗜學，雖嚴寒溽暑不輟。崇禎癸酉，舉於鄉。好爲詩古文辭，足跡遍天下。遇山川名勝，輒有題咏。順治間，授高州府推官。著有《浮漚集》十三卷、《約庵詩選》十卷、《文集》十卷。事跡見［康熙］《西安縣志·人物志》。［嘉慶］《西安縣志·經籍志》載有胡文蔚“《文選》十卷”，無《文集》，與［康熙］《縣志》不同。文蔚諸文集今皆佚。

菉窗近藝（佚）、避暑小言（佚）

（清）西安徐應珏撰

　　徐應珏字比玉，西安人。閉户攻書，如十年。其發爲文章，一味精研理窟，輸寫性靈。所梓《菉窗近藝》《避暑小言》，皆伐毛洗髓中語。事跡見［康熙］《西安縣志·人物志下》。應珏《菉窗近藝》《避暑小言》今皆佚。

種蘭齋集（佚）、來爽集（佚）、春江集（佚）

（清）西安葉南生撰

　　葉南生字柯玉，號蒼眉，西安人。崇禎己卯，舉於鄉。司李荆南，分校楚闈，所得皆名士。所著有《種蘭齋集》《來爽集》《春江集》行世。事跡見［康熙］《西安縣志·人物志下》。［嘉慶］《西安縣志·經籍志》載葉南生有《種蘭集》《來爽集》《春江集》。［民國］《衢縣志·人物志二》言葉南生有《崇蘭集》《來爽集》《春江集》，而該書《藝文志》所載同［康熙］《縣志》。南生諸文集今皆佚。［康熙］《西安縣志·藝文志》載有葉南生文《重建西安縣學碑記》、詩《戰龍松》《春日遊浮石分韻》。

中丞集（佚）、撫皖疏稿（佚）

（清）開化徐世蔭撰

　　徐世蔭曾撰修［順治］《開化縣志》，前《史部·衢州方志類》已著録。［康熙］《衢州府志·藝文考》著録徐世蔭《撫皖疏稿》。［雍正］《開化縣志·人物志·事功》載，徐世蔭字爾繩，號竹孫，天啓乙丑進士，所著有《中丞集》。世蔭《中丞集》《撫皖疏稿》今皆佚。［天啓］《衢州府志·藝文志》載有徐世蔭《郡守龐侯榮調杭州碑記》，［崇禎］《開化縣志·藝文志》有其《開邑朱侯修學記》，［順治］《開化縣志·藝文志》有其《兵道李公生祠碑記》《治開録序》，［雍正］《開化縣志·藝文志》有其詩《孝烈詠》。

高山詩集（佚）

（清）開化張世位撰

　　張世位有《易經正始》，前《經部·易類》已著録。［雍正］《開化縣志·人物志·文學》本傳載，張世位有《高山詩集》。此集今佚。

瑞蓮堂集（佚）、卜門尊聞録（佚）、陶林文集（佚）、東皋詩（佚）

（清）開化汪爾敬撰

　　汪爾敬曾撰修［康熙］《開化縣志》，前《史部·衢州方志類》已著録。［雍正］《開化縣志·人物志·文學》本傳載，汪爾敬有《卜門尊聞録》《陶林文集》《東皋詩》。［康熙］《衢州府志·藝文考》著録汪爾敬《瑞蓮堂集》。爾敬諸書今皆佚。［雍正］《開化縣志·藝文志》有汪爾敬《開化縣重建東嶽廟碑銘》。

景筠草（佚）、霞外草（佚）

（清）開化汪爾衍撰

　　汪爾衍有《詹言二編》，前《子部·儒家類》已著録。［雍正］《開化縣志·人物志·文學》本傳載，汪爾衍有《景筠草》《霞外草》。此二書今皆佚。［雍正］《開化縣志·藝文志》有汪爾衍詞《蝶戀花·潛周雪窗吟寄故園諸舊友》。

衢遊草（佚）

（清）長山李炌撰

李炌字闇修，長山人。順治丙戌進士。任衢州府推官，聽斷明決，郡稱神明。時劇盜熊奇，方寇掠浙西，炌設法捕之，其餘黨又陷台州，炌往設防禦，賊平。歷官至刑部郎中，以疾歸。事跡見［雍正］《山東通志·人物志四》。［康熙］《衢州府志·府官表》載李炌於順治七年任衢州府推官。朱鳳台《衢遊草序》稱，“郡理李公治衢之三年，刻其所爲詩若干卷，名《衢遊草》”，又言“公至，上下以獄至者紛庭間，蝛附鬼擊，幾不可究切。公每數言決之，根蔓咸析”。朱鳳台，順治五年至十一年任開化知縣，有《治開録》，前《史部·雜史類》已著録。故《衢遊草序》所言“郡理李公”應爲李炌。

朱鳳台《衢遊草序》：郡理李公治衢之三年，刻其所爲詩若干卷，名《衢遊草》。曰衢，志地也；曰遊，寄興也；寄興者，不專乎衢之言，而於衢乎紀之，則亦謂衢之言也。鳳台荒城勞吏，辱公如久。一日，出示台且以序言命。台不敏，不知其爲非分之所宜也，乃爲序曰：夫造父之御，進却中繩，左右旋中規，未嘗求之馬也，不求之馬則已，忘乎其爲御矣。夫忘乎其爲御，此御之所以進却中繩，左右旋中規也。天下之理，無常用，無常不用，惟無智則能使智也，無能則能使能也。故境有所乘，接之而不勝勞，窮之而不勝易，皆足以繆吾心而制吾意。當此者，苟有以自處，吾神明之間，快然行之，不挫於氣，而無所窮屈，雖外物至不膠於心，則天下之能事畢矣。今之所謂才者，求之愈力，執之愈堅，而曠然空明之途，日歷之而不可用。非不可用也，不得所以用之也。不得所以用之，學雖贍，志雖廣無益。故神明於用者，其視小大繁重也，與清燕同其視詭力而艷趨也，與深山木石同其視千載也，與瞬息可目營者同此，其所以自處者殊也。故機之迫於前也，耳雖聞不可以聽，目雖見不可以視，心雖知不可以舉，惟解者能澹然。遇之於兔起鶻落之際，蓋爲之而知不可解也，是則深於解者也。台不能爲詩，竊嘗持此以論詩；不達於政，又嘗持此以論政，何則？詩與政，至變者也，變則不勝解，解則不勝變也。然竊聞之聲音之道與政相通，古人論詩聞政，蓋其所爲詩即其所爲政明乎。其爲性情之事也，古人畢一生全力於性情之故，舉天地古今事物之變，雜然投之，而不可動，於是天下之真才出焉。是古人無治才之法也，亦自治其性情而已矣。衢爲越西北隅郡，風土稱樸簡，恒若與官屬忘者，然其俗囂然，相率以訐警爲能。故理衢難，理衢者之自處亦難，非有沉澹負精識能入道者，則往往不克宜當。公至，上下以獄至者紛庭間，蝛附鬼擊，幾不可究切。公每數言決之，根蔓咸析，即千里外數十年事如燭炤數計也。於是攝龍丘攝捕攝糧，隨所急靡，弗以公重説者。方謂公朝夕淬厲之不暇，不意公歡言詠歌晏如也。今人違所宜處利欲間進，情炎於中，每戚戚如不可生，遇事至前，輒沮放橫決，即向之所謂才者，亦困悴不知所措。尚安得如公茹吐玄間，追逐雲月，浩然言其意之所至，激宕塵壒之外哉？公之爲詩，曠特沉秀，隨筆寄趣，無意爲古，而字與古會。昔庖丁之解牛，梓慶之削鐻，與清明在躬志氣如神者同道，皆不容一物於其中，故能妙也。讀者解此，方可得公之詩。雖然，此豈徒公之詩云乎哉？（見朱鳳台《退思堂草·序》）

鏡古編八十卷（佚）、署閒吟稿六卷（佚）、冰暑集（佚）
（清）龍游祝登元撰

祝登元有《四書講成》，前《經部·四書類》已著録。[民國]《龍游縣志·人物傳三》本傳載，祝登元有《鏡古編》八十卷、《署閒詩稿》六卷。[民國]《龍游縣志·藝文考》則載登元撰有“《署閒吟稿》六卷”，作“吟”字。據《醫印》中所載沈朝壁《醫印序》，祝登元有《鏡古篇》《冰暑集》。登元諸集今皆佚。

蟄庵詩集（佚）
（清）常山徐洪珵撰

徐洪珵有《三衢人物考》，前《史部·傳記類》已著録。[雍正]《常山縣志·藝文志》著録徐洪珵《蟄庵詩集》。此集今佚。[雍正]《常山縣志·藝文志》有徐洪珵詩《五月聞閩警》《丁亥年》《避亂山中有感》《西山感懷》《題黃岡寺壁》。

徐之凱《徐蟄庵詩集序》：常山蟄庵先生者，吾鄉前輩葉靜遠之流也。靜遠爲前朝諸生，受業於蕺山，遭鼎革不復就試，僻處村館，未嘗輕出，出則方中大袖，後生望而生畏避之。性復不喜見客，或有見者，但口稱願得俗死爲幸，此外無多言。八十餘卒。後邑宰滄州陳公廉其行白於學使者，因得祀鄉賢。蟄庵爲前朝諸生，同處村館，同其品概端嚴，爲人所畏避，同闢一齋，不妄見客同，享年亦同，是兩先生所行固無弗同者。顧余未知靜遠能詩否，蟄庵則詩多率性，不煩修餙，而自工大，有晉徵士風味。因生於天啓甲子，遂以甲子老人自稱。其立意又可覘矣。夫既與靖節同操，寧與靜遠異趨哉？至若蟄庵尊人克齋先生偕弟山英先生皆負笈武林，從名宿嚴印持遊，既歸，與先君子同執經於方青峒先生門下。學有師承，與靜遠之於蕺山又無異也。雖然，靜遠無嗣而蟄庵之子孫多且賢，今冢孫景彦下榻荒齋，因修世講而雒誦是詩，又歎蟄庵同於靜遠，而靜遠乃不能同於蟄庵也已。（見[雍正]《常山縣志·藝文志》）

續表貞集（佚）、續南璧集（佚）
（清）常山徐致遇撰

徐致遇字行甫，常山人。順治己丑拔貢，授訓導。恬於仕進，讀書南屏精舍，編《續表貞》《續南壁》諸集。事跡見［康熙］《衢州府志·孝友傳》。［嘉慶］、［光緒］《常山縣志·藝文志》著録徐致遇《續表貞集》《續南壁集》，“壁”字當爲“璧”。［康熙］《常山縣志·選舉表·歲貢》載徐致遇爲汝晉之孫。徐汝晉有《表貞傳》《南壁集》，此二書爲汝晉之書續作。致遇此二書今佚。

受書堂稿十二卷（佚）、鳳州瘁語二卷（佚）、餘生草十七卷（佚）、靉餘雜藝八卷（佚）、於越吟一卷（佚）、讀史百詠一卷（佚）

（清）西安周召撰

　　周召有《吳行日録》，前《史部·雜史類》已著録。［康熙］《衢州府志·藝文考》著録周召《鳳州瘁語》二卷、《餘生草》十七卷、《靉餘雜藝》八卷、《讀史百詠》一卷、《干越吟》一卷。［嘉慶］《衢州府志·經籍志》著録周召另有《受書堂稿》十二卷，且《干越吟》作《於越吟》。潘衍桐《兩浙輶軒續録》卷一載周召傳略，言召著有《受書堂全稿》《於越吟》。《府志》中《干越吟》中“干”字當誤。［康熙］《西安縣志·人物志下》所載周召本傳，言召有《受書堂稿》五十卷，蓋爲周召之全集。周召《受書堂稿》等集今皆佚。［嘉慶］《西安縣志·物産志》於“萵苣”條有周召詩“塒蔬萵苣盤”句，“王瓜”條有其詩“方喜王瓜熟”句，“甘蔗”條有其詩“初嘗紫蔗根仍淡”句，“栗”條有其詩“鼠頑落碎栗”句，“藕”條有其詩《夜坐憶盈川秋色》“雪藕屬青絲”句，“秔稻”條有其詩“雞犬村邊答稻聲”句，“水仙”條有其詩“清芬最是黄昏後，影透簾櫳月未沈”句，“雉”條有其詞“況有文禽，堪入靉者，誰肯相饒”句，“雀”條有其詩“黄雀含風菌閣傍”句，“猴”條有其詩《野猴》“紫柏山僧贈野賓，王孫隊裏性偏馴”句，此書《祠祀志》載有其《五穀神祠記》《重修泰顯廟記》《募修張公祠引》，《藝文志》有其《青霞書院碑記》《聚奎亭記》《送兵憲李公飭兵虔南序》《贈邑侯遂庵李公序》，又有詩《爛柯山》《菩薩庵隨喜》。鄭永禧《爛柯山志·撰述》有周召詩《青霞書院》十首，此書《物産》篇有其詩《柯山方竹》遺句。潘衍桐《兩浙輶軒續録》卷一有周召詩《爛柯山》，《西安懷舊録》卷六有其詩《詠史》三十首、《爛柯山》《旅中漫興》《金谷禪林訪老僧不遇》《贈劉宙庵二首次鮑覺庭韻》《步余芥庵韻》《聞蜀平憶舊》《藤紙》《與徐幼興秋林偶步》《北山幽處》《春懷次韻》《秋懷》《立春後十日效袁中郎體並步其韻》《青霞書院》《暑中漫興叠韻》《秋山野望》《泗州道中》《少年行》《春宵憶舊》《自歎》《初憩靈曜寺》《叠石庵》《涌泉寺》《書歎》《三冬雜感》。［民國］《衢縣志·建置志上·學校》有周召詩《青霞書院》，此書《建置志下·寺觀》有其詩《龍源寺隨喜枯木上人煮茗對啜》，《防衛志·歷代兵事記》有其詩《甲寅紀事》，《藝文志下》於劉全備《病機藥性賦》條下引有周召《注解病機賦序》略文，《詩文內編上》有其《贈邑侯遂庵李公序》，［民國］《龍游縣志·文徵志七》有其詩《將詣龍邱聞暴客之警復止》。下録［民國］《衢縣志·詩文內編上》所載李際期《讀史百詠原序》，末注有《受書堂稿》原刻。

李際期《讀史百詠原序》：柯城下車之一月，所拔諸明經旅進謁堂下，有出文數帙爲羔雁者，則周子公右也。余受而閱之，其所立言皆才與學相配以出，竊異菰蘆中乃有是人已。竟其《讀史百詠》，尤稱創獲，則又掩卷而嘆曰："是何作之雄且贍也。"自《爾雅》不伸，詩壇鞠草。穿袖入甕，非不代連牙頰，而牢騷坌吻，摳鼓同晉，俎豆同賀，則誕雜牛蛇。他若擊鉢馳翰，村巫謔浪，而玉臺香奩，率雕妖豔。藥兹類者，谿落寒瘦，高冠峨展，又睫厭肥癥，是安得有美制遺音存乎時教者？周子是編，歷稽群辟，義崇龜鑒，上自腐史，迄於趙宋。其間雄心善氣，怪腹柔腸，偃甲開邊，嗜仙佞佛，新臺蒲殿，骨肉叢兵，三馬五龍，冠裳迭恨，以至忠臣剚刃，外閫金牌，狎客浮觥，後庭玉樹，諸如此類，罔弗星陳。搜隱擅義山之長，詩史增少陵之句。蓋字僅數千，至簡也，而古來亡王興國，善敗臧否，諸形如在襟帶。披斯篇者，前車堪睹，來軫須停，匪僅算博士鬼簿也，池草燕泥等之塵飯爲糧，士龍乞雨而已。余以是益多周子。周子家壁立，有母，年二十哺孤，迄今奉以食貧，甑塵弗啁。余間授餐衙齋，知其牛衣失偶。會得同年亶鞠毛公季女，更出俸金笥帛，俾周子成禮，以偕厥配。蓋余自轄兵衢婺，矢躋民熙臺。自秋及夏，凡鰲弊剔蠹、勸學惠氓、鈐兵靖寇諸務，幸堪愜願，而於周子事，更竊自喜，爲能就人一段奇緣。要之，使周子數帙不出，夫又安知周子者，則是編久秘而忽以餉余，不可謂不奇也。昔李清臣謁韓魏公，公以其才，妻以兄女。余於毛公異姓壎篪，誼亦相等，而周子砥礪名節，皭然自立，其比於清臣當又霄壤矣。（見［民國］《衢縣志·詩文內編上》）

天台遊草（佚）、金陵遊草（佚）
（清）西安蔣鴻翼撰

蔣鴻翼字孟翮，西安人。爲文敏捷博庵。以副車就選，官惠州別駕。好苦吟，詩草盈篋，亂後僅存《天台》《金陵》諸篇。事跡見［康熙］《西安縣志·人物志下》。［康熙］《衢州府志·藝文考》著録蔣鴻翼《天台遊草》《金陵遊草》。［民國］《衢縣志·藝文志》亦載蔣鴻翼有此二《遊草》，且言鴻翼爲順治戊子順天副榜。鴻翼《天台遊草》《金陵遊草》今皆佚。《西安懷舊録》卷七有蔣鴻翼詩《天台道中》《齊雲山》《露筋祠》《將至石頭城刭景有感》《雨後登雨花臺》《報恩寺》《金陵雜詩》《奔牛》。

雁字賡吟（佚）、紉秋軒集（佚）
（清）西安潘世懋撰

潘世懋有《續修爛柯山志》，前《史部·衢州方志類》已著録。［康熙］《西安縣志·人物志下》本傳載，潘世懋有《雁字賡吟》《韌秋軒集》。此二書今皆佚。［康熙］《西安縣志·藝文志下》載有潘世懋《游爛柯四首》《和張方伯秋興十首之一》《雁字詩》《雙頭蘭詩》。

介丘小草（佚）、息軒偶刻（佚）、龍見堂稿（佚）
（清）西安余鈺撰

余鈺字式如，西安人。好爲古文詩歌，沉郁華贍。手輯《純師集》，皆古今忠孝節義之文有關世道者，陳卧子、吳幼宏弁其首。所著有《介丘小草》《息軒偶刻》《龍見堂》諸稿。事跡見［康熙］《西安縣志·人物志下》。［康熙］《衢州府志·選舉表》載余鈺爲順治六年歲貢。［康熙］《衢州府志·藝文考》著録余珏《介丘小草》《息軒偶刻》《龍見堂稿》，"珏"字有誤。余鈺諸文集今皆佚。［康熙］《西安縣志·藝文志》載有余鈺《邑侯花公上苑勸諭合邑輸糧檄》《爛柯山賦》，《西安懷舊録》有其詩《余馬嶺》。

慵庵偶刻（佚）
（清）西安王世賞撰

王世賞字延於，西安人。爲文標新領異，名噪雞壇。晚益嗜學，《慵庵偶刻》一編，膾炙人口。以明經振鐸新城而終。事跡見［康熙］《西安縣志·人物志下》。世賞《慵庵偶刻》今佚。

小岑堂稿（佚）
（清）西安葉國章撰

葉國章，西安人。閉户攻書，恥爲生計。西安文字至國章而油詞軟調洗剔殆盡，所稱制藝及古文詞皆然。而詩鑱刻警異，有青藤道人之風。事跡見［康熙］《西安縣志·人物志下》。［康熙］《衢州府志·藝文考》著録葉國章《小岑堂稿》。此書今佚。［嘉慶］《西安縣志·物產志》於"鯊"條有葉國章詩"一竿坐沙際，颯颯來若雨"句，《西安懷舊録》卷九有其詩《吹沙魚》。

窺園近藝（佚）
（清）西安徐階升撰

徐階升，元凱子，西安人。讀書砥行，有父風。辛卯拔貢。所鑴有《窺園近藝》。事跡附見於［康熙］《西安縣志·人物志下》"徐元凱傳"下。此書《選舉志》載階生爲順治八年歲貢。［嘉慶］《西安縣志·人物志·文苑》於"徐元凱傳"載徐階升有《窺園近藝》，此從［康熙］《縣志》。階升《窺園近藝》今佚。

文起堂會藝（佚）

（清）西安徐日啟撰

徐日啟字木天，西安人。以歲薦秉鐸奉化。陞海寧教諭，不赴。長於古文、制藝。有《文起堂會藝》。見［康熙］《衢州府志·文學傳》。日啟《文起堂會藝》今佚。

霞城小草（佚）

（清）西安徐日儁撰

徐日儁有《知困日鈔》，前《子部·儒家類》已著錄。［康熙］《衢州府志·藝文考》著錄徐日儁《霞城小草》。此書今佚。［嘉慶］《西安縣志·物産志》於"翠雲草"條有徐日儁詩"花外雕鞍公子過，日光齊映翠雲裘"句。

初學集二卷（佚）、汶山集六卷（佚）、流憩集四卷（佚）、北思集（佚）

（清）西安徐之凱撰

徐之凱有《鄉校復禮議》，前《經部·禮類》已著錄。李集輯《鶴徵錄》卷五有徐之凱小傳，稱之凱有《初學》《北思》《汶山》《流憩》等集。［嘉慶］《西安縣志·經籍志》著錄徐之凱《初學集》二卷、《汶山集》六卷、《流憩集》四卷。之凱諸集今皆佚。李集輯《鶴徵錄》卷五載有徐之凱《木蘭花慢·贈李徵士》，阮元《兩浙輶軒錄》卷六載有其詩《北征將發永懷》《春思和浴咸弟原韻》《立春和淡人叔祖韻》《盧陽官舍早春作》《白水歌》《扇鐵溝》《什邡別陳餐石汶川大令攝縣》《元日》。［雍正］《常山縣志·藝文志》有徐之凱《徐蟄庵詩集序》，見前文收錄。［嘉慶］《西安縣志·物産志》於"菽"條有徐之凱詩"豆莢已復長，棚架亂慘蚓"句，"葵"條有其詩"蜀葵幽獨性，染作鵝兒黃"句，"蓴"條有其詩"暖風翻蓴葉"句，"薇"條有其詩《晨興蔬圃採摘》"薇蕨以資生，芽甲露肥腴"句，"櫻桃"條有其詩《摘櫻桃》"食罷無須留百顆，早霞看映玉盤高"句，"榆"條有其詩"榆莢如錢奈爾何，欲將珠桂訴庭柯。東風也作炎涼態，畫閣朱門落更多"句，"大夫竹"條有其詩"青玉半勻蝴蝶粉，紫衣輕解鷓鴣斑"句，"牡丹"條有其詩"六宮乍識春風面，知是昭陽第幾人"句和"貧家貯得春如許，怪殺人稱富貴花"句，"雞冠"條有其詩"摩挲經旦晚去冊雞翁"句，"金魚"條有其詩《種魚》"尾曳邯鄲步，鱗鋪勻漏砂"句，此書《寺觀志》有其詩《七月十五夜步月至準提寺》，《藝文志》有其文《新建蓮華寺乾敏和尚塔銘》《上制府請減南折銀復舊書》《上制府請題免積逋書》《與董明府言清糧第一書》《與董明府言清糧第三書》，有其詩《重午日約同人避暑爛柯》《清明登郡城南樓時有駐馬之役》《晚過安仁渡》。鄭永禧《爛柯山志·歷朝詩》有徐之凱詩《爛柯山登高和陳明府韻》，《西安懷舊錄》卷二有其詩《清明登郡城南樓時有駐馬之役》《重午約同人避暑爛柯》《北征將發詠懷》《立春和淡人叔祖韻》《春思和浴咸弟韻》《古樟樹詩》《榆莢》《盧陽官舍春作》《白水歌》《扇鐵溝》《什邡別陳餐石汶川大令攝縣》《雩壇》《元日》《晚過安仁渡》《奉陪校士自汀抵漳載塗十日漫興有作》。［民國］《衢縣志·古蹟志·宅第園亭》有徐之凱詩《古樟樹》，《詩文内編上》有其《上制府請減南折銀復舊書》《上制府請題免積逋書》《與董明府言清糧第一書》《與董明府言清糧第三書》。［民國］《龍游縣志·文徵志七》有徐之凱詩《元日後大雪，同里亦安、煥章諸子泛舟龍邱，訪余洴公，悵不與集》《甥余洴公岫雲太史子妹，江度遠太守子婦女。余以被陷，江以缺帑，俱傳爰書，年餘未一展視》。《三衢西邑瑶峰葉氏宗譜》有徐之凱《葉金宇九襄》。

龍梭集（佚）、朝那集（佚）、八千里集（佚）、病榻囈歌（佚）、亦山集（佚）、足園集（佚）、霜篴（佚）、荔客謠（佚）、辟塵集（佚）
（清）西安徐國章撰

　　徐國章字文匠，西安人。清興，謁軍門，得宰龍溪，尋轉平涼司馬。公餘不廢嘯歌，著有《龍梭》《朝那》二集。未幾歸里，營亦山片地，集社中老友以詩酒陶情。所梓制藝外，又有《八千里集》《病榻囈歌》諸稿，八九種已鏤版，皆散佚無存。事跡見［康熙］《西安縣志·人物志下》。［康熙］《衢州府志·藝文考》著録徐國章《龍梭集》《朝那集》《八千里集》《病榻囈歌》，［嘉慶］《西安縣志·經籍志》另著録有徐國章《亦山集》《足園集》《霜篴》《荔客謠》。［民國］《衢縣志·藝文志下》另著録有徐國章《辟塵集》，又有按語曰：“周召《雙橋隨筆》載有‘壬子中秋，徐文匠重理足園，招余輩小飲亦山下，秋容澹冶，月到雲間，坐中老友景談心，暢飲之餘，無不沾醉。蔣子汝秩即席賦排律三十八韻，以紀其勝’云云。是亦山、足園，皆以所居而名也。徐氏故居在此城北，亦山即崢嶸山之故稱，足園殆所謂談薔園之故址矣。姚《志》又累引《亦山隨筆》，不知是否出《亦山集》中，或別有一書也。”徐國章諸集今皆佚。［民國］《西安縣志·方輿志·山脈》有徐國章《太真洞遊記》，［嘉慶］《西安縣志·藝文志下》載有其詩《立秋日社集葉含美山莊》《秋夜酌余雲生偕葉含美、姚孟則談往事不盡喟然》《過余雲生留酌》，潘衍桐《兩浙輶軒續録》卷一載有其詩《立秋日社集葉氏山莊》。

敦宿堂文集十卷（佚）、燕吟南邁詩草一卷（佚）
（清）龍游余恂撰

　　余恂有［康熙］《龍游縣志》，前《史部·衢州方志類》已著録。［康熙］《龍游縣志·藝文志》、［康熙］《衢州府志·藝文考》著録余恂《敦宿堂文集》十卷、《燕吟》一卷。前引［康熙］《龍游縣志·人物志》載余恂傳略，言恂有《燕吟南邁詩草》，或即《藝文志》所載《燕吟》。［民國］《龍游縣志·藝文考》著録有余恂《燕吟南邁詩草》一卷。余恂此二書今皆佚。阮元《兩浙輶軒錄》卷一有余恂詩《童壇水閣和葉文若韻》《夏久不雨，毛子千仞以歲將大饑，惻然憂之，爲言"邑南青澳龍井在焉，可劫而雨也"。衆用其言，雨應時澍。予深嘆其異，詩以贈之》《十飲齋酒人歌（有序）》《秋意》《河橋春望》《庭前對菊》《送同門楊南叟令青陽》《甲午元旦》《甘泉歌送家虎臣之任》《送施尚白視學東魯》。[康熙]《龍游縣志·建置志·官署》有余恂《重建縣治記》《重修儒學記》，《橋梁》有其《重建文昌橋記》，《山川志》有其詩《龍邱山》《金山庵二首》《雞鳴巖二首》《東山小集》《登靈鷲巖》《烏石山次前韻》《童壇水閣》《白衣巖》《翠光巖次韻》、文《三疊巖記》，《祠祀志》有其詩《龍邱先生祠有感》《含輝宮》《發祥庵賞桂二首》、文《清梵庵記》，《藝文志》有其文《贈朱中丞蜀荒序》、詩《姑蔑行》《泮林八詠和黃符禺廣文韻》《過童壇里許，有石屋洞，深廣各數丈，其高可仰也。詩以紀之》《龍邱十二景和黃符禺廣文韻》。[康熙]《西安縣志·藝文志》有余恂《張公行》。[民國]《龍游縣志》所載除上述諸詩文外，另《文徵志三》有余恂《天機子自傳》《楊光生自訂文稿序》。

旅吟集二卷（佚）

（清）龍游徐復撰

徐復字赤城，龍游人。原籍上虞，遭鼎革之變，轉徙流離，遂移家於龍游，爲龍游人。工於詩，與余忱、余恂唱和詩最多。著《旅吟集》。事跡見潘衍桐《兩浙輶軒續錄》，附見於[民國]《龍游縣志·人物傳三》"余恂傳"後。[民國]《龍游縣志·藝文考》載："《旅吟》兩卷，徐復撰。案：此詩上卷皆五律，下卷皆七律，大半移居龍游後所作，與余恂昆仲唱和者較多，湯駧爲之《序》。"徐復此集今佚。潘衍桐《兩浙輶軒續錄》卷三有徐復詩《天壇》《漁梁道中》，[民國]《龍游縣志·文徵志七》有其詩《寄懷余岫雲太史》《再寄余岫雲太史》《移居二首》《移居後諸公以詩見贈再次前韻二首》《余士元最閣》《余岫雲太史霽閣四首》《余士元西園二首》《題余士元非水舟》《遊雞鳴巖次余德培韻》。

湯駧《旅吟集序》：自昔論詩者，皆原出性情，取裁風雅，蓋境遇有窮達，則感慨於中，據所自得，亦何能强而相同。故垂紳委珮，發爲明堂清廟朱弦疏越之音；至若蓬累之士，忳郁佗傺，無聊不平，激爲繁音促節，一唱三嘆之致。言爲心聲，各成其是。惟其悠然有會，灑然奏響，一歸於溫厚和平，則二者又未嘗不同也。乃或以爲非歡娛難而窮愁易，是率天下之人而出於呻吟噭咷者也，其毋乃非風人之旨乎哉！我於徐子赤城而有得於斯。徐子爲上虞望族，自曾大父始去東山而居西泠。尊人爲華麓先生，續學嫻文，不得志於有司。因小草以徼一命，筮任參荆州幕。時用師黔蜀，以轉間運籌，著功行饟，業有顯擢。先生意有所不可，遂棄官歸，日嘯傲湖山，觴詠自適，而課徐子嚴，閔閔焉望其蜚英騰踔，繼未竟之業。徐子亦淬志下帷，茹菁華，漱芳潤。學既成矣，先生竟不及待，時徐子甫十有七齡耳。居無何，兵燹踵至，家累數千金一朝盡失之，獨奉母氏僦居委巷。當是時，死喪患難，霜雪頻摧，寡母弱女，形影相弔，而骨肉姻盟不一引手救，猶日腏膏束濕焉。以從容間雅之人幾不能謀朝夕，非真豪傑自命者，鮮不摧挫而失故我矣。徐子雖業佔偉，而間及名法兵農之事。三衢韓使虛聞其賢，以禮延歸幕中。嘗謂徐子，“真有君家高士風，愧我不及陳豫章耳”，其見禮重若此。徐子作縠之人爲太夫人甘毳，嫁女弟三人，季父無嗣，遺弱女，撫之嫁之若同產，蓋孝友其天性也。龍邱余岫雲太史雅知徐子，折簡招之。時方謝韓使君而家居，躍然喜曰：“我數年蠖處一室，時游神燕趙郊，念荊卿、高漸離擊筑和歌處，爲累歔不止，我今其過而問焉。”遂之燕臺，縉紳先生率虛左迎之。徐子骯臟磊落，不能婥娜下人與世同頫仰，故君子長者多愛重之，其矜詡自貴者亦齟齬不相合。已而嘆曰：“吾不能以萊服久浣長安塵也。”因同余太史南歸，而往來西湖、縠水間，時侍子舍進菽水，融融洩洩。徐子安於貧，太夫人安於養，所謂是母是子者非耶？初，徐子之未入都也，友人沈君有文行而早死，其婦矢節撫子女，徐子時郵束脯繼炊煙。及歸，其子又死。徐子爲慮久遠，即以己所子呂君子爲其贅婿，經紀其生計，俾終得依養。徐子與二君者，幼相愛，長相優也，送往事居耦俱無猜，其立義重然諾類如是。嗟乎！波流風靡，世道不古，讀韓昌黎述子厚、夢得事，意常慨之，使昌黎與徐子旦莫相遇，其歌舞贊歎當更何如耶？余太史即里居，與徐子縞紵同心，至相驩也，因卜筑攜家焉。昔龐德公、司馬德操望衡對宇，歡情相接，爲千古美談。以此觀之，疇謂古今不相及哉？且徐子足跡半天下，作客十餘年而始有寧宇，其遊之窮可知矣。當其羈旅紆懷，交遊款曲，憑弔今古，寓目山川，凡所遇憂悲喜懼驚心動魄之事，一發之於詩，然勝情高致，終不以護落，故自抑損。有登樓聞笛之惠，而不爲窮途之哭；有蘭亭梓澤之雅，而不爲彈鋏之歌。雖繁音促節與朱絃疏越或少異乎，而悠然灑然得風人之旨則一也。徐子於古文辭及翰墨篆刻，以至遊戲小品，不盡善不止。其於詩，凡樂府、古歌諸體，無不聿追大家。計所積厚且盈尺，常曰：“吾無以剖劂，爲吾奈何以蓼蟲之味强餂他人也。”而好事者爲梓其近體若干首，亦欲覽嘗鼎一臠，窺一斑耳。刻成囑序於予，予因之有所感矣。予幼遭多難，受禍較徐子更慘，孤苦亦更甚，常班荊坐草而語夙昔，相對潸然，故我兩人心獨苦，亦心相憐也。徐子能自樹立，蔚然斐然，有以藏名山而傳副墨，余椎魯無似，不敢望肩背，讀徐子詩，能無愧心乎？而欲糠秕我乎？雖然，所愧於徐子者正步獨詩也。爲述其梗概如此。（見［民國］《龍游縣志・文徵志三》）

楊光生自訂文稿（佚）

（清）龍游楊昶撰

楊昶有《珠官初政錄》，前《史部·雜史類》已著錄。[民國]《龍游縣志·藝文考》著錄楊昶《楊光生自訂文稿》。此書今佚。[康熙]《龍游縣志·建置志·官署》有楊昶《重修學宮記》，同書《藝文志》有其《邑侯盧公德政碑記》，[雍正]《常山縣志·藝文志》有其《重建城隍廟碑記》，《西安豸屏王氏宗譜》卷一有其《贈羽伯公並嗣君化之錫之序贊》。

余恂《楊光生自訂文稿序》：文章一道，譬由珠之在胎，玉之在璞，山輝川媚，其光氣所發見，不可得而掩抑也。實大聲宏，弸中襮外，其能者微氣靜息，收視返聽，無意於名而名自歸之。予嘗怪世之噉名者，依附壇坫，乞丐齒牙，握塵自矜，殺青罔愧，無論羊質虎皮，虛譽益美，即使華實相副，亦已難逭躁治之譏。獨吾邑風氣淳樸，士子閉戶揣摩，懷瑾握瑜，不樂自衒。姓名一日未登虎榜，文章一字不入雞林，以故吾邑能文之士人知者鮮，必得雋而名始傳，蓋風氣樸茂，有不喜近名如此。吾友楊子光生，則尤吾邑之白眉也。弱冠能文，穎異卓絕，清詞麗句，飆發泉涌，大有橫鶩六合、鞭撻八方之氣，顧潛修自好，名不出於里閈。庚子之役，闈墨膾炙一時，於時海內文人無不知有楊子者，咸思讀其全稿以資津梁，而楊子光生猶逡巡不肯應也。今歲庚戌雋南宮，海內望者益切，楊子不得已，始付剞劂。而所謂文章光氣不可掩抑者，於是乎始盡出以示人矣。夫方其珠之藏、玉之韞也，識者眤之，固將沖霄發越矣，然必陳之五都之市、九達之衢，而後陸離的礫之光，溫潤縝栗之色，人人皆欽之以爲寶。今海內延頸跂踵想慕楊子文有年，一旦得其全書，如獲連城照乘，其必什襲珍之無疑也。楊子向者不求近名，今且辭之不得矣。鶴鳴九皋，聲聞於天，發榮巖處傾聽，名之不待求也固如是乎？楊子異日立朝事上，從容諷議，設施措注，時至而復起，事發而復應，不求爲赫赫可喜之名，亦猶是矣，予不敢以文章盡楊子也。康熙九年庚戌立秋日。（見[民國]《龍游縣志·文徵志三》）

方輔圓詩文集（佚）

（清）開化方輔圓撰

方輔圓有《養生錄》，前《子部·雜家類》已著錄。[雍正]《開化縣志·人物志·事功》本傳載，方輔圓有《詩文集》若干卷。此書皆佚。

方元啓詩文集（佚）

（清）開化方元啓撰

方元啓有《易書正宗》，前《經部·易類》已著錄。[順治]《開化縣志·人物志・事功》本傳載，方元啓有詩古文藏於家。此姑稱之《方元啓詩文集》。此集今佚。方豪《棠陵文集》卷首有方元啓《棠陵文集序》。［雍正］《開化縣志・藝文志》有方元啓《三致李總督書》《復陳撫軍書》《致崔邑令書》，［康熙］《新修南樂縣志》有其《續修南樂縣志序》。

十是齋詩稿（佚）、吾廬文集（佚）

（清）開化吾士煒撰

　　吾士煒字君素，號方日，開化人。從徐吉旋先生遊，受知於黎督學。所作詩歌古文，筆下矯矯，能挽千鈞，邑中大著作多藉捉刀。以廣文授分水訓。所著有《十是齋詩稿》《吾廬文集》。事跡見［崇禎］《開化縣志・人物志・文學》，同書《選舉志》載吾士煒順治貢士。士煒此二書今皆佚。［雍正］《開化縣志・藝文志》有吾士煒《重建彌羅殿碑記》。

孚舫新編（佚）

（清）西安鄭耀然撰

　　鄭耀然字弢之，西安人。攻苦讀書，爲文醇正典確。捷順治庚子鄉魁，再捷辛丑會魁，授陝西岐山令。爲政簡易，尤好崇獎士類，日與諸生講學課文，手自校閱。事跡見［康熙］《西安縣志・人物志下》。［嘉慶］《西安縣志・經籍志》著錄鄭耀然《孚舫新編》。此書今佚。《西安懷舊錄》卷八有鄭耀然詩《谷口晚眺》《山居春暮》。

蕚芳堂試草（佚）

（清）西安徐敦禎撰

　　徐敦禎字符號臣，號鐵山，西安人。博學能文。任新昌司鐸，與諸生諄諄講孝友，闡經義，士習文風爲之一振。刊有《蕚芳堂試草》行世。事跡見［嘉慶］《西安縣志・文苑傳》。徐敦禎《蕚芳堂試草》今佚。

宜園小品（佚）

（清）西安王觀文撰

　　王觀文字文正，世賞子，西安人。以副貢入太學。觀文博極群書，凌顏轢謝。尤善古文，時稱其精警藻麗。《宜園小品》之作，稍露一斑。事跡附見於［康熙］《西安縣志・人物志下》、［康熙］《衢州府志・文學傳》“王世賞傳”下。觀文《宜園小品》今佚。［康熙］《西安縣志・藝文志》有王觀文《青霞書院詩序》《衢州府志序》《爛柯仙奕賦》，［嘉慶］《西安縣志・物産志》於“杏花”條有其詩“雨中病酒杏花開”句，《兩浙輶軒續錄》卷二有其詩《登柯山最高頂》。

滌襟樓稿四卷（佚）

（清）西安劉兆元撰

劉兆元字貞起，號率齋，西安人。歲貢生。博學工書。邑侯滄州陳公、郡伯三韓姜公兩聘修志書。尋授浦江司訓。事跡見［嘉慶］《西安縣志·循吏傳》。［民國］《衢縣志·選舉志》載其爲康熙二十一年歲貢。［嘉慶］《西安縣志·經籍志》著録劉兆元《滌襟樓稿》四卷。此書今佚。［康熙］《西安縣志·藝文志上》有劉兆元《上李制臺爲趙清獻公裔孫公舉》《爛柯仙弈賦》，［嘉慶］《西安縣志·物産志》於“梨花”條有其詩“帽簷壓折想梨花”句，“薔薇”條有其詩“薔薇斜掛柴扉畔，風過離披半落花”句，《西安懷舊録》卷六有其詩《邨居》。《三衢西邑瑶峰葉氏宗譜》有其《葉意公誌銘》。

芥園文集（佚）、芥園詩集（佚）、甬遊草（佚）、金川雜詠（佚）、十借詩（佚）、漸齋詩餘（佚）

（清）西安周鴻撰

周鴻有《易解合訂》，前《經部·易類》已著録。［康熙］《西安縣志·人物志下》本傳載，周鴻有《芥園詩詞》諸集。［嘉慶］《西安縣志·經籍志》著録周鴻《芥園文集》《芥園詩集》《甬遊草》《金川雜詠》《十借詩》《漸齋詩餘》。周鴻諸集今皆佚。［康熙］《西安縣志·藝文志下》有周鴻《爛柯山賦》和《青霞書院》詩四首。

茹庵文集四卷（佚）、孩音詩集六卷（佚）、孩音詩餘二卷（佚）

（清）西安葉淑衍撰

葉淑衍有《修齊訓纂》，前《子部·儒家類》已著録。［嘉慶］《西安縣志·經籍志》著録葉淑衍《茹庵文集》四卷、《孩音詩集》六卷、《詩餘》二卷。淑衍諸文集今皆佚。［康熙］《西安縣志·藝文志》有葉淑衍《邑侯陳公修柯山亭記》，［嘉慶］《西安縣志·物産志》於“蛙”條有其詩“清夢驚回月一池”句，同書《藝文志》有其詩《烏石山曉望》，潘衍桐《兩浙輶軒續録》卷二有其詩《遊金竹寺》《遊翠光巖》《登獨山戍樓》。《西安懷舊録》卷九有葉淑衍詩《遊翠廣巖》《憶昔行贈黄用賓先生》《別故人王鴻資十年矣，忽晤都門，喜極賦贈》《和王鴻資來韻》《寒夜不寐》《登獨山戍樓》《舟中夜》《崇明夜》《妙山道中即事》《登富陽江樓有感》《富陽西郊晚步》《越溪放艇》《春日旅懷》《遊金竹寺》《酬別》《北上次旅壁原韻》《旅感》《隱者》《雨中放舟過道生紀二飲》《畨秋同道生紀二過左臣山莊》《泛艇》《仲冬江上感懷次程生韻》《重過德興縣》《薄醉過董紀二山莊》《雜興》《過淮宮故址次程仙槎韻》《過山家》《春思和韻》《烏石山曉望》《遊爛柯山石梁》《竹枝詞》，鄭永禧《爛柯山志·歷朝金石

考》有其《修柯山亭碑記》；［民國］《衢縣志·方輿志·山脈》有其《箬坪山遊記》，
同書《碑碣志四》有其《重建大乘寺暨集慶庵碑記》，［民國］《龍游縣志·文徵志
三》有其《邑侯金谷德政碑記》。《三衢西邑瑶峰葉氏宗譜》有其葉淑衍《鄉飲耆賓
應三十五春宇葉公傳》，《西安豸屏王氏宗譜》卷一有其《君揚公盡圖序贊》。

遺安集（佚）

（清）西安祝有供撰

　　祝有供字敬誠，西安人。賦性沉敏，博極典墳，隱居教授。所著有《遺安集》，
藏於家。事跡見［康熙］《衢州府志·孝義傳》。有供《遺安集》今佚。《西安懷舊録》
卷九有祝有供詩《送友》。

樹滋堂稿（佚）、瓿餘草（佚）

（清）常山程萬鐘撰

　　程萬鐘有《見聞偶録》，前《史部·雜史類》已著録。［康熙］《常山縣志·賢哲傳》
本傳載，程萬鐘有《瓿餘草》。［雍正］《常山縣志·藝文志》載程萬鐘有《樹滋堂稿》。
萬鐘此二書今皆佚。潘衍桐《兩浙輶軒續録》卷三有程萬鐘詩《登超霞樓》。

介庵文集十卷（佚）、介庵詩集四卷（佚）

（清）江山姜漢宗撰

　　姜漢宗字沔水，號介庵，江山人。有《介庵集》行世。見《江山文溪姜氏續修
宗譜》卷七。［康熙］《衢州府志·藝文考》著録姜漢宗《介庵文集》十卷、《詩集》
四卷。康熙癸巳《江山縣志·邑人著述》著録姜漢宗《介庵集》。漢宗詩文集今皆佚。
［乾隆］《江山縣志·藝文志》有姜漢宗詩《舟過唐村》，《文溪姜氏續修宗譜》卷
十七有其《越州箴勝大宗伯姜逢元序》《募重建禮賢太平寺後殿序》《募重建禮賢水
口殿芸德堂疏序》。

時囈集（佚）

（清）江山毛默撰

　　毛默，以孫毛兆鏌贈山西猗氏縣知縣。著有《時囈集》。見《江山清漾毛氏族
譜·內集》卷二。毛默《時囈集》今佚。《江山清漾毛氏族譜·內集》卷六有毛默詩
《避暑》《曉鐘》。

爨餘吟（佚）

（清）開化虞世勳撰

　　虞世勳字旦公，開化人。邑增生。讀書務實學，聲馳外郡。婺源進士汪鐘銘延

爲西席訓弟子，以講明義理爲主，而詞章次之。精於詩，挹雅揚風，時人謂之騷壇領袖。所著有《爨餘吟》，業師徐流百爲之跋。事跡見［雍正］《開化縣志·人物志·儒行》。思道此書今佚。［雍正］《開化縣志·藝文志》有虞世勳詩《三月三日競渡》。

幾園集（佚）

（清）開化方體撰

方體有《廣阿記略》，前《史部·雜史類》已著録。［雍正］《開化縣志·人物志·事功》載，方體有《幾園集》。此書今佚。［雍正］《開化縣志·藝文志》有方體詞《追和七虎堂》。

筆山偶集（佚）、梅花百詠（佚）

（清）開化張嗣溥撰

張嗣溥有《救弱救荒》，前《史部·政書類》已經著録。［雍正］《開化縣志·人物志·理學》本傳載，張嗣溥有《筆山偶集》《梅花百詠》。此二書今皆佚。［雍正］《開化縣志·藝文志》有張嗣溥《雙橋記》、詩《輓方立竹明府》。

續寒香詩集（佚）

（清）開化徐大顯撰

徐大顯有《理學新書》，前《子部·儒家類》已著録。［乾隆］《開化縣志·人物志·儒林》本傳載，徐大顯有《續寒香詩集》。此書今佚。

自得樓文集（佚）、歷試稿（佚）

（清）開化徐大懿撰

徐大懿有《大易經義》，前《經部·易類》已著録。［雍正］《開化縣志·人物志·文學》本傳載，徐大懿有《自得樓文集》《歷試稿》。此二書今皆佚。

窒欲篇（佚）、敬字録（佚）、仁近集（佚）

（清）開化徐延英撰

徐延英字觀甫，號彥遠，開化人。康熙壬寅歲薦。所著有《窒欲篇》《敬字録》《仁近集》行世。西陵陸堦爲之傳。事跡見［雍正］《開化縣志·人物志·孝廉》。延英諸書今皆佚。［雍正］《開化縣志·藝文志》有徐延英《永吉月山放生池碑記》。

瑞墩集（佚）

（清）開化張延濬撰

張延濬字幾章，開化人。閩變，負母避常山，而自練鄉勇以拒寇。年五十，薦明經。工詩詞，著有《瑞墩集》。事跡見［乾隆］《開化縣志·人物志·武功》。延濬《瑞墩集》今佚。

醇文齋課草（佚）

（清）開化胡思道撰

胡思道字恭如，開化人。積學力行，爲府庠名士。當閩變時，運籌提牧，與有力焉。所著有《醇文齋課草》。事跡見［雍正］《開化縣志·人物志·儒行》。思道《醇文齋課草》今佚。

淩雲集四卷（佚）

（清）開化程天春撰

程天春字司震，開化人。工楷法。及閩變，陷於敵，不屈而卒。所著有《淩雲集》四卷。事跡見［雍正］《開化縣志·人物志·義勇》。天春《淩雲集》今佚。

塾隱小言集（佚）、陶詩（佚）

（清）開化王廷薷撰

王廷薷字楚莒，號適庵，開化人。歲貢生。五經皆通曉。生平富於著作，多爲門人攜去，惟《塾隱小言集》《陶詩》數帙尚存。事跡見［雍正］《開化縣志·人物志·文學》。廷薷《塾隱小言集》《陶詩》今皆佚。

燕臺詩可（佚）、柳湖社集（佚）

（清）開化方易撰

方易有《幾學七規》，前《子部·儒家類》已著録。［康熙］《衢州府志·文學傳》本傳載，方易《燕臺詩可》《柳湖社集》。此二書今皆佚。

顯藏集（佚）、禪喜集（佚）

（清）開化汪巖叟撰

汪巖叟有《大易注解》，前《經部·易類》已著録。［康熙］《衢州府志·文學傳》汪爾衍傳所附子巖叟傳載，汪巖叟有《顯藏集》《禪喜集》。此二書今皆佚。［雍正］《開化縣志·藝文志》有汪巖叟《韓邑侯重建明倫堂碑記》、詩《書崔邑侯三復開陽記後》。

汪穎叟集（佚）

（清）開化汪穎叟撰

汪穎叟字屺瞻，開化人。太學生。讀書略糟粕，獨取其神。晚年吟詠自若，有以詩文懇者，非其人輒拒之。著作盈笥，同學蔣存庵訂成集，爲之序。事跡見［雍正］《開化縣志·人物志·孝廉》。穎叟此集今佚。

楊廷琚詩文集（佚）

（清）開化楊廷琚撰

楊廷琚有《羲經辨精》，前《經部·易類》已著録。［雍正］《開化縣志·人物志·事功》本傳載，楊廷琚有詩古文詞若干卷。廷琚文集名已不可考，此姑稱之《楊廷琚詩文集》。此集今佚。［雍正］《開化縣志·藝文志》有楊廷琚《重建天堂禪院碑記》、詩《贈長姪弘俊四十壽》。

浮石集七卷（存）

（清）湘潭陳鵬年撰

陳鵬年修［康熙］《西安縣志》，前《史部·衢州方志類》已著録。鵬年有《陳恪勤集》三十九卷，《四庫全書》收録此書，其《總目》提要曰："是集凡分十編，曰《耦耕集》者，以舍北'耦耕堂'而名也；《水東集》者，以其先人隴墓所在也；《嵩廬集》者，憂居前後所作也；《浮石集》《朐山集》《淮海集》者，皆宦遊地也；《于山集》《香山集》《武夷集》者，皆往來游息處也；未附《喝月詞五》卷，則詩餘也。"《浮石集》七卷，收録於《陳恪勤集》中。浮石乃衢州城北浮石潭，《方輿勝覽》載："浮石潭，在西安東北五里。溪中有石，高丈餘，水泛亦不没。"白居易《歲暮枉衢州張使君書並詩因以長句報之》詩曰："浮石潭邊停五馬，望濤樓上得雙魚。"康熙三十四年，鵬年任西安知縣。《浮石集》諸詩爲任官衢州西安而作，因以衢地浮石而名。集中《浮石即事》曰："香山遺蹟停軒處，攬轡真慚瀫水清。"故此集當亦追思樂天詩作而名之。《浮石集》收古今體詩四百十九首，許多詩作吟誦衢州山水、景物，贈答衢地友人、同僚，故《衢州文獻集成》收録是書。

仿梅集二卷（存）

（清）江寧釋月海撰

釋月海，事跡不詳。《仿梅集》第三首詩爲《回金陵省親即事》，可知月海本籍江蘇江寧。又此集序言："海公和尚，古棠閥閱之家，江左蟬聯之族"，亦證月海爲江寧人。月海此集卷端題《衢州古祥符寺月海禪師仿梅集》，"婺東徐尚德仔文氏閲，西泠蕭啓熊文卜氏訂，記室然英、然傑仝録"。據其書名可知，月海爲衢州祥符寺禪師。衢州大中祥符寺歷史悠久，且有聲名，民國時弘一法師曾駐錫此寺。此集二卷，收録月海詩一百三首。今傳此本有些詩文時有後人批注，如《柯山》："偶訪柯巖入翠重，蒼松幾樹尚留蹤。天開一線通虛竇，疑有樵雲出站龍。"次句旁有注曰"松樹能走路，又是大奇"，第三句旁注云"大可鑽如爲期"，末句旁又注"鑽進後再戰不遲"。集中許多詩詠吟衢州景物，寄贈衢地守令。卷前有徐尚德序，徐序言月海"跡寄錢江，名蜚瀫水，棲遲乎柯郡，偃息於霞城"，"居三衢而倒屣"，"行來浮石渡前"，皆證此集許多詩作於衢州。故月海雖非衢人，然《仿梅集》作於衢州，且多吟詠衢州風物人情，故《衢州文獻集成》收録此叢書。是書有清康熙四十四年刻本，藏於上海圖書館，封面題有“但植之先生所贈”。植之名燾，湖北赤壁人，民國成立時任孫中山總統府秘書，其後又曾任民國時參議院秘書長、國史館副館長等職。蓋是書曾爲但燾收藏，後贈上海圖書館。《衢州文獻集成》據上圖藏本影印。

山雨樓文集（佚）、梅質詩集（佚）

（清）常山王文龍撰

　　王文龍字宛虹，常山人。康熙癸酉舉人。長於詩、古文，兼工書法。所至多題咏，放筆頽然，不復記憶，其高致如此。事跡見［雍正］《常山縣志·人物志·賢哲》。同書《藝文志》著録王文龍《山雨樓文集》《梅質詩集》。此二書今皆佚。潘衍桐《兩浙輶軒續録》卷三收録王文龍詩《胡邨北嶂》。［雍正］《常山縣志·藝文志》有王文龍詩《孔家塢水泉》《六月行》《西高峰》《魯家泉》。除上述諸詩外，［光緒］《常山縣志·藝文志》還有王文龍詩《寄龍山語浪上人》《丫巾洞二首》《登百靈峰》《胡村八景之四》。鄭永禧《爛柯山志·歷朝詩》有其《爛柯山》，［民國］《龍游縣志·文徵志七》有其詩《哭葉東巖六首》，《江山江陽何氏宗譜》卷二十有其《題何子玉台翁像贊》。衢州文獻館劉國慶收藏有王文龍《顯妣恭廿五楊氏壙誌》，此文罕見，故録於下。

　　王文龍《顯妣恭廿五楊氏壙誌》：母女諱年妹，本縣北郭楊家塢□仕公□，先君處士公世居橋頭倉務住里仁坊。生子一，即不孝也，叨壬子科選拔貢生。生女一，適里擇徐玠，邑廩生。孫二人，佩瑶、佩璜。繼子慶龍，孫璞、璿。母生萬曆辛亥正月初六日酉時，終康熙丙辰十一月初十日亥時。今卜葬本縣君子鄉西安里名水□形家名雙股金釵作坤山艮向。母淑德母儀不朦述，不孝將求大人先生志之，尚未能也，爰述其略如此。皇清康熙癸亥六月朔旦，不孝男王文龍泣血百拜謹志。（《壙誌》藏衢州文獻館）

澄志堂詩集（佚）

（清）常山吳阮撰

　　吳阮字筠倩，常山人。以次子璉貴，封徵仕郎、翰林院庶吉士。著有《澄志堂詩集》行世。事跡見［雍正］《常山縣志·人物志·流寓》。吳阮《澄志堂詩集》今佚。

豐亭詩文稿（佚）

（清）常山吳璉撰

　　吳璉字右將，常山人。康熙戊寅拔貢，癸未進士。官翰林庶吉士。著有文稿、詩集行世。事跡見［雍正］《常山縣志·人物志·賢哲》。［光緒］《常山縣志·藝文志》

著録吳璉《豐亭詩文稿》。此書今佚。[雍正]《常山縣志·藝文志》有吳璉詩《挽徐少文師二首》。

拜石軒吟稿（佚）

（清）常山吳士晉撰

　　吳士晉，事跡不詳。[雍正]《常山縣志·選舉志》載康熙三十八年貢生有吳士晉。[嘉慶]《常山縣志·書目志》著録吳士晉《拜石軒吟稿》。此書今佚。[雍正]《常山縣志·藝文志》有吳士晉《清獻書巖》。[嘉慶]《常山縣志·藝文志》有吳士晉詩《城東即目》《出來遠門有感》，[光緒]《常山縣志·藝文志》有其詩《清獻書巖》《常山途次口占》。

義庵文稿（佚）

（清）常山詹西來撰

　　詹西來字帝眷，號義庵，常山人。孝事繼母，撫二弟無間。篤志嗜學，構金川書屋，多藏書，手自編訂。事跡見[雍正]《常山縣志·人物志·賢哲》。[光緒]《常山縣志·藝文志》著録詹西來《義庵文稿》。此書今佚。

心航唱和集（佚）

（清）常山徐三秀撰

　　徐三秀字紫仙，常山人。詩文博雅深秀。壬子入彀，以額隘失之。事跡見[雍正]《常山縣志·人物志·賢哲》。[光緒]《常山縣志·雜記》引三秀引《參心航唱和集》，由首句言“康熙庚戌，徐三秀聞友人相傳”可知，三秀爲康熙時人。[嘉慶]《常山縣志·書目志》著録徐三秀《心航唱和集》。[光緒]《常山縣志·雜記》引《參心航唱和集》，集名有“參”字。三秀此集今佚。[雍正]《常山縣志·藝文志》有徐三秀詩《金川》《漱石亭》。

謙受堂集（佚）

（清）常山吳暲撰

　　吳暲字禮南，常山人。自江南休寧隨其父入籍常山。性慷慨，好行其德，有足稱者。事跡見[雍正]《常山縣志·人物志·流寓》。[雍正]《常山縣志·藝文志》著録吳暲《謙受堂集》。此集今佚。

自然室詩草（佚）

（清）常山黃文撰

　　黃文，事跡不詳。[雍正]《常山縣志·藝文志》著録黃文《自然室詩草》，列於清人著述中。此書今佚。[雍正]《常山縣志·藝文志》有黃文詩《戰西峰》。

西高秋集唐三十首（佚）

（清）常山丁光楚撰

丁光楚，事跡不詳。[雍正]《常山縣志・藝文志》著録丁光楚《西高秋集唐三十首》。此書今佚。[雍正]《常山縣志・藝文志》有丁光楚《集唐》中《西高秋二首》，其一爲集唐代詩人韋嗣立、孟郊、劉禹錫、白居易、許渾、席豫、張説、盧照鄰諸詩而成，其二爲集唐代詩人馬戴、李商隱、白居易、朱之問、徐渾、劉長卿、杜甫、曹松而成。

北山草（佚）

（清）常山釋德源撰

釋德源，事跡不詳。[雍正]《常山縣志・藝文志》著録釋德源《北山草》。[嘉慶][光緒]《常山縣志・藝文志》作“僧德源《北山草》”。此從[雍正]《縣志》。德源此書今佚。[雍正]《常山縣志・藝文志》有德源詩《北峰卜居》《紫港野渡》《豐隄白雨》。

雪邨小草（佚）

（清）常山徐烈撰

徐烈有《四書集要》，前《經部・四書類》已著録。[雍正]《常山縣志・藝文志》、[嘉慶]《常山縣志・書目志》著録徐烈《雪邨小草》。[光緒]《常山縣志・藝文志》載爲徐烈《雪村小草》。此書今佚。潘衍桐《兩浙輶軒續録》卷三收録徐烈詩《麗澤泉》《社潭釣月》。康熙辛巳《江山縣志・藝文志》有徐烈詩《登步鰲山逸平先生遺蹟》。[雍正]《常山縣志・藝文志》有徐烈《球川賦》和詩《勸農六首》《勸蠶》《定陽書院即事》《月夜書聲》《招賢古渡》《麗澤泉》《宋畈耕雲》《社潭釣月》《古廟金鐘》《前溪春漲》《永安橋》。[嘉慶]《常山縣志・藝文志》有徐烈《十景亭記》、詩《西峰夕照》《白龍雙洞》。

笠齋雪老集（佚）

（清）江山柴自挺撰

柴自挺有《嵩高柴氏世集勳德録》，前《史部・傳記類》已著録。康熙癸巳《江山縣志・邑人著述》著録柴自挺《笠齋雪老集》。此集今佚。康熙癸巳《江山縣志・藝文志》有柴自挺詩《江郎山》《仙霞嶺》。

秋曉堂集（佚）

（清）江山柴煒撰

柴煒，江山人。康熙乙酉拔貢。任教諭。工古詩文詞。著有《秋曉堂》詩文二集。事跡見康熙癸巳《江山縣志・人物志》。同書《邑人著述》著録柴煒《秋曉堂集》。此集今佚。康熙癸亥《江山縣志・藝文志》有柴煒詩《心航山和韻》《紫薇觀和韻》，康熙辛巳《江山縣志・藝文志》有其詩《仙霞天一亭》《郎峰遠眺》《九日佟邑侯招遊步鰲山》,《江山江陽何氏宗譜》卷二十有其詩《過何九叨親翁草堂賞蘭賦贈》、文《壽何翁九叨六旬序》。

碧梧樓稿（佚）
（清）江山姜亨肇撰

姜亨肇字會侯,江山人。邑庠生。以氣誼重閭里。好與士大夫遊。著有《碧梧樓稿》。事跡見康熙癸巳《江山縣志・人物志・士行》。亨肇《碧梧樓稿》今佚。《兩浙輶軒續録》卷三有姜亨肇詩《宿左坑寺》。康熙癸亥《江山縣志・藝文志》有姜亨肇詩《小清湖》二首,康熙辛巳《江山縣志・藝文志》有其詩《步熬烹泉》《宿寶陀寺》。康熙癸巳《江山縣志・典册志》有亨肇《求開米禁公呈》,同書《藝文志》有其《上朱梁父夫子》、詩《宿左坑寺》《涉園八景》(《南野春耕》《東皋朗月》《白渡征帆》《江郎遠碧》《牛嶺松濤》《鰲峰殘雪》《江城萬煙》《鹿溪漁火》)。

瀉心草（佚）
（清）江山蔣鐘撰

蔣鐘,事跡不詳。康熙癸巳《江山縣志・邑人著述》著録蔣鐘《瀉心草》,列於清人著述中。此書今佚。[乾隆]《江山縣志・山川志》"航頭灘"條有蔣鐘詞《點絳唇・曉過航頭》。

和軒制義（佚）、云軸詩草四卷（佚）、退居課徒集（佚）
（清）江山毛兆鏌撰

毛兆鏌字和軒,江山人。康熙辛卯鄉薦。任山西猗氏縣知縣。平日酷嗜詩書笈,仕後猶不廢學。著有《和軒制義》《云軸詩草》《退居課徒集》。事跡見[同治]《江山縣志・人物志・文苑》。[乾隆]《江山縣志・藝文志》著録有毛兆鏌《云軸草》。兆鏌諸文集今皆佚。下録孫見龍《毛和軒四書文稿序》,此《和軒四書文稿》當即《和軒制義》。據下録李幹齡《毛和軒先生雲軸詩草序》可知,《云軸詩草》共四卷。《嵩高柴氏世集勳德録》卷十二有毛兆鏌《笠齋柴先生八十壽序紀事》《清昭勇將軍裕如柴公行狀》。康熙癸巳《江山縣志・藝文志》有其詞《瑞鶴仙・雲軸精舍遣懷》,[乾隆]《江山縣志・關津志》"仙霞關"條下有其詩《仙霞關》。《江山清漾毛氏族譜・內集》卷五有毛兆鏌《徐貞女傳》,卷六有其詩《侍家大人山莊讀〈易〉》《沛縣水災查賑紀事》《宿山谷寺(在潛山縣)》《皖城四兒元禮告別旋里》《征剿臺灣官兵過江山紀事》《寄同年仇宏若明府索滄柱年伯所著〈杜詩詳注〉》《嘉定水火查賑紀事》《養心殿引》《有感猗氏舊治》《十三君子表忠詩（並序）》《五人墓》《爛柯山懷古》。

　　孫見龍《毛和軒四書文稿序》：八股一則期以闡明聖賢之奧義，有語氣，有格法，非若別體文章之可以斷制惟我變動惟我者也。有明以八股取士，三百年制科之盛，先輩接踵而起，其間之以大家傳者僅見其人，八股之難言也如是。本朝仍明之舊，加意作人文運日隆，士大夫苦志揣摩，諸名稿流布鷄林，歷歷有可指數，後世傳爲大家，又未知某某之爲王唐瞿薛諸公也。己酉春，予與三衢毛君和軒同奉命出京師，抵吳門，錢糧重任，勒有欽限，雖彼此把晤，時樽酒論文之興致，未嘗不勃勃欲發然，卒無暇以片語及之。今使事告竣，正值總理大題請候旨之日，和軒頻過予寓，聚談竟夕，爰攜其《四書文稿》百篇以相示，予披覽之下，見其理法兼到，骨肉停勻，真實而不失於板，錯綜而不失於詭，稟經酌雅，遵古宜今，殆於八大家並諸名稿中融會而出之者。且夫言者心之聲也，和軒立身制行方正，和平而公，務所屬早作夜思不遺餘力，其所爲《文稿》亦若是焉爾是。其經濟文章同條共貫，處爲良士，出爲純臣，由此而召杜而韓范，無不可於《文稿》內窺一斑矣。或曰：“和軒屢困公車，其如文之無靈何？”予曰：“否否。功名之得失，與文章之得失，有未可一例而視者，成敗豈足以論英雄哉？”即如予以非材謬冠南宮，而和軒亦以是科備薦而偶落，及主司覆閱遺卷，又不勝有滄海遺珠之歎，此何爲者耶？和軒其梓而行之宇內，有好學深思，卒讀而神似之者，吾知其必轉奏效於他手云。雍正辛亥歲中秋後二日，賜進士第原任陝西洪洞縣知縣前翰林院庶吉士年眷弟歸案孫見龍葉飛氏序於敔姑蘇公寓。（見《江山清漾毛氏族譜・外集》卷三）

　　李幹齡《毛和軒先生雲軸詩草序》：君子之於言也，非有心於立言也。蓋其道德積於躬，才猷見於世，內蓄其忠厚悱惻之司，而外感於庶物人倫之故，喜怒哀樂發於情之所不已容，則不得不謳思詠嘆，往復長言，而發之爲詩。非若詞人騷客琢字句音律，雕鏤刻畫，抉怪搜奇，必摹像於形影聲臭，較計於分寸毫釐，而後爲工也。若我府憲和軒先生之詩，殆是之謂歟！先生兩署廬州別駕，幹以屬吏趨走執事，接其言論，豐采藹如，穆如謙和，縝密如渾金璞玉，無以窺其輝光瑋異，及讀其詩而怳然得之。蓋其仰觀於星日風雲之變，俯察於昆蟲草木之化，遊覽於山川流峙暨一邱一壑之微，閱歷於畿甸都邑及一村一刹之細，稽考乎帝王師相賢人哲士之終始，憑弔夫忠臣孝子義夫節婦之梗概，則無不詳其紀述，定其軒昂，極其企慕，慷慨而一發之乎詩！又無其一事而不恭紀聖朝之功德，無一時而不慨念怙恃之恩勤，無一差一役而竭一己之勞瘁，無一言一行而不闡揚夫閭里鄉曲匹夫匹婦之潛德幽光。蓋四卷之中，人倫庶物之故感於外，而忠厚悱惻之思應乎內，幹由此以知其道德積於躬，而才猷見於世者，其由來也遠矣。然其爲詩也，則醇古恬淡，精實和平，發於其中之所不得不然，而出於其筆其舌之所不知其然而然。故雖鏗鏘出金石，幽渺幹鬼神，籠天地於形內，挫萬物於毫端，初非若騷客詞人之琢字句，諧音律，雕鏤刻畫，抉怪搜奇，摹像於形影聲臭，較計於分寸毫釐，而後爲工也。夫君子之於言也，非有心於立言也，根之茂者其實遂，源之遠者其流長。屈宋楊馬李杜韓歐，暨振古名士之作，豈誠有意於詩而爲之者歟？抑亦喜怒哀樂有發於情之所不容已者歟！明乎此，則可與讀和軒先生之詩矣。是爲序。雍正十二年甲寅歲仲冬月穀旦，賜進士出身江南廬州府儒學教授鄱陽李幹齡謹撰。（見《江山清漾毛氏族譜·外集》卷三）

須鐸餘音一卷（佚）

（清）山陰宋俊撰

　　宋俊纂有康熙癸巳《江山縣志》，前《史部·衢州方志類》已著録。[嘉慶]《山陰縣志·書籍志》載有宋俊《須鐸餘音》一卷。康熙癸巳《江山縣志·藝文志》有汪浩《須鐸餘音序》。汪浩時任江山知縣，與宋俊同修《江山縣志》。江山縣有須江（今江山港），故江山又別稱須江。此《須鐸餘音》乃汪浩作序，稱"須鐸"者，當是在江山而作，書中内容或多涉江山，故著録此書於此。宋俊《須鐸餘音》今佚。

　　汪浩《須鐸餘音序》：自古文章之士，未有不優經濟者。汉儒以經術飾史治其事，最爲近古。唐宋以來，今世家絃户誦所稱八家者，其制事施政之文靡不曲盡旁達於民情治體，非蕲蕲拘拘雕繪以爲工，而自詡爲文者。明興，一代之文開自青田、浦江二公，青田精奇遁之學，佐高皇帝帷幄謀論者，比於漢之留侯，所著《郁離子》，規橅先秦，有縱橫之氣，不及浦江之醇正。浦江文於理法最爲嚴密，而考據今古尤極其精核，顧論者猶惜其不能勸明祖興起禮樂如三代。時不知明祖起自田間，素不知學，其優柔漸飫，使知崇儒而右文，開有明三百年文物聲名之盛，不可謂非景濂諸人啓沃之功，是真所謂以文章爲經濟者也。余謭漏不敢言文，己丑筮宰須江。學博宋君長白當世知名士也，家多藏書，爲學探極根本，著述甚豐。既乃爲余手定其曩時敝帚之文，往來唱和，兼知君少壯時以上馬擊賊下馬草露布之才上功幕府，例當得高識以格於銓曹議，遂小就而爲此，蓋君之才將老矣。君與景濂同姓，系景濂師黃、柳二公，而待制在元大德間曾爲江山教諭，君名其軒曰授墨，誌景行之意。夫以君之才與學，使之遭時得試，何遽不如劉、宋二公。讀其文知其人，所謂以文章爲經濟者，吾何間焉。其言理之文精微渢渂，則探天心穿月脇也；記叙之文雄奇古穆，則拔鯨牙酌天漿也。詩體在唐宋之間，不拘一格，才不軼法，學不掩性，詩餘駸駸入南宋人之室。載是編者曰《須鐸餘音》，蓋孿龍爲片鱗而威鳳之一羽也。陳同甫曰："研心於杪忽，析理於毫芒。"又曰："開拓萬古之心胸，推倒一世之智勇。"君殆兼而有之。抑君又精於禪悦，好與浮屠氏遊，能徹其宗旨，此又昌黎所云"能

通其術”，則吾又不能知者矣。（見康熙癸巳《江山縣志·藝文志》）

制藝盈尺（佚）

（清）開化徐霄勝撰

徐霄勝有《四書經解》，前《經部·四書類》已著録。［雍正］《開化縣志·人物志·儒行》本傳載，徐霄勝有《制藝盈尺》。此書今佚。

存庵近稿（佚）

（清）開化蔣鳴玉撰

蔣鳴玉字子相，號存庵，開化人。肆力於古文詞，每一命題輒衝口而出，同儕莫贊。其《存庵近稿》，哀然成集。事跡見［雍正］《開化縣志·人物志·文學》。鳴玉《存庵近稿》今佚。［雍正］《開化縣志·藝文志》有蔣鳴玉《陳學師公署碑記》、詩《修學志喜》。《幽溪別志·塔墓考》“增補”部分有蔣鳴玉《有門大師塔銘》，記釋傳燈生平事跡。

吉川文鈔（佚）、吉川詩鈔（佚）

（清）開化汪日烱撰

汪日烱有《吉川語録》，前《子部·雜家類》已著録。［雍正］《開化縣志·人物志·孝廉》載，汪日烱有《吉川文鈔》《詩鈔》。此二書今皆佚。［雍正］《開化縣志·藝文志》有汪日烱《重建泰康寺碑記》、［乾隆］《開化縣志·藝文志》有其詩《吊節烈江詹氏》。

自怡集（佚）、猶人集（佚）、燕遊草（佚）、甌雲草（佚）、古今名勝詩（佚）

（清）開化方嚴翼撰

方嚴翼參纂［雍正］《開化縣志》，前《史部·衢州方志類》已著録。［乾隆］《開化縣志·人物志·循吏》本傳載，方嚴翼有《自怡集》《猶人集》《燕遊草》《甌雲草》《古今名勝詩》。嚴翼諸書今皆佚。

貯焚草（佚）、課兒草（佚）、湖邱紀游（佚）、簦屩録（佚）

（清）開化余鴻文撰

余鴻文字闇章，號徂徠，開化人。種學績文，有古大儒家法。殫見洽聞，諸子百家，靡不淹貫，而歸本於心性之學。司桐廬訓。所著有《貯焚草》《課兒草》《湖邱紀遊》《簦屩録》，未梓。事跡見［乾隆］《開化縣志·人物志·儒林》。鴻文諸書今皆佚。潘衍桐《兩浙輶軒續録》卷十三有余鴻文詩《北山別業》一首，［乾隆］《開化縣志·藝文志》有其詩《北山別業四首》。

偶然集（佚）

（清）開化余恒撰

余恒有《風水圖説》，前《子部·術數類》已著録。［乾隆］《開化縣志·人物志·文苑》本傳載，余恒有《偶然集》。此書今佚。

論文別集（佚）

（清）西安徐鍾翃撰

徐鍾翃字羽宏，西安人。邑廪生。著有《論文別集》行世。以孫常純揀選知縣，借補湖州府武康縣教諭。事跡見《西安西河徐氏宗譜》卷十。鍾翃《論文別集》今佚。

遯園偶集（佚）、畏筑新詞（佚）

（清）西安吳士紀撰

吳士紀有《莊子補注》，前《子部·道家類》已著録。［民國］《衢縣志·人物志三》本傳載，吳士紀有《遯園偶集》《畏筑新詞》。此二書今佚。《西安懷舊録》卷三有吳士紀詩《唐尉遲敬德城磚》《讀〈漢書·高祖紀〉有感》，《江山江陽何氏宗譜》卷二十有其詩《贈何節母徐氏》，《衢州孝義周氏宗譜》卷上有其《上庚公像贊》。

敦詩書屋文集（佚）

（清）西安吳贊元撰

吳贊元，士紀長子，西安人。渾貫群書，才尤邁衆，著《敦詩書屋文集》。事跡附見於［民國］《衢縣志·人物志三》"吳士紀傳"後。贊元《敦詩書屋文集》今佚。

可可亭詩集（佚）

（清）西安朱遵撰

朱遵字可式，號可亭，西安人。雍正二年舉孝廉方正。歷仕有聲。有《可可亭詩集》，長白傅蕭贈序，其警句有"丹詔蒲輪三徵不起，芝房藥里多病爲辭，使者聞鶯嘯之音，處士潔鴻飛之操，一竿鈎雪尤堅濮水之盟，千里乘舟偶動剡溪之興"云云。事跡見［民國］《衢縣志·人物志三》。朱遵《可可亭詩集》今佚。

琴餘閒詠（佚）

（清）西安徐崇熙撰

徐崇熙字敬侯，西安人。乾隆丙辰進士。歷任直隸正定、豐潤知縣。著《琴餘閒詠》。事跡見［嘉慶］《西安縣志·文苑傳》、潘衍桐《兩浙輶軒續録》卷六。崇熙《琴餘閒詠》今佚。［嘉慶］《西安縣志·寺觀志》載有徐崇熙詩《冬日遊南禪寺》，此書《藝文志下》有其詩《放舟雞鳴渡次樟樹潭》,《兩浙輶軒續録》卷六載此詩題爲《雞鳴渡放舟至樟樹潭》,《西安懷舊録》卷二有其詩《雞鳴渡放舟至樟樹潭》《冬日遊南禪寺》。

蓮湖詩草二卷（存）、蓮湖續稿（佚）、蜀遊草（佚）

（清）西安徐崇烱撰

　　徐崇烱字西河,西安人。乾隆辛卯舉人。官江蘇甘泉知縣。著《蓮湖詩草》。顧仙根《序》略:先生吟詠自娛,不事雕琢,生平所著,《蓮湖詩草》外,又有《續稿》,並《蜀遊草》。事跡見潘衍桐《兩浙輶軒續録》卷十。《西安西河徐氏宗譜》卷十九《著述》載徐崇烱之作爲《蓮湖詩鈔全集》。《蓮湖續稿》《蜀遊草》今皆佚,《蓮湖詩草》今存。《詩草》二卷,成於嘉慶初,分上、下兩卷,上卷有古今體詩一百四十二首,下卷有一百二十一首,卷前有桐鄉馮集梧序和同門校訂姓氏,卷後有門生王洲跋和吳文祥、陳燮題辭。其同門校訂姓氏多達四十五人,每卷末又有金柯等六人全較字。王洲言徐氏詩曰:“吾師西河先生之詩,追溯於陶、謝,醞釀於孟、韋,究心於昌黎、山谷,取法於樂天、放翁,以意勝,不以詞勝。”由此可見崇烱作詩旨趣。《兩浙輶軒續録》卷十載徐崇烱詩《增別韓檢校告養回里》,不見於《蓮湖詩草》。陳一夔《二石詩選》卷首有徐崇烱《二石詩選序》。《蓮湖詩草》有清嘉慶六年刻本,藏於上海圖書館、南京大學圖書館,《衢州文獻集成》據南大藏本影印。《常山雙峰翁氏宗譜》卷一有徐崇烱《振潮公傳》。

夢花書屋詩鈔（佚）

（清）西安徐崇奎撰

　　徐崇奎字吉光,號晴江,西安人。乾隆戊子舉人。知廣東始興縣事,旋調揭陽邑。著有《夢花書屋詩鈔》。事跡見［嘉慶］《西安縣志·循吏傳》。［民國］《衢縣志·人物志三》載徐崇奎有《夢化書屋詩鈔》,其中“化”字與［嘉慶］《縣志》不同。崇奎《夢花書屋詩鈔》今佚。［嘉慶］《西安縣志·物產志》於“虎刺”條有徐崇奎詩“丹顆結累累,問名則可噉。豈其老於檗,真有芒在背”句,此書《寺觀志》有其詩《元妙觀》,《兩浙輶軒録補遺》卷六有其《遊仙詩》,《西安懷舊録》卷二有其詩《元妙觀題壁》《白塔洞第二層聞潮聲》《怡顏齋訪古》《遊仙詩》《虎刺》《古樹歌爲邱鐵香司馬作》,《西安西河徐氏宗譜》卷十九有其詩《楊家龍白塔洞》《白塔洞第二層聞潮聲》《古樹歌爲邱鐵香司馬作》《元妙觀》《怡顏齋》。

慎修堂詩稿二卷（佚）

（清）西安鄭光璐撰

　　鄭光璐有《五經逸注》,前《經部·五經總義類》已著録。［嘉慶］《西安縣志·文苑傳》本傳載，鄭光璐有《慎修堂詩稿》。［民國］《衢縣志·藝文志下》載爲《慎修堂稿》二卷。此書今佚。［嘉慶］《西安縣志·祠祀志》載有鄭光璐《忠烈廟詩》，《兩浙輶軒續録》卷十二亦收録此詩，題爲《張睢陽廟》。［嘉慶］《西安縣志·物産志》於“榆”條有鄭光璐詩“黏天柳絮難成雪，滿地榆錢不買春”句，“熊”條有其詩“齊跖未足羨，晉蹯信可啖。女子夢難得，老夫見亦罕”句；此書《藝文志下》又有其詩《採月臺》，《西安懷舊録》卷八有其詩《江上》《題張睢陽廟》《春興》《庭中紫竹》《北山道中》《採月臺》，［民國］《衢縣志·方輿志·山脈》有其詩《白雲山》《過定陽溪》。

磊巖詩稿四卷（佚）

（清）西安鄭光瑗撰

鄭光瑗字蕖若，號磊巖，西安人。副貢生。掌教太平府麗江書院，粵西名士多從之遊。著《磊巖詩稿》。事跡見阮元《兩浙輶軒録》卷二十四。［民國］《衢縣志·藝文志下》載鄭光瑗《磊巖詩稿》四卷，且言光瑗爲乾隆甲子副榜。光瑗《磊巖詩稿》今佚。《兩浙輶軒録》卷二十四有鄭光瑗詩《和查儉堂郡伯都中懷嶺西古人詩》。［嘉慶］《西安縣志·物産志》於“莎”條有鄭光瑗詩“憑松坐綠莎”句，此書《寺觀志》有其詩《過花塢寺》，《藝文志下》有其詩《山滿樓秋望》，《西安懷舊録》卷八有其詩《山滿樓秋望》《過花塢寺》《遊白雲山》《將有粵西之役留別諸友》《和查儉堂郡伯都中懷嶺西故人原韻》《入山》《遊任山寺》。

竹坪詩稿（佚）

（清）西安鄭萬年撰

鄭萬年字勝崒，號竹坪，西安人。乾隆己未進士。官左州知州。著《竹坪詩稿》。事跡見阮元《兩浙輶軒録》卷二十四。［嘉慶］《西安縣志·經籍志》著録鄭萬年《雙溪雜詠》《修仁雜詠》《東行雜詠》《左陽雜詠》《黔西雜詠》《綏陽雜詠》《炳燭吟》。［民國］《衢縣志·藝文志下》載有鄭萬年《竹坪詩稿》，其下言［嘉慶］《志》分列七目，蓋［嘉慶］《志》所載七作合稱《竹坪詩稿》。此書今佚。《兩浙輶軒録》有鄭萬年詩《初抵左陽》。［嘉慶］《西安縣志·祠祀志》有鄭萬年《重建節孝祠記》，此書《藝文志下》有其詩《稽古閣》《徵夢亭》，《西安懷舊録》卷八有其詩《尋稽古閣遺跡》《小九華山隨喜》《甘澍》《初抵左陽》《即事》《解組》《〈前定録〉有豆盧署夢更名四者，事後爲衢守，因建徵夢亭，今故址無存矣，賦此誌慨》《暇日攜友遊浮石潭用白香山韻》《過太平寺》，鄭永禧《爛柯山志·勝蹟》有其詩《題柯山二禪師遺像》。

霞外集三卷（佚）

（清）西安鄭萬育撰

　　鄭萬育字時熙，號二酉，西安人。歲貢生。才氣超邁，好古文，下筆灑然，不拘繩墨。晚年絕意仕途進，以詩自娛。著有《霞外集》三卷。事跡見［嘉慶］《西安縣志·文苑傳》、潘衍桐《兩浙輶軒續錄》卷十六。［民國］《衢縣志·藝文志下》載："《霞外集》，清鄭萬育撰。［嘉慶］《縣志》著錄，三卷。按：公字時熙，號二酉，蘭坡第四子，永禧之高祖也。乾隆間歲貢，才氣超邁，好古文詩詞。曰霞外者，自謂青霞洞天以外之人也。"萬育《霞外集》今佚。［嘉慶］《西安縣志·物產志》於"厄子"條有鄭萬育詩"玉友試一傾，不須笑無當"句，此書《寺觀志》有其詩《元夕宿覺林院》，《兩浙輶軒續錄》卷十六有其詩《過小靈巖》《題劉羽泉都憲祠》，《西安懷舊錄》卷八有其詩《過小靈巖》《元夕宿竹林寺》《觀稼亭春遊》《厄子花》《題劉羽泉都憲祠》，［民國］《衢縣志·古蹟志·宅第園亭》有其詩《觀稼亭》，鄭永禧《爛柯山志·撰述》有其詩《過小靈巖》。《郎峰六川祝氏世譜》卷十一有鄭萬育祝徐孺人壽詩。

廓如集（佚）

（清）西安王志雍撰

　　王志雍有《象數蒙求》，前《經部·易類》已著錄。［嘉慶］《西安縣志·經籍志》著錄王志雍《廓如集》。此書今佚。［嘉慶］《西安縣志·藝文志下》有王志雍詩《谷口晚眺》《菱湖偶步》，潘衍桐《兩浙輶軒續錄》卷二有其詩《菱湖偶步》。

寅庵文稿（佚）

（清）西安王榮統撰

　　王榮統有《周易題旨》，前《經部·易類》已著錄。據［民國］《衢縣志·碑碣志四》所載《清授文林郎江西星子縣知縣寅庵府君墓誌銘》，王榮統有《寅庵文稿》。此書今佚。［嘉慶］《西安縣志·藝文志下》有其詩《殷浩宅修禊》《三藏寺》，《西安懷舊錄》卷四有其詩《殷浩宅修禊分韻》《三藏寺》《宿翁山人草堂》，［民國］《衢縣志·碑碣志寺》有其《醒石庵記》。

若庵文集六卷（佚）

（清）西安王榮綬撰

　　王榮綬字紫卿，號若庵，西安人。乾隆戊午舉人。博涉經史，下筆輒如泉注。著有《若庵文集》。事跡見［嘉慶］《西安縣志·文苑傳》，又見［民國］《衢縣志·碑碣志四》所載《清揀選知縣若庵府君墓誌銘》。［嘉慶］《西安縣志·經籍志》著錄王榮綬《若庵文集》六卷。此書今佚。［嘉慶］《西安縣志·寺觀志》有榮綬詩《耿山寺》，同書《藝文志下》有其詩《崢嶸山用唐孟郊原韻》《倚雲山房》《日遲亭》,《兩浙輶軒續録》卷六有其詩《過耿山寺》《倚雲山房》。鄭永禧《爛柯山志·旁支》有王榮綏詩《仙巖》遺句,同書《物産》篇有其詩《五枝樟》。

自娱集四卷（存）、北遊草二卷（存）

（清）西安葉聞性撰

葉聞性字逢原,號竹巢,西安人。乾隆辛酉拔貢生。學術淵懿,工文詞,尤敦孝誼。所著有《自娱集》,費筠圃制府爲之序。事跡見〔嘉慶〕《西安縣志·孝友傳》。〔嘉慶〕《西安縣志·經籍志》葉聞性著録《北遊草》二卷、《自娱集》四卷。〔民國〕《衢縣志·藝文志下》著録有葉聞性《北遊草》《自娱集》,且録有:"費淳序略:先生純孝天成,植品峻潔,尤長於詩,花晨月夕,甫脱稿已膾炙人口。然先生絶不自矜,垂老以'自娱'名集,可想見襟懷之浩落矣。"聞性此二書今藏南開大學圖書館,收入《南開大學圖書館藏稀見清人别集業刊》。〔嘉慶〕《西安縣志·物産志》於"蘭"條有葉聞性詩"山蘭香裏得幽人"句,同書《寺觀志》載有其詩《遊大慈寺》,《藝文志下》有其詩《孟家汊白鷺》;《西安懷舊録》卷九有其詩《狂風吟》《遊朝陽洞》《賀陳橘洲生子》《竹巢詠》《柞木筆斗行》《遊石甑山》《感秋示諸子》《和陳二川叠石歌》《蓮溪别墅》《尋戰龍松》《雨雹》《遊大乘山》《初寒感懷》《題橘洲田間作》《遊大慈山》《客中送黄周範歸諸暨》《宿錢塘舟中》《詠飛白竹》《遊九峰》《七月六日雨後納涼》《曉行荽道》《重九前一日遊陶莊》《盈川晚渡》《苦雨》《謁趙清獻公墓》《蓮溪泛月》《雪夜與王築賢小飲》《春日江行》《雪》《問渠上人招看菊花紅葉病不能往》《陳橘洲移居山滿樓,舊未過蓮溪,詩以寄意》《與徐右齋再過龍山宿僧寺》《贈陳且翁》《贈陳橘洲》《送徐寅谷世講之太學》《九日病腰寫懷》《次和陳橘洲陸舫》《次和陳且翁遣懷》《蓮溪竹枝詞》《詠月》《初秋偕洪敬若雨宿韜光寺》《歲饑聞催耕鳥》《别母北上》《富陽夜望》《奔牛》《渡淮》《望母山》《仲夫子祠》《思歸》《湖鎮》。《兩浙輶軒録補遺》卷五有葉聞性詩《蓮溪别墅》,鄭永禧《爛柯山志·物産》有其詩《尋戰龍松》,此書《歷朝詩》有其《遊爛柯山》《詠爛柯山》;〔民國〕《衢縣志·建置志下·寺觀》有葉聞性詩《贈古柏庵問渠》;〔民國〕《龍游縣志·文徵志七》有其詩《游翠光巖》《重遊九峰巖》《晚過徐侍郎故宅》《靈山道中記所見》《瀫江晚行》《遊雞鳴巖》《湖鎮》,《龍游團石汪氏宗譜》卷一有其《熊徵公德配楊太孺人節孝傳》《禹德公德配徐孺人貞節傳》。

誠齋詩集四卷（佚）

（清）西安龔大欽撰

龔大欽字惟昊,號誠齋,西安人。乾隆癸酉拔貢。爲人孝友醇愨,不屑治生産,家無儋石,處之泊如。著《誠齋詩集》。事跡見〔嘉慶〕《西安縣志·文苑傳》,又見《信安龔氏重修宗譜》卷二。［嘉慶］《西安縣志·經籍志》著録龔大欽《誠齋詩集》四卷。此書今佚。《兩浙輶軒録補遺》卷五有龔大欽詩《瀫溪》。［嘉慶］《西安縣志·物産志》於“炭”條有龔大欽詩“朱門獸燄奇，舞袖翻五色。豈知榾柮盆，歌聲自金石”。［民國］《衢縣志·方輿志·山脈》有龔大欽詩《黃甲山》，同書《詩文內編下》有其詩《瀫溪》《思魯閣讀書》，《西安懷舊録》卷一有其詩《思魯閣讀書》《遊華嚴寺》《詠炭》《瀫溪》《舟過鐵墻行》，《西安聯豸徐氏宗譜》卷五有其《秋岳公傳》。

蘭契集（佚）

（清）西安龔大鈚撰

　　龔大鈚字品先，號蘭契，西安人。乾隆乙酉貢生。性嗜學，經史校讎，寒暑不輟。著有《蘭契集》。事跡見［嘉慶］《西安縣志·孝友傳》，又見《信安龔氏重修宗譜》卷二。大鈚《蘭契集》今佚。［嘉慶］《西安縣志·物産志》於“楮”條有龔大鈚詩“瀫溪多穀木，不問剡藤空”句，“蜂”條有其詩“蜂咂瓶花雨”句，《兩浙輶軒續録》卷九有其詩《天王寺古塔》，［民國］《衢縣志·方輿志·山脈》有其詩《彭大佛》，《西安懷舊録》卷一有其詩《天王寺古墻》《尋宋趙叔問崇蘭館故址》《蜘蛛洞訪彭大佛遺跡》。

倚雲樓集四卷（佚）

（清）西安龔大鋭撰

　　龔大鋭字君懷，號鹿苹，西安人。性情瀟灑拔俗，與名流銜杯賦詩，猶見前賢風度。晚年以明經司鐸嘉禾，課士有方。著有《倚雲樓稿》。事跡見［嘉慶］《西安縣志·文苑傳》。［嘉慶］《西安縣志·經籍志》著録龔大鋭《倚雲樓集》四卷。《西安懷舊録》卷一稱龔大鋭著有《倚雲樓稿》。此書今佚。［嘉慶］《西安縣志·物産志》於“石巖魚”條下有龔大鋭詩“趙公昔上塘臺眺，但羨猿啼鳥語真。我欲從師參玉版，更將鐵脚刺銀鱗”句，《兩浙輶軒録補遺》卷八、鄭永禧《爛柯山志·歷朝詩》皆有其詩《爛柯山紀遊》，《西安懷舊録》卷一有其詩《大乘寺觀石巖魚》《爛柯山紀遊》。

焚餘集（佚）

（清）西安葉日蓁撰

　　葉日蓁字鶴仙，西安人。乾隆乙酉拔貢。生孝友，嗜學。晚年主鹿鳴書院講席，爲多士所宗。著有《焚餘集》行世。事跡見［嘉慶］《西安縣志·文苑傳》。日蓁《焚餘集》今佚。［嘉慶］《西安縣志·物産志》於“薑”條下有葉日蓁詩“老人作詩與飲酒，欲得此味摩胸中”句，此書《藝文志下》有其詩《尋戰龍松》《宿石橋寺》，《兩浙輶軒續録》卷九有其詩《宿石橋寺》，《西安懷舊録》卷九有其詩《擬古》《盈川懷古》《爛柯山觀仙人碁》《尋戰龍松》《宿石橋寺》《徵夢亭》《雨後舟中晚興》《都邸元夕效竹枝體》《石鼓》《送趙問亭之江寧幕兼呈趙琴堂》《送李南溟之姑蘇幕》《韓家莊》《殷浩宅前九曲河修禊分韻得宅字》《謁定光古佛分韻得皆字》《秋夜定光禪院》《秋海棠和徐芷堂明府韻》,《常山雙峰翁氏宗譜》卷一有葉日橐《雙峰翁氏重修宗譜序》《振律公傳贊》《景川公傳贊》、詩《龍井春雲》,《西安上麓祝氏宗譜》卷五有其《敬吾昆玉行樂圖贊》《處士山泉公墓誌》)。

一愚詩草（佚）

（清）西安葉炳崧撰

葉炳崧字輝岳,號愚山,西安人。歲貢生。篤守庭訓,學有本源。工詩,有《一愚詩草》,申南臺爲之評定。事跡見[嘉慶]《西安縣志·文苑傳》。炳崧《一愚詩草》今佚。

慕庭文集四卷（佚）

（清）西安王登賢撰

王登賢有《陰騭文彝訓》,前《子部·雜家類》已著録。[嘉慶]《西安縣志·經籍志》著録王登賢《慕庭文集》四卷。[民國]《衢縣志·藝文志下》載:"《慕庭詩文集》,清王登賢撰。[嘉慶]《縣志》統稱《文集》,四卷。亦稱《王慕庭集》,見《兩浙輶軒續録》。按:登賢爲志雍孫、榮統子也。事父至孝,父後盧墓三年,因號慕庭。《蓉菊園雜記》稱其所著詩文集外,尚有《倚盧草》一卷,今皆並入四卷內。"登賢此書今佚。[嘉慶]《西安縣志·物産志》於"木瓜"條有王登賢詩"入劑療足痹,佐餌快登臨"句,"桃花"條有其詩"煙花二月鋪朝錦,風雨三更起夜愁"句,"蘭"條有其詩《秋蘭歌》"蒼茫獨立空山秋,紉以爲佩心悠然"句,此書《祠祀志》載有其《重建元壇殿記》,同書《寺觀志》載有其詩《法華寺》。潘衍桐《兩浙輶軒續録》卷十二有王登賢詩《遊保安寺》《過法華寺》,《西安懷舊録》卷四有其詩《遊明果寺》《遊保安寺》《雩觀亭晚眺》《次韻徐珮堂山長白蓮池紅蓮》《過法華寺》《紅葉》《十月見梅花》《殷浩宅前修禊分韻》《李克齋講舍瞻銅像》《垂釣圖》《悠然樓望遠山》。[民國]《衢縣志·建置志上·學校》有登賢詩《衢麓講舍》,《建置志下·寺觀》有其詩《明果寺》《過法華寺》《北保安寺》,《古蹟志·塔》有其詩《鐵塔行》,《宅第園亭》有其詩《尋宋趙叔問崇蘭館故址》。《西安懷舊録》卷二於徐常純小傳、徐正仁小傳下各引有《王慕庭文集》。

竹人詩草（佚）

（清）西安王登履撰

王登履字步青,一字素占,號竹人,西安人。乾隆間附貢生。著有《竹人詩草》。事跡見《西安懷舊録》卷四。登履《竹人詩草》今佚。《懷舊録》卷四有王登履詩《宿四果寺》《大乘寺題壁》《登西郭門觀浮橋有作》。

福庭存稿（佚）

（清）西安王登贄撰

　　王登贄字汝襄，號雁汀，一號福庭，西安人。乾隆丁酉拔貢。官雲南新興州知州。著有《福庭存稿》。事跡見《西安懷舊錄》卷四。登贄《福庭存稿》今佚。《懷舊錄》卷四有王登贄詩《己未重九登黄鶴樓》《十五夜黄鶴樓玩月》《登大別山》《丁卯役滇即事用全卦名》。

知非集四卷（佚）、冷署偶存（佚）

（清）西安劉彭年撰

　　劉彭年字周祚，號存齋。歲貢生。豪於詩文，精書法。補建德司訓。著有《年譜》及《知非集》《冷署偶存》諸稿。事跡見［嘉慶］《西安縣志·義行傳》。［嘉慶］《西安縣志·經籍志》著録劉彭年《知非集》四卷。彭年諸書今皆佚。

石潭集四卷（佚）

（清）西安范珏撰

　　范珏字亦蕭，號石潭，西安人。邑庠生。有文名，淡於仕進，暇則寄情吟詠，以抒寫性靈，風格與晚唐相近。著有《石潭集》四卷。事跡見［嘉慶］《西安縣志·孝友傳》。范珏《石潭集》今佚。［嘉慶］《西安縣志·物産志》於“芥”條有范珏詩“密藏瓶甕香偏烈，久客風塵性最宜”句，“闌天竹”條有其“珊瑚累累壓庭前，氣傲篔簹心更堅”句，“鸊鷉”條有其詩“養得黑崑侖，不須出彈鋏”句，“蟬”條有其詩“似此著人都不熱，故應處晦亦能明”句，“螳螂”條有其詩“一前復一却，琴中意不舒。如何天下勇，見爾獨迴車”句，同書《寺觀志》載有其詩《寶巖寺》《蓮花寺》，《藝文志》有其《宿棠村作》、詩《崢嶸雙松行》《盈川舟次見水碓》。《兩浙輶軒續録》卷五有范珏詩《題天寧寺樓》，《西安懷舊錄》卷七有其詩《題天寧寺樓》《謁趙清獻公祠》《青峒峰訪倚雲山房方應祥、徐日久兩先生讀書處》《崢嶸雙松行》《登翠微山巔》《明知事祝公父子忠孝祠懷古》《遊寶巖寺》《舟次見水碓》《吊大徹禪師真身》《蓮花寺》《螳螂》《楓林晚步》《遊花塢寺》《夜坐》。

亦園詩稿一卷（佚）

（清）西安汪致高撰

　　汪致高字泰峰（一作奉峰），號亦園，西安人。考授州司馬。經史子集靡不研其精奧，尤工於詩。著《亦園詩稿》。事跡見［嘉慶］《西安縣志·文苑傳》、潘衍桐《兩浙輶軒續録》卷十七。［嘉慶］《西安縣志·文苑傳》載汪致高有《逸園遺稿》，而此書《經籍志》載爲《亦園詩稿》。［民國］《衢縣志・藝文志下》載："《亦園詩稿》，汪致高撰。［嘉慶］《縣志》著錄，亦見《兩浙輶軒續錄》。一卷，汪氏家藏版。鄭烺《跋》略：亦園沉潛典籍，刻志於古，而不汩於今，重違時好，力追先民，發爲詩歌，卓然成家。"《內蒙古線裝古籍聯合目錄》有汪致高《亦園詩稿》，清嘉慶十六年重刊本。然未能查見其具體館藏地，或已佚。［嘉慶］《西安縣志・物產志》於"韭"條有汪致高詩"不惜翦殘新雨韭"句，"橡"條有其詩"圃收新橡栗"句，此書《藝文志下》有其詩《宿盈川》《朝京埠送申補亭先生》《西莊漫賦》、詞《臨江仙・簪冰》，《兩浙輶軒續錄》卷十七有其詩《西莊漫賦》，鄭永禧《爛柯山志・歷朝詩》有其詩《湘湖徐汝爲遊柯山以詩見寄奉答元韻》，《西安懷舊錄》卷五有其詩《朝京埠送申補亭》《夢亡內有感》《客牕苦雨》《泊上黃阜》《宿盈川》《春日憶申補亭》《秋後二日集菊人齋分韻得涼字》《葉孝廉招飲園中即席次沈四香韻》《遊黃山》《檢亡內舊盒有感》《午睡》《東湖道中》《坐梅嵒書屋感懷許序賓姊夫》《鹿鳴山題項王廟》《梅花墓吊趙姬》《過滄州即事》《定陽返棹》《西城夕望》《有約不至》《水中荷影》《凌芳溪葺舊舍喜賦》《至自顧莊》《和黃汲清日暮遣懷》《初夏》《西莊漫賦》《次張槎亭夜雪原韻》《掃除小園柬諸同志》《清明日金華道中》《西湖》《題五叔定陽園亭》《得沈思安書》《沈清臣自江陰來翦燭夜話》《峥嶸嶺懷古》《過峥嶸嶺傷張槎亭》《初夏偶得》《病中》《絕筆》。

笯山詩集十卷（存）
（清）西安申甫撰

申甫字及甫，一作拂珊，號笯山，西安人。父承德公爲衢州西安驛丞，因家焉。乾隆丙辰舉博學鴻詞科，辛酉舉人。官至都察院左副督御史。著《笯山詩鈔》。事跡見［嘉慶］《西安縣志・寓賢傳》、潘衍桐《兩浙輶軒續錄》。《輶軒續錄》收錄申甫詩《送厲太鴻歸錢塘》，且稱申甫有《笯山詩鈔》。是書今傳本題《笯山詩鈔》，卷端署"江都申甫及甫"撰。申甫祖籍江都，其父承德公爲衢州西安驛丞，而居家衢城。據《詞科掌錄》，申氏舉博學鴻詞科，由浙江總督所薦，故《詞科舉目》作申甫爲浙江西安人。潘衍桐《兩浙輶軒續錄》錄有申甫詩，亦言甫爲西安人。又鄭板橋《申甫》云："男兒須鬥百千期，眼底微名豈足奇。料得水枯青石爛，天涯滿誦笯山詩。"此詩前有小序曰："申甫，號笯山，關中人，孝廉，工詩。"板橋爲興化人，其言申甫爲關中人有誤。鄭永禧《衢縣志》載申甫小傳，據板橋詩序曰："詩序以笯山爲關中人，是誤以此西安爲陝之西安也。然興化、江都同屬揚州，而板橋不知，可見笯山入仕後未嘗一歸故里矣。"申甫自其父已家居西安，自幼長於衢州，且由此地進入仕途，故可視爲西安人。此集十卷，共收錄古今體詩六百五十六首。卷一有《九日偕卓履翁樓逸亭登鹿鳴山》《曉過常山》《華埠道中》等，卷二有《趙姬墓次趙恒夫黄門韻》《謁趙清獻公祠》《春日衢州城外晚眺》等，所寫皆衢州景物，此二卷多爲早年在衢州所作，亦偶有在蘇、杭時詩篇。卷三有《沂州道中》《定州》《初至津門賦》等，笏山此時已出衢州，北上京師，此卷乃沿途所見之作。由卷四至卷十之《恭和》，可知這些詩作爲在京爲官或自京外出所作。此集最後一首爲《病甚將請假南歸》，此詩前四首有《甲午九月重莅副憲之任》，由此推斷此集詩作最晚當作於乾隆三十九年。此書卷前有袁枚乾隆五十七年序，時申甫已逝。袁氏論笏山詩曰："及余改官外用，贈以詩者無慮數十家，惟笏山七律四章群推絶唱，不減楊汝士之壓元、白也。"又贊之曰："取之於人意之中，得之於物像之外。"此書有清乾隆五十七年刻本，藏於國家圖書館、浙江圖書館、哈佛大學燕京圖書館，《衢州文獻集成》據浙圖藏本影印。

瀫江遊草二卷（存）、榆村詩集六卷（存後三卷）
（清）錢塘費辰撰

　　費辰字斗瞻，號榆村，錢塘人。長於詞賦。少隨伯父遊學三衢，信安諸名士膓詠倡酬，聲名藉甚。刊有《瀫江遊草》《榆村近稿》。事跡見［嘉慶］《西安縣志·寓賢傳》。［民國］《衢縣志·藝文志下》載："《榆村詩稿》（一作《集》），清費辰撰。乾隆間刊本，四卷。按：辰字斗瞻，號榆村，雄飛弟。晚中錢塘舉人。居衢，初著《瀫江遊草》《榆村近稿》，後合刊爲《榆村詩集》四卷，分訂兩册。但有二陳及葉竹巢詩羼雜其内，疑皆當時唱和之作也。"

　　《瀫江遊草》二卷。［弘治］《衢州府志》有"郡名"一目，衢州别名有"瀫江"，又别作"瀫江"，皆爲衢州别稱。費辰寓居衢地，此詩集大多詠誦三衢景物，吟唱柯城人事，故稱《瀫江遊草》。此集二卷，卷一收詩三十八首，卷二録有四十一首，其中與章天叙、陳聖洛、陳聖澤、陳一夔等衢州友人唱和詩、贈送詩爲多；除吟誦自杭州來往衢州沿途山川外，其寫景物抒懷則在衢地所見而作。此書有清活字本，藏於國家圖書館，《衢州文獻集成》據其影印。

　　《榆村詩集》六卷，今存三卷。今傳本與鄭永禧所見不同，或榆村集先有四卷刊本，而後增至六卷，抑或鄭氏所見缺後兩卷。據［民國］《衢縣志》，此集收有《瀫江遊草》所録之詩，幸今存《遊草》二卷，故《榆村詩集》所缺前三卷中，有《遊草》可補二卷。鄭氏又言此集參羼雜"二陳及葉竹巢詩"，二陳即陳聖洛、陳聖澤兄弟，葉竹巢即西安貢生葉聞性。此集題"錢塘費辰斗占"撰，榆村舊籍錢塘，故書之。然今存此集諸詩，大多作於衢州，不僅有諸多與陳、葉等西安鄉賢唱和之詩，亦有甚多吟誦衢州景物之作，還有許多投贈衢州友人之篇，故《衢州文獻集成》收録該書。是書有清刻本，藏於南京圖書館，《衢州文獻集成》據其影印。

玉亭詩草（佚）

（清）西安章典撰

　　章典字天叙，西安人。廩生。學醇品粹，屢見賞於文宗。著《玉亭詩草》。龔士範跋略：天叙生平詩不多作，性好釋典，每至蘭若輒低徊不去，故詩多隨喜之句，亦性成也。事跡見［嘉慶］《西安縣志·文苑傳》、潘衍桐《兩浙輶軒續録》卷十六。章典《玉亭詩草》今佚。［嘉慶］《西安縣志·寺觀志》《藝文志下》分別有章典詩《隆壽院》《梧桐嶺》，《兩浙輶軒續録》卷十六有其詩《遊南禪寺》，《西安懷舊録》卷四有其詩《隨喜南禪寺》《登龜峰尋群峰亭故址》《隆壽院》《竹籬》《過梧桐嶺》《悠然樓望遠山》《紅葉》《峥嶸古松行》《早鶯》《垂釣圖》，［民國］《衢縣志·建置志下·寺觀》有其詩《古城寺》。

息廬詩草一卷（佚）

（清）西安徐士敷撰

　　徐士敷字膚功，號息廬，西安人。諸生。生平酷嗜吟詠，著有《息廬詩草》。其後有徐逢春者，爲之刊行。事跡見［民國］《衢縣志·人物志三》。［嘉慶］《西安縣志·經籍志》著録徐士敷《息廬詩草》。［民國］《衢縣志·藝文志下》載："《息廬詩草》，清徐士敷撰。［嘉慶］《縣志》著録，一卷。已刊行。按：士敷，乾隆間諸生，晚號息廬。"士敷《息廬詩草》今佚。［嘉慶］《西安縣志·物産志》於"蒿菜"條有徐士敷詩《謝杜公惠香蒿》"莖碧疑沙筍，根香過美蕈"句，"芋"條有其詩"充腸煨紫芋"句，"苦瓜"條有其詩"味苦清脾省藥錢"句，"梧桐"條有其詩"半榻桐陰借別家"句，"蟋蟀"條有其詩"蟋蟀潛溪岸，兒童喜捉歸。養恬銷客氣，赴敵出戎威。豆莢供風瓣，茅芽採露緋。牀頭秋寂寂，倩爾助吟幃"，同書《寺觀志》載有其詩《同乾敏和尚遊大乘寺》，潘衍桐《兩浙輶軒續録》卷十五載其詩作《偕乾敏上人遊大乘寺》。《西安懷舊録》卷二有徐士敷詩《養蟋蟀》，文句與［嘉慶］《西安縣志·物産志》"蟋蟀"條有所不同。

桐炭集（佚）、候蟲集（佚）

（清）西安陳聖洛撰

　　陳聖洛字二川，西安人。庠生。人品高潔，與季弟聖澤、宗弟一夔同負詩名，而聖洛尤秀出。家藏圖史甚富，終日坐擁，不問户外事。著有《桐炭集》《候蟲集》。事跡見潘衍桐《兩浙輶軒續録》卷十。聖澤子陳樸選其父詩與陳聖洛詩合爲《二陳詩選》，此書今存。《二陳詩選》收録《桐炭集》《候蟲集》各一卷。除《二陳詩選》所收諸詩外，聖洛《桐炭集》《候蟲集》餘詩今多佚。《輶軒續録》收録陳聖洛詩《擬古樂府》《讀柯山石刻得唐貞元元和二碑並録其文以歸》。［嘉慶］《西安縣志·藝文志》有陳聖洛詩《晚尋九仙寺》，不見於《二陳詩選》。鄭永禧《西安懷舊録》卷三載有聖洛詩五十首，其中《悠然樓望遠山》不見於《二陳詩選》。

橘洲近稿四卷（佚）、中晚吟四卷（佚）
（清）西安陳聖澤撰

陳聖澤有《讀易記》，前《經部·易類》已著録。［嘉慶］《西安縣志·經籍志》著録陳聖澤《橘洲近稿》四卷、《中晚吟》四卷。《二陳詩選》收録《橘洲近稿》《中晚吟》各一卷。除《二陳詩選》所收諸詩外，聖洛《橘洲近稿》《中晚吟》餘詩今皆佚。鄭永禧《西安懷舊録》卷三有陳聖澤詩五十二首，皆見於《二陳詩選》。阮元《兩浙輶軒録》卷二十八有陳聖澤詩《閒居作》《郭香浦司馬枉顧草堂》《東皐》《酒熟招家賞侯徐採朝》。［嘉慶］《西安縣志·祠祀志》有陳聖澤《馬都督祠記》。

二陳詩選四卷（存）
（清）西安陳聖洛、陳聖澤撰

陳聖洛有《桐炭集》，已著録。陳聖澤有《讀易記》，前《經部·易類》已著録。《二陳詩選》爲陳樸選訂。樸有《思孟年譜》，前《史部·傳記類》已著録。此《詩選》四卷，選入古今體詩共二百六十四首，前有費淳、鄭烺二序。卷一有詩四十六首，選自《桐炭集》；卷二有詩六十七首，選自《候蟲集》；卷三有詩七十九首，選自《橘洲近稿》；卷四有詩七十二首，選自《中晚吟》。聖洛、聖澤及陳一夔，各有諸多覽勝寫景同名作，當是兄弟諸人同遊一地，相互酬唱而作。二陳兄弟以詩名，時稱二難，江都鄭板橋等俱郵書索稿，問難不置。費淳稱聖洛詩"清麗芊綿，淵雅可誦"，鄭灝評之如邊京兆畫，"一花一卉，皆臻奇妙"；龔渭評聖澤，"詩學韓、杜，而出以柔脆之筆，覺面目一新，爲一時吟壇指南"（見鄭永禧《西安懷舊録》卷三）。此書有嘉慶十六年山滿樓刻本，藏於浙江圖書館、清華大學圖書館，《衢州文獻集成》據浙圖藏本影印。

二石詩選一卷（存）、二石近稿二卷（佚）
（清）西安陳一夔撰

陳一夔字賞侯，西安人。著《二石近稿》二卷。朱文藻《碧溪詩話》載："陳賞侯《二石近稿》二卷，與陳雲嶁《橘洲近稿》四卷合刻爲一編。二陳之詩，雲嶁長於七律，賞侯長於七古，佳處各不相襲。而間多趁筆成篇，措詞粗率之病，則兩家同也。"事跡見阮元《兩浙輶軒録》卷二十八。陳一夔《二石近稿》今佚，有《二石詩選》今存。鄭永禧《西安懷舊録》卷三載："二石初與橘洲詩合刻，名曰《他山集》，後經龔春帆、鄭秋史兩孝廉選訂，益以晚年之作，且翁、橘洲爲一編，二石另爲一編。又案：《二石詩稿》，親見原刻真本尚存，不知何人竄入錢塘費辰《榆村集》，又雜見於嘉善周鼎樞《清聞齋詩存》中，筆力均不相類甚哉！文恪公序《二陳詩集》有言：
'毋使他人駕名竊取，又爲向、郭之二《莊》也。'"陳氏菱湖草堂與山滿樓有菱湖詩
社，時費雄飛主社，陳聖洛、陳聖澤、陳一夒、費辰等皆入社，集詩爲《菱湖社草》。
後人集《二石詩稿》時，蓋將費辰之詩誤入。《二石詩選》選一夒古今體詩七十四首，
由其宗侄陳樸選訂，卷前有徐崇烱、范崇楷、鄭烺三序。《西安懷舊録》卷三收録賞
侯詩三十四首，皆見於此集。《兩浙輶軒録》卷二十八收録賞侯之詩《偶成》，爲《二
石詩選》未收。《輶軒録》引《碧溪詩話》言："二陳之詩，雲嶺長於七律，賞侯長
於七古，佳處各不相襲。"鄭烺評其詩曰："其思悲，其語壯，其色斑駁而陸離，其
音噌吰而鏜鞳。集中《擬古》曰'下視齊州平，九點孤煙裊'，《詠梅》曰'要與李
桃存氣骨，偏從霜雪試精神'，是何等胸襟耶！下筆咄咄逼人，豈非'語不驚人死不
休'歟！"此書有嘉慶十六年山滿樓刻本，藏於浙江圖書館，《衢州文獻集成》據其
影印。

徐明極詩集（佚）

（清）西安徐明極撰

徐明極《姓氏考源》，前《史部·傳記類》已著録。[嘉慶]《西安縣志·文苑傳》
本傳載，徐氏尤工韻語，當湖陸太史奎勖序其集。可見明極有詩集，此集今佚。《兩
浙輶軒録補遺》卷八有徐明極詩《仙霞嶺》。

蓉菊園詩稿（佚）

（清）西安徐明昶撰

徐明昶有《詩經析義》，前《經部·詩類》已著録。潘衍桐《兩浙輶軒續録》卷
十於徐明昶小傳載，明昶有《蓉菊園詩稿》。此書今佚。[嘉慶]《西安縣志·祠祀
志》、同書《寺觀志》《藝文志下》分別載有徐明昶《香仙閣詩》《重修九仙寺記》《謁
定光古佛》。《兩浙輶軒續録》卷十有徐明昶詩《登龜峰尋群峰亭故址》，《西安懷舊録》
卷二有其詩《紅葉》《登龜峰尋群峰亭故址》《香仙閣瞻純陽子像》《峥嶸古松行和陳
橘洲》《謁定光古佛真身》《敗蕉》《悠然樓望遠山》，[民國]《衢縣志·建置志上·壇
廟》有其詩《呂祖殿》，《衢州孝義周氏宗譜》卷上有其《質盦公像贊》。

聽鶯亭集（佚）

（清）西安馮世魁撰

馮世魁字冠五，西安人。著《聽鶯亭集》。事跡見潘衍桐《兩浙輶軒續録》卷九。
世魁《聽鶯亭集》今佚。[嘉慶]《西安縣志·藝文志下》《兩浙輶軒續録》卷九皆有
馮世魁詩《白雲巖秋意》，《西安懷舊録》卷一有其詩《春亭晚霽》《白雲巖秋意》。

竹溪吟稿（佚）

（清）西安龔渭撰

　　龔渭字望濱，號竹溪，西安人。乾隆壬辰進士。官江西萍鄉知縣。著《竹溪吟稿》。事跡見［嘉慶］《西安縣志·文苑傳》、潘衍桐《兩浙輶軒續録》卷十一，又見《信安龔氏重修宗譜》卷二。龔渭《竹溪吟稿》今佚。［嘉慶］《西安縣志·物産志》於“蕹菜”條有龔渭詩“無心虛似竹，入口嫩如薺”句，《兩浙輶軒續録》卷十一有其詩《題宋招討使王安故宅》，《西安懷舊録》卷一有其詩《題宋招討使王安故宅》《崔氏觀我園賞牡丹》，《三衢琅琊王氏宗譜》卷十一有其《截取儒學訓導慕庭府君暨元配范老孺人合葬墓表》，《三衢仁德葉氏宗譜》卷三有其五言詩《壽節孝葉母鄭太孺人八十》，《西安聯豸徐氏宗譜》卷五有其《伊人公傳》。

時藝與巧集（佚）

（清）西安龔羽儀撰

　　龔羽儀字鳴玉，號鷟巢，西安人。廩生。工舉子業，屢薦不售，而文名益著。著有《時藝與巧集》存梓。事跡見《信安龔氏重修宗譜》卷二。羽儀《時藝與巧集》今佚。

筠莊詩草（佚）

（清）西安張漣撰

　　張漣字維清，號筠莊，西安人。乾隆庚子進士。授陝西武功知縣，又改保安縣知縣，陞直隷宣化府保安州知州。著《筠莊詩草》。事跡見［嘉慶］《西安縣志·循吏傳》、潘衍桐《兩浙輶軒續録》卷十三。張漣《筠莊詩草》今佚。［嘉慶］《西安縣志·墳墓志》載有張漣詩《王宏墓》，《兩浙輶軒續録》卷十三有張漣詩《遊集仙觀》，《西安懷舊録》卷四有其詩《元隱士王宏墓》《遊集仙觀》，《衢州孝義周氏宗譜》卷上有其《廷四公像贊》。

吾山近草（佚）、燕游鄙言（佚）

（清）龍游張光進撰

　　張光進字康侯，龍游人。歷任鹽山、樂亭等縣知縣，俱有循聲。曾著《吾山近草》及《燕游鄙言》。事跡見［民國］《龍游縣志·人物闕訪》。光進《吾山近草》《燕游鄙言》今皆佚。

晚香堂全集（佚）

（清）龍游余作沛撰

　　余作沛字汝麟，號慵樓，龍游人。乾隆二十四年舉人。歷廣東石城等知縣，佛山、澳門同知，雲南鄧川知州。著有《晚香堂全集》。事跡見［民國］《龍游縣志·人物傳三》。作沛《晚香堂全集》今佚。[民國]《龍游縣志·文徵志四》有余作沛《靈山徐氏捐科舉田記》《重建毗盧閣記》,《龍游木城祝氏宗譜》卷首有其《梅溪公贊》,《龍游團石汪氏宗譜》卷首有其詩《童山松籟》《古木臨溪》《瀫水揚帆》《團石印浮》。

星隈詩草八卷（存）

（清）龍游余華撰

余華字佩齋,龍游人。武庠生。工草書,神採俊逸,水墨畫亦擅長,收藏書畫、金石、碑帖頗富。嗜詩酒,所爲詩,清和深秀,出入唐宋,著有《星隈詩草》八卷。事跡見[民國]《龍游縣志·人物傳三》。[民國]《龍游縣志·藝文考》載:"《星隈詩草》四卷,余華撰。案:此詩余華自編甲子,始於乾隆三十八年辛巳,止於嘉慶二年丁巳。家居縣城西湖文星隈之東,故自號星隈。乾隆五十二年丁未,其族人可大繪《星隈步月圖》並序,述星隈原委極詳。乾隆間,龍游三遭大水,暨有余、漆兩知縣與劉教諭,並賴此詩編年藉知崖略,是其有關縣志掌故,足稱詩史。[康熙]《志》選舉內有'余華,康熙四十五年歲貢'。計自嘉慶二年丁巳,下溯康熙四十五年,相去已九十二年,蓋姓名偶同者,亦賴此詩編年,不至誤合爲一。又莫晉爲作《序》,記華與葉淳交誼事,亦好史料也。"《藝文考》載《詩草》四卷,"止於嘉慶二年"。而今存是書八卷,分兩冊,上冊四卷,止於嘉慶二年丁巳;下冊亦四卷,止於嘉慶二十一年丙子。蓋余紹宋僅見上冊。今所見此書略殘,余懷瑾序文僅存最後數語,此前內容不見。書之前幾葉有民國時人手抄余華小傳和會稽人莫晉《星隈詩草序》,此傳、序全錄於余紹宋《龍游縣志》卷十九《人物志》、卷三十六《文徵志》。除手抄莫氏序外,正文前還有余懷瑾序(已殘缺)、戴敦元序、春山樵雙序、李泉序。正文凡八卷,共收錄詩作七百九十二首,後附宋璠《星隈步月圖賦》和孫大夏等《星隈步月圖詩》十九篇。余華詩出入唐宋,戴敦元贊其"清和深秀"。莫晉以爲余華五言詩大體氣味清深,體裁雅潔;七言古體詩清挺絕俗,意境超曠;近體諸作得宮商之正聲,奮絲竹之逸響,動合天籟,漸近自然。今見余華此集最晚詩止於嘉慶二十一年,當刊成於此年後。此書有清刻本,藏於衢州市博物館,《衢州文獻集成》據其影印。

丹山別館詩文集四卷（佚）

（清）龍游王洪惠撰

王洪惠有《王氏彙考》,前《子部·雜家類》已著錄。[民國]《龍游縣志·藝文考》著錄王洪惠《丹山別館詩文集》四卷。洪惠此書今佚。

焚香偶紀（佚）

（清）常山徐金位撰

　　徐金位纂修有［乾隆］《新野縣志》，前《史部·地理類》已著錄。［光緒］《常山縣志·藝文志》著錄徐金位《焚香偶紀》。此書今佚。［乾隆］《新野縣志·藝文志》有徐金位《重建魁樓碑記》、詩《議事臺》《鄧禹臺》《關廟晉楸》。《兩浙輶軒續錄》卷五、［光緒］《常山縣志·藝文志》皆有徐金位詩《贈石崆寺僧志參》。

邵氏庭憲（佚）、然葉齋詩文集（佚）、競辰山房集（佚）、臨松集（佚）、同懷集（佚）、蘭陔集（佚）、海上晷餘草（佚）

（清）常山邵志謙撰

　　邵志謙有《常山逸志》，前《史部·衢州方志類》已著錄。［光緒］《常山縣志·藝文志》著錄邵志謙《邵氏庭憲》《然葉齋詩文集》《競辰山房詩集》《臨松集》《同懷集》《蘭陔集》《海上晷餘草》。［光緒］《常山縣志·雜記》有引《競辰山房集》一段，爲文，並非詩。可見志謙有《競辰山房集》。志謙諸文集今皆佚。阮元《兩浙輶軒錄》卷二十九有邵志謙詩《陽關》。［雍正］《常山縣志·藝文志》有邵志謙《定陽山水賦》《勸蠶賦》和詩《定陽書院即事》《武當別峰》《嚴坑幽谷》《招賢古渡》，［嘉慶］《常山縣志·藝文志》有其《重建常山會館碑記》、詩《石門里趙忠簡公墓感懷六首》。除上述諸詩文外，［光緒］《常山縣志·藝文志》另有其《重建文昌閣並置祀田碑記》《徵刻三衢文載啓》、詩《方田行》《清明憶弟梅嶼》，《開化徐氏宗譜》卷二有其詩《鳳山軒壽》。

　　葉承《然葉齋詩序》：康節邵子之學，淺學所不能窺，強學所不能企，《觀物外篇》幾於一字不解，吾非不學者也，蓋其難也；至其詩脫口而出，無深文，無棘句，如人人可以學而至，又若人人可以不學而能者。難與易之間，吾試一論焉。凡學有難有易，而究皇極之微則甚難。詩有易有難，而爲擊壤之詩則甚易。姑以詩論，其出之也甚易，而其初則必備歷諸艱。盡心養性，一難也。察物觀變，一難也。選聲作色，一難也。乾坤清氣，散入心脾，閱歷之深，夫而後妙手，乃能偶得以爲易，而不知其有甚難者立乎其先也。屺雲博學，康節之裔孫也。祖述經世之學，手抄香山黃氏之傳，而能指祝泌朱隱老之非，探幽極微，其學可謂不畏難矣，自其少時即以詩鳴浙東。吾縣而擬之，以爲或有擊壤之餘風焉。與之論詩，而其言曰：“唐司空圖之品詩也，有曰‘空山無人，水流花落’，其境可會，其詣不可説也，請以詩證之。《風》之詩曰‘一日不見，如三秋兮’，《雅》之詩曰‘昔我往矣，楊柳依依。今我來思，雨雪霏霏’，其是乎？陶之‘採菊東籬下，悠然見南山’，謝之‘池塘生春草’，不假安排，不待思索，皆水流花放之境也。其易也如是。夫三百篇垂之爲經，章之爲教，經大聖人之刪定，果若是之易。明堂清廟何以登？聘問燕饗何以贈？天神人鬼何以格？非夫淵懿卓鑠炳焉，與典誥同風，固無以與乎三百之數也。且詩之道，結體貴莊，莊則不佻；造意貴慤，慤則不支；削句貴重，重則不剽；斂之欲其純，縱之欲其肆；優而遊之，恐其趣數也；固而存之，恐其閡以庵奄迤爾而隤也；如挽強不審固矢去，疾而不能射疏及遠也；如捧盈不車輪曳踵，時則不至而控於地矣。韓愈氏之言曰‘六字常語一字難’，愈蓋能爲其難者也，吾亦爲其難者而已矣。若其易，吾祖能之，而我不能也。”誦其詩，恂鍜季鍊，不恃利於齒牙，不緣襲於口耳，與其所論，若陶冶之歸埏埴，登岱諸篇，雷電精銳，走集筆端，貞之金石，大書深刻，支而不愧，信矣乎。其難其慎，而後得此矜鍊之一境也。自今伊始，余得以正告於人學者，毋務求其易，姑循於圯雲之所難者而從事焉。其於詩也，思過半矣。（見［嘉慶］《常山縣志·藝文志》）

丁案《臨松集序》：足不出十笏地，目不越環堵宮，耳不絕婦績兒啼聲，吟興勃發，掀髯摹寫，皆紙裹中物，縱卷軸富有，按圖摸索，殆山屋角而水溪流已矣。即或剡川鼓櫂，灞橋策蹇，亦惟舴艋煙波，村舍風雪，坐聽漁歌樵唱相互答，耳拘虛者，眼光如豆，謂宇宙都類是矣。古今大手筆，光焰萬丈，老於甕牖者，弗感望其項背，良以有也。常山邵圯雲先生，兩浙名士，遇予甘州，出其近作相示。卷曰《臨松》，皆自延安至甘，途次所吟詠者。夫人生終老牖下者無論已，即慨然杖策遠遊，而遺碑古壘重地名都類，無由圖其嶔崟歷落之狀，寫其興亡險夷之故，則遊矣而不能詩，詩矣而不能工，皆天地間憾事也。今先生策款段，陟峻阪，亂絕壑，弔故墟殘照，衝荒塞寒煙，悉有以抒其壯志，擴其豪情，而筆復足以達之。嗟乎！登樓感嘆，遇似仲宣，渡江蒼茫，情同叔寶，擲封侯之筆，擊請纓之纓，望雲而悲，聞雞而舞，性情盎流，非徒老生常談也。蓋先生以恂恂雅度，攄磊落襟懷，嘯歌慷慨，猶是匡牀面目，情簡以真，故其言澹以遠跡，其所造駸駸乎，超大歷而升天寶。假令早膺綸黻之任，高文典冊，何難成經國大業，而顧使之潦倒風霜，歌吟驛路已乎！然先生年未強仕，歷覽所及，文章日奇，將見廟堂，著作悉關國家典故，以視斯帙，固有館閣江湖之異，實皆此權輿也。儒生其可株守章句裹足鄉里乎哉？（見［光緒］《常山縣志·藝文志》）

葉承《臨松集序》：余少是竊慕趙充國、班定遠之爲人，以爲天下大勢重在西北，身爲丈夫，當爲國家提兵，走萬里，掃煙氛，拓疆宇；即不然，亦負書挾劍，運籌佐策，談笑於邊關沙漠之間，以一吐其志，鬱鬱老死內地無謂也。今年幾四十，匏繫江隅，沾漬文墨，常西望慨然。圯雲邵子年少於予，而早爲萬里之遊，嘗從延安至甘州，歷邠涇平涼，閱蘭州重鎮，按休屠敦煌，考焉支弱水瓜沙河套，皆在肘掖。嘗與談地勢兵形，歷歷如指諸掌，其遊可謂狀哉！顧身至軍前，抱其策而不得，試其魁奇磊落之概，鬱而無所表見，乃一舉而發之於詩，故其氣雄而奇，其情摯而肆。

世未有識邵子爲人者，於其詩可以知其概已。邵子不得志，歸卧浙東，而西北諸堡障已入悲吟歌嘯中。予雖未獲遊，而得讀邵子之詩，不啻身遊其地。試於風窗雨夜，酒酣耳熱，時擊節高歌，少年壯志，未始不可藉是以慰也。今天子有事西陲，搜羅天下之士，凡有片長薄技者，孰不當自效。他日得與邵子聊轡而西，馳騁上下，徧歷諸地，尚當爲邵子和之。（見［光緒］《常山縣志・藝文志》）

理情集（佚）、閒正編（佚）

（清）常山邵志晉撰

邵志晉字梅嶼，常山人。諸生。性愛山水，尤醉心龍山。著有《理情集》。事跡見阮元《兩浙輶軒録》卷二十九。［光緒］《常山縣志・藝文志》著録邵志晉《理情詩文集》《閒正編》。此二書今皆佚。《兩浙輶軒録》有邵志晉詩《丁仙閣》。

卷勺吟（佚）

（清）常山邵志觀撰

邵志觀有《四書傳注彙參》，前《經部・四書類》已著録。［光緒］《常山縣志・藝文志》著録邵志觀《卷勺吟》。此書今佚。

寒香堂詩草（佚）

（清）常山邵豐撰

邵豐，事跡不詳。［光緒］《常山縣志・藝文志》著録邵豐《寒香堂詩草》。此書今佚。［光緒］《常山縣志・詩賦》有邵豐詩《誦邑侯胡觀瀾德政》。

易齋詩草（佚）

（清）常山邵金輅撰

邵金輅，事跡不詳。［光緒］《常山縣志・藝文志》著録邵金輅《易齋詩草》。此書今佚。

匏石碎稿（佚）

（清）常山王滋藩撰

王滋藩字價人，錫黻子，常山人。邑廩生。受知學憲雷公。事跡見［光緒］《常山縣志・人物志・文苑》。［嘉慶］《常山縣志・書目志》著録王滋藩《匏石碎稿》。此書今佚。［嘉慶］《常山縣志・藝文志》有王滋藩詩《送秦明府榮遷》。

菊園詩稿（佚）

（清）常山徐瑞元撰

徐瑞元字毓三，常山人。乾隆間，屢董修學宮。旋以明經選嘉善訓導，日與諸生論文説詩。著有《菊園詩稿》二百餘首。事跡見［光緒］《常山縣志・人物志・文苑》。瑞元《菊園詩稿》今佚。

池北草堂文集（佚）、制藝（佚）
（清）常山徐瑞龍撰

徐瑞龍，常山人。廩生。性長厚，好善。博學能文，喜作制藝。卓然名貴，不染時趨。著有《池北草堂》《制藝》行世。事跡見［光緒］《常山縣志・文苑傳》。［光緒］《常山縣志・藝文志》著録徐瑞龍《池北草堂文集》。瑞龍此二書今皆佚。

南湖草（佚）、薰弦集（佚）
（清）常山詹紹治撰

詹紹治有《五經輯要》，前《經部・五經總義類》已著録。［嘉慶］《常山縣志・人物志・文苑》本傳載，詹紹治有《南湖草》《薰弦集》。詹紹治號臥庵，［光緒］《常山縣志・藝文志》著録其書爲《臥庵薰弦集》。紹治此二書今皆佚。潘衍桐《兩浙輶軒續録》卷十二載有詹紹治詩《遊石崆憩問莊亭》《登文筆峰》。［嘉慶］《常山縣志・藝文志》有詹紹治《游嚴谷山記》、詩《遊石崆憩問莊亭》《登北郭心樹亭》《昭慶寺》，［光緒］《常山縣志・藝文志》還有其《石僧傳》《三衢山賦》、詩《龍山》《登文筆峰》《四賢祠懷古》《忠簡孤塚》。［光緒］《常山縣志・名宦傳》載，宋鑒字元衡，山西安邑縣進士，乾隆十四年任常山知縣，"邑人詹紹治撰詞六闋，誦其德政，一曰《屏斥囑託》，二曰《杜絕賄賂》，三曰《頒禁溺女》，四曰《勸諭種桑》，五曰《清釐平糶》，六曰《詳借穀米》。"紹治此六闋詞今亦不見。

少保公遺書不分卷（存）
（清）江山柴大紀撰

柴大紀字肇修，號東山，江山人。乾隆癸未武進士。曾任海壇鎮、汀洲鎮、臺灣鎮總兵。在臺灣，鎮壓林爽文起義，後爲福康安陷害而死。大紀雖身列行陣，雅好文翰，每有得意處，常揮毫直書，惜多散亂。事跡見柴大紀《少保公遺書》卷首所載柴之藩《少保公遺書序》。光緒二十五年，大紀曾孫之藩於其舊宅墙中，拾得稿紙數十篇，係大紀平臺時文札等，乃搜輯成帙。是書亦名《平臺灣寇亂遺書》，之藩刊行時題名爲《少保公遺書》。其書首爲柴之藩爲大紀所立小傳，下爲江山知事姚應泰爲本書撰序，再下爲之藩《答江山縣知事姚君贈序書》，其下爲大紀遺作。大紀遺書有二十三篇，除幾篇在臺遊記外，大多議論其駐臺平亂等相關政事。此書每篇文後，皆有評語，其中《記十八重谿示諸將弁》後有評者"徐侶鹿"，其餘諸篇評語皆無作者，或爲柴之藩所作。如接福建制軍檄文，要求將臺灣山中數萬户居民遷徙至山外，大紀作《復制軍遷民劃界書》，論述遷徙之事不可實施，其下評曰："以極有謨略幹濟定亂之偉人，忽然有此恠檄，殊不可解。豈功成智昏，江淹才盡，抑欲以試地方文武之本事擔當歟？前面許多婉轉，竟是認真要奉行一樣，以後層層駁入，步步緊逼，直令一辭莫措，可謂善於挽回。"是書對於研究乾隆末年臺灣歷史有較高價值，如《復制軍論築城書》《與制軍再論築城書》等可爲研究當時臺灣城邑築建參考。是書有光緒二十五年江山長臺柴祠木活字本，藏於浙江圖書館、江山市博物館，《衢州文獻集成》據江山市博物館館藏影印。《開化江山譙國戴氏宗譜》卷一有柴大紀《敕封儒林郎維舟戴老年先生七秩榮壽序》，《江陽何氏宗譜》卷二十、卷二十一分别有其詩《輓聲苑何年兄》和《何大勇傳》，《江陽嵩高柴氏宗譜・勳德録》有其《先生智六一公庠生壽官墓誌銘》[①]。

西緑草堂詩稿（佚）

（清）江山何茹連撰

何茹連字萃拔，號吉茅，江山人。乾隆乙酉拔貢，官至廣東潮州知府。著有《西緑草堂詩稿》。事跡見潘衍桐《兩浙輶軒續録》卷九。《輶軒續録》稱何茹連著有《西緑草堂詩稿》，[同治]《江山縣志・人物志・文苑》與其同，而[同治]《江山縣志・邑人纂述書目》載爲《西緑草堂詩集》。此集今佚。《兩浙輶軒續録》卷九有何茹連詩《登水星樓》。[同治]《江山縣志・拾遺志・古蹟》有何茹連詩《登水星樓和壁間韻》《冷香亭吊節愍方公》，同卷《冢墓》有其詩《秋晚謁方公墓》。

葉蘭臯文稿（佚）

（清）西安葉蘭臯撰

葉蘭臯，西安人。廩生。秉性通率，不好浮華。爲文氣高致遠，詞清體潤。著有《文稿》一册。事跡見《三衢仁德葉氏宗譜》卷三所載《愈進公傳》。蘭臯《文稿》今佚。

學箕草（佚）

（清）西安鄭孝安撰

鄭孝安，事跡無考。[嘉慶]《西安縣志・經籍志》著録鄭孝安《學箕草》。孝安此書今佚。

---

① 民國三十年重修《江陽嵩高柴氏宗譜》目録載卷四至卷六爲《勳德録》，然此文在該譜《勳德録》卷三。

雲峰擬草（佚）

（清）西安徐上撰

徐上字雲峰，西安人。謹言行。居恒授徒課子，諄諄以孝悌爲務。著有《雲峰擬草》。事跡見〔嘉慶〕《西安縣志·人孝友撰》。徐上《雲峰擬草》今佚。

鋤藥初集四卷（存）

（清）西安范崇楷撰

范崇楷曾撰修〔嘉慶〕《西安縣志》，前《史部·衢州方志類》已著録。崇楷《鋤藥初集》四卷今存。是書每卷端題《鋤藥初集》，署"西安范崇楷退樵稿，男錫疇、學易、學詩仝校"，版心爲《鋤藥集》。此書成於嘉慶十五年，爲其歸田之後整理前稿而成。崇楷自序曰，"歸田之後，既老且病，所須惟藥，因憶唐人施肩吾句云'鋤藥顧老叟'，又云'藥心抽緑帶，煙鋤從此味'"，乃繪鋤藥小照，並取以名其集。此集四卷，全爲詩，卷前有陳登龍序、余本敦序和作者自序。退樵才氣俊爽，余本敦贊其詩曰："生平倡酬之作，興到筆隨，擊鉢可就取，自適性情而止，然得意之句，往往符合古人。宦遊以後，風格一變，爲砰宏，爲沉拔，爲峻削，爲雄深，爲譎宕奇偉，要皆自在流出，不假撫刻。而憂民勤政之意，無不吐露行間，又非獨流連流光景而已。"今見此書首葉有"余氏寒柯堂藏書，哲嗣翼等捐贈"紅印，末葉有"乙亥十二月廿四日校，越園記"。可見，此傳本原爲余紹宋家藏，並經余氏手校。是書原校不精，致有舛誤不少。其刊行中亦發現有誤，於天頭等出注出誤文，如卷二《集蘭亭字》"足跡已陳懷老倦"句脱"陳"字，於詩文末尾處有"'已'下失'陳'字"；又如卷四《舟行遇旱》"經吳復入越"句脱"入"字，其天頭處有"'復'下脱'入'字"。該書中更多的錯誤則爲余越園所校出，如《集蘭亭字》又有"林間蘭氣得幽風"，余氏改"幽風"爲"風幽"，極是；又如卷三《渡邗江》中改"柳"爲"岸"，改"月夜"爲"夜月"，改"樓"爲"棲"。余氏所改，當有所本。鄭永禧《西安懷舊録》卷七收録其詩《金純三峰歌》等三十五首，余紹宋所改《初集》中的一些錯誤，而《懷舊録》不誤，或鄭氏所見《初集》版本與今本不同。當然，也有些內容《初集》《懷舊録》不同，余氏未改，如《初集》卷二有《夜宴和華煦堂原韻》，其中有句"千里蓴羹得便休""砧聲何處擣清秋""無數山峰雲外青"；《懷舊録》題名爲《夜坐和華煦堂原韻》，文分別作"千里蓴羹興未幽""砧聲滿耳擣清秋""無數雲山繞郭青"，當以《懷舊録》爲是。又如《集蘭亭字》有"一生觴詠寄相如"，《懷舊録》"如"字作"知"，應是。《衢州文獻集成》據清抄本影印。潘衍桐《兩浙輶軒續録》有范崇楷詩《出宰閩中次水口驛》。除《鋤藥初集》所收崇楷諸詩外，陳一夔《二石詩選》卷首有范崇楷《二石詩選序》，吳雲溪《宜蘭詩草》卷首有范崇楷《宜蘭詩草序》，《可竹堂集》有范崇楷文多篇。

琢堂詩集三卷（佚）

（清）西安范崇模撰

范崇模有《琢堂日記》，前《史部·雜史類》已著録。［嘉慶］《西安縣志·文苑傳》載崇模《琢堂詩集》二卷，而此書《經籍志》載爲三卷，不知孰是。崇模《琢堂詩集》今佚。［嘉慶］《西安縣志·物産志》於“蘿蔔”條有范崇模詩“一丸含玉乳，不必夢紅裳”句，“紫薇”條有其詩“秋紅日日上窗紗，開偏西園紫綏花。誰引麻姑伸鳥爪，無風搖涌赤城霞”句，“蛤蜊”條有其詩“此口惟飲酒，蛤蜊亦且啖”句，“蝶”條有其詩“骨從塵網蜕，魂逐好花歸”句，“蜘蛛”條有其詩“一目投花瓣，孤輪綴雨珠”句，同書《寺觀志》有其詩《穀寧寺》《紫雲庵》，《藝文志下》有其詩《日遲亭》《雲溪口占》，潘衍桐《兩浙輶軒續録》卷八有其詩《瀫寧寺秋眺》，《西安懷舊録》卷七有其詩《日遲亭懷古》《九仙巖》《瀫寧寺秋眺》《郊行至南禪寺小憩》《夜宿郊村》《遊紫雲庵題壁》《蒲劍》《賦紫薇花》，鄭永禧《爛柯山志·文藪》有其詩《訪梅巖精舍》。

聖維詩稿二卷（佚）

（清）西安文正撰

文正字聖維，西安人。諸生。善屬文，有聲庠序。尤工於詩，苦思忘倦，有李長吉之風。著《聖維詩稿》二卷。事跡見［嘉慶］《西安縣志·文苑傳》、潘衍桐《兩浙輶軒續録》卷十六。文正《聖維詩稿》今佚。《輶軒續録》卷十六有文正詩《盈川懷古》，［嘉慶］《西安縣志·物産志》於“鸕鷀”條有其詩《浮石》“漁舠蕩槳衝昏靄，鸕鷀曬網夕陽邊”句，《西安懷舊録》卷三有其詩《盈川懷古》《訪徐侍郎空中樓閣》《題垂釣圖》。《郎峰六川祝氏世譜》卷十一有文正祝徐孺人壽詩。

宜蘭詩草一卷（存）

（清）西安吳雲溪撰

汪彭彬妻吳雲溪，父早卒，外祖父許宏健司訓西安，因歸於衢。幼喜讀書，通文翰。著有《宜蘭詩草》。事跡見［嘉慶］《西安縣志·列女傳》。吳氏隨外祖許弘健司訓西安，因歸於衢州，後與汪氏結縭，故潘衍桐《兩浙輶軒續録》卷五十四稱雲溪爲西安人。［民國］《衢縣志·藝文志下》載：“《宜蘭詩草》，清汪彭彬室吳雲溪撰。［嘉慶］《縣志》作《宜蘭草》，無‘詩’字。一卷。採入《兩浙輶軒續録》。范崇楷《序》略：雲溪，進士德庵公之女（歸安人）。少承庭訓，出語超俗，自號雲溪女史。時外祖父許公（名弘健）司鐸於衢，因字義園先生嗣君慎軒。結縭後，復取插架之書讀之，於是遇一切可喜可愕之事，而一寄之於詩。”吳雲溪《宜蘭詩草》一卷，今存。

此集前有吳元會、范崇楷、鄭烺三序，後有其子彭家仁識語。《宜蘭詩草》共有詩一百四十四首，依次爲五言古詩兩首，五言絕句十首，五言律詩二十首，七言古詩兩首，七言絕句四十首，七言律詩五十首。鄭烺讀其詩，歎曰："孺人至性過人，集中《哭母》《寄弟》諸什，纏綿悽惻，發乎情，止乎理義，有如南陔所賡者，豈區區春花秋月假翰墨以怡情哉！"潘衍桐《兩浙輶軒續録》卷五十四採入其五言律詩《秋夜》、七言律詩《舟過蘭江》詩二首。《西安懷舊録》卷十收録雲溪詩三十九首，其與今本《詩草》文字有較多不同。如《舟過蘭江》中，《懷舊録》作"雲邊石堆春新水，柳外樵歌唱夕陽。更愛篷窗閒立處，每逢魚步識漁莊"，《詩草》作"雲邊石堆春新水，柳外漁歌唱夕陽。更愛篷窗閒立處，每逢小埠識村莊"，《輶軒續録》中此篇"新水"作"新米"，其餘與《懷舊録》同。又如《懷舊録》中《別弟後三日得書賦寄》有句"好待端陽節，來迎穀水船"，《詩草》中後句作"重來漵水邊"。又如《懷舊録》中《梅花》有句"庾嶺先開壓衆芳"，《詩草》中"壓衆芳"作"縞素妝"。又如《懷舊録》中《定陽張宜人於閏九月歸寧與姑姊妹宴園中即席偶作》有句"菊迎白露花爭艷，楓染丹砂葉較濃"，其中"爭""葉""較"三字，《詩草》中分別作"猶""色""更"。又如《懷舊録》中《小園獨坐》有句"折來花可小鉼載"，《詩草》作"折餘花用小鉼載"。潘氏、鄭氏所見《宜蘭詩草》，當與今本不同，更富有詩意，或爲經雲溪修葺後之作。此書有嘉慶十六年清容堂刻本，藏於浙江圖書館，《衢州文獻集成》據其影印。

朗山詩集（佚）

（清）西安余本敦撰

余本敦有《禮記直解》，前《經部・禮類》已著録。[民國]《衢縣志・藝文志》著録余本敦《郎山詩集》。此書今佚。《兩浙輶軒續録》卷二十有余本敦詩《印山》《硯池》，[同治]《江山縣志・藝文志》有其《雙孝贊》，范崇楷《鋤藥初集》卷首有其《鋤藥初集叙》，王宇春《三硯齋印譜》卷首有其《三硯齋印譜序》，《西安懷舊録》卷一有其詩《印山》《硯池》《望雙蝶峰》《先君諱日賦悲秋吟》《乞養南歸留別都腫諸同年》，《三衢仁德葉氏宗譜》卷三有其《葉秋亭太翁傳》，《常山雙峰翁氏宗譜》卷一有其《重修翁氏譜序》《恭祝延光先生六褎榮慶》、詩《印潭煙樹》，《龍游團石汪氏宗譜》卷一有其《新之公傳》，《三衢琅琊王氏宗譜》卷十一有其《欽褒節孝何太孺人贊》。

古愚雜詠（佚）

（清）西安余本然撰

余本然字維質，號古愚，西安人，著《古愚雜詠》。事跡見潘衍桐《兩浙輶軒續録》卷十五。本然《古愚雜詠》今佚。[嘉慶]《西安縣志・藝文志下》有本然詩《靈芝山》，《輶軒續録》卷十五有其詩《遊仙巖寺》，[民國]《衢縣志・食貨志下・水利》

有其詩《巖底渡》,《西安懷舊録》卷一有其詩《登靈芝山》《遊仙巖寺》《過石室渡》。

春帆詩稿（佚）

（清）西安龔士範撰

龔士範字式方，一字墨田，號春帆，西安人。嘉慶辛酉舉人。官江西萬載知縣。有《詩稿》存。事跡見《西安懷舊録》卷一。士範《詩稿》今佚。《西安懷舊録》卷一龔士範詩《白雲庵讀趙公詩即次原韻》《濯纓亭次趙清獻公原韻》《石室雜詠十二首》《訪殷浩故里》《書室即事》《雪夜夢半帆作此却寄》《揚州春遊絶句》《菜花》《消夏雜詩》《柳絮》《鹿鳴山訪趙姬墓》《釣臺》《渡揚子江》《春雨》《送家鯉庭叔入都候補郎官》《舟次蘭溪即事》《上灘行》《雙石歌》《九仙巖觀空中樓閣》《寶劍篇增陳殊嵒學博》《清明日陪陳學博晴巖遊洪氏園》《水仙》《送春曲》《謁孟廟》《鄭琴浦桂堂以生輓詩寄讀賦此奉慰》,《常山定陽季氏宗譜》卷二有其《節孝江孺人傳》,《西安中河程氏宗譜》有其《春江公傳略》。

一弇詩稿一卷（佚）

（清）龍游童應復撰

童應復字來占，龍游人。乾隆四十七年歲貢。書法遒勁，逼真顏、柳。所爲詩頗得老杜氣韻，著有《一弇詩稿》行世。事跡見［民國］《龍游縣志·人物傳三》。同書《藝文考》載："《一弇詩稿》一卷，童應復撰。案：稿中有五言排律二十餘篇，而五、七言絶、律繼之，古體詩僅數篇，有刻本行世。《兩浙輶軒録補遺》不言著有此稿，或當時尚未梓行。《感懷詩》五律三篇頗得老杜氣韻，《輶軒録》選登其第二篇。"應復此書今佚。［民國］《龍游縣志·文徵志七》有童應復詩《尋白石縣墟》《盈川城墟》,《龍游高階余氏宗譜》卷二有其《泛舟公傳》,《龍游團石汪氏宗譜》卷一有其《邦爕公孺人馬氏節孝傳》。

信吹集（佚）

（清）龍游嚴應霖撰

嚴應霖字雨倉，一字喜亭，龍游人。諸生。書法蒼勁入古，詩極清新俊逸，逼近唐音。著有《信吹集》。事跡見［民國］《龍游縣志·人物闕訪》。應霖《信吹集》今佚。［民國］《龍游縣志·文徵志七》載有其詩《晚眺》。

雙溪集（佚）

（清）龍游勞如琇撰

勞如琇字石臺，號定山，龍游南鄉雙溪村人。因名其集曰《雙溪集》。事跡見［民國］《龍游縣志·人物闕訪》。如琇《雙溪集》今佚。《兩浙輶軒録補遺》卷七［民國］

《龍游縣志·文徵志七》皆有勞如琇詩《落花有感》。

松隱詩集（佚）

（清）龍游勞湘撰

勞湘字楚三，號水雲，龍游人。邑諸生。晚年自號松隱道人。養一鹿，使一僮，苦吟清嘯，煙霞自適。所著有《松隱詩集》。事跡見〔民國〕《龍游縣志·人物闕訪》。勞湘《松隱詩集》今佚。

虛室制藝（佚）

（清）江山劉光表撰

劉光表有《諸名家南華經評注》，前《子部·道家類》已著錄。據劉佳《釣魚篷山館集》卷六所載《先考虛室府君行述》，劉光表有《虛室制藝》三百餘篇。此書今佚。

自怡集二卷（佚）

（清）江山汪本良撰

汪本良字秉初，號秋江，晚號雅溪逸，江山人。弱冠爲諸生，中年棄舉子業。嘉慶庚辰歲旱，首倡捐資爲粥以食餓者，全活甚多。壹意爲詩，著有《自怡集》二卷。事跡見劉佳《釣魚篷山館集》卷六所載《汪秋江先生傳》。劉佳，江山人。據《汪秋江先生傳》，本良所配劉孺人，佳族祖孝傳公女；"佳少時即以詩見賞於先生。戊辰之冬，嘗訪先生於溪上"。據此推測，本良當爲江山人。本良《自怡集》今佚。

響泉詩鈔六卷（佚）

（清）江山楊奏瑟撰

楊奏瑟字肇義，江山人。歲貢。著《響泉詩鈔》六卷。皇甫鯤《響泉詩鈔序》略曰：余掌教須江，江邑據全浙上游，仙霞峙其南，括蒼繞其東，近邑更有泉山、西山，峰巒層疊，波流瀠洄。斯時同研席者若干人類，皆能文章勵廉隅，而楊子肇義其最著者。肇義爲詩迴出時流，春陽秋陰，本諸性靈發；爲詞嘯古澹似蘇州，俊逸似光義，雅正似伯玉，老潔似巨山。詩以遠俗爲貴，肇義之詩，可謂超然於塵俗外者矣。事跡見阮元《兩浙輶軒錄》卷三十三。〔同治〕《江山縣志·人物志八》所載楊氏字、名與《兩浙輶軒錄》不同，稱"楊奏瑟名紹義，以字行世"。奏瑟《響泉詩鈔》今佚。《兩浙輶軒錄》有楊奏瑟詩《宿七里灘》《山行》《江郎山》《登玉山縣城樓》《宿玉山關旅次》《降至衢城風大作》《官溪春興》《姜半隱桃陵山居》《屏山感舊（有序）》《宿航埠山萬竹庵》《宋屠雨蒼道士歸吳山》。〔同治〕《江山縣志·輿地志·山川》有楊奏瑟詩《江郎山》《小江郎山》，《藝文志·詩賦》有其詩《官溪春興》《擬高季迪梅花詩》,《拾遺志·冢墓》有其詩《謁徐逸平先生墓》,《江山南峰楊氏宗譜》卷十一有其《先考太學生忠百三容庵府君行述》《外祠堂記》《譜説》《禁山爲義田資本議》,《江山江陽何氏宗譜》卷二十有其詩《題贈何元振先生雙小影》《跋峽山圖後》《再跋峽山圖後》《節烈會序》、詩《易地康山》《蒼松怪石》《天梯石》《三元橋》《紫竹林》《仙棋枰》《半月池》《雙峰塔》《白雲巖》《銅鐘洞》《朋石園八景》。

毛補南稿（佚）

（清）江山毛元坤撰

　　毛元坤字亦方,號補南,江山人。領乾隆甲寅鄉薦。任平湖教諭。著有《毛補南稿》行世。事跡見［同治］《江山縣志·人物志八》。元坤《毛補南稿》今佚。［同治］《江山縣志·輿地志·山川》有毛元坤詩《江郎山》《蓮花山》《仙霞關》,《拾遺志·古蹟》有其詩《登奇氣樓故址》,《秩祀志·寺觀》有其詩《天心寺》。

存笑編（佚）、**北遊草**（佚）、**楊曾織詩集**（佚）

（清）開化楊曾織撰

　　楊曾織字天衣,號翠屏,開化人。乾隆庚子鄉薦。乙卯纂修邑志,凡彰善癉惡,務加詳察。所著有《存笑編》《北遊草》《詩集》六卷。事跡見［光緒］《開化縣志·人物志·文苑》。曾織諸集今皆佚。［乾隆］《開化縣志·藝文志》有楊曾織詩《有感先祖蜀道病歸》,［光緒］《開化縣志·藝文志》載有其《玉川水口全斌祠記》、詞《瑟瑟行》,《常山雙峰翁氏宗譜》卷一有其詩《西浦秋風》。

戴簡恪公遺集八卷（存）

（清）開化戴敦元撰

　　戴敦元校有《九章算術方程新術》,前《子部·天文算法類》已著録。是書題《戴簡恪公遺集》,凡八卷。前五卷爲古今體詩,［光緒］《開化縣志·人物志·名臣傳》載有戴敦元《古今詩體遺集》,當即此五卷。古今體詩按年編排,卷一爲乾隆甲辰己酉詩一百十六首,卷二己酉時詩一百十九首,卷三爲己酉至丙辰詩一百三十一首,卷四爲嘉慶丙辰至戊辰詩一百六十二首,卷五爲戊辰至道光壬辰詩二百八首。卷六爲集蘇句一百七十三首,卷七爲詩餘九十六闋,附存十五闋,卷八爲詩餘七十一闋。此集卷前有長洲陳奐《戴簡恪公紀略》和門人吳鐘駿序。袁行雲《清人詩集叙録》言簡恪公詩:"其詩不以雕琢爲工。詠天津、臨清、聊城、高郵等都會之區,平實之中,必有感觸。題畫詩亦能自抒胸臆,《題徐俟齋先生像》,尤爲切典。酬寄交往如孫原湘、戚學標、查揆、屠倬、陳鴻壽爲風雅士。《晚晴簃詩滙》舉其近體《項王廟》《漂母祠》

截句，氣象灑落。及流連風景之作，取徑幽秀，句奇語重，是亦根柢深厚焉。"[1] 是書有清道光二十六年刻本、同治十一年刻本，藏於國家圖書館等處，《四庫未收書輯刊》《衢州文獻集成》亦收錄。敦元雖罕爲文，亦有文傳世，[同治]《江山縣志·藝文志》有戴敦元《蔡東軒先生傳》，余華《星隈詩草》前有戴敦元序，《常山雙峰翁氏宗譜》卷一有其《雙峰翁氏修譜跋》，《開化河南郡方氏續譜》卷一有其《方田處士方佩玉公傳》，《西安中河程氏宗譜》有其《程寧園表伯祖暨德配余孺人墓誌銘》《程雪亭表叔傳》，《西安聯豸徐氏宗譜》卷五有其《吉人公傳》。

河間集（佚）

（清）開化詹師富撰

詹師富有《五經文彙》，前《經部·五經總義類》已著錄。[光緒]《開化縣志·人物志·文苑》本傳載，詹師富有《河間集》。此書今佚。

閨鐸類吟注釋六卷（存）、城東集四卷（佚）

（清）開化詹師韓撰

詹師韓字荊州，開化人。邑增生。精醫學。工詩，著《城東集》四卷。事跡見[光緒]《開化縣志·人物志·義行》。師韓《城東集》今佚，有《閨鐸類吟注釋》六卷今存。是書前有吳文煥、宋國澍、張鍊嬬三序，序文後有詩五十八首，分爲《雜詠七律》《釣臺懷古四首》《琴棋書畫四感》《感懷雜詠》《詠物雜詠》《親民坊奎樓前望八景》《塘陵八景》《閨趣四詠》八章。其所詠物寫景之作，多爲開化景物，這些詩篇或爲詹氏《城南集》中部分内容，遂錄於此。《閨鐸類吟注釋》卷端署"開陽詹師韓臚雲俚草"，分宮廷、閨閫、母訓、婦箴、忠孝、節烈六卷，每首詩文都詳加注釋，介紹所吟誦女性德行、事跡等。卷一所吟皆古代名后名妃，如虞帝二妃、漢馬皇后、班婕妤、唐長孫皇后、遼蕭后等三十一人，其吟先秦名后最多，漢唐次之。卷二所誦皆或德行甚高，或才藝極佳，有孟光、曹大家、蘇若蘭等二十七人。卷三皆教子有方之母，有孟母、歐陽修母等三十五人。卷四有柳下惠妻、趙姬、樂羊子妻等三十人，皆婦德高尚，箴言足使其夫君受益。卷五女性如趙簡子夫人、淳于緹縈、曹娥等二十六人，或孝順父母舅姑，或忠君愛國。卷六有衛共姜、楚昭王母等四十八人，皆節婦烈女，爲史家稱道。詹氏作詩專門詠誦歷史上各類女性，此類詩作實爲難得。宋國澍贊其詩，"集中閨情閨怨，二百有奇，戒蹈妖艷，寓箴規於空空色色，實欲引人入深，端後學之性情也。至於感物紀事，俱關世道人心，神融景物之中，男托風雲之志，樂不淫，哀不傷，得性情之正"。是書有嘉慶二十年稿本，藏

---

① 袁行雲：《清人詩集敘錄》，文化藝術出版社1994年，第1835頁。

於臺灣暨南大學圖書館,《衢州文獻集成》據其影印。

盈川小草三卷（存）

（清）嘉興朱邕撰

　　朱邕字錫芬,嘉興舉人。嘉慶八年任衢州西安縣學教諭,勤於課士,富有詩才,著有《盈川小草》三卷。事跡見〔民國〕《衢縣志·官師志·學師表》《名宦志·宦績舉要》。是書卷前有衢州府學教授陳岱序,後有西安縣學訓導楊士英跋語和錫芬門人徐鏞識語。盈川爲衢州龍游唐時舊縣之稱,有時泛指衢州之地。此詩集所以稱《盈川小草》,乃因朱邕所作諸詩主要成於其任西安教諭期間。卷之首篇爲《壬戌季冬赴西安學博任留別禾中諸親友作》,次首亦爲留別詩。其下爲錫芬離別嘉禾,詩詠途中西湖、富陽、桐廬、嚴州、蘭溪、龍游之見聞,次爲《抵衢郡》《就館》。此後諸詩所寫,有祭至聖先師廟者,有題忠壯公遺像者,有吊趙姬墓者,有寫衢城火灾者,有詠青霞洞、柯山書院者,有或和或贈或送或壽衢地友人者,有爲課士而作者,皆與衢州相關。徐鏞跋語亦曰"其採姑妹之珍,挹青霞之秀,吊深源之廢宅,訪閱道之高齋,憑眺慷慨,是可以興",此"姑妹"即姑蔑,"青霞"即柯山,"深源"即殷浩,"閱道"即趙抃,或爲衢地之稱,或涉衢州人物。此集諸詩大多吟誦衢地物景,或詩爲衢州友人而作,故作者雖非衢人,《衢州文獻集成》亦收錄之。是書有清嘉慶十四年刻本,藏於華東師範大學圖書館、衢州市博物館,《衢州文獻集成》據衢州館藏影印。

巽巖詩草一卷（存）

（清）西安徐逢春撰

　　徐逢春字聖原,號巽巖,西安人。嘉慶間諸生,著《巽巖詩草》。汪元望序略:"巽巖風雅人也,家距城三十餘里。弱冠遊庠。工帖括,兼嗜詠吟。緣意思恬淡,不汲汲於功名,而獨於西山盧舍濡毫弄墨,以寫性情。閒與同志倡和,致足尚矣。"事跡見《西安懷舊錄》卷二。〔民國〕《衢縣志·藝文志下》載:"《巽巖詩草》,清徐逢春撰。"〔嘉慶〕《縣志》:自刊本,一卷。汪元望序。"《巽巖詩草》一卷今存,署"西安徐逢春聖原著,頡雲王世英廷彥參訂,男南庚枝校字"。卷前有王世英序文,已殘,無汪元望序,卷後有葉封唐跋語。此詩草所以稱"巽巖",葉封唐釋曰:"巽者順也,順則和,和則樂,樂則性情舒暢,故其形諸歌詠者,局度安詳,機趣洋溢,殆所謂和順積中,而英華發外者歟!"是集收錄逢春五言古詩十二首,七言古風七首,五言絕句七首,七言絕句二十二首,五言律詩二十首,七言律詩七十八首,五言排律七首,聯句三首,合計一百五十六首。據王世英序,逢春詩草本不下四五百首,此所收者當乃删削後結集。世英論徐氏之詩"上以揚聖朝承平之盛,下以叙家庭和樂之忱",其詩"語諧情摯,機動神流","其古風則真樸也,其絕句則冲和也,其近體則清腴而閒遠也"。此集刊刻時，於其行間時有潘德園、汪古亭評語，如《交道難》行間有"汪評：感慨淋漓"，後又有評曰："意宗王、杜，體倣初唐。或正或喻，自成章法。"《巽巖詩草》後附有王世英《頡雲詩稿》。是書有清嘉慶七年刻本，藏於上海圖書館，《衢州文獻集成》據其影印。

頡雲詩稿 (存)

（清）西安王世英撰

王世英字頡雲，號誠齋，後更名炳暉，西安人。道光己丑歲貢。著有《頡雲詩稿》，附刊徐逢春《巽巖詩草》後。鄭灝曰："頡雲爲文有大家風骨，蜚聲上庠。西邑葺修志乘，余與共事，益知其淹貫群書。乃戊午秋闈，得而復棄。戊辰、庚午諸科，連薦不售。晚以明經終老。惜哉！"事跡見［民國］《衢縣志·人物志三》。《巽巖詩草》目錄載附王世英《頡雲詩稿》詩二十四首，然今傳本完存者僅八首，其《松濤》詩僅存二十一字。《西安懷舊錄》有王世英詩《崢嶸山用唐孟郊原韻》《秋夜獨坐》《柯山懷古》《松濤》《水池》《過仙霞嶺》，後二詩不見附於《巽巖詩草》後可見之詩。《頡雲詩稿》前有徐逢春記曰："王頡雲，余忘年友也。設帳麓齋，於今七載。教學餘閒，或依韻唱和，或分題賦物。余喜其才思俊逸，附錄數章，不惟全豹一斑，且誌數年欵洽之意云。"由此記可知逢春詩草後所以附錄世英詩。王世英有《巽巖詩草序》，見載於《巽巖詩草》。《西安中河程氏宗譜》有其王世英《敕授修職郎留齋公傳略》。

東武詩草 (佚)

（清）西安徐泰庚撰

徐泰庚字文鳴，一字薌巖，初名泰，後更名泰庚。勵志力學好讀，刻苦數十年，困躓場屋。有詩名，著《東武詩草》，板毀無存。事跡見［民國］《衢縣志·人物志三》。泰庚《東武詩草》今佚。［民國］《衢縣志·詩文內編下》有徐泰庚詩《楊春圃廣文〈稡攟堂稿〉集宋人張實齋梅花詩句》，《詩文外編下》有其詩《題歸安沈岑帆孝廉〈月田賸草〉》，《西安懷舊錄》卷二有其詩《題楊春圃學博集放翁〈梅花百詠〉集宋人張實齋梅花詩句》《讀歸安沈岑帆孝廉〈月田賸草〉感賦》。

梧岡賸草 (佚)

（清）西安余鳳喈撰

余鳳喈字鳴雛，一字伯吹，號梧岡，西安人。嘉慶甲戌進士。官戶部員外郎。著《梧岡賸草》。事跡見潘衍桐《兩浙輶軒續錄》卷二十八。鳳喈《梧岡賸草》今佚。《輶軒續錄》卷二十八有余鳳喈詩《題牡丹臺》。鄭永禧《爛柯山志·歷朝詩》有余鳳喈詩《過巖底渡過望爛柯山》，《西安懷舊録》卷一有其詩《題牡丹臺》《初夏偶賦效劍南體》《送王慕庭先生立祀坦源社》，《西安中河程氏宗譜》有其《中河東川公傳略》，《三衢琅琊王氏宗譜》卷十一有其《王太親母程老孺人傳叙》。

七松閣遺稿一卷（佚）

（清）西安鄭桂金撰

鄭桂金字月波，號秋浦，西安人。嘉慶癸酉拔貢。著《七松閣遺稿》。事跡見潘衍桐《兩浙輶軒續録》卷二十七，又詳見於葉如圭《存素堂駢體文稿・傳》所載《候選直隸州知州外大父鄭公傳》。[民國]《衢縣志・藝文志下》載：“《七松閣遺稿》，清鄭桂金撰。鄭氏家藏本，一卷。”桂金《七松閣遺稿》今佚。《輶軒續録》卷二十七有鄭桂金詩《白雲庵讀趙清獻詩即次原韻》，《西安懷舊録》卷八有其詩《即事》《晚歸口占》《獨坐》《三十初度遣懷四首》《月夜》《何處堪消夏》《上灘行》《白雲庵讀趙清獻詩即次原韻》《春畎吊趙姬墓》《和龔春帆水仙花》《柳絮》《白秋海棠和張青坡韻》《二瓢歌爲徐雪香作》《題魁杏兄小像》。

得月樓詩一卷（佚）、百花詠一卷（佚）

（清）西安鄭桂東撰

鄭桂東有《得月樓雜記》，前《子部・雜家類》已著録。據潘衍桐《兩浙輶軒續録》卷三十八所載鄭桂東小傳，桂東有《得月樓詩》一卷、《百花詠》一卷。此二書今皆佚。《輶軒續録》卷三十八有鄭桂東詩《梅花》，《西安懷舊録》卷八有其詩《蕭何》《張良》《韓信》《項山懷古》《西安竹枝詞》《過徐偃王祠》《梅花》《鹽詞》《織詞》《梅花墓吊趙姬》《孝烈祠吊鄭烈婦》《漁家樂》《詠風箏》《留春》《別春》《惜春》《新秋夜作》《洞房曲》《梅花》，《西安豸屏王氏宗譜》卷一有其《王竹溪先生傳》。《竹隱盧隨筆》載，“從祖薌林公一字湘舲，少年所著《百花詠》一卷。予耳之久矣，然未之目也。嗣訪於友，假得抄本，展卷披吟，不忍釋手，因摘其尤，以公諸世”，其下録有《百花詠》中《詠梅》《臘梅》《牡丹》《黄牡丹》《白牡丹》《緑牡丹》《睡香》《杏花》《桃花》《梨花》《李花》《蘭花》《海棠》《木筆》《木蓮》《松花》《柳花》《桐花》《玉蘭》《山礬》《山茶》《水仙》《豆蔻》《杜鵑》《虞美人》《橘花》《玉燭》《錦帶》《荼蘼》《薔薇》《十姊妹》《紫藤》《玫瑰》《月季》《石竹》《長春》《蝴蝶》《含笑》《金錢》《魚兒牡丹》《珍珠蘭》《茉莉》《金絲桃》《繡毬》《木香》《梔子》《錦葵》《蜀葵》《長樂》《洛陽》《丁香》《素馨》《缽囊》《西番蓮》《鐵線蓮》《荷花》《菱花》《蓼花》《萍花》《蘆花》《玉簪》《雞冠》《鳳仙》《美人蕉》《秋海棠》《桂花》《木芙蓉》《藍菊》《菊花》《僧鞋菊》《菜花》《夜來香》《晚香玉》諸詩摘句，皆爲七言詩。

聽蕉雨軒詩詞（佚）

（清）西安鄭邦型撰

鄭邦型字君典，號儀亭，西安人。嘉慶己卯，舉於鄉，後授新昌教諭。謹作文，不尚時墨，尤工韻語，有《聽蕉雨軒詩詞》。事跡見［民國］《衢縣志·人物志三》。邦型《聽蕉雨軒詩詞》今佚。

廉讓齋詩稿（佚）

（清）西安范錫疇撰

范錫疇，事跡不詳。［民國］《衢縣志·詩文內編下》載有范錫疇詩《乙丑春暮偕陳蓉裳、龔琢亭登爛柯山》《約友遊日遲亭不至，賦此遣興》，《詩文外編下》有錫疇詩《按泉井治》二首、詞《昭君怨·萍寄天涯感懷遠別》，注云"范錫疇秋崖，崇楷子"，又注諸詩採自《廉讓齋詩稿》。故范錫疇當有《廉讓齋詩稿》。此書今佚。

南崧詩草（佚）

（清）西安朱聯芳撰

朱聯芳原名金榜，號南崧，晚更號拙翁，西安人。著《南崧詩草》。王所《跋》：南崧，晦翁裔也。居城北之文林村。欲紹祖績，究心理學。學有成，試不售，遂徜徉山水間。或攜酒，或攜琴，興之所至，亦不自知也。爲蹇於命，終身不問世事，以布衣老。事跡見［民國］《衢縣志·人物志三》。聯芳《南崧詩草》今佚。《西安懷舊錄》卷二有朱聯芳詩《遊西湖》《題魚》《別故人》《白鶴山》《員塘夜月》。

率性吟六卷（佚）

（清）西安鄭文琅撰

鄭文琅字玉良，號崑林。西安諸生。著《率性吟》。沈方鑁《序》略：崑林，三衢知名士也。近體遒逸，古風或幾於道，是能得性情之正者。事跡見潘衍桐《兩浙輶軒續錄》卷三十一。文琅《率性吟》今佚。《兩浙輶軒續錄》有鄭文琅詩《不棄》，《西安懷舊錄》卷八有其詩《秋闈返棹舟中，無事長歌遣興，即贈孔省齋》《不棄》《湖南八詠》《爲意香先生贈行》，［民國］《衢縣志·方輿志·山脈》有其詩《疊石山》、文《清化寺記》，《常山雙峰翁氏宗譜》卷一有其《雙峰八景詩序》《簡夫先生秩壽序》、詩《洞巖瀑布》《奉贈凌雲學長兄先生》，《衢州墓誌碑刻集錄》有其《重建清化寺碑》[1]。

---

① 衢州市博物館編：《衢州墓誌碑刻集錄》，第127—128頁。

省齋詩鈔（佚）

（清）西安孔傳曾撰

　　孔傳曾字魯人，號省齋，西安人。道光壬午優貢，癸未恩賜臨雍觀禮貢生。候選直隸州州判。著有《省齋詩鈔》。事跡見《西安懷舊録》卷七。傳曾《省齋詩鈔》今佚。《兩浙輶軒續録》卷四十一有孔傳曾詩《送吳辛峰之任桐廬》，《懷舊録》卷七有其詩《擬韓昌黎山石原韻》《人日和鄭崑林師原韻》《柬陳鶴泉表弟》《湖南八詠》《雨雪遣興》《送吳辛峰之任桐廬》《春日寄懷鄭崑林師喬梓》《秋闈偕鄭香畬桂東、王蘭雪紹融、崔石渠世霖、程岱嵒光裕、應荀盧德聚、雪山德顯同舟遣興》《展先君墓》《朱太孺人百齡仙壽》《生輓鄭琴浦即用徵詩原韻》。

鹿坪詩稿四卷（佚）

（清）龍游王國賓撰

　　王國賓號鹿苹，居龍游南鄉八坡山，又自號八坡山人。著有《鹿苹詩草》。事跡見〔民國〕《龍游縣志·人物闕訪》。同書《藝文考》載："《鹿坪詩稿》四卷，王國賓撰。案：此編爲國賓門人潘鯨輯録。道光庚子，其子者香所刊，詩凡四卷。卷一爲五、七古、五絶，卷二爲七絶，卷三爲五律，卷四爲七律，凡二百五十四首。卷首目録下云'上集'，似尚有下集，但未見。其詩集成句者，勝於其自作。"《人物闕訪》載王國賓之作爲《鹿苹詩草》，與《藝文考》不同。國賓此書今佚。〔民國〕《龍游縣志·文徵志七》有王國賓詩《題勞闇齋丈〈飯牛圖像〉集古》和《題勞粟海〈乘風破浪圖〉集古》。

秋水山房詩集（佚）、哭子詩一卷（佚）

（清）龍游曹以采撰

　　曹以采，事跡不詳。〔民國〕《龍游縣志·藝文考》載："《秋水山房詩集》，曹以采撰。案：此集今已佚，其題詞尚著於《城南譜》，計吳應拔、翁燡、徐世述、葉起、余甸方、余習、曹文燦、楊興賓、何謹、尹繼宗、楊潤寶、余千仞、曹一飛、余千里、曹禹謨、吳兆元、曹鴻翬十七人，亦可徵當時吾鄉文學之盛。《哭子詩》一卷，曹以采撰。案：此編以采哭其子壽先所作也。歷叙壽先自幼至歿瑣事頗詳，今爲壽先立傳多援據於此詩。"以采此二書今皆佚。〔民國〕《龍游縣志·文徵志七》有曹以采《哭子詩》四首。

丁丑遺草一卷（佚）、文賦一卷（佚）、籛史遺詩二卷（佚）

（清）龍游曹壽先撰

　　曹壽先字祝嵩，號籛史，龍游人。年十歲，作《勸學文》以自勉。十四爲諸生。

詩古文辭質學俱優。著有《丁丑遺草》《文賦》各一卷，被竊不傳，惟《籛史遺詩》
二卷行世。事跡見［民國］《龍游縣志・人物傳三》。同書《藝文考》載："《籙史遺
詩》二卷，曹壽先撰。案：壽先詩多不留稿，此二卷皆乙亥、丙子、丁丑三年中作，
中多詠史詩，集前有葉汝調題詞。"《人物傳》載曹氏所撰爲《籛史遺詩》，而《藝文
考》作《籙史遺詩》，下《文徵志七》有曹氏詩言出《籛史遺詩》，當以"籛"字爲是。
壽先諸集今皆佚。［民國］《龍游縣志・文徵志七》有其《題楊雙南表兄〈望雲圖〉》《春
夜余海樓葉附屏山房小集次梅樓韻》《閨情》《泛舟》《慈幼局》《雞山懷古》《自君之
出矣》《相逢行爲楊梅霞作（有序）》《橘枝詞》《補題〈雞山小集圖〉呈涂明府菊人
夫子》，皆出於《籛史遺詩》。

梅墅遺詩（佚）

（清）龍游葉錫元撰

葉錫元字汝調，號梅墅，龍游人。九歲能詩，每伸紙長吟，有宿學老成所不逮者。
事跡附見於［民國］《龍游縣志・人物傳三》"曹壽先傳"後。［民國］《龍游縣志・藝
文考》著録葉錫元《梅墅遺詩》。此書今佚。《兩浙輶軒録補遺》卷八有葉錫元詩《雨
聲》《送春》。［民國］《龍游縣志・文徵志七》有葉錫元詩《雨聲》《送春》。朱邕《盈
川小草》卷二有詩《龍游葉汝調負才早逝，有〈梅墅遺詩〉一帙，高未堂學博屬余
題詞》，爲朱邕悼葉錫元之作。

白華樓詩稿二十卷（佚）、花深吹笛詩八卷（佚）、春雨詞（佚）

（清）龍游余鏗撰

余鏗有《姑蔑考古録》，前《史部・雜史類》已著録。《兩浙輶軒續録》卷
二十七載余鏗有《白華樓詩稿》二十卷、《花深吹笛詞》八卷。［民國］《龍游縣
志・人物傳三》本傳載，余鏗《白華樓詩稿》二十卷、《花深吹笛詞》八卷、《春雨
詞》。［民國］《龍游縣志・藝文考》載："《白華樓詩稿》二十卷，余鏗撰。案：此
稿經亂散佚。今存者《鷦寄軒詩鈔》下卷，壬申作；《行篋賸稿》，癸酉作；《玉河
旅稿》《瞻雲集》，皆甲戌作。又《江蘺集》，首卷已破損；次卷編庚午，多草書塗
改處，知皆鏗手録，細書秀逸，別饒風味，摩挲斷簡，如親睹先正儀型。又有《蝶
鹿鄉初稿》三卷、《詩餘》一卷。《蝶夢鄉初稿》，首卷前半癸亥作，後半甲子作；
次卷乙丑作；三卷丙寅作。合觀各本，《蝶鹿稿》編年最先，蓋少年作也。《詩餘》
殘帙，未編年而附於《蝶鹿稿》之後，亦當作於少年時。《花深吹笛詩》八卷，余
鏗撰。"此《蝶夢鄉初稿》前作"鹿"字，後作"夢"字。［民國］《龍游縣志・人
物傳三》載余鏗有《花深吹笛詞》，而同書《藝文考》載爲《花深吹笛詩》，《兩浙
輶軒續録》亦作《花深吹笛詞》。潘衍桐《兩浙輶軒續録》卷二十七有余鏗《雜詩》

五首、《雜詠南方草木（並序）》《題明〈夏内史集〉吊存古（完淳）》《信安歸途》《北固山寺題贈石耒山上》，［民國］《龍游縣志・文徵志八》有其詩《姑蔑竹枝詞二十首》《印心亭》《寄胡香海山長》《同香海及諸子宴集東安寺二首》《遊最閣四首》《贈伊五同年（念曾）》《郊行望五社壜慨然有作》《宿靈山》《羅山精舍小憩》《舟經艾公巖念往成詠》《發祥寺四松歌》《東山野望，因至雞鳴山寺，歸訪趙緣督墓二首》，《文徵志四》有《龍游攀轅詩序》。

抱梓山房詩稿四卷 （佚）、百納集二卷 （佚）

（清）龍游余鏻撰

　　余鏻有《醫鑒》，前《子部・醫家類》已著録。［民國］《龍游縣志・人物傳三》本傳載，余鏻有《抱梓山房詩稿》四卷、《百納集》二卷。此二書今皆佚。

石樵詩稿 （佚）

（清）常山樊兆瀾撰

　　樊兆瀾字觀水，常山人。庠生。性純孝。親有疾，侍湯藥，朝夕不解帶。博學而能文，著有《石樵詩稿》。事跡見［光緒］《常山縣志・孝友傳》。兆瀾《石樵詩稿》今佚。

香雪詩存六卷 （存）、玉葉詩存 （佚）

（清）江山劉侃撰

　　劉侃有《三衢正聲》，前《經部・小學類》已著録。劉侃《香雪詩存》後劉佳跋言，劉侃有《玉葉詩存》。此書今佚。［同治］《江山縣志・人物志・文苑》本傳載，劉侃有《香雪詩存》二卷，今存是書有六卷。此集署“須江劉侃諫庚”撰，“須江”爲江山縣別稱。是書收録古今體詩二百九十三首，末有劉佳跋語。此集多遊記詩作，其遊歷主要限於自江山至杭州間。卷六有詞題曰：“數年來，四鄉多虎患。今歲夏，虎過篁嘉渡，至近郊攫民豕犬，邑人相戒。劉子感焉，乃禱於山神而請殛之。”由此可證，在清嘉慶間江山尚有虎出没。卷六又有《雜書》，並非純爲詩體，多爲個人識見。其侄劉履芬撰其事略言：“吾邑荒僻，尠有知詩者。自府君與徐先生履誠爲之倡，自後風雅一道，彬彬可觀。”可見香雪詩在江邑有一定影響。《兩浙輶軒續録》卷二十一有劉侃詩《晚泊龍邱》《秋獵》《秋寺》《不寐》《鄉婦歎》《捋桲行》《龍潭冬遊和弟德甫韻》。［同治］《江山縣志・藝文志》所載諸詩中《簡鄭修軒太守》，不見於《香雪詩存》。是書有道光十六年刻本，藏於浙江圖書館，《衢州文獻集成》據其影印；又有清光緒四年刻本，藏於國家圖書館、上海圖書館、復旦大學圖書館、華東師範大學圖書館。

釣魚蓬山館集六卷（存）、塾課制藝（佚）、釣魚蓬山館時文（佚）、詩鈔十卷（佚）、題跋二卷（佚）

（清）江山劉佳撰

劉佳有《寓杭日記》，前《史部·雜史類》已著録。據劉佳《釣魚蓬山館集》卷後所附劉履芬《先考劉府君行狀》，劉佳還有《釣魚蓬山館集》六卷、《塾課制藝》。〔同治〕《江山縣志·文苑傳》本傳載，劉佳有《釣魚蓬山館時文》，而同書《邑人纂述書目》載爲《釣魚蓬山館制義》。王鈺《須江詩譜》卷十二所載劉佳小傳載，劉佳著有《詩鈔》十卷、《題跋》二卷。劉佳《釣魚蓬山館集》今存，《塾課制藝》《釣魚蓬山館時文》《詩鈔》《題跋》今佚。

《釣魚蓬山館集》六卷，卷一至卷五收録古今體詩四百二十四首，卷六收録文二十五篇，前有徐庚瑞序，後有其子履芬所撰《劉府君事狀》。據履芬所述，"府君於文嗜左史，於詩嗜蘇陸，於書嗜米董"，故府君詩文爲時人贊賞，嘉定程庭鷺稱眉士詩"清遠閒放，近於劍南"。衢州清人別集今存者，僅柴大紀《少保公遺書》全收文章，劉佳及其子履芬、孫毓盤諸集兼載詩文，其他別集爲詩集。江山劉氏雖以詩詞而名，亦善爲文，眉士當創其家學。徐霈《東溪先生文集》後所附劉佳《東溪先生文集跋》，爲《釣魚蓬山館集》所未收。《須江詩譜》卷十二載有劉佳詩三十二篇，其中《癸亥秋日》《跋袁蔣趙三家詩集後》《曉發》《題梅村集》《貞女徐氏詩》《都中送王春雨澤治南歸》《南闈雜詩》《題蔡桐畦停琴佇月圖》《吳將軍六奇歌》九篇，亦不見於《釣魚蓬山館集》。《兩浙輶軒續録》卷二十五有劉佳詩十四篇。此集初刊於道光二十九年，再版於咸豐十年，同治十三年復刻。同治本末附劉佳《寓杭日記》《瞻雲録》，皆爲劉佳日記，劉佳《釣魚蓬山館外集》亦收録之。國家圖書館有是書道光二十九年刻本，《衢州文獻集成》據其影印。是書同治十三年復刻本，藏於國家圖書館、浙江圖書館、復旦大學圖書館、南開大學圖書館。

聞吉軒詩草（佚）

（清）江山鄭宗善撰

鄭宗善字樂於，號吉軒，江山人。廩貢。制藝宗仰農山，試帖辦香縠人，間以其餘作爲古今體，或抒寫性靈，或感慨舊事，莫不獨出手眼。著有《聞吉軒詩草》。事跡見王鈺《須江詩譜》卷十一。宗善《聞吉軒詩草》今佚。《須江詩譜》卷十一有鄭宗善詩《舟中即事》《美人風箏》《梅花》《閒居雜詠》《落花》《張睢陽》《岳鄂王》《江上晚景》《水仙花》《詠菊》。

恰受航詩草 (佚)

（清）江山王欽泰撰

王欽泰字益謙，號霽山，又號石田，江山人。增生。屢試不得志，遂家居課子，以吟詠自娛。爲詩原本情性，纏綿悱惻。就中古風及五七言絶句，尤擅勝場。著有《恰受航詩草》，手自刪訂，以家貧未獲付梓。事跡見王鈺《須江詩譜》卷十一。欽泰《恰受航詩草》今佚。《須江詩譜》卷十一有王欽泰詩《三十初度書此自勗》《曉起》《野雀》《述懷》《秋望》《蘇小小墓》《送史柱青》《古意》《望海》《歸家志喜》《寄周孝先》《戲詠提壺鳥》《步月有訪》《仙霞關》《出門》《西湖》《過壩》《昌化留別》《烏江吊項王》《送繆思桓入秦》《送沈組綬旋里》《別江陰相送諸君》《壽昌曉發》《書懷》《止酒》《襄衣》《江郎山歌》《登蓮花峰歌》。

鋤經山房詩鈔 (佚)

（清）江山朱培鑑撰

朱培鑑字倫藻，號山濤，江山人。附貢生。著有《鋤經山房詩鈔》。事跡見《須江詩譜》卷十一。培鑑《鋤經山房詩鈔》今佚。《須江詩譜》卷十一有朱培鑑詩《端陽和韻》《題家丹林叔秋山遠眺圖》。

紫霞山房詩鈔 (佚)

（清）江山朱家麒撰

朱家麒字璞山，江山人。廩貢，署臨安、上虞、浦江縣等學。性嗜吟詠，左右圖書，至老不倦。作有《紫霞山房試帖》。事跡見［同治］《江山縣志・人物志八》。［同治］《江山縣志・邑人纂述書目》著録朱家麒《紫霞山房詩鈔》，與《人物志》不同。家麒此集今佚。［同治］《江山縣志・藝文志》有朱家麒詩《雙孝詩爲家南麓叔祖暨徐孺人作》。毛以南《小磊山人吟草》《致和堂詩稿初編》前有朱家麒《題詞》，《江陽嵩高朱氏宗譜》卷二有其《華山公傳》，卷三有其《從伯母毛孺人堂伯母夏孺人節孝合記》，卷四有其《文學禹功朱君元配徐孺人節孝記略》《獻之侄媳毛節婦功田記略》《堂侄東升籌辦賑災記》，《江陽嵩高柴氏宗譜・勳德録》有其《柴嵩英夫子傳》《衛騎尉聖武太姻臺柴公傳》《柴少保公篐室陳孺人殉節記略》①。

鏡泉詩帖二卷 (佚)

（清）江山朱淦撰

朱淦字鏡泉，號金生，家麒子，江山人。幼穎敏，工詩文。惜未入泮。有《鏡

---

① 民國三十年重修《江陽嵩高柴氏宗譜》目録載卷四至卷六爲《勳德録》，然《柴嵩英夫子傳》在該譜《勳德録》卷三，《衛騎尉聖武太姻臺柴公傳》《柴少保公篐室陳孺人殉節記略》在該譜《勳德録》卷六。

泉試帖》二卷，附刻於朱家麒《紫霞山房詩》後。事跡見《須江詩譜》卷十一。朱
淦《鏡泉試帖》今佚。《須江詩譜》卷十一有朱淦詩《題雙孝録》。

可亭詩草（佚）

（清）江山鄭宗詩撰

　　鄭宗詩字呬於，號可亭，江山人。諸生。捐職布政司理問。著有《可亭詩草》。
事跡見《須江詩譜》卷十二。宗詩《可亭詩草》今佚。《須江詩譜》卷十二有鄭宗詩
詩《送春》《清明》《詠七妹花》《落花》《初夏》《梅子》《買菊二首》《立冬》《松雪》《梅
雪》《大洪灘閒步》《補竹》《下棋》《把釣》《待月》《詠菊三十首（選六）》《過三卿口》
《訪王蓼生二首》《海棠花歌》《除夕感懷》。

叢桂山人集（佚）

（清）西安張世鳳撰

　　張世鳳，西安人。性孝友，端方節儉。嗜山水，工詞翰，著有《叢桂山人集》。
事跡見［民國］《衢縣志·人物志三》。世鳳《叢桂山人集》今佚。

二銘草堂遺稿（佚）

（清）西安張德容撰

　　張德容有《衢州備志》，前《史部·衢州方志類》已著録。［民國］《衢縣志·人
物志三》本傳載，張德容有《二銘草堂遺稿》。此書今佚。鄭永禧《爛柯山志·歷朝詩》
有張德容詩《癸未解組歸里至柯山有感》，［民國］《衢縣志·詩文外編下》有其詩《辛
巳乞假告歸留別岳陽》、詞《摸魚子·岳州解任感懷》。《西安懷舊録》卷四有其詩《丙
辰冬偕吳蓉圃鳳藻、黃孝侯鈺、薛淮生春黎、張吉人敬生、曹心一貽成諸同人作消
寒雅集》《留別岳陽》《悼新兒》，《西安聯多徐氏宗譜》卷五有其《賓賢公傳》，《西
安多屏王氏宗譜》卷一有其《哲元公傳》。

畊心齋吟稿（佚）

（清）西安張德培撰

　　張德培字養泉，德容弟，西安人。直隸候補縣丞。好時藝，工顏、柳諸家楷法
及行草書。所爲詩有儁傑廉悍之氣。著有《畊心齋吟稿》。事跡見《西安懷舊録》卷四。
德培《畊心齋吟稿》今佚。《西安懷舊録》卷四有其詩《京寓書懷》《聞子規》《自歎》
《即景》《漁》《久未讀家書，若有所失，草此排悶》。

可竹堂集三卷（存）

（清）西安范登保、范登倬等撰

　　范登保字申甫，號侶梅，西安人。咸豐辛酉拔貢，品端學粹，規行矩步，肫於

孝思。從其遊者，皆守正不阿之士。范登倬字倬人，號犖儕，登保仲弟，廩生。事跡見［民國］《衢縣志·人物志三》。此集封面題名《可竹堂集》，其目錄和正文卷端皆題名《墨餘瑣記》，蓋爲此集之別名。卷端署“浙東范侶梅氏遺稿，弟犖儕氏、姪達夫氏稿附”。達夫事跡不詳。是書分三冊，當各自爲一卷，首冊爲《聯》，收錄侶梅所撰壽聯二十二對、挽聯六十二對，犖儕所撰挽聯三對，達夫和“前人”各所撰挽聯兩對。二冊爲《詩》，分男壽詩、女壽詩、雙壽詩、和詩、雜詠五類，以壽詩爲多，收錄侶梅詩一百七首，犖儕詩一首，達夫詩三十首，“前人”詩九首，附四益山人詩四首。三冊爲文《文》，分壽序、傳贊、銘記序三部分，收錄侶梅壽序十七篇、傳贊九篇、節孝序一篇、墓誌銘一篇、啓一篇、記兩篇，犖儕壽序一篇、傳一篇、記兩篇，“前人”記一篇，羅以智傳一篇，范崇楷序一篇、記一篇。其中“前人”所撰《纂修縣志記》，據其文可知此《縣志》即［嘉慶］《西安縣志》，纂修此志者爲范崇楷，故此記當亦爲崇楷所作。崇楷有［嘉慶］《西安縣志》《鋤藥初集》，已著錄。其《初集自序》末署“范崇楷書於可竹書屋”，是書題名《可竹堂集》，顯然登保爲崇楷後人，故此書中的“前人”當爲登保先輩崇楷等人。書題《可竹堂集》，亦表明此集收錄登保及其家人之作。此書有清抄本，藏於衢州市博物館，《衢州文獻集成》據其影印。

鐸奚遺稿（佚）

（清）西安崔世霖撰

崔世霖字雨亭，號石渠，又號柘溪，西安人。道光庚子恩科，試京兆或雋，官至處州教授。晚好吟詩，有《鐸奚遺稿》，親自繕寫，楷法頗整。事跡見［民國］《衢縣志·人物志三》。世霖《鐸奚遺稿》今佚。［民國］《衢縣志·詩文外編下》有世霖《虎邱蕩湖船曲》。《西安懷舊錄》卷三有崔世霖詩《寓齋遣興》《春雨口占》《家書未至詩以遣懷》《齋居》《夏至雨後作》《題畫》《江心寺》《驟雨》《早發羅陽》《由清港至潮路》《虎邱蕩湖船曲》《當暑》《落花和朱寶甫同寅韻》《耐冷盦落成自題》。

二應遺稿（佚）

（清）西安應德顥等撰

應德顥字雪山，西安人。道光間廩生。崔世霖曰：“雪山生有雋才，信口成誦無不工。昆季五人，雪山最少，而實爲白眉之良。”事跡見［民國］《衢縣志·人物志三》。同書《詩文內編下》載有應德顥《爛柯山懷古》，注言採自《二應遺稿》。二應者，其一當爲應德顥，另一或爲應德聚。《衢縣志》於應德顥事略上有應德聚事，其言：“應德聚字荀盧。道光間廩生。孔傳曾曰：‘荀盧篤學能文，與弟雪山齊名，時有瑒璩之目。’”《二應遺稿》今佚。

揣摩集（佚）

（清）西安葉春華撰

葉春華有《四書彙覽》，前《經部·四書類》已著録。據《三衢仁德葉氏宗譜》卷三所載《翠巖公傳》，葉春華有《揣摩集》十六帙。此書今佚。

養鶴山房詩稿（佚）

（清）西安雷焕然撰

雷焕然有《醫博》，前《子部·醫家類》已著録。雷豐《時病論自序》載，雷焕然有《養鶴山房詩稿》。此書今佚。《西安懷舊録》卷三有雷焕然詩《自遣》《感事》。

緑蔥草堂鈔二卷（佚）

（清）龍游姜美瓊撰

姜美瓊，事跡不詳。［民國］《龍游縣志·藝文考》載："《緑蔥草堂鈔》二卷，姜美瓊撰。案：卷首不著撰人姓名，惟一册標題《緑蔥草堂鈔》，黄玉山存本，多嘉慶家作，兹定爲首卷；一册多道光間作，定爲次卷。《坊門吴氏譜》有姜美瓊《石亘八景詩》，《龍丘攀轅詩集》有姜美瓊詩四篇，今均在此編中。又《醉墨軒詩鈔》有吕芸詩，題爲《西門白泉和姜美瓊韻》，今編中有《西門白泉》詩，用韻正合，由此知二卷皆美瓊所撰。緑蔥草堂者，浙源里黄氏書塾也。玉山爲美瓊門人黄秉智别號，蓋美瓊館於黄氏最久，繼又訂姻，故遺詩爲秉智鈔存。次卷有《輓黄贊亭》詩。贊亭，即秉智父。美瓊，馬富源姜家村人，以諸生終。次卷《贈九齡童子羅慶麟》詩有'愧我青衿居馬首'之句，益知爲美瓊詩無疑。"《緑蔥草堂鈔》今佚。［民國］《衢縣志·方輿志·山脈》有姜美瓊詩《緑蔥湖四首》，［民國］《龍游縣志·文徵志八》有姜美瓊詩《送别何老師歸括蒼》《遊緑蔥湖四首》《西門白泉》《抵箭碑和雲巖兄韻》。

枕溪書屋學吟（佚）、星峰小草初集（佚）

（清）龍游潘煦撰

潘煦，事跡不詳。［民國］《龍游縣志·藝文考》著録潘煦《枕溪書屋學吟》《星峰小草初集》。此二書今皆佚。

小山房詩賦初稿（佚）

（清）龍游徐輯撰

徐輯，事跡不詳。［民國］《龍游縣志·藝文考》著録徐輯《小山房詩賦初稿》。此書今佚。

梅坪詩稿四卷（佚）

（清）龍游吳楓撰

　　吳楓字晚香，龍游人。諸生。著《梅坪詩稿》。事跡見潘衍桐《兩浙輶軒續録》卷三十。[民國]《龍游縣志·藝文考》載："《梅坪詩稿》四卷，吳楓撰。案：楓所居吳村梅坪坂，因名其稿。道光間，知縣周敦培、秦淳熙振興文教，提倡風雅，楓皆躬與其盛。此稿經淳熙删定，有弁言，稱其五、七古，饒有唐人音節；五、七律，風格可追老杜；五言長排，陽開陰闔，不讓微之云。"吳楓此書今佚。《兩浙輶軒續録》卷三十有吳楓詩《雨中望江》。[民國]《龍游縣志·文徵志八》有其詩《過橫堰楓林》《三石園歌》《次韻陸放翁舍利寺題壁》《贈靈耀寺淨蓮上人二首》《鹿峰》，皆出於《梅坪詩稿》。

耕心齋詩鈔二卷（存一卷）、耕心齋文鈔一卷（佚）、曲阿叢載（佚）

（清）龍游徐本元撰

　　徐本元有《皇朝名臣事略》，前《史部·傳記類》已著録。[民國]《龍游縣志·藝文考》載："《耕心齋詩鈔》二卷、《文鈔》一卷，徐本元撰。案：本元於道光間，隨其父承恩宦游江南。至咸豐間，始歸里，故著述關於本縣者較少。《詩鈔》，蜀人劉詠之爲之序，頗致推許。並言此君少年造詣已若此，後日何可限量。《文鈔》内有《題亡友劉彦冲遺集》一篇。彦冲，詠之字也，卒於道光二十七年，而《詩鈔》則止於咸豐三年，是詠之作序時猶未見其全稿也。"又載："《曲阿叢載》，徐本元撰。案：《耕心齋詩鈔》中，有一詩體爲：《曲阿叢載》，余乙巳歲薄游雲陽之所作也。崇明周茂才見而愛之，爲之題詞十章，作此以報。因知本元曾著此書，故爲著録，惜未見原本。"本元《耕心齋文鈔》《曲阿叢載》今佚，《耕心齋詩鈔》今存一卷。[民國]《龍游縣志·藝文考》載，《耕心齋詩抄》二卷，止於咸豐三年。今見此本存於《名家詩詞叢鈔》，僅一卷，收録道光二十一年至二十五年間詩作四十首。[民國]《龍游縣志·文徵志四》載有劉詠之《耕心齋詩鈔序》，《名家詩詞叢鈔》未載，《文徵志》録此文題名曰"《耕心齋文鈔序》"，然讀此序可知，實爲《耕心齋詩鈔序》，且前引《藝文考》亦言劉詠之爲《詩鈔序》。今有清抄本《名家詩詞叢鈔》，藏於國家圖書館，本元《詩鈔》載於其中，《衢州文獻集成》據其影印。[民國]《龍游縣志·文徵志四》有徐本元《時政論》《皇朝名臣事略自序》和《鴻雁山房詩草序》，皆出於《耕心齋文鈔》；《文徵志八》有其詩《視堘長三首（有序）》。

　　劉詠之《耕心齋詩鈔序》：余往嘗過夢蘭談論，即識君沉靜而多才，無少年華縟意，蓋翩然佳公子也。君浙江龍游人，侍尊甫少尉公宦行吳中，故夢老館君舍，君得修執贄禮。夢老志學最勤敏，君亦希心古人，日摩弄典籍，其所尚與所樂同也。君頗厭浮會，又不自矜伐。余方重其趨，以謂世所難，其他文章宜工之如此。固未知其復有詩也，渙汗以爲美，亦淵然其不可測矣。此編適在楊元潔處，意其近日所爲詩，展之始識是君作，即坐間讀三四行，驚矍色動，其功力之妙，固有足多者。遂乞歸使暢讀卷中，時積雪寒甚，漏已二下，竟忘其所苦。大略通體俱合，七言、古風於論斷步驟綽有餘裕，頗不落大歷後；五言真摯可誦，近體清淑而多遠神，其品藻亦在南渡諸子間。此君少作，可造詣已若此高雅，後日其可量乎？真吾蒙老之畏友也。況沉靜善學如君者，又力能修古之作以謙冲行之，駸駸乎日加一日矣。我聞德必有鄰，豈止孟老爲不孤行耶？實亦世之所寵也。雖然學有源有委，而詩之道要在是乎？亦幸其無欲速焉而已。於是書卷尾歸之，且自負能識此。倘君有請益之餘暇並質之夢老，爲何如人也？（［民國］《龍游縣志·文徵志四》）

鴻雁山房詩草（佚）

（清）龍游黃靜齋撰

黃靜齋，龍游人。隱居不仕，好爲詩，無仿擬之跡。事跡見［民國］《龍游縣志·文徵志四》所載徐本元《鴻雁山房詩草序》。［民國］《龍游縣志·藝文考》著錄黃靜齋《鴻雁山房詩草》。此書今佚。

徐本元《鴻雁山房詩草序》：世之所謂詩人者，於古體則昉漢魏，於近體則昉盛唐，余竊怪之。自三百篇後而有楚騷，由楚騷而後有漢人五言、唐人近體，未嘗規規焉而昉擬之。夫世之善學者博其旨，深其造，當其志得意滿，發而爲言語文章，上之宣朝廷政教之原，次之述風土山川之美，下之探草木蟲魚之情性，狀婦人女子之謳歌，要之，必本於其所學而豁其胸中之所蘊也，夫豈世之規規焉，擬之以爲工者哉？由唐而後，天下之勢日趨於詩，而詩之學益衰，宋人失之太易，明人流於形似。方其窮歲月之勞，忘寢食，役精神，孰不期於傳世而行遠，而卒與衆人同歸者，豈可勝數？余讀《唐書·藝文志》，見其所列書目，至今考之，十不一二存焉。嗚呼！豈不哀哉？國家之制，專尚科舉，日事剽竊，相習成風。於是有篤學力行之士則群起而攻之，不知世道人心將何底止？雖大聲疾呼，而世終執迷不悟也。龍游之溪口有士黃君靜齋，隱居以奉其母，不事帖括，好爲詩，無昉擬之跡。其祖自閩之上杭貿易龍游，樂其山水之美，遂定居焉。嘗一造其廬，與之談論文字，頗欣然喜形於色。憶余自吳返里，杜門窮巷，塊然無徒，偶與世接，其人輒不悦，余以不知其故。今黃君不以其賤不肖而許爲其序言，雖其見信之過，要亦篤行好學之所發也。故舉學者之病以質之黃君，謂何如耶？咸豐庚申四月六日。（［民國］《龍游縣志·文徵志四》）

漪園詩草四卷（佚）

（清）龍游王嗜書撰

　　王嗜書有《傍花居雜録》，前《子部·雜家類》已著録。［民國］《龍游縣志·藝文考》著録王嗜書《漪園詩草》四卷。此書今佚。

海霞詩集（佚）

（清）龍游楊旭撰

　　楊旭字曙堂，號海霞，龍游人。道光十二年歲貢。著有《海霞詩集》若干卷。事跡見［民國］《龍游縣志·人物傳三》。楊旭《海霞詩集》今佚。

吳越雜事詩一卷（存）、凌江唱和詩二卷（佚）、勵志書屋文詩稿四卷（佚）、勵志書屋續稿四卷（佚）

（清）龍游余恩鑅撰

　　余恩鑅有《相宅經》，前《子部·術數類》已著録。［民國］《龍游縣志·藝文考》載："《凌江唱和詩》二卷，余恩鑅撰。馮一梅曰：'此恩鑅攝篆南雄州時，與金錫慶、林承儔、沈潤身、李聯珠四人唱和之作。凌江源出百丈山，南流至南雄州城西，合於滇水，故稱南雄爲凌江。集中有《平田行署》諸詩，則恩鑅治械鬥案，假平田巡司署爲行館時所作。平田，在州城東南百里。風塵鞅掌中，猶不忘吟詠，想見儒雅風流，與尋常俗吏相去遠矣。'《勵志書屋續稿》四卷，余恩鑅撰。馮一梅曰：'恩鑅有《勵志書屋詩文稿》，同治十三年刻於廣州。時鄞縣章鋆視學廣東，嘗爲之序，稱其清剛之氣流溢行間。惟中有制藝試帖，《縣志》例不著録。《續稿》凡八卷，前四卷亦屬制藝試帖，此其後四卷也。詩近體較多，文皆駢儷，有賦、贊、表、檄諸體，蓋自解組回里，銳意課孫，於應制詩文外兼及雜著，亦皆書院及歲科試擬作，窺豹一斑，非其全璧。金陵鄧嘉純、安徽汪汝綸有序，諸暨陳通聲有跋，並以耆年篤學相推重。頗聞嶺嶠歸裝，曾遭僕從盜竊，詩古文稿二十餘冊亦在其中。零篇碎簡，尚俟搜輯也。'"《余紹宋日記》"中華民國十一年五月十二日"條載恩鑅《凌江唱和詩》一卷，［民國］《龍游縣志》作二卷，此從《縣志》。恩鑅《凌江唱和詩》《勵志書屋文詩稿》《勵志書屋續》今皆佚。［民國］《龍游縣志·文徵志四》有余恩鑅《龍游攀轅詩跋》《藏拙軒珍賞自序》《續刻勵志書屋文詩稿自序》；《文徵志八》有其詩《平田行署偶成》《平田行署續成一律》，皆出於《凌江唱和集》。［康熙］《龍游縣志》光緒重刊本，前有余恩鑅序。《信安龔氏重修宗譜》卷二有余恩鑅《勤百六加運同銜東溪公贊》。

　　《吳越雜事詩》今存。［民國］《龍游縣志·藝文考》載："《吳越雜事詩》一卷，余恩鑅撰。馮一梅曰：'光緒十一年，學使瞿鴻機觀風有此題，並注明典故禁引《十國春秋》。恩鑅時方解組家居，見獵心喜，兩日間走筆成詩百首，採録群書凡數十種，

——詳注，即是編也。蘭溪唐寅亮讀而悅之，稱其筆情之飛舞，色澤之鮮明，徵引之繁博，是劉舍人所謂寫實返虛鎔經鑄緯者，且續和一篇附於後。’”是書收詩一百首，吟唱五代時吳越國時雜事，並自爲作注。其自注“典故禁引《十國春秋》”，所引書諸如《新五代史》《東都事略》《吳越備史》《五代會要》《太平寰宇記》《臨安縣志》《北夢瑣言》《夢粱錄》《劉後村集》《苕溪漁隱叢話》等，凡正史、別史、雜史、政書、方志、筆記、文集、詩話等共五十餘種。書後有恩鑠曾孫余紹宋題跋，稱此書原已散失，民國三年紹宋於書肆中購得，民國十一年付刊。此書有民國十一年余紹宋刻本，藏於金華市博物館，《衢州文獻集成》據其影印。

余恩鑠《續刻勵志書屋文詩稿自序》：同治甲戌在粵東，曾以拙作詩文若干首付梓。迄庚辰告假回籍，老無所事，吮墨含毫，猶是書生本色。計數年間所積詩文，又得一帙。謬叨斲輪家所許可，慫恿梓爲二集。年衰學落，愧不自量。昔江文通尚有才盡之時，矧蟲吟草間，時當垂暮，尚沾沾以文辭鳴也哉。嗟乎！士人持身涉世，制行難立言易，至詞章，僅爲科目計，所謂文藝末也。恩鑠以寒畯孤立，清苦異常，然一生所不能者，人也；其所能者，天也。曩日，本籍之氣焰凌人者，咸豐季年遭兵凶者半，疾疫者半，靡有孑遺。恩鑠昔以優行貢入成均，旋賦鹿鳴，忝登仕版二十餘年。今及丁年倖邀曠典，重游泮水，懸額學宮，冥冥之中豈無分曉？前集自序，祗此詩文一道，頗多知己，亦較有定評，誠有慨乎言之也。夫半生刻勵，力求附於自好之末，若僅僅以詩文見知，竊自傷矣，重自悲矣。（見［民國］《龍游縣志·文徵志四》）

章鋆《勵志書屋文詩稿序》：韓子曰：“言者，心之聲；文辭之於言，尤其精焉者也。”然則心之正者，其發於文辭也，豈猶夫人哉？余鏡波州牧同年與余，同受知於羅蘿村侍郎師。其以優行貢舉也，以師試三衢，見識拔之士多鏡波生徒，心異之。及採聽衆論，則翕然稱其行之卓，益器重之。既以大挑一等，官粵東，有循吏聲。所至輒署聯於門曰：“除暴可安善良，誓不宥行凶之命；爲官若念孫子，慎勿貪造孽之錢。”余聞其宰海陽，民感其德，輯其政績刊之。牧南雄時，鄰省江右之民，有越境赴愬者。吁！親民之官，而能如是，洵無忝厥職矣。其所著詩文，少壯之作燬於故鄉兵燹，存者皆服官後公餘稿也。清剛之氣流溢行間，謂非心聲耶！韓子官嶺南，至今民被其澤。鏡波之存諸心，施諸行與政，以其餘發爲文章，皆宗法韓子者也。余見其孜孜焉，日益勉之矣。（見［民國］《龍游縣志·文徵志四》）

汪汝綸《續刻勵志書屋文詩稿序》：甲申夏五薄遊三衢，下榻楊君舜舉齋中，與余君滋泉傾蓋定交，因得悉其尊人鏡波先生宦成而歸，優遊林下，今年七十有七矣，精神風采不減壯盛時，予心儀焉。介滋泉晉謁，觀其容貌之秀偉，聽其議論之閎辨，退而竊歎古所稱鉅人長德，乃於今而遇之。一日，滋泉手文兩篇屬予評騭，初不道作者姓名，而讀之入理精深，出筆簡潔，疑非時流所能辨，爰綴數語，以志傾倒之忱。翌日，先生惠臨，謂昨所評者乃拙作也，得毋揄揚太過。予皇然謝唐突罪，而先生意色無怍，似以予爲知文者。他日，邀予至其家，出所藏名人法書相示，傾談竟日而還。既又以未刻稿數十首命予作序，將付梓人。夫譾陋如予，何足以定先生之文哉！然而心慕先生之爲人，又幸得縱讀先生之文，則正有難已於言者。中世士大夫一行作吏，此事遂廢，往往抗塵容，走俗狀，鐘鳴漏盡而不肯歸休。即或循年例而引退矣，方且營田宅，規方圓，汲汲爲子孫計，日無暇晷，誰復能以文墨自娛者？先生官粵東二十年，循聲卓著，下邑息崔苻之警，上游絕苞苴之餽，暇則與都人士講藝論文，嘗刊《勵志書屋稿》若干卷，流布粵中。年滿七十致仕而歸，壓裝惟圖書數篋，他無長物，其清操已可概見。移家郡城，廳事旁有小齋，日與諸孫誦讀其中，不與外事。書院課士題至，輒擬作連篇以寄興。時或中夜搆思，欣然有得，挑燈疾書，天未明而文已脱稿。向非襟懷灑落，精神有餘，何以近大耋之年而猶然樂此不疲哉？予聞文章之氣象，每肖其人，其人才識明通者，文必汪洋而恣肆；其人胸襟高曠者，文必俊偉而光明。今讀先生之文而益信，然則其人可傳，則其文必傳無疑。而予以邂逅傾心，因得附名集中以不朽，殊自幸三衢之遊，真不虛此一行也。（見［民國］《龍游縣志·文徵志四》）

　　鄧嘉純《續刻勵志書屋文詩稿跋》：丙戌秋，嘉純奉檄榷稅三衢，瀕行，辭青耜何丈，丈語之曰："吾於衢有舊交，二人曩同官粵東，稱莫逆，今皆解組歸里，子往爲我三致意焉。一曾君平湖，一則余丈鏡波先生也。"純謹誌之。抵衢，初了公事，即詢里居，則曾君已物故，先生居甚近，時年八十且重遊泮水矣。以先輩禮造門請謁，精神矍鑠，喜談文藝，其抉發義理，探討奧竅，雖英銳後生無以加，精核少年不能過也。蓄端溪石硯甚富，暇日盡發而示之，有青花者、冰紋者，有藕絲、冰紋、蕉葉、白臕、脂暈者，蒼堅靜穆，光澤爛然然都非尋常耳目之玩。又以所刻《勵志集詩文》見贈，律細格嚴，文質錯綜，猶硯之蒼堅靜穆，光澤爛然也。一日，持近作若干首，將謀續刻，令純爲決棄取。受而讀之，其蒼堅靜穆猶是也，而采色有加焉，光澤猶爛然也；而沉厚有加焉，非精力强固，神明弗衰，曷克臻此？夫石能壽世，文之不朽者亦能壽世。觀先生硯癖及所爲文，則其臻耄耋享期頤福澤，豈無本哉！又豈易量哉！讀訖歸之先生，且綴言簡末，從先生命也。蒼蠅之飛，不過十步，自託麒驥之尾，乃騰千里之路。純從先生遊，且得序先生之文，非生平大快事乎？他日剞劂告成，郵寄青耜丈，當亦一讀一擊節也。（見［民國］《龍游縣志·文徵志四》）

嶺南集一卷（佚）

（清）龍游余鋆撰

　　余鋆，事跡不詳。［民國］《龍游縣志·藝文考》載："《嶺南集》一卷，余鋆撰。

案：鋆於咸豐間避難赴廣東，居恩鑅南雄州署者一年。此集即游粵時所作。鋆，恩鑅兄也。"余鋆《嶺南集》今佚。［民國］《龍游縣志·文徵志八》有余鋆詩《除夕看貼門神感賦一律》。

筆帟詩鈔八卷（佚）、陝南雜著（佚）、試帖詩四卷（佚）

（清）江山王鈺撰

王鈺號蓼生，江山人。以歲貢就職訓導。著有《須江詩譜》五集、《筆帟詩鈔》八卷、《陝南雜著》若干卷、《試帖詩》四卷。事跡見［同治］《江山縣志·人物志八》。［同治］《江山縣志·選舉志四》載王鈺爲道光丙午歲貢。［同治］《江山縣志·邑人纂述書目》著録王鈺《筆帟試帖》，與《人物志》不同。王鈺《須江詩譜》今存兩卷，其餘諸集今皆佚。［同治］《江山縣志·藝文志》有王鈺詩《雙孝歌》《禱雨行》《題王南陝中丞〈空山破寺殘詩感舊圖〉，用朱文正公廣福寺題壁韻》《採桑詞》。

芳草池上詩集二十卷（佚）、芳草池上文集二十卷（佚）、左傳集句六卷（佚）

（清）江山毛紹芳撰

毛紹芳有《詩經考》，前《詩類》已著録。據毛以南《致和堂詩稿》後作者自跋，紹芳有《芳草池上集》二十卷、《文集》二十卷、《左傳集句》六卷。紹芳諸書今皆佚。

小磊山人吟草二卷（存）、守株集一卷（存）、致和堂詩稿初編二卷（存）、致和堂詩稿二卷附遺録（存）、白沙劫餘偶存（存）、拾遺偶存（存）、仰桂集（佚）、栽柳集（佚）、醉花集（佚）、種蓮集（佚）、採菊集（佚）、古文二卷（佚）、飯後録一卷（佚）、燈下篇一卷（佚）、讀漢贅言一卷（佚）、兩漢金石厲目記一卷（佚）、書畫題跋一卷（佚）、碑版題跋一卷（佚）、稗販四卷（佚）

（清）江山毛以南撰

毛以南字韻石，號紫州，又號小磊山人、石道人，江山人。善畫蘭，工於詩。事跡詳見《致和堂詩稿》後作者自跋，又見衢州市博物館藏《鄧石如習分殘帖》前張德容記文。［同治］《江山縣志·恩榮志三》載，毛以南，郡廩生，以嗣父晉瀛，奏請襲雲騎尉。以南著述甚豐富，有詩集《飄蓬集》《寄籬集》《守株集》《披荊集》《根味集》《生稊集》《採菲集》，删削前集又結成《小磊山人吟草》二卷、《致和堂詩稿初編》二卷、《致和堂詩稿》二卷。據《致和堂詩稿》後作者自跋，以南詩集還有《仰桂集》《載柳集》《醉花集》《種蓮集》《採菊集》等，其文有《古文》二卷、《飯後録》一卷、《燈下篇》一卷、《讀漢贅言》一卷、《兩漢金石厲目記》一卷、《書畫題跋》一卷、《碑版題跋》一卷、《稗販》四卷。其所存者有《小磊山人吟草》《守株集》《致和堂詩稿初編》《致和堂詩稿》附《遺録》《白沙劫餘偶存》《拾遺偶存》，其餘諸作今皆佚。

《小磊山人吟草》二卷，初名《鳩安山房詩草》，爲《飄蓬集》《寄籬集》之合集，首有朱家麒、郭炳儀、吳樹芳、劉大封題詞四篇，繼爲沈振瑞題跋和作者自跋。郭氏、吳氏、劉氏題詞分別稱爲《讀〈鳩安山房詩〉題詞》《〈鳩安山房詩草〉題詞》《讀〈鳩安山房吟草〉題詞》，《小磊山人吟草》當又稱《鳩安山房詩草》等。《飄蓬集》收録咸豐八年至十一年詩作四十九篇，《寄籬集》收録同治元年至三年詩作三十三篇。《飄蓬集》卷端題“戊午至辛酉删存，並録諸友評詞”，又題“江山毛以南韻石”撰，並蓋有以南印章；此集詩篇上方時有評詞，並在評詞後蓋有評者印章，據此可知此書當爲稿本。是書有清稿本，藏於江山市博物館，《衢州文獻集成》據其影印。

《守株集》一卷，成於同治四年，收録詩作二十九篇。後有“湘南潙水山人鳴盛”題跋，稱以南詩“直追唐人”。《守株集》中的一些詩作爲後來毛氏結集的《致和堂詩稿初編》和《致和堂詩稿》收録，《初編》中《從軍行》《王昭君祠》，《詩稿》中《烏夜啼》《結客少年場行》《美女篇》《短歌行》，皆先載於《守株集》。毛氏再理舊作時，對《守株集》詩文有所改動，如《贈長沙譚吉渠（丙寅）》，《初編》中題名則改爲《贈長沙譚吉渠（清湘）大令》，原注文“丙寅”二字删去。又如《守株集》中《讀袁子才詩》《讀蔣心餘詩》《讀趙雲松詩》，《詩稿》分別改曰《讀袁子才集》《讀蔣心餘集》《讀趙甌北集》；清人趙翼字雲松號甌北，改稱甌北而用其號；且《讀蔣心餘詩》注文在“雙手扛”後，改後移至文末。此集於作者署名下有“須江韻石”印章，江山於唐時曾稱須江縣，故作者自稱“須江韻石”。由此印章及其文中修改痕跡，皆表明此書爲稿本。是書清稿本，藏於江山市博物館，《衢州文獻集成》據其影印。

《致和堂詩稿初編》二卷，成於同治七年，前有序跋三篇、題詞十二篇和作者自跋，其中《小磊山人吟草》題詞全録，作者自跋與《吟草》大體相同。《初編》卷一《披荆集》收録咸豐八年至十一年詩作五十篇，《飄蓬集》中的有些詩篇亦收録《披荆集》。《初編》卷二《寄籬集》收録同治元年至七年詩三十六篇，雖與《吟草》同稱《寄籬集》，然二者收録詩篇中有不少不同。《吟草》與《初編》即有内容的重複，也有相互間未收之作；即使二者相同詩篇，也有詩文内容不同之處。如《獨木橋》一詩，《吟草》初題名爲《孤木橋》，後作者將“孤”字更改爲“獨”字，然末句仍“斷處孤木橋”；而在《初編》中此首詩直接題名爲《獨木橋》，無更改痕跡，其末句爲“斷處獨木橋”。又如《吟草》有詩《六月山行竹林少憩》，《初編》中篇名改爲《六月山行竹林少坐與周享百同賦》。由此可見，韻石整理舊作時，對其詩文内容有所修改。《吟草》與《初編》皆爲紀難之作，多寫太平天國之亂時作者顛沛流離的生活。是書有清稿本，藏於江山市博物館，《衢州文獻集成》據其影印。

《致和堂詩稿》二卷，卷一爲《根味集》，收録詩三十四篇；卷二爲《生稊集》，收録詩三十八篇。此集前劉國光序、梅有德序和以南自序，以南言其詩"非自矜於心得，亦聊寫其性靈；歎人世之多乖，懼我生之徒負"，而國光贊曰"率皆獨擴心得，直寫性靈，意不求深而無不雋，辭不拘體而無不工"。《致和堂詩稿》二卷，今存有行書稿本。另有楷書稿本存卷一《根味集》，其所録《雜事》等七篇不見於行書本。且行書本與楷書行文略有不同，行書本於作者自序前有錢根珊題詞《行香子》一首，楷書本無；又如行書本《挽劉瀞生（履芬）太守（君署理嘉定爲盜所戕）》，楷書本作《挽劉瀞生（履芬）先生》，"君署理嘉定爲盜所戕"作爲注文在"可憐碧血也成塵"句後。另有《致和堂詩稿遺録》《白沙劫餘偶存》《拾遺偶存》，皆爲毛氏之作。《遺録》又稱之爲《採菲集》，收録詩作九篇，作者注曰"甲子以後詩草遺失，偶於故紙堆中得詩數十首，删之録於後"，此甲子當時爲同治三年。《遺録》後有鄭蓮炬題跋，當爲毛氏詩稿所做。作者於《白沙劫餘偶存》題名下言，"余在白沙與同人唱和，得詩計數十首，失去矣。存此，從同人抄得"；於《拾遺偶存》題名下曰，"余自甲子以後己卯以前，詩草遺失無存。偶於故家中檢得數首，抄録附後"。以南詩作較多，不斷删削整理而結集，惜多散佚，其所存者也較散亂。以南《詩稿》等作，皆爲清末稿本，藏於江山市博物館，《衢州文獻集成》據清稿本影印，以結集時間先後加以整理，將《遺録》《偶存》附於《詩稿》後。

古紅梅閣遺集八卷（存）、古紅梅閣未定稿三卷（存）、三衢餘述（佚）
（清）江山劉履芬撰

劉履芬有《紅梅閣書目》，前《史部·目録類》已著録。劉履芬有《古紅梅閣遺集》今存，另有《三衢餘述》今佚。《古紅梅閣遺集》八卷，分駢文、古近體詩、絶句、長短句四類，卷帙依次爲《駢文一稿》文三十一首，《駢文二稿》文二十五首，《秋心廢稿》詩七十首，《皋廡偶存》詩六十七首，《淮浦閒草》詩二十九首，《漚夢説編》詩四十一首，《旅窗懷舊詩》詩七十首，《鷗夢詞》詞七十四首。是書正文前有劉履芬小象、題詞、題記、序文等，正文後附録有書後、家傳、墓誌、哀辭、哀詩、行述。履芬駢文獨尊漢魏六朝，淵雅雄厚、沈博絶麗；其古近體詩言情體物，皆能獨出機杼津梁。彦清擅長詩詞，其詞兼容浙西、常州兩派之長，其子毓盤憶曰："九歲學詩，先人授以詩法。十二，請學詞，先人曰：'小詞學唐，慢詞學宋，朱竹垞之言也。浙派主協律，常州派立意，溝而通之，斯得矣。'"（見劉毓盤《唐五代宋遼金元名家詞輯自序》）故毓盤承其家學而成爲近代詞學大家。《江山須江經明王氏家乘》卷十二有劉履芬《應四百四十七附貢生振麟公孺人劉氏七秩雙壽序》《修職郎振麟公八秩雙壽序》，皆不見於《古紅梅閣遺集》。此書有清光緒六年刻本、民國十五年刻本，藏於國家圖書館等處，《衢州文獻集成》據國圖藏光緒刻本影印。

《古紅梅閣未定稿》三卷，收録《秋心廢稿》《皋廡偶存》《淮浦閒草》，各收録詩一百十二首、一百四十九首、八十七首，較之《古紅梅閣遺集》所載三集，多出一百八十二首。此書前有兩序，其中前序爲《遺集》未收。此書爲稿本，時有劉氏修改痕跡，如《秋心廢稿》有詩《呈韞齋夫子即題所作聞妙軒第三圖後》，其中有句"奈何溷俗士，不思讀我書。烏帽抗黄塵，役役趨道塗。靜者心以逸，勞者心轉贏。誰信不諧俗，垢膩無時無。却憶初學詩，屢造先生盧。僻地住一椽，心清香亦殊。此乃真聞妙，陶寫何爲乎。非徒涇逸勝，絃誦此特餘。先生翩然笑，斯詩倘起予"，改爲"奈何佞俗士，鬢撮役塵塗。靜者心何逸，勞者心何贏。誰信不汙俗，垢累無時無。却憶初學詩，飲香先生盧。僻隱養一椽，心奇香亦殊。此乃真清妙，不與聞根俱。離離法界觀，餲餲絃誦餘。先生翩然笑，斯言其起予"，可見此詩歌改動甚多，改後與《遺集》同。此稿朱筆所改，當爲定稿而作，其在詩題名上方標紅色圈注者，皆收録《遺集》，未加標注者没有收録。有的題名下方有"録二首"等文字，如《秋心廢稿》中《寒夜有感》有四首，題名下有朱筆批曰"録前後二首"，故《遺集》集所收爲此四首中的第一首和第四首；不過《遺集》收録此詩後亦稍加修改，第一首末句《未定稿》作"年來夫壻已工愁"，《遺集》將"已"字改爲"政"字。此集爲履芬稿本，由其對詩作修改，可以看出作者創作歷程，故對於研究劉氏詩文極有價值。此書有清稿本，藏於浙江圖書館，《衢州文獻集成》據其影印。

劉履芬《三衢餘述自序》：沄沄積崚，有傷橫水。萋萋纖草，不蕩遺塵。辨鄉表之音容，絶憐梟萊；然夜窗之燈火，疇解雞談。士衡有入洛之願，肩吾無還會之歌。白雲在天，青江可望。僕生僑澤國，家隸山區，越烏悲歌，吳綾寄訊。故巢可戀，欲效啞啞之鳴；寒畦永供，不嫌嗊嗊之咎。此則孝侯《風土紀》蛟潭之異跡，《汝南人物傳》牛醫而鮮惄。我果腸回，官寧耳學，綱羅綿蕞，庶無郵焉。若夫楓嶺百里，瀫水十驛，一篙爭灘，三品跂石，珍費姑妹之國，箸筸太末之壤。鎮東浙西江之鎖鑰，掣八閩百粤之喉吭，天塹斯雄，地紐常謐，雲眠千樹，天窺一線，薑稜恣其演迤，橘社耀其華簇，此又振奇之士談而神往，憂餒之農對而獨笑。宜前葚後珮，攜龍邱之勝，引畫札圖僑，挹伯珍之雅。感瓜心刧學，魚腹藏忠。琴囊入蜀，尚抹于越之灾；竹索來杭，不遺碧落之字。土著百弓，風流千載。至如峰没禽翼，嗣江目爲俊遊，牖隱石牀，忠簡資以紀宦。視彼回舟報故，被廢咄空，求則得之，異乎悕矣。且夫南音語熟，小海唱遲，暎車之志仿虛元，竹枝之體兼瑣碎，則十道伏欄之神，五行破炭之命，緇童逾尺之眉，烏斑帶箭之膺。香輯成文，底徊親染今日者，風月俱寒，川涂縈趣，有登徵夢之亭，陟縣室之坂，雜採可觀，靈踪宛在。言旋言復，遥認姑蔑之旗；一觴一詠，或規盈川之集。其目我爲桑梓之佞子，雲霞之導師乎？往彼無時，極之於夢。（見劉履汾《古紅梅閣遺集・駢文一稿》）

紫藤花館詩餘一卷（存）

（清）江山劉觀藻撰

　　劉觀藻字玉叔，履芬弟，江山人。長於詞，詩不多作。有《紫藤花館詞》。事跡見《兩浙輶軒續錄》卷四十六。《輶軒續錄》有劉觀藻詩《偶成》《即景》。是書先爲翁大季題名《紫藤花館詩餘》，繼爲錢步文題名《瓊簫詞》，其卷端和版心皆題爲《紫藤花館詩餘》。《古紅梅閣遺集》目錄中則題此集名爲《紫藤華館詩餘》。此集收觀藻詞五十五首，前有序文二、題辭五，末有跋語十六。觀藻作詞重在抒發個人情懷，其在《洞仙歌·自題〈藤陰填詞圖〉》亦有表達："新詞漫拍，不求人相賞。略寫情懷寄惆悵。"陳彬華稱其詞："豪橫處逼真稼軒，婉約處又酷似叔夏"吳嘉洤評曰："其始不免涉於豪放，人皆以蘇、辛目之，及與子繡、浣花諸子遊，漸識宋賢蹊徑，約而彌精，鍊而不肆。"蓋玉叔作詞如仲湘所言"始擅麤豪，近多婉約"。（皆見是書卷後跋語）觀藻此作原附刊於《古紅梅閣遺集》後，《衢州文獻集成》據清光緒六年刻本影印，將《紫藤花館詩餘》析出單行。

濯絳宧存稿一卷（存）、濯絳宧文鈔一卷（存）

（清）江山劉毓盤撰

　　劉毓盤字子庚，別號椒禽，江山人。所著《詞史》外，有駢散文若干卷、《濯絳宧詩》若干卷、《椒禽詞》若干卷、《中國文學史略》若干卷、《唐五代宋遼金元詞輯》若干卷、《詩心雕龍》若干卷、《詞話》若干卷，又有《詞學斠注》若干卷，《詞律斠注》若干卷，則早年將脫稿而毀於兵者也。事跡見劉毓盤《詞史》卷前查猛濟《江山劉先生遺著目錄叙》。

　　劉毓盤詞集封面題《濯絳宧詞》，於正文首行題《濯絳宧存稿》，下行低一格又題曰《噍椒詞》，前有光緒二十七年吳縣彭世襄序。毓盤於篇前自記曰："五季北宋，津逮風騷。二窗中僊，開闢門户。華年選夢，錦字緘愁。律據音先，意寫言外。美人香草，無慚極矣。"毓盤受其家父教導，作詞兼融浙、常二派之長，協律與立意並重。民國詞曲學家吳梅《蠡言》評劉詞，"子庚工於倚聲，一字不肯苟且"，"其詞在白石、白雲之間，自謂學清真，實則殊不盡然。"葉恭綽《全清詞鈔》選錄毓盤詞《長亭怨（又三月）》《長亭怨（已勾却）》《解花語（新笳送怨）》三首。王詩農（筆名林辰）言其有此集兩種版本[①]，初刻本收六十八闋；補刻本增十一闋，共七十九闋；前者刻於吳中，後者則是晚年手定本。王氏言初刻本收錄六十八闋有誤，當爲六十七闋。此集初版於光緒二十七年，清宣統元年補刻。葉氏《詞鈔》所錄《解花語》即爲補刻本所收。較

---

　　① 林辰：《劉毓盤和他的〈濯絳宧詞〉》，《魯迅研究動態》，1987年第8期。

之初刻本，補刻本增補了自《疏影》以下十二闋。是書清光緒本、清宣統刻本，國家圖書館等處皆有收藏，《衢州文獻集成》據浙江圖書館藏宣統刻本影印。

　　劉毓盤文集封面題《濯絳簃文鈔》，而目録前和正文前皆題《濯絳宧文鈔》，署"江山劉毓盤子庚著"。《文鈔》收録子庚之文凡二十五篇，後有其門人海寧查猛跋語。其文有史論、史考、史補者共五篇，書序、題跋共六篇，《讀王粲傳》六篇，書牘兩篇，人物傳一篇，祝壽文一篇，墓誌銘兩篇，祭文兩篇。查猛云："先生自言作散文者以馬書爲本，作駢文以班書爲本。"可見劉氏作文深受《史記》《漢書》影響。子庚作文皆有所本，且爲詞學大家，對史學亦有研究。由其所作《〈史記〉不立義帝本紀釋疑》《〈史記·十二諸侯年表〉釋疑》《西楚九郡考》《讀王粲傳》《補〈東觀漢記·劉盆子載記〉》諸文，可知子庚對兩漢史亦深有探究，其論史皆有新意。然其《西楚九郡考》略有所失，其所考泗水郡、會稽郡、東郡、碭郡、薛郡、南陽郡、鄣郡不誤，而言有潁川郡、長沙郡則不當。今據周振鶴先生所考，另外二郡當爲東海郡和陳郡。查猛述曰："（子庚）文稿數百篇，爲友人失去。今搜之刻本及晚近作厪十數篇，猛嘗私録副出"，"友人浦江曹君聚仁亦好讀先生之文者，謀於猛，出所録以付諸"，遂成此集。是書有民國七年鉛印本，藏於上海圖書館、浙江圖書館，《衢州文獻集成》據浙圖藏本影印。

鄂不山房詩（佚）

（清）開化夏咸則撰

　　夏咸則，開化人。道光丙申恩貢。著《鄂不山房詩》。見［光緒］《開化縣志·選舉志》。咸則《鄂不山房詩》今佚。

錫庵詩稿（佚）

（清）開化方爾圭撰

　　方爾圭有《五經集要》，前《經部·五經總義類》已著録。［光緒］《開化縣志·人物志·文苑》本傳載，方爾圭有《錫庵詩稿》。此書今佚。

寄居詩（佚）

（清）開化魏崇燦撰

　　魏崇燦有《左傳彙編摘録》，前《經部·春秋類》已著録。［光緒］《開化縣志·人物志·文苑》本傳載，魏崇燦有《寄居詩》。此書今佚。《開化包山汪氏統宗譜》卷三有魏崇燦《皂角里居圖序》及《八景詩》。

芹陽竹枝詞（佚）

（清）開化姚學濂撰

　　姚學濂字淑清，號蓮溪，開化人。庠貢生。該覽古今，工書法，善詩詞。著有《芹陽竹枝詞》八首，冠絶一時。事跡見［光緒］《開化縣志·人物志·文苑》。學濂《芹陽竹枝詞》今佚。

惜春詞（存）、**感春詞**（存）、**春讔詞**（存）、**秋夢詞**（存）、**覺夢詞**（存）、**亦雲詞**（存）、**寓泉詞**（存）、**春懷詞**（存）、**影桃庵詞**（存）、**楚楚詞**（存）、**憶鵑詞**（存）、**柳枝詞**（存）、**賡夢餘音**（存）、**心禪老人詩稿**（存）、**心禪詩稿**（存）、**憐香詞**（存）、**心禪吟草**（存）、**章江惆悵詞**（存）

（清）開化余一鼇撰

余一鼇字成之，號心禪居士，開化人。事跡見《亦雲詞》卷前所載《心禪居士生傳》。一鼇祖紹元，嘉慶戊辰舉人，分發四川知縣，歷署綿竹、大足、東鄉等縣；紹元歿，子孫遂家東鄉；"子獻璋回籍入庠，贅常州楊氏"，事見［光緒］《開化縣志·人物志·宦績》。一鼇乃獻璋子，生於無錫，祖籍爲開化。嘗助丁紹儀輯《國朝詞綜補》，又曾補編《楊蓉裳先生年譜》。一鼇詩詞之作甚豐，現分藏各地圖書館，今人林玫儀將其整理，撰有《余一鼇生平及作品資料輯校》[①]，下據此簡述一鼇諸作。一鼇詞作今存《感春詞》《惜春詞》《春讔詞》《秋夢詞》《覺夢詞》《亦雲詞》《寓泉詞》《春懷詞》《影桃庵詞》《楚楚詞》《憶鵑詞》《柳枝詞》《賡夢餘音》，共一千餘首；詩作今存《心禪老人詩稿》《心禪詩稿》《憐香詞》《心禪吟草》《章江惆悵詞》，共四百餘首。

《惜春詞》，不署撰者，稿本收詞二十九首，詞作皆爲《浪淘沙》，藏於上海圖書館；曹壽松抄本收詞二十一首，藏於東北師範大學圖書館；兩本收詞全見於《感春詞》。《感春詞》三十六首，爲活字本，藏於上海圖書館，卷末識語題"寄鷗館主人心禪甫識"。《春讔詞》三十九首、《秋夢詞》二百四十一首、《憶春詞》九首，合爲一册，藏於南京圖書館。《春讔詞》未署名，有余一鼇諸印。《秋夢詞》署"影桃盦主甫草"，即余一鼇。《憶春詞》，標題下署"蓉湖閒客意秋字湘清稿"，未詳何人。《覺夢詞》撰於光緒八年，手稿本五十首，藏於東北師範大學圖書館；抄本五十五首，藏於無錫圖書館；木活字本五十五首，藏於上海圖書館。《亦雲詞》一百六首，手稿本藏於東北師範大學圖書館，謄清本三種藏於上海圖書館，抄本藏於上海圖書館、東北師範大學圖書館、無錫圖書館。《寓泉詞》三十九首，《春懷詞》九首，皆附於《亦雲詞》後，抄本藏於上海圖書館。《影桃庵詞》，附於《亦雲詞》後，抄本藏於無錫圖書館。《楚楚詞》抄本藏於上海圖書館，其一包括《楚楚詞》二十九首、《楚楚詞續》二十八首、《楚楚詞綴》十八首及無題詞十二首；其二與《亦雲詞》《柳枝詞》合册；另一本藏於東北師範大學

---

① 林玫儀：《余一鼇生平及作品資料輯校》（之一）（之二）（之三），分別見《中國文哲研究通訊》第15卷第1期、第2期（2005年），第19卷第2期（2009年）。

圖書館，與《憶鵑詞》合册。《憶鵑詞》六首，附於《楚楚詞》後，藏於東北師範大學圖書館。《柳枝詞》四首，全爲《踏莎行》，抄本藏於上海圖書館，與《亦雲詞》《楚楚詞》合册。《虧夢餘音》稿本藏上海圖書館，爲與友人酬唱之作，亦録有友人之詞；抄本其一有八十六首，藏於上海圖書館，其二有九十九首，藏於無錫圖書館，皆爲《亦雲詞》中部分内容。《心禪老人詩稿》，藏於中國科學院圖書館，前有楊晉藩題識、鄒弢題詩和題詞，正文部分先爲謄清稿收詩九十一首，其下末附詞五首，再下爲《憐香詞》收詩三十首，其下爲余氏手稿收詩三十八首，末附奏章及事略等雜文。《心禪詩稿》，抄本藏無錫圖書館，前民國十八年秦毓鈞識語，正文分别題《心禪詩稿》《憐香詞》《心禪吟草》三部分，前兩種與中國科學院圖書館收詩内容相同，《心禪吟草》收詩二百八首。《章江惆悵詞》收詩三十八首，藏於中科院圖書館，原無標題，其中一至七首爲聯章，名爲《章江惆悵詞》，故以此題名。

淡永山窗詩集十一卷（存）、柳源文集（佚）

（清）西安周世滋撰

　　周世滋有《萬石齋印譜》，前《子部・藝術類》已著録。［民國］《衢縣志・藝文志下》載："《柳源文集》，清周世滋撰。周氏家藏稿本。按：世滋字潤卿，號柳源。前詩多紀亂之作，先刊。此集中晚之文，僅存遺稿。"周世滋《柳源文集》今佚，今存《淡永山窗詩集》。

　　《淡永山窗詩集》十一卷，收録道光二十二年至咸豐十一年古今體詩，凡八百八十一首，以作詩之年先後次序編定，卷前有詹嗣曾題辭和作者自序。世滋自言，自太平天國喪亂以來，圖籍盡毁，亂後掇拾，惟詩草幸存，"顧維平生疏賴，賦性不近功名。束髮後無他，嗜文史，暇喜觀古人全集，想見其爲人。九齡即解吟詠，仲春夜夢，登岱窺海，日嘘其光，而吞之用是賦詩，輒有好句。逮乎壯歲遭歷世變命，葉愁山哀，詞恨賦雅，不欲出以示人"，然爲知己所推，遂將此集梓行。此集卷三有《删詩》一篇，其中有言，"作詩遲速較，論詩工拙爭。選詩畫風氣，唐宋元明分。删詩衷一是，餘外都不論。删人詩務博，删己詩務精。拉雜十删九，披沙時見金。删後復再删，所獲皆奇珍。"由此可見其對詩歌創作、删改之見解。又卷四《偶成》有句"燈前罔兩堪同語，海内文章半可燒"，此亦見作者品評詩文要求之高。世滋此集頗受西安賢達推許，詹嗣曾尤重之，言周詩"引義就根柢，斂才束規矩。誰謂推敲閒，斟酌必韓愈。但守子輿言，忠告豁肺腑"（見《題辭》）。潘衍桐《兩浙輶軒續録》收録周世滋《撥悶》《偶成》二篇詩作，《西安懷舊録》卷六録入世滋詩二十一篇。是書有清同治元年刻本，藏於國家圖書館、浙江圖書館、清華大學圖書館，《衢州文獻集成》據浙圖藏本影印。

埽雲仙館詩鈔四卷（存）

（清）西安詹嗣曾撰

詹嗣曾字有《讀史雜俎》，前《史部·雜史類》已著録。《埽雲仙館詩鈔》舊名《珍珠船草》，或名《珍珠船詩集》，刊行時改稱《埽雲仙館詩鈔》，收録嗣曾道光二十八年至咸豐十一年間古今體詩三百四十八首。書前有西安周世滋、閩縣徐壽恬、西安葉如圭、錢塘諸可權、龍游王日烜《題辭》五篇，下爲嗣曾自序，末有其妻王慶棣跋語。嗣曾詩作中時有自注，以解詩中有特定術語，如卷二《龍燈歌》有句“嶄然頭角蠹尺木，横纏十丈紅錦紅”，其下注曰：“衢俗，娶婦之家以紅帛繫龍角，謂之挂紅。”此集卷一作於道光戊申至咸豐壬子，與後三卷詩作有所不同。卷一多寫景、遊記之作，詩句多抒己意，無關家國。自咸豐三年癸丑之歲，嗣曾感受到當時烽火彌漫，故此後多爲感懷之作，充滿憂世之情，如卷三《和又園次内子西村感懷原韻》：“亂定聊爲樂，愁多自足傷。生涯際衰落，詩思激悲涼。枯樹寒如病，秋山晴更蒼。此身無所寄，吟罷立斜陽。”由此可見作者歷經國家戰亂之痛。嗣曾自幼習杜詩，故其憂國之詩多受少陵影響，其妻王氏深解之，故跋語言：“初吟俊逸詞，韻疑葉笙簧。繼作牢騷音，一一堪斷腸。傾心在杜陵，餘亦宗三唐。”《西安懷舊録》卷六收録詹嗣曾詩三十一篇，另《衢州孝義周氏宗譜》卷上有其《海槎公像贊》。是書有清同治元年木活字本，藏於上海圖書館、浙江圖書館，《衢州文獻集成》據浙圖藏本影印。

織雲樓詩草二卷（存）、織雲樓試帖一卷（佚）、織雲樓詩餘一卷（佚）

（清）西安王慶棣撰

王慶棣，號穉仙，西安詹嗣曾妻，錢塘王古園太史女。年十歲，即能詠。十五歲，賦《留別名山宦署》詩，稱頌一時。及笄，適嗣曾。同時有《織雲樓詩草》之刊。事跡見〔民國〕《衢縣志·列女志》。同書《藝文志》載：“《織雲樓詩鈔》，清詹嗣曾室王慶棣撰。排印本，二卷。與《掃雲仙館》同時出版。按：此亦少年之作。據其《家傳》，尚有《詩》二卷，《試帖》及《詩餘》各一卷，未刊。”王寶華字古園，曾任四川名山知縣，以詩名，刊有《蒙仙山館詩鈔》。王慶棣《織雲樓試帖》《詩餘》今佚，《織雲樓詩鈔》今存。今存此本題《織雲樓詩草》，僅一卷，收録詩作八十首。此册前有西安周世滋、慶棣兄王慶詒、錢塘閨秀汪甄三人《題辭》。慶棣此集前兩篇爲《留別名山宦署》《四川道中》，當即隨父離別四川所作，此下諸詩作多爲適嗣曾後所作。太平天國亂衢，慶棣避難居錢塘，遂有《思歸》曰：“惆悵往錢塘，他鄉即故鄉。親朋漸來密，歲月逝偏忙。旅客思靈雨，歸鴉噪夕陽。一枝今暫借，何日理行裝。”可見慶棣雖生爲錢塘人，出嫁後遂以衢州爲家，因而可視爲衢人。是書有清刻本，藏於衢州市博物館，《衢州文獻集成》據其影印。

存素堂詩存四卷（存）、存素堂駢體文稿四卷（存）、存素堂駢體續稿二卷（存）、古豔詩存（佚）、洪都吟草（佚）、緑蘿山館詩餘（佚）

（清）西安葉如圭撰

　　葉如圭字梧生，一字蓉峰，號榕圃。砥礪攻苦，博習經史。爲文，氣息醇厚，尤長於駢儷。丁卯，補行甲子科。甲戌，捷南宮，獲高名。分刑曹貴州司行走，後外擢知府，簽分江西。著有《存素堂集》《瘦燈吟屋詩稿》《古豔詩存》《洪都吟草》諸作，未刊。事跡見［民國］《衢縣志・人物志三》。如圭之作還有《吳縠人駢文注釋》，其《古豔詩存》《洪都吟草》今皆佚，《存素堂詩》今存，《瘦燈吟屋詩稿》收錄於《存素堂詩存》中。葉如圭又有《存素堂駢體文稿》《存素堂駢體續稿》，今皆存，前書《序》中有《緑蘿山館詩餘自序》，可知如圭有《緑蘿山館詩餘》，此書今佚。

　　《存素堂詩存》四卷，收錄道光二十八年至同治五年古今體詩，卷前有吳懷清、葉丙蔚二序和如圭自序。卷一爲《叢碧山窗小草》一百二首，卷二爲《爐餘錄》六十三首，卷三爲《懶園集》七十四首，卷四爲《瘦燈老屋集》七十三首，共三百一十二首。鄭永禧《西安懷舊錄》卷九據葉氏家乘言如圭有《瘦燈吟屋詩稿》，或即《瘦燈老屋集》。《存素堂駢體文稿》四卷，卷一有賦八篇，卷二有序四篇、傳三篇，卷三有書二篇、啓十二篇、疏二篇，卷四有題詞二篇、跋四篇、碑文二篇、銘二篇、贊三篇。《存素堂駢體續稿》二卷，卷一有賦四篇、序二篇，卷二有啓四篇、疏一篇、跋三篇、贊二篇、連珠四篇、碑一篇、銘一篇、祭文三篇。《存素堂詩存》多作於咸、同之際，多書寫太平天國動亂給浙江帶來的影響和破壞。其詩《避兵洋潭有感》《夜潛行靈道中》《自二月寓居洋潭，又屆仲夏矣，一經回憶，悵然有作》《三月兵亂奉母居山中》《戊戌三月粵寇圍衢州，予挈家平昌居山村》《賊圍衢州三閱月不解，予由平昌間道武林暫寓》等衆多詩篇皆爲避難之作。另有篇目抒寫戰亂時際遇與感懷，如《閉市嘆》寫到："三月閉城城崔嵬，四月閉市市喧闐。軍笳鳴鳴悲聲哀，白日黯澹飛黄埃。出門爭相山深處，闤闠闖如全遯去。千街萬户爨無煙，寥落寒風長官署。"可見烽火燃起後，百姓爭相逃入深山避難。又《行路難》描述："短亭五里，長亭十里。出門一里，難如家裏。老母龍鍾，穉子哭啼。瘦妻弱步，左挈右提。今日山南，明日山北。石仄峰高，箐深月黑。"由此可見人們避難中顛簸流離之苦。如圭戰亂前後兩次到西湖，戰前詩作《西湖四時詞》有言："長隄一帶軟紅塵，人影衣香過水濱。爭説踏青風景好，畫崙碾遍六橋春。"戰後再至西湖，其詩《晚步至西湖，時兵燹後，遊客絶稀，非復曩日之盛矣》言，"湖隄衰草蒙徑齊，湖水清波拍岸低""一番遊興增惋悽，昏黄楊柳歸鴉啼"。可見如圭兩次遊覽西湖，所見景物大變，心境亦截然不同。梧生爲詩，氣息醇厚，尤長於駢儷，吳懷清評如圭詩曰："意境閒遠，天懷淡定，其獨到之處往往逼近唐賢。"鄭永禧《西安懷舊錄》卷九收錄如圭詩

《眠琴》《餇鶴》《讀畫》《尋詩》四首，皆不見於《存素堂詩存》。永禧言如圭有《存素堂集》未刊行，蓋當時鄭氏未能見《詩存》。［光緒］《常山縣志·藝文志》有葉如圭《高孺人傳》，不見於如圭今傳諸作。《中華竹枝詞》中收錄有葉如圭《衢州竹枝詞》八首，出於《叢碧山窗小草》①。浙江圖書館有清抄本葉如圭《存素堂古今體詩稿》四卷、《存素堂駢體文稿》四卷、《存素堂駢體續稿》二卷。《存素堂古今體詩稿》即爲《存素堂詩存》。《存素堂詩存》又有民國十三年鉛印本，藏於上海圖書館、浙江圖書館、華東師範大學圖書館、衢州市博物館，《衢州文獻集成》據衢州市博物館藏本影印。

　　葉如圭《綠蘿山館詩餘自序》：隨瓊泣於銅鋪，促琴言於綺席者，其惟哀怨之音乎？夫其細雨小樓，無痕春夢，微風孤館，是處秋聲。素帔招涼，空下晶簾之月，翠簟擱夕，半敲玉箸之冰，往往憂可回腸，離能蕩魄。於是揣摩簫譜，抒寫酒懷，寄情於細草幽花，睇念於單衫小扇。空中傳恨，飛來孔雀東南，夢裏遊仙，望去牽牛西北，桃花開盡，我亦欲愁，梧葉滴餘，鄉干何事？此則杯斝鵲腦，杅絡蟲絲，歌金縷而衣殘，炙銀簧而鬢怨也已。又或餘香未歇，隻襪猶存，玉盌人間，瓊花天上。青苔寂寂，可憐遺石三生，紅縷依依，復值東風一度。戀空階之蛺蝶，留敗瓦之鴛鴦。尋往事於成塵，都忘篳篥，記相思於此夜，誰擘箜篌。劫外枯棋，猶應有恨，焚餘斷爨，自謂知音，淚零絳蠟之灰，鬢黲青銅之雪，能不悲哉！夫有激昂慷慨之才，則海濤驅其奮迅，有曠蕩夷猶之致，則邱壑鬱其幽深。至於抹月批雲，愁紅慘綠，紛其羈屑，寄以牢騷。若予者，甘抽老繭之思，有類寒蛩之語，葹留尚卷，愁緒難忘，梨病偏酸，哀吟自慰。所居山館，則又茶煙滿榻，草色當窗，夕月延其流黃，迴風裊其空碧。每當香絃初奏，千紅競開，野笛忽秋，一葉如苔，斯亦花簾之朥闃，柳岸之殘聲焉。而或謂香霧重鬟，非同綺語，水晶雙枕，借發幽情。況以絲竹相關哀樂，有殊於當境，荃蓀所託草沈，足繫於寸衷。故凡錦瑟之悲年，畫屏之待夜，帷燈之戀影，匣鏡之描容，莫不語勘空花，夢回少日，得毋托幽憂之疾，以寫其抑塞之懷者歟！吁！是當求之勞人思婦間也。（見葉如圭《存素堂駢體文稿·序》）

嘯雲山房詩課（佚）
（清）西安范廣城撰

　　范廣城字希皋，西安人。同治間廩生。好讀秦漢，尤工詩。著有《嘯雲山房詩課》。事跡見《西安懷舊錄》卷七。廣城《嘯雲山房詩課》今佚。《兩浙輶軒續錄》

①　雷夢水等編：《中華竹枝詞》，北京古籍出版社1997年，第2231-2232頁。

卷四十七有范廣城詩《過東京塢》《山居雜詠》二首，《懷舊錄》卷七有其詩《過東京塢》《虛無》《雜詩》《遣憤》《過七立瀧》《詠簾》《山居雜詠》八首、《唐花》《夢遊仙》。

緑意軒詩稿（佚）

（清）西安詹熙撰

詹熙有《衢州奇禍記》，前《史部·雜史類》已著録。[民國]《龍游縣志·文徵志八》有詹熙詩《余自海上歸，訪余氏昆仲。至則其尊人滋泉先生已歸道山，延秋且卧病一月，不能見客，惟與九、吉六把臂入室，顔色慘沮。時庭桂初放，頗憶當年文宴之盛，今人事變遷，曷勝凄惻，因作是詩》《哭延秋六首》《藏拙軒觀書畫贈余與九》，皆選於詹熙《緑意軒詩稿》，可見有此作，今已佚。《文徵志八》又有詹熙詩《龍丘懷古八首》，後注言“光緒八年，掌龍游縣學堂時所作者也”。鄭永禧《爛柯山志·歷朝詩》有詹熙《恭和賓臣大公祖遊柯山之作》，[民國]《衢縣志·詩文内編下》有其詩《和賓臣公祖遊柯山作原韻集字》。

幸樓詩文集二卷（佚）

（清）西安詹塏撰

詹塏有《海上百花傳》，前《子部·小説家類》已著録。[民國]《衢縣志·藝文志》載：“《幸樓詩文集》，清詹塏撰。詹氏家藏稿，二卷。按：塏字子爽，號稊癭。光緒乙酉拔貢。嘗居滬上，賣文隱其姓名，自號幸樓主人。蓋隱觸時事，不欲以此自炫也。故歿後傳稿亦稀。”詹塏《幸樓詩文集》今佚。

方圜詩草（佚）

（清）西安方壺撰

方壺有《花月盧筆記》，前《子部·雜家類》已著録。《西安懷舊錄》卷五載方壺有《方圜詩草》。此書今佚。《懷舊錄》卷五有方壺詩《元旦》《尋春》《春園感興》《次素梅女春閨四首》《梅城尋春遇周守融留飲》《感懷》《營中感題》《寄鄧松齡軍門》《聽秋聲》《秋夜舟次》《夜過洞庭》《惆悵詞》《鹿鳴山訪姜士林次韻》《得唐子耘斯盛如兄書知有目疾寄意》《書窗》《舟次即景有感》《書所見》《春興》《旅病》《別楊次山》。《懷舊錄》卷五又有吳序爲方壺書所作序略，據序文内容可知爲《方圜詩草》而作，故録於此。

吳序《方圜詩草序》：鏡川方子少遭亂，棄舉子業，迴翔廛市者數年。光緒癸未，法夷搆釁，鄧松齡軍門治兵海上，與有舊，作書招之入幕，因之淞之滬之閩，運籌帷幄，稱相得焉。和議成，撤海上兵，鏡川以治裝歸里奉母，復理舉子業。明年，入邑庠。謂少年未能篤志讀書，乃闢半畝地名曰方園，爲補讀計，故有《方園補讀圖》之作，四壁圖書，滿園花柳，意甚得也。既工書工畫，尤曉音律，惟於詩朝夕吟詠，幾無虛晷。復以山川閱歷，湖海遨遊，往往得其雄厚之氣。五言如"光陰流水逝，心事落花知""月明千嶂白，潮落一燈青""犬吠孤邨外，漁歌古渡頭""鶯聲花裏老，鶴夢月中圓""遠岫雲中畫，鳴泉雨後琴"，七言如"家鄉夢破人千里，驛館燈寒酒一厄""煙昏燈影前村暗，風送漁歌隔浦遥""玉笛聲殘鷗夢穩，紅蕖香斷蝶心愁"，"秋河迢遞雙星隔，夜雨纏綿兩地思"等句皆情景逼真。余讀其詩，並綴數語，以志知己之感云。（見鄭永禧《西安懷舊録》卷五）

吞篆盧稿（佚）

（清）西安韓馥撰

韓馥字荷裳，西安人。增生。長於駢四儷六，詩詞次焉。著有《吞篆盧稿》。事跡見《西安懷舊録》卷三。韓馥《吞篆盧稿》今佚。《懷舊録》卷三有韓馥詩《送善子居廣明府解任之杭即用留別原韻》《菊影》《梅影》《西安竹枝詞》。

不其山館詩鈔十二卷（存）、老盲吟一卷（存）

（清）西安鄭永禧撰

鄭永禧《高密易義家傳》，前《史部·傳記類》已著録。《不其山館詩鈔》十二卷，署"三衢鄭永禧緯臣稿"，收録至清光緒四年至二十二年間詩作，卷前有光緒十七年自序。《詩鈔》卷端皆題名，其中卷一《選簏賸》，卷二《選杏館吟》，卷三《選送青來札記》，卷四《選翦愁草》，卷五《選醋甕吟》，卷六《選竹窗吟稿》，卷七《鷦鵒音》，卷八《濠魚樂集》，卷九《玉屑清言》，卷十、卷十一《小桃紅窗下吟》，卷十二《伴梅新詠》。永禧自言，"自總角解平仄，即好吟詠，今十餘年矣。曾無一日不以詩鳴，有動於物，心遂應之，或哀或樂，或喜或怒，或敬或愛，皆託之聲。偶一回憶，不覺百感茫茫交集也。乘春之暇，取案頭稿本選編而存之，得十四五，訂成六卷"。作者言此，時在光緒十七年，故當時所訂爲六卷，即今本前六卷，其各卷題名皆有"選"字，後六卷當作者後來新訂。永禧以詩抒懷，甲午戰敗後，作有《論〈明史〉援朝鮮事》《論〈明史〉平倭寇事》等詩，以史言今，表達對日戰敗憤慨之情。由其所作《高麗》《日本》《莪羅斯》《奧地利亞》《普魯士》《日耳曼》《土耳其》《佛朗西》《英吉利》《葡萄牙》《米利堅》《阿非利加》等詩，可知當時地方士大夫對國外世界知之甚少。如《英吉利》詩曰："西洋三島無多地，機巧天生勝別邦。二十六文翻字母，天文妙算世無雙。"其下注言："三島南曰英倫，北曰蘇格蘭，西曰阿爾蘭，製造極爲靈巧，尤精天文算法。"其對英國瞭解僅局限於技藝方面，認爲是天生機巧，其地理知識亦有錯誤。是集藏永禧外孫胡鳳昌家，前有胡氏小記，言此本於二〇〇四年從其表兄鄭懷棪借來複印。此本雖爲複印本，然其所據底本爲清稿本，《衢州文獻集成》據其影印。永禧又有《老盲吟》，"署三衢鄭渭川遺稿"，收錄其晚年詩作二十九首，此作爲民國抄本，亦爲胡鳳昌收藏，《衢州文獻集成》據其影印，附於渭川《詩鈔》後。

子春遺稿五卷（佚）

（清）龍游余撰撰

余撰字詠沂，號子春，龍游人。咸豐二年進士。改翰林院庶吉士。散館，補刑部廣東司主事，陞山東司員外郎、直隸司郎中，旋授大名府知府。歷署安順、遵義等府，貴西兵備道。自幼從恩鑅學，所爲詩文亦清新可誦，著有《播州雜事詩》五卷。事跡見［民國］《龍游縣志・人物傳三》。同書《藝文考》載："《子春遺稿》五卷，余撰撰。案：此稿首卷有《錢塘懷古》諸作，蓋未遇時游學於省垣。次卷，或在上海作，或在衢州作，多通籍後之題詠。第三卷，或在北京作，或出守大定時作。第四卷，於北赴京師、南抵貴州，程途所經，歷歷如繪，稽其歲月，似當在第三卷之前。其第五卷，則皆移守遵義時所作也。《兩浙輶軒續錄》選詩爲第五卷中《播州雜事》詩之一。"據《藝文考》，《播州雜事詩》當爲《子春遺稿》中的第五卷。然《人物傳》言"《播州雜事詩》五卷"，或有誤。余撰《子春遺稿》今佚。《兩浙輶軒續錄》卷四十二有余撰詩《郡城植桑》，［民國］《龍游縣志・文徵志八》有其詩《寄呈家叔鏡波詩》《侍郎巖》。

臥月山房詩鈔一卷（佚）

（清）龍游葉蓁梧撰

葉蓁梧字鳴岡，號鳳巢，原名梧生，字蓁周，龍游人。咸豐元年舉人。著《臥月山房詩鈔》一卷。事跡見［民國］《龍游縣志・人物傳三》。同書《藝文考》載："《臥月山房詩鈔》一卷，葉蓁梧撰。案：蓁梧詩，陶寫性真，自然淵雅，亦尚可傳。"葉蓁梧此書今佚。《兩浙輶軒續錄》卷四十二有葉蓁梧詩《春日遣興》，［民國］《龍游縣志・文徵志八》有其詩《游九峰巖作》《大水樓遺址》，《龍游官賽余氏宗譜》卷一有其《明百零九太德公行實》。

吟香閣詩集八卷（佚）

（清）龍游余慶璠撰

余慶璠字霽岑，龍游人。道光己酉拔貢。候選教諭。著《吟香閣詩》。事跡見潘衍桐《兩浙輶軒續錄》卷四十一。［民國］《龍游縣志・藝文考》著錄余慶璠《吟香閣詩集》八卷。此書今佚。《兩浙輶軒續錄》卷四十一有余慶璠詩《將之信安夜泊浮石》《秋夜》《探梅》。

鄂不草堂録存稿一卷（佚）

（清）龍游勞承熭、傅珍撰

勞承熭字煜青，號葵卿，龍游人，同治五年歲貢。傅珍字聘之，號珠船，龍游人，道光三十年恩貢。珍設塾於家，時承熭有文名，乃延之爲師，所造就甚衆。珍性喜風雅，與承熭、戴瞻雲輩時相唱和，不屑爲家人生計。事跡見［民國］《龍游縣志・人物傳三》。［民國］《龍游縣志・藝文考》載："《鄂不草堂録存稿》一卷，勞承熭、傅珍合撰。案：此承熭後人録存者。鄂不草堂，承熭顔其所居之齋名也。稿中承熭詩最多，珍次之，皆近體，無古風，蓋皆隨意酬唱之作。間雜他人和詩，而以戴瞻雲較多。"《鄂不草堂録存稿》今佚。［民國］《龍游縣志・文徵志八》有勞承熭詩《翰田即事》。

話雨草堂文集（佚）、話雨草堂雜存一卷（佚）

（清）龍游葉元祺撰

葉元祺字祈曾，號吉臣，龍游人。同治十二年拔貢。光緒二十三年，知縣張炤聘慈溪馮一梅繼余慶椿爲鳳梧書院山長，兼修志事，元祺乃發其書，與一梅互相考訂，本縣掌故賴以考徵者不少。著有《話雨草堂文集》若干卷、《雜存》一卷。集中有言志一則云："吾輩居山，惟宜種田數十畝，春及而耕，秋至而穫，倉箱所存，青黄不至不接。置山一二處，令一春飽筍，入夏成竹，醃料造紙，估值而售，計所入之錢在正用，而外差足酬應。妻未必賢而亦能縫紉，子未必肖而亦可負薪。男婚女嫁，不出村里，到老相隨，幾不知人世有别離事。至門閭無用高大，老屋三間，可蔽風雨足矣。往來之侣，非劇談稼穡，即閒話桑麻，時事從不掛口。騎馬乘輿之客，終歲不一至。閒居無事，或臨水而漁，或登山而獵，或彈琴一曲，或飲酒數巵，或涼竹簟之暑風，或曝茆簷之冬日，或赤足科頭倚樹而坐，或緑蓑青笠藉草而眠，興之所至，無乎不可。彼世之求富貴利達者，立身揚名，名縱能存，人生易滅，何如知止知足，蕭然無累哉！"事跡見［民國］《龍游縣志・人物傳三》。元祺《話雨草堂文集》《雜存》今皆佚。上引《人物傳三》所載元祺"言志一則"，《人物傳三》注曰"見《話雨草堂雜存》"。［民國］《龍游縣志・文徵志四》有葉元祺《高公修姜席二堰碑記》，《文徵志八》有其《避賊》《積穀嘆》《禁河謡》《臘月八日，楊古韞明府招同黄耕莘明府、葉硯園廣文、余康之明經、張誦先明府、孤峰上人在靈耀寺毗盧閣觴雪，即席賦呈》《題汪錫珊死難事》。

雪香齋稿一卷（佚）

（清）龍游傅元龍撰

傅元龍字心田，號午樓，龍游人。所爲詩，名《雪香齋稿》。工書，宗董其昌。

事跡見［民國］《龍游縣志·人物傳三》。［民國］《龍游縣志·藝文考》載："《雪香齋稿》一卷，傅元龍撰。案：稿中皆近體詩。所謂寄興之作，不計工拙者。"元龍《雪香齋稿》今佚。［民國］《龍游縣志·文徵志八》有傅元龍詩《乙亥監築五社壩作》。

遭難詞一卷（佚）

（清）龍游吳毓林撰

吳毓林，號崧甫，龍游人。光緒二年歲貢。不求仕進，家居授徒，娓娓不倦。光緒間，馮一梅採訪志稿時，毓林多所贊助，一梅贈序，極致傾倒。事跡見［民國］《龍游縣志·人物傳三》。［民國］《龍游縣志·藝文考》載："《遭難詞》一卷，吳毓林撰。案：此毓林記其遭髮匪之難顛末也。凡一百闋。意在記當時遭難實事，不重在文辭。雖間與詞律不協，亦不爲病。"毓林此書今佚。［民國］《龍游縣志·文徵志四》有吳毓林《亘里神井記》，《文徵志八》有其詩《九月七日奔喪返舍，完七回營。許雪門以〈軍中重九〉詩見示，奉和二首。服中作韻語，自知罪也》，《龍游團石汪氏宗譜》卷一有其《經修祠宇小記》。

延秋軒偶存稿四卷（佚）

（清）龍游余慶椿撰

余慶椿有《讀書隨筆》，前《子部·雜家類》已著録。［民國］《龍游縣志·藝文考》載："《延秋軒偶存稿》四卷，余慶椿撰。馮一梅曰：'慶椿詩文多散佚，此其弟慶齡所編集者。番禺梁鼎芬因上疏忤權要，由庶常降典籍，解組旋粵，道經衢州，慶椿撰序贈之，聲情激越，有漸離擊筑之慨，一時傳誦，爲集中傑構云。'"慶椿《延秋軒偶存稿》今佚。［民國］《衢縣志·詩文內編下》有余慶椿詩《送羅蓬圃內郎隨尊甫景山軍門入覲》，［民國］《龍游縣志·文徵志四》有余慶椿《午貫解》，《文徵志八》有其詩《夜坐》《和羅蓬甫內郎道源隨尊甫入覲，並恭應內廷考蔭二首》。

龍華樓詩存二卷（佚）

（清）龍游余慶齡撰

余慶齡字與九，龍游人。光緒三十二年歲貢。光緒二十九年，慶齡改鳳梧書院爲學堂，講求新學。貢後，以知縣分江蘇。著有《龍華樓詩存》二卷。事跡見［民國］《龍游縣志·人物傳三》。［民國］《龍游縣志·藝文考》載："《龍華樓詩存》一卷，余慶齡撰。案：慶齡所爲詩文，向不存稿。兹編蓋在上海時作，故題爲龍華樓，僅得近體四十首、古體十餘首，非生平得意之作也。"《人物傳》言余氏《龍華樓詩存》二卷，而《藝文考》載爲一卷，不知孰是。慶齡《龍華樓詩存》今佚。［民國］《龍游縣志·文徵志八》有余慶齡詩《酒後出郊遠眺》《病後出東門閒眺》《先兄延秋先生五十生忌，隨同二嫂敬詣西鄉墓前祭奠。歸途感賦，録示越園大姪京師》。《江山須江經明王氏家乘》卷十二有余慶齡《江山王竹友先生六秩雙壽序》。

芸媛女士賸稿一卷（佚）

（清）龍游姜芸媛撰

姜芸媛，事跡不詳。［民國］《龍游縣志·藝文考》載："《芸媛女士賸稿》一卷，姜芸媛撰。案：芸媛爲縣廩生觀海女，祝紹堯妻。斯編，即其子鳳岡所輯者，前有湯溪章鏜序。凡七絶三十六首、七律十首、五律三首、五絶五首。詩雖未成，亦尚有可誦者。以近世縣中婦女能詩者較鮮，特著録以殿斯考。"芸媛此書今佚。［民國］《龍游縣志·文徵志八》有姜芸媛詩《別弟》《孤燕》。

琢雲先生詩鈔（佚）

（清）常山許文耀撰

許文耀，常山人。［光緒］《常山縣志·選舉志·舉人》載光緒元年乙亥科有許文耀。《浙江省文獻展覽會專載》於《鄉賢遺書·稿本》載："《琢雲先生詩鈔》，一冊，手稿本，清常山許文耀著，常山民教館徵送。文耀字琢雲，清舉人，曾任新城縣訓導，善畫，工書。此稿未刊行。"[1]《鄉賢遺書》雖著録文耀此書，然今未見。

就正遺稿（佚）

（清）常山袁士燮撰

袁士燮，常山人。［光緒］《常山縣志·選舉志·貢士》載光緒初年貢士有袁士燮。《浙江省文獻展覽會專載》於《鄉賢遺書·稿本》載："《就正遺稿》，不分卷，二冊，手稿本，清常山袁士燮著，常山民教館徵送。士燮字梅卿，清優貢生，善書法，著作頗多。此書首頁有'袁士燮印''梅卿'二印。"［民國］《重修浙江通志稿·著述考·衢州經籍》著録此書，作《獻正遺稿》二卷。《鄉賢遺書》雖著録士燮此書，然今未見。

燕山來去録（佚）、閩越宦遊録（佚）

（清）開化詹光墉撰

詹光墉字性謙，開化人。就學於杭州紫陽書院，詩文大進。其食餼所作"春遲柳暗吹"五言律詩，浙督學稱其爲衢屬五縣之冠。嘗爲經學及國文教師，不攜書而信口講誦，無一字遺漏者。宣統元年，以貢生例選福建縣丞。民國五年卒。所著有

---

[1] 浙江圖書館編：《鄉賢遺書》，載《浙江省文獻展覽會專載》，《文瀾學報》第二卷第三、四期，1937年。

《燕山來去録》《閩越宦遊録》詩稿，藏於家。事跡見［民國］《開化縣志·人物志下》。
光墉此二書今皆佚。

附：梅花詠 (存)

（清）佚名撰

　　《龍游清河張氏宗譜》卷一有《推府公梅花七十二詠》，末署“時龍飛嘉慶元年
丙辰歲仲夏月之吉”。然從此譜未能查知推府公爲何人。［民國］《龍游縣志·文徵志
八》載有馬維馨詩《憶梅》，後注云：“右詩，選自遺稿。維馨，邑諸生。原有《詠梅詩》
七十二首，今僅選存此篇。”馬維馨《憶梅》詩與《張氏宗譜》所載《梅花七十二詠》
中《憶梅》全同。又《江山須江楊氏宗譜》卷一有《梅花百詠》，其前七十二首與《龍
游清河張氏宗譜》中《梅花七十二詠》同，另有《樵徑梅》以下二十八首爲《張氏譜》
無。［民國］《龍游縣志》有關馬維馨詠梅詩，當亦採自馬氏宗譜。諸譜牒相互抄襲
詠梅詩，難説詠梅詩爲馬維馨所作。故存《梅花詠》於此，以俟考。

丹林稿 (佚)

（清）錢塘費士桂撰

　　費士桂字宮裁，號丹林，籍慈溪而居會城錢塘。乾隆丁巳進士。改就三衢教授。
在任十二年，惟以崇實黜浮爲務。乞休後，愛姑蔑民風樸茂，遂家於衢。有《丹林稿》
行世。事跡見［嘉慶］《西安縣志·寓賢傳》。費士桂《丹林稿》今佚。［民國］《衢
縣志·建置志下·寺觀》有士桂詩《蓮花寺》。

養素堂稿 (佚)

（清）錢塘費雄飛撰

　　費雄飛字於九，號豐山，錢塘人。爲詩力追唐音，尤精字學。生平著作等身，
今所見者惟《養素堂稿》。事跡見［嘉慶］《西安縣志·寓賢傳》。費雄飛《養素堂稿》
今佚。［嘉慶］《西安縣志·藝文志下》載有費雄飛詩《奉和》，《西安懷舊録》卷八
有其詩《學後小阜俗呼饅頭山，翟晴江廣文改爲礬頭，紀事奉和》《紅葉》《悠然樓
望遠山》《崢嶸古松行》《李克齋精舍》《敗蕉》《十月見梅花》《登龜峰尋群峰亭故址》
《垂釣圖》《新塘寄同社諸友》《橘》《假山》。

蕉石堂詩鈔 (佚)

（清）遂昌華日融撰

　　華日融字煦亭，一字春圃，遂昌人。乾隆乙酉拔貢。歷主須江、開陽講席，多
所造就。以盧墓居衢郡。著有《蕉石堂詩鈔》。事跡見［嘉慶］《西安縣志·寓賢傳》。

［民國］《衢縣志·藝文志下》載其作爲《蕉石山房詩鈔》。此書今佚。《兩浙輶軒錄補遺》卷八有華日融詩《七月晦日晚遊遣興》《秋夜感懷》，《西安懷舊錄》卷八有其詩《七月晦日晚遊遣興》《秋夜感懷》。

蒙山仙館詩鈔二卷（存）

（清）錢塘王寶華撰

王寶華字古園，錢塘人。嘉慶丙子亞魁，聯捷成進士，入翰林。著有《天女散花詞》《百丈竹枝詞》《秋菊吟》《秋興雜詠》，四種合刊爲《蒙山仙館詩鈔》。解組歸，筑室西安龜峰之麓，終年閉户校書。事跡見［民國］《衢縣志·寓賢傳》。王寶華《蒙山仙館詩鈔》二卷，今存南京大學圖書館、吉林大學圖書館、衢州市博物館。王寶華曾寓居西安，故附錄其著於此。

苣香閣詩鈔（佚）

（清）嚴陵詹瑞芝撰

詹瑞芝字蘭芬，母家嚴陵，道光間衢鎮曾大觀繼室。家於衢。著有《苣香閣詩鈔》。事跡見《西安懷舊錄》卷十。瑞芝《苣香閣詩鈔》今佚。詹氏寓居於衢，故附錄其作於此。《懷舊錄》卷十收錄詹瑞芝詩《晚春即事》《清明有感》等三十四篇。

劫餘錄詩（佚）

（清）玉山吳華辰撰

吳華辰字樸齋，玉山人。先世嘗筑室開化之龍山，吟寄居焉。登道光丙申原籍進士。著有《劫餘錄詩》。事跡見［光緒］《開化縣志·寓賢傳》。吳華辰寓居於開化，故其著述附錄於此。

雹碎樓詩稿（佚）

（清）涇縣劉循信撰

劉成萬，安徽涇縣人。咸豐初，任金嚴衢道。解組後，構宅於城南，營別墅於秀俱，置田數百畝，子孫分半而居。其後有循信者，字敦甫，工詩嗜酒，著有《雹碎樓詩稿》。事跡見［民國］《衢縣志·寓賢傳》。自劉成萬寓居西安後，其後人亦應居衢，故附錄其作。

蓬萊仙館詩稿（佚）

（清）涇縣翟國棟撰

翟國棟字輔廷，安徽涇縣人。同治間來衢。官台州同知。著《蓬萊仙館詩稿》《聊園酬唱集》。事跡見［民國］《衢縣志・流寓傳》。《聊園酬唱集》爲翟氏在衢與友人酬唱之作,《蓬萊仙館詩稿》爲國棟個人之作,此二集今皆佚。《西安懷舊錄》卷九有翟國棟詩《清溪署中雞冠花一株高盈五尺冬不凋》《見人折桃花有感》《題堉花圖》《夜泊錢江》《過廣德州有感》《海塘工次自嘲》《移居柯城》《書齋納涼次黃次樵子萃韻》《遊爛柯山》《聊園雜興》《落花》《可止亭閒坐》《聊園冬日》《詠雪》。

遂園遺稿（佚）

（清）海寧高振聲撰

　　高振聲字文明,海寧人。光緒庚寅進士。其先世家衢,振聲著有《遂園遺稿》。事跡見［民國］《衢縣志・流寓傳》。高振聲雖先世家衢,然仍入《流寓傳》,可能居衢不久,故此亦附錄其作於此。

詩文評注類

音注韓文公文集四十卷外集十二卷（存）

（南宋）江山祝充注

　　祝充,事跡不詳。《宋史・藝文志七》載有“祝充《韓文音義》五十卷”。康熙癸巳《江山縣志・邑人著述》著錄祝充《韓昌黎集注》。《郡齋讀書附志・別集類一》載:“《韓文音義》一卷,右右從政郎潭州寧鄉縣丞祝充所進也。毛叔度爲之序。張杓刻而叙其後。”據［雍正］《浙江通志・選舉志三》,“紹興五年乙卯汪應辰榜”有“毛叔度,江山人,宣教郎”。祝充當與毛叔度同爲南宋初人。韓愈詩文對後世影響甚遠,宋時有五百家注韓集之説,《音注韓文公文集》就是當時有代表性的注本。據魏仲舉《五百家注昌黎文集》所載《評論詁訓音釋諸儒名氏》,有“文溪祝氏,名充,字廷賓,全解”,魏氏此書引祝氏注解達一千多條。今存《音注韓文公文集》,不載注者。傅增湘《藏園群書題記・別集類二》:“《音注韓文公文集》四十卷,《外集》十二卷,次第大率與他本同,惟遺文、傳贊、後序等篇合爲外集末兩卷,爲小異耳。全書及前後均不載撰注人姓名,以五百家注本考之,知爲文溪祝充也。”今將《音注韓集》注文與魏氏《五百家注》注文相較,其注不盡出祝氏,然以祝充最多,故《音注韓集》注者應爲“祝充等注”。此書雖題《音注韓文公文集》,其實並非盡爲音注,亦有不少校勘之注和解釋詞意者。是書有宋刻本,藏於國家圖書館,《衢州文獻集成》亦收錄。《郎峰六川祝氏世譜》卷十一有胡文炳爲祝充作《韓昌黎集注序》,或爲僞作。

李商隱詩選（佚）

（元）衢州鄭潛庵選

鄭潛庵，衢州人。兩入翰林，纂林凡例多出其手。清言介行，每談數百年承平事不絕口。時則有新安汪尚書孫漢卿爲應奉，廬山曹端明子愚爲編修，四明袁樞密從孫伯長爲檢閱官。事跡見陸友仁《研北雜志》卷上。袁桷《清容居士集》卷四十八載有《書鄭潛庵〈李商隱詩選〉》。潛庵《李商隱詩選》今佚。

袁桷《書鄭潛庵〈李商隱詩選〉》：李商隱詩，號爲中唐警麗之作，其源出於杜拾遺，晚自以不及，故別爲一體。玩其句律，未嘗不規規然近之也。拾遺愛君憂國，一寓於詩，而深譏矯正，不敢以談笑道。若商隱則直爲訕侮，非若爲魯諱者，使後數百年，其詩禍之作，當不止流竄嶺海而己也。桷往歲嘗病其用事僻昧，間閱齊諧外傳諸書，籖於其側，冶容衒心，遂復中止私以爲近世詩學頓廢，風雲月露者，幾於晚唐之悲切，言理析指者，鄰於禪林之曠達。詩雖小道，若商隱者，未可以遽廢而議也。客京師，潛庵鄭公示以新選一編，去其奇邪俚艷，讀其詩，若截狐爲裘，播精爲炊，無一可議，去取之當，良盡於此。昔蕭統定《文選》，至淵明詩，存者特少，故議之者不置。至王介甫選《唐百家詩》，莫敢異議，而或者又謂筆札傳錄之際，多所遺落，嗜好不同，固難以一。今此編對偶之工，一語之切，悉附於左，商隱之詩，如是足矣。覽者其何以病，因書其説而歸之。（見袁桷《清容居士集·題跋》）

精選唐詩分類評釋繩尺七卷（存）、詩譚一卷（存）

（明）開化徐用吾編

徐用吾，事跡不詳。《精選唐詩分類評釋繩尺》七卷，前有《詩譚》一卷。是書題“開陽香芹印石徐用吾大魁父編輯，香芹樵雲徐良紹雨耕叟訂整，鍾阜約齋汪良才克誠父、杜川文郊魏夢麟瑞明父全點，新安頃波江若鏡醉墨子披閱”。前有屠隆序、江澄清序、作者自序、江起鵬跋。開陽爲開化之別稱。如［崇禎］《開化縣志》卷首所載諶士觀［萬曆］《開化縣志序》言“歲庚子，予釋艱承乏開陽”，朱鳳台《治開録》卷前王泰徵序曰“此開陽數年以前”云云，［雍正］《開化縣志·藝文志》有汪巖叟詩題爲《書崔邑侯三復開陽記後》，《闉鐸類吟注釋》卷端署“開陽詹師韓臚雲俚草”，此“開陽”皆文人雅士指代“開化”之稱。流經開化縣城的河流稱芹江，故開化江秉心著有《芹香集》，同邑姚學濂撰《芹陽竹枝詞》。徐氏爲開化著姓，有著述者甚多。［崇禎］《開化縣志·人物志·事功》載，“徐汝一字伯東，號兩山，居芹川”；［崇禎］《開化縣志·人物志·事功》載，“徐生字方易，世居芹川”。可見開化有徐氏世居芹川。徐用吾自署有“開陽香芹”，可證其爲開化人。［雍正］《浙江通志·選舉志十一》載屠隆爲萬歷五年進士，鄞人。又據［崇禎］《開化縣志·人

物志·事功》："屠隆號赤水，鄞人，微時設觀開城，慷慨題詠。"屠隆爲是書作序
當在其居開城時。［乾隆］《江南通志·選舉志·舉人五》載江起鵬爲萬曆十年舉人，
婺源人。江起鵬所居婺源，江若鏡所居新安，皆地與開化相接壤，二人或爲是書作
序，或披閱此書，皆可旁證此"開陽"指開化。王重民《中國善本書提要》收録此書，
其言："前六卷爲唐詩（缺卷二、卷四兩册），後二卷爲古詩，又有補遺一卷。唐詩
多在今通行本《千家詩》内，知據當時流行之劉後村、謝枋得選本輯成，而爲一通
俗社會小讀本也。"① 孫琴安《唐詩選本提要》載此書曰："此書末頁縫中雖印有'唐
詩分類繩尺'字樣，内有題'精選唐詩分類評釋繩尺'，然目録中仍冠以漢魏、六
朝之詩，祇是書中缺此部分，蓋已佚，故以唐詩行世。初唐自貞觀至麟德，二十四
人；盛唐自麟德至天寶，八十三人；中唐自天寶末至元和間，七十人；晚唐自元和至
南唐，一百餘人。詩以選五言爲主，如五言律絶、五言排律、五言古詩，七言僅選
七言古詩一體。每體詩中又以内容分爲'悲悼''送别'各類。"又言："此書有'凡
例''譚詩要語'各項，且有解釋和評語，然編次雜亂。評語多引顧璘諸家，也時
參已評，如評李白《廣陵贈别》云：'三聯雄健，盛唐口氣不凡乃爾。'有時亦評詩體，
如評五絶云：'五言絶句以調古爲上，以情真爲得體。卷中惟王維可法，次則孟浩
然。'其大致如此。"② 徐用吾是書評語有兩條爲仇兆鰲《杜詩詳注》卷一所採，爲《臨
邑舍弟書至，苦雨，黄河泛溢，隄防之患，簿領所憂，因寄此詩，用寬其意》《奉
贈韋左丞丈二十二韻》二詩後所注。是書今有明萬曆二十五年刻本，藏於北京大學
圖書館。

陸宣公文評選十五卷（存）、敬君詩話（佚）、文評一卷（佚）、文字藥一卷（佚）
（明）西安葉秉敬撰

葉秉敬有《葩經詩歌》，前《經部·詩類》已著録。［天啓］《衢州府志·藝文志》
著録葉秉敬《文評》一卷、《文字藥》一卷。此二書今皆佚。明陶珽《説郛續》卷
三十三載《敬君詩話》，分别爲《杜詩洞庭》《金山寺詩》二則、《杜羔妻詩》《石尤風》
《詩學》。清人仇兆鰲《杜詩詳注》卷二十二引《敬君詩話》中《金山寺詩》，鄭方坤《五
代詩話》卷二引《敬君詩話》中《金山寺詩》，皆見於《説郛續》。葉秉敬《敬君詩話》
今佚，僅有佚文見於《説郛續》。葉秉敬有《陸宣公文評選》今存。

《陸宣公文選》十五卷，"題唐陸贄撰，明葉秉敬選評"，書前有葉秉敬萬曆庚
戌所作自序、權德輿《陸宣公翰苑集叙》及《宋朝名臣進奏議劄子》。在葉氏看來，

① 王重民：《中國善本書提要》，上海古籍出版社1983年，第462頁。
② 孫琴安：《唐詩選本提要》，上海古籍出版社2005年，第143—144頁。

陸宣公之政可救經生目前之急，不待它日爲館閣、臺省、牧伯、節鎮而後用及此。陸宣公之文可爲科舉考試備用，故秉敬“以節其十之二三，又以分其篇之章段，以便經生之熟讀也”。此書所選陸宣公文，分《奏議》《制誥》《奏草》三部分。《奏議》凡七卷，其前三卷皆四篇，卷四、卷五皆二篇，卷六、卷七皆一篇。《制誥》共三篇。《奏草》凡七卷，卷九至卷十五爲，其卷一有二篇，卷二有三篇，卷三有四篇，卷四、卷五、卷六皆五篇，卷七有四篇。該書天頭處有葉秉敬評語，少者兩字，最多者有八十四字。葉秉敬將陸宣公文每篇分爲若干段，每段在該段段初上方天頭加以評語，其所謂評語，基本都是各段大意的概括，如首篇《請許臺省長官舉薦屬吏狀》，於首段評曰“自序”，次段於“夫理道之急，在於得人”上方評曰：“首言知人之道，湏在素與交親，備詳本末”；又如卷三《請不與李萬榮汴州節度使狀》於第七段“昨日所逐士寧，蓋起於倉卒”上方評曰：“此段處置得妙，一選命節度，二憖任萬榮，三厚賜將士。”卷四首葉有殘破。是書有明萬曆三十年刻本，藏於湖南省圖書館。

方孟旋先生評選郵筒類雋十二卷（存）

（明）武進毛應翔選，西安方應祥評

毛應翔號鳳卿，江蘇武進人，另有《張夢澤先生評選四六燦花》十二卷。方應祥有《周易初談講意》，前《經部·易類》已著錄。是書題名爲《方孟旋先生評選郵筒類雋》，各卷端題有詮釋者、品定者、批閱者、參訂者和繡梓者，僅有“蘭陵毛應翔鳳卿甫詮釋”不變，其他人員各卷不同。是書爲毛應翔選定有明一代文人尺牘，方應祥對每篇尺牘作以評述。此集卷前有孟旋序和凡例，皆言爲十二卷，然今僅存前十一卷，末卷不見。且今存本目録亦不全，卷十一僅著文七篇，至方應祥《復阮圓海》止；卷十一正文存十五篇，止於余大成《答友人》。鳳卿將所選尺牘分爲百餘類，“始官方，次倫戚，次時序，次婚喪節壽，次名宦鄉賢，次三教，次雜流，而論詩文舉業次之，譚經濟方輿又次之，而時務補遺終焉”。尺牘作者皆明代文名甚盛者，如王世貞、李攀龍、王守仁、湯顯祖、袁宏道、王世懋、王穉登、汪道昆等。每篇尺牘後皆有孟旋評語，其言語一般比較精簡，多者數言，少者幾字，如卷一首篇評王廷陳《答興邸》曰：“王弇州稱此牘妙極，形容可謂才子，信然。”次篇評王世貞《與宗室用晦》，僅用四字“嫺婉可餐”。所選尺牘亦有孟旋之作，方氏有自評，如卷十一《奉曾老師》後評曰：“取材於賈，吸氣於蘇。”可見孟旋作此文深受賈誼、蘇軾影響。有些尺牘在方氏評語後有注文，當出鳳卿之筆。該書所選尺牘，門分事彙，用弘取精，加之孟旋評語，對於研究明代尺牘頗有價值。是書有明天啓間刻本，藏於國家圖書館，《衢州文獻集成》據其影印。

鍾英詩選（佚）、杜詩選（佚）

（明）開化蔣國光撰

　　蔣國光有《介園續集》，前《明人別集類》已著録。[康熙]《開化縣志·人物志·文學》本傳載，蔣國光有《鍾英詩選》《杜詩選》。此二書今皆佚。

　　朱鳳台《鍾英詩選序》：嘗論古人之爲詩，多挾山川之奇勝，以發其情之所自至，故其旨趣嘗沉澹綿緲，變化不一，如退之潮州、東坡海外、老杜自秦川入蜀諸詩是也。至若景物清幽，會心不遠，靜侶相對，息機爲歡，如輞川蘭亭諸篇，吟賞淋漓，千古風流未散，則豈非以山川之助哉？然名山具區，率多大雅君子，抗志前軌，激揚新英，嬌然群立，非尋常依聲附影者之所能及。蓋其清明之資，本於性生，是則非助之所得者也。開陽邑萬山中，偉人駿業，聲名卓犖，今古不可勝紀，而風雅之遺，尤稱獨盛，説者率以是靈山川也。固宜余處此三易歲，未得一訪幽異，而胸懷塵結，詩亦不暇作，即作亦不復佳，似山川之奇，獨不能爲俗吏助者，是豈山靈咎哉？一日，許君吉懸、蔣君季温以選刻鍾英詩，問序於余。余讀之趣則無方，而情亦不一，或清癯如孟東野，或英逸如薛許昌，或明達如白樂天，或冲夷幽潤如韋蘇州，或深巖而無進情如張曲江、元次山，要旨皆舒卷清醇，不失其正。吾謂詩文各依豈性之所近，即古人未嘗不以偏勝偏之至即全之至也。夫終古止此一山，而高者得之爲高，深者得之爲深，猶之乎指之得月與水之得月，皆偏也而皆全也。今試觀此山之中，雲物晦明，草樹偃仰，鳥獸鳴號，飛泉怒崖之相與欹傲而徘徊，無不歷歷從紙間出。余雖未得盡開之勝，又孰謂山川之奇不在我襟袖哉？余於是樂諸君子之終有以助我也，不可無書，遂筆之以爲序。（見朱鳳台《退思堂草·序》）

古文注解（佚）

（清）開化楊廷琚撰

　　楊廷琚有《羲經辨精》，前《經部·易類》已著録。[雍正]《開化縣志·人物志·事功》本傳載，楊廷琚有《古文注解》。此書今佚。

屈騷心印五卷（存）

（清）開化夏大霖撰

　　夏大霖字用雨，開化人。邑歲貢。閉户課讀，嘗兀兀窮年。所著有《屈騷心印》。事跡見[乾隆]《開化縣志·人物志·文苑》，同書《藝文志》有其詩《輓鄭門張節孝》。《屈騷心印》五卷，作者自署“太末夏大霖用雨氏疏注”，四庫館臣遂誤以爲西安人，然實爲開化人。其五卷編次爲，卷一《離騷》，卷二《九歌》，卷三《天問》，卷四《九章》，卷五《漁父》《卜居》《遠遊》《招魂》《大招》。卷首有毛雲孫雍正十二年序，大霖乾隆九年《自述》《發凡》十八條、《參閲評論》五條、《注〈屈騷〉書後》,《史記·屈原列傳》並作注及《附頃襄王世家》,《七國興圖》和《圖説》。卷後有其子景頤跋。此書稱"心印",出於毛謨遠勸勉,"此爲至性之文,亦今乃得至性人而後解,非以心印能通其故乎,請標是書曰'心印'"。大霖自言:"注是編,祗以順理成章四字爲程。心印屈子幽思之作,必無不順之理,必無不成之章。其有於此爲之説者,亂之也。如《九章》必如此而順理,《天問》必如此而成章。"姜亮夫於《楚辭書目五種》中評是書曰:"本書於音釋文義爲詳。考定各篇寫作時代,亦略有可採(見《發凡》中)。至論《九章》應合《漁夫》《卜居》,數共十一,與《九歌》相符,膚受附會,不足觀矣。"黄靈庚先生在《楚辭文獻述要》中所論夏書甚詳,其曰:"夏氏解《騷》,或者屬意於通篇章法結構,及前後照應之關楗,雖未明言區分段落,而疏解之中亦已分之,且總括此段大旨,評騭上下過度之妙。""至於字義訓詁,非其所長,而偶見一二精義,非一無是處者。""《離騷》一篇,夏氏承朱子男女比君臣之説,重在闡繹男女君臣之寓意,其刓新之所在也。""夏氏釋解《天問》一篇,不蹈前人之成説,別啓徑路,而類以後世之'策問'。"是書有清雍正十二年刻本,藏於國家圖書館、浙江圖書館;又有清乾隆三十九年一本堂刻本,藏於國家圖書館、華東師範大學圖書館等處,《四庫存目叢書》《楚辭文獻叢刊》《衢州文獻集成》收録此本。

《四庫全書總目·〈屈騷心印〉提要》:《屈騷心印》五卷(浙江巡撫採進本),國朝夏大霖撰。大霖,字用雨,號梅皋,衢州西安人。是編成於乾隆甲子,因林雲銘《楚辭燈》而改訂之。據其自述,自林本以外,所見惟朱子、來欽之、黄維章三家本。其論韻稱沈約爲晉人,所引據者亦不過李漁《笠翁詩韻》、蔡方炳《廣輿記》諸書。前有毛以陽評,謂朱子未暇注《楚辭》,今本出後人之附會,尤不知何據也。(見《四庫全書總目·集部·楚辭類存目》)

讀杜解六卷 (佚)

(清) 西安陳聖澤撰

陳聖澤有《讀易記》,前《經部·易類》已著録。[嘉慶]《西安縣志·經籍志》著録陳聖澤《讀杜解》六卷,其注曰:"林明倫《序》,其略云:橘洲以沈博絶麗之才,尋玩數十年,丹黄並下,卒成此編,傳弦外之音,寫曲終之韻,深得此中三昧。"《浙江省文獻展覽會專載》於《鄉賢遺書·稿本》載:"《讀杜詩解》,一册,抄稿本,清衢州陳聖澤注,衢縣陳志農藏。"[①] 然此書今未見。

---

① 浙江圖書館編:《鄉賢遺書》,載《浙江省文獻展覽會專載》,《文瀾學報》第二卷第三、四期,1937年。

唐詩榘（佚）、杜詩正（佚）

（清）常山邵志謙撰

邵志謙有《常山逸志》，前《史部·衢州方志類》已著録。［光緒］《常山縣志·藝文志》著録邵志謙《唐詩榘》《杜詩正》。此二書今皆佚。

諸名家唐宋八家文評注十卷（佚）、諸名家唐詩評注八卷（佚）

（清）江山劉光表撰

劉光表有《諸名家南華經評注》，前《子部·道家類》已著録。據劉佳《釣魚篷山館集》卷六所載《先考虛室府君行述》，劉光表有《諸名家唐宋八家文評注》十卷、《諸名家唐詩評注》八卷。此二書今皆佚。

箋注唐賦四卷（佚）、評選明文二卷（佚）

（清）西安張德容撰

張德容有《衢州備志》，前《史部·衢州方志類》已著録。［民國］《衢縣志·藝文志下》載："《箋注唐賦》，清張德容撰。張氏家藏本，四卷。按：此先生未通籍前所著述也。手自親書，楷法端正，卷頁悉用朱絲闌，蓋假以練習朝考者。所注出處簡明精確。先生尚有《評選明文》二卷，已梓行。"德容《箋注唐賦》《評選明文》今皆佚。

元文注釋（佚）

（清）龍游楊晟撰

楊晟，事跡不詳。［民國］《龍游縣志·藝文考》著録楊晟《元文注釋》。此書今佚。

樊南續集箋注（佚）

（清）江山劉履芬撰

劉履芬有《紅梅閣書目》，前《史部·目録類》已著録。據劉履芬《古紅梅閣遺集·附録》所載《直隸州知州代理太倉直隸州嘉定縣知縣世父彥清府君行述》，劉履芬嘗箋注李商隱《樊南續集》。此書今佚。

玉屑詩話（佚）

（清）西安周世滋撰

周世滋有《萬石齋印譜》，前《子部·藝術類》已著録。［民國］《衢縣志·藝文志下》載："《玉屑詩話》，清周世滋撰。周氏家藏稿本。"鄭永禧《西安懷舊録》卷六載周世滋有《玉屑編》，當即《玉屑詩話》。此書今佚。

吳穀人駢文注釋六卷（佚）

（清）西安葉如圭撰

葉如圭有《存素堂詩存》，前《清人別集類》已著録。［民國］《衢縣志・藝文志下》載："《吳穀人駢文注釋》，清葉如圭撰。葉氏家藏本，六卷。按：此亦少年練習駢文之作。"如圭《吳穀人駢文注釋》今佚。

附：文選删注十二卷（存）

（明）新城王象乾删訂

余國賓有《禮經正覺》，前《經部・禮類》已著録。［天啓］《衢州府志・藝文志》、［康熙］《衢州府志・藝文考》皆著録余國賓《文選删注》。今有明萬曆刻本《文選删注》十二卷，其卷端題"欽差提督紫荊等關易州兵備副使信安四泉余國賓總閲，保安賦知府新城霽宇王象乾删訂"，可見此書實爲王象乾之作。然《衢州府志》著録此書，故録於此。

優古堂詩話一卷（存）

（清）滁州吳开撰

［民國］《衢縣志・藝文志》載："《優古堂詩話》，宋毛开撰。前志均未著録，今補。"今有關毛开傳文皆不言其有是書。今存《優古堂詩話》諸版本，皆題吳开撰。吳开爲滁州人。因［民國］《衢縣志》著録，故附於此以辯之。

總集類

文府二十卷（佚）

（唐）龍游徐安貞等撰

徐安貞參注有《御刊定禮記月令》，前《經部・禮類》已著録。王溥《唐會要・修撰》載："（開元）十九年二月，禮部員外郎徐安貞等，撰《文府》二十卷上之。"《新唐書・藝文志四》著録徐堅《文府》二十卷。蓋當時徐安貞、徐堅皆爲《文府》主要撰修者。《文府》今佚。

文選類要五十卷（佚）

（南宋）江山柴瑾撰

柴瑾有《退翁集》，前《宋人別集類》已著録。［天啓］《江山縣志・建置志・書籍》著録柴瑾《文選類要》。據《嵩高柴氏世集勳德録》卷二所載柴瑾事略可知，柴瑾《文選類要》三十卷。然《勳德録》同卷又有《殿中侍御史行狀》，稱柴瑾《文選

《類要》五十卷。此姑從《行狀》，作五十卷。柴瑾《文選類要》今佚。

續百家詩選二十卷（佚）

（南宋）衢州鄭景龍編輯

鄭景龍，事跡不詳。陳振孫《直齋書錄解題·總集類》載：“《續百家詩選》二十卷，三衢鄭景龍伯允集，以續曾慥前《選》。凡慥所遺及在慥後者皆取之。然其率略尤甚。”景龍所編《續百家詩選》今佚。

詩林萬選十八卷（佚）

（南宋）西安何新之編輯

何新之，西安人。仕至樞密院編修官。嘗選唐宋詩爲《詩林萬選》行世。後知忠安軍，死節。事跡見［弘治］《衢州府志·人物志·節義》。黃虞稷《千頃堂書目·總集類》著錄何新之《詩林萬選》十八卷。此書今佚。

柴門如在集（佚）

（南宋）江山柴元彪編

柴元彪有《襪線稿》，前《集部·宋人別集類》已著錄。據《嵩高柴氏世集勳德錄》卷五載柴元彪傳略可知，元彪編有《柴門如在集》。此書今佚。

怡思集（佚）

（元）江山柴登孫編

柴登孫有《芳所吟稿》，前《集部·元人別集類》已著錄。據《嵩高柴氏世集勳德錄》卷六載柴登孫傳略可知，元統間，登孫手編察判二公所遺詩文及諸朋友廣倡，編之曰《怡思集》。此書今佚。

俞希魯《題柴氏〈怡思集序〉》：詩所以厚人倫也，故棠棣廢而兄弟之道闕，伐木廢而朋友之義乖，其有裨於世教者如此。嵩高柴公仲山甫，當宋淳祐間進所撰《丙丁龜鑑》，忤時相意，斥歸田里，遂肆意於詩吟，幾數千首，刪餘僅二百。自以爲短而無用，名之曰《道州台衣》。其季進士炳中甫亦以詩名當世，以其兄長於詩，而不自矜也，於是取己之詩稿，名之曰《襪線》，謂其短之又短耳。一時二難雍容謙遜，家庭和氣，藹然可掬。余自童卯時，聞其名而慕之。及吏江山，而二翁不可作矣。一日，次公之季武□□□□□刪以鋟梓，且傳以平昔朋友倡和之什□□□□□，曰《怡思》，蓋取朋友切切思思兄弟怡怡之意，其所以厚人倫裨世教者至矣。嗚呼！燃萁煮豆擠陷阱而下石者，比比皆是，是編行使若人者觀之，寧獨無愧於心乎！元統二年大寒後一日，從仕郎衢州路江山縣兼勸農事俞希魯用中叙。（見《嵩高柴氏世集勳德錄》卷六）

三衢文會二百二十卷（佚）

（元）開化劉文瑞編

劉文瑞字彥章，開化人。年十九，誅叛人夏仍二有功，授處州路巡檢。親老棄官。事跡見［嘉靖］《衢州府志・人物紀・忠義》。現存諸《開化縣志》皆載劉文瑞爲開化人，［康熙］、［嘉慶］《西安縣志》載記爲西安人。又［民國］《衢縣志・人物志二》亦有劉文瑞事略，稱"（文瑞）設塾，延名儒鄭原善輩爲師，以教弟子。後原善、張宗元登第，程琚、魯貞領鄉薦，有司榜其塾曰聚奎。其司盟會文"，其下按語曰："正夫父載，居開化之箬溪，文瑞蓋其後也。此文會自設於衢郡。鄭元善等四人皆開化籍。"故劉文瑞當爲開化人。［康熙］《衢州府志・藝文考》著録劉文瑞《三衢文會》。此書今佚。

汪琬《三衢文會記》：《三衢文會》，蓋元時江浙士子私課之文也。其題爲經疑二，《易》《書》《詩》《禮》《春秋》本經義各一，賦、策又各一，所得凡二百十二卷，所取自德興余闓而下共六十六人，司糾者程國表等十三人，司盟者劉文瑞，而主評者鄭縣丞元善。是歲則延祐六年八月也。按《元史・仁宗本紀》，皇慶二年六月，以宋諸儒及故中書左丞許衡從祀孔子廟廷。十月，詔天下，以三年八月興其賢能充貢有司。次年，會試京師云云。其後改三年爲延祐元年。又五年，而斯編遂出。是時，方值尊崇儒術嚮用科目之際，爲有元極盛，而江浙又文學淵藪也。故科舉之詔既下，而南方士子莫不聯袂交袂，相與刮摩淬厲，以俟有司之舉。由斯編考之，蓋舉浙西、建康、浙東、海右四道六路之人才皆彙焉，抑何彬彬也。鄭氏所評具在，無讕詞，無溢語，採瑜摘瑕，殆不失直諒之遺。而諸策所答，周正一說亦皆援據精核，敷陳詳贍，庶可以見其所存矣。邇者，吳會之間，士子既耳剽目竊，而凡江湖僑客，借觚翰以求食者，又往往撰爲淺陋里俗髓骴不根之文，盜取虛舉[①]，以相牢籠，而後生不學者，亦復靡然譟而從之，此震川先生所謂妄庸人者也。以視斯編作者之典贍如彼，而評者之直諒如此，能無赧顏泚顙也哉？按《輟耕録》，元反宋、金餘習，初試論賦，其後一以經義爲本云云。及考《選舉志》，春秋兩試皆未嘗用論，終元之世亦未嘗廢賦不用也。或有司拔閱稍重經疑經義則有之耳。先儒云：經非文，無以發明其旨趣。而文不本於六經，又不足謂之文。顧後世乃有畔經而以文自命者，何也？（見［雍正］《浙江通志・藝文志四》）

同聲録（佚）

（元）江山龔宗傳輯

龔宗傳，江山人。綽有文名。所著有《同聲録》。事跡見［嘉靖］《衢州府志・人物紀・文苑》。宗傳《同聲録》今佚。

----

① "盜取虛舉"，［嘉慶］《西安縣志・藝文志》載此文，作"盜取虛譽"。"譽"字當是。

古今文典（佚）

（元）開化魯貞編

　　魯貞有《易注》，前《經部·易類》已著録。［弘治］《衢州府志·人物志·理學》本傳載，魯貞編有《古今文典》，此書今佚。

　　魯貞《古今文典序》：太乙肇判，天地萬物之理不能以自明，惟其言能宣之。人惟能言而不知其理，猶不言也。聖人知其理而能言之，而後天地萬物之理，昭晰於天下而人文之由始也。伏羲畫卦而《易》作，二帝授受而《書》興，太史觀風而《詩》集，夫子正王道而《春秋》成。言出而理明，不飾而自文，所以“爲天地立心，爲生民立命”，爲萬世立天極也。自是而後，理必學而後明，言必飾而後文，蓋有聖人開之於前也。若曾子、子思、孟子能飾其言，以明其理，亞夫經者也。自是而變，於是乎有若左氏之雍容，莊生之飄逸，戰國之明辨，賈誼之雄偉，太史公之質實，皆能飾其言者，言能明其道而古文亡矣，是雖未足以明理爲能達其所言之意者也。變若東漢若三國若六朝，文不能飾其言，言不能明正道，而古文亡矣。至唐韓愈氏出，文能飾其言，言能明其理，宋歐陽子和之而後大行，復還前人之盛，然恨其明理者少而達意者多也。若柳子厚，若二蘇，若曾子固，皆致飾其言以爲文而達其意所能言者，明理雖未，而文足以繼乎前人。予暇日自五經而下，取凡作者編爲《古今文典》，謂之古文者，非謂上古也，以其奇辭異體，人所不能道，如天球河圖而不可數見者也。自慎到止怪石供，凡若干篇，爲古文典。謂之今文者，非謂今日也，以其叙事論理人所不能無者也，如盆盂衣服人資以用而不可缺者也。自絶秦王止曾子固，凡若干篇，爲今文典。典，故法也，欲學者以爲法也。甚矣，文之難也！自孟子以下至於今日二千餘年間，號爲能者止此十許人耳，是二百餘年而得一人也，若唐之韓子則三百年矣。夫以三百年有一人，何其少也！惟其少也，是以難也。規矩周密，體制備具，後有作者如匠石之能循規矩也。或曰：“作者衆矣，今日止此十許人者，若過矣。”然文不足以飾其言，言不能以達其意，上不能以承乎古，下不能以垂於後，非吾之所謂文，故不取也。吾之所取，止於此矣。復乎前人之美，則予之所望也，有能由是而求作文之標準。若屈原之《離騷》別爲一集，則程朱之文學自當讀之，兹以取文，故不及也。言必飾而後文，不飾不可以爲文，欲飾其言，必由於學而文所由以作也。以觀於今世之飾其言者，非不能言，然皆達其意之所欲言，而不能以明理，而四維之文於是乎息矣。（見魯貞《桐山老農集·序》）

湖山堰詩（佚）

（元）佚名編

　　［崇禎］《開化縣志·藝文志》有魯貞《湖山堰詩序》。開化修湖山堰，時人以詩

頌之，彙而爲集，魯貞爲之序。此詩集今佚。

魯貞《湖山堰詩序》：越縣古稱不毛，衢開化又越絶壤。至漢，其地始列中國。山四塞不間斷，無廣原大川，居民緣崖阜，線路側出，後不瞻前，左不見右。並山爲田，田磽陋稀少，爲它州劇。其山勢掣電奔放不顧，若飄風駕雲，漫不見蹤跡。其水皆自高走下，剽悍湍激，毋異高屋上建瓴也。聚百十水始曰溪，匯數十溪僅容舟。予嘗溯浙江，所歷灘相屬直瀉輒數丈，劣亦不下七八尺，舟行猶驚鳥投林而莫適所上，蓋等大浪灘而上，不知其幾灘幾高哉！宜其水傾而不停也，出山而不顧。水傾而不停，故其地高即涸燥，田又易旱，民耕其間，必截溪築堰，壅水溉田中始可耕。不然，雖水潦泛濫，朝溢夕乾矣。十里之溪，堰據三之二，彌望如魚鱗相疊然。溪流側淺，而築亦甚易。延祐七季秋旱，開化尤甚，所在陂堰盡竭，歲不登量，所入堇堇，又不足以更費。湖山去縣三十里，舊有堰，溉田二頃餘，里人徐君者所築，至是旱，徐君之孫君衍，復率衆改築新堰，湖山獨有季，諸兄作詩以歌之，且因劉伯英介劉思誠來求余叙。余美君衍之爲，嘉伯英之來，而重思誠之請也，故不辭。夫開化絶壤也，田少而易旱，君衍獨能改筑堰以灌田，非惟能備災，而又有惠焉可歌哉！昔白公引涇水，首谷口，尾櫟陽，袤二百里，注渭中，溉田四千餘頃，而民歌之宜矣。方之湖山爲何如？余於昔見白公於今，不自意見君衍也，是以喜而叙之。（見［崇禎］《開化縣志·藝文志》）

桂巖集 (佚)

（明）開化江秉心編

江秉心有《金臺集》，前《明人別集類》已著録。楊士奇《東里文集·序》、［順治］《開化縣志·藝文志》皆載楊士奇《桂巖集序》，言《桂巖集》爲江秉心所編。［順治］《開化縣志》載此文，末有“時明宣德戊申三月癸未廬陵楊士奇序”。《桂巖集》今佚。

楊士奇《桂巖集序》：襄府紀善三衢江秉心，録其先世科名並所受賜詩及行實遺文，而附以當時名勝之文有關於江氏者，爲一鉅册，名《桂巖集》。桂巖，江氏家世所居也，以屬余序。余受而閱之曰，嗚呼，其盛矣哉！昔者江氏世有聞人，瑕丘之經學，次翁之鉅孝，應元、文通之文章，皆卓卓著稱。而近數百年來，江氏文獻，特見衢、睦間。民表以正言直道動當世，子遠以文學德望位宰相，死國難，皆盡忠所事，焜燿簡册，而族人自宋以來擢正科七十有七人，他岐進者不與。仕而紆金紫銀青七十有八人，下此者不與，何其盛也！蓋吾有感於其先矣。錢氏奄有吳越，江之先曰漢臣，實事之。吳越習俗侈靡，費用無藝不足，又益取於民，其田賦、市租、山林川澤之稅加數倍。宋既平諸國，賦稅一仍其故籍，錢之歸朝也，以漢臣上圖籍，漢臣慮故籍之病民無已也，沉諸河而自劾。太宗怒，欲誅之，已而舍之。凡隨錢氏來歸者，皆得官，獨漢臣以廢斥死。後命右補闕王永均吳越田稅，錢氏舊稅畝五斗，永更定爲一斗，還奏，太宗不悦。永曰：“畝稅一斗，天下之中正，使新附之民被朝廷仁恩，顧不可耶？"遂從永所定。永曾孫珪，官至金紫光禄大夫、尚書左僕射，封岐國公，世以爲永陰德之應，事見史傳。永之減税，本於漢臣之沉籍，其德同，斯其後世光榮盛大，亦無以異矣。嗚呼！爲國重得民心，故《春秋》有税畒之譏，《國風》存碩鼠之刺，而馮諼爲孟嘗折券書，尹鐸爲晉陽損户數，仁者輔人家國，一務捐利以得民也。以德益乎上，以惠益乎下，天道福善，雖遠不爽，然則江氏之盛，吾安得不推本其先哉？秉心上距漢臣十五世，距子遠五世，初以文學擢司經正字，與余同事仁宗皇帝於春宮，秉心特荷知遇，後擢爲紀善。江氏之福澤，其未艾也哉，其未艾也哉！（見楊士奇《東里文集·序》）

桂巖續集（佚）
（明）開化江氏編

　　《桂巖續集》，乃續江秉心所編《桂巖集》之作，此集今佚。開化劉高漢據《開化江氏族譜》複印二十三頁，其中此譜卷三卷端題《桂巖續集》，今存者僅詩二十九首，其作者依次爲程俱、江澄、江以達、侯正綱、毛鳳起、胡尚義、毛鳳修、李文欽、詹瑩、陳仲儒、鄭言、徐祥、吴永、阮朝南、江秉心、江藻、江澄、江合謨、史大成、洪圖光、沈自南、余國貞。可見，此集所收詩並非盡爲開化江氏之作。以上詩作者，可知者皆明以前人，故《桂巖續集》當亦明時編成。

五言古詩選（佚）
（明）開化汪圻編

　　汪圻有《詩集》，前《明人别集類》已著録。［天啓］《衢州府志·藝文志》著録汪圻《五言古選》。［康熙］《衢州府志·藝文考》爲汪圻《五言古詩選》。此書今佚。

蓉溪書屋集四卷（佚）
（明）開化方豪編

　　方豪有《韻譜》，前《經部·小學類》已著録。據《四庫全書總目·集部·總集類存目二》，方豪有《蓉溪書屋集》四卷。此書今佚。

　　《四庫全書總目·〈蓉溪書屋集〉提要》：《蓉溪書屋集》四卷，《續集》五卷（浙江巡撫採進本）。正集，明方豪編。續集，高第編。豪有《斷碑集》，已著録。第，縣州人，正德甲戌進士。初，縣州左都御史金爵居州城東三里，所居有水，迤邐而南入於涪江。水上多植芙蓉，因以名溪，頗擅林壑之勝。爵以按察使罷歸時，嘗構屋數楹，徜徉其間，名之曰蓉溪書屋。後復起掌憲，思之不置。於是禮部尚書劉春、喬宇等皆有賦詠，以紀其勝。士大夫聞而和者甚多。正德十四年，因屬豪裒集成書，凡作者七十八人。至嘉靖二年，繼和者益衆，復屬第編爲續集，凡作者七十一人。爵字舜舉，成化己丑進士，官至刑部尚書。其父良貴，以進士累官左參政。子皋以進士爲翰林，皞亦以進士爲主事。三世通顯，交遊甚盛，故一時題贈至盈八九卷云。（見《四庫全書總目·集部·總集類存目二》）

金溪群英集（佚）、金溪詩社（佚）
（明）開化方楫編

方楫，號若舟，開化人。邑先輩詩文皆搜採手録，殫力考訂，輯《金溪群英集》《金溪詩社》若干卷。文獻不墜，楫力爲多。事跡見［崇禎］《開化縣志·人物志·隱逸》。方楫所編此二書今皆佚。［乾隆］《開化縣志·藝文志》有鄭仕淵詩《若舟姊夫輯〈金溪詩集〉，甥懷賢資刊成》。《汪氏乘言》有《金溪詩社選稿》，所選爲汪朝仕詩《夏日偕方若舟、徐羽南、劉仰嵩燕遺安堂》《靜齋》《秋閨》《題方若舟與閒居》《奉和若舟悶雨韻》《西巖論文赴若舟召》《贈施兼山》《再次九日韻訂若舟兄》《東霞館喜若舟過訪》《深渡漁燈》《古溪牧笛》《登虎丘山》《濟南訪金傾丈》《詠若舟贈方兄》《送徐鳳川赴南都秋試次儀岡韻》《秋暮同方若舟、徐羽南山遊》《廢寺》《贈方少溪》《遊爛柯》。

雅林指玄（佚）
（明）西安舒用中編

舒用中，事跡不詳。［民國］《衢縣志·藝文志下》載："《雅林指玄》，明舒用中編。尚有存本。前有萬曆甲申了凡袁表序，後有浙衢少軒舒用中跋。略謂余近購歸茅太史所著論文諸編，如董賈與國朝名公未載。已自班馬以至唐宋，其間根柢理道，有切於論文者，悉取而録之，名曰指玄。篇篇大雅，字字玄邃。似又爲藝林之繩尺矣。集成，乃鳩工梓之云云。"用中《雅林指玄》今佚。

古文奇艷八卷（存）、古文藻海（佚）
（明）西安徐應秋編

徐應秋有《雪艇塵餘》，前《經部·易類》已著録。［康熙］《衢州府志·藝文考》著録徐應秋《盛明古文藻海》《古文奇艷》。［民國］《衢縣志·藝文志下》載："《古文藻海》《古文奇艷》，明徐應秋編。《浙江通志》引《西安縣志》，《古文藻海》《古文奇艷》，徐應秋著。［康熙］《府志》作《盛明古文藻海》《古文奇艷》。［康熙］《縣志》作《盛明藻海》，無'古文'字，亦無《古文奇艷》，不知《通志》何據。"《古文藻海》今佚。《古文奇艷》今存，爲古文選集，署"明三衢徐應秋彙編"。選文凡八卷，卷一收録制、表、疏、檄、露布共二十五篇，卷二收録啓四十二篇，卷三收録啓、書共三十四篇，卷四收録頌、記、呈、獄牘等共十七篇，卷五收録銘、序、詞共三十七篇，卷六收録碑十七篇，卷七收録行狀、墓誌銘、祭文十四篇，卷八收録賦十五篇，總計二百一篇。此書卷前有應秋自序，其言自前漢、六朝以降，"其間芳辟詞臣、畸人才子，英篇潤於金石，名製溢於縑緗，莫不千思交杼，以逐奇五色相宣而吐艷矣。夫奇而不艷則鶻起雲中，艷而不奇則羣馴艸除，能兼斯義可謂至文”，“是用徵奇先士，選艷鴻生，傳之通都，貽諸同好”。故應秋所選古文兼具奇艷，以助時人之用。徐氏選文主要取自六朝、唐、明，以選明文最多，六朝文以選庾信、徐陵爲多，唐文以選駱賓王、王勃、李商隱爲多，宋文則選蘇軾一篇，明文以選蔡復一、費元禄、鄭懷魁爲多，由是可見徐氏爲文推崇之人。是書有明萬卷樓刻本，藏於浙江圖書館、北京大學圖書館，《衢州文獻集成》據浙圖藏本影印。

青霞社草（佚）

（明）西安方應祥等編

　　方應祥有《周易初談講意》，前《經部·易類》已著録。[民國]《衢縣志·藝文志下》著録《青霞社草》，其下按曰：“《鄞縣志》：‘應臬字仲鵠，爲諸生。後棄去，泛舟江漢間，發爲楚聲，已而上薊門，歷長安，落落無所合，歸而卜於東皋之竹蒼坂，與二三隱人往來酬唱，信安方應祥、徐日久，延至爛柯山，以詩文師事。’據此，則當時主斯社者應臬也。”《青霞社草》今佚。

　　方應祥《題青霞社草》：司馬相如、楊子雲詞賦妙天下，而蜀都述自太冲，山川毓粹，奮爲人文，不獲身食其毓文之報，此亦作者之憾也。吾郡環山而治，靈巖名跡，副諸掌故，不一而足。青霞石梁，踞郡南偏僅二十里，軺軒之所往來，不乏紀勝之什。其鳩都士而以青霞社也，則自今日二三君子始也。軺軒之言在焉，後先撰結而標目靡殊，猶之乎社也。客儘左方而生於斯者，齒以相次明讓也，主者行採而識焉。都人士之詠謳，與四方往來之譜述，燦然霏映紀牒之間，山川毓文之報可無憾於作者矣。夫霶勝之舍嘀無窮也，稱詩焉之情之境亦無窮也。太冲之賦得玄宴叙而楮爲踦，而逸少有未盡之嘆，文章之難爲定論如此矣。子美諸什出，頌者何彬彬也。文彩閎發時則爲政，而實存乎人。二三君子選勝徵詞未見其止，盡發吾土之奇秀，以光昭掌故之盛麗，吾且取蝥弧於子美以竢云。（見《青來閣初集·雜著》）

粤西詩載二十五卷（佚）、粤西文載五十七卷（佚）、粤西叢載三十卷（佚）

（明）常山汪森編

　　汪森，事跡不詳。[嘉慶]《常山縣志·書目志》著録汪森編《粤西詩載》二十五卷、《粤西文載》五十七卷、《粤西叢載》三十卷。汪森所編三書今皆佚。

前朝歷科會元墨選（佚）

（清）常山徐洪琟編

　　徐洪琟有《三衢人物考》，前《史部·傳記類》已著録。[雍正]《常山縣志·人物志·賢哲》載，徐洪珵編有《前朝歷科會元墨選》。此書今佚。

純師集十二卷（存）

（清）西安余鈺編

余鈺有《介丘小草》，前《清人別集類》已著録。［康熙］《衢州府志·藝文考》著録余珏《純師集》，"珏"有誤，當爲"鈺"。［康熙］《西安縣志·藝文志》載余鈺有《繩師集》，［民國］《衢縣志·藝文志下》、［民國］《重修浙江通志稿·著述考·衢州經籍》採之，亦誤，當爲《純師集》。是集卷端題"姑蔑後學余鈺式如評輯"，凡十二卷，按作者時代先後編撰，始於東周屈原，止於南宋文天祥。卷前有三序和義例，首陳子龍序有缺葉，次序因缺葉不知撰者，第三序爲吳適序。據該書《義例》，余鈺纂集是書，"欲求人倫之准式，明忠孝之大端"，故"事不關大節與夫國家之治亂、君子小人之進退者不載，荒才否德亮不足而談有餘者不載，僭朝僞統夷狄之文雖盡心於所事者不載"。其選之書，"以正史爲經，以名臣奏議爲緯。而《文選》《文粹》《文鑑》之類，及漢、晉、唐、宋諸家之集，皆考覈品行，然後甄收。"其選之文有注者，亦選採其注文，而不存注者名氏，如首篇所選《離騷》即採王逸注，所選賈誼《陳政事疏》則採真德秀注，然不言王氏、真氏姓名。其對所選之文撰者，皆在其首篇文後立有小傳，傳文基本採自正史。式如在書之天頭處時加評語，如卷七載魏徵《諫太宗十思疏》，於開篇上方天頭處曰："此歷代帝王之龜鑑也。文雖涉徘偶，又一代指之風氣也。"余氏品評，皆重在文章所蘊含德性。是書有明崇禎十六年刻本，藏於上海圖書館，《衢州文獻集成》據其影印；又有清康熙刻本，藏於國家圖書館。

青霞書院詩刊（佚）

（清）西安王觀文輯

王觀文有《宜園小品》，前《清人別集類》已著録。鄭永禧《爛柯山志·撰述》載，"《青霞書院詩刊》，國朝王觀文宜園輯"；且言"此書院爲康熙十二年李文襄公所建，設在城北清獻書院故址，更而新之。上繼柯山書院盛軌，故以青霞名。當時題詠頗多，王宜園衰益付刊，序中所云方翁並夫子者，殆山長也。"［康熙］《西安縣志·藝文志》有王觀文《青霞書院詩序》。鄭永禧《爛柯山志·撰述》有王觀文《青霞書院詩序》、周召詩《青霞書院》十首、周鴻詩《青霞書院秋眺》三首。

王觀文《青霞書院詩序》：三衢號東南之劇郡，扼閩豫之要衝。昔年蠢爾逆藩，狡焉犯境，室家瑣尾，城邑空虛。幸大司馬都憲李公，仗東郊之寶鉞，率衆徂征；秉南國之牙璋，恭行天罰。罷虎陳師，列元戎於罷陣；艅艎下瀨，雜組練於犀渠。左攻左，右攻右，盡殲塞外鯨鯢；宅爾宅，田爾田，立返澤中鴻雁。賣劍賣刀，植四郊之禾黍；載橐載戢，息千里之烽煙。繪圖蠲賦，由己溺而由己饑；發粟賑荒，補不足而補不給。興禮樂於兵戈之後，建堂齋於煙水之湄。庭羅衿佩，重開元禮。舊龍門架積縹緗，廣貯長源；新錦軸傳經一如馬帳講道，克繼鵝湖。武功合文德而誕敷，士氣偕民風以丕變。嗣是移旌節於六橋，蒼黎擁轍，卜鼎甌於三殿，繡衮還朝。壺漿載道，愁借寇之無由；祖帳盈阡，悵挽劉之莫遂。感憶從前，豈但立祠桐邑；思深去後，寧徒配社浚儀已哉！昨者清商應律，白帝司辰。金風珠露，良辰剛半乎九秋；瑤鏡冰輪，圓月纔過夫三夕。纖雲斂翳，灝氣澄空。瞰龍宮而登鷲嶺，正浙江潮起之時；升日觀而躋天門，適滄海籌增之會。麟吐玉以來，皆禎符闕里；鳳啣珠而入夢，祥發岱宗崧高。既慶乎生申棠茀，益懷於憩召，則有我方翁並夫子者，沆瀣鍾清，夙本紫皇香吏；藐姑絜秀，生來碧落侍郎。直鳳池而珥筆，曾宣薇省絲綸；馳熊軾以剖符，復壯柯陽鎖鑰。登堂誦德，入深景仰之忱；介壽稱觴，爰應紳儒之請。張隼旗於道左，鳴騶駟於田間。衣冠霞蔚，碧油齊駕香車；劍舄雲稠，紫燕同驂寶勒。少長咸集，小大皆從。酌兒觥之酒依然，躋彼公堂；聽鶯喊之聲共樂，言觀侯斾。遙望泰階，朗台星於北極；近瞻石室，起頌祝於南山。黃童繞砌，笑舞綵衣，素髮當筵，醉吟燕喜。四序烝嘗，長憶裒帶歌壺之致；萬年俎豆，即在詩書絃誦之壇。落樹色於吟囊，收川光於几案。積水映長空共碧，餘霞將斜日俱紅。牙檣錦纜，下帆影於長洲；牧笛漁舠，沸歌聲於歸路。淺沚涇蒹葭之露，遠邨寒橘柚之煙。賞心既浹於登臨，逸興還飛於酬唱。曠代宗工，調高白雪；軼群髦士，韻葉黃鐘。侍芳樽於梁苑，士有鄒枚；追羽蓋於鄴中，客皆粲幹。墨池雜然夫龍賓，藻披顏繡；珊管分揮其兔穎，采吐江花。詞囿之琳琅炳耀，宛遊群玉山頭；文城之瑰珥陸離，恍入蕊珠宮裏。江渚楝簾，風景固同乎滕閣；茂林觴詠，賦詩何減於蘭亭？爰輯篇章，壽之梨棗。自此太史採入軺軒，直擬康衢耕鑿；亦且樂工播諸金石，制猶蜀郡中和。遙傳盛事於雞林，妄附蕉詞於驥尾云爾。（見［康熙］《西安縣志·藝文志》、［光緒］《爛柯山志·撰述》）

誠求堂彙編六卷（佚）

（清）常山徐開錫撰

徐開錫字晉九，號定山，常山人。由明經考選縣令，初授直隸深澤縣，復補河南杞縣，再遷彰德丞。有《誠求堂文集》六卷。事跡見［雍正］《常山縣志·人物志·補編》。［嘉慶］《常山縣志·書目志》著錄徐開錫《誠求堂文集》六卷，而《四庫全書總目》載爲《誠求堂彙編》六卷。開錫此書今佚。

《四庫全書總目·〈誠求堂彙編〉提要》：《誠求堂彙編》六卷（江蘇周厚堉家藏本），國朝徐開錫。撰開錫字定山，常山人。康熙中貢生，官至彰德府同知。是編第一卷曰《贈言》，爲出都時贈行之作。第二卷曰《杞言》，官杞縣知縣時邑人相贈之作。第三卷曰《介言》爲紳士介壽之作；曰《雜著》，爲頌揚政績之作。第四卷曰《詩草》，第五卷曰《文稿》，第六卷曰《實政》，則皆詩文及案牘也。（見《四庫全書總目·集部·總集類存目四》）

宋文選（佚）

（清）開化汪巖叟編

汪巖叟有《大易注解》，前《經部·易類》已著録。[康熙]《衢州府志·文學傳》汪爾衍傳所附子巖叟傳載，汪巖叟有《宋文選》。此書今佚。

古文選（佚）

（清）西安王榮統編

王榮統有《周易題旨》，前《經部·易類》已著録。[嘉慶]《西安縣志·循吏傳》本傳載，王榮統有《古文選》。此書今佚。

詩藝昭華（佚）

（清）龍游童士炳選

童士炳有《小學題解》，前《經部·小學類》已著録。據[民國]《龍游縣志·人物闕訪》，童士炳選有《詩藝昭華》，且言“所選當系貼詩”。士炳《詩藝昭華》今佚。

唐宋文粹四卷（佚）

（清）江山劉光表撰

劉光表有《諸名家南華經評注》，前《子部·道家類》已著録。據劉佳《釣魚篷山館集》卷六所載《先考虛室府君行述》，劉光表有《唐宋文粹》四卷。此書今佚。

時藝文海（佚）

（清）開化詹師富編

詹師富有《五經文彙》，前《經部·五經總義類》已著録。[光緒]《開化縣志·人物志·文苑》本傳載，詹師富有《時藝文海》。此書今佚。

菱湖社集一卷（佚）

（清）西安陳樸輯

陳樸有《思孟年譜》，前《傳記類》已著録。《西安懷舊録》卷三於陳樸小傳下載，“樸字繼華，聖澤子，乾隆時人”，“鄭灝《菱湖社集序》：外祖父云嶼公昆季居菱湖草堂，與詩人翟晴江、費豐山暨徐采朝、葉竹巢、鶴仙諸友及二十餘人作菱湖吟社，詩酒流連，殆無虛日，舅氏繼華少承父志，嘗手録社中作，輯爲一卷。”[民國]《衢縣志·藝文志下》載：“《菱湖社草》，清費雄飛、陳聖洛等稿。菱湖陳氏藏本。按：此社叙名者費於九、斗占，翟晴江、陳二川、云嶼、賞侯，葉逢原、鶴仙，章天叙，盛邃貞，王貫卿、其秀，徐紹義、采朝等十餘人，有《崢嶸古松行》《登龜峰尋群峰亭故址》《殷浩宅前九曲河修禊》《李克齋講舍》《悠然樓望遠山》及《紅葉嘯虎圖》

諸題，多有爲姚《志》所採録者。當時主社者爲費於九，以翟晴江佐之，而社址則在陳氏之菱湖草堂與山滿樓也，故以菱湖名。"此《菱湖社草》，當即陳樸所輯《菱湖社集》。此書今佚。［民國］《衢縣志·詩文内編下》有范珏、費雄飛《峥嶸古松行》，葉日蓁《殷浩宅前九曲河修禊分韻得宅字》，注云范珏詩"本陳聖澤作，托名"，三詩並出於《菱湖社集》。《西安懷舊録》卷三有陳璞詩《題王慕庭坦源社》。

龍游攀轅詩集一卷（佚）

（清）龍游劉夢麟等編

劉夢麟字聖兆，號絨書，龍游人。生平隱人之惡，揚人之善，敬老慈幼，出於天性。當嘉、道時，裒集《龍游攀轅詩》，在鄉頗有聲望。事跡見［民國］《龍游縣志·人物闕訪》。同書《藝文考》載："《龍丘攀轅詩集》一卷，劉夢麟等編。案：此雖頌揚德政之作，然各詩小注中多記當時實事，與尋常誦贊不同。今《政績》中周敦培事略，即彙集各詩小注而成，故仍爲著録。前有余鏗序，後有余恩鑠、蔣泰潮兩跋。"［民國］《龍游縣志》於《藝文考》載爲《龍丘攀轅詩集》，而《文徵志》引爲《龍游攀轅詩集》，此從後者。《龍游攀轅詩》今佚。［民國］《龍游縣志·文徵志七》有朱斐然詩《贈别周丹庭明府四首》，《文徵志八》有朱珩、劉大綸、釋慧成、釋維宗《頌周丹庭明府德政》各一首、余以銘《龍邱攀轅詩》、吕峨璋《輿人謡》、余玉書《重修盈川書院告藏二首》、舒恭受《丹庭三兄治龍游，政聲循卓，忽有歸，與之賦。大吏留之不得，投詩志别，謹次原韻，即以送行》，皆採自《龍游攀轅詩集》。

余鏗《龍游攀轅詩序》：西漢合二百餘年，僅得循吏六人。班孟堅既爲之傳，又探其本，謂以經術潤飾史事。今觀丹庭邑侯之治吾邑與前治嵊城，所至有聲，士民謳思之不忘，則公之所本可知已。始公之治嵊城也，捐煩滌苛，杜絶請托，以興革利病爲己任，不期年而政成。余方司鐸剡東，與嵊城境相接也，民往來其間者，稱述公之善政不容已。既而公以瓜代去嵊城，吕生峨士攜所録《攀轅詩》册來見余，益信嚮之傳述者爲不虛，私心嚮往，徒以職守所羈，卒不獲一面晤，爲悵惘者久之。戊子秋，公題補龍邱。龍邑當三衢之冲，號難治。大府稔知公才，檄公速赴任。公亦任事忘其瘁，甫二載，清釐積案千餘起，率以平恕得衆心。其有鼠雀細故訟於庭者，立諭遣之。居恒操履儉約，布衣麥飯如諸生時，而尤愛獎掖士類。增修學舍，躬自勸課，士貧有不能卒業者，捐俸周卹之無倦色。方以廉能仁恕爲上官倚重，而公遽以任勞致病解組而歸。龍民聞之，扶老攜幼詣縣請留，不許。會制府自潮旋闈，再過湖鎮，耆民匍伏水次，呼籲乞留公者數百人。雖格於例，而公之實政及民，民之攀留出於肫誠，亦可概見矣。於是，明經劉夢麟等，將彙刻邑人士前後所投詩若干首，以重公行，而走書問序於余。

余前以宦輒接壤，不得一晤爲憾。龍邱又桑梓里也，方幸得賢父母，惜蒞任未久，不得竟其設施。然惠政在人耳目，民間既交口誦公，形之篇詠者不一而足，益見公之吏治，其所本於經術者蓋非淺尠。季弟鏘常從公遊，故余知公亦最悉，其何敢以不文辭？因略爲詮次，促之速梓，而以斯言弁簡首。（見［民國］《龍游縣志·文徵志四》）

余鑾《龍游攀轅詩跋》：昔楊巨源解官歸里，昌黎曾以"二疏之去都門外，祖餞不一人"，道旁觀者，悉稱其賢，後世並繪爲圖。然當時巨源不聞有此，則是昌黎僅借以張大其事，而未必可方二疏也。惟我丹庭邑侯，其德業聞望爲當代所希，卓有韓、歐之勝概。未蒞吾邑，已有霖雨蒼生之卜，及下車，果不失民望。去年秋旱，力勤雩祀，不憚跋涉之勞，竟冒暑致疾，遂有告歸之意。上憲愛而惜之者，促之報痊，終難挽其去志。殆即二疏所謂"知足不辱，知止步殆"，古今人同一意見也。先是，衆紳者於大憲前竭力攀留，公堅執不允，至今春始，治裝起程。張上東門外約四五餘里，城鄉士民仍遮道攀援，泣下數行，欷歔不置，此歷宰盈川者所未有。工畫者先爲繪圖，情景宛然，以視二疏之繪圖，於後世更稱盛事已。夫世之任官而急功名者，指不勝屈，及一旦去位，致傷落寞，絕無赫赫之光，幾見與古人相輝映如此耶？同城僚友各爲歌詩以送之，吾邑之長於詩者，亦屬而和之，思慕其德於不忘，此又足以傲二疏之所無者。生叨坐春風，心切嚮往，不揣逾分，敬纂筆端而書於後。（見［民國]《龍游縣志·文徵志四》）

枕溪書屋課詩二卷（佚）

（清）龍游嚴秉忠編

嚴秉忠，事跡不詳。［民國］《龍游縣志·藝文考》載："《枕溪書屋課詩》二卷，嚴秉忠編。案：此詩道光三年編。是年，秉忠設帳鯉淵，選學徒唱和古近體詩，以活字版印行，前有秉忠序。讀此見濟濟生徒、文采風流之盛。唱和者，爲姜美琳、姜美瓊、潘照、潘煦、陳輯、詹同芳、祝其盈、呂芸、璩遙、王治、勞蕃、嚴鑑塘，凡十一人。"《枕溪書屋課詩》今佚。

嚴秉忠《枕溪書屋詩序》：余喜培風雅才，凡訓徒，文與詩並重。自歲庚申始，距今二十四載，每逢課詩日，諸生詩詞意體裁可琢成者，改數字或數句即命錄存，每年積一卷。癸未館於鯉淵枕溪書屋一歲，錄詩較往歲尤多。從學數人，姜生美瓊、呂生芸，每年有詩就閱，各略登數章。諸生以詩存一處，難於彼此傳鈔，會鯉淵修宗譜，欲各印數部請於余。余謂課詩，是指示學生之詩，不可令外人見也。今諸生即作家存之書，非列市上之書，事亦可爲。但梓工已到方請於余，數日間重番整閱，草率成事，瑕疵必多。外議之來，余之過也。然區區苦心，倘能引進諸生之韻學，以蘄登於風雅場，余亦喜受議余之過。道光三年癸未十一月六日。（見［民國］《龍

游縣志·文徵志四》）

醉墨軒詩鈔一卷（佚）

（清）龍游黃秉智編

　　黃秉智，事跡不詳。［民國］《龍游縣志·藝文考》載："《醉墨軒詩鈔》一卷，黃秉智編。案：秉智爲姜美瓊門人。此編，美璠詩最多。美璠當是美瓊之昆仲，蓋與諸同人唱和，而秉智錄存之。前半卷多詠景詩，後半卷多詠物詩。與美璠唱和者，爲姜美琅、姜美琛、吳雲衢、吳元吉、呂芸、袁任、支浩然、祝慶元、余錫安、袁梧、江士耀、胡錫枝、余志熙、徐琢、吳炳、詹邦法、陳兆熊、鄭文燦、詹邦械、傅賞、詹邦典、余懷德、傅有邦、邱煥彩、黃霆，凡二十六人。嘉道間，先達風雅，讀此可見一斑。"《醉墨軒詩鈔》今佚。［民國］《龍游縣志·文徵志八》有吳雲衢等《雞山聯句》，選自《醉墨軒鈔》。

須江詩譜（存二卷）

（清）江山王鈺輯

　　王鈺有《筆帚詩鈔》，前《清人別集類》已著錄。［同治］《江山縣志·文苑傳》載王鈺有《須江詩譜》五集，［同治］《江山縣志·邑人纂述書目》著錄王鈺輯《須江詩譜》十卷。然今存此本僅有第十一卷、第十二卷，故《詩譜》原本不止十卷。此集所載鄭宗善詩，於鄭氏小傳中有宗善孫增康所述，"乙巳，王蓼生先生採輯吾邑詩人遺草，選登《詩譜》，命康搜羅先人存稿"云云，可見道光二十五年前後，蓼生致力於搜集整理江山詩作。須江在江山縣邑南，唐初置須江縣，吳越時改須江爲江山縣，故"須江"爲江山縣別稱。《詩譜》卷十一、卷十二卷端皆載"國朝詩"，然《須江詩譜》所收詩篇當不限於清代，應爲歷代江山詩人詩作。此本卷十一收錄作者二十四人，詩一百三十六首；卷十二收錄作者十四人，詩一百七十八首。今存此二卷所收江山邑人之詩，少者一首，多者爲劉佳詩達五十九首。其錄每位詩人詩作，皆爲作者立以小傳，先簡述作者字號、科第、官職、著述；其下或取他人所述"某曰"，或王鈺自述冠以"蓼生曰""余按"，稍加詳疏傳者履歷。此集廣收江山詩作，有一定價值，惜前十卷不存。今有是書舊抄本二卷，爲衢州祝瑜英收藏，《衢州文獻集成》據其影印。

古今彙選三卷（佚）

（清）西安葉春華撰

　　葉春華有《四書彙覽》，前《經部·四書類》已著錄。據《三衢仁德葉氏宗譜》卷三所載《翠巖公傳》，葉春華有《古今彙選》三卷。此書今佚。

柯山酬唱集（佚）

（清）衢州教授仁和魏熙元編

［民國］《衢縣志·藝文志下》載："《柯山酬唱集》，清衢州教授魏熙元編。《爛柯山志》著錄。按：熙元字玉巖，仁和人。咸豐戊午舉人。光緒中，教授郡庠，與司獄桂陽雷仁恂子如、郡幕黄金鏞鑄丞相唱和，哀成斯集，三人皆終老於衢。魏又自名其所作曰《石室樵歌》，有集。有《正味齋駢文跋》一篇，並綴於後。"《衢縣志》於此下收錄魏熙元《正味齋駢文跋》。《柯山酬唱集》今佚。鄭永禧《爛柯山志·撰述》載此集中詩，有魏熙元《春暮偕雷子如、黄鑄丞遊柯山歸作》、楊葆光《和玉巖柯城晚眺》、雷仁恂《近況寄黄鑄丞二首》。

聊園酬唱集（佚）

（清）涇縣翟國棟編

翟國棟有《蓬萊仙館詩稿》，前《清人別集類》已著錄。［民國］《衢縣志·藝文志下》："《聊園酬唱集》，清翟國棟撰。光緒間，刊於衢城。《西安懷舊錄》著錄。按：國棟字輔廷，涇縣人。宦浙，洊至台州同知。同治間，即僑居衢城，晚歲仍退老於此。園在城北菱湖之濱，有亭臺花竹之勝。暇時，每邀二三詩友吟詠其中，遂成斯集。惜主人歿後，子孫不能有。今已售歸余氏越園矣。《西安懷舊錄》：集中和韻，諸多佳句。如來雪珊之'鶯花景好三弓拓，旗鼓詩雄八面當'。徐甘伯之'展卷儘消閒歲月，閉門合署小神仙。多種梅花招鶴守，盡刪枳棘許鶯栖'。江栗甫之'階前春色蘭雙穗，庭外秋風菊一畦。座延佳客皆文士，家住名山勝武當'。董鑄卿之'拚將流水高山志，快作陽春白雪編'。劉惇甫之'明月半船攜眷隱，青山一角結廬栖。地休嫌狹因栽竹，錢覺無多實買花'。詹肖魯之'澄懷自是同秋水，傲骨何堪病夏畦。畏雨畏風嗤我嬾，徵詩徵画笑君忙'。葉懋先之'莊生了悟知魚樂，和靖高懷飼鶴忙。權有半園皆種竹，閒無片刻不看花'。姜士林之'疎狂吏事稱元亮，平淡詩才繼暢當。點綴亭臺聊避俗，搜羅書畫足名家'。弟春浦之'釣竿直把孔巢父，詩卷長留李謫仙。紅潤橋邊新雨透，碧環窗外好山當'。諸聯皆可誦也。"《聊園酬唱集》今佚。

二銘草堂近科墨選不分卷（存）

（清）西安張德容評選

張德容有《衢州備志》，前《史部·衢州方志類》已著錄。《二銘草堂近科墨選》，刊行於咸豐十年，首有德容自序和目錄，於目錄前端署"衢州張德容松坪甫評選"。咸豐三年，德容中進士。其後遂取近數科鄉會墨，略加評點，以便其弟科考誦習，因友人求而付梓。此書分爲四册，各册書口下方分別有元、亨、利、貞。其所選科墨爲四書義，依次爲《大學》《論語》《中庸》《孟子》制義，其中《大學義》八篇、《論語義》七十二篇、《中庸義》二十三篇、《孟子義》二十七篇。每篇制義，皆於題名下注明時間、科考級別（或所在省份）、作者及其名次，如首篇題名下有“己酉廣東何任山元”，次篇題名下爲“癸丑會試熊鐘麟三名”。張氏所選諸文，皆加評議，其文中時有針對某句的評語；其於每篇制義後皆有張氏點評，少者一二十字，多少百餘字，如其首篇評曰：“緊切‘新民’章旨，詮發自新，無字不精，無筆不警，元精耿耿，骨力堅凝，洗鍊之功深矣。”此張氏看來，制義之法，“必以理爲主，理密而法自隨，理精而氣自旺，未有不先以理而能爲佳文者。”故其所選之文，所評之語，皆重其理。此書有清刻本，藏於北京師範大學圖書館；衢州文獻館劉國慶亦藏有此本，《衢州文獻集成》據其影印。

西安懷舊録十卷（存）

（清）西安鄭永禧輯

　　鄭永禧有《高密易義家傳》，前《史部·傳記類》已著録。［民國］《衢縣志·藝文志》載：“《西安懷舊録》，鄭永禧輯。《兩浙輶軒續録》例言叙録。按：此録以詩存人，每人皆有小傳，或摘採序跋中要旨，但規仿《輶軒録》體裁，以有清一代爲限。南海潘繹庼文宗視學兩浙，輯修續録時，於此多所採取，故仍録而存之。”是集凡十卷，署“鄉後進鄭永禧輯”，成書於光緒二十六年。光緒中葉，兩浙督學潘衍桐纂輯《兩浙輶軒續録》，至衢，令永禧採訪之。鄭氏不忍先賢詩作零落遺失，遂輯此作。是編收録有清一代西安先賢之詩，卷前有自序、凡例、總目、國朝科目表、編述姓氏，卷後有《録成自題》詩八首。此書所録之詩僅限於清，“前明遺老，概不闌入”，其有入清朝達二十三年之久者則甄録。對於不隸衢籍而家於西安者，亦録有其詩。其仿阮元《兩浙輶軒録》之體，前九卷按作者姓氏音韻先後編排，末卷録方外、閨秀則不復編韻。其作者“事跡有序傳可稽者，略綴其中大旨。無序傳則採之故老傳聞”“凡題詠、贈答與其人事實攸關者，纂入序傳之列，或全録，或節録，或僅存其題”（見《凡例》）。凡爲阮《録》所採輯之詩，皆不復入本集。此集所録之詩，採諸衆人，廣收博取，對於作者文集中詩或與他處不同者，擇善而從。鄭氏前後校輯此書達十年，徵文考獻，對於保存西安鄉賢文獻極富價值。此書有清抄本，藏於衢州市博物館，《衢州文獻集成》據其影印。

附　録

古代衢籍人士著述表

時代	作者	籍貫	經　部	史　部	子　部	集　部
南齊	徐伯珍	龍游	周易問答一卷			
唐	徐安貞	龍游	御刊定禮記月令一卷（參注）			徐侍郎集二卷（存）、文府二十卷（參撰）
吳越	慎温其	西安			耕譜	
北宋	徐泌	西安				道深文集一卷
	趙湘	西安				南陽集六卷（存）、趙叔靈詩
	蔡望	西安			五家通天局一卷、陰符經注一卷、陰符經要義一卷	
	徐庸	西安	周易意蘊凡例總論一卷、卦變解二卷		注太玄經解十卷、玄頤一卷	
	江鉞	開化				金川集
	趙抃	西安		新校前漢書一百卷、御試備官日記一卷（存）、趙清獻奏議十卷、南臺諫垣集二卷、清獻盡言集二卷、成都古今集記三十卷、蜀都故事		趙清獻公文集十六卷（存）
	劉牧	西安		平戎策		
	毛維瞻	江山				鳳山八詠、山房即事十絕
	毛愷	江山				毛愷集十卷
	王介	常山				王中甫詩集
	柴元瞻	江山				柴元瞻詩集

續表

時代	作者	籍貫	經 部	史 部	子 部	集 部
北宋	徐晉卿	開化			春秋類對賦一卷（存）	
	慎伯筠	西安				慎伯筠集、東美詩集
	祝常	江山			元誥正誤論、蓬山類苑	清高集
	毛漸	江山		表奏十卷、世譜	地理五龍秘法	毛漸詩集
	周穎	江山				伯堅文集
	程天民	開化	詩書論			
	周彥質	江山				宮詞一卷（存）、齊峰集
	徐敷言	西安	易説、二五君臣論一卷	九域志（參編）		
	毛注	西安		奏議、文議		
	王漢之	常山				王漢之文集三十卷
	王渙之	常山				王渙之文集三十卷
	王沇之	常山			渾儀圖	
	劉正夫	西安			逸字	
	毛滂	江山				東堂集十卷（存）、東堂詞一卷（存）、東堂詩四卷、書簡二卷、樂府二卷
	江緯	常山				春日書懷詩集
	江袤	開化				嚴谷集二十卷
	江褒	開化				江褒遺稿五卷
	江衮	開化				江衮遺稿三卷
	馮熙載	西安				彥爲文集
	盧襄	西安		西征記一卷（存）		華陽集
	毛友	西安			左傳類對賦六卷、老子解	爛柯集、毛友文集四十卷
	陳應祥	西安				陳應祥詩集二十卷
	鄭道	西安				碧川濯纓録
	祝景先	龍游		治安十策		
	方千里	西安				和清真詞一卷（存）
	胡緒	常山				歸田閒詠十二卷
	徐伸	衢州				青山樂府一卷
	邵彥和	衢州			六壬斷案一卷（存）	

時代	作者	籍貫	經　部	史　部	子　部	集　部
北宋	汪遠	衢州			淳化閣帖辨記十卷	
南宋	程俱	開化		宋徽宗實錄二十卷、韓文公歷官記一卷（存）、麟臺故事五卷（存）	程氏廣訓六卷、默説三卷、漢儒授經圖一卷、班左誨蒙三卷（存）	北山小集四十卷（存）、北山律式二卷
	毛开	西安				樵隱詞一卷（存）、樵隱集十五卷
	江躋	常山		柏臺奏議		謝峰集
	柴綎	江山		憲度權衡		須江集
	劉冠	龍游				劉冠集一卷
	江少虞	常山	經説	奏議	事實類苑（存）	江少虞文集
	舒清國	西安				伯原文集
	夏唐老	衢州	九疇圖			
	孔端朝	西安		闕里世系續		南渡集二十卷
	孔端問	西安				沂川集
	孔傳	西安		東家雜記二卷（存）、闕里祖庭記三卷、孔子編年三卷	孔氏六帖三十卷（存）、續尹氏文樞秘要	杉溪集
	徐存	江山	書籍義、六經講義、論語解、孟子解、中庸解			徐逸平集、徐逸平詩帖
	張淑堅	西安	尚書解、詩解			
	江泳	開化	易解、中庸解一卷		西莊題意、朋遊講習、因心錄	天籟編
	柴安宅	西安				小艇集
	柴國寶	西安				嚴陵十詠
	柴翼	西安	易索隱		芻言四卷	
	祝充	江山				音注韓文公文集四十卷外集十二卷（存）
	柴瑾	江山				退翁集三十卷、文選類要五十卷
	劉章	龍游			刺《刺孟》一卷、非《非國語》	補過齋稿一卷
	蔡椿	西安				永年文集
	嚴瑀	江山				溪上翁集

時代	作者	籍貫	經　部	史　部	子　部	集　部
南宋	柴衛	江山	中庸解一卷	奏議	芹説一卷	柴衛集三十一卷、竿牘一卷
	毛晃	江山	禹貢指南四卷（存）			
	毛居正	江山	六經正誤六卷（存）			
	毛晃、毛居正	江山	增修互注禮部韻略五卷（存）			
	留清卿	西安			中隱對	留清卿文集
	鄭升之	江山				公明文集
	徐�	龍游		紹興聖政寶鑑十卷		
	徐嶢	龍游				竹溪集十卷
	袁采	西安		縣令小録、經權中興策、樂清志十卷、政和雜志、信安志、閱史三要	袁氏世範三卷（存）、歊戲子一卷、千慮鄙説、經界捷法	
	鄔補之	開化	書説、春秋注、論語注、論語贄解、孟子注	毗陵志十二卷、宋朝職略	兵書解	叢脞散帚集、率山編
	汪杞	開化				澹庵集
	毛憲	西安		信安志十六卷		
	徐盈	西安				無塵居士集
	夏僎	龍游	尚書詳解二十六卷（存）			
	劉愚	龍游	尚書解、禮解、論語解、孟子解			
	余崍	龍游	周易啓蒙一卷、書説略、毛詩説略、春秋大旨	使燕録		
	鄭庠	開化	詩古音辨一卷			
	鄭若	西安	書經折中、詩學摘菀録、周禮疑誤解、春秋麟筆心斷、中庸誠明説			鶴嶼遺編二十卷
	毛方平	江山		丁卯實編一卷、四川耆定録		

續表

時代	作者	籍貫	經　部	史　部	子　部	集　部
南宋	孔行可	西安				景叢集十卷
	孔元龍	西安	論語集説	奏議	柯山講義、叢璧	魯樵斐稿
	孔從龍	西安			洙泗言學	
	孔拱	西安		讀史三卷	習經三卷	錫山草堂集五卷、村居雜興三卷
	鄭魏挺	江山			褆身粹言二卷、讀書通説五卷	卓齋集
	劉克	龍游	詩説十二卷（存）			劉克詩一卷
	毛邦彥	衢州	春秋正義十二卷			
	毛翊	衢州				吾竹小稿一卷（存）
	鄭景龍	衢州				續百家詩選二十卷
	何新之	西安				詩林萬選十八卷
	周處約	西安	禮解			
	何郁	江山		金陵雜録		山居疏草
	蔣文祉	江山			校學正書	
	徐霖	西安	太極圖説一卷、中原音韻注釋			徐霖遺稿五十卷、春山文集二十卷
	張道洽	開化				實齋詠梅集一卷（存）、實齋詩集
	徐子榮	開化				秋澗詩
	張汝勤	開化		史評	講義	霖溪詩集六卷、古賦十卷
	徐汝一	開化				兩山塗稿
	鄭巖嵩	龍游				龍川集
	柴也愚	江山				秋澗遺稿
	柴望	江山			丙丁龜鑑十卷（存）	秋堂集三卷（存）、道州台衣集、詠史詩、涼州鼓吹
	柴元彪	江山				襪線稿、柴門如在集
	柴蒙亨	江山				長臺詩集
	柴隨亨	江山				瞻岵居士集
	柴望、柴隨亨、柴元彪	江山				柴氏四隱集（存）
	規式翁	開化				十八代高僧贊

續表

時代	作者	籍貫	經 部	史 部	子 部	集 部
元	孔洙	西安		江南野史		存齋集二卷
	孔萬齡	西安				漁唱集
	孔津	西安				魯林集一卷
	祝君翔	江山				三峰集
	鄭潜庵	衢州				李商隱詩選
	劉光大	西安				適庵文集
	吾衍	開化	重正卦氣、尚書要略、春秋説、九歌譜、十二月樂辭譜、周秦刻石釋音一卷（存）、續古篆韻五卷（存）、疑字一卷（存）、説文續釋、鐘鼎韻一卷	晉文春秋一卷（存）、楚史檮杌一卷（存）	學古編二卷（存）、古人印式二卷、篆陰符經、閒居録一卷（存）、閒中漫録二卷（存）、山中新話、道書援神契一卷	竹素山房詩集三卷（存）、聽玄集、造玄集
	孔濤	西安		闕里譜系一卷		存存齋稿
	鄭介夫	開化	韻海	太平策（存）		
	劉文瑞	開化				三衢文會二百二十卷
	汪文璟	常山				歸朝稿、明農稿、居朝録
	朱宗文	西安	蒙古字韻二卷（存）			
	鄭禮之	衢州			古先禁方、色脉藥論	
	徐泰亨	龍游		海運紀原七卷、吏學大綱十卷、折獄比事十卷、福建總目	端本書一卷、忠報書一卷、自警録一卷、可可抄書一卷、效方三卷	歷仕集二卷
	世愚	西安			二會語録四卷	
	程斗	開化				龍麓子集
	柴登孫	江山				芳所吟稿、怡思集
	鄭克欽	開化				竹山稿
	繆志通	開化				竹林詩稿
	徐浩	龍游				徐浩集二卷

時代	作者	籍貫	經　部	史　部	子　部	集　部
元	董時中	龍游			董氏家訓、經史辨訛	遜志齋集
	龔宗傳	江山				同聲録
	魯貞	開化	易注、春秋案斷、中庸解一卷			桐山老農文集四卷（存）、古今文典
	佚名	開化				湖山堰詩
	施敏政	開化				止庵觀感詩四卷
	柴珪	江山				金臺稿、拙逸齋集
	柴尚志、柴永福	江山				父子賡和詩
	王宏	西安	易啓疑三卷、春秋辨證五卷			蓬窗集十卷
明	何初	常山	書傳會選、經業、孝經古文纂注一卷			餘清文集三十卷、餘清稿
	徐蘭	開化	書經體要一卷、五經格式		爲學次第	璞玉集、自鳴稿一卷、鳴陽稿
	留文溟	西安		［洪武］西安縣志		
	朱暉	龍游			三辰顯異經	
	伍子安	江山			活人寶鑒十卷	
	徐昱	開化			家範	
	金寔	開化		明太祖實録（存，參修）	先正格言	覺非齋文集二十八卷（存）
	徐曦	開化				大方笑集十二卷
	汪琦	開化				宦餘稿
	吾紳	開化				鳴和集、和唐詩集
	嚴珊	開化				囂囂集
	江秉心	開化				金臺集、芹香集、南歸集、桂巖集
	江氏	開化				桂巖續集
	余春壽	開化				尚綱齋集
	方沃	開化				素軒詩文集
	方瑛	開化				雞肋集
	汪圻	開化				汪圻詩集、五言古詩選
	陳知章	常山				青雲詩稿

時代	作者	籍貫	經　部	史　部	子　部	集　部
明	伍盛	江山				白下集
	周凱	龍游			周氏家規二卷	
	徐諒	龍游				遺安集
	胡榮	龍游				穀溪漁唱集
	徐履誠	龍游		明宣宗實録（存，參修）	龍邱徐氏家規	城南集二卷
	毛鼎元	江山			政家遺範	西山吟稿
	胡斅	江山				胡斅文集
	鄭佑	常山				自得稿、宦游雜録稿
	鄭林	常山			八陣圖説	
	徐鑋	開化				柏崖集
	吳錫	開化				青蒙集
	吾弆	開化	周易傳義會同		五箴解一卷、朱子讀書法	太學稿、江浦稿、還山稿
	柴大興	江山				素庵詩集
	柴賢	江山				大方笑集
	柴浩	江山				劣叟集
	劉全備	西安			病機藥性賦二卷（存）、論四時六氣用藥權正活法（存）	
	劉仕聰	西安			方脈全書	
	徐齒匈	常山			秘傳音製本草大成藥性賦五卷（存）	
	鄭伉	常山	讀易管見、易義發明、卦贊	讀史管見	觀物餘論	蛙鳴集
	樊瑩	常山		［成化］常山縣志		
	金弘訓	開化		［成化］湯溪縣志、史論		復庵文集
	方泌	開化		［弘治］開化縣志十卷		二宜軒集
	徐以昭	龍游				風月交談集
	胡超	龍游			班超傳奇	耻菴先生遺稿（存）
	施筀夫	開化			了心録	施筀夫遺稿
	施源	開化				閑窗賡詠集
	施恕	開化				貞齋集

時代	作者	籍貫	經　部	史　部	子　部	集　部
明	徐端	開化				櫟莊稿
	徐聯	開化				賡詠集
	張清	開化			家訓	
	余鵬	開化			世德徵	衡門集
	施璧	開化				栗齋集
	毛瑚	江山		十史斷		小總論草
	汪璞	開化			覺世集	月山詩文集
	余默	龍游				雪窩遺稿
	周洪	西安		賓館常録	家範一卷	
	吳夔	西安				享先集、論後集、梅花詩
	吾尋、吳夔	開化、西安		［弘治］衢州府志十五卷（存）		
	何晉	龍游				蟲技集一卷、寫蒲集一卷、和杜集一卷
	柴珂	江山				東山樵者集
	周任	江山		明孝宗實録（存，參修）		元峰文集
	王雯	西安				難鳴寓情集
	毛文瑛	龍游				存耕詩册
	方冕	龍游				永思集二卷
	華棠	開化				江右集
	陳恩	西安	四言意易存疑			
	吾翕	開化	易説、讀禮類編		醫書會要	潛庵稿
	方豪	開化	韻譜五卷	斷碑集一卷		棠陵文集八卷（存）、方棠陵集一卷（存）、棠陵集三卷、養餘録、老農編、洞庭煙雨編、珍憶録、奉希集、崑山集、見樹窗集、蓉溪書屋集四卷
	徐伯知	江山	音韻通考			潛夫漫稿
	周積	江山	讀易管見		啓沃録、山中日録、圖説	二峰摘稿

續表

時代	作者	籍貫	經　部	史　部	子　部	集　部
明	徐文溥	開化		奏議、[正德]江山縣志十卷		燕程集、留都拾遺、南巡稿、東巡録、梧山集、短籇録
	徐綿	開化				鳴秋稿
	祝啓周	龍游	禮經類紀十二卷		革畬遺粒	
	祝品	龍游				曉溪文集二卷
	祝弼	龍游				祝弼集
	吾謹	開化				了盧先生文集不分卷（存）
	楊起溟	江山				栖碧録
	趙檜	江山				一齋集十二卷
	何倫	江山			家規	
	宋鴻	開化				白室稿、漁溪稿、燕石稿、缶音稿
	葉頊	西安				文川遺稿二卷
	徐用宣	西安			袖珍小兒方十卷（存）	
	蔣經	開化	易經講義		性理集解	
	王璣	西安				在庵文集
	江樊	開化	孝經明注		正蒙通旨	荆山詩文
	徐洪	開化			群書摘錦	
	鄭仕清、鄭仕淵、鄭仕彝、鄭仕宏	開化				聯珠集
	程秀民	西安		志矩述（存）		習齋文集
	葉時新	西安				響莎録、步邯漫稿、窺陳雜著、鳴缶編、慕椿稿、谷音詞
	樂惠	西安	大學中庸提綱		鄉約書、求志説、疏問、明孝道	下洲隱居集
	祝鳴謙	西安	周易鈎佾、春秋玉笈			

時代	作者	籍貫	經　部	史　部	子　部	集　部
明	宋淳	開化				還峰宋先生集十卷（存）
	毛愷	江山		奏議八卷	讀書録抄釋三卷	介川文集四卷
	徐霈	江山			世德乘、道器真妄諸説	東溪文集十九卷（存）
	趙鏜	江山		[嘉靖]衢州府志十六卷（存）		留齋漫稿七卷
	徐鳴鑾	江山		史綱統要	講餘集一卷	寓東和集三卷（存）
	徐惟輯	江山				紫崖遺稿二卷（存）
	柴惟道	江山				玩梅亭集稿二卷（存）
	柴天復	江山				高圍漫稿
	陸佐	龍游				南渚文集
	徐登泰	常山				南遊北遊草
	詹濤	常山	四書核實	衣冠志	超古新論、策學類聚	
	詹滄	常山	春秋揆義			
	詹萊	常山	春秋原經十七卷、七經思問三卷	史約、[萬曆]常山縣志十五卷（存）		招搖池館集十卷（存）、範川論稿
	徐騰霄	常山	春秋揆義			
	徐文浯	開化				夢棲集、翻日録
	徐文沔	開化				澗濱先生文集六卷（存）、勳部集
	毛汝麒	龍游				露山漫稿一卷
	葉良玉	西安				琢齋文集四卷
	葉繼	西安			駢字集考	
	葉綰	西安			困學摭言	
	鄭大經	西安		疏稿		湘溪文集
	尹禮繼	龍游				尹禮繼詩集
	余湘	龍游			鮒窺膚摭十二卷	

時代	作者	籍貫	經　部	史　部	子　部	集　部
明	童珮	龍游		童子鳴家藏書目	佩荑雜録	童子鳴集六卷（存）、童賈集一卷（存）、南嶽東岱詩、九華遊記
	余湘、童珮	龍游		［萬曆］龍游縣志十卷		
	汪朝仕	開化	易經通解、四書通解			習庵文集
	方楫	開化				金溪群英集、金溪詩社
	楊夢玄	江山				半山人稿三卷
	鄭扴	江山				發筅集
	朱夏	江山				明德樓稿
	余國賓	西安	禮經正覺、韻要			詩叢集
	舒用中	西安				雅林指玄
	詹思虞	常山	通左			
	詹思謙	常山				二游稿、平苗詩
	詹在泮	常山		國朝宏略	微言四卷、説書隨筆一卷、禪宗語録	白龍山房集
	徐之俊	常山	經書講義		寫心文章	
	徐天民	龍游				徐天民遺稿
	葉良相	龍游			稽道編	
	陸順中	龍游				面岑堂集六卷
	王之弼	龍游				王之弼詩集
	陸維斗	龍游				龍丘風雅集
	陸大剛	龍游				吼劍集
	曹叔靖	龍游				龍岡集
	徐良選	龍游				斗南文集二卷、斗南詩集一卷
	張文介	龍游			金閨秘方（存）、救急秘傳新方（存）、製藥秘傳（存）、醫要見證秘傳三卷（存）、醫要脈學秘傳二卷、廣列仙傳七卷（存）	少谷集、題行集一卷、代贊集一卷、醉吟集一卷、孤憤集、湖上集
	張尚玄	龍游			醫書要字音釋（存）	

時代	作者	籍貫	經　部	史　部	子　部	集　部
明	釋傳燈	龍游		天台山方外志三十卷（存）、幽溪別志十六卷（存）、四明延慶寺志	楞嚴玄義四卷（存）、楞嚴圓通疏前茅二卷（存）、楞嚴圓通疏十卷（存）、妙法蓮華經玄義輯略一卷（存）、維摩詰所說經無我疏十二卷（存）、阿彌陀經略解圓中鈔二卷（存）、永嘉禪宗集注二卷（存）、天台傳佛心印記注二卷（存）、性善惡論六卷（存）、淨土生無生論一卷（存）、幽溪無盡大師淨土法語一卷（存）、禮吳中石佛起止儀式一卷（存）、佛說觀無量壽佛經圖誦一卷（存）、楞嚴經注、楞嚴壇法表一卷、首楞嚴壇海印三昧二卷、楞嚴海印三昧儀四卷、楞嚴玄義釋玼一卷、楞伽經注、華嚴經注、法華經注、法華珠影二卷、心經梗概一卷、般若融心論一卷、無生有生論一卷、緣起論、淨土圖經圖說三卷、淨土法語三妙門一卷、楞嚴持名懺、菩薩戒懺一卷、七日持名三昧儀一卷、菩薩戒三昧儀一卷、四月八日浴佛儀一卷、祖庭元旦禮文一卷、廣養濟院說一卷、道俗問法答問二卷、法身二十六問、法門會要志五卷	幽溪文集十二卷（存）

時代	作者	籍貫	經　部	史　部	子　部	集　部
明	徐任道	西安				集虛堂稿、駐春園集
	柴復貞	江山			堪輿論	四六莊啓十卷
	璩一桂	江山				燕山遺稿
	毛允讓	江山				毛允讓文集八卷、毛允讓詩集四卷、訓子帖一卷
	王家業	西安	韻要	漢南政記	墨子家言	滄浪雜詠
	余懋中	西安			仕學編	
	周祖濂	西安	周易啓蒙注			
	徐可求	西安		奏疏	禪燕二十卷、禪燕別集二卷	葵圃雜詠
	楊氏	常山			集驗醫方	
	楊繼洲	常山			鍼灸大成十卷（存）、衛生鍼灸玄機秘要	
	徐用吾	開化				精選唐詩分類評釋繩尺七卷（存）、詩譚一卷（存）
	余文浙、徐公軏	開化		［萬曆］開化縣志十卷		
	徐公敬	開化		［萬曆］開化縣志十卷		濱麓集
	蔣士禮	開化			古逸十三言、冷癖符	
	張觀	開化	易闡、春秋類考			
	汪令德	開化				燕遊草、甌吟草、賁園詩草
	楊希聖	西安				楊翰林賸馥
	葉秉敬	西安	葩經詩歌、考工緒論一卷、左傳綱領二卷、韓子六經一卷、四書論三卷、四書郡問三卷、千字説文、字學疑似、詩韻綱目一卷、字學四卷（存）、韻表三十卷（存）、聲表一卷（存）	三狀元第一卷、天啓衢州府志十六卷（存）、經世要略八卷、南山日判六卷、律頌一卷、招議綱領一卷、賦役握算一卷、開溝法一卷、治汴書一卷、學政要録一卷、查律大法一卷、知律大意一卷、明諡考三十八卷（闕）	理論二卷（存）、十二論一卷（存）、荊關叢語六卷（存）、天文便覽、象緯歌圖一卷、書肆説鈴二卷（存）、讀書録抄八卷、讀書解五卷、木石對語四卷、蘭臺講會一卷、讀書録詠一卷、孝順録詠一卷、郖斤一卷、道徇編三卷、坐塵轉話一卷、	定山園迴文集一卷（存）、葉子詩言志十二卷、賦集三卷、書籍序文一卷、時義序文一卷、偶牘四卷、尺牘二卷、陸宣公文評選十五卷（存）、敬君詩話、文評一卷、文字藥一卷

時代	作者	籍貫	經　部	史　部	子　部	集　部
明					教兒識數不分卷（存）、莊子膏肓四卷（存）、莊子全解、陰騭錄詠一卷八大接引一卷、金剛演説一卷、心經演説、華嚴論貫一卷、貝典雜説一卷、讀楞嚴、讀圓覺	
	曹聞禮	龍游				緑蘿館集十二卷
	陸靜專	龍游		讀史評四卷		蘭雪齋稿三十卷、焚余稿一卷
	鄭仁愛	常山			秘訣方書	
	徐士廉	常山			仕學解	
	徐汝晉	常山				南壁集、表貞集、續陶詞
	陳其詩	常山				寓遊詩草
	徐公運	開化			傳習録	存拙稿、步武詞
	徐公輔	開化				水竹園漫稿、萍涯習媈、菊園疢余集
	江東偉	開化			芙蓉鏡寓言（存）、芙蓉鏡韻言、芙蓉鏡厄言、芙蓉鏡玄言、芙蓉鏡文言、芙蓉鏡孟浪言四卷、芙蓉鏡壯言、芙蓉鏡重言、心經注	演連珠、淨土詩
	施化行	開化				山雨樓詩集、翠微十景册
	宋治卿	開化				可莫窗集、履素草、尺牘
	方逢恩	開化				少樸詩集
	汪慶百	開化	問奇十卷	［崇禎］開化縣志十卷（存）、評史抄存一卷	纂玄四卷、尊生炳燭、壺邱雜識一卷	工部集十四卷
	徐九疇	開化			上壽要旨	
	徐日嚴	西安				前後燕遊草

續表

時代	作者	籍貫	經 部	史 部	子 部	集 部
明	徐日久	西安		實録鈔、巡海實録、歷代史抄、江夏記事、徐子學譜二十二卷（存）、五邊典則二十四卷（存）、騺言十八卷（存）	方聚、子卿隨筆	徐子卿近集十卷（存）、蔡園雜著
	徐日炅	西安		爛柯山洞志二卷（存）		
	方文烈	西安				竹中集
	鄭孔庠	西安				樾溪集
	龔承薦	龍游		征蠻録		嘯歌集、抒憤集
	宋世臣	開化				覽德齋全詩
	宋玘、宋淳、宋世臣	開化				三宋詩
	徐應秋	西安	雪艇塵餘		玉芝堂談薈三十六卷（存）、駢字憑霄二十四卷（存）、枳記二十八卷	兩闈合刻、人鏡録、古文奇艷八卷（存）、古文藻海
	方應祥	西安	周易初談講意六卷（存）、義經鴻寶十二卷（存）、易經雅言、易經指辨、易經狐白、四書代言二十卷（存）、四書講義	守部會議録		青來閣初集十卷（存）、青來閣二集十卷（存）、青來閣三集十五卷、方孟旋先生合集二十卷（存）、方孟旋稿一卷（存）、方孟旋先生四書藝不分卷（存）、松籟編、金陵寓草、藝餘、方孟旋先生評選郵筒類雋十二卷（存）、青霞社草
	余敷中	西安	春秋麟寶六十三卷（存）		三衢來脈	太末先生集一卷、南園草一卷、北遊草一卷、清溪草一卷
	徐日葵	江山		［天啓］江山縣志十卷（存）		和鶴居集
	祝少見	江山				啓發正宗集

續表

時代	作者	籍貫	經　部	史　部	子　部	集　部
明	詹從洙	常山				墨癖齋集
	徐光國	常山		淮南中十場志四卷		
	徐泰徵	開化	韻書輯要		下學約言、下學續言、下學又言、下學信言、事類累珠、駢語永雋	七香居稿、擬古樂府、閬山詩集
	蔣泰賓	開化	易存、詩可、春秋取、三經秘録			銑溪山堂詩文集四卷
	蔣泰初	開化				榔閣草、華山草、介圜別集
	僧溥叡	開化				旅泊集
	方祝壽	開化				介孺詩集
	方期壽	開化				柏庵草
	施幼學	江山				青來閣草
	李一鯨	西安	四書解			
	鄭子俊	西安		宦中紀録	性理纂要	閩中臆稿
	徐母葉氏	西安			男女幼訓	
	葉有容	西安	義易管見			
	周一敬	西安	苑洛易學疏四卷	甘肅鎮考見略（存）		
	王禧	西安				遺囊剩草
	鄭幼學	西安		黃縣志		
	朱昌順	西安			繪事微言十卷	
	葉文㦟	龍游			省身日録	
	璩崑玉	龍游			古今類書纂要十二卷（存）	
	余日新	龍游		西臺疏稿		
	翁祚	龍游				西園詩集
	王之璽	龍游		史醉二十卷		勝酬集四卷
	勞于王	龍游	十經彙纂			
	方廷相	龍游		經濟策略		
	陳敬	龍游				陶山小集
	余用循	龍游				華陽隱詩集
	徐允迪	龍游				努鳴草二卷

時代	作者	籍貫	經 部	史 部	子 部	集 部
明	徐希頤	龍游				竹素堂稿
	徐采芹	常山	詩經衍義			
	徐岳	常山	五經纂要			
	徐忠元	常山	五經會纂	史略		
	魯鴻	常山	資昏小學直解			鳴谷集
	徐光禰	常山		彙朝典定		
	汪普賢	常山			醫學直格二卷	
	汪餘慶	常山			補醫學訓科	
	汪森	常山				粵西詩載二十五卷、粵西文載五十七卷、粵西叢載三十卷
	周相	江山			墨林辨體	
	蔣國光	開化				介園續集、鍾英詩選、杜詩選
	徐應芳	開化				寓園詩文合集
	余曾	開化			築砂圖、墨竹百吟	
	張汝弓	衢州				張汝弓詩集
	徐英	衢州				徐英詩文集
	葉鴻	衢州		救荒要略		
清	徐國珩	西安		隱史八卷	書畫船	東珂偶錄、北行草
	胡文蔚	西安				浮漚集十三卷、約庵詩選十卷、胡文蔚文集十卷
	徐應珏	西安				蒹窗近藝、避暑小言
	葉南生	西安				種蘭齋集、來爽集、春江集
	徐世蔭	開化		［順治］開化縣志十卷（存）		中丞集、撫皖疏稿
	張世位	開化	易經正始			高山詩集
	汪爾敬	開化		［康熙］開化縣志十卷（存）		瑞蓮堂集、卜門尊聞錄、陶林文集、東皋詩
	汪爾衍	開化			詹言二編、學規七要、潛陽遠訓、倚南甍言	景筠草、霞外草

時代	作者	籍貫	經　部	史　部	子　部	集　部
清	祝登元	龍游	四書講成、字學考十四卷	通鑒紀實	心醫集六卷（存）、醫印三卷（存）、醫驗一卷（存）、功醫合刻十二卷、天文秘占、地理確義、字畫廣彙、日用必需六卷、入道始終四卷、靜功秘旨二卷	鏡古編八十卷、署閒吟稿六卷、冰暑集
	徐洪理	常山		三衢人物考		蓺庵詩集、前朝歷科會元墨選
	徐致遇	常山				續表貞集、續南壁集
	張以光	開化	易象別抄			
	魏邦珽	開化	易理參解、四書講義			
	周召	西安		吳行日録一卷、［康熙］續衢州府志一卷	雙橋隨筆十二卷（存）	受書堂稿十二卷、鳳州瘁語二卷、餘生草十七卷、蠧餘雜藝八卷、於越吟一卷、讀史百詠一卷
	蔣鴻翼	西安				天台遊草、金陵遊草
	潘世懋	西安		續修爛柯山志		雁字賡吟、幼秋軒集
	余鈺	西安				介丘小草、息軒偶刻、龍見堂稿、純師集十二卷（存）
	王世賞	西安				慵庵偶刻
	徐衍嘉	西安		感應疏		
	劉必鳴	西安		盡心行己録		
	葉國章	西安				小岑堂稿
	葉其敷	西安	詩經集注、詩經雪義四卷			
	徐階升	西安				窺園近藝
	徐日敞	西安				文起堂會藝
	徐日儔	西安			知困日鈔二卷	霞城小草
	徐之凱	西安	鄉校復禮議一卷	［康熙］西安縣志十二卷（存）		初學集二卷、汶山集六卷、流憩集四卷、北思集

時代	作者	籍貫	經 部	史 部	子 部	集 部
清	徐國章	西安				龍梭集、朝那集、八千里集、病榻寱歌、亦山集、足園集、霜篋、荔客謠、辟塵集
	葉敦艮	西安	學庸講義一卷			
	楊聖修	龍游	易經解義		蝶園閒筆	
	余恂	龍游		[康熙]龍游縣志十二卷（存）	止庵手抄十二卷	敦宿堂文集十卷、燕吟南邁詩草一卷
	毛鳳飛	龍游			問禮辨訛五卷	
	徐復	龍游				旅吟集二卷
	楊昶	龍游		珠官初政録三卷（存）		楊光生自訂文稿
	方輔圓	開化			養生録、訓鐸醒迷	方輔圓詩文集
	方元啓	開化	易書正宗	[康熙]新修南樂縣志二卷（存）	繁水敷言	方元啓詩文集
	吾士煒	開化				十是齋詩稿、吾廬文集
	汪春苑	開化			醫約類書、眼科珍言	
	鄭士登	西安			感應經圖録八卷	
	鄭燿然	西安				孚舫新編
	邵有聲	西安	詩經衍義、四書辨、廣隸集			
	徐敦禎	西安				蕚芳堂試草
	葉盛芳	西安			岑山講義	
	王觀文	西安				宜園小品、青霞書院詩刊
	劉兆元	西安				滌襟樓稿四卷
	周鴻	西安	易解合訂			芥園文集、芥園詩集、甬遊草、金川雜詠、十借詩、漸齋詩餘
	葉淑衍	西安			修齊纂訓十卷、生生録八卷	茹庵文集四卷、孩音詩集六卷、孩音詩餘二卷
	徐應培	西安	禮記摘講			
	祝有供	西安				遺安集

續表

時代	作者	籍貫	經　部	史　部	子　部	集　部
清	徐泌	西安		湘山志五卷（存）		
	余錫	西安		［康熙］江山縣志十卷（存七卷）		
	徐從祺	西安		存心錄	經世文抄	
	柯巖	西安			山叟雜記	
	程萬鐘	常山		見聞偶錄一卷	家政彙要	樹滋堂稿、瓿餘草
	徐開錫	常山				誠求堂彙編六卷
	姜漢宗	江山				介庵文集十卷、介庵詩集四卷
	毛默	江山				時囈集
	虞世勳	開化				囊餘吟
	方體	開化		廣阿記略		幾園集
	張嗣溥	開化		救弱救荒	入德迂言、陰騭贊注	筆山偶集、梅花百詠
	徐大顯	開化			理學新書	續寒香詩集
	徐大懿	開化	大易經義			自得樓文集、歷試稿
	徐延英	開化				窒欲篇、敬字錄、仁近集
	張延溶	開化				瑞墩集
	張世持	開化	葩經論什、左氏列編		紀事論警、詩家入神、莊郭參微	
	胡思道	開化				醇文齋課草
	程天春	開化				凌雲集四卷
	王廷蘭	開化				塾隱小言集、陶詩
	方易	開化			義學七規、幾園圖說	燕臺詩可、柳湖社集
	汪巖叟	開化	大易注解、易解合訂、左傳讀本	冰夏記聞	道學津梯、學基草	顯藏集、禪喜集、宋文選
	汪皋叟	開化	四書集解二十卷			
	汪岡叟	開化	毛詩解、增注四書正解			
	汪穎叟	開化				汪穎叟集
	楊廷琚	開化	羲經辨精	［康熙］蘆山縣志二卷（存）	家塾正銓、新纂類書	楊廷琚詩文集、古文注解
	王文龍	常山				山雨樓文集、梅質詩集

時代	作者	籍貫	經 部	史 部	子 部	集 部
清	吳阮	常山				澄志堂詩集
	吳璉	常山				豐亭詩文稿
	吳士晉	常山				拜石軒吟稿
	邵智培	常山	易經講義十二卷			
	詹西來	常山				義庵文稿
	徐三秀	常山				心航唱和集
	徐敦禮	常山		醒世俚言		
	吳曄	常山				謙受堂集
	黃文	常山				自然室詩草
	丁光楚	常山				西高秋集唐三十首
	釋德源	常山				北山草
	徐長泰	常山		讀史記異		
	徐烈	常山	四書集要	[雍正]常山縣志十二卷（存）、邑乘補遺	竹林紀聞	雪邨小草
	柴自挺	江山		嵩高柴氏世集勳德錄十二卷（存）	續丙丁龜鑑二卷	笠齋雪老集
	柴煒	江山				秋曉堂集
	姜亨肇	江山				碧梧樓稿
	蔣鐘	江山				瀉心草
	毛兆瑛	江山				和軒制義、云軸詩草四卷、退居課徒集
	徐旭旦、徐旭升	江山		忠節錄（二徐與太倉王掞合訂）		
	徐霄勝	開化	四書經解			制藝盈尺
	蔣鳴玉	開化				存庵近稿
	汪日烱	開化			吉川語錄	吉川文鈔、吉川詩鈔
	方嚴翼	開化				自怡集、猶人集、燕遊草、甌雲草、古今名勝詩
	方嚴翼、徐心啓	開化		[雍正]開化縣志十卷（存）		
	張文勳	開化	毛經合參		素問注	

時代	作者	籍貫	經　部	史　部	子　部	集　部
清	余鴻文	開化				貯焚草、課兒草、湖邸紀游、簽驕録
	徐宗祐	開化			地學金鑒	
	余恒	開化			風水圖説、青烏圖記	偶然集
	夏大霖	開化				屈騷心印五卷（存）
	趙氏	衢州	易論、易訓、羽義大旨蠡測			
	趙世對	衢州	易學著貞四卷（存）			
	徐鍾郎	西安	孟子論文七卷、讀詩韻新訣二卷（存）			
	徐鍾翃	西安				論文別集
	詹文焕	西安	四書合講十九卷（存）			
	徐養士	西安			傷寒分彙十二卷	
	吳士紀	西安			莊子補注	蓮園偶集、畏筑新詞
	吳贊元	西安				敦詩書屋文集
	朱遵	西安				可可亭詩集
	徐崇熙	西安				琴餘閒詠
	徐崇烱	西安				蓮湖詩草二卷（存）、蓮湖續稿、蜀遊草
	徐崇奎	西安				夢花書屋詩鈔
	鄭光璐	西安	五經逸注			慎修堂詩稿二卷
	鄭光瑗	西安				磊巖詩稿四卷
	鄭萬年	西安				竹坪詩稿
	鄭萬育	西安				霞外集三卷
	王志雍	西安	象數蒙求			廓如集
	王榮統	西安	周易題旨、左傳纂要、四書集解			寅庵文稿、古文選
	王榮綏	西安				若庵文集六卷
	葉開性	西安				自娛集四卷（存）、北遊草二卷（存）
	龔大欽	西安				誠齋詩集四卷

續表

時代	作者	籍貫	經 部	史 部	子 部	集 部
清	龔大鈊	西安				蘭契集
	龔大鋭	西安				倚雲樓集四卷
	葉日蓁	西安				焚餘集
	葉炳崧	西安				一愚詩草
	王登賢	西安			陰騭文彙訓四卷	慕庭文集四卷
	王登履	西安				竹人詩草
	王登贄	西安				福庭存稿
	劉彭年	西安				知非集四卷、冷署偶存
	范珏	西安				石潭集四卷
	汪致高	西安				亦園詩稿一卷
	申甫	西安				笏山詩集十卷（存）
	章典	西安				玉亭詩草
	徐士敷	西安				息廬詩草一卷
	陳聖洛	西安				桐炭集、候蟲集
	陳聖澤	西安	讀易記、詩經集說			橘洲近稿四卷、中晚吟四卷、讀杜解六卷
	陳聖洛、陳聖澤	西安				二陳詩選四卷（存）
	陳一夔	西安				二石詩選一卷（存）、二石近稿二卷
	徐明極	西安		姓氏考源		徐明極詩集
	徐明昶	西安	詩經析義			蓉菊園詩稿
	馮世科	西安			樹根園雜記四卷	
	馮世魁	西安				聽鶯亭集
	龔渭	西安				竹溪吟稿
	龔羽儀	西安				時藝與巧集
	張漣	西安				筠莊詩草
	童士炳	龍游	小學題解			詩藝昭華
	張光進	龍游				吾山近草、燕游鄙言
	范世燧	龍游			修凝堂家訓	
	余作沛	龍游				晚香堂全集

時代	作者	籍貫	經　部	史　部	子　部	集　部
清	余華	龍游				星隈詩草八卷（存）
	王洪惠	龍游			王氏彙考二卷	丹山別館詩文集四卷
	鄭楠	常山			武經捷解三卷	
	徐金位	常山		［乾隆］新野縣志九卷（存）、捕蝗事宜二卷（存）		焚香偶紀
	詹自超	常山	太極圖説	九河考二卷		
	江維新	常山	五經釋義			
	邵志謙	常山		常山逸志、文獻通考纂要	重訂甲子紀元考	邵氏庭憲、然葉齋詩文集、競辰山房集、臨松集、同懷集、蘭陔集、海上暑餘草、唐詩架、杜詩正
	邵志晉	常山				理情集、闈正編
	邵志觀	常山	四書傳注彙參			卷勺吟
	邵豐	常山				寒香堂詩草
	邵金輅	常山				易齋詩草
	徐達仁	常山	四書釋義四卷			
	徐之旻	常山	詩書彙解			
	王錫黻	常山		歷代崇正好異鑒、歷代尊行詆斥錄	井居隨筆	
	王滋藩	常山				皰石碎稿
	徐瑞元	常山				菊園詩稿
	徐瑞龍	常山				池北草堂文集、制藝
	詹紹治	常山	五經輯要			南湖草、薰弦集
	柴大紀	江山				少保公遺書不分卷（存）
	何茹連	江山				西綠草堂詩稿
	佚名	不詳		旌節錄		
	佚名	不詳		柯山紀事		
	佚名	不詳		西邑碑碣考		
	葉瑋	西安			仁孝編二卷	
	葉蘭皋	西安				葉蘭皋文稿

時代	作者	籍貫	經 部	史 部	子 部	集 部
清	鄭孝安	西安				學箕草
	徐上	西安				雲峰擬草
	徐健	西安		摭言		
	范鐘銓	西安			渡世津梁二卷、修省編六卷	
	范崇楷	西安		［嘉慶］西安縣志四十八卷（存）		鋤藥初集四卷（存）
	范崇模	西安		琢堂日記二卷		琢堂詩集三卷
	文正	西安				聖維詩稿二卷
	吳雲溪	西安				宜蘭詩草一卷（存）
	余本敦	西安	禮記直解、周官詳節	觀史摘編	圖書纂要	朗山詩集
	余本然	西安				古愚雜詠
	龔士範	西安				春帆詩稿
	童應復	龍游				一弆詩稿一卷
	童應梧	龍游	學庸講義			
	嚴應霖	龍游				信吹集
	勞如琇	龍游				雙溪集
	勞湘	龍游				松隱詩集
	劉光表	江山			諸名家南華經評注四卷	虛室制藝、諸名家唐宋八家文評注十卷、諸名家唐詩評注八卷、唐宋文粹四卷
	汪本良	江山				自怡集二卷
	楊奏瑟	江山				響泉詩鈔六卷
	毛元坤	江山				毛補南稿
	汪永履	開化	易經述要直解			
	汪永泰	開化			大易寸知錄、今文寸知錄	
	楊曾織	開化				存笑編、北遊草、楊曾織詩集
	戴敦元	開化			九章算術方程新術校	戴簡恪公遺集八卷（存）
	詹師富	開化	五經文彙	江浙元軌		河間集、時藝文海
	詹師韓	開化				閣鐸類吟注釋六卷（存）、城東集四卷

續表

時代	作者	籍貫	經　部	史　部	子　部	集　部
清	詹文鳳	開化			日升堂雜纂	
	陳樸	西安		思孟年譜一卷、趙清獻公祠墓録二卷、徐忠壯公祠墓録二卷、孔氏家廟志二卷		菱湖社集一卷
	徐逢春	西安				巽巖詩草一卷（存）
	王世英	西安				頡雲詩稿（存）
	徐泰庚	西安				東武詩草
	余鳳喈	西安				梧岡賸草
	鄭桂金	西安				七松閣遺稿一卷
	鄭桂東	西安			得月樓雜記	得月樓詩一卷、百花詠一卷
	鄭邦型	西安				聽蕉雨軒詩詞
	范錫疇	西安				廉讓齋詩稿
	朱聯芳	西安				南崧詩草
	鄭文琅	西安				率性吟六卷
	孔傳曾	西安				省齋詩鈔
	王國賓	龍游				鹿坪詩稿四卷
	曹以采	龍游				秋水山房詩集、哭子詩一卷
	曹壽先	龍游				丁丑遺草一卷、文賦一卷、籛史遺詩二卷
	葉錫元	龍游				梅墅遺詩
	劉夢麟等	龍游				龍游攀轅詩集一卷
	余鏗	龍游		姑蔑考古録		白華樓詩稿二十卷、花深吹笛詩八卷、春雨詞
	余鏘	龍游			醫鑒十二卷	抱梓山房詩稿四卷、百納集二卷
	徐金生	龍游		滇南礦廠圖略二卷（存，固始吴其濬撰，徐金生繪輯）		
	徐京	常山	四書句讀頓連		藝菊簡易一卷（存）	

時代	作者	籍貫	經　部	史　部	子　部	集　部
清	徐興霖	常山		井田圖解（存）		
	王宇春	常山			三硯齋印譜（存）、三硯齋金石編（存）	
	樊兆瀾	常山				石樵詩稿
	劉侃	江山	三衢正聲	二十一史鈔	類肪、輿肪、姓肪、韻肪、典肪、香雪隨筆	香雪詩存六卷（存）、玉葉詩存
	劉佳	江山		寓杭日記（存）、瞻雲録一卷（存）、釣魚蓬山館筆記（存）、治溧官書二卷、內簾日記五卷、寓吳日記、治奉日成、治溧日成、史稊、漢唐地理志合編二卷、輿圖補注一卷	格致小録四卷、日省編	釣魚蓬山館集六卷（存）、塾課制藝、釣魚蓬山館時文、詩鈔十卷、題跋二卷
	鄭宗善	江山				闓吉軒詩草
	王欽泰	江山				恰受航詩草
	朱培鑑	江山				鋤經山房詩鈔
	朱家麒	江山				紫霞山房詩鈔
	朱淦	江山				鏡泉詩帖二卷
	鄭宗詩	江山				可亭詩草
	張世鳳	西安				叢桂山人集
	張德容	西安		衢州備志、岳州救生局志八卷（存）、二銘草堂金石聚十六卷（存）		二銘草堂遺稿、箋注唐賦四卷、評選明文二卷、二銘草堂近科墨選不分卷（存）
	張德培	西安				畊心齋吟稿
	范登保、范登伸等	西安				可竹堂集三卷（存）
	崔世霖	西安				鐸奚遺稿
	應德顥等	西安				二應遺稿
	葉賢鈺	西安	靈棋易數			
	葉春華	西安	四書彙覽		群書便覽	揣摩集、古今彙選三卷

續表

時代	作者	籍貫	經　部	史　部	子　部	集　部
清	郭成貴	西安			五子連環炮演講、盤馬彎弓術、平原設伏不厭詐	
	王登連	西安			雲門拳法	
	陳塤	西安		忠孝錄一卷（存）、西安真父母記一卷（存）、西安縣新志正誤三卷（存）、平夷管見一卷	啟蒙七略一卷、痘科記誤一卷、醫家四訣四卷、本草備要後編、經絡提綱、脈學尋源、傷寒類辨	
	雷煥然	西安			醫博四十卷、醫約四卷、逸仙醫案二卷（存）、方案遺稿不分卷（存二集）	養鶴山房詩稿
	雷豐	西安			時病論八卷（存）、方藥玄機一卷（存）、灸法秘傳一卷（存）、藥引常需	
	江誠	西安			醫粹、本草詩	
	江誠、雷大震	西安			醫家四要四卷（存，撰者另有新安程曦）	
	吳嘉祥	西安			眼科新新集一卷、痘疹撮要一卷	
	嚴秉忠	龍游				枕溪書屋課詩二卷
	姜美瓊	龍游				綠蔥草堂鈔二卷
	黃秉智	龍游				醉墨軒詩鈔一卷
	潘錦虹	龍游			雲根菊譜	
	潘煦	龍游				枕溪書屋學吟、星峰小草初集
	徐輯	龍游				小山房詩賦初稿
	吳楓	龍游				梅坪詩稿四卷
	徐本元	龍游		皇朝名臣事略		耕心齋詩鈔二卷（存一卷）、耕心齋文鈔一卷、曲阿叢載
	項文燦	龍游			症治實錄不分卷（存）	
	金長啟	龍游			喉科症治論	
	黃靜齋	龍游				鴻雁山房詩草
	王嗜書	龍游			傍花居雜錄二卷	漪園詩草四卷

續表

時代	作者	籍貫	經　部	史　部	子　部	集　部
清	楊㲄	龍游				元文注釋
	楊旭	龍游				海霞詩集
	余恩鑅	龍游			相宅經一卷、藏拙軒珍賞六卷	吳越雜事詩一卷（存）、凌江唱和詩二卷、勵志書屋文詩稿四卷、勵志書屋續稿四卷
	余鋆	龍游				嶺南集一卷
	王鈺	江山				筆帬詩鈔八卷、陔南雜著、試帖詩四卷、須江詩譜（存二卷）
	徐元和	江山			訓俗遺規	
	毛紹芳	江山	詩經考二卷、五經類典十卷			芳草池上詩集二十卷、芳草池上文集二十卷、左傳集句六卷
	毛以南	江山				小磊山人吟草二卷（存）、守株集一卷（存）、致和堂詩稿初編二卷（存）、致和堂詩稿二卷（存）、白沙劫餘偶存（存）、拾遺偶存（存）、仰桂集、栽柳集、醉花集、種蓮集、採菊集、古文二卷、飯後錄一卷、燈下篇一卷、讀漢贅言一卷、兩漢金石屬目記一卷、書畫題跋一卷、碑版題跋一卷、稗販四卷
	劉履芬	江山		紅梅閣書目（存）		古紅梅閣遺集八卷（存）、古紅梅閣未定稿三卷（存）、三衢餘述、樊南續集箋注
	劉觀藻	江山				紫藤花館詩餘一卷（存）

續表

時代	作者	籍貫	經　部	史　部	子　部	集　部
清	劉毓盤	江山				濯絳宦存稿一卷（存）、濯絳宦文鈔一卷（存）
	徐必仁	開化			回春集	
	夏咸則	開化				鄂不山房詩
	方爾圭	開化	五經集要			錫庵詩稿
	魏崇燦	開化	左傳彙編摘録		經義公穀國策子史各書要語	寄居詩
	姚學濂	開化				芹陽竹枝詞
	余一鼇	開化				惜春詞（存）、感春詞（存）、春蠶詞（存）、秋夢詞（存）、覺夢詞（存）、亦雲詞（存）、寓泉詞（存）、春懷詞（存）、影桃庵詞（存）、楚楚詞（存）、憶鵑詞（存）、柳枝詞（存）、賡夢餘音（存）、心禪老人詩稿（存）、心禪詩稿（存）、憐香詞（存）、心禪吟草（存）、章江惆悵詞（存）
	周世滋	西安			萬石齋印譜、蓮池片葉	淡永山窗詩集十一卷（存）、柳源文集、玉屑詩話
	詹嗣曾	西安		讀史雜俎		埽雲仙館詩鈔四卷（存）
	王慶棣	西安				織雲樓詩草二卷（存）、織雲樓試帖一卷、織雲樓詩餘一卷
	葉如圭	西安				存素堂詩存四卷（存）、存素堂駢體文稿四卷（存）、存素堂駢體續稿二卷（存）、古豔詩存、洪都吟草、綠蘿山館詩餘、吳穀人駢文注釋六卷

時代	作者	籍貫	經　部	史　部	子　部	集　部
清	范廣城	西安				嘯雲山房詩課
	詹熙	西安		衢州奇禍記（存）	興朝應試必讀書八卷（存）、花柳深情傳四卷（存）、鑄錯記（存）	綠意軒詩稿
	詹塏	西安			海上百花傳四卷（存）、柔鄉韻史三卷（存）、花史五卷續編八卷（存）、碧海珠不分卷（存）、中國新女豪不分卷（存）、女子權不分卷（存）	辛樓詩文集二卷
	孔昭晙	西安	五經詳注	史鑒詳批	小山課子文	
	葉廷垣	西安	十三經經解			
	方壺	西安			花月盧筆記	方圍詩草
	韓馥	西安				吞篆盧稿
	葉向榮	西安			農林蠶説（存）	
	鄭永禧	西安		高密易義家傳、施州考古録二卷（存）、姑蔑地理變遷考、春秋地理同名異名考、［民國］衢縣志三十卷（存）、衢州鄉土厄言二卷（存）、［光緒］爛柯山志十三卷（存）	隱林四卷（存）、竹隱盧隨筆四卷（存）、頑瞽思存二卷（存）	不其山館詩鈔十二卷（存）、老盲吟一卷（存）、西安懷舊録十卷（存）
	余撰	龍游				子春遺稿五卷
	葉蓁梧	龍游				臥月山房詩鈔一卷
	余慶璠	龍游				吟香閣詩集八卷
	勞承嬰、傅珍	龍游				鄂不草堂録存稿一卷
	葉元祺	龍游				話雨草堂文集、話雨草堂雜存一卷
	傅元龍	龍游				雪香齋稿一卷
	吳毓林	龍游				遭難詞一卷
	余述曾	龍游		師稼山房雜記四卷		
	余慶椿	龍游			讀書隨筆四卷	延秋軒偶存稿四卷

續表

時代	作者	籍貫	經　部	史　部	子　部	集　部
清	余慶齡	龍游				龍華樓詩存二卷
	姜芸媛	龍游				芸媛女士賸稿一卷
	許文耀	常山				琢雲先生詩鈔
	袁士燮	常山				就正遺稿
	汪氏徐灝妻	常山			家範、存心錄一卷	
	添甘山人	常山			丹桂籍彙編（存）	
	詹光墉	開化				燕山來去錄、閩越宦遊錄
	佚名	不詳			賴公衢州府記一卷（存）、賴太素龍游縣圖記一卷（存）	

衢州方志表

時代	纂修者	籍　貫	方志名
南宋	知州張元成撰	毗陵	衢州圖經一卷
	袁采撰	西安	信安志
	毛憲撰	西安	信安志十六卷
	教授衛玠撰	嘉興	［嘉定］信安志十六卷
	教授葉汝明撰	麗水	［紹定］信安續志二卷
元	衢州路總管朱霽修	新泰	［至大］信安志
明	留文淇	西安	［洪武］西安縣志
	佚名	不詳	衢州府志
	佚名	不詳	西安縣續志
	佚名	不詳	西安縣補志
	佚名	不詳	龍游縣志
	佚名	不詳	常山縣志
	佚名	不詳	江山縣志
	佚名	不詳	開化縣志
	知縣王瓚	陝州	［天順］龍游縣志十卷
	樊瑩纂	常山	［成化］常山縣志
	知縣袁文紀	六合	［弘治］龍游縣志十四卷
	方泌纂	開化	［弘治］開化縣志十卷

續表

時代	纂修者	籍 貫	方志名
明	吾旵、吳夔纂	開化、西安	[弘治] 衢州府志十五卷（存）
	知府沈杰修	長洲	
	知府沈杰修	長洲	三衢孔氏家廟志一卷附録二卷（存）
	徐文溥纂	開化	[正德] 江山縣志十卷
	知縣黃綸修	金谿	[嘉靖] 江山縣志
	薛應旂纂	武進	江郎山志
	趙鏜等纂	江山	[嘉靖] 衢州府志十六卷（存）
	知府楊準、鄭伯興修	宜興、無錫	
	余湘、童珮纂	龍游	[萬曆] 龍游縣志十卷
	知縣涂杰修	南昌	
	詹萊纂	常山	[萬曆] 常山縣志十五卷（存）
	知縣傅良言修	臨川	
	余文浙、徐公軏纂	開化	[萬曆] 開化縣志十卷
	知縣汪應望修	貴溪	
	徐公敬補纂	開化	[萬曆] 開化縣志十卷
	知縣諶士觀、蘇理先修	高安、東莞	
	知縣萬廷謙纂修	南昌	[萬曆] 龍游縣志十卷（存）
	知府瞿溥修	達州	爛柯山志
	葉秉敬等纂	西安	[天啓] 衢州府志十六卷（存）
	知府林應翔修	同安	
	徐日葵纂	江山	[天啓] 江山縣志十卷（存）
	知縣張鳳翼等修	興業	
	汪慶百纂	開化	[崇禎] 開化縣志十卷（存）
	知縣朱朝藩修	項城	
	余邦縉等纂	不詳	[崇禎] 續衢州府志
	知府文達修	九隆	
	徐日炅纂	西安	爛柯山洞志二卷（存）
清	知府冷時中修	內江	爛柯山志不分卷（存）
	潘世懋纂	西安	續修爛柯山志
	徐世蔭纂	開化	[順治] 開化縣志十卷（存）
	知縣朱鳳台修	靖江	
	余恂等纂	龍游	[康熙] 龍游縣志十二卷（存）
	知縣盧燦修	海城	
	知縣楊濚修	新鄉	[康熙] 常山縣志十五卷（存）

續表

時代	纂修者	籍　貫	方志名
清	余錫纂	西安	［康熙］江山縣志十卷（存後七卷）
	周召等纂	西安	［康熙］續衢州府志一卷
	汪爾敬纂	開化	［康熙］開化縣志十卷（存）
	知縣吉祥修	商丘	
	釋正龍纂	廣豐	仙霞嶺天雨庵志不分卷（存）
	知縣楊憲修	揚州	仙霞嶺志略
	徐之凱等纂	西安	［康熙］西安縣志十二卷（存）
	知縣陳鵬年修	湘潭	
	教諭朱長吟等纂	錢塘	［康熙］江山縣志十卷（存）
	知縣朱彩修	休寧	
	教諭宋俊纂	山陰	［康熙］江山縣志十四卷（存）
	知縣汪浩修	武陵	
	知府楊廷望修	武進	［康熙］衢州府志四十卷（存）
	徐烈等纂	常山	［雍正］常山縣志十二卷（存）
	知縣孔毓璣修	江陰	
	徐烈撰	常山	邑乘補遺
	方嚴翼、徐心啓纂	開化	［雍正］開化縣志十卷（存）
	知縣孫錦修	奉天鑲白旗	
	知縣徐起巖修	丹徒	［乾隆］龍游縣志續編
	文溪書院講席陸飛纂	仁和	［乾隆］江山縣志十六卷（存）
	知縣宋成綏修	長洲	
	邵志謙撰	常山	常山逸志
	佚名	不詳	石崆山志
	知縣范玉衡等修	侯官	［乾隆］開化縣志十二卷（存）
	范崇楷等撰	西安	［嘉慶］西安縣志四十八卷（存）
	知縣姚寶煃修	漢軍鑲黃旗	
	知縣陳珏等纂修	金溪	［嘉慶］常山縣志十二卷（存）
	知縣陳珏輯	金溪	定陽志餘
	陳樸撰	西安	孔氏家廟志二卷
	知縣周培敦	披縣	［道光］龍游縣志
	張德容撰	西安	衢州備志
	教諭朱寶慈等纂	紹興	［同治］江山縣志十二卷（存）
	知縣王彬等修	閩縣	
	陳塤撰	西安	西安縣新志正誤三卷（存）
	知縣李瑞鐘等纂修	石埭	［光緒］常山縣志六十八卷（存）

續表

時代	纂修者	籍貫	方志名
清	潘樹棠纂	永康	[光緒]開化縣志十四卷（存）
	知縣徐名立等修	武進	
	鄭永禧纂	西安	衢州鄉土厄言二卷（存）
			[光緒]爛柯山志四卷（存）
民國	余紹宋纂	龍游	[民國]龍游縣志初稿十四卷（存）
			[民國]龍游縣志四十二卷（存）
	余紹宋輯	龍游	[萬曆]龍游縣志輯佚一卷（存）
	鄭永禧	衢縣	[民國]衢縣志三十卷（存）
	衢山布衣撰	不詳	[民國]衢縣志補遺一卷（存）
	王韌等纂	建德	[民國]江山縣志二十卷（存卷首、卷一）
	干人俊纂	寧海	[民國]開化縣新志稿二十卷（存前八卷）
			[民國]常山縣新志稿十九卷（存前八卷）
			[民國]江山縣新志稿十九卷（存前七卷）
	龔壯甫等纂	開化	[民國]開化縣志稿二十四卷（存）
	縣長汪振國等修	桐城	

古代外籍人士衢州著述表

時代	作者	籍貫	書名
南宋	吳詠	仙居	西安詩集
元	陳孚	臨海	柯山集
明	胡翰	金華	信安集二卷（存）
	饒泗	進賢	諸鄉賢行略
	吳之鯨	仁和	太末山遊草
	許如蘭	合肥	衢遊紀略一卷
	陸寶	鄞縣	開化遊一卷（存）
	唐汝詢	華亭	姑蔑集
清	李炘	長山	衢遊草
	朱鳳台	靖江	治開錄（存）
	陳鵬年	湘潭	浮石集七卷（存）
	釋月海	江寧	仿梅集二卷（存）
	姜承基、楊瀠	蓋州、新鄉	孝友錄
	王揆	太倉	忠節錄［與江山徐旭旦、徐旭升同訂］
	宋俊	山陰	須鐸餘音一卷
	費辰	錢塘	瀫江遊草二卷（存）、榆村詩集六卷（闕）
	朱鬯	嘉興	盈川小草三卷（存）

續表

時代	作　者	籍　貫	書　名
清	羅以智	新城	趙清獻公集年譜一卷（存）
	陶壽祺	會稽	守衢紀略一卷（存）
	余乾耀	台山	同善録彙編二卷（存）、寶訓內函四卷（存）、寶訓外函八卷（存）
	張炤	榆次	鳳梧書院藏書目一卷（存）
	楊葆光	華亭	龍邱戢匪紀略（存）
	魏熙元	仁和	柯山酬唱集
	翟國棟	涇縣	聊園酬唱集

古代流寓衢州人士著述表

時代	作　者	原　籍	書　名
北宋	釋延壽	錢塘	宗鏡録一百卷（存）
	曾林	贛縣	東宮日記、內外制文集、拙齋遺稿
	張擴	德興	東窗先生集四十卷（存）
	陳師錫	建陽	陰符經注
南宋	趙子晝	開封	崇蘭集二十卷
	趙子覺	開封	雪齋集
	趙鼎	聞喜	忠正德文集十卷（存）
	范冲	華陽	宋神宗實録考異二百卷、宋哲宗實録一百五十卷、辨誣録
	趙鼎、范冲、魏矼	聞喜、華陽、歷陽	三賢唱和詩
	張嵲	南京	樂郊集
	任古	濟寧	拙齋遺稿三卷
	邵知柔	政和	野航集
	李耆明	河內	冰壺居士集
	何若	江寧	尚書講義、春秋講義、漢唐史評、風山集
元	趙緣督	鄱陽	革象新書五卷（存）、推步立成、仙佛同源十卷、金丹正理、盟天録、三教一源、金丹問難
清	費士桂	錢塘	丹林稿
	費雄飛	錢塘	養素堂稿
	華日融	遂昌	蕉石堂詩鈔
	王寶華	錢塘	蒙山仙館詩鈔二卷（存）
	詹瑞芝	嚴陵	苣香閣詩鈔
	吳華辰	玉山	劫餘録詩
	劉循信	涇縣	黽碎樓詩稿

續表

時代	作 者	原 籍	書 名
清	瞿國棟	涇縣	蓬萊仙館詩稿
	高振聲	海寧	遂園遺稿
	羅大春	施秉	思痛録六卷（存）、臺灣海防並開山日記（存）

衢州古代著述撰者籍貫辨誤表

時代	撰者	籍貫	書 名	錯 誤
南齊	樓幼瑜	東陽郡	禮捃遺三十卷、捃遺別記一卷、喪服經傳義疏二卷、樓幼瑜集六十六卷	籍貫誤爲龍游
北宋	劉牧	彭城	易數鈎隱圖三卷（存）、新注周易十一卷、卦德通論一卷、周易先儒遺論九事一卷、易解、易象	籍貫誤爲西安
	佚名	不詳	古三墳一卷（存）	誤爲江山毛漸之作
	劉絢	常山	春秋傳十二卷	籍貫真定常山誤爲衢州常山
南宋	劉朔	莆田	春秋比事二十卷（存）	籍貫誤爲衢州或湖州
	柴中行	餘干	易繫集傳、南溪解、書集傳、詩講義、六經正義、論語童蒙説	籍貫誤爲江山
	柴元祐	餘干	春秋解	籍貫誤爲江山
	蘭敏修	龍游	論語解	籍貫嘉定龍游誤爲衢州龍游
	劉甲	龍游	奏議十卷	籍貫嘉定龍游誤爲衢州龍游
元	盛如梓	揚州	庶齋老學叢談三卷（存）	籍貫誤爲衢州
	徐夢吉	於潛	琴餘雜言	籍貫誤爲龍游
明	周臣	霸州	厚生訓纂（存）	籍貫誤爲衢州
	王世懋	太倉	二酉委譚（存）	籍貫誤爲衢州
	杜涇	晉陵	對制談經十五卷（存）	籍貫誤爲西安
	王象乾	新城	文選刪注十二卷（存）	誤爲西安余國賓之作
清	吳开	滁州	優古堂詩話一卷（存）	籍貫誤爲衢州
	佚名	不詳	易解露研（存）	誤爲北宋西安劉牧之作

參考文獻

古代文獻:

（梁）蕭子顯:《南齊書》,中華書局 1972 年。

（唐）魏徵、令狐德棻:《隋書》,中華書局 1973 年。

（唐）劉知幾撰,（清）浦起龍通釋:《史通通釋》,上海古籍出版社 2009 年。

（後晉）劉昫等:《舊唐書》,中華書局 1975 年。

（北宋）王溥:《唐會要》,中華書局 1955 年。

（北宋）樂史:《太平寰宇記》,中華書局 2007 年。

（北宋）歐陽修、宋祁:《新唐書》,中華書局 1975 年。

（北宋）司馬光:《資治通鑒》,中華書局 1956 年。

（北宋）王安石:《臨川先生文集》,中華書局 1959 年。

（北宋）蘇軾:《蘇軾文集》,中華書局 1986 年。

（北宋）沈遘:《西溪集》,文淵閣《四庫全書》本。

（北宋）張耒:《張太史明道雜志》,《叢書集成初編》本。

（北宋）佚名:《宣和書譜》,湖南美術出版社 2005 年。

（南宋）程俱著,張富祥校證:《麟臺故事校證》,中華書局 2000 年。

（南宋）晁公武著,孫猛校證:《郡齋讀書志校證》,上海古籍出版社 1990 年。

（南宋）尤袤:《遂初堂書目》,《叢書集成初編》本。

（南宋）胡仔:《苕溪漁隱叢話》,人民文學出版社 1962 年。

（南宋）朱熹:《伊洛淵源錄》,《叢書集成初編》本。

（南宋）呂祖謙:《呂祖謙全集》,浙江古籍出版社 2008 年。

（南宋）呂祖謙:《宋文鑑》,中華書局 1992 年。

（南宋）周必大:《文忠集》,文淵閣《四庫全書》本。

（南宋）吳曾:《能改齋漫錄》,上海古籍出版社 1979 年。

（南宋）曾敏行:《獨醒雜志》,上海古籍出版社 1986 年。

（南宋）陳騤:《南宋館閣錄》《續錄》,中華書局 1998 年。

（南宋）樓鑰:《攻媿集》,《叢書集成初編》本。

（南宋）趙汝愚：《宋朝諸臣奏議》，上海古籍出版社 1999 年。

（南宋）曾協：《雲莊集》，文淵閣《四庫全書》本。

（南宋）葉適：《葉適集》，中華書局 1961 年。

（南宋）高似孫：《蟹略》，文淵閣《四庫全書》本。

（南宋）周南：《山房集》，文淵閣《四庫全書》本。

（南宋）魏齊賢、葉棻：《五百家播芳大全文粹》，文淵閣《四庫全書》本。

（南宋）王稱：《東都事略》，《叢書集成三編》本。

（南宋）王明清：《揮麈後録》，《叢書集成初編》本。

（南宋）馮椅：《厚齋易學》，文淵閣《四庫全書》本。

（南宋）李心傳：《建炎以來系年要録》，中華書局 1956 年。

（南宋）魏了翁：《鶴山先生大全文集》，《叢書集成初編》本。

（南宋）真德秀：《真西山先生集》，《叢書集成初編》本。

（南宋）韓淲：《澗泉日記》，上海古籍出版社 1993 年。

（南宋）吳泳：《鶴林集》，文淵閣《四庫全書》本。

（南宋）劉克莊：《後村先生大全集》，《宋集珍本叢刊》本。

（南宋）陳起：《江湖小集》，文淵閣《四庫全書》本。

（南宋）衛湜：《禮記集説》，中華再造善本。

（南宋）陳振孫：《直齋書録解題》，上海古籍出版社 1987 年。

（南宋）陳鵠：《西塘集耆舊續聞》，上海古籍出版社 1993 年。

（南宋）扈仲榮等：《成都文類》，中華書局 2011 年。

（南宋）袁甫：《蒙齋集》，《叢書集成初編》本。

（南宋）張世南：《游宦紀聞》，中華書局 1981 年。

（南宋）林師蒧等：《天台續集》，文淵閣《四庫全書》本。

（南宋）黄昇輯：《花菴詞選》，中華書局 1958 年。

（南宋）史鑄：《百菊集譜》，文淵閣《四庫全書》本。

（南宋）姚勉：《雪坡集》，文淵閣《四庫全書》本。

（南宋）黄震：《黄氏日抄》，文淵閣《四庫全書》本。

（南宋）王應麟：《玉海》，江蘇古籍出版社、上海書店 1987 年。

（南宋）黎靖德：《朱子語類》，中華書局 1985 年。

（元）方回選，李慶甲集評校點：《瀛奎律髓匯評》，上海古籍出版社 2005 年。

（元）熊朋來：《五經説》，文淵閣《四庫全書》本。

（元）馬端臨：《文獻通考》，中華書局 1986 年。

（元）袁桷：《清容居士集》，《叢書集成初編》本。

（元）黃溍：《黃文獻集》,《叢書集成初編》本。

（元）吳師道：《禮部集》, 文淵閣《四庫全書》本。

（元）陸友仁：《研北雜志》,《叢書集成初編》本。

（元）蘇天爵：《滋溪文稿》, 中華書局 1997 年。

（元）戴良：《九靈山房集》, 文淵閣《四庫全書》本。

（元）脫脫等：《宋史》, 中華書局 1977 年。

（元）陶宗儀：《南村輟耕録》, 中華書局 1959 年。

（元）陶宗儀：《説郛》, 上海古籍出版社 1990 年。

（元）佚名：《氏族大全》, 文淵閣《四庫全書》本。

（明）宋濂：《宋濂全集》, 人民文學出版社 2014 年。

（明）王褘：《王忠文集》,《叢書集成初編》本。

（明）楊士奇：《東里文集》, 中華書局 1998 年。

（明）楊士奇等編：《歷代名臣奏議》, 上海古籍出版社 1989 年。

（明）楊榮：《文敏集》, 文淵閣《四庫全書》本。

（明）李賢等：《明一統志》, 文淵閣《四庫全書》本。

（明）章懋：《楓山章先生集》,《叢書集成初編》本。

（明）程敏政：《篁墩程先生文集》, 明正德二年（1507）刻本。

（明）程敏政：《新安文獻志》, 黃山書社 2004 年。

（明）王鏊：《姑蘇志》,《天一閣藏明代方志選刊續編》本。

（明）孫一元：《太白山人漫稿》, 文淵閣《四庫全書》本。

（明）鄭善夫：《少谷集》, 文淵閣《四庫全書》本。

（明）夏良勝：《東洲初稿》, 文淵閣《四庫全書》本。

（明）俞憲：《盛明百家詩》,《四庫存目叢書》本。

（明）李攀龍編：《古今詩刪》, 文淵閣《四庫全書》本。

（明）李袞編：《宋藝圃集》, 文淵閣《四庫全書》本。

（明）李時珍：《本草綱目》, 人民衛生出版社 1975 年。

（明）朱睦㮮：《授經圖義例》, 文淵閣《四庫全書》本。

（明）王世貞：《弇山堂別集》, 中華書局 1985 年。

（明）王世貞：《弇州山人續稿碑傳》, 明文書局 1991 年。

（明）高濂：《遵生八牋》, 文淵閣《四庫全書》本。

（明）凌迪知：《萬姓統譜》, 文淵閣《四庫全書》本。

（明）王圻：《續文獻通考》,《續修四庫全書》本。

（明）陳耀文輯：《花草粹編》, 文淵閣《四庫全書》本。

（明）張内蘊、周大韶：《三吳水考》，文淵閣《四庫全書》本。

（明）徐象梅：《兩浙名賢録》，北京圖書館出版社 1998 年。

（明）楊于庭：《楊道行集》，《四庫存目叢書》本。

（明）焦竑：《老子翼》，《叢書集成初編》本。

（明）都穆：《南濠居士文跋》，《續修四庫全書》本。

（明）胡應麟：《少室山房筆叢》，中華書局 1958 年。

（明）彭大翼：《山堂肆考》，文淵閣《四庫全書》本。

（明）趙琦美編：《趙氏鐵網珊瑚》，文淵閣《四庫全書》本。

（明）卓爾康：《春秋辯義》，文淵閣《四庫全書》本。

（明）曹學佺：《蜀中廣記》，文淵閣《四庫全書》本。

（明）釋受教：《淨土生無生論親聞記》，《卍續藏經》本。

（明）廖用賢：《尚友録》，《四庫存目叢書》本。

（明）殷仲春：《醫藏目録》，明萬曆四十六年（1618）刻本。

（明）陶珽：《續説郛》，上海古籍出版社 1990 年。

（明）葉秉敬等纂，林應翔修：［天啓］《衢州府志》，《中國方志叢書》本。

（明）張國維：《吳中水利全書》，文淵閣《四庫全書》本。

（清）錢謙益：《列朝詩集》，中華書局 2007 年。

（清）吳景旭：《歷代詩話》，中華書局 1958 年。

（清）黄宗羲：《明儒學案》，中華書局 1985 年。

（清）黄宗羲撰，全祖望補修：《宋元學案》，中華書局 1986 年。

（清）朱彝尊撰，林慶彰等校：《經義考新校》，上海古籍出版社 2010 年。

（清）朱鳳台：《退思堂草》，《四庫禁燬叢刊補編》本。

（清）朱彝尊編：《明詩綜》，文淵閣《四庫全書》本。

（清）黄虞稷：《千頃堂書目》，上海古籍出版社 1990 年。

（清）錢曾：《讀書敏求記》，書目文獻出版社 1983。

（清）王士禎：《池北偶談》，中華書局 1982 年。

（清）王士禎：《居易録》，上海古籍出版社 1993 年。

（清）仇兆鰲：《杜詩詳注》，文淵閣《四庫全書》本。

（清）嚴虞惇：《讀詩質疑》，文淵閣《四庫全書》本。

（清）顧嗣立、席世臣編：《元詩選癸集》，中華書局 2001 年。

（清）張豫章編：《御選明詩》，文淵閣《四庫全書》本。

（清）方苞等編：《隆萬四書文》，文淵閣《四庫全書》本。

（清）張廷玉等：《明史》，中華書局 1974 年。

（清）陳起元編：《歷代賦彙》，文淵閣《四庫全書》本。

（清）謝旻等修：［雍正］《江西通志》，文淵閣《四庫全書》本。

（清）田文鏡、王士俊等修：［雍正］《河南通志》，文淵閣《四庫全書》本。

（清）嵇曾筠、李衛等修：［雍正］《浙江通志》，商務印書館 1934 年。

（清）丘濬等修：［雍正］《山東通志》，文淵閣《四庫全書》本。

（清）尹繼善、黃之雋等修：［乾隆］《江南通志》，文淵閣《四庫全書》本。

（清）郝玉麟等修：［乾隆］《福建通志》，文淵閣《四庫全書》本。

（清）厲鶚：《宋詩紀事》，上海古籍出版社 1983 年。

（清）鄭方坤：《五代詩話》，文淵閣《四庫全書》本。

（清）顧鎮：《虞東學詩》，文淵閣《四庫全書》本。

（清）曹庭棟：《宋百家詩存》，文淵閣《四庫全書》本。

（清）張宗橚：《詞林紀事》，上海古籍出版社 1998 年。

（清）永瑢等：《四庫全書總目》，中華書局 1997 年。

（清）錢大昕：《補元史藝文志》，《叢書集成初編》本。

（清）謝啓昆：《小學考》，《續修四庫全書》本。

（清）孫星衍等纂，張祥雲修：［嘉慶］《廬州府志》，《中國方志叢書》本。

（清）朱文翰等纂，徐元梅等修：［嘉慶］《山陰縣志》，《中國方志叢書》本。

（清）黃丕烈：《士禮居藏書題跋記》，《續修四庫全書》本。

（清）阮元編：《兩浙輶軒錄》，《續修四庫全書》本。

（清）阮元：《四庫未收書提要》，《續修四庫全書》本。

（清）阮元等編：《疇人傳彙編》，廣陵書社 2009 年。

（清）李集輯：《鶴徵錄》，《四庫未收書輯刊》本。

（清）瞿鏞：《鐵琴銅劍樓藏書目錄》，中華書局 1990 年。

（清）莫友芝撰，傅增湘訂補：《藏園訂補郘亭知見傳本書目》，中華書局 2009 年。

（清）潘祖蔭：《滂喜齋藏書記》，中華書局 1990 年。

（清）丁丙：《善本書室藏書志》，《續修四庫全書》本。

（清）褚榮槐：《田硯齋文集》，《近代中國史料叢刊》本。

（清）陸心源：《儀顧堂集》，《續修四庫全書》本。

（清）潘衍桐編：《兩浙輶軒續錄》，《續修四庫全書》本。

李格纂，龔嘉儁修：［民國］《杭州府志》，《中國方志叢書》本。

張子榮等纂，徐士瀛等修：［民國］《新登縣志》，《中國地方志集成》本。

趙爾巽等：《清史稿》，中華書局 1977 年。

佚名：《清史列傳》，中華書局 1987 年。

李丙麐纂，楊虎修：［民國］《寧國縣志》，《中國方志叢書》本。

楊守敬：《日本訪書志》，遼寧教育出版社 2003 年。

傅增湘：《藏園群書題記》，上海古籍出版社 1989 年。

張元濟撰，張人鳳編：《張元濟古籍書目序跋彙編》，商務印書館 2003 年。

余紹宋：《余紹宋日記》，中華書局 2012 年。

浙江省通志館編：《重修浙江通志稿》，方志出版社 2010 年。

張咀英撰，高廷肅輯：《魯盦所藏印譜簡目》，油印本，1953 年。

唐圭璋編：《詞話叢編》，中華書局 1986 年。

［日］丹波元胤編：《中國醫籍考》，人民衛生出版社 1995 年。

《汪氏乘言》，明崇禎刻本。

《開化江山譙國戴氏宗譜》，清乾隆五十九年（1794）刻本。

《江山南峰楊氏宗譜》，嘉慶十四年（1809）木活字本。

《西安中河程氏宗譜》，清道光二十二年（1842）木活字本。

《龍游木城祝氏宗譜》，清道光二十二年（1842）木活字本。

《龍游高階余氏宗譜》，清道光二十八年（1848）木活字本。

《龍游官賽余氏宗譜》，清咸豐二年（1852）木活字本。

《龍游毛氏宗譜》，清咸豐五年（1855）木活字本。

《龍游清河張氏宗譜》，清咸豐九年（1859）木活字本。

《衢州孝義周氏宗譜》，清同治三年（1864）木活字本。

《常山龍溪樊氏世譜》，清同治五年（1866）木活字本。

《江山清漾毛氏族譜》，清同治八年（1869）木活字本。

《常山雙峰翁氏宗譜》，清同治十二年（1873）木活字本。

《江山下睦陸氏族譜》，光緒二年（1876）刻本。

《衢州金谷吳氏宗譜》，清光緒五年（1879）木活字本。

《三衢西邑瑤峰葉氏宗譜》，清光緒六年（1880）木活字本。

《西安長澤陳氏宗譜》，清光緒十一年（1885）木活字本。

《開化鄭氏宗譜》，清光緒十一年（1885）木活字本。

《信安龔氏重修宗譜》，清光緒二十二年（1896）木活字本。

《龍游團石汪氏宗譜》，清光緒二十三年（1897）木活字本。

《江陽何氏宗譜》，清光緒二十三年（1897）木活字本。

《江山文溪姜氏續修宗譜》，清光緒二十三年（1897）木活字本。

《常山定陽季氏宗譜》，清光緒二十四年（1898）木活字本。

《西安聯豸徐氏宗譜》，清光緒三十年（1984）木活字本。

《開化河南郡方氏續譜》，清光緒三十一年（1905）木活字本。

《江山須江楊氏宗譜》，清光緒三十四年（1908）木活字本。

《三衢琅琊王氏宗譜》，清光緒間木活字本。

《三衢仁德葉氏宗譜》，光緒間木活字本。

《開化包山汪氏統宗譜》，清宣統元年（1909）木活字本。

《遂昌關川毛氏族譜》，清宣統三年（1911）刻本。

《西安西河徐氏宗譜》，清木活字本。

《開化徐氏宗譜》，清木活字本。

《江山雙溪徐氏宗譜》，清木活字本。

《西安上麓祝氏宗譜》，民國十五年（1926）木活字本。

《西安豸屏王氏宗譜》，民國增修同治十三年（1874）木活字本。

《江山芳坂學坦留嘉鍾周氏宗譜》，民國二十二年（1933）木活字本。

《江山郎峰六川祝氏世譜》，民國二十六（1937）年木活字本。

《江陽嵩高朱氏宗譜》，民國二十七年（1938）木活字本。

《須江經明王氏家乘》，民國二十八年（1939）木活字本。

《江陽嵩高柴氏宗譜》，民國三十五年（1946）木活字本。

今人專著、論文（集）：

羅常培、蔡美彪：《八思巴字與元代漢語》，科學出版社 1959 年。

阿英編：《庚子事變文學集》，中華書局 1959 年。

上海圖書館編：《中國叢書綜錄》，上海古籍出版社 1982 年。

王重民：《中國善本書提要》，上海古籍出版社 1983 年。

陽海清編撰，蔣孝達校訂：《中國叢書綜錄補正》，江蘇廣陵古籍刻印社 1984 年。

洪焕椿：《浙江方志考》，浙江人民出版社 1984 年。

薛礪若：《宋詞通論》，上海書店 1985 年。

宋慈抱：《兩浙著述考》，浙江人民出版社 1985 年。

徐映璞：《孔氏南宗考略》，浙江古籍出版社 1988 年。

《開化縣志》編纂委員會編：《開化縣志》，浙江人民出版社 1988 年。

崔富章：《四庫提要補正》，杭州大學出版社 1990 年。

《龍游縣志》編纂委員會編：《龍游縣志》，中華書局 1991 年。

《永康縣志》編纂委員會編：《永康縣志》，浙江人民出版社 1991 年。

《衢縣志》編纂委員會編：《衢縣志》，浙江人民出版社 1992 年。

寧海縣地方志編纂委員會編：《寧海縣志》，浙江人民出版社 1993 年。

《衢州市志》編纂委員會編：《衢州市志》，浙江人民出版社 1994 年。

袁行雲：《清人詩集叙録》，文化藝術出版社 1994 年。

馮惠民、李萬健等編：《明代書目題跋叢刊》，書目文獻出版社 1994 年。

盧正言主編：《中國古代書目詞典》，廣西教育出版社 1994 年。

來新夏主編：《清代目録提要》，齊魯書社 1997 年。

雷夢水等編：《中華竹枝詞》，北京古籍出版社 1997 年。

《中國古籍善本書目》編輯委員會編：《中國古籍善本書目》，上海古籍出版社 1998 年。

楊武泉：《四庫全書總目辨誤》，上海古籍出版社 2001 年。

國家圖書館編：《國家圖書館藏古籍題跋叢刊》，北京圖書館出版社 2002 年。

韓南著，徐俠譯：《中國近代小説的興起》，上海教育出版社 2004 年。

孫琴安：《唐詩選本提要》，上海古籍出版社 2005 年。

中華書局編輯部編：《宋元明清書目題跋叢刊》，中華書局 2006 年。

衢州市博物館編：《衢州墓誌碑刻集録》，浙江人民美術出版社 2006 年。

徐宇寧主編：《衢州簡史》，浙江人民出版社 2008 年。

《中國古籍總目》編纂委員會編：《中國古籍總目》，中華書局、上海古籍出版社 2009 年。

黄靈庚主編：《衢州文獻集成》，國家圖書館出版社 2015 年。

浙江圖書館編：《鄉賢遺書》，載《浙江省文獻展覽會專載》，《文瀾學報》1937 年第二卷第 3、4 期。

范學宗：《介紹珍本古籍〈五邊典則〉》，《中央民族大學學報（哲學社會科學版）》1985 年第 4 期。

宋立民：《〈麟臺故事〉版本考》，《古籍整理研究學刊》1986 年第 1 期。

王瑞來：《趙抃〈御試官日記〉考釋——兼論北宋殿試制度的演變》，《東北師範大學學報（哲學社會科學版）》1986 年第 4 期。

黄興土：《楊繼洲故里考證新得》，《中國鍼灸》1993 年第 2 期。

祝尚書：《四庫宋集提要糾誤》，《宋代文化研究》1994 年第 4 輯。

唱春蓮：《吾衍〈閒居録〉與〈閒中漫録〉考異》，《文獻》1996 年第 3 期。

郭彧：《〈易數鈎隱圖〉作者等問題辨》，《周易研究》2003 年第 2 期。

林玫儀：《余一鼇生平及作品資料輯校（之一）》，《中國文哲研究通訊》2005 年第 15 卷第 1 期。

林玫儀：《余一鼇生平及作品資料輯校（之二）》，《中國文哲研究通訊》2005 年第 15 卷第 2 期。

李子君：《〈增修互注禮部韻略〉撰著年代獻疑》,《第二屆傳統中國研究國際研討會論文集》2007 年。

王艷華：《明代葉秉敬〈韻表〉音系研究》, 首都師範大學 2008 年博士學位論文。

王照年：《程俱及其〈麟臺故事〉考論》, 西北師範大學 2008 年博士學位論文。

黃覺弘：《劉絢〈春秋傳〉佚文考説》,《南京社會科學》2008 年第 12 期。

（日）野田悟：《吾衍與其〈學古編〉之研究》, 中國美術學院 2009 年博士學位論文。

潘晟：《宋代的〈禹貢〉之學——從經學傳注走向地理學》,《歷史研究》2009 年第 3 期。

段懷清：《有情的歷史："庚子衢州教案" 的四種文學敘述文本》,《中國文學研究》2009 年第 14 輯。

林玫儀：《余一鼇生平及作品資料輯校（之三）》,《中國文哲研究通訊》2009 年第 19 卷第 2 期。

黃靈庚：《婺州文獻述要》,《浙江社會科學》2009 年第 6 期。

李子君：《〈增修互注禮部韻略〉版本考述——兼釋元代屢刊〈增修互注禮部韻略〉的原因》,《文獻》2010 年第 1 期。

周揚波：《道光本〈四隱集〉的版本價值》,《古籍整理研究學刊》2012 年第 6 期。

書名音序索引

M

N

O

W

X

後　記

　　2006 年，我考入上海師範大學古籍研究所，師從湯勤福先生，碩士論文選題爲《十六國文獻研究》。在湯師在指教下，我走上文獻學研究之路。2011 年，我來到衢州學院中國哲學與文化研究中心工作，遂着手整理與研究衢州古代文獻。2012 年，衢州學院聘請浙江師範大學教授黄靈庚先生主編《衢州文獻集成》，我有幸在黄先生的指教下參與叢書的編撰。在本書出版之際，首先衷心感謝湯先生和黄先生對我的培養和指教，是他們帶我走向文獻整理與研究之路。在撰寫本書時，我同時爲復旦大學歷史地理研究中心博士後，這期間有幸得到李曉杰先生的精心培養和無私幫助，並拓寬了我的研究路徑，於此由衷感謝。

　　在《衢州文獻集成》編撰出版前，衢州無經籍志、藝文志之類的專門著述。此前收錄衢州古代著述最多的是 [民國]《重修浙江通志稿·著述考·衢州經籍》，共收衢州經籍 867 種，其中誤收 21 種。宋慈抱《兩浙著述考》收錄衢州著述 324 種，無集部著述，亦有 21 種屬誤收。本書共收錄衢州各類著述 1654 種，另附流寓衢州人士著述 39 種、誤爲衢州著述 30 種。本書能夠在前人成果的基礎上有所推進，很大程度上得益於《衢州文獻集成》的出版和使用。此叢書爲本書的研究提供了堅實可考的資料基礎。

　　本書不僅採用《衢州文獻集成》的資料，還廣泛引證其他各種文獻。這些文獻資料有些是來自國内各館藏單位，有些是來自私家藏書。爲撰寫本書，我曾到國家圖書館、浙江圖書館、上海圖書館、湖南省圖書館、安徽省圖書館、復旦大學圖書館、南京大學圖書館、武漢大學圖書館、華東師範大學圖書館、衢州市博物館、金華市博物館、江山市博物館、江山市檔案館等許多收藏單位查閱資料，各單位工作人員熱情接待，提供館藏資料，於此我向各館藏單位及相關工作人員表示謝意。爲撰寫本書，我還使用了衢州文獻館劉國慶先生的資料。衢州文獻館所藏衢州文獻豐富，有不少難得一見的文獻，劉先生將其所藏傾囊相助。不僅如此，劉先生諳熟衢州文獻，爲我提供了一些有價值的學術信息，如考楊繼洲爲常山人，就得益於他的先見之明，而王宇春等人之作也是他所告知。最近，劉先生還告知《南開大學圖書館藏稀見清人別集叢刊》有衢州人葉聞性之作。江山市王保利先生所藏衢州文獻也特別豐富，我在他那裏也查看了許多珍貴資料。衢州市王漢龍先生古書觀止書店所藏衢州古籍甚豐，王先生也爲我提供了所需要的資料。另外，湖州師範學院周揚波教授、衢州市祝瑜英女士和胡鳳昌先生、開化縣劉高漢先生等，也爲本書的撰寫提供了有價值的資料。對爲本書撰寫提供資料的各位先生，於此真摯感謝。

來到衢州學院工作之後，有幸認識浙江師範大學李聖華、陳開勇兩位教授。在考訂衢州文獻的過程中，我也經常向李聖華先生請教，先生不厭其煩，使我受益匪淺。不僅如此，李先生還幫助聯繫並複製了臺灣多家館藏單位文獻資料，其研究生朱光明等也爲古籍複製付出許多時間和精力。《衢州文獻集成提要》一書，釋傳燈的13種佛學著述，是由陳開勇先生撰寫的，這使《提要》一書增色不少。本書有關現存衢州著述的提要，是在《衢州文獻集成提要》的基礎上修改而成，其中傳燈的13種著述仍在陳先生之作基礎上加以修改。對於李聖華先生、陳開勇先生諸多指教和幫助，在此深表感謝。

在《衢州文獻集成》出版發行暨學術研討會期間，復旦大學吳格先生等指出了《提要》存在的問題，吳先生還通過郵件提供一些重要資料，於此對吳先生等深深感謝。衢州市陳定睿、鄢衛建兩位先生對衢州歷史文化研究深入，本書的撰寫有幸得到二位先生賜教。《衢州文獻集成提要》出版後，陳定睿先生對該書提出了一些具體問題，並提供了可以增補的著述，本書採納了陳先生的建議。本書撰寫中，鄢衛建先生也提出不少好建議，而且還帶我去一些地方查閱文獻資料。對陳先生、鄢先生的賜教和幫助，於此深表感謝。在本書撰寫過程中，對於抄本、稿本中難以識別的字，衢州學院書法老師張俊嶺先生給予釋疑解惑。對於張先生之助，此亦深深感謝。

我來衢州學院之前，研究領域局限於十六國史。來衢之後，吳錫標教授提出還要研究衢州地方史，這就拓展了我的研究方向，也促成了本書的寫作。本書的出版，也獲得了中心研究經費的資助。而且，中心成員劉小成、徐裕敏、張勇、馬麗敏、鄭紅梅等老師對我幫助很多。在我工作特別繁忙之際，不少事情是請劉小成等老師代勞。涉及到孔氏南宗的有些資料和著述，我多向劉小成老師請教。衢州學院原副院長葉碧教授，社會科學部程旭惠主任，張慧霞、毛卓聖等老師和教師教育學院貴志浩教授，對我教學等方面工作都給予許多幫助和支持，這也有助於我從事本書的寫作。對衢州學院各部門的領導和同事，在此深表謝意。

本書能够順利出版，與國家圖書館出版社的支持分不開，感謝張愛芳老師在本書出版過程中的理解和支持，感謝靳諾老師認真負責的態度和耐心細緻的工作。

最後，我要特別感謝我的妻子姜金蓮。她對我從事的工作十分理解，特別是孩子出生以後，她仍辛苦勞碌，以使我投入更多的時間用於本書的撰寫。可以説，如果没有妻子及家人的奉獻，本書不知等到何年纔能出版。對妻子及家人的辛苦付出，我會銘記在心，於此道以深摯的謝意。

　　本書爲浙江省哲學社會科學規劃課題項目《衢州古代著述考論》的最終成果，有關部門對於該課題的資助，我也十分感謝。

魏俊杰

2016 年 12 月